붓다처럼

/ 틱낫한 지음 서계인 옮김 /

KB210810

SIGONGSA

차
례

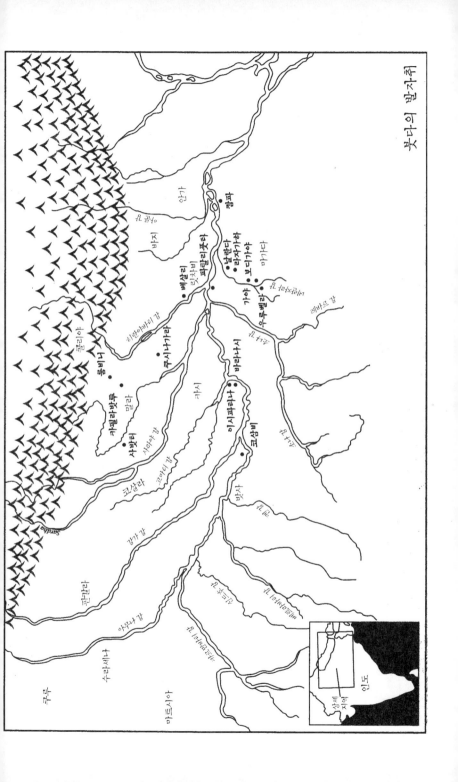

붓다의 발자취

1
부

BOOK
ONE

다만 걷기 위한 걸음일 뿐

푸른 대숲 그늘 아래 젊은 비구 스바스티는 자신의 호흡에 집중하면서 가부좌의 자세로 명상하고 있었다. 그는 이곳 죽림정사에서 이미 한 시간 이상을 이렇게 명상에 잠겨 있는 중이었고, 다른 수백 명의 비구들도 그와 마찬가지로 대숲 그늘이나 혹은 짚으로 지붕을 엮은 작은 오두막 아래에서 저마다 수행에 열중하고 있었다.

세상 사람들에게는 '붓다'라는 이름으로 보다 친근하게 불리는, 위대한 스승 고타마 싯다르타는 이 죽림정사에서 근 사백 명에 이르는 제자들과 함께 지내고 계셨다. 이곳은 비록 수많은 사람들이 한데 모여 있었지만 지극히 평화로웠다.

이곳 죽림정사가 세워진 16만 제곱미터의 토지 둘레에는 마가다 방방곡곡에서 볼 수 있는 여러 종류의 아름다운 대나무들이 빽빽이 심어져 커다란 숲을 이루고 있었다. 수도인 라자가하에서 북쪽으로 걸어서 30분 거리에 있는 이 죽림정사는 7년 전 빔비사라 왕이 붓다와 그의 교단을 위해 기증한 곳이었다.

스바스티는 부드럽게 눈가를 문지르고 나서 미소 지었다. 천천히 가부좌를 풀었지만 다리는 역시 저려왔다. 올해 들어 스물한 살인 그는 붓다의 상수제자 중의 한 명인 사리풋타 존자로부터 3일 전에 계를 받았다. 그 수계식에서 스바스티의 탐스런 갈색 모발은 잘려 나갔다.

스바스티는 붓다가 이끄는 교단의 일원이 된 것이 매우 행복했다. 하지만 천민 출신인 그와는 달리 많은 비구들이 귀족 가문 출신이었다. 예컨대 붓다와 형제인 난다 존자와 데바닷타, 아누룻다, 그리고 아난다 등이 그러했다.

아직 그들을 소개받진 못했지만 스바스티는 멀리서도 그들을 알아볼 수 있었다. 빛바랜 낡은 가사를 입고 있었지만 그들의 고결한 성품과 태도가 명백히 드러나 보였다.

'저러한 귀족 출신의 비구들과 친해질 수 있으려면 꽤 많은 시간이 흘러야겠지' 하고 스바스티는 생각했다. 그러나 위대한 스승인 붓다는 달랐다. 붓다는 왕의 아들이었음에도 불구하고 그와는 아무런 거리감도 느낄 수 없었다.

스바스티는 그 당시 인도의 신분제도에서 가장 낮은 계급보다도 더 비천한 '불가촉천민' 출신이었다. 그는 10여 년 동안 물소를 돌보는 일을 해왔으나, 지금은 2주일째, 다양한 계급 출신의 수행자들과 함께 지내며 수행에 몰두하고 있었다.

모두가 그에게 따뜻한 미소와 진심에서 우러나는 인사를 건네며 친절하게 대해주었지만 어쩐지 그는 아직 마음이 편하지 않았다. 아무래도 자신이 그들을 편하게 느낄 수 있기까지는 여러 해가 걸릴는지도 몰랐다.

문득, 스바스티는 열여덟 살 난 붓다의 아들 라훌라를 떠올리고는 마음속 깊숙한 곳으로부터 환한 미소를 떠올렸다. 라훌라는 열 살 때부터 교단에 입문한 수행자였는데, 바로 이 2주일 동안 스바스티와 가장 친한 친구가 되었다. 스바스티에게 명상 중의 호흡법을 가르쳐준 것도 바로 라훌라였다. 아직 비구는 아니었지만 라훌라는 붓다의 가르침을 잘 이해하고 있었다. 하지만 그가 정식으로 계를 받으려면 스무 살이 될 때까지 기다려야 했다.

스바스티는 붓다가 자신을 수행자로 받아들이기 위해 바로 2주일 전, 그가 살던 가야 근처의 작은 마을 우루벨라로 왔을 때 그를 초대했던 일을 떠올렸다. 붓다가 그의 집에 도착했을 때, 스바스티는 동생인 루파크와 함께 물소를 돌보느라 바깥에 나가고 없었다. 집 안에는 그의 두 누이동생인 열여섯 살의 발라와 열두 살의 브히마가 남아 있었는데, 언니인 발라가 곧바로 붓다를 알아보고 즉시 스바스티를 찾아 나서려 했다. 하지만 붓다는 그녀에게 그럴 필요가 없다고 하고서는 자신과 라홀라를 포함한 일행들이 그를 만나러 강으로 찾아가겠다고 했다.

붓다 일행이 네란자라 강변에서 아홉 마리의 물소를 씻기고 있던 스바스티와 루파크를 만난 것은 이미 늦은 오후였다. 두 젊은이는 붓다를 보자마자 강기슭으로 뛰어 올라와 양손을 연꽃 모양으로 모으고서 깊은 존경심에서 우러나오는 절을 올렸다.

"너희가 벌써 이렇게 자랐구나." 붓다는 스바스티 형제에게 온화한 미소를 지어 보이며 그렇게 말했다. 하지만 스바스티는 아무 말도 할 수 없었다. 붓다의 평화로운 얼굴과 따뜻하고 부드러운 미소 그리고 빛나며 꿰뚫는 듯한 두 눈을 보았을 때, 스바스티는 다만 감격의 눈물을 흘릴 수밖에 없었다. 붓다는 헝겊 조각으로 여기저기 기워 만든 황색 가사를 걸치고 있었고, 10년 전 이곳에서 그다지 멀지 않은 곳에서 만났을 때와 마찬가지로 맨발인 채였다. 10년 전 그들은 네란자라 강기슭이나 혹은 거기에서 10분 거리에 있는 보리수 그늘 아래 함께 앉아 여러 시간을 보냈었다.

스바스티는 붓다 뒤에 서 있는 스무 명의 비구들을 얼핏 보았는데, 그들 역시 마찬가지로 맨발인 데다 같은 색의 누더기 가사를 걸치고 있었다. 좀 더 주의 깊게 보면서 스바스티는 붓다의 가사가 다른 사람들의 것보다 한 뼘 길이 정도 더 길다는 것을 알았다. 붓다의 바로 옆에는 스바스티와 같은 나이 또래의 수행자가 미소 띤 얼굴로 그를 바라보며 서 있었다.

붓다는 양손으로 스바스티와 루파크의 머리를 각각 어루만지면서 라자가하로 돌아가는 길에 잠시 이곳에 들렀다고 했다. 그런 뒤 붓다는 스바스티와 루파크가 물소를 다 씻길 동안 기꺼이 기다리겠다고도 했다. 그렇게 해서 스바스티는 그들과 함께 자신의 오두막으로 돌아갈 수 있었다.

걸어서 돌아가는 동안에 붓다는 스바스티와 루파크를 아들인 라홀라에게 소개했는데, 그는 앞서 스바스티를 바라보며 부드럽게 미소 지었던 어린 수행자였다. 라홀라는 스바스티보다 세 살이나 어렸지만 키는 거의 같았다. 또한 그는 사미*였으나 입고 있는 옷은 나이 든 비구들의 것과 다르지 않았다. 라홀라는 스바스티와 루파크 사이로 걸어와 루파크에게 발우를 건네주고는 새로운 두 친구의 어깨에 다정하게 팔을 걸치며 어깨동무를 했다. 그는 아버지인 붓다로부터 자주 스바스티와 그 가족에 대한 이야기를 이미 들어왔던 터라 전부터 두 사람을 알고 지냈던 것처럼 친근하게 그들을 대했다. 스바스티 형제는 라홀라의 따뜻한 애정에 가슴이 훈훈해짐을 느꼈다.

그들이 오두막에 도착하자마자, 붓다는 스바스티에게 비구 교단에 합류해 법을 수행할 것을 권유했다. 일찍이 10년 전, 붓다를 처음 만났을 때 스바스티는 함께 수행하고 싶다는 희망을 밝힌 바 있었고 붓다는 제자로 받아들이겠다고 약속했었다. 스바스티가 스물한 살이 된 지금, 붓다는 지난날의 그 약속을 잊

*불교 교단에 처음 입문하여 수행하는 남자 승려. 보통 스무 살까지 사미로 머물다가 만 스무 살이 되면 구족계를 받아 비구가 된다.

붓다는 스바스티의 오두막집 바깥의 작은 의자에 걸터앉았다.

지 않고 돌아왔던 것이다.

루파크는 물소들을 다시 그 소유주인 람브홀에게 끌고 갔다. 그러는 동안에도 붓다는 오두막 밖의 작은 의자에 걸터앉아 있었고 비구들은 그 뒤에 서 있었다. 흙으로 만든 벽과 짚으로 지붕을 엮은 오두막은 그들 모두를 안으로 들일 수 있을 만큼 넓지 않았다. 발라가 스바스티에게 말했다. "오빠, 붓다와 함께 가도록 하세요. 루파크도 이젠 오빠가 처음 물소를 돌보기 시작했을 때보다 훨씬 힘이 세고 저도 집을 잘 돌볼 자신이 있어요. 오빠는 지난 10년 동안 우리를 보살펴주었어요. 이제 우리도 스스로의 힘으로 살아갈 준비가 되어 있어요."

빗물받이 항아리 곁에 앉아 있던 브히마는 묵묵히 언니를 올려다보았다. 스바스티는 브히마를 바라보았다. 스바스티가 붓다를 처음 만났을 때, 발라는 여섯 살, 루파크는 네 살 그리고 브히마는 젖먹이에 불과했다. 루파크가 모래밭에서 뛰노는 동안 발라는 식구들을 위해 집안일을 해야 했다.

그들의 아버지가 돌아가신 지 여섯 달 만에 어머니도 출산 중에 돌아가셨다. 그렇게 되자, 겨우 열한 살이었던 스바스티가 집안의 가장 노릇을 해야만 했다. 스바스티는 나이는 어렸지만 성실한 일꾼이어서 식구들을 먹여 살리기에 충분한 벌이를 했다. 그가 맡은 일은 물소를 돌보는 것이었는데, 그 덕분에 그는 어린 브히마를 위해 물소 젖을 집으로 가져올 수 있었다.

스바스티가 눈길로 자신의 의견을 묻고 있음을 알아차린 브히마는 미소를 지어 보이며 잠시 머뭇거리다가 대답했다. "오빠, 붓다와 함께 가세요." 그러고는 눈물을 감추려고 고개를 돌렸다. 브히마는 그동안 스바스티가 붓다와 함께 수행하고 싶다고 말하는 것을 여러 차례 들어왔고, 그녀 역시 그가 원하는 대로 할 수 있게 되길 진심으로 바랐으나 막상 그 순간이 닥치고 보니 슬픔을 감출 수가 없었다.

바로 그때, 루파크도 마을에서 돌아와 브히마가 하는 말을 듣고는 마침내 때가 왔음을 깨달았다. "그래요, 형님. 부디 붓다와 함께 가도록 하세요." 그러자 가족 모두가 침묵에 빠져들었다. 잠시 후, 루파크가 붓다를 보며 말했다. "세존이시여, 제 형님이 당신과 더불어 수행할 수 있도록 부디 허락해주소서. 이제 저는 형님을 대신해 가족을 돌볼 수 있을 만큼 성장했습니다." 그런 뒤 루파크는 다시 스바스티를 돌아다보며 눈물을 억누른 채 말했다. "하지만 형님, 가끔은 집으로 돌아와 우리를 만날 수 있도록 붓다에게 간청해보세요."

붓다는 자리에서 일어나 브히마의 머리를 부드럽게 쓰다듬었다. "얘들아, 이제 우리는 갈 터이니 식사를 하도록 해라. 나는 비구들과 함께 오늘 밤을 보리수 아래에서 지낸 뒤, 내일 아침 스바스티를 데리러 다시 오도록 하마. 그런 뒤 우리는 라자가하로 함께 길을 떠날 것이다."

붓다는 문에 다다른 뒤, 고개를 돌려 스바스티를 바라보고는 말했다. "내일 아침, 준비할 것은 아무것도 없다. 지금 네가 입고 있는 그 옷만으로 충분하다."

그날 밤, 네 남매는 밤늦도록 잠을 이루지 못했다. 먼 길을 떠나는 아버지처럼 스바스티는 동생들에게 서로를 잘 보살피고 집안을 잘 꾸려나가는 데 대한 마지막 충고를 해주었다. 그런 뒤 그는 동생들을 번갈아가며 오랫동안 껴안아주었다. 스바스티가 껴안는 동안 어린 브히마는 솟구치는 눈물을 참지 못하고 끝내는 흐느꼈다. 그러나 곧 고개를 들고 숨을 깊이 들이마신 뒤, 미소를 지어 보였다. 그녀는 스바스티가 슬픔에 잠기는 것을 원치 않았다. 등잔불이 희미했으나 스바스티가 그녀의 미소를 알아보기에는 충분했고, 그는 그 사실에 감사했다.

다음 날 이른 아침, 스바스티의 친구인 수자타가 작별 인사를 하러 왔다. 어제 저녁, 그녀는 강기슭으로 가던 도중 붓다를 만나서 스바스티가 수도자의 교단에 들게 되었음을 전해 들었던 것이다. 마을 촌장의 딸인 수자타는 스바스티보다 두 살 위였는데, 그녀 역시 붓다가 고타마로 불렸을 때 그를 만났었다. 수자타는 스바스티에게 약초가 담긴 작은 병을 주었다. 그들이 짧게 몇 마디 말을 나누고 났을 때 벌써 붓다와 그의 제자들이 도착했다.

스바스티의 동생들은 그가 떠나는 걸 보기 위해 일찍 일어나 있었다. 라훌라는 그들 남매에게 상냥한 어조로 말을 건네며 용기를 잃지 말고 서로를 잘 보살피며 살아가라고 격려해주었다. 또한 이 부근을 지나게 될 때는 언제나 그들을 만나러 우루벨라에 들르겠다고도 약속했다. 스바스티의 동생들과 수자타는 붓다 일행과 함께 강기슭까지 걸어갔다. 그리고 거기에서 붓다와 비구들 그리고 라훌라와 스바스티에게 합장을 하고서 작별 인사를 했다.

스바스티는 기쁨과 두려움을 함께 느끼고는 마음이 혼란스러워졌다. 그가 우루벨라를 떠나기는 이번이 처음이었다. 붓다가 말하길, 라자가하에 도착하려면 열흘이 걸린다고 했다. 대개의 경우, 사람들은 빠른 걸음으로 여행하지만, 붓다와 그의 비구들은 아주 천천히 그리고 편안하게 길을 걸었다. 스바스티도 느린 걸음으로 걷자 곧 마음이 평온해졌다. 그는 전심전력으로 자신을 불(佛), 법(法), 승(僧)에 몰입시켰는데, 바로 그것이 그가 가야 할 길이었다. 그는 그가 알았던 유일한 땅과 사람들을 마지막으로 한 번 더 둘러보기 위해 뒤돌아보았다. 그러자 그의 동생들과 수자타의 모습은 이미 점이 되어 숲 그늘에 파묻히고 있었다.

스바스티에게는 붓다가 단지 걷는 것을 즐기기 위해 걷고 있으며, 또한 어느 곳에 도착하게 되든 개의치 않는 것처럼 보였다. 그것은 다른 비구들 역시 마찬가지였다. 목적지에 당도하는 것에 대해서는 어느 누구도 염려하는 것 같지 않았고 조바심을 내지도 않았다.

그들 모두의 발걸음은 느리고 균형이 잡혔으며 평화로웠다. 마치 모두가 함께 기분 좋은 산책을 즐기고 있는 것처럼 느껴졌다. 그들은 전혀 지쳐 보이지 않았으며 매일 상당한 거리를 걸었다.

매일 아침, 모두가 탁발을 하기 위해 가까운 마을에 들르곤했다. 모두가 일렬로 붓다의 뒤를 따라 거리를 걸었다. 스바스티는 맨 끝에 서서 걸었는데 바로 라훌라의 뒤였다. 그들은 저마다 호흡과 걸음에 주의하며 엄숙하게 걸었다. 그들은 때때로 마을 사람들이 자신들의 발우에 음식을 보시할 때면 멈춰 서곤 했다. 마을 사람들 중에는 길가에서 무릎을 꿇고 그들에게 경의를 표하는 이들도 있었다. 비구들은 음식을 받을 때는 언제나 정중히 그것을 베푼 사람들을 위한 경을 암송했다.

이윽고 탁발을 마치면, 그들은 음식을 먹을 수 있는 나무 그늘이나 풀밭으로 찾아들기 위해 천천히 마을을 벗어났다. 그런 뒤 그들은 둥글게 모여 앉아 아직껏 비어 있는 다른 사람의 발우를 채워주며 공평하게 음식을 나누었다. 라훌라는 근처의 시냇가에 가서 물병을 채워 붓다에게 공손히 가지고 갔다. 붓다가 양손을 연꽃 모양으로 모으자 라훌라가 그 위로 물을 따라 그의 손을 가볍게 씻어 내렸다. 라훌라는 같은 동작을 모두에게 반복했고 마지막으로 스바스티에게도 그렇게 했다. 아직 발우를 가지지 못한 스바스티를 위해서는 라훌라가 신선한 바나나 잎 위에다 자신의 음식 중 절반을 덜어내 그에게 주었다. 음식을 먹기 전에, 그들은 합장을 하고서 함께 경을 암송했다. 그후 그들은 조용하고 경건하게 한입 한입 음식을 베어 먹었다.

식사를 마치고 나서 어떤 이들은 거닐면서 명상했고, 어떤 이들은 앉은 자세로 명상했으며 또 어떤 이들은 짧은 낮잠에 들었다. 하루 중 가장 더운 때가 지나가자 그들은 다시 길을 떠나 어두워질 때까지 걸었다. 밤을 지내기 가장 좋은 장소는 주위가 평온한 숲 속이었고 그들은 적합한 장소를 찾을 때까지 걸었다. 비구들은 저마다 방석을 가지고 있었는데, 많은 이들이 자신들의 가사를 펼치고 잠들기 전에 밤 시간의 절반 정도를 그 위에 가부좌를 틀고 앉아 명상에 잠겼다. 또한 비구들은 저마다 가사를 두 벌 지니고 있었는데, 그중 한 벌은 입고 있는 것이었고 나머지 한 벌은 추위와 바람을 막기 위한 것이었다. 스바스티도 다른 이들처럼 앉은 자세로 명상했고, 땅 위에 드러난 나무뿌리를 베개 삼아 자는 법도 배웠다.

다음 날 아침, 스바스티가 잠자리에서 일어났을 때, 붓다를 비롯한 많은 비구들이 벌써 일어나 평화롭게 명상에 잠긴 채 앉아 있는 것을 보았는데, 그들의 주위에서는 깊은 평온과 장엄함이 빛을 발하고 있는 듯이 느껴졌다. 이윽고 태양이 지평선 위로 떠오르자 비구들은 각자 자신의 여벌 가사를 개고 나서 발우를 챙겨 들고는 그날의 여정에 올랐다.

낮에는 걷고 밤에는 휴식을 취하면서, 마침내 그들이 마가다의 수도인 라자가하에 당도하는 데에는 열흘이 걸렸다. 그곳은 스바스티가 난생처음 경험하게 되는 도시였다. 마차들은 빽빽이 들어선 집들 사이로 난 도로를 따라 질주했고, 함성과 웃음이 어디에서나 메아리치고 있었다. 하지만 거기에서도 비구들의 조용한 행진은 계속되었는데, 그것은 그들이 강기슭이나 시골의 논밭 길을 한가로이 산책할 때와 다름없이 평화로웠다. 그 도시의 주민들 중 몇몇은 그들의 행렬을 바라보기 위해 발걸음을 멈췄고, 또 몇몇은 붓다를 알아보고는 깊숙이 고개 숙여 경의를 표했다. 비구들은 바로 그 도시 너머에 있는 죽림정사에 당도하기까지 조용한 행진을 계속했다.

붓다가 돌아왔다는 소식은 죽림정사 곳곳으로 빠르게 전해 졌고, 순식간에 약 사백 명의 비구들이 그의 도착을 환영하기 위해 모여들었다. 붓다는 모든 사람들의 안부와 명상 수행에 관해 묻는 것 외에는 그다지 많은 말을 하지 않았다. 그는 스바 스티를 라훌라의 정신적인 스승이기도 한 사리풋타에게 부탁 했다. 죽림정사의 입문자들을 지도하는 역할을 맡고 있는 사리 풋타는 교단에 들어온 지 3년 미만이 되는 오십 명 가량의 수 행자들을 돌보는 스승이었다. 죽림정사의 운영 책임자는 콘단 나라고 부르는 수도자였다.

라훌라는 스바스티에게 죽림정사의 생활 방식을 알려주도록 지시받았다. 즉 걷거나 앉고 서는 법, 그리고 인사하는 법, 보 행 중의 명상법, 앉아서 하는 명상법, 호흡을 가다듬는 법, 가 사를 입는 법, 탁발을 하는 법, 경을 암송하는 법, 발우를 씻는 법 등이었다. 3일 동안 내내 스바스티는 라훌라의 곁을 떠나지 않았고, 그 결과 모든 것을 잘 배울 수 있었다. 라훌라는 스바 스티를 지도하는 데 그의 전력을 쏟았다. 그렇지만 스바스티는 자신이 이 모든 것을 편안하고 자연스럽게 행할 수 있게 되려 면 수년간의 수행이 필요하리라는 걸 알았다. 이러한 기본 교 육이 끝나자, 사리풋타는 스바스티를 자신의 오두막으로 초대 해 비구의 계율에 관해 설명했다.

비구는 스승으로서 붓다(佛)와 깨달음에 이르는 길로서 법 (法)과 그 길을 따라 수행하는 교단인 승(僧)을 따르기 위해 자신의 가족을 떠나 출가한 자이다. 비구의 생활은 소박하고 겸허하다. 탁발은 겸허함을 기르는 데 도움이 되는 동시에 세상 사람들에게 붓다의 가르침인 자비와 지혜를 전할 수 있는 수단이기도 하다.

일찍이 10년 전, 보리수 아래에서 스바스티와 그의 친구들은 깨달음의 진리에 관해 붓다가 자비와 지혜의 길로서 이야기하는 것을 들은 적이 있었는데, 그래서 그는 사리풋타가 자신에게 말하는 모든 것을 이해하기가 어렵지 않았다. 사리풋타의 얼굴은 근엄해 보였지만 그의 두 눈과 미소에는 온화함과 연민이 담겨 있었다. 사리풋타는 스바스티에게 그를 비구 교단에 정식으로 받아들이기 위한 수계식이 있으리라는 것과 아울러 그가 암송해야 할 게송(偈頌)을 가르쳐주었다.

수계식은 사리풋타가 직접 주관하였으며 약 스무 명의 비구들이 참석하였다. 그 자리에 붓다와 라훌라도 참석했으므로 스바스티의 기쁨은 한층 더했다. 사리풋타는 조용히 게송을 암송하고 나서 스바스티의 머리칼을 몇 줌 깎아냈다. 그런 뒤 그는 라훌라에게 삭도를 건넸고, 라훌라가 스바스티의 나머지 머리를 삭발함으로써 그 일을 마무리 지었다. 사리풋타는 스바스티에게 세 벌의 가사와 발우 그리고 물을 여과하는 데 쓰는 주머니를 주었다. 스바스티는 이미 가사를 입는 법을 배웠기 때문에 별 어려움 없이 그것을 입을 수 있었다. 그는 깊은 감사의 마음으로 붓다와 다른 비구들에게 큰절을 올렸다.

그날 아침 늦게 스바스티는 정식으로 계를 받은 비구로서 처음으로 탁발에 나섰다. 죽림정사의 수행자들은 몇으로 무리 지어 라자가하로 향했는데 스바스티는 사리풋타가 이끄는 무리에 속했다. 죽림정사 밖으로 겨우 몇 걸음 나섰을 때, 스바스티는 탁발 행위가 수행을 위한 하나의 수단임을 스스로에게 상기시켰다. 그는 호흡을 가다듬으며 조용히, 걸음걸음에 집중하며 걸었다. 라홀라가 그의 뒤를 따르고 있었다. 비록 지금 자신은 비구이고 라홀라는 아니라 할지라도, 스바스티는 자신이 그보다 훨씬 경험이 부족하다는 걸 잘 알고 있었다. 그는 겸허함과 미덕을 기르기 위해 더욱 열심히 수행에 임할 것을 다짐했다.

2장
물소를 돌보는 일

서늘한 기운이 감도는 날이었다. 감사하는 마음으로 점심 식사를 마친 비구들은 각자의 발우를 씻은 뒤, 땅바닥에 방석을 깔고서 붓다를 향해 앉았다. 대숲 속에 사는 수많은 다람쥐들도 수도자들 속에 거리낌 없이 섞여들었고, 더러는 대나무를 타고 올라가 집회를 내려다보기도 했다. 라홀라가 붓다의 바로 앞에 앉아 있는 것을 본 스바스티는 그의 곁으로 조용히 다가가 그 옆에 자신의 방석을 깔고 앉았다. 고요하고 장엄한 분위기 속에서 누구 하나 입을 열지 않았다. 스바스티는 비구들 각자가 자신의 호흡에 집중하면서 붓다의 말씀을 기다리고 있음을 느낄 수 있었다.

대나무로 만들어진 연단은 모든 비구들이 제대로 바라볼 수 있을 만큼 높았다. 붓다는 온화하면서도 밀림의 사자 같은 위엄을 갖추고 있었으며 제자들을 바라보는 그의 눈빛은 자비로

28

왔다. 스바스티와 라훌라에게 눈길이 한 번 머문 뒤, 붓다는 조용히 미소 지으며 설법을 시작했다.

"오늘 나는 여러분들에게 물소를 돌보는 일에 관해 이야기하고자 합니다. 훌륭한 목동이 알아야 할 것과 행해야 할 것에 관해서입니다. 훌륭한 목동이라면 자신이 돌보고 있는 각각의 물소들에 대해 잘 알고 있어야 합니다. 즉 물소들 각각의 특성과 성향을 잘 알고 있어야 합니다. 그리고 그 물소들을 씻기는 법과 상처를 치료하는 법, 연기를 피워 모기를 쫓는 법과 물소들이 안전하게 다닐 수 있는 길을 찾아낼 줄 알아야 하며 무엇보다 물소들을 사랑할 줄 알아야 합니다. 또한 물소들이 강을 건널 때에는 물길이 얕고 안전한 곳으로 인도해야 하며, 뿐만 아니라 물소들에게 먹일 신선한 풀이 있는 목초지를 찾아내고 아울러 그것들을 잘 가꿀 줄 알아야 합니다. 그리고 나이 든 물소들이 어린 물소들의 본보기가 될 수 있도록 이끌 수도 있어야 합니다.

비구들이여, 내 이야기를 잘 들어야 합니다. 목동이 자신의 물소에 대해 잘 알아야 하는 것과 마찬가지로 비구는 자기 육신의 본질적 요소들에 대해 잘 알아야 합니다.

훌륭한 목동이 물소들 각각의 특성과 성향을 잘 알고 있듯이, 비구는 자신의 육신과 말과 마음이 가치 있게 작용하는 것과 그렇지 못한 것을 구분할 줄 알아야 합니다. 그리고 목동이 자기가 돌보는 물소를 깨끗이 씻어주듯이 비구는 욕망과 집착과 분노와 증오로 더럽혀진 자신의 몸과 마음을 깨끗이 씻어주어야만 합니다."

그렇게 설법하는 동안에도 붓다의 시선은 줄곧 스바스티를 향하고 있었다. 스바스티는 붓다의 설법이 지난날의 자신과 관련된 것임을 알았다. 스바스티는 붓다가 자신에게 물소를 돌보는 일에 관해 자세히 물어왔던 때의 일을 떠올렸다. 그런 일이 없었더라면 궁전에서 성장한 왕자가 물소를 돌보는 일에 대해 그토록 자세히 알 수는 없었을 것이다.

붓다는 여느 때와 다름없는 목소리로 말했지만 그 소리는 더 없이 맑고 명확해서 어느 누구든 한마디도 놓치지 않을 수 있었다. "목동이 물소의 상처를 돌보듯이 비구는 자신의 여섯 가지 감각 기관(六根)인 눈, 귀, 코, 혀 그리고 몸과 마음을 돌보아서 그것들이 혼란에 빠지지 않도록 해야 합니다. 그리고 목동이 연기를 피워 올려 물소들을 모기로부터 지키듯이, 비구는 뭇 사람들에게 어떻게 해야 육체와 정신의 불행을 몰아낼 수 있는가를 깨달음에 이르는 가르침을 통해 보여주어야 합니다. 목동이 물소들이 지나갈 안전한 길을 찾아내듯이 비구는 부와 명성과 성적 쾌락을 위한 욕망으로 이끄는 곳을 피해 갈 줄 알아야 합니다. 목동이 물소들을 소중히 여기듯이 비구는 명상의 기쁨과 평화를 소중히 여겨야 합니다. 목동이 물소가 강을 건널 때 물길이 얕고 안전한 곳에 의지하듯이 비구는 삶의 장애를 극복하기 위해 네 가지의 성스러운 진리(四聖諦)에 의지해야 합니다. 목동이 물소에게 먹일 신선한 풀과 물이 있는 곳을 알듯이 비구는 해탈에 이르는 자양분이 네 가지의 마음챙김임을 알아야 합니다. 목동이 목초지가 황폐해지는 것을 막기 위해 애쓰듯이 비구는 탁발을 할 때 이웃들과 좋은 관계를 유지하도록 애써야 합니다. 목동이 나이 든 물소가 어린 송아지의 본보기가 되게 하듯이, 비구는 연장자의 경험과 지혜에 의존해야 합니다. 오, 비구들이여! 그대들이 이러한 열한 가지 점을 따른다면 그대들은 6년 정도의 수행 기간 내에 깨달음을 얻게 될 것입니다."

스바스티는 놀라움을 금치 못했다. 붓다는 10년 전에 자신이 그에게 들려준 모든 것을 기억하고 있었고, 또한 그것들을 비구들의 수행 생활과 관련지어 하나도 남김 없이 적용했던 것이다.

붓다가 참석한 비구들 전체에게 설법하고 있다는 것을 스바스티는 알고 있었지만, 설법을 하는 동안 줄곧 자신을 바라보았기에 특별한 감동을 받은 것도 사실이었다. 또한 젊은 스바스티의 두 눈은 붓다가 이야기하는 동안 그의 표정을 하나도 놓치지 않았다.

붓다가 설법한 모든 말씀은 듣는 이의 마음을 사로잡았다. 물론 '여섯 가지의 감각 기관(六根)', '네 가지의 성스러운 진리(四聖諦)', '네 가지 마음챙김(四念處)'과 같이 아직은 스바스티가 이해하지 못하는 용어들도 있었다. 스바스티는 이러한 용어에 대해서는 나중에 라훌라에게 물어보아야겠다고 생각했다. 그렇긴 해도 붓다가 말한 이야기의 근본적인 의미는 이해할 수 있을 것 같았다.

"물소 치는 목동이 물소를 위해 싱싱한 풀을 찾아가듯이 비구는
네 가지 마음챙김이 자유로 인도해줌을 알아야 합니다."

붓다는 설법을 계속했다. 이번에는 물소를 인도할 안전한 길을 선택하는 것에 관한 이야기였다. "만약 가시덤불이 있는 길을 걷게 하면 물소는 상처를 입고 그로 말미암아 병에 걸릴 것입니다. 만약 목동이 그 상처를 치료할 줄 모른다면 물소는 열병을 앓게 될 것이며 죽기도 할 것입니다. 수행의 길도 이와 마찬가지입니다. 만약 비구가 올바른 길을 찾지 못한다면 그는 몸과 마음에 상처를 입게 될 것입니다. 그리고 탐욕과 분노는 그의 상처에 더 큰 해악을 끼쳐 결국엔 깨달음에 이르는 길이 가로막힐 것입니다."

붓다는 잠시 이야기를 멈추고 스바스티를 몸짓으로 불러 옆에 서게 했다. 붓다가 좌중에게 미소 띤 얼굴로 자신을 소개하는 동안 스바스티는 합장을 한 채 서 있었다.

"나는 10년 전, 가야 근처의 숲에서 스바스티를 만났습니다. 그때는 내가 아직 깨달음을 이루기 전이었고, 스바스티는 열한 살이었습니다. 내가 보리수 아래 앉을 때 방석으로 쓸 수 있도록 한 아름의 쿠사풀을 준 소년이 바로 스바스티였습니다. 그리고 지금 내가 물소에 관해 이야기한 모든 것도 실은 그에게서 배운 것입니다. 그때 나는 그가 훌륭한 목동임을 알았고 그리고 지금은 그가 훌륭한 비구가 될 것임을 알고 있습니다."

모든 사람의 눈길이 자신에게로 쏠리자 스바스티는 저도 모르게 흥분이 되어 뺨과 귀가 붉어졌다. 모두가 하나같이 합장하며 스바스티에게 예를 갖췄고 그도 거기에 답례했다. 붓다는 라훌라에게 열여섯 가지의 호흡법을 암송하게 하는 것으로써 그날의 설법을 마쳤다. 라훌라는 자리에서 일어나 양손을 모으고 종소리처럼 맑고 분명한 음성으로 각각의 방법을 암송해 보였다. 라훌라가 암송을 마치고 교단의 사람들에게 예를 갖추고 나자 붓다는 자리에서 일어나 천천히 자신의 거처로 걸어갔다. 그러자 모여 있던 수행자들도 각자의 방석을 챙겨 들고 제각기 숲 속에 있는 자신들의 거처로 향했다. 일부는 오두막에서 지냈지만 대부분의 수행자들은 대숲 아래에서 명상하고 잠을 잤다. 비가 올 때에만 그들은 방석을 집어 들고 거처를 주거 시설이나 강당으로 옮겼다.

스바스티의 스승인 사리풋타는 그에게 야외의 한 장소를 라훌라와 함께 나누어 쓰도록 지정해주었다. 어렸을 때의 라훌라는 자신의 보호자 역할을 맡았던 스승과 함께 오두막에서 잠을 자야 했다. 그러나 지금 그는 나무 아래의 한 장소를 자신의 거처로 삼고 있었다. 아무튼 스바스티는 라훌라와 함께 지낼 수 있게 되어 기뻤다.

스바스티는 앉아서 하는 명상 수행을 마친 늦은 오후에 다른 사람들과 마주치지 않을 것 같은 한적한 길에서 보행 중의 명상을 실천해보았다. 하지만 호흡을 집중시키기가 어려웠다. 그의 내부에선 두고 온 고향과 동생들을 향한 그리움이 솟구쳤다. 네란자라 강으로 이어지는 길의 영상이 그의 뇌리에 선명히 떠올랐다. 눈물을 감추려고 고개를 떨구는 브히마의 얼굴과 루파크가 홀로 물소를 돌보는 광경도 눈에 아른거렸다. 그는 그러한 영상들을 몰아내고 오로지 호흡과 보행에만 정신을 집중시키고자 애썼으나 소용이 없었다. 그는 수행에 몰두하지 못하는 자신을 부끄럽게 여겼고, 이러한 자신은 붓다의 신뢰를 받을 자격이 없다고까지 느끼게 되었다. 그는 보행 중의 명상 수행을 마치고 나서 라훌라에게 도움을 청해봐야겠다고 마음 먹었다. 아울러 아침에 들었던 붓다의 설법 중에서 이해할 수 없었던 것들도 물어볼 생각이었다. 스바스티는 라훌라가 그 모든 것을 자신에게 조언해줄 수 있으리라고 확신했다. 라훌라를 생각하는 것만으로도 그는 용기를 얻고 마음을 가라앉힐 수 있었다. 뿐만 아니라, 자신이 행하고 있는 호흡과 보행도 한결 쉽게 느껴졌다.

라훌라가 찾아올 때까지 스바스티는 그를 만날 기회를 얻지 못했다. 라훌라는 스바스티를 대나무 아래로 인도하고서 말했다. "오후에 저는 아난다를 만났습니다. 당신이 어떻게 붓다와 처음 만나게 되었는지를 듣고 싶어 하더군요."

"아난다가 누구지요?"

"그는 석가족의 왕자로 붓다의 사촌이신 분이죠. 7년 전에 수행자가 되었고, 지금은 붓다의 수제자 중의 한 사람입니다. 붓다는 그를 매우 아끼고 있죠. 그가 바로 붓다의 건강을 돌보는 일을 맡고 있습니다. 아난다는 당신과 저를 내일 저녁 자신의 오두막으로 초대했답니다. 저도 붓다께서 가야 숲에 머물렀을 때의 이야기를 듣고 싶습니다."

"붓다께서 이미 말씀하지 않으셨던가요?"

"그래요. 하지만 더 자세한 얘길 듣고 싶습니다. 저는 당신으로부터 많은 이야기를 들을 수 있으리라고 믿어요."

"글쎄, 해줄 수 있는 이야기가 그다지 많은 것 같지 않습니다. 하지만 생각나는 것은 모두 들려주지요. 그런데 라홀라, 아난다는 어떤 분이십니까? 좀 긴장이 되어서 말입니다."

"걱정하실 것 없어요. 매우 우호적이고 친절한 분이니까요. 나는 그에게 당신과 당신의 동생들에 관해 이야기해드렸어요. 그랬더니 아주 흐뭇해하셨지요. 자 그럼, 내일 아침 탁발하러 갈 때 여기서 다시 만나도록 하죠. 지금 전 가사를 빨러 가야 한답니다. 그래야 제시간에 마르거든요."

라홀라가 자리를 뜨기 위해 일어나자 스바스티는 가볍게 그의 옷깃을 잡아당겼다. "잠시만 더 시간을 내줄 수 없겠습니까? 몇 가지 물어볼 게 있습니다. 아침에 붓다께서 비구가 반드시 따라야 할 열한 가지에 대해 말씀하셨는데, 난 그걸 전부 다 기억하고 있지는 못합니다. 그러니 날 위해 그것들을 다시 한 번 들려주지 않겠습니까?"

"저도 아홉 가지밖에는 기억하지 못해요. 하지만 걱정 말아요. 내일 아난다께 여쭤보면 되니까요."

"그분이 그걸 모두 기억하고 계실까요?"

"물론이죠! 아마 그게 백열한 가지나 된다고 해도 아난다께서는 모두 기억하고 계실 겁니다. 물론 당신은 모르시겠지만 이곳에 있는 모든 사람들은 아난다의 기억력에 감탄하고 있답니다. 그는 믿기지 않을 정도로 대단한 기억력의 소유자랍니다. 붓다께서 말씀하신 모든 걸 아주 사소한 것 하나 빠뜨리지 않고 완전무결하게 반복해 보일 수 있지요. 이곳에 있는 모든 사람들은 그를 붓다의 제자들 중에서 가장 박식한 사람으로 생각합니다. 그래서 붓다께서 하신 말씀 중 무언가 기억이 나지 않는 것이 있으면 그때마다 아난다를 찾는답니다. 그리고 때로 교단에서는 아난다에게 붓다의 기본적인 가르침을 되풀이해주는 강좌를 열 것을 요청하기도 하지요."

"그렇다면 참으로 다행이군요. 기다렸다가 내일 아난다에게 물어보면 될 테니까요. 그것 말고도 또 물어볼 게 있는데 걸으면서 명상을 할 때, 어떻게 마음을 다스려야 합니까?"

"그러니까, 당신이 이야기하고자 하는 것은 보행 중의 명상 때에 잡념이 자꾸만 떠올라 수행을 방해한다는 거겠죠. 예컨대 고향에 두고 온 동생들 생각이 자꾸 난다거나 하는."

"어떻게 아셨습니까? 바로 그겁니다. 오늘 저녁엔 왜 유난히 동생들 생각이 나는지 모르겠습니다. 두렵기까지 하고, 깨달음을 위한 결심이 아직 부족한 건 아닌지 모르겠습니다. 그래서 당신과 붓다께 부끄러운 생각까지 듭니다."

스바스티의 이야기에 라훌라는 미소 지었다. "부끄러워할 것 없어요. 저 역시도 처음엔 어머님과 할아버님 그리고 숙모님이 그리워서 방석에 얼굴을 파묻고 많은 밤을 혼자 울며 지새웠답니다. 틀림없이 그분들 역시 저를 그리워하셨을 거예요. 하지만 시간이 지나자 점차 나아지더군요."

라훌라는 스바스티가 일어나도록 도와준 뒤 다정하게 그를 껴안았다.

"당신의 동생들은 사랑스러워요. 그러니 당신이 그들을 못 잊는 것도 당연한 일입니다. 하지만 당신은 곧 새로운 생활에 익숙해질 것입니다. 우리 모두는 여기서 수행이나 학습 등으로 해야 할 일들이 많습니다. 그렇지만 언젠가 기회가 닿으면 제 가족에 대한 이야기도 해드리죠. 어떻습니까?"

스바스티는 라훌라의 양손을 잡고서 고개를 끄덕였다. 그런 뒤 그들은 헤어졌다. 라훌라는 가사를 빨러 갔고, 스바스티는 길에 떨어져 있는 대나무 잎을 쓸기 위해 빗자루를 찾아 나섰다.

3장

한 아름의 쿠사풀

잠이 들기 전에 스바스티는 대나무 아래 앉아서 자신이 처음 붓다를 만났을 당시를 떠올려보았다. 그때 그는 열한 살의 나이였고, 어머니가 세 명의 어린 동생을 남기고 돌아가신 지 얼마 안 되었을 때였다. 게다가 막내 여동생은 아직 젖먹이에 불과했지만 먹일 우유조차 없었다. 그러나 다행히도 마을에 살고 있는 람브훌이라는 사람이 그에게 물소를 돌보는 일자리를 주었기에 그는 네 마리의 물소와 송아지를 돌보며 그 대가로 생활을 꾸려나갈 수 있게 되었다. 또한 그 일자리 덕분에 그는 매일 소젖을 짜서 누이동생을 먹일 수가 있었다. 그는 열심히 물소를 돌보았다. 그렇게 하지 않으면 동생들이 굶주리게 된다는 사실을 잘 알고 있었다. 아버지가 돌아가시고 나서는 집의 지붕을 수선할 여유조차 없었기에, 비가 오는 날이면 루파크가 빗물이 떨어지는 자리에 서둘러 항아리를 갖다 놓아야만 했다. 발라는 고작 여섯 살 나이에 부엌일을 해야 했고 어린 동생도 돌보아야 했으며 숲에 나가 땔감도 구해 와야만 했다. 비록 아주 어린 소녀였지만 그녀는 밀가루를 반죽해 차파티 빵을 만들어 가족에게 먹일 수가 있었다. 하지만 카레를 맛볼 여유는 여간해서 생기지 않았다. 하루 일을 마치고 물소들을 외양간에 몰아넣고 있을 때, 람브홀의 부엌에서 카레 냄새가 풍겨 나오면 스바스티도 군침이 돌곤 했다. 아버지가 돌아가신 후로는 고기와 함께 요리된 카레에다 차파티 빵을 찍어 먹는 일은 더없이 사치스런 일이 되어버렸다. 아이들의 옷은 거의 넝마나 다름없었다. 스바스티는 단 한 벌의 도티*밖에 가지고 있지 않았다. 날씨가 추울 때면 그는 다 헤어진 갈색 천을 어깨에 두르고 다녔다. 그것은 비록 올이 드러날 정도로 낡고 빛바랜 것이었지만 그에게는 더없이 소중한 것이었다.

스바스티는 물소들을 위한 좋은 풀밭을 찾아야 했다. 만약 물소들을 배불리 먹이지 못하고 외양간으로 돌아간다면 람브홀은 결코 그를 용서하지 않을 것이었다. 또한 물소들이 밤 동안에 먹을 풀도 충분히 베어가지고 돌아와야 했다. 모기들이 극성을 부리는 저녁나절엔 연기를 피워 올려 모기들을 쫓아야만 했다. 람브홀은 그 대가로 스바스티에게 사흘에 한 번씩 쌀과 밀가루와 소금을 지급했다. 때로 스바스티는 네란자라 강가에서 잡은 고기를 집으로 가지고 가 브히마로 하여금 요리하게 할 때도 있었다.

*인도 남자가 허리에 두르는 천.

어느 날 오후, 물소들을 씻기고 풀을 가득 베고 나자, 스바스티는 시원한 숲 속에서 잠시 쉬고 싶은 생각이 들었다. 그는 소들이 숲가에서 풀을 뜯도록 내버려두고 기대어 쉴 수 있는 키 큰 나무를 찾기 위해 주위를 둘러보러 나섰다. 그러다가 그는 갑자기 걸음을 멈췄다. 20피트가 채 안 되는 곳의 보리수 아래 한 사람이 조용히 앉아 있는 모습이 눈에 들어왔던 것이다. 스바스티는 놀란 눈빛으로 그를 주시했다. 그 사람은 등을 꼿꼿이 세우고 가부좌를 튼 자세로 앉아 있었다. 그는 전혀 움직이지 않는 것처럼 보였으며 내적인 의지가 대단한 사람처럼 느껴졌다. 그의 눈은 반쯤 감겨져 있는 상태였고 깍지 낀 양손은 무릎 위에 가볍게 올려져 있었다. 한쪽 어깨가 드러나는 황색의 빛바랜 가사를 걸친 그의 몸은 평화로움과 평온함과 근엄함으로 빛나고 있었다. 단지 그를 바라보는 것만으로도 스바스티는 놀라울 정도로 마음이 맑아지는 것을 느낄 수 있었다. 처음 보는 사람에게서 어째서 이토록 특별한 느낌을 받게 되는지 이해할 수가 없었지만, 아무튼 스바스티는 꽤 오랫동안을 그렇게 경외심에 가득 차서 그를 지켜보며 얼어붙은 듯이 서 있어야 했다.

잠시 후, 그 사람이 눈을 떴다. 그는 스바스티의 존재를 금방 알아차리지 못하고 가부좌를 틀었던 다리를 풀고서 발목과 발바닥을 부드럽게 문지르기 시작했다. 그런 뒤 그는 천천히 일어나 걷기 시작했다. 하지만 그는 스바스티가 서 있는 곳과는 반대 방향으로 걸었으므로 여전히 스바스티의 존재를 알아차리지 못하고 있었다. 스바스티는 소리를 내지 않고서, 그 사람이 명상하듯 천천히 숲 속을 거니는 것을 지켜보았다. 일곱 내지 여덟 걸음을 걷고 나서 그 사람은 뒤로 돌아섰고 그제서야 비로소 스바스티를 보게 되었다.

그는 소년을 향해 부드럽게 미소 지어 보였다. 이제까지 스바스티는 그토록 부드럽고 온화한 미소를 본 적이 없었다. 불가사의한 힘에 이끌려 그에게로 뛰어갔지만, 그로부터 얼마 떨어지지 않은 곳에서 문득 자신은 높은 계급의 사람에게 접근할 수 있는 권리가 없음을 깨닫고는 멈칫 멈춰 서야 했다.

스바스티는 누구에게도 접근할 수 없는 불가촉천민이었다. 그는 사성계급 중 어디에도 속하지 않았다. 그의 아버지는 그에게 브라만 계급이 가장 높다는 것과 이 계급 출신의 사람들은 베다와 다른 경전들을 읽고 이해할 수 있는 성직자가 되어 신에게 제사를 지낼 수 있다는 것을 말씀하신 적이 있다. 신이 인간을 창조할 때, 브라만 계급은 신의 입으로부터 나왔다고 한다. 그다음으로 높은 계급인 크샤트리아는 정치와 군사를 담당할 수 있는데, 그들은 신의 양손에서 나왔다고 한다. 주로 상업과 농업에 종사하는 세 번째 계급인 바이샤는 신의 허벅지에서 나왔다고 한다. 그리고 사성계급 중에서 가장 낮은 계급인 수드라 계급은 주로 높은 계급 사람들이 하지 않는 육체노동에 종사하는데, 그들은 신의 발에서 나왔다고 한다. 하지만 스바스티의 가족은 그 어느 계급에도 속하지 않는 불가촉천민이었다. 그들은 마을의 경계 밖에서만 거주하도록 되어 있었으며 쓰레기를 줍거나 거름을 나르거나 길을 닦거나 아니면 돼지를 기르거나 물소를 돌보는 따위의 미천한 일을 해야 했다. 이렇듯 모든 사람들은 그들이 타고난 계급을 숙명적으로 받아들여야 했다. 그리고 성스러운 경전에는 각자가 처한 계급과 지위를 받아들여야만 행복해질 수 있다고 쓰여 있었다.

만약 스바스티와 같은 불가촉천민이 높은 계급의 사람과 몸이 닿게 되면 두들겨 맞을 수밖에 없었다. 우루벨라 마을에서도 불가촉천민인 한 남자가 브라만 계급의 사람에게 손이 닿았다는 이유로 심하게 매를 맞은 적이 있었다. 브라만 계급이나 크샤트리아 계급의 사람들은 불가촉천민과 몸이 닿게 되는 것을 매우 더러운 일로 여겼고, 만약 그렇게 되었을 경우는 자신을 깨끗이 하기 위해 서둘러 집으로 돌아가 근신하며 몇 주간을 지냈다. 그렇기 때문에 스바스티는 물소들을 람브홀의 집으로 데려다 놓을 때에도 길에서나 람브홀의 집 밖에서 높은 계급의 사람들과 마주치지 않도록 애써야 했다. 스바스티는 차라리 물소들이 자신보다 나은 처지로 생각될 정도였다. 왜냐하면 아무리 브라만 계급이라 해도 물소와 닿는 걸 더러운 일로 여기지는 않기 때문이었다. 심지어는 이쪽에서 아무런 잘못이 없는데도, 즉 높은 계급의 사람 쪽에서 우연히 스치게 된 경우에도 불가촉천민은 무자비하게 매를 맞게 되는 수가 있었다.

지금, 스바스티의 앞에는 아주 호감이 가는 사람이 서 있었다. 하지만 그의 몸가짐으로 보아 그가 스바스티와 같은 계급의 사람이 아닌 것이 확실했다. 설사 스바스티가 그에게 접근한다고 해도 그처럼 부드럽고 온화한 미소를 지어 보인 사람이 자신을 때릴 것 같진 않았다. 하지만 그처럼 특별한 사람이 자신에 의해 더럽혀지지 않도록 하기 위해 스바스티는 그에게서 몇 발자국 떨어진 곳에서 걸음을 멈춘 채 더 이상 나아가지 않았다. 스바스티가 머뭇거리는 것을 보고서 그 사람이 스바스티에게로 다가왔다. 순간, 스바스티는 그의 접근을 피하기 위해 뒤로 물러났으나 그의 걸음이 더 빨랐다. 그는 스바스티의 어깨를 왼손으로 잡고서 빛나는 눈으로 스바스티를 바라보았다. 이어서 그는 오른손으로 스바스티의 머리를 부드럽게 쓰다듬었다. 스바스티는 갑자기 당황스러워 어쩔 줄을 몰랐다. 이제까지 아무도 이렇듯 다정한 손길로 자신의 머리를 쓰다듬어준 적이 없었기 때문이었다.

"아이야, 겁낼 것 없다." 그 사람은 부드러운 목소리로 안심시키듯 말했다.

그 목소리를 듣자 스바스티도 안심이 되었다. 그는 고개를 들어 온화한 미소를 짓고 있는 그 사람의 얼굴을 쳐다보았다. 한동안 망설인 후, 그는 더듬거리며 말했다. "저어…… 나리님, 전…… 당신이…… 무척 좋아요."

그러자 그 사람은 한 손으로 부드럽게 스바스티의 턱을 받쳐 올려 그의 눈을 들여다보며 말했다. "나 역시 네가 좋구나. 너는 이 근처에 살고 있니?"

스바스티는 대답하지 않았다. 그는 그 사람의 왼손을 자신의 양손으로 잡고서 자신이 염려하고 있는 바를 물었다. "제가 이처럼 당신을 만지고 있어도 당신은 더럽혀지지 않는 건가요?"

그 사람은 웃으면서 고개를 끄덕여 보였다. "물론 전혀 그렇지가 않단다, 애야. 너와 나는 똑같은 사람이란다. 그러니 너 때문에 내가 더럽혀질 리는 없단다. 사람들이 네게 뭐라고 하든 마음 쓸 것 없어요."

그는 스바스티의 손을 잡고서 숲의 가장자리까지 함께 걸었다. 물소들은 그때까지 평화롭게 풀을 뜯고 있었다. 그 사람은 스바스티를 바라보며 물었다. "네가 이 물소들을 돌보고 있니? 그렇다면 저기 있는 풀들은 네가 물소들의 저녁거리로 베어놓은 게 틀림없겠구나. 네 이름이 뭐지? 그리고 집은 이 근처니?"

스바스티는 공손히 대답했다. "네, 나리님. 제가 큰 물소 네 마리와 송아지 한 마리를 돌보고 있어요. 그리고 저건 제가 벤 풀이 맞아요. 저는 스바스티라고 해요. 우루벨라 마을 바로 아래쪽인 강 저편에 살고 있죠. 그런데 나리님은 누구시죠? 그리고 어디에 사시나요? 가르쳐주실 수 있나요?"

그러자 그 사람은 친절하게 대답해주었다. "물론이지. 내 이름은 싯다르타라고 한단다. 그리고 집은 아주 먼 곳에 있지. 하지만 지금은 숲에서 지낸단다."

"그럼, 나리님은 수도자이신가요?"

싯다르타는 고개를 끄덕였다. 스바스티는 그런 수도자들이 산에서 명상하며 산다는 것을 알고 있었다.

비록 그들은 이제 막 알게 되었고 주고받은 말도 몇 마디 되

지 않았지만 스바스티는 그에게서 따뜻한 유대감을 느꼈다. 우
루벨라에서는 누구도 이처럼 따뜻하게 자신을 대해준 사람이
없었다. 스바스티는 더할 나위 없는 행복한 느낌이 자신의 내
부에서 파도치는 것을 느꼈다. 그는 어떻게든 자신의 기쁨을
전하고 싶었다. 싯다르타에게 무언가 감사의 선물을 하고 싶었
다. 하지만 그의 주머니에는 한 푼의 돈도 없었고 또한 한 조각
의 사탕수수 줄기나 한 알의 사탕도 없었다. 도대체 자신이 무
얼 선물할 수 있을까? 아무것도 가진 것이 없었다. 하지만 그
는 용기를 내어 말했다.

"나리님, 저는 당신에게 무언가 선물을 드리고 싶지만 가진
것이 없군요."

싯다르타는 스바스티를 보며 미소 지었다. "아니, 그렇지 않
단다. 너는 내가 원하는 것을 가지고 있단다."

"네? 제가요?"

그러자 싯다르타는 스바스티가 베어놓은 쿠사풀 더미를 가
리키며 말했다. "네가 물소들의 저녁거리로 베어놓은 저 풀들
은 아주 부드럽고 향기가 좋구나. 만약 네가 저걸 몇 줌 내게
준다면 나는 그걸로 나무 아래에서 명상할 때 깔고 앉을 방석
을 만들어 쓸 수가 있단다. 네가 그렇게 해줄 수 있다면 기쁘겠
구나."

그 말에 스바스티의 눈이 빛났다. 그는 곧장 풀 더미로 달려
가 한 아름의 풀을 품 안 가득 안고 돌아와 싯다르타에게 내밀
었다.

스바스티는 방석으로 사용할 수 있도록 한 아름의 풀을 싯다르타
에게 내밀었다.

"이 풀은 강 아래쪽에서 벤 것입니다. 보잘것없지만 받아주십시오. 소들을 먹일 것은 얼마든지 더 벨 수 있으니까 걱정하지 않으셔도 되고요."

싯다르타는 연꽃 모양으로 손을 모아 합장하며 그 선물을 받아들였다. 그런 뒤 말했다. "고맙다. 너는 과연 친절한 소년이구나. 날이 어둡기 전에 소들에게 먹일 것을 좀 더 베도록 하려무나. 그리고 만약 네가 시간이 난다면 내일 오후 다시 이 숲으로 나를 만나러 오려무나."

어린 스바스티는 싯다르타에게 머리 숙여 작별 인사를 했고, 그가 다시 숲 속으로 돌아가는 것을 지켜보았다. 그런 뒤 그는 낫을 들고 강변으로 향했는데 그의 마음은 알 수 없는 따뜻한 기운으로 넘쳐났다. 때는 초가을이었다. 쿠사풀은 여전히 부드러웠고 그의 낫은 새로 간 것처럼 날이 잘 들었다. 잠깐 동안에 스바스티는 소들에게 먹일 풀을 보충할 수 있었다.

스바스티는 물소들을 람브홀의 집으로 몰고 가기 위해 네란자라 강의 수심이 얕은 곳으로 이끌었다. 송아지가 향긋한 풀이 나 있는 강변에서 떠나지 않으려고 해서 녀석을 어르느라 조금 애를 먹긴 했지만, 한 짐 가득 어깨에 진 풀 더미가 오늘따라 그다지 무겁지 않다고 느끼면서 물소들과 함께 강을 건널 수 있었다.

4장

상처 입은 백조

다음 날 아침 일찍 스바스티는 물소들을 이끌고 풀밭으로 나섰다. 점심 무렵이 되었을 때는 두 망태 가득 풀을 베어 모을 수가 있었다. 스바스티는 숲과 접해 있는 강가 쪽에서 물소들이 풀을 뜯게 하는 걸 좋아했다. 그렇게 하면 자신이 풀을 다 베었을 때 시원한 바람을 쐬며 쉴 수가 있고, 또한 물소들이 남의 논으로 들어가는 걸 걱정하지 않아도 되기 때문이었다. 그는 오직 낫 한 자루만을 가지고 다녔는데, 그것이 생계를 꾸려나가는 소중한 도구였다. 스바스티는 어린 여동생 발라가 바나나 잎에다 싸준 한 줌의 점심밥을 펼쳤다. 하지만 그가 막 손을 대려고 할 때 싯다르타가 떠올랐다.

'이 밥을 수도자이신 싯다르타께 드리는 게 좋겠어. 그분은 아마 이 밥이 보잘것없다고 하시지는 않으실 거야.' 이렇게 생각하면서 스바스티는 펼쳐놓은 점심밥을 다시 쌌고, 숲가에 물소를 남겨놓은 채 어제 싯다르타와 만났던 곳으로 가기 위해 오솔길을 따라 나섰다.

멀리서 싯다르타가 보리수 아래 앉아 있는 것이 보였다. 그런데 싯다르타는 혼자가 아니었다. 그의 앞에는 스바스티 또래의 한 소녀가 앉아 있었는데, 그녀는 하얗고 질이 좋은 사리 차림이었다. 그리고 이미 그의 앞에는 음식이 놓여 있었다. 스바스티는 그걸 보고서 갑자기 멈춰 섰다. 그러나 싯다르타가 그를 알아보고는 "스바스티!" 하고 부른 뒤, 자리를 함께하자고 손짓했다.

흰 사리를 입은 소녀가 쳐다보았을 때, 스바스티는 그녀가 마을 길을 지나면서 몇 번인가 마주쳤던 소녀임을 알았다. 스바스티가 다가가자, 그녀는 그가 앉을 자리를 내주기 위해 왼쪽으로 비켜 앉았고 싯다르타는 그에게 앉으라는 손짓을 했다. 싯다르타의 앞에는 바나나 잎에 얹힌 쌀밥과 약간의 깨소금이 놓여 있었다. 싯다르타가 그 밥을 이등분하며 말했다.

"스바스티야, 아직 점심을 안 먹었지?"

"네, 나리님."

"그럼, 이걸 함께 먹자꾸나."

싯다르타가 이등분한 밥의 한쪽을 스바스티에게 건네자, 스바스티는 합장하며 감사하다는 뜻을 전하고 그 밥을 사양했다. 그리고는 자신이 가져온 초라한 밥을 앞에 내놓으며 말했다. "저도 밥을 조금 가져왔어요."

그가 내놓은 밥은 싯다르타의 앞에 놓인 흰 쌀밥과는 달리

누런색의 거친 곡식으로 지은 것이었다. 물론 그는 깨소금도 가지고 있지 않았다. 싯다르타는 두 아이 모두에게 미소 지으면서 말했다. "그럼, 우리 서로의 것을 나누어 먹도록 할까?"

그는 흰 쌀밥에 깨소금을 쳐서 먼저 스바스티에게 건넸다. 그런 뒤 스바스티가 가져온 밥도 이등분해서 그 한쪽을 아주 맛있게 먹기 시작했다. 스바스티는 난처했지만 싯다르타가 아무렇지도 않은 걸 보고서 역시 식사를 하기 시작했다.

"이 밥은 아주 맛이 좋군요, 나리님."

"수자타가 가져온 거란다" 하고 싯다르타가 대답했다.

싯다르타의 그 말을 듣고서 '이 애의 이름이 수자타로구나' 하고 스바스티는 속으로 생각했다. 소녀는 스바스티보다는 한두 살쯤 더 나이가 들어보였고 반짝반짝 빛나는 크고 검은 눈동자를 가지고 있었다. 스바스티는 밥을 먹던 것을 멈추고는 말했다. "전에 마을 길에서 몇 번 너를 본 적은 있지만, 네 이름이 수자타인 줄은 몰랐어."

"그래, 나는 우루벨라 마을 촌장의 딸이야. 네 이름은 스바스티지? 싯다르타 스승님이 방금 너에 관한 이야기를 해주셨어." 그렇게 말하고서 그녀는 부드럽게 덧붙였다. "스바스티, 수도자를 부를 땐 나리님보다는 스승님이라는 호칭이 더 알맞아."

스바스티가 고개를 끄덕였다.

그 광경을 지켜보던 싯다르타가 미소 지으며 말했다. "이제 보니, 내가 서로 소개해줄 것도 없겠구나. 그런데 너희는 어째서 내가 이처럼 조용히 식사를 하는지 알고 있니? 그건 이 밥의 알곡들과 깨소금은 매우 소중한 것이므로 이것을 먹을 수 있는 데 대해 충분히 감사하기 위해서란다. 그런데 수자타야, 너는 거친 곡식으로 지은 밥을 먹어본 적이 있니? 혹시 먹어본 적이 있더라도 스바스티가 가져온 걸 조금 먹어보려무나. 이것 역시 아주 맛이 좋단다. 그럼, 이제 우리 다 함께 조용히 식사를 하자꾸나. 식사를 마치면 내가 너희들에게 이야기를 한 가지 해주도록 하마."

싯다르타는 누런 밥 한 덩이를 떼어내어 수자타에게 건네주었다. 그녀는 합장을 해 보이고 나서 공손히 그걸 건네받았다. 세 사람은 숲 속의 깊은 정적 속에서 조용히 식사를 했다.

밥과 깨소금을 다 비우자, 수자타는 남은 바나나 잎을 치웠다. 그런 뒤 그녀는 한쪽에 놓여 있던 신선한 물이 담긴 물병을 들고서 자신이 가지고 온 하나뿐인 물 잔에다 물을 따랐다. 이어서 그녀는 그 물을 싯다르타에게 드리기 위해 물 잔을 받쳐 들었다. 싯다르타는 그 물 잔을 양손으로 건네받고서 스바스티에게 먼저 권했다. 스바스티는 당황하며 말했다. "나리님, 아니 스승님. 그 물은 당연히 스승님께서 먼저 드셔야 합니다."

그러자 싯다르타는 부드러운 목소리로 말했다. "스바스티야, 네가 먼저 마셔라. 난 네가 먼저 마시길 바란단다." 그는 물 잔을 들어 스바스티에게 권했다.

스바스티는 당황스러웠을 뿐만 아니라, 이러한 뜻밖의 황송한 경우에는 어떻게 대처해야 좋을지 알 수 없었다. 그는 손을 모아 감사의 예를 올리고 나서 그 물 잔을 건네받았다. 그는 천천히 물 잔에 담긴 물을 다 마셔 비운 뒤, 물 잔을 싯다르타에게 되돌려주었다.

싯다르타는 수자타에게 다시 물 한 잔을 청했다. 잔에 물이 가득 차자, 그는 그걸 들어 올려 입으로 가져간 다음, 감사와 기쁨이 담긴 표정으로 천천히 그 물을 마셨다. 수자타는 싯다르타와 스바스티가 번갈아가며 물을 마시는 모습을 조용히 지켜보고 있었다. 싯다르타는 물 잔을 비운 뒤, 수자타에게 다시 한 잔의 물을 따르도록 해서 그 물을 그녀가 마시도록 권했다. 그녀는 거듭 물을 따르고 난 뒤, 합장하며 그 물 잔을 받아 들었다. 이어서 그녀는 물 잔을 입으로 가져가 좀 전에 싯다르타가 그랬던 것처럼 천천히 그 물을 마시기 시작했다. 그녀는 자신이 이처럼 불가촉천민이 입에 댔던 잔으로 물을 마시는 것은 처음임을 깨닫고 있었다. 하지만 스승이신 싯다르타께서도 그렇게 하셨는데 어째서 자신이 그러지 못한단 말인가? 물을 마시는 동안에도 그녀는 어떠한 불결한 느낌도 들지 않았다. 물을 계속 마시다가 그녀는 무의식적으로 손을 뻗어 그 목동의 머리도 만져보았다. 그러한 그녀의 행동은 놀랄 만한 일이었으며, 그 동작은 스바스티가 미처 몸을 피할 틈도 없이 행해졌다. 그러고 나서 그녀는 물을 다 마셨다. 그녀는 빈 물 잔을 바닥에 내려놓고 두 사람을 향해 미소 지어 보였다.

싯다르타가 고개를 끄덕이며 말했다. "너희는 내 뜻을 이해했구나. 그렇단다. 인간이란 원래가 계급을 가지고 태어나는 게 아니란다. 모든 사람의 눈물이 너나없이 짜듯이 모든 사람

싯다르타와 스바스티 그리고 수자타는 마음챙김을 하며 함께 식사를 하였다.

의 피도 너나없이 붉은 거란다. 인간을 계급으로 나누거나, 분열시키거나 편견을 가지고 상대를 대하는 것은 옳지 못해. 나는 명상을 하는 동안에 그러한 계급제도가 잘못되었다는 것을 확실하게 깨닫게 되었단다."

수자타는 뭔가를 골똘히 생각하는 듯하더니 이윽고 말했다. "저희는 스승님의 제자이며 스승님의 가르침을 따릅니다. 하지만 세상 사람들은 그 누구도 스승님과 같은 생각을 하고 있는 것 같지 않아요. 다른 모든 사람들은 수드라 계급과 불가촉천민은 신의 발에서 생겨났다고 믿고 있지요. 경전에도 그렇게 쓰여 있고요. 어느 누구도 감히 그 사실에 대해 틀리다고 생각지는 않고 있어요."

"그래, 나도 그건 알고 있단다. 하지만 진리란 누가 그걸 믿건 믿지 않건 간에 여전히 진리임에는 틀림없지. 비록 백만 명의 사람이 거짓을 믿고 있다고 하더라도 그것은 어디까지나 거짓일 뿐이지 진리는 아니란다. 너희는 진리에 따라 살고자 하는 커다란 용기를 지녀야 한단다. 이제 너희에게 내가 어렸을 적의 이야기를 한 가지 들려주마.

아홉 살 나던 해의 어느 날, 나는 혼자서 정원을 산책하고 있었단다. 그런데 그때 갑자기 하늘에서 한 마리 백조가 내 앞쪽에 떨어지더니 고통에 겨워 버둥거리는 것이었어. 달려가서 살펴보니, 그 백조의 날갯죽지에 화살이 꿰뚫어져 있더구나. 그래서 나는 그 화살을 단단히 부여잡고는 힘껏 잡아당겨 그걸 빼냈지. 그러자 새의 몸에선 피가 솟구쳤고 새는 고통스레 울부짖었어. 나는 피를 멈추게 하기 위해 손으로 새의 상처를 틀어막고는 그 새를 안고 순다리 공주에게로 갔단다. 그녀는 약초를 따서 새의 상처를 치료할 수 있는 약을 만들어주겠다고 했어. 새가 부들부들 떨고 있기에 나는 웃옷을 벗어 새의 몸을 감싸줬어. 그런 뒤 나는 그 새를 왕실의 난로 곁으로 옮겼지."

싯다르타는 잠깐 말을 끊고서 스바스티를 바라보았다. "스바스티야, 아직 네게는 말하지 않았는데, 실은 나는 어렸을 때는 왕자였단다. 카필라밧투의 숫도다나 왕이 내 아버님이셨지. 수자타는 이미 알고 있단다. 아무튼 그래서 막 내가 백조에게 모이로 줄 쌀을 구하러 방을 나서려고 했을 때, 여덟 살 난 사촌 동생인 데바닷타가 방으로 뛰어들어 왔단다. 손에 활과 화살을 꽉 쥐고서 그는 흥분된 어조로 내게 말했지. '싯다르타 형, 혹시 이 근처에서 백조 한 마리가 떨어진 걸 못 봤어?'

그러나 내가 대답하기도 전에 데바닷타는 백조가 난롯가에서 휴식을 취하고 있는 것을 보더니 그리로 달려가려 했지. 하지만 내가 가로막고서 말했단다.

'너는 저 새를 가져갈 수 없어.'

'저 새는 내 거야. 내가 쏘아 맞춘 거라고' 하면서 사촌동생은 거칠게 항의했지.

나는 데바닷타와 백조 사이에 서서 그가 그 새를 가져가지 못하도록 단호하게 말했어.

'저 새는 상처를 입었기 때문에 내가 보호하고 있는 중이다. 지금 저 새에게는 휴식이 필요해.'

하지만 데바닷타는 매우 고집이 세어서 굽히려 들지 않았지. 그는 주장했어. '들어봐, 형. 저 새가 하늘을 날고 있었을 때는 그 누구의 것도 아니었어. 하지만 내가 활을 쏘아 떨어뜨렸으니 이제 저 새는 내 것이 된 거라고.'

그의 주장은 논리적인 것처럼 들렸지만 나는 그의 이야기에 화가 났어. 나는 그의 논리에 무언가 잘못된 점이 있다는 것을 알고는 있었지만 그것을 제대로 지적할 수는 없었어. 그래서 나는 그곳에 선 채 아무 말도 하지 못했는데 그 때문에 더욱 화가 났단다. 갑자기 나는 그를 때리고 싶었지만 왠지 그럴 수는 없더군. 그러자 그때 문득 그에게 대답해줄 말이 생각났어.

'데바닷타야' 하고 나는 말을 꺼냈지. '서로 사랑하는 사람들은 함께 살 수가 있지만, 서로가 적인 사람들은 함께 살 수 없는 거란다. 네가 저 백조를 죽이려고 했다면 너와 저 백조는 적일 수밖에 없단다. 그러니까 저 백조는 너와 함께 살 수가 없는 거지. 하지만 나는 저 백조를 구해주었고 상처를 돌봐주었고 몸을 따뜻하게 해주었어. 네가 막 도착했을 때에는 모이를 구해주러 나가려던 참이었단다. 그러니까 저 백조와 나는 서로 사랑하는 사이이므로 함께 살 수가 있는 거란다. 즉 저 백조가 필요로 하는 것은 네가 아니라 나인 것이다.'"

수자타가 손뼉을 치면서 말했다. "맞아요! 스승님 말씀이 옳아요!"

싯다르타가 스바스티를 바라보면서 말했다. "스바스티야, 너는 내 말을 어떻게 생각하느냐?"

스바스티는 잠깐 생각을 하고서 천천히 대답했다. "저도 스승님이 옳았다고 생각합니다. 하지만 많은 사람들은 그렇게 여기지 않을 것 같군요. 대부분의 사람들이 데바닷타의 편을 들 것 같아요."

싯다르타는 고개를 끄덕이고는 말했다. "네 말이 옳다. 대부분의 사람들은 데바닷타의 편을 들 것이다.

그러면 이제 그다음에 일어난 일을 이야기해주마. 우리는 서로의 의견에 동의할 수가 없었기에 결국은 이 문제를 어른들에게 여쭤보기로 했단다. 마침 그날 궁전에는 대신들의 회의가 열리고 있었으므로 우리는 서둘러 그들이 모여 있는 회의장으로 갔단다. 나는 그 백조를 들고 갔고 데바닷타는 활과 화살을 손에 꼭 잡고서 갔지. 우리는 대신들에게 우리의 문제를 이야기하고는 판결을 내려줄 것을 부탁했다. 그들은 나랏일을 의논하는 것을 잠시 미루고 처음에는 데바닷타의 의견을, 그러고 나서는 내 의견에 귀를 기울여주었지. 그런 뒤 어른들은 이 문제를 두고 오랫동안 의논했지만 그들 역시 쉽게 의견의 일치를 보지 못했지. 그러다가 대부분의 대신들의 의견이 데바닷타 쪽으로 기울어지는 것 같았어. 그런데 그때 국왕이신 내 아버님께서 갑자기 목청을 가다듬으시며 몇 차례 기침을 하시는 것이었어. 그러자 갑자기 모든 대신들이 말을 멈추고 조용해지더니 잠시 후 만장일치로 내 의견이 옳다고 하는 것이었어. 그래서 그 새는 내게 주어졌지. 데바닷타는 화가 나서 어쩔 줄 몰랐지만, 물론 그 판결을 문제 삼을 수는 없었지.

그래서 나는 그 새를 갖게 되었지. 하지만 마음이 편하지는 않았어. 비록 어리기는 했어도 그 승리가 정당한 것이 못 된다는 것은 알았으니까. 즉 내가 그 새를 갖게 된 건 대신들이 내 의견에 동의했기 때문이 아니라 국왕이신 아버님의 비위를 맞추기 위해서 그렇게 된 거였지."

"언짢은 이야기군요." 수자타가 어두운 표정으로 말했다.

"그래. 하지만 생각을 새에게로 돌리자, 나는 그 새가 안전해졌다는 사실에 마음이 놓였지. 그렇지 않았다면 그 새는 솥에 삶아지는 신세가 되었을 테니까 말이야.

이 세상에는 자비로운 눈으로 세상을 대하는 사람들이 그다지 많지가 않아. 그래서 사람들은 서로에게 사나워지고 잔인해지는 거란다. 그리고 약자는 언제나 강자에게 억압당하는 거고 말이야. 나는 아직도 그날의 내 행동과 주장이 옳았다고 생각해. 왜냐하면 그것은 사랑과 이해심에서 우러나온 것이었으니까 말이야. 사랑과 이해심은 모든 이들의 고통을 덜어줄 수가 있는 거지. 그리고 누가 뭐라고 하든, 진리는 어디까지나 진리인 것이다. 그래서 너희들에게 이야기하건대, 정당한 것을 지지하고 보호하기 위해선 커다란 용기가 필요한 거란다."

"그런데 그 백조는 어떻게 되었나요, 스승님?" 수자타가 물었다.

"나흘 동안 나는 그 새를 돌보아주었단다. 그런 뒤 그 새의 상처가 다 낫게 된 걸 보고서 새를 날려 보내주었지. 그 새에게 다시는 화살에 맞지 않도록 주의하라고 이르고 나서 말이다."

그러고 나서 싯다르타는 두 아이를 바라보았는데, 그들은 모두 침착하고 진지한 표정이었다. "수자타야, 어머니가 걱정하시기 전에 집으로 돌아가도록 하려무나. 그리고 스바스티, 너는 이제 물소들이 있는 곳으로 가서 풀을 더 베어야 할 테지? 어제 네가 준 한 아름의 풀은 내가 명상할 때 깔고 앉는 아주 좋은 방석이 되었단다. 어젯밤과 오늘 아침, 나는 그걸 사용해서 아주 평화로운 기분으로 명상에 잠길 수 있었고, 덕분에 아주 많은 것을 깨닫게 되었단다. 스바스티야, 너는 내게 큰 도움을 준 거란다. 나의 깨달음이 깊어지면 그 열매를 너희들에게도 나누어 주도록 하마. 자, 이제 나는 계속 명상을 해야겠다."

　　스바스티는 싯다르타가 방석을 만들어 깔고 앉은 풀들을 내려다보았다. 비록 그 풀들은 단단히 엮어져 있었지만 아직 부드러운 기운과 향기로움을 잃지 않고 있었다. 스바스티는 자신의 스승을 위해 사흘에 한 번씩 새로운 풀을 가져다 드려야겠다고 마음먹었다. 스바스티는 수자타와 함께 자리에서 일어나 합장을 하며 싯다르타에게 작별 인사를 드렸다. 수자타는 집으로 향했고 스바스티는 자신의 물소들이 풀을 뜯고 있는 곳으로 향했다.

5장

한 사발의 우유

스바스티는 싯다르타를 만나기 위해 매일 그가 있는 숲 속으로 찾아갔다. 대개 정오 무렵까지는 두 망태의 풀을 벨 수가 있었으므로, 그런 뒤에는 싯다르타가 있는 곳으로 가서 점심을 함께 들었다. 하지만 날씨가 건조한 계절로 접어들면서부터 신선한 풀들이 점점 귀하게 되어 그는 오후 늦게야 일을 마칠 수 있었고, 그에 따라 스승과 친구를 만나러 가는 일도 자연히 늦어지게 되었다. 때로는 스바스티가 도착했을 때 싯다르타는 명상에 잠겨 있기도 했는데, 그럴 때면 스바스티는 스승의 명상을 방해하고 싶지 않아 잠깐 동안 조용히 앉아 있다가 숲을 떠나곤 했다. 그러나 싯다르타가 숲 속의 오솔길을 천천히 걷고 있을 때면 스바스티도 함께 걸으며 짧은 대화를 나누었다. 스바스티는 그 숲 속에서 수자타도 자주 만날 수가 있었다. 그녀는 매일같이 싯다르타를 위해 밥과 함께 약간의 카레나 땅콩이나 깨소금 같은 반찬을 가지고 왔는데, 더러는 우유나 쌀죽, 혹은 알사탕 같은 것을 가져오는 경우도 있었다. 물소들이 풀을 뜯고 있는 동안, 스바스티와 수자타는 숲 가장자리에 앉아 서로 이야기를 나눌 때가 많았다. 때로 수자타가 친구인 수프리야를 데려올 때도 있었는데, 그녀는 스바스티와 동갑이었다. 스바스티는 남동생과 누이동생들도 싯다르타와 만날 수 있게 되기를 원했다. 만약 가장 얕은 곳으로 해서 강을 건넌다면 그들도 별 어려움 없이 강을 건널 수 있을 거라고 스바스티는 믿었다.

수자타는 스바스티에게 몇 달 전 자신이 어떻게 싯다르타와 처음 만나게 되었는가와 그리고 어째서 그 후로 자신이 날마다 점심때면 음식을 가지고 오게 되었는가에 대해서도 말해주었다. 그녀가 싯다르타를 처음 만난 날은 보름날이었다고 했다. 그날 그녀는 어머니가 시키는 대로 새로 지은 분홍색 사리를 입고서 숲의 신에게 제사를 지내기 위해 음식을 들고 숲으로 가고 있었다. 숲의 신에게 바칠 그 음식들은 떡과 우유, 꿀과 콘지 등이었다. 하늘에는 정오의 태양이 눈부셨다. 수자타가 강 근처에 이르렀을 때, 한 남자가 의식을 잃고 길에 쓰러져 있는 것을 보았다. 그녀는 음식이 담긴 쟁반을 내려놓고서 그에게로 달려갔다. 그는 간신히 숨은 쉬고 있었지만 두 눈은 감긴 채였다. 또한 그의 빰은 오랫동안 굶은 사람처럼 움푹 들어가 있었다. 수자타는 그의 긴 머리와 아무렇게나 자란 수염과 남루한 의복을 보고서 그가 산에서 고행하는 수도자가 틀림없다고 판단했다. 주저 없이 그녀는 우유를 한 잔 따라 그의 입에

"애야, 내게 우유를 조금 더 주지 않겠니?"

대고는 약간씩 흘려 넣었다. 처음에는 아무런 반응이 없었으나, 조금 뒤 입술이 약간 떨리는 듯하더니 가볍게 벌어졌다. 수자타는 천천히 우유를 그의 입 안에 부어 넣었다. 그는 우유를 넘기기 시작했고 이윽고 한 잔의 우유를 다 마셨다.

그런 뒤 수자타는 그 사람이 의식을 회복하는 걸 지켜보기 위해 강기슭에 앉았다. 천천히 그가 몸을 일으켜 앉으며 눈을 떴다. 그리고 수자타를 보고서 미소를 지었다. 이어서 몸에 걸친 의복을 바로 하고서 결가부좌 자세를 취했다. 그는 호흡을 시작했는데, 처음에는 얕게 하다가 갈수록 깊이 있게 진행시켰다. 그의 앉음새는 아주 안정되어 보였고 게다가 아름다웠다. 그가 산신임이 틀림없다고 생각한 수자타는 손을 모아 합장한 뒤, 그의 앞에 엎드렸다. 그러나 그는 수자타에게 그렇게 하지 말라는 손짓을 했다. 수자타가 몸을 일으켜 앉자, 그는 부드러운 목소리로 말했다. "애야, 내게 우유를 조금 더 주지 않겠니?"

그가 말하는 걸 본 수자타는 기뻤다. 그녀가 다시 우유를 한 잔 따라 그에게 건네주자 그는 그걸 천천히 다 마셨다. 그에게는 그 우유가 아주 영양가가 많은 듯이 여겨졌다. 불과 한 시간 전만 하더라도 그는 곧 숨을 거두게 될 거라고 생각했다. 하지만 이제 다시 두 눈은 빛났고 그는 부드럽게 미소 짓고 있었다. 수자타는 그에게 어쩌다 길에서 쓰러져 있게 되었는지를 물었다.

"나는 산에서 명상 수행을 하고 지냈단다. 가혹한 금욕 훈련 끝에 몸이 쇠약해져서 오늘은 마을로 내려가 탁발을 할 참이었지. 그러나 여기에서 온몸에 힘이 다 빠져버리게 된 거란다. 그런데 고맙게도 네가 내 생명을 구해주었구나."

강기슭에 함께 앉아 그는 수자타에게 자신의 이야기를 들려주었다. 그는 석가족의 왕국을 다스리는 국왕의 아들 싯다르타였다. 수자타는 싯다르타가 하는 이야기를 주의 깊게 들었다.

"나는 몸을 혹사하는 것이 마음의 평화를 얻거나 깨달음을 얻는 데 도움이 되지 않는다는 걸 알게 되었단다. 몸은 단순한 도구가 아니야. 그것은 정신의 사원과 같은 거지. 이제 나는 몸을 혹사시키는 수행은 더 이상 하지 않을 작정이란다. 매일 아침 탁발을 하러 마을로 내려갈 생각이야."

수자타는 합장을 하며 말했다. "성스러운 수도자시여, 만약 당신이 허락하신다면 매일 제가 당신께 음식을 가져다 드리겠습니다. 그렇게 하면 당신은 명상 수행에만 몰두하실 수가 있습니다. 다행히 제 집은 여기서 멀지 않은 곳에 있고, 제 부모님 또한 제가 그렇게 하면 기뻐하실 겁니다."

싯다르타는 잠시 동안 침묵하고 나서 말했다. "너의 제의를 기꺼이 받아들이도록 하마. 하지만 때로는 마을 사람들을 만나기 위해 마을로 내려가 탁발을 하고 싶구나. 나는 네 부모님과 마을의 다른 아이들도 만나고 싶단다."

수자타는 몹시 기뻤다. 그녀는 합장을 하고 감사의 인사를 했다. 그녀의 집을 방문해 그녀의 부모님을 만나보겠다는 싯다르타의 생각은 대단히 가슴 설레는 것이었다. 그리고 자신의 집은 마을에서도 아주 부유하기 때문에 매일 그에게 음식을 가져다주는 것이 결코 어려운 일은 아니라고 생각했다. 하지만 그녀는 그 이야기를 싯다르타에게 하지 않았다. 단지 이 수도자가 매우 중요한 사람이며 그에게 음식을 가져다주는 일이 숲의 신에게 음식을 바치는 것보다 값진 일이라고 생각했을 뿐이다. 그녀는 그의 명상이 깊어지면 그의 사랑과 깨달음이 세상 사람들의 고통을 덜어줄 수 있으리라고 생각했다.

싯다르타는 자신이 지냈던 당시리 산의 동굴에 관해 언급했다. "오늘부터 나는 그곳으로 돌아가지 않을 것이다. 이곳의 숲은 공기가 맑고 신선하다. 그리고 여기엔 내가 앉아서 수행할 수 있는 커다란 보리수도 있지. 네가 나를 위해 내일 음식을 가지고 올 땐 이곳으로 와주었으면 좋겠다. 지금 그 장소를 가르쳐줄 테니 나와 함께 가자꾸나."

싯다르타는 수자타를 데리고 강을 건넜다. 그리고 네란자라 강의 다른 한쪽 강기슭에 면한 시원한 숲 속으로 들어갔다. 그는 그녀에게 자신이 앞으로 명상을 행할 보리수 아래의 장소를 가르쳐주었다. 그녀는 그 우람한 나무줄기와 무성하게 드리워진 잎사귀들을 감탄의 눈길로 바라보았다. 그 잎사귀들은 길쭉한 심장 모양이고 크기는 수자타의 손만큼이나 컸다. 가지들 사이에서 새들이 즐겁게 지저귀고 있는 그곳은 실로 평화롭고 신선한 장소였다. 사실 그녀는 숲의 신에게 제사를 드리기 위해 부모님을 따라 이 나무 아래에 온 적이 있었다.

"이곳이 스승님의 새로운 거처로군요." 수자타가 그 검고 둥근 눈으로 싯다르타를 바라보며 말했다. "제가 매일 이곳으로 오겠어요."

싯다르타가 고개를 끄덕였다. 그는 수자타와 함께 숲 밖으로 나와 강기슭에서 헤어졌다. 그런 뒤 그는 혼자서 보리수 아래로 돌아갔다.

그날 이후, 수자타는 해 그늘이 지기 바로 전쯤에 싯다르타를 위해 밥이나 차파티를 가져다주었다. 때로는 우유나 콘지를 가져다주기도 하였다. 이따금 싯다르타는 발우를 챙겨서 마을로 내려가 탁발을 했다. 그는 마을의 촌장인 수자타의 아버지와 우아한 노란 사리를 입고 있는 그녀의 어머니를 만나기도 했다. 수자타는 마을의 다른 아이들에게 싯다르타를 소개해주었고 그를 이발사에게 데리고 가서 머리와 수염을 깎을 수 있도록 해주기도 했다. 싯다르타의 건강은 급속히 회복되었고, 또한 그는 수자타에게 자신의 명상 수행이 열매를 맺기 시작했다고 말했다. 그러던 어느 날 수자타는 스바스티를 만나게 되었던 것이다.

그날은 여느 때보다 수자타가 일찍 온 날이었다. 그녀는 싯다르타로부터 어제 스바스티를 만났다는 이야기를 듣고서 자신도 스바스티를 만나보고 싶다고 말하고 있었는데, 그때 스바스티가 나타났던 것이다. 그 후 스바스티를 만날 때면 언제나 그녀는 그의 동생들의 안부를 묻는 것을 잊지 않았다. 그녀와 하녀인 푸르나는 스바스티의 오두막을 방문하기도 했다. 푸르나는 지난달 수자타의 집안일을 돌보던 하녀인 라드하가 열병으로 죽자 새로 고용된 하녀였다. 수자타는 스바스티의 집을 방문할 때면 스바스티의 가족들을 위해 쓸 만한 헌 옷가지들을 가져다주곤 했다. 푸르나는 수자타가 아기인 브히마를 안아서 들어 올리는 것을 보고 놀라지 않을 수가 없었다. 나중에 수자타는 푸르나에게 자신이 불가촉천민인 아기에게 손을 댔다는 것을 부모님에게 알리지 말라고 주의를 주었다.

어느 날 많은 아이들이 함께 싯다르타를 만나러 가기로 의견을 모았다. 그 자리에는 스바스티의 동생들도 모두 왔다. 수자타는 여자 친구들인 발라굽타, 비자야세나, 울루빌리케, 자틸리카를 데리고 갔다. 그녀는 또한 열여섯 살인 사촌 난다발라와 열네 살인 날라카 그리고 아홉 살인 수바시도 초대했다. 11명의 아이들은 싯다르타의 주위에 빙 둘러앉아 조용히 점심을 함께 먹었다. 앞서 스바스티가 발라와 루파크에게 식사를 할 때는 경건해야 한다고 가르쳤기 때문이다. 심지어는 스바스티의 무릎에 앉은 아기 브히마까지도 눈을 동그랗게 뜨고는 아무런 소리도 내지 않고 식사를 했다.

스바스티는 싯다르타를 위해 한 아름의 신선한 풀을 선물했다. 그는 목동인 친구 가밤파티에게 람브홀의 물소들을 돌봐줄 것을 부탁해놓았기 때문에 싯다르타와 함께 점심을 먹을 수 있었다. 들판에는 햇빛이 내리쬐고 있었지만 싯다르타와 아이들은 숲 속의 보리수 그늘 아래에서 시원한 시간을 보낼 수 있었다. 옆으로 뻗은 나뭇가지들이 열두 채의 집보다도 더 넓은 그늘을 만들어주고 있었다. 아이들은 자신들이 가져온 음식을 서로 나누어 먹었는데, 특히 루파크와 발라는 카레를 얹은 차파티와 깨소금과 땅콩을 얹은 흰 쌀밥을 맛있게 먹었다. 수자타와 발라굽타는 모두가 마실 수 있을 만큼의 충분한 물을 가지고 왔다. 스바스티의 가슴은 행복으로 가득 찼다. 주위는 시종일관 고요했지만 커다란 기쁨으로 가득 차 있었다. 그날 수자타의 요청에 따라 싯다르타는 아이들에게 자신의 지난날에 관한 이야기를 들려주었다. 아이들은 숨소리조차 죽인 채 그가 들려주는 이야기에 귀를 기울이며 흠뻑 빠져들고 있었다.

6장

사과나무 아래에서

아홉 살 나던 해, 싯다르타는 어머니로부터 자신을 낳기 전에 꾸었던 태몽에 대한 이야기를 들었다. 꿈속에서 상아가 여섯 개 달린 커다랗고 흰 코끼리 한 마리가 찬양의 합창 소리에 휩싸여 하늘로부터 내려왔다고 했다. 땅에 내려선 코끼리는 그녀에게 다가왔는데 그 피부는 마치 눈처럼 희었다. 그 코끼리는 상아에 걸고 있던 빛나는 분홍색의 연꽃을 그녀의 몸속에 집어넣었고 이어서 코끼리도 그녀의 몸속으로 들어갔다. 그러자 순식간에 그녀는 온몸이 기쁨으로 충만해졌고 더할 나위 없이 편안한 상태가 되었다고 했다. 그녀는 더 이상 그 어떤 근심이나 고통을 느끼지 않아도 될 것 같은 기분이 들었고 축복으로 인해 몸이 들리듯이 잠에서 깨어났다. 그녀가 잠에서 깨어난 뒤에도 한참 동안 꿈에서 들었던 천상의 음악이 귓전에 맴돌았다고 했다. 그녀는 그 꿈을 국왕인 남편에게 이야기해주었다. 그러자 국왕 역시 그 꿈을 신기하게 여긴 나머지, 그날 아침 나라 안에 있는 모든 성자들을 왕궁으로 불러들여 왕비의 꿈을 해몽하도록 했다.

꿈의 내용을 다 듣고 난 성자들은 한결같은 해몽을 했다. "왕이시여, 왕비께서 장차 위대한 지도자가 되실 아드님을 낳게 될 것입니다. 그분께서는 사방으로 뻗어 있는 강력한 왕국의 지도자가 되시거나, 아니면 하늘과 땅에 있는 모든 존재들에게 진리의 길을 보여줄 위대한 스승이 되실 것입니다. 머지 않아 백성들과 왕께서 오랫동안 기다려왔던 그러한 위대한 왕자님이 탄생하실 것입니다."

숫도다나 왕은 밝게 미소 지었다. 그는 왕비와 의논을 한 뒤, 왕실 창고에 있는 양식을 나라 전역에 있는 환자와 빈민들에게 나누어 주라는 명을 내렸다. 그렇게 해서 석가국의 모든 백성들은 장차 태어날 왕자에 대한 왕과 왕비의 기쁨을 함께 나누었다.

싯다르타의 어머니는 마하마야 왕비였다. 고귀한 덕성을 갖춘 그녀는 사람과 동물 그리고 식물에 이르기까지 모든 것을 사랑했다. 당시의 관습으로는 여자들이 아이를 낳기 위해선 친정으로 돌아가게 되어 있었다. 마하마야 왕비는 콜리야국 출신이었으므로 출산을 위해서 콜리야국 수도인 라마가마를 향해 길을 떠났다. 도중에 그녀는 룸비니 동산에서 잠시 쉬기 위해 멈췄다. 그곳의 숲은 아름다운 꽃들과 노래하는 새들로 가득 차 있었다. 공작들은 아침 햇살 아래 그 찬란한 꼬리를 한껏 펼처 보였다. 활짝 핀 보리수에 감탄하며 다가가고 있을 때, 왕비는 갑자기 몸에 이상을 느끼고 자세를 바로잡기 위해 나뭇가지를 움켜잡았다. 잠시 후, 나뭇가지를 잡은 채로 마하마야 왕비는 왕자를 낳았다.

시녀들은 왕자를 깨끗한 물로 씻긴 다음 노란 비단에 감쌌다. 이미 출산을 해버렸기 때문에 왕비 일행은 라마가마로 갈 필요가 없었다. 그래서 왕비는 왕자와 함께 네 마리의 말이 끄는 마차를 타고 궁전으로 되돌아갔다. 궁전으로 돌아와서 왕자는 다시 따뜻한 물로 씻긴 뒤 왕비의 품에 안겨졌다.

왕비 일행이 되돌아왔다는 소식을 전해 들은 숫도다나 왕은 아내와 아들을 보기 위해 서둘러 왕비의 방으로 갔다. 왕의 기쁨은 이루 말할 수 없을 정도로 컸다. 그는 눈을 빛내며 왕자의 이름을 '목적을 이루는 자'라는 뜻으로 싯다르타라고 지었다. 궁전의 모든 사람들이 차례로 왕비를 찾아와 축하의 인사를 올렸다. 숫도다나 왕은 서둘러 싯다르타의 미래를 예언해줄 예언자를 불러들였다. 아기 왕자를 살펴본 예언자들은 한결같이 이 아기 왕자가 장차 위대한 지도자가 될 운명을 타고났으며 틀림없이 사방으로 뻗어 있는 거대한 왕국을 통치하게 될 것이라고 말했다.

그로부터 일주일쯤 지나 아시타 칼라데발라라는 성자가 궁전을 방문했다. 나이가 들어 등이 굽은 탓에 그는 자신이 살고 있는 산을 내려오기 위해 지팡이를 짚어야 했다. 궁전의 호위병들이 아시타 성자의 도착을 알리자 숫도다나 왕은 친히 그를

숫도다나 왕은 갓 태어난 아들과 산모를 보러 가면서 이루 말할 수
없는 기쁨에 사로잡혔다.

맞으러 밖으로 나갔다 왕은 성자를 아기 왕자가 있는 곳으로 안내했다. 성자는 오랫동안 말없이 아기 왕자를 바라보았다. 그러다가 갑자기 그는 울먹이기 시작했고 그 바람에 지팡이에 의지해 있던 몸이 떨렸다. 그의 두 눈에서 눈물이 가득 흘러내렸다.

숫도다나 왕은 예기치 못한 사태에 놀라며 물었다. "무슨 일입니까? 아이에게 뭔가 불행한 일이라도 일어나게 되나요?"

아시타 성자는 손으로 눈물을 닦으며 고개를 가로저었다. "왕이시여, 불행한 일 따윈 전혀 일어나지 않습니다. 제가 울었던 것은 제 자신 때문이었습니다. 아기 왕자께서는 진실로 위대한 분이 되실 게 틀림없습니다. 이분은 우주의 모든 불가사의를 꿰뚫어 보게 되실 것입니다. 왕이시여, 왕자님은 정치를 맡아 하실 분은 아니십니다. 이분은 장차 위대한 진리의 스승이 되실 분입니다. 하늘과 땅이 모두 이분의 거처이며 모든 존재들이 이분과 관계를 맺게 될 것입니다. 저는 이분께서 자신이 터득한 진리를 세상에 알리는 것을 듣지 못하고 죽어야 한다는 것이 서운해서 울었던 것입니다. 왕이시여, 당신과 당신의 나라는 이러한 위대한 분을 얻게 되었으니 대단한 행운이 아닐 수 없습니다."

그렇게 말하고 나서 아시타 성자는 떠났다. 왕이 그에게 궁전에 며칠 머물렀다 가길 청했으나 소용이 없었다. 그 늙은 성자는 자신이 머무는 산을 향해 되돌아가버렸다. 그런데 아시타 성자의 방문은 결과적으로 왕을 매우 화나게 만들었다. 왕은 왕자가 수도자가 되는 것을 원하지 않았다. 그는 왕자가 자신의 왕위를 이어받아 왕국의 세력을 넓히기를 바랐다. 그래서 왕은 자신이 편한 대로 생각하기로 했다. '아시타는 수백 명, 아니 수천 명이나 되는 성자 중의 한 명일 뿐이다. 아마 그의 예언이 잘못되었을 것이다. 싯다르타가 위대한 왕국의 통치자가 될 거라고 한 다른 성자들의 말이 옳을 거야.'

한편 싯다르타를 낳아 더할 나위 없는 기쁨을 맛보았던 마하마야 왕비는 그로부터 여드레가 지난 날 숨을 거두고 말았다. 나라 안의 모든 사람들은 진심으로 왕비의 죽음을 안타깝게 여기며 슬퍼했다. 숫도다나 왕은 죽은 마하마야 왕비의 여동생인 마하파자파티에게 새 왕비가 되어달라고 청혼했다. 고타미라는 이름으로도 알려져 있는 마하파자파티는 그 청혼에 응했고 싯다르타를 자신의 친자식처럼 여기며 정성껏 돌보았다. 싯다르타는 자라면서 자신의 친어머니에 대한 것을 묻곤 했다. 그 결과 그는 고타미가 얼마나 죽은 자신의 친어머니를 사랑했는가와 또한 그렇기에 그녀가 자신을 친자식처럼 여기고 친어머니 못지않은 사랑을 베풀고 있다는 것을 알게 되었다. 그러한 고타미의 보살핌 아래 싯다르타는 강인하고 건강하게 자랐다.

어느 날 고타미는 싯다르타가 정원에서 놀고 있는 것을 보고 이제 그가 금이나 보석의 가치를 알 만큼 자랐다고 생각하였다. 그녀는 시녀들을 시켜 싯다르타에게 값진 장신구들을 가져다주게 했으나, 뜻밖에도 그는 그러한 것들을 몸에 지니려 하지 않았다. 싯다르타가 그러한 장신구들을 몸에 지니는 것이 불편하다고 밝히자 고타미는 그 장신구들을 다시 제자리에 갖다 놓도록 시녀들에게 지시했다.

학업을 시작해야 할 나이가 되자, 싯다르타는 같은 석가족인 왕족 출신 자제들과 함께 문학과 작문과 음악과 운동을 배우게 되었다. 그의 학습 동료들로는 사촌인 데바닷타와 킴빌라 그리고 궁전 고관의 아들인 칼루다이가 있었다. 선천적으로 총명한 싯다르타는 학습 목표를 빨리 성취해나갔다. 스승인 비스바밋타는 어린 데바닷타도 영리한 학생이지만 이제껏 싯다르타만큼 인상 깊은 학생을 본 적이 없다고 생각하였다.

아홉 살 나던 해의 어느 날, 싯다르타는 동료들과 함께 밭에 첫 쟁기질을 하며 행하는 제전에 참가할 수 있도록 허락을 받았다. 고타미는 직접 싯다르타에게 옷을 입히고 좋은 신발을 신겼다. 최고급 복장으로 차려입은 숫도다나 왕이 이 제전의식을 이끌었다. 고귀한 성자들과 브라만 계급들은 저마다 화려한 빛깔의 의복과 머리 장식을 하고 행진했다. 이어서 의식은 나라 안에서 가장 비옥한 밭에서 행해겼는데 그 밭은 궁전에서 그리 멀지 않은 곳에 있었다. 깃발과 휘장들이 모든 길과 모든 문에 물결치고 있었다. 제단에는 다채로운 색깔의 음식과 술들이 가득했고 길에는 사람들이 붐볐다. 가수와 악사들이 사람들 사이를 누비고 다니며 이 제전의 흥을 한층 더 북돋우었다. 성자들이 한껏 근엄한 목소리로 경전을 낭송하기 시작했고 궁전의 모든 고관들은 의식이 펼쳐지는 것을 바라보며 서 있었다. 싯다르타도 데바닷타와 칼루다이와 함께 뒤쪽에 서 있었다. 의식이 끝나면 목초지에서 모든 사람이 즐길 수 있는 잔치가 열린다는 것을 들었기 때문에 소년들은 다소 들떠 있었다. 소풍을 나와본 적이 별로 없었던 싯다르타로서도 즐겁기는 마찬가지였다. 그러나 성자들의 경전 낭송이 끝도 없이 이어지자 어린 소년들은 점차 지루해졌다. 더 이상 참을 수 없게 된 그들은 서 있던 자리에서 이탈하기 시작했다. 칼루다이가 싯다르타의 옷자락을 잡아당겼고, 이어서 그들은 음악과 춤이 있는 곳으로 갔다. 뜨거운 태양 아래서 연주자들의 옷은 땀에 흠뻑 젖어들고 있었다. 춤을 추고 있는 무희들의 이마 위에서 구슬 같은 땀방울들이 반짝였다. 오락이 펼쳐지고 있는 곳들을 돌아다니고 나자 싯다르타 역시 더위를 느낀 나머지 친구들에게서 떨어져 나와 길가에 있는 사과나무 그늘을 찾아들었다. 시원한 그늘 아래 들어서자 싯다르타는 기분이 상쾌해졌다. 바로 그 순간, 고타미가 나타나더니 그를 발견하고는 말했다. "이제껏 너를 찾아다녔단다. 어디에 있었니? 지금 당장 돌아가서 의식이 끝나는 걸 봐야지. 아버님도 네가 그러길 바라실 게다."

"어머니, 의식이 너무 길어요. 어째서 저 성자들의 경전 낭송은 그렇게 긴 거죠?"

"베다를 낭송하는 거란다, 애야. 저 경전에는 심오한 뜻이 담겨져 있는데 그것은 아주아주 오래전에 창조주께서 브라만 계급에게 주신 거란다. 너도 곧 그 경전을 배우게 될 거야."

"그런데 어째서 그걸 아버님이 아니라 브라만들이 낭송하나요?"

"브라만 계급으로 태어난 사람들만이 그걸 낭송할 자격을 갖고 있단다. 아무리 큰 힘을 지닌 왕이라고 할지라도 제례의 식을 치를 때는 브라만들에게 의지해야만 하는 거야."

싯다르타는 그녀가 해준 이야기에 대해 곰곰이 생각해보았다. 얼마간의 침묵이 흐른 뒤, 싯다르타는 두 손을 모으고 그녀에게 간청했다. "제발 어머니, 아버님에게 제가 여기에 머무를 수 있도록 부탁드려주세요. 저는 이 사과나무 아래에 앉아 있고 싶어요."

천성적으로 마음씨가 좋은 고타미는 미소 띤 얼굴로 고개를 끄덕이며 어린 싯다르타의 간청을 받아들였다. 그녀는 그의 머리를 한 번 쓰다듬어주고 나서 왔던 길로 되돌아갔다.

마침내 브라만들이 기도를 끝냈다. 숫도다나 왕은 밭으로 나가 두 명의 무관들과 함께 군중들의 갈채를 받으며 그 계절의 첫 쟁기질을 시작했다. 그런 뒤 왕이 시범을 보인 대로 농부들이 자신들의 밭을 쟁기질해나갔다. 군중들의 갈채 소리를 들은 싯다르타도 밭 가장자리로 달려 나가보았다. 그는 물소가 무거운 쟁기를 끌고 다니는 것을 지켜보았다. 물소의 뒤를 햇살에 그은 구릿빛 피부를 가진 건장한 농부 한 사람이 뒤따르고 있었다. 농부의 왼손은 쟁기를 단단히 붙잡고 있었고 오른손은 물소를 몰기 위해 채찍을 휘두르고 있었다. 뜨겁게 내리쬐는 햇볕 아래 농부의 온몸에서는 땀이 비 오듯 흘러내렸다. 비옥한 땅에 두 개의 가지런한 밭고랑이 만들어졌다. 쟁기가 방향을 바꿀 때, 싯다르타는 쟁기질과 함께 벌레의 몸통이나 다른 작은 생물들도 잘려 나갔음을 알게 되었다. 이어서 싯다르타는 땅에서 꿈틀대는 그 벌레들의 몸통을 어디선가 날아온 새들이 부리로 낚아채는 것을 보았다. 그리고 다시 어디선가 커다란 새 한 마리가 나타나 발톱으로 그 새들 중 한 마리를 덮치는 것도 보았다.

이 일련의 광경에 빠져들어 뜨거운 햇살 아래 서 있던 싯다르타 역시 온몸이 땀에 흠뻑 젖어들었다. 그는 다시 사과나무 그늘로 달려갔다. 그는 이제까지 미처 알지 못했던 여러 가지 신기한 현상들을 목격하게 된 셈이었다. 그는 결가부좌 자세로 앉아 눈을 감고서 지금 보았던 모든 광경을 떠올려보았다. 그는 오랫동안 꼿꼿한 자세를 취한 채 혼자 차분히 앉아 있었다. 춤과 노래로 떠들썩한 주위의 분위기를 잊어버리고 싯다르타는 계속해서 밭에서의 광경과 거기서 보았던 생물들의 이미지에 몰두하고 있었다. 얼마간의 시간이 흐른 뒤, 왕과 왕비가 그곳을 지나다가 싯다르타가 깊은 명상에 잠긴 채 앉아 있는 것을 보았다. 고타미는 싯다르타가 앉아 있는 아름다운 모습에 감동받아 눈물을 흘렸다. 의연하게 앉아 있는 싯다르타의 모습은 마치 작고 단단한 동상 같아 보였다. 하지만 숫도다나 왕은 갑작스런 염려에 사로잡히게 되었다. 싯다르타가 아직 어린 나이인데도 저렇듯 진지하게 명상에 잠길 수 있다면 지난날 아시타 성자가 한 예언이 실현될 가능성도 없지 않다는 생각이 들었기 때문이다. 그 때문에 마음이 산란해진 왕은 더 이상 행사장에 남아 있을 수가 없게 되어 홀로 왕실 마차에 올라타고 궁전으로 되돌아갔다.

　몇몇 가난한 시골 아이들이 즐겁게 웃고 떠들며 그 나무 곁을 지나갔다. 고타미는 아이들에게 조용히 해달라고 손짓을 한 뒤, 나무 아래에서 명상에 잠긴 싯다르타를 가리켜보았다. 아이들은 이상하다는 듯이 그를 바라보았다. 갑자기 싯다르타가 눈을 떴다. 그는 왕비와 눈이 마주치자 미소 지었다.

　"어머니, 벌레들과 새들에겐 경전 낭송이 아무런 도움이 되지 않아요."

　그렇게 말한 뒤, 싯다르타는 달려가 고타미의 손을 잡았다. 그때서야 그는 아이들이 자신을 보고 있다는 것을 알았다. 그 아이들은 자신과 같은 또래였다. 하지만 그들이 입고 있는 옷은 다 헤진 것이었고, 얼굴은 지저분했고, 팔다리는 비참할 정도로 가늘었다. 싯다르타는 자신이 입고 있는 왕자의 복장이 그 아이들의 것과 자연스레 비교가 됨을 느끼고 당황했다. 하지만 그는 몹시도 그 아이들과 함께 놀고 싶었다. 그는 미소를 짓고 약간 망설이다 손짓을 해 보였다. 그러자 그들 중의 한 아이가 미소로써 응답했다. 싯다르타에게는 용기가 필요했다. 그는 고타미에게 그 아이들을 야외 향연에 초대할 수 있게 해달라고 부탁했다. 그녀는 처음에는 망설였으나 결국엔 고개를 끄덕이며 허락해주었다.

7장

흰 코끼리를 상으로 받다

싯다르타가 열네 살이 되었을 때, 고타미 왕비는 난다라는 아들을 낳았다. 궁전의 모든 사람들이 새 왕자의 탄생을 기뻐했다. 특히 그중에서도 싯다르타는 동생을 갖게 되어 궁전 내의 그 누구보다도 기뻐했다. 매일같이 그는 수업을 마치기가 바쁘게 동생인 난다를 보러 달려가곤 했다. 비록 이제는 싯다르타가 다른 일에 관심을 가져야 할 나이가 되긴 했지만 그는 데바닷타와 함께 산책할 때도 자주 난다를 데리고 나갔다.

싯다르타는 세 명의 사촌 형제 마하나마와 밧디야 그리고 킴빌라를 좋아했다. 그는 종종 그들을 궁전 뒤에 있는 정원으로 초대해 함께 놀곤 했다. 그럴 때면 고타미 왕비는 연못 곁에 있는 나무 의자에 앉아 그들이 노는 모습을 지켜보기를 좋아했다. 시녀들은 왕비의 지시에 따라 언제나 아이들을 위해 마실 것과 간식을 준비해놓고 있었다.

시간이 흐름에 따라 싯다르타의 학습은 깊이를 더해갔고, 그 때문에 데바닷타는 자신의 시기심을 감추기 위해 애써야 했다. 싯다르타는 무예를 포함한 모든 과목을 어렵잖게 터득해나갔다. 데바닷타가 강하기는 했으나 재빠르고 민첩한 면에서는 싯다르타를 당할 수 없었다. 수학 과목에서도 싯다르타의 총명함을 당할 소년은 없었다. 수학 교사인 아르주나는 싯다르타의 앞서가는 질문에 대답하기 위해서 적지 않은 시간을 보내야 했다.

싯다르타는 음악에도 특별한 재능이 있었다. 음악 교사는 그에게 귀하고 값진 피리를 주었는데, 여름날 저녁에 싯다르타는 정원에 홀로 앉아 그 피리로 연주를 하곤 했다. 때로 그의 연주는 부드럽고 감미로웠고 때로는 장엄해서 듣는 이로 하여금 마치 구름 위에라도 올라가 있는 듯한 느낌을 들게 했다. 해 질 무렵이면 고타미는 자주 아들의 연주를 듣기 위해 밖에 나와 앉았다. 싯다르타의 피리 소리를 듣고 있노라면 자신의 마음이 한껏 충만해짐을 느낄 수 있었다.

나이에 걸맞게 싯다르타는 종교와 철학 공부에 보다 몰두했다. 그는 베다에 관한 모든 것을 배웠고 그 경전들이 설명하려고 하는 가르침이나 믿음의 의미에 대해 깊이 생각했다. 그는 특히 리그베다와 아타르베다에 흥미를 가지고 몰두하였다. 어렸을 때부터 싯다르타는 브라만들이 경전을 낭송하고 제례 의식을 집행하는 것을 보아왔다. 그렇기에 이제는 스스로 이러한 신성한 가르침들에 내포되어 있는 주제를 꿰뚫어 보고자 했던 것이다. 브라만교는 경전에 쓰인 기록을 가장 중시했다. 글자와 소리가 그 자체로 커다란 힘을 가지고 있고 심지어는 자연계와 인간사를 뒤바꿀 수도 있는 것처럼 보였다. 별자리의 흐름과 계절의 전개가 기도와 제사와 밀접한 관계를 맺고 있었다. 오직 브라만 계급만이 하늘과 땅의 불가사의를 이해할 수 있는 존재로 간주되었고, 또한 그들만이 자연계와 인간 세상에 적절한 질서를 부여하는 기도를 드릴 수가 있었고 제사를 집행할 수가 있었다.

싯다르타는 푸루샤 혹은 브라흐만이라는 최고의 존재가 우주를 창조한 것이라고 배웠다. 그리고 사회의 모든 계급들이 창조주의 신체 각 부위에서 생겨난 것으로 배웠다. 그러므로 모든 사람들은 초월적인 창조주의 본질 중 일부를 지니고 있으며 그 보편적 본질은 사람들의 기본적 본성과 영혼으로 이루어진다고 배웠다.

싯다르타는 다른 중요한 과목과 마찬가지로 브라마나스와 우파니샤드를 포함한 다른 모든 브라만 경전들을 열심히 공부했다. 그의 스승들은 전통적인 믿음에 바탕을 두는 그들의 역할을 가르치려고 했으나, 싯다르타와 그의 동료들은 전통과는 일치하지 않는 당시의 사상에 대해 설명해주어야만 하는 질문을 던지곤 했다.

어느 날 방과 후에 싯다르타는 동료들에게 수도에 살고 있는 유명한 성직자와 브라만들을 방문하여 이러한 문제들에 대해 토론해보자고 제안했다. 이러한 만남 덕분에 싯다르타는 나라

안에서도 브라만들의 절대적인 권위에 공개적으로 도전하는 수 많은 운동들이 존재하는 것을 알게 되었다. 이러한 운동을 전개 하는 구성원들 중에는 오랫동안 브라만 계급이 배타적으로 누 려왔던 권력을 나누어 갖고자 하는 서민들뿐만 아니라 브라만 계급으로서 개혁 정신을 가진 인물들도 포함되어 있었다.

왕실의 야외 향연에 가난한 시골 아이들을 초대할 수 있도록 허락을 얻어낸 이후로 싯다르타는 이따금 수도 주위의 작은 마 을들을 둘러볼 수 있게 되었다. 그런 경우에 그는 가급적 검소 한 복장을 하기 위해 신경을 썼다. 마을의 주민들과 직접 대화 를 나누면서 싯다르타는 궁전에서는 알지 못했던 여러 가지 것 들을 배울 수 있었다. 물론 싯다르타는 그들이 브라만교의 삼 신(三神)인 브라흐만, 비슈누, 시바를 숭배하며 섬긴다는 것을 알고 있었다. 그러나 그는 또한 그들이 브라만교의 성직자들에 의해 교묘하게 조종되는 동시에 억압받고 있음을 알게 되었다. 즉 출산이나 결혼, 그리고 장례식 등의 의식을 치르기 위해서 는 그들이 아무리 가난할지라도 브라만들에게 음식과 돈과 육 체적 노동을 제공해야만 했다.

어느 날 짚으로 지붕을 엮은 오두막을 지나다가 싯다르타는 집 안에서 들려오는 울음소리를 듣고는 깜짝 놀랐다. 그는 데 바닷타에게 안으로 들어가서 무슨 일인지 물어보라고 했다. 그 가족은 찢어지게 가난했다. 죽은 가장의 아내와 아이들은 비 참할 정도로 말라 있었고 다 헤어진 누더기 옷을 걸치고 있었 다. 오두막 역시 금방이라도 무너질 듯했다. 싯다르타는 죽은 그 집 가장이 부엌을 다시 짓기 전에 땅을 정화시키기 위해 한 브라만 계급에게 의식을 행해줄 것을 요청했음을 알게 되었다. 그러나 그 브라만은 의식을 행하기 전에 그 가장이 자신을 위해 노동을 제공할 것을 요구했다. 여러 날에 걸쳐 브라만은 그에게 큰 바위들을 끌어오고 장작을 패도록 시켰다. 그러던 중에 병이 나게 되어 브라만이 그를 집으로 돌아가게 했으나, 집으로 돌아가던 도중에 길가에서 쓰러져 죽고 만 것이었다.

깊이 생각에 잠기던 끝에 싯다르타는 브라만교의 기본적인 가르침 중 몇 가지에 대해 의문을 품기 시작했다. 즉 그것은 베다가 브라만 계급에게만 주어진다는 것과 브라흐만 신이 우주의 최고 통치자라는 것 그리고 기도와 제사가 전능한 힘을 가진다는 것에 대한 의문이었다. 싯다르타는 이러한 교리에 직접적으로 도전하려고 하는 용기 있는 성직자와 브라만 계급의 견해에 공감하고 있었다. 이러한 문제에 관한 그의 관심은 결코 줄어들 줄 몰랐고 베다에 관한 수업이나 토론에도 빠지는 법이 없었다. 또한 그는 어학과 역사 공부도 열심히 해나가고 있었다.

싯다르타는 수도자들이나 성직자들과 만나 토론하는 것을 매우 좋아했지만, 아버지가 불만스레 여기는 터여서 그들과 만나기 위해서는 소풍과 같은 다른 이유를 둘러대야만 했다. 그가 만나는 성직자들은 물질적 소유나 사회적 지위를 돌보지 않는 자들이었다. 그들은 깨달음을 얻기 위해서 그리고 세속의 슬픔과 번뇌를 끊기 위해서라면 모든 것을 버릴 수 있는 자들이었다. 또한 그들은 베다와 우파니샤드의 의미를 꿰뚫고 있었다. 싯다르타는 그러한 수도자들이 코살라 왕국에도 많이 살고 있다는 것을 알고 있었다. 그 밖에도 이웃한 왕국에서는 서쪽 그리고 마가다 왕국에서는 남쪽에 많이 산다는 것도 알고 있었다. 싯다르타는 언젠가 그러한 지역을 방문해 그들과 여러 가지 문제를 놓고 진지하게 토론할 수 있는 기회가 있기를 원했다.

물론 숫도다나 왕도 싯다르타의 그러한 열망을 알고 있었다. 하지만 그는 아들이 언젠가 궁전을 떠나 구도자의 길을 걷게 될까 봐 두려워하고 있었다. 그래서 왕은 자신의 동생이자 데 바닷타와 아난다의 아버지인 드로노다나라자에게 자신의 근심을 털어놓았다.

"코살라 왕국은 오래전부터 우리의 영토를 엿보아왔네. 거기에 맞서 우리의 왕국을 지키기 위해서는 싯다르타나 데바닷타와 같은 젊은이들의 힘에 의지해야만 할 것이야. 그런데 나는 요즘 싯다르타가 지난날 아시타 성자가 예언한 대로 구도자의 길을 걷게 되지나 않을까 걱정이라네. 또 만약 그렇게 되면 데바닷타 역시 싯다르타의 뒤를 따를 듯하고 말이네. 자네는 애들이 수도자들을 만나기 위해 외출하는 걸 얼마나 좋아하는지 알고 있나?"

드로노다나라자는 왕의 이야기를 듣고 당황했다. 한동안 깊은 생각에 잠긴 뒤, 그는 왕의 귀에다 대고 은밀히 속삭였다. "싯다르타의 결혼을 서두르는 게 어떻겠습니까? 딸린 가족이 생긴다면 싯다르타도 구도자가 되려는 생각을 버리게 될 것입니다." 그 말을 듣고 숫도다나 왕은 고개를 끄덕였다.

그날 밤 숫도다나 왕은 왕비인 고타미에게도 자신의 근심을 털어놓았다. 그러자 왕비는 가까운 장래에 싯다르타의 결혼을 성사시키겠다는 약속을 했다. 비록 그녀는 순다리 난다 공주를 출산한 지 얼마 되지 않은 상태였으나 서둘러 나라 안의 젊은 이들을 불러 모으기 위한 몇 가지 모임을 개최하기 시작했다. 음악 모임과 운동 경기 그리고 견학 행사 등이 성황리에 개최되었는데, 싯다르타도 이러한 모임에 참석하여 주로 젊은 남녀들인 새로운 친구를 많이 사귀게 되었다.

숫도다나 왕에게는 파미타라는 누이동생이 있었는데 그녀의 남편은 콜리야 왕국의 단다파니 왕이었다. 그들 부부는 콜리야 왕국의 수도인 라마가마와 카필라밧투를 오가며 지내고 있었다. 석가 왕국과 콜리야 왕국은 로히니 강을 경계로 이웃해 있었는데 그들 두 왕국의 백성들은 오랜 기간 동안 사이좋게 지내오고 있었다. 그들의 수도는 서로 하루 정도면 갈 수 있는 가까운 거리에 있었다. 고타미 왕비의 요청으로 콜리야의 왕과 왕비는 쿠나우 호숫가의 넓은 평지에서 무술 대회를 개최하기로 했다. 숫도다나 왕도 그 대회장에 참석했는데 나라의 젊은 이들이 힘을 기르고 전투력을 증가시킬 수 있도록 사기를 북돋우기 위해서였다. 수도 안에 거주하는 모든 젊은 남녀들이 그 행사에 초대되었다. 물론 아가씨들이 그 대회에 참가할 수는 없었다. 하지만 그녀들은 환호와 박수로써 청년들의 사기를 북돋아주었다. 단다파니 왕과 파미타 왕비의 딸인 야소다라는 손님들을 영접하는 일을 맡고 있었는데, 그녀는 사랑스럽고 매력적인 아가씨로 신선하고 자연스런 아름다움을 갖추고 있었다.

싯다르타는 궁술과 검술, 경마 그리고 무거운 것 들어 올리기 등의 모든 경기에서 일등을 차지했다. 승자인 그에게 흰 코끼리를 상으로 주는 일을 맡은 사람은 야소다라였다. 그녀는 두 손을 모으고 가볍게 고개를 숙여 보인 후, 우아하고 맑은 목소리로 말했다. "이 코끼리를 받아주세요, 싯다르타 왕자님. 당신의 값진 승리를 위한 것입니다. 그리고 진심으로 당신의 승리를 축하하는 저의 마음도 함께 받아주세요."

공주의 행동은 우아하면서도 꾸밈이 없었으며 옷차림은 고상하면서도 세련되었다. 그리고 그녀의 미소는 갓 피어난 연꽃처럼 싱그러웠다. 싯다르타도 답례로 고개를 숙여 보인 후, 그녀의 눈동자를 들여다보며 나직한 소리로 말했다. "고마워요, 공주."

데바닷타는 싯다르타의 뒤에 서 있었는데, 자신이 이등을 하게 된 것이 불만이었다. 게다가 야소다라가 자신은 쳐다보지도 않는 것에 더욱 화가 난 그는 코끼리의 코를 거머쥐고는 가장 민감한 부위에 심술궂은 일격을 가했다. 고통스런 나머지, 코끼리는 무릎을 꿇으며 주저앉고 말았다.

싯다르타가 엄한 눈길로 데바닷타를 보며 말했다. "데바닷타, 이건 너무 심하잖아."

싯다르타는 코끼리의 콧잔등 부드러운 곳을 문질러주면서 달래는 투로 뭐라고 속삭였다. 그러자 코끼리는 서서히 다시 일어나 왕자를 향해 고개를 숙여 보이며 경의를 보였다. 관중

싯다르타는 모든 시험에서 일등을 차지했다. 야소다라는 상으로
그에게 흰 코끼리를 선물했다.

들이 크게 환호하는 소리가 들렸다. 싯다르타는 코끼리의 등에 올라타고 승리의 행진을 시작했다. 코끼리 사육사의 인도로 흰 코끼리는 싯다르타를 태우고 카필라밧투 시가를 한 바퀴 돌기 시작했고 사람들은 계속 갈채를 보냈다. 야소다라도 그들 옆에서 우아한 걸음걸이로 천천히 걷고 있었다.

8장

보석 목걸이

십 대로 접어들면서 싯다르타는 점차 궁전 생활이 숨 막히게 느껴졌다. 그래서 궁전 밖의 생활은 어떤가를 알고 싶어서 도시 밖으로 나들이를 하기 시작했다. 그럴 때면 그는 언제나 충실한 시종이며 때로는 친구이고 형제 같기도 한 찬나와 동행했다. 찬나는 싯다르타의 마차를 모는 마부였는데, 그와 싯다르타는 번갈아가며 고삐를 잡았다. 그리고 싯다르타가 채찍을 사용하지 않았기 때문에 찬나도 채찍을 사용하지 않았다.

싯다르타는 석가 왕국의 구석구석을 모두 둘러보았다. 북쪽에 있는 거친 히말라야 산기슭에서부터 남쪽의 대평원에 이르기까지 그의 발길이 미치지 않은 곳은 없었다. 저지대에 있는 수도 카필라밧투는 가장 인구가 많고 부유한 도시였다. 이웃 왕국인 코살라나 마가다에 비해 석가 왕국은 아주 작은 편이었다. 하지만 그 이상적인 입지 조건으로 해서 영토의 협소함이 보충되고도 남음이 있었다. 고지대에서 흐르기 시작하는 로히니 강과 반강가 강은 저지대로 흘러내려 비옥한 평원에 물을 대주었고, 두 강물은 남쪽에 있는 히란야바티 강에서 합류해 이윽고 강가 강으로 흘러들었다. 싯다르타는 반강가 강의 강기슭에 앉아서 흘러가는 강물을 바라보기를 좋아했다.

그 지역 사람들은 반강가 강의 강물이 자신들의 과거와 현재의 나쁜 업을 씻어내준다고 믿고 있었다. 그래서 그들은 자주 그 강물에 몸을 담갔는데 심지어는 아주 추운 날씨에도 그렇게 하곤 했다. 어느 날 싯다르타는 강기슭에 함께 앉아 있던 찬나에게 물었다. "찬나야, 너도 저 강물이 나쁜 업을 씻어내줄 수 있다고 믿니?"

"네, 왕자님. 그렇지 않다면 어째서 그렇게 많은 사람들이 이곳에 와서 몸을 담글까요?"

싯다르타가 빙긋 웃었다. "그렇다면 저 강물 속에 사는 새우나 물고기나 굴 따위가 가장 깨끗하고 고결한 존재들이겠구나."

찬나가 대답했다. "그거야 어쨌든, 적어도 이 강물에 몸을 담그고 나면 사람들의 몸에 있던 때와 먼지는 씻긴다고 합니다."

싯다르타는 웃고 나서 찬나의 어깨를 두드렸다. "그 점에는 나도 동의하지 않을 수 없구나."

또 다른 날, 싯다르타는 궁전으로 돌아가는 길에 뜻밖에도 야소다라를 만나게 되었다. 그녀는 어느 가난하고 작은 마을에서 시녀와 함께 눈병이나 감기나 피부병 따위를 앓고 있는 아이들을 돌보고 있던 중이었다. 야소다라는 검소한 차림을 하고 있었다. 하지만 그런 차림조차도 가난한 사람들 속에 있는 그녀를 여신처럼 돋보이게 했다. 싯다르타는 공주 신분인 그녀가 자신의 안락을 접어두고서 빈민들을 돌보기 위해 애쓰는 모습을 보고 크게 감동받았다. 그녀는 아이들의 병든 눈과 피부를 씻어주고 약을 지어주고 그들의 더러운 옷을 빨아주었다.

"공주, 언제부터 이런 일을 해왔소?" 싯다르타가 물었다. "공주의 이런 모습이 정말로 아름답소."

어린 소녀의 팔을 씻기고 있던 야소다라가 고개를 들었다. "2년 전부터예요, 왕자님. 하지만 이 마을에 온 건 오늘이 두 번째입니다."

"나는 종종 이곳을 지나다니죠. 아이들도 나를 잘 알아요. 당신이 지금 하고 있는 일은 당신에게 커다란 기쁨을 줄 겁니다, 공주."

야소다라는 아무 말 없이 미소를 지어 보일 뿐이었다. 그녀는 소녀의 팔을 계속 씻기기 위해서 다시 고개를 숙였다.

그날 싯다르타는 야소다라와 오랜 시간 이야기할 기회를 갖게 되었다. 그는 놀랍게도 그녀가 많은 면에 걸쳐서 자신과 같은 생각을 하고 있음을 알게 되었다. 야소다라는 맹목적으로 전통에 복종해서 사는 여자로서의 위치에 만족하지 않고 있었다. 그녀 역시 그와 마찬가지로 베다를 공부했고 또한 남몰래 사회적인 모순에 대한 반감을 느끼고 있었다. 그리고 싯다르

야소다라가 고아들을 돌보는 모습을 보고 싯다르타는 깊은 감동을
받았다.

타와 마찬가지로 그녀 역시 부유한 특권층인 왕족의 일원이라는 사실이 자신에게 진정한 행복을 가져다주지 못한다는 것을 잘 알고 있었다. 그녀는 궁중 대신들이나 브라만들 간의 권력 다툼을 몹시 혐오하고 있었다. 그녀는 자신이 여자이기 때문에 커다란 사회적 변화에는 영향을 줄 수 있는 입장이 못 된다는 것을 알고 있었다. 그래서 그녀는 자선사업을 통해 자신의 신념을 펼칠 수 있는 길을 찾았던 것이다. 그녀는 자신이 행하는 이러한 일들의 가치를 친구들도 알게 되기를 바라고 있었다.

처음 그녀를 보았던 날 이래, 싯다르타는 야소다라에게 특별한 친근감을 느꼈다. 지금 그는 그녀의 이야기를 듣고 전적인 동질감을 느끼고 있었다. 싯다르타의 아버지는 그가 곧 결혼하길 바란다고 하셨다. 아마 야소다라가 바로 그의 결혼 상대로는 적임자일 것이다. 지난 음악회와 체육 대회 기간 동안 싯다르타는 많은 매력적인 젊은 여성들을 만났다. 그리고 그녀들 중에서 야소다라가 가장 아름다웠을 뿐만 아니라 자신에게 편안함과 만족감을 주었다.

어느 날 고타미 왕비는 수도에 거주하는 젊은 미혼 여성들을 위한 향연을 열기로 결심했다. 그녀는 야소다라의 어머니인 파미타에게 향연의 준비를 도와줄 것을 부탁했다. 카필라밧투에 사는 모든 젊은 여성들이 이 향연에 초대를 받았으며, 그녀들 모두에게는 값진 보석이 선물로 주어지기로 되어 있었다. 파미타 왕비는 싯다르타가 직접 그 선물을 나누어 줄 것을 제의했는데, 그것은 무예 대회에서 야소다라가 손님들을 영접했던 것과 같은 취지에서였다. 향연에는 숫도다나 왕과 왕실의 모든 구성원들이 참석할 예정이었다.

그 향연은 어느 쾌적하고 시원한 저녁에 열렸다. 궁전의 각 방마다 음식과 술들이 다채롭게 차려졌고 악사들이 손님들의 흥을 돋우기 위해 열심히 악기를 연주했다. 꽃 모양의 등불들이 번득이는 아래로 금실이 반짝이는 아름다운 사리를 입은 우아한 젊은 여성들이 도착했다. 그녀들은 차례로 왕과 왕비를 포함한 왕실 고관들 앞을 지나갔다. 싯다르타도 왕자복을 입고서 이 향연에 초대받은 천여 명의 아가씨들에게 선물할 진주 목걸이와 금 장신구 그리고 그 밖의 갖가지 보석이 놓인 테이블의 한 편에 서 있었다.

처음에 싯다르타는 자신이 직접 그 선물들을 수여하는 것을 거절했다. 하지만 고타미와 파미타가 그에게 간곡히 청했다. "누구든지 네가 직접 주는 선물을 받게 된다면 더없는 영광과 기쁨으로 여길 거다. 네가 그 점을 이해해주었으면 좋겠구나." 그렇게 말하며 파미타는 미소 지었다. 싯다르타는 다른 사람들에게 기쁨을 줄 수 있는 일을 거절할 수 없어서 그 제의에 응했다. 그러나 지금 천 명이나 되는 초청객들 앞에 서게 되자 그는 아가씨들 각자에게 어울리는 선물을 어떻게 골라주어야 할지 난감했다. 초대받은 모든 아가씨들은 모든 손님들이 지켜보는 가운데 싯다르타에게로 나아가게 되어 있었다. 처음 선물을 받게 된 아가씨는 소마라는 이름을 가진 왕족의 딸이었다. 파미타 왕비가 가르쳐준 대로 그녀는 왕족들이 앉아 있는 단상의 계단으로 올라가서 왕과 왕비 및 귀빈들에게 인사를 올리고 나서 천천히 싯다르타에게로 다가섰다. 싯다르타 앞에 멈춰 선 그녀는 싯다르타에게 인사를 했고 싯다르타 역시 그녀의 인사에 답했다. 싯다르타는 그녀에게 옥구슬로 꿰어 만든 목걸이를 선물했다. 손님들이 박수로써 환호했고 소마가 다시 고개를 숙이며 낮은 목소리로 무언가 고맙다는 인사말을 건넸으나 싯다르타는 제대로 알아들을 수 없었다.

　두 번째로 다가온 아가씨는 강의 이름을 따서 지은 로히니라는 아가씨였다. 싯다르타는 이제 더 이상 아가씨들 개개인의 품위와 아름다움에 어울리는 보석을 고르기 위해 애쓰지 않았다. 그는 테이블에 놓여 있는 장신구들을 잡히는 대로 다음 아가씨들에게 건네주었다. 이렇게 해서 선물 증정은 그 인원이 엄청났음에도 빠르게 진행되었다. 열 시쯤 되었을 때는 테이블 위의 보석이 거의 바닥이 나게 되었다. 잠시 후, 대부분의 사람들은 셀라라는 아가씨를 마지막으로 선물 증정도 끝이 나리라고 생각했다. 그러나 싯다르타가 그녀에게 선물 증정을 마치고 자신의 임무가 끝났다고 생각했을 때, 관중석으로부터 또 한 명의 아가씨가 천천히 단상을 향해 걸어 나왔다. 그 아가씨는 다름 아닌 야소다라였다. 그녀는 시원한 아침나절의 미풍과 같은 단순하고 경쾌한 느낌을 주는 상앗빛의 사리를 입고 있었다. 그녀는 왕과 왕비에게 인사를 올렸다. 이어서 그녀는 우아하고 자연스러운 걸음걸이로 싯다르타에게 다가와 미소 띤 얼굴로 물었다. "왕자님, 제게 주실 선물도 남아 있나요?"

싯다르타는 야소다라를 바라보았고 이어서 테이블 위에 남아 있는 장신구들을 내려다보고는 당황했다. 왜냐하면 야소다라의 아름다움에 걸맞은 장신구가 테이블 위에 남아 있지 않았기 때문이었다. 문득 그는 미소 지었다. 그는 자신의 목에 걸고 있던 목걸이를 벗어 야소다라에게 내밀며 말했다. "이것이 내가 당신에게 주는 선물이오, 공주."

하지만 야소다라가 고개를 저으며 말했다. "저는 당신께 인사를 드리기 위해 여기에 왔을 뿐입니다. 그러니 당신이 걸고 계신 목걸이를 받을 수는 없습니다."

싯다르타가 말했다. "나의 어머님이신 고타미 왕비께서는 내가 보석을 몸에 두르고 있지 않는 편이 더 좋아 보인다고 종종 말씀하셨소. 공주, 부디 이 선물을 받아주시오."

그는 자신이 그녀의 목에 목걸이를 걸어줄 수 있도록 그녀에게 가까이 다가오라는 몸짓을 했다. 모여 있던 손님들에게서 언제 끝날지 알 수 없는 박수와 환희가 이어졌다. 손님들은 모두 자리에서 일어나 기꺼이 싯다르타의 제의에 찬성을 뜻을 나타내고 있었다.

9장

자비의 길

싯다르타와 야소다라의 결혼식이 다음 해 가을에 열렸다. 결혼식은 왕국 전체의 기쁨과 축복 속에서 성대하게 진행되었다. 수도인 카필라밧투는 깃발과 등과 꽃으로 장식되었고 도처에서 음악이 흘러넘쳤다. 마차에 탄 싯다르타와 야소다라는 가는 곳마다 축하와 환호를 받았다. 그들은 궁벽한 시골 마을들을 들러 가난한 주민들을 위해 음식과 옷을 선물하기도 했다.

숫도다나 왕은 그들 신혼부부가 계절마다 머무를 수 있게끔 세 곳에다 각기 한 채씩 궁전을 짓도록 명을 내렸다. 여름 궁전은 고지대의 아름다운 언덕배기에 지어졌고, 우기와 겨울에 머무를 궁전은 수도 내에 지어졌다. 궁전마다 각기 푸른색과 분홍색 그리고 흰색의 연꽃을 감상할 수 있는 연못도 만들어졌다. 그들 부부를 위한 의상과 신발 그리고 그들이 매일 피워놓을 향기로운 백단향이 카시 왕국의 남쪽에 있는 수도, 바라나

싯다르타와 야소다라의 결혼은 온 왕국의 기쁨이자 축제였다.

시로부터 특별히 주문되었다.

그제야 숫도다나 왕은 안심이 되었다. 아들인 싯다르타가 이제 자신이 바라는 길로 접어들었다고 생각했기 때문이었다. 그는 친히 왕국 안에서 으뜸가는 악사들과 무희들을 뽑아 아들 내외를 위한 연회를 계속 마련해주었다.

하지만 싯다르타와 야소다라는 그러한 부와 신분 덕분에 맛볼 수 있는 자유분방한 생활에서 그 어떤 행복도 느낄 수가 없었다. 그들의 행복은 서로가 마음을 열고 자신들의 깊은 생각을 나누는 데 있었다. 그들은 훌륭하고 맛있는 음식이나 호화로운 비단 의복에 마음이 움직이지는 않았다. 그들은 악사나 무희들의 뛰어난 솜씨를 감상하면서도 그들이 제공하는 쾌락에 마음을 빼앗기지는 않았다. 그들은 자신들만의 꿈을 가지고 있었다. 그것은 정신적인 문제와 사회 개혁에 관한 해답을 구하는 것이었다.

이듬해 여름, 소년 시절부터 충실한 시종이었던 찬나가 모는 마차를 타고 여름 궁전을 향해서 가는 도중 싯다르타는 야소다라가 아직 구경하지 못한 왕국 내의 곳곳을 그녀에게 보여주었다. 그들은 때로 한 마을에서 며칠씩 머무르기도 했는데 어떤 때는 민가에 머무르며 검소한 음식을 함께 먹고 남루한 잠자리에서 자기도 했다. 덕분에 그들은 방문하는 마을의 생활 방식과 관습에 관한 많은 것을 배우게 되었다.

때로 그들은 끔찍하고 비참한 생활상을 목격하기도 했다. 저마다 질병에 시달리는 아이들이 아홉이나 열 명이 딸린 가족들을 만난 적도 있었다. 부모들이 아무리 밤낮으로 고생하며 일해도 그 많은 아이들을 부양할 수는 없었다. 그런 가난이 대대로 세습되고 있는 것이 시골 주민들의 생활상이었다. 싯다르타는 아이들의 팔다리가 성냥개비처럼 가늘고 기생충과 영양실조로 배가 올챙이처럼 부풀어 있는 것을 보았다. 그는 또 불구자들과 병자들이 거리에서 구걸하고 있는 것도 목격했는데 그러한 장면들은 도저히 그를 행복하게 놓아두지 않았다.

그는 사람들이 구제불능의 상황에 처해 있는 것을 보았다. 가난과 질병에 더해서 그들은 브라만들로부터 억압받고 있었고 게다가 불평조차 할 수 없는 상황이었다. 마을에서 수도는 너무나 떨어져 있었고 설사 수도에 간다고 하더라도 그들을 도와줄 사람이 있을 리도 없었다. 설사 국왕이라 할지라도 그러한 상황을 바꿀 힘이 없음을 싯다르타는 알고 있었다.

싯다르타는 궁전 내에서 일어나는 여러 가지 일들을 오랫동안 보아왔다. 모든 관리들은 자신들의 권력을 보호하고 강화하는 데에만 여념이 없었다. 그들은 도움을 필요로 하는 사람들의 고통을 덜어주는 일에는 관심이 없었다. 그들은 관리들 사이에서 벌어지는 음모와 부정을 전부터 잘 알고 있었다. 그런 이유로 그는 정치에 대해 혐오감을 느끼고 있었다. 그는 심지어 국왕인 아버지의 권력조차도 무너질 수 있는 것이며 제한적임을 알고 있었다. 어떤 의미에서는 국왕도 진정한 자유를 누리고 있는 것이 아니라 자신의 지위에 의해서 구속당하고 있는 셈이었다. 국왕인 그의 아버지도 많은 관리들이 탐욕스러우며 부정을 저지르고 있다는 것을 알고 있었다. 하지만 자신의 권력을 안정적으로 유지하기 위해서는 어쩔 수 없이 그러한 관리들에게 의지할 수밖에 없는 것이 현실이었다. 싯다르타는 자신이 장차 왕의 지위를 물려받게 되더라도 그 역시 어쩔 수 없이 그렇게 될 것임을 알고 있었다. 그는 사람들이 각자의 마음속에 일고 있는 탐욕과 시기심을 극복할 수 있어야만 이러한 상화도 변할 수 있다고 생각했다. 그런 이유로 정신적인 자유의 길을 모색하려는 그의 의지만이 다시 불타올랐다.

야소다라는 총명하고 직관력이 뛰어난 여성이었다. 그녀는 싯다르타가 갈망하는 바가 무엇인지 알고 있었고, 만약 그가 구도자의 길로 나아가기 위해 결심한다면 분명히 뜻을 이룰 수 있을 거라고 믿었다. 그러나 그녀는 동시에 지극히 현실적이기도 했다. 그러한 구도자의 길로 나아가 뜻을 이루려면 몇 달, 아니 몇 년이 걸릴지도 모르는 일이었다. 그러는 동안에 그들 부부에게 고통은 끊임없이 닥쳐오게 될 것이다. 그래서 그녀는 현실적으로 올바르게 대처하는 게 중요하다고 믿었다. 그녀는 사회의 극빈자들이 겪고 있는 고통만이라도 덜어줄 수 있는 방안을 싯다르타와 함께 의논했다. 그녀는 이미 지난 몇 해 동안 그와 같은 일들을 행해왔고, 그러한 노력으로 빈민들 중 일부는 고통의 부담을 덜 수 있었으며 동시에 그녀 자신도 어느 정도는 마음의 평화와 행복을 느낄 수가 있었다. 그녀는 싯다르타의 애정 어린 후원으로 자신이 그런 일을 오랫동안 계속할 수 있으리라고 믿었다.

수도인 카필라밧투로부터 그들 부부가 여름을 지내는 데 충분한 물자와 하인이 도착했다. 하지만 싯다르타와 야소다라는 대부분의 하인들을 되돌려보냈고 다만 그들을 보조해줄 정원사와 요리사와 집사만 받아들였다. 물론 찬나도 그들과 함께 지냈다. 야소다라는 되도록 간소하게 생활을 꾸려나갔다. 그녀는 직접 부엌으로 들어가 싯다르타를 위한 간단한 요리를 만들기도 했으며 손수 싯다르타의 옷을 손질하기도 했다. 그녀는 수도에 돌아가서 계속할 예정인 빈민 구제 사업에 관해 싯다르타가 조언해주길 바랐다. 싯다르타는 사회를 위해 봉사하려는 그녀의 뜻을 잘 이해해주었고 아울러 지원을 아끼지 않을 것임을 약속해주었다. 이런 이유로 남편에 대한 야소다라의 신뢰는 더 한층 깊어갔다.

　그러나 야소다라가 하려는 일의 가치를 인정하면서도 싯다르타는 그러한 일만으로는 진정한 평화가 달성될 수 없음을 알고 있었다. 사람들은 질병이나 사회적 모순으로 인해 고통에 잠기기도 하지만 그들 각자의 마음속에서 일어나는 슬픔과 분노로 인해 고통에 빠지기도 하기 때문이다. 그리고 시간이 지남에 따라 야소다라는 두려움과 분노와 고통과 실망의 희생자가 될 것이다. 그렇게 되면 어디에 가서 그녀는 자신의 일을 계속할 수 있는 힘을 구할 수 있겠는가? 싯다르타 자신도 한때는 궁전과 사회에서 일어나는 일들을 보고 회의와 실망과 고통을 맛보기도 했었다. 그는 마음의 평화를 달성케 하는 것만이 진정한 사회사업의 기초가 될 수 있다는 것을 알고 있었다. 하지만 그는 이러한 생각을 야소다라에게 털어놓지 않았다. 그러한 생각을 듣고 난 야소다라가 회의와 근심에 빠지게 될 우려가 있었기 때문이었다.

마침내 겨울 궁전으로 되돌아가게 된 그들 부부는 그곳에서 계속해 손님들을 맞이해야 했다. 야소다라는 친지들과 친구들을 따뜻하게 맞아들였고, 특히 싯다르타가 그들과 함께 철학이나 종교 및 정치와 사회의 관련을 이야기할 때는 누구보다 주의 깊게 경청했다. 심지어 하인들에게 지시를 내리기 위해 몸을 움직여야 할 때에도 그녀는 그들의 대화를 한 마디도 놓치지 않았다. 그녀는 자신의 친구들 가운데에서 빈민을 구제하기 위한 일에 동참할 수 있는 사람을 찾고자 했지만 안타깝게도 그런 일에 흥미를 나타내는 사람은 거의 없었다. 대부분의 사람들이 연회를 즐기거나 즐거운 시간을 보내는 데에 더 관심이 있었다. 하지만 싯다르타와 야소다라는 인내심을 갖고서 그들 모두를 접대했다.

싯다르타와 더불어 야소다라의 노력을 전적으로 이해하고 지원해주는 사람이 고타미, 즉 마하파자파티 왕비였다. 왕비는 며느리인 야소다라의 행복에 많은 관심을 기울여주었다. 그녀는 야소다라가 행복해야만 싯다르타가 행복할 수 있다고 믿었기 때문이다. 하지만 그녀가 야소다라의 자선사업을 지원하는 이유는 단지 그 때문만은 아니었다. 고타미는 자비심이 넘치는 여성이었으며 야소다라와 함께 가난한 마을을 처음 방문했을 때부터 야소다라가 행하고 있는 일의 진정한 가치를 이해했던 것이다. 그 일의 진정한 가치는 빈민들에게 쌀이나 밀가루나 의복이나 약품 따위의 물질적인 도움을 주는 데 있다기보다는 따뜻한 눈길과 손길로 그들의 고통을 직접 어루만져주는 애정 어린 보살핌을 행하는 데 있었다.

마하파자파티 왕비는 궁전 내의 다른 여자들과는 달랐다. 그녀는 야소다라에게 여자들도 남자들 못지않은 지혜와 힘을 지녀야 하고 아울러 사회적인 책임 역시 함께 져야 할 필요가 있다고 자주 말해주곤 했다. 여자들은 가정을 평화롭고 행복하게 만들기 위한 특별한 능력을 지녀야 하지만, 그렇다고 해서 부엌이나 궁전에만 머물러야 할 이유는 없다는 말도 해주었다. 고타미는 며느리인 야소다라가 자신과 진정한 우정을 나눌 수 있는 한 사람의 여성이기도 하다는 사실을 알게 되었다. 그녀와 마찬가지로 야소다라 또한 사려가 깊고 독립심이 강했기 때문이었다. 왕비는 야소다라의 뜻에 찬성했을 뿐만 아니라 그녀와 함께 일을 행하게 되었다.

10장

장차 태어날 아이

숫도다나 왕은 싯다르타가 자신의 곁에서 점점 더 많은 시간을 보냈으면 좋겠다고 말했다. 아들에게 정치와 궁정 일에 관해 가르치고 싶어 했던 것이다. 그래서 싯다르타는 때로는 왕과 함께, 때로는 관리들과 함께 많은 공식 행사에 참석하곤 했다. 싯다르타는 이러한 일들을 눈여겨보았다. 그래서 그는 왕국을 둘러싼 정치적, 경제적 그리고 군사적 문제들이 정치가들의 이기적인 야심에서 기인함을 알게 되었다. 그들은 자신들의 권력을 지키는 일에만 관심이 있을 뿐이기에 사회 전체의 이익을 위한 올바른 정책을 창출해낼 수가 없는 것이었다. 부패한 관리들이 덕과 도덕을 가장하는 것을 보고서 싯다르타는 분노를 느끼지 않을 수 없었다. 하지만 그는 분노를 숨길 수밖에 없었다. 왜냐하면 그 역시도 어떤 대안을 제시할 수가 없었기 때문이었다.

"회의를 할 때 그렇게 가만히 앉아만 있을 게 아니라 네 의견을 말해보는 게 좋지 않겠느냐?" 어느 날 숫도다나 왕이 몇몇 대신들과 장시간 회의를 하고 나서 그렇게 말했다.

싯다르타가 아버지에게 말했다. "제게 의견이 없지는 않습니다. 하지만 그걸 말해도 소용이 없을 것 같습니다. 그것으로는 단지 질병만을 지적할 수 있을 뿐입니다. 궁정 관리들의 이기적인 야심을 치료할 수 있는 방법을 저는 아직 찾지 못했습니다. 그 예로 벳사밋타를 들 수 있습니다. 그는 궁정 내에서 엄청난 권력을 행사하고 있습니다. 하지만 아버님도 아시는 바와 같이 그는 부패한 자입니다. 또한 그는 몇 차례에 걸쳐 아버님의 권위를 침해하려고 애써왔습니다. 그렇지만 아버님께서는 여전히 그에게 의지하고 계십니다. 그 이유가 무엇이겠습니까? 그건 아버님께서 만약 그렇게 하시지 않을 경우에는 혼란이 초래된다고 여기시기 때문입니다."

숫도다나 왕은 오랫동안 묵묵히 아들을 바라보았다. 그런 뒤 그는 말했다. "싯다르타야, 너도 잘 알겠지만 한 가정이나 나라의 평화를 유지하기 위해서는 참아야만 하는 일들이 없지 않은 법이다. 그리고 나 자신의 권력도 한정되어 있다. 하지만 네가 내 뒤를 이어 왕의 자리에 오른다면 너는 나보다는 훨씬 더 잘 해나갈 수 있을 거다. 너는 혼란을 초래하지 않는 가운데 부패한 관리들을 몰아낼 수 있는 능력을 지니고 있다."

싯다르타는 한숨을 짓고 나서 말했다. "아버님, 이건 능력의 문제가 아닌 듯합니다. 근본적인 해결책은 사람들 각자가 마음을 자유롭게 갖는 데 있다고 봅니다. 저 역시도 분노와 시기와 공포와 욕망을 떨쳐버리지 못하고 있지만 말입니다."

아들의 이야기를 듣고 난 숫도다나 왕은 점차 불안해졌다. 싯다르타가 지나치게 깊은 생각을 하고 있다는 것과 자신과는 동떨어진 방식으로 세상을 바라보고 있다는 것을 알았기 때문이었다. 하지만 여전히 그는 시간이 지나면 싯다르타가 자신의 뒤를 이어받아 왕국을 잘 통치해나갈 수 있을 거라는 희망을 버리지 않았다.

싯다르타는 궁정 회의에 참석하고 야소다라의 일을 도와주는 한편, 유명한 브라만이나 수도자들을 만나며 공부를 계속해나갔다. 그는 종교를 추구하는 것이 단순히 경전을 공부하는 것만이 아니라 마음의 자유를 얻기 위한 명상 수행을 포함한다는 것을 알고 있었다. 그래서 그는 명상에 관해 보다 더 많은 것을 배우고자 애썼다. 그는 이러한 공부를 통해 자신이 배운 바를 모두 궁중 생활에 적용하였고 아울러 자신의 식견을 야소다라와 함께 나누어 가졌다.

"고파!" 싯다르타는 야소다라를 이렇듯 애칭으로 부르길 좋아했다. "당신도 명상 수행을 해보는 것이 좋을 듯하오. 그렇게 하면 마음의 평화를 얻을 수 있을 뿐만 아니라 당신이 하는 일을 오랫동안 계속하는 데에도 많은 도움이 될 거요."

야소다라는 그의 제의에 응했다. 아무리 자신의 일이 바쁠 때에도 그녀는 명상 수행을 위한 시간을 남겨두었다. 때로 그들 부부는 함께 앉아 조용히 명상을 행하곤 했다. 그럴 때면 그들은 시종들도 자리를 피하게 했고 악사와 무희들도 다른 곳으로 보냈다.

어린 시절부터 싯다르타는 브라만들의 네 가지 단계의 생활에 관해 배워왔다. 즉 성장기의 브라만들이 베다를 공부하는 것이 첫 번째 단계의 생활이며, 두 번째 단계는 결혼을 하고 가족을 부양하고 사회에 봉사하는 생활을 하는 것이다. 그리고 세 번째 단계는 아이들이 자란 뒤에 은퇴하여 신앙 연구에 몰두하는 것이다. 마지막인 네 번째 단계는 모든 속박과 의무에서 벗어나 한 사람의 브라만으로서 성직자로 살아가는 것이었다. 하지만 싯다르타는 나이가 든 뒤에 너무 늦게 깨달음의 길을 추구해서는 곤란하지 않을까 하는 생각을 했다. 그는 그렇게 오랫동안 기다리고 싶지가 않았다.

'어째서 사람들은 네 단계의 생활을 한꺼번에 취할 수는 없는 것일까? 어째서 가정을 가지고는 신앙생활을 추구할 수 없는 것일까?'

싯다르타는 자신의 현재 생활 속에서 깨달음의 길을 연구하고 수행하고 싶었다. 물론 사밧티나 라자가하와 같은 먼 고장에 사는 유명한 선생들을 찾아가 배우고 싶다는 생각도 떨쳐버릴 수는 없었다. 그리고 만약 그렇게 할 수 있다면 자신은 보다 빨리 깨달음을 얻을 수 있을 것 같았다. 그가 자주 만나는 수도자들과 선생들은 모두가 알라라 칼라마나 웃다카 라마풋타와 같은 위대한 대가들의 이름을 입에 담았으며 모두가 그런 대가들과 함께 공부하고 싶어 했다. 시간이 흐름에 따라 싯다르

부부는 종종 함께 앉아 명상을 하곤 했다.

타도 그런 대가들을 찾아가고 싶은 욕망이 자신 속에서 점차로 커져감을 느낄 수 있었다.

어느 날 오후, 야소다라는 슬픔에 가득 잠긴 얼굴로 궁전으로 돌아왔다. 그녀는 누구에게도 입을 열지 않았다. 일주일 이상이나 돌봐왔던 아이가 죽어버렸던 것이다. 온 정성을 쏟았지만 그 아이를 죽음의 손길로부터 구해낼 수 없었다. 슬픔을 극복하기 위해 그녀는 명상을 하기 시작했으나 흘러내리는 눈물을 억제할 수 없었다. 그녀는 진정할 수가 없었다. 싯다르타가 궁정 회의를 마치고 돌아왔을 때 그녀는 다시 울음을 터뜨렸다. 싯다르타는 그녀를 품에 안고 달래주고자 애썼다.

"고파, 나도 내일 당신과 함께 그 아이의 장례식에 참석하겠소. 자, 실컷 울어버려요. 그러면 좀 후련해질 거요. 태어나고 늙고 병들고 죽는 것은 세상 사람들 누구도 피할 수 없는 일이오. 그 아이에게 일어났던 일은 언제든지 우리에게도 일어날 수 있는 일이라오."

야소다라가 흐느끼면서 말했다. "언제나 나는 당신이 하시는 말씀이 옳다는 걸 느끼게 돼요. 제 두 손은 세상의 엄청난 고통을 감당하기엔 너무나 작아요. 제 가슴은 근심과 슬픔으로 늘 가득 차게 돼요. 여보, 제발 제게 마음의 고통을 극복할 수 있는 길을 보여주세요."

싯다르타는 야소다라를 꼭 껴안으며 말했다. "여보, 나 역시도 내 마음속의 근심과 고통을 극복할 수 있는 길을 찾고 있는 중이라오. 나는 그동안 사회와 인간의 현상을 관찰해왔었소.

하지만 내 모든 노력에도 불구하고 아직도 진정한 자유에 이르는 길을 찾지 못했소. 하지만 나는 언젠가 우리 모두를 위한 길을 찾아낼 수 있을 것이라고 확신하오. 고파, 나를 믿어주시오."

"저는 이제껏 한 번도 당신을 믿지 않았던 적이 없어요, 여보. 저는 당신이 무언가를 이루려고 결심하기만 하면 그것을 이룰 때까지 최선을 다할 분이라는 것을 알아요. 그리고 언젠가 당신은 진리의 길을 가기 위해 부와 특권을 뒤로하고 떠나실 분이라는 것도 알아요. 하지만 여보, 부디 지금 당장은 제 곁을 떠나지 마세요. 전 지금 당신이 필요해요."

싯다르타는 야소다라의 턱을 받쳐 들고서 그녀의 눈을 들여다보면서 말했다. "여보, 걱정 말아요. 적어도 지금 당장은 당신 곁을 떠나지 않아요. 하지만 당신 말대로 언젠가는……."

야소다라는 자신의 손으로 싯다르타의 입을 막았다. "여보, 부탁이니 더 이상의 말은 하지 마세요. 그보다 당신께 물어보고 싶은 것이 있어요. 만약 우리들 사이에 장차 아이가 태어난다면 당신은 아들이길 바라나요, 딸이길 바라나요?"

야소다라의 질문에 싯다르타는 놀란 표정을 지으며 주의 깊게 야소다라를 바라보았다. "방금 뭐라고 했소, 고파? 혹시 당신이 아기를……."

야소다라가 고개를 끄덕여 보였다. 그러고는 손으로 자신의 배를 가리키며 말했다. "우리의 사랑이 열매를 맺게 되어 저는 몹시 기뻐요. 당신과 꼭 닮은 사내아이가 태어났으면 좋겠어요. 당신을 닮아 착하고 총명한 사내아이가 말이에요."

싯다르타는 다시 야소다라를 꼭 껴안았다. 하지만 커다란 기쁨 속에서도 한편으로는 왠지 모를 초조함을 느꼈다. 그는 여전히 미소 띤 얼굴로 말했다. "나는 장차 태어날 아이가 딸이든 아들이든 상관없이 기뻐요. 다만 당신처럼 자비로운 마음과 지혜로운 머리를 가진 아기가 태어나길 바랄 뿐이오. 그런데 고파, 어머님께는 말씀드렸소?"

"아뇨, 당신에게 제일 먼저 말씀드리는 거예요. 고타미 왕비께는 오늘 저녁에 본궁으로 가서 직접 말씀드릴 생각이에요. 그런 뒤 장차 태어날 아기를 위해 해야 할 일들에 관한 조언을 구하겠어요. 그리고 내일은 친정어머니인 파미타 왕비께 가서 알릴 생각이에요. 틀림없이 모두들 몹시 기뻐하실 거예요."

싯다르타는 고개를 끄덕이며 동의했다. 그는 어머니가 이 사실을 알게 되면 곧바로 아버지께 전할 것임을 알고 있었다. 그리고 이 소식을 전해 들은 국왕인 아버지는 더없이 기뻐할 것이고 아울러 이를 축하하기 위한 성대한 연회를 베풀 게 틀림없었다. 싯다르타는 점점 더 자신이 궁중 생활에 구속되는 듯한 느낌을 받았다.

11장

달밤의 피리 소리

우다이인, 데바닷타, 킴빌라, 브하디야, 마하나마, 칼루다이, 그리고 아누룻다는 싯다르타의 친구들로, 그들은 자주 싯다르타를 찾아와 함께 정치학이나 윤리학에 관한 토론을 펼칠 때가 많았다. 그리고 아난다와 난다는 장차 싯다르타가 왕위에 오르면 가장 가까이에서 그를 보좌해줄 조언자가 될 것이었다. 그들은 포도주를 몇 잔 마시고서 토론을 시작하기를 좋아했다. 싯다르타는 친구들의 성화에 못 이겨 종종 밤중에도 왕실 악사와 무희들을 불러 연회를 베풀곤 했다.

데바닷타는 정치적인 문제에 관해 이야기하길 좋아했는데, 그럴 때면 주로 우다이인과 마하나마가 데바닷타와 함께 지칠 줄 모르고 토론했다. 반면에 싯다르타는 거의 자신의 의견을 드러내지 않았다. 때로 연회 도중에 싯다르타는 아누룻다가 피곤에 지쳐 반쯤 조는 것을 볼 때가 있었다. 그럴 때면 그는 아

싯다르타는 밝은 달빛 아래에서 아누룻다를 위해 피리를 연주하곤
했다.

누릇다의 옆구리를 찔러 둘이서 슬그머니 밖으로 나와, 달구경을 할 수 있고 물소리를 들을 수 있는 곳으로 갔다. 아누릇다는 마하나마의 동생이었다. 그들의 아버지는 왕족인 아므리토다나로 싯다르타의 숙부이기도 했다. 아누릇다는 친절하고 잘생긴 용모로 인해 궁중의 여자들에게 인기가 있었지만 정작 본인은 연애 따위에는 관심이 없었다. 싯다르타와 아누릇다는 한밤중까지 정원에 앉아 있을 때도 있었다. 친구들이 토론에 지쳐 마침내 손님방으로 물러날 때까지 싯다르타는 밝은 달빛 아래에서 피리를 불곤 했다. 그럴 때면 야소다라도 밖으로 나와 바위 위에 작은 향로를 놓고서 조용히 앉아 부드러운 밤공기 속에서 싯다르타의 피리 연주를 즐기곤 했다.

시간이 흘러 야소다라가 출산할 날이 다가왔다. 하지만 파미타 왕비는 자신의 딸에게 아이를 낳기 위해 친정으로 돌아갈 필요가 없음을 말해주었다. 왜냐하면 파미타 왕비 자신이 카필라밧투에 머무르고 있었기 때문이다. 고타미 왕비와 함께 파미타 왕비는 야소다라의 출산을 위해 수도에서 가장 뛰어난 산파들을 골랐다. 어느 날 야소다라가 진통을 시작했고 그때 고타미 왕비와 파미타 왕비가 그녀의 곁에 있었다. 궁중에는 장엄하고 진지한 분위기가 감돌기 시작했다. 비록 숫도다나 왕은 모습을 나타내지 않았지만 싯다르타는 그가 자신의 숙소에서 애타게 아기의 탄생 소식을 기다리고 있음을 알고 있었다.

야소다라의 진통이 본격적으로 시작되자 그녀는 시녀들에 의해 침실로 인도되었다. 시각은 정오에 불과했는데 갑자기 하늘에 구름이 몰려들며 어두워졌다. 마치 신의 손길이 태양을 가리는 것처럼 느껴졌다. 싯다르타는 바깥에 나와 앉아 있었다. 그와 아내 사이에는 두 개의 벽이 가로놓여 있었지만 그는 아내의 비명 소리를 똑똑히 들을 수 있었다. 시간이 흐름에 따라 그의 불안도 커져갔다. 이어지는 아내의 비명 소리에 싯다르타는 이성을 잃고 어쩔 줄을 몰랐다. 그녀의 비명 소리에 가슴이 찢어질 듯해서 그는 더 이상 앉아만 있을 수가 없었다. 그는 일어나서 마루를 서성대기 시작했다. 때때로 야소다라의 비명 소리가 고조될 때마다 그는 두려움으로 인해 마음을 진정시킬 수가 없었다. 그의 친어머니인 마하마야 왕비는 결과적으로 자신을 낳음으로써 죽음을 맞게 되었다. 그것이 그로서는 결코 잊을 수 없는 슬픔이었다. 그런데 지금 야소다라가 자신의 아이를 낳으려고 하고 있었다. 출산은 대부분의 여자들이 경험하는 중대사이고 또한 거기에는 위험이 따른다. 때로 그 위험은 죽음을 의미할 때도 있다. 더러는 산모와 아기가 함께 죽기도 한다.

마음을 진정시키기 위해 싯다르타는 지난 몇 달 동안 한 수도자에게 배운 대로 가부좌를 틀고 앉았다. 이것은 실로 시련의 과정이랄 수 있었다. 그는 야소다라의 비명 소리가 들리는 가운데서도 고요한 마음을 유지할 수 있어야 했다. 갑자기 그의 마음속에서 신생아의 이미지가 떠올랐다. 모든 사람들이 그가 아이를 갖길 바랐고 행복해지길 바랐다. 그리고 자신도 아이를 원했다. 하지만 지금 실제로 아이가 태어나는 상황이 벌

어지는 가운데서 그는 한 생명의 탄생이 얼마나 중대한 문제인
가를 깨닫게 되었다. 아직 그는 자신이 나아갈 길을 찾지 못했
고, 또한 자신이 어디로 가고 있는지도 알지 못했다. 그런데도
그는 아이를 가지려고 하고 있다. 과연 이것이 아이를 위해서
잘된 일일까?

야소다라가 갑자기 비명을 그쳤다. 그는 자리에서 일어났
다. 무슨 일이 일어났을까? 그는 심장이 뛰는 것을 느낄 수 있
었다. 그는 다시 평온을 되찾기 위해 호흡을 가다듬었다. 바로
그 순간 신생아의 울음소리가 메아리쳤다. 아기가 태어난 것이
다! 싯다르타는 이마에 맺힌 땀을 닦았다.

고타미 왕비가 문을 열고 그를 내다보았다. 그녀가 미소를
짓는 것을 보고서 싯다르타는 야소다라가 무사하다는 것을 알
았다. 왕비가 그에게 말했다. "고파가 사내아이를 낳았단다."

싯다르타는 그녀에게 감사의 뜻이 담긴 미소를 지어 보이며
말했다.

"그 애를 라훌라라는 이름으로 부르겠어요."

그날 오후 싯다르타는 아내와 갓 태어난 아들이 있는 방으로
들어갔다. 야소다라가 애정이 듬뿍 담긴 눈길로 그를 바라보았
다. 싯다르타는 비단 포대기에 싸인 채 아내의 곁에 누워 있는
아들의 포동포동한 얼굴을 볼 수 있었다. 싯다르타가 몸 상태
를 묻는 눈길로 다시 바라보자 야소다라는 고개를 끄덕여 보이
고 나서 그에게 라훌라를 안아보라는 시늉을 했다. 싯다르타는
야소다라가 바라보는 가운데 아이를 들어 올렸다. 싯다르타는

마치 자신이 공중에 뜨는 듯한 기분을 느꼈다. 하지만 그의 마음은 마냥 가볍지만은 않았다.

　며칠 동안 야소다라는 몸조리를 했다. 고타미 왕비가 산후 조리에 좋은 특별한 음식을 마련하거나 산모와 아기를 위해 난롯불을 관리하는 등 갖은 정성을 기울여주었다. 며칠 후 아내와 아들이 집으로 돌아오자 싯다르타는 그들이 있는 방을 찾아갔고 라훌라를 안아 든 그는 생명이라는 것이 얼마나 소중하고도 연약한 것인가를 느끼고는 새삼 놀라워했다. 그는 야소다라와 함께 그 가난한 마을 아이의 장례식에 참석했을 때를 떠올렸다. 그들이 그곳에 도착했을 때도 아이의 시체는 여전히 임종했을 당시 그대로 뉘여 있었다. 생명의 모든 자취가 사라진 아이의 시신은 밀랍처럼 창백했다. 아이의 어머니가 그 곁에 꿇어앉아 슬피 울고 있었다. 잠시 후 브라만이 장례식을 집행하기 위해 도착했다. 가족들과 함께 밤샘을 한 이웃들이 시신을 강으로 운반하기 위해 만든 대나무 들것에다 아이의 시신을 실었다. 싯다르타와 야소다라는 그 가난한 마을 사람들의 행렬에 동참했다. 강기슭에는 이미 화장용 장작더미가 다소곳이 쌓여 있었다. 브라만의 지시에 따라 사람들이 들것을 강으로 옮겨 가 시신을 강물 속에 담갔다. 그런 뒤 그들은 다시 들것을 들어 올리고 물기를 빼내기 위해 시신을 땅에다 내렸다. 이것이 일종의 정화 의식이었다. 사람들은 반강가 강의 강물이 나쁜 업을 씻어내준다고 믿었기 때문이었다. 한 사람이 장례용 장작더미 위에 향을 뿌렸고 이어서 아이의 시신이 그 위에 놓여졌다. 브라만이 횃불을 손에 들고 베다의 한 구절을 읊으며 장작 주위를 돌았다. 브라만은 장작 주위를 세 번 돈 뒤에 거기에 불을 붙였다. 그러자 이내 불길이 타올랐다. 아이의 어머니와 형제자매들이 울부짖었다. 그 어린 소년의 시신이 불에 태워지는 데는 많은 시간이 걸리지 않았다. 싯다르타는 야소다라의 두 눈이 눈물로 흥건히 젖어 있는 것을 보았다. 싯다르타 역시 비통함을 느꼈다. 그는 속으로 중얼거렸다. '아이야, 오 아이야, 너는 지금 어디로 가고 있느냐?'

싯다르타는 라훌라를 야소다라에게 건네주었다. 그는 바깥으로 나가 저녁놀이 질 때까지 정원에 혼자 앉아 있었다. 한 시종이 그가 있는 곳으로 찾아왔다. "왕자님, 왕비님께서 찾으십니다. 왕께서 이곳을 방문하셨습니다."

싯다르타는 궁전을 향해 발길을 옮겼다. 이미 궁전에는 등불들이 모두 켜져 있었고 저마다 밝게 빛나고 있었다.

12장

칸타카에 올라타고

건강을 빨리 회복한 야소다라는 많은 시간을 아기인 라훌라와 함께 보내면서도 한편으로는 자신의 일을 계속해나갔다. 어느 봄날 고타미 왕비의 권유로 싯다르타와 야소다라는 찬나가 모는 마차를 타고 교외로 봄나들이를 나가게 되었다. 그들은 라훌라를 리트나라는 젊은 시녀에게 안겨서 함께 길을 나섰다.

 기분 좋은 햇살이 녹색의 부드러운 나뭇잎에 흘러넘치고 있었다. 새들은 잎과 열매가 무성한 보리수나 사과나무 가지 사이에서 즐겁게 지저귀고 있었다. 찬나는 기분 좋은 속도로 말을 몰았다. 그들을 알아보는 시골 주민들이 길가에 멈춰 서서 반갑게 손을 흔들어주었다. 그들이 반강가 강기슭에 접근했을 때 찬나가 고삐를 당기며 갑자기 마차를 멈추었다. 길 한쪽에 사람이 쓰러져 있었던 것이다. 그 사람은 사지를 뒤틀며 가슴을 움켜잡고 심하게 떨고 있었다. 반쯤 열린 입에서 신음 소리가 새어 나오고 있었다. 싯다르타는 마차에서 뛰어내려 찬나의 뒤를 따랐다. 길에 쓰러져 있는 그 사내는 나이가 아직 서른 살이 채 안 되어 보였다. 싯다르타는 남자의 손을 잡고서 찬나에게 말했다. "아마도 이 사람은 심한 독감에 걸린 것 같다. 그런 것 같지 않나? 우선 그의 몸을 주물러주도록 하자."

찬나가 고개를 가로저었다. "왕자님, 이자는 독감에 걸린 게 아닙니다. 그보다 더 심한 병에 걸린 것입니다. 이런 병은 아무도 고칠 수가 없습니다."

싯다르타는 남자를 살펴보며 물었다. "그게 정말이냐? 이 사람을 왕실 의사에게 데리고 갈 수 없을까?"

"왕자님, 이런 병은 왕실 의사라 하더라도 고칠 수가 없습니다. 제가 듣기로 이 병은 전염되기가 쉬운 병입니다. 만약 이자를 마차에 싣는다면 왕자님은 물론이거니와 부인과 아드님에게도 병이 옮게 될지 모릅니다. 그리고 왕자님께서 지금 잡고 계신 손도 떼시는 게 좋겠습니다."

하지만 싯다르타는 남자의 손을 놓지 않았다. 대신 싯다르타는 남자의 손과 자신의 손을 번갈아 바라보았다. 이제까지 건강을 누려온 그이지만 이제 보니 죽어가는 자의 손이 자신의 손보다 더 늙어 보이지가 않았다. 여태 당연시해왔던 모든 것이 갑자기 사라져버리는 듯했다. 강기슭으로부터 슬픔이 잠긴 울음소리가 들려왔다. 그는 장례식이 치러졌던 곳을 바라보았다. 거기에는 화장용 장작더미가 있었다. 그리고 베다를 낭송하는 소리와 비통한 울부짖음과 불이 붙은 장작이 탁탁 쪼개지는 소리가 들렸다.

싯다르타가 다시 남자를 내려다보았을 때는 이미 그가 숨을 거둔 뒤였다. 그의 생기 없는 두 눈은 허공을 올려다보고 있었다. 그제야 싯다르타는 남자의 손을 놓고서 조용히 두 눈을 감겨주었다. 싯다르타가 자리에서 일어났을 때 어느덧 야소다라도 그의 뒤에 다가와 서 있었다. 언제부터 그녀가 거기에 서 있었는지 싯다르타는 알지 못했다.

그녀가 나직이 말했다. "여보, 강으로 내려가서 손을 씻으세요. 찬나, 너도 그렇게 하려무나. 그러고 나서 우리를 가까운 마을로 데려가다오. 마을의 관리들에게 이 일을 알려서 그들로 하여금 시신을 처리하게 해야겠다."

그 이후로는 아무도 봄나들이를 계속할 마음이 없었다. 싯다르타는 찬나에게 마차를 되돌릴 것을 명했다. 귀가하는 도중에 내내 아무도 입을 열지 않았다.

그날 밤 야소다라는 세 가지의 이상한 꿈에 시달렸다. 첫 번째 꿈에서 그녀는 북극성처럼 빛나는 보석을 머리에 이고 있는 한 마리의 흰 소를 보았다. 그 흰 소는 카필라밧투의 이곳저곳을 어슬렁거리다가 도시의 성문으로 향했다. 그때 갑자기 제석천의 제단으로부터 성스러운 소리가 울려 퍼졌다. "만약 너희가 저 소를 붙잡지 못한다면 이 수도의 전역에서 모든 빛이 사라지고 말 것이다." 그 소리에 놀란 모든 사람들이 소를 뒤쫓았지만 아무도 붙잡을 수가 없었다. 그 소는 성문 밖을 빠져나가 마침내 시야에서 사라져버리고 말았다.

두 번째 꿈에서 야소다라는 수미산 정상에서 수도인 카필라밧투에 빛을 비춰주는 사천왕을 보았다. 갑자기 제석천의 제단에 장식된 깃발이 거칠게 나부끼더니 바닥으로 떨어졌다. 이어서 천국으로부터 색색가지의 꽃들이 마치 비가 오듯 뿌려졌고 수도 전역에 천국의 노랫소리가 울려 퍼졌다. 세 번째 꿈에서 야소다라는 하늘이 갈라지는 듯한 요란한 외침 소리를 들었다. "때가 왔도다! 마침내 때가 왔도다!" 놀라서 싯다르타의 의자를 바라본 그녀는 그가 떠나고 없음을 알게 되었다. 그녀의 머리에 장식된 재스민 꽃들이 바닥으로 떨어지더니 가루로 변했다. 이어서 싯다르타가 떠나면서 남겨놓은 의상과 장신구들이 뱀으로 변하더니 스르르 문밖으로 빠져나가버리고 말았다.

야소다라는 심한 공포로 떨었다. 이어서 한꺼번에 그녀는 성문 밖으로부터 들려오는 흰 소가 우는 소리를 들었고, 인드라의 제단에서 깃발이 나부끼는 것을 보았으며 그리고 "때가 왔도다. 마침내 때가 왔도다"라는 하늘의 외침을 들었다.

야소다라가 잠에서 깨어났을 때 이마는 땀으로 흠뻑 젖어 있었다. 그녀는 싯다르타에게로 몸을 돌려 그를 흔들어 깨웠다. "여보, 여보, 일어나보세요."

싯다르타는 이미 잠에서 깨어 있는 상태였다. 그는 그녀를 안심시키기 위해 머리를 어루만져주었다. 그리고 물었다. "무슨 꿈을 꾸었소, 고파? 내게 이야기해주오."

그녀는 즉시 자신이 꾼 세 가지의 꿈에 대해 자세히 이야기해주고 나서 물었다. "이 꿈들은 당신이 깨달음을 얻기 위해

머지않아 저에게서 떠난다는 걸 암시하는 것들이 아닐까요?"

싯다르타는 잠시 침묵하고 나서 그녀를 달랬다. "고파, 걱정 말아요. 당신은 사려 깊은 여성이오. 그리고 당신은 나의 반려자인 동시에 내가 추구하는 것을 이룰 수 있도록 진실로 도와줄 수 있는 사람이오. 당신은 그 누구보다도 나에 대해서 잘 알고 있소. 만약 가까운 장래에 내가 당신 곁을 떠나더라도 당신은 용기를 잃지 않고 자신의 일을 계속해나가리라 나는 믿고 있소. 또한 당신은 우리의 아이도 훌륭히 키울 수가 있을 것이오. 비록 내가 당신 곁을 떠나게 될지라도 당신을 향한 나의 사랑은 변치 않을 것이오. 언제까지나 나는 당신을 사랑할 것이오, 고파. 당신이 이 점을 이해한다면 당신은 우리의 이별을 참아낼 수 있을 것이오. 그리고 내가 깨달음을 얻게 되면 그때는 반드시 당신과 아이에게로 돌아오겠소. 자, 그러니 아무 걱정 말고 이제는 제발 쉬도록 해요."

싯다르타의 상냥한 위로의 말에 마음을 가라앉힌 그녀는 곧 이어 눈을 감고 다시 잠이 들 수 있었다.

다음 날 아침 싯다르타는 아버지께 찾아가서 말씀드렸다. "아버님, 제가 궁전을 떠나 깨달음을 얻기 위한 수도자의 길을 갈 수 있도록 허락해주소서."

숫도다나 왕은 깜짝 놀랐다. 이러한 날이 오리라는 것을 오래전부터 예측하고는 있었지만 이렇듯 갑작스레 닥칠 줄은 몰랐던 것이다. 한동안의 침묵 끝에 그는 아들에게 말했다. "우리 왕가의 역사 속에서도 수도자의 길로 들어선 분이 없지는 않았다. 하지만 너와 같은 나이에는 아무도 그렇게 하지 않았다. 그분들도 모두 쉰 살이 될 때까지 기다리셨다. 그런데 어째서 너는 기다릴 수가 없는 것이냐? 너의 아들도 아직 어릴 뿐아니라 이 나라 전체가 아직은 너에게 기대를 걸고 있다."

"아버님, 왕좌에 앉아 있는 하루하루가 제게는 달궈진 석탄으로 만든 침상 위에 앉은 나날 같을 것입니다. 제 마음이 평화롭지 않다면 어떻게 제가 아버님이나 백성들의 기대에 보답할 수 있겠습니까? 저는 세월이 얼마나 빨리 흐르는지 알고 있습니다. 저의 젊음 또한 다를 바 없습니다. 부디 허락해주소서."

왕은 아들을 타이르고자 애썼다. "너는 너의 조국과 부모와 야소다라 그리고 아직도 젖먹이에 불과한 너의 아들을 생각해야만 한다."

"아버님, 바로 그 때문에 저는 지금 아버님의 허락을 구하는 것입니다. 이것은 결코 제게 주어진 의무를 회피하고자 하는 것이 아닙니다. 아버님, 아버님께서 몸소 겪고 계신 스스로의 괴로움에서 벗어날 수 없는 것과 마찬가지로 아버님께서 제가 겪고 있는 괴로움으로부터 저를 벗어나게 해주실 수는 없습니다."

왕은 자리에서 일어나 아들의 손을 잡았다. "싯다르타야, 너는 내가 얼마나 너를 필요로 하는지 알고 있다. 나는 네게 나의 모든 희망을 걸고 있단다. 제발 내 뜻을 저버리지 말아다오."

"저는 결코 아버님의 뜻을 저버리지 않습니다. 다만 아버님께서 한동안 제가 이곳을 떠나 지낼 수 있도록 허락해달라는 것입니다. 제가 깨달음을 얻게 되면 그때는 반드시 돌아오겠습니다."

숫도다나 왕의 얼굴에 일순 곤혹스런 빛이 스쳤다. 그는 더이상 아무 이야기도 하지 않고 처소로 돌아갔다.

그 후에 고타미 왕비가 야소다라와 시간을 보내기 위해 왔고, 저녁 무렵에는 싯다르타의 친구 우다이인이 데바닷타와 아난다, 아누룻다, 킴빌라, 브하디야와 함께 방문했다. 우다이인은 수도 안에서 가장 뛰어난 무용단을 고용해 성대한 연회를 열었다. 축제의 불빛이 궁전을 밝혔다.

고타미가 야소다라에게 말하길, 우다이인은 왕의 부름을 받고 싯다르타를 궁전에 남아 있게 하기 위한 갖은 방법을 동원하는 임무를 맡았다고 했다. 그러니까 그날 저녁의 잔치는 우다이인의 첫 번째 계획이었던 것이다.

야소다라는 자신이 고타미와 함께 물러가기 전에 모든 손님들을 위한 음식과 술을 준비할 것을 시녀들에게 지시했다. 싯다르타는 손님들을 맞이하기 위해 밖으로 나갔다. 웃타라살라달의 보름달이 음악이 시작됨과 함께 남서쪽 하늘을 가리고 있는 나무들 사이에서 떠올랐다.

고타미는 자신의 생각을 야소다라에게 털어놓고서 자신의 처소로 돌아가겠다고 말했다. 야소다라는 그녀와 함께 밤하늘에 높이 걸린 보름달이 바라보이는 툇마루로 나갔다. 연회는 아직 한창이었다. 연회장으로부터 음악과 떠들썩한 웃음소리가 흘러나왔다. 야소다라는 고타미를 문밖까지 배웅하고 나서 찬나를 찾아갔다. 그녀가 찾아갔을 때 그는 이미 잠이 들어 있었다. 야소다라는 그를 깨워 나직한 소리로 말했다. "아마 왕자님께서 오늘 밤 너의 도움을 필요로 하실 거야. 왕자님의 말인 칸타카와 함께 네가 타고 갈 말도 준비해놓고 기다리도록 하여라."

"알겠습니다. 그런데 왕자님께서 가실 곳은 어디인지요?"

"그건 묻지 말거라. 아무튼 내가 시키는 대로 하여라. 오늘밤 왕자님께서는 반드시 너를 찾으실 거야."

야소다라의 분부에 찬나는 고개를 숙여 보이고 나서 마구간으로 들어갔다. 궁전으로 돌아온 야소다라는 싯다르타가 길을 떠날 때 입고 갈 수 있게끔 옷을 챙겨 그의 의자 위에 올려놓았다. 그러고 나서 라훌라에게 가벼운 담요를 덮어주고 자신의 잠자리를 준비했다. 여전히 연회장으로부터는 음악과 웃음소리가 새어 나왔다. 그 소리가 멎은 것은 한참이 지난 후였고 그로써 야소다라는 손님들이 숙소로 물러났음을 알 수 있었다. 다시 실내에 정적이 감돌기 시작하자 그녀는 비로소 조용히 잠자리에 들었다. 그녀는 누워서 한참을 기다려보았으나 싯다르타는 방으로 돌아오지 않았다.

싯다르타는 홀로 바깥에 서서 밤하늘에 걸린 밝은 보름달과 별들을 바라보고 있었다. 바로 그날 밤에 그는 궁전을 떠날 것을 결심했다. 한참 뒤에 방으로 돌아온 그는 자신의 여행복이 챙겨져 있는 것을 보았다. 그는 커튼을 젖히고 침상 쪽을 바라보았다. 거기에 누워 있는 고파는 잠이 들어 있는 게 분명했다.

싯다르타는 안으로 들어가 그녀에게 작별 인사라도 하고 싶었지만 그만두기로 마음을 고쳐먹었다. 이미 그녀에게 꼭 해야 할 말들은 다 해놓은 상태였다. 만약 자신이 지금 그녀를 깨운다면 길을 떠나기가 더 힘들어질 뿐이었다.

그는 마지막으로 다시 한 번 아내와 아들을 바라보았다. 마치 그 사랑스럽고 소중한 장면을 기억에 새기려는 듯이 그들을 뚫어질 듯 바라보았다. 그러고는 커튼을 내리고 방을 나왔다.

연회장을 지나면서 싯다르타는 무희들이 지쳐서 대자로 융단 위에 곯아떨어져 있는 것을 보았다. 그녀들의 머리는 헝클어져 있었고 입술은 마치 죽은 물고기의 그것처럼 벌어져 있었다.

춤을 추던 때의 유연했던 팔들이 이제는 마치 뻣뻣한 나뭇조각처럼 느껴졌다. 그리고 다리들은 전쟁터의 시신들처럼 서로 뒤엉켜 있었다. 싯다르타는 마치 공동묘지를 지나는 듯한 느낌을 받았다.

그는 마구간으로 가서 그때까지 깨어 있는 찬나를 보고 말했다.

"찬나야, 칸타카에 안장을 얹어서 데리고 오너라."

찬나는 분부에 따랐다. 그는 이미 모든 것을 준비해놓고 있었다. 칸타카에 이미 굴레를 씌워놓고 안장도 얹어놓고 있었던 것이다. 찬나는 싯다르타에게 물었다. "제가 왕자님을 모실까요?"

싯다르타가 고개를 끄덕이자, 찬나는 그의 말에 안장을 얹고 두 필의 말을 궁전 마당으로 끌어냈다. 싯다르타는 말을 멈추

찬나는 이미 싯다르타가 오랜 여행을 할 수 있도록 칸타카를 준비
해놓고 있었다. 그러고는 물었다. "제가 왕자님을 모실까요?"

고 칸타카의 갈기를 쓰다듬으며 조용히 말했다. "칸타카, 오늘 밤은 아주 중요한 밤이란다. 너도 이번 여행을 위해 최선을 다해다오."

그는 칸타카에 올라탔고 찬나도 자신의 말 위에 올랐다. 그들은 조용히 길을 떠났다. 문지기들은 잠에 깊이 빠져 있었고 그들은 쉽게 성문을 통과할 수 있었다. 성문을 나섰을 때 싯다르타는 고개를 돌려 달빛 아래 깊이 잠든 왕궁 쪽을 한 번 바라보았다. 그곳은 싯다르타가 태어나 성장하고 수많은 희로애락을 경험했던 곳이었다. 또한 그곳에는 지금 자신과 가까웠던 모든 이들이 잠들어 있다. 자신의 아버지와 고타미, 야소다라, 라훌라, 그 밖의 모든 사람들……. 싯다르타는 나직이 자신에게 다짐했다. '깨달음을 구하기 전에는 결코 카필라밧투에 돌아오지 않을 것이다.'

그는 말 머리를 남쪽으로 향했고 말은 전속력으로 달렸다.

13장

고행의 시작

비록 전속력으로 말을 달렸지만 그들이 석가 왕국의 국경에 이르렀을 때는 동틀 무렵이 가까운 때였다. 그들은 아노마 강의 하류에서 말을 내려 수심이 얕은 지점을 찾아 강을 건넜다. 다시 말에 오른 그들은 맞은편 숲 가장자리로 말을 몰았다. 한 마리의 사슴이 나무들 사이로 경쾌하게 뛰어다니고 있었다. 새들이 그들의 출현에도 전혀 무서워하지 않고 가까이에서 날아다녔다. 싯다르타는 말에서 내렸다. 그는 미소 띤 표정으로 부드럽게 칸타카의 갈기를 쓰다듬으며 말했다.

"칸타카야, 너는 정말 훌륭한 말이다. 너는 나를 태우고 무사히 이곳까지 데려다주었다. 정말이지 고맙구나."

그의 애마 칸타카는 머리를 들고 부드러운 눈길로 주인을 바라보았다. 싯다르타는 말안장 사이에 끼워져 있던 검을 빼냈다. 그러고는 왼손으로 자신의 긴 머리칼을 한 움큼 쥐고 오른 손에 든 검으로 잘랐다. 찬나가 말에서 내렸다. 싯다르타는 잘라낸 한 움큼의 머리칼과 검을 찬나에게 건넸다. 이어서 그는 목에 두르고 있던 보석 목걸이를 풀었다.

"찬나야, 이 목걸이와 검과 머리칼을 아버님께 전해드려라. 그리고 그분께서 나를 믿도록 잘 말씀드려다오. 나는 결코 내게 주어진 책무를 회피하기 위해 집을 떠난 것이 아니다. 나는 지금 모든 사람들을 이롭게 하기 위해 집을 떠나온 것이다. 부디 나를 대신해 아버님과 어머님, 그리고 야소다라를 위로해다오. 진심으로 부탁한다."

찬나는 목걸이를 건네받으며 두 눈 가득 눈물을 글썽였다. "왕자님, 모두들 비통해하실 겁니다. 저는 그분들에게 어떻게 말씀드려야 좋을지 모르겠습니다. 그리고 왕자님, 이제껏 따뜻하고 부드러운 침상에서만 주무셨는데 어떻게 고행자처럼 나무 아래에서 주무실 수가 있겠습니까?"

찬나의 말에 싯다르타는 미소 지었다. "걱정 말아라, 찬나야. 나도 다른 이들처럼 그렇게 살아갈 수가 있을 것이다. 너는 서둘러 왕궁으로 돌아가서 그분들이 내가 떠나온 것을 걱정하기 전에 결심을 알려다오. 자, 어서 돌아가다오."

찬나는 눈물을 훔치며 말했다. "왕자님, 부디 저를 왕자님 곁에 남게 하셔서 왕자님을 뒷바라지할 수 있게 해주십시오. 제게 자비를 베풀어 제가 소중히 여기는 분들께 이런 슬픈 소식을 전하지 않아도 될 수 있게 해주십시오."

싯다르타는 찬나의 어깨를 두드리며 엄숙한 어조로 말했다.

"찬나야, 나는 네가 왕궁으로 돌아가 나의 가족들에게 내 소식을 전해주길 바란다. 네가 진심으로 나를 아낀다면 반드시 그렇게 해다오. 나는 네가 여기에 남길 바라지 않는다. 그 어떤 수도자도 시종을 필요로 하지는 않았다! 부디 지금 당장 왕궁으로 돌아가거라!"

찬나는 마지못해 왕자의 분부에 따랐다. 그는 싯다르타가 건네준 머리칼과 목걸이를 소중히 옷 안에 챙기고 검은 다시 칸타카의 안장 사이에 끼워 넣었다. 그런 뒤 그는 싯다르타의 팔을 두 손으로 잡고서 간청했다. "왕자님께서 시키시는 대로 행하겠습니다. 하지만 왕자님, 부디 저와 왕궁에 계신 모든 분들을 잊지 마십시오. 깨달음을 얻으시면 반드시 왕궁으로 돌아오시겠다는 그 약속을 잊지 말아주십시오."

싯다르타는 고개를 끄덕이고 미소 띤 표정을 지어 보이며 찬나를 안심시켰다. 그는 애마 칸타카의 머리를 쓰다듬으며 속삭였다. "칸타카, 너도 이제 왕궁으로 돌아가거라."

찬나는 칸타카의 고삐를 잡고서 말에 올랐다. 칸타카는 마지막으로 한 번 싯다르타를 돌아보았는데 그 두 눈에는 찬나 못지않게 눈물이 가득했다.

싯다르타는 찬나와 두 필의 말이 시야에서 사라지길 기다렸다가 자신의 새로운 생활이 시작될 숲을 향해 발걸음을 옮겼다. 이제부터는 하늘을 지붕 삼고 숲을 집으로 삼는 생활이 시작되는 것이다. 그는 자신의 내부에서 평온하고 흡족한 기운이 샘솟는 걸 느낄 수 있었다. 그때 한 사내가 숲에서 걸어 나왔다. 그가 재래의 가사를 걸치고 있었기에 싯다르타는 처음에는 그가 수행자일 것이라고 생각했다. 하지만 자세히 보니 등 뒤에 활과 화살 통을 메고 있었다.

"당신은 사냥꾼인가요?" 싯다르타가 물었다.

"바로 맞혔습니다." 사내가 대답했다.

"사냥꾼인 당신이 어째서 그렇듯 수행자의 차림을 하고 있는 것이오?"

사냥꾼이 웃으면서 말했다. "이 가사 덕분에 짐승들이 나를 두려워하지 않아요. 그래서 난 쉽게 사냥을 할 수 있는 거지요."

싯다르타가 고개를 가로저으며 말했다. "그렇다면 당신은 수행자들의 신성한 자비심을 욕되게 하고 있는 것이오. 당신의 그 가사와 지금 내가 입고 있는 이 옷을 서로 바꾸지 않겠소?"

사냥꾼은 싯다르타와 그가 입고 있는 값진 옷을 바라보았다.

"진심으로 하시는 말씀입니까?" 사냥꾼이 물었다.

"물론이오. 당신이 이 옷을 시장에 내다 팔면 사냥 대신에 다른 장사를 시작할 수 있는 충분한 돈을 받을 수 있을 거요. 그리고 나는 수행자가 되고자 하니 당신이 입고 있는 가사가 필요하오."

사냥꾼은 뜻밖의 횡재에 기뻐하며 자신의 가사를 싯다르타의 값진 옷과 바꾼 뒤 서둘러 사라졌다. 싯다르타는 이로써 수행자의 차림을 갖추게 되었다. 그는 숲 속으로 들어가 적당한 나무를 찾아 그 아래에 앉았다. 그런 뒤 처음으로 그는 집이 없는 수행자로서 좌선을 시작했다. 왕궁에서의 마지막 밤과 말을 타고 달렸던 이제까지의 피로에도 불구하고 싯다르타는 지금 놀라울 정도로 편안한 기분을 느낄 수 있었다. 숲으로 들어선 순간부터 느꼈던 자유와 해방감을 좌선을 통해 한층 더 심화시킬 수 있었던 것이다.

나뭇가지 사이로 흘러든 햇살이 싯다르타의 속눈썹에 내려앉았다. 그가 눈을 뜨자 앞에 한 수도자가 서 있었다. 그 수도자는 오랫동안 금욕적인 생활을 한 탓인지 얼굴과 몸이 몹시 여위어 있었다. 싯다르타는 자리에서 일어나 두 손을 합장하며 인사를 했다. 그런 뒤 그는 수도자에게 자신은 이제 막 집을 떠난 몸이며 아직 스승을 받들 기회를 얻지 못했노라 말했다. 그리하여 장차 남쪽 지방으로 가서 대사문 알라라 칼라마에게 제자로 받아줄 것을 간청해볼 계획임을 밝혔다.

그러자 수도자는 자신이 대사문 알라라 칼라마의 교단에서 수행한 적이 있다는 것과 현재 대사문은 베살리의 북쪽에서 공동체를 이끌며 사백 명이 넘는 제자들에게 가르침을 행하고 있다는 이야기를 들려주었다. 아울러 그는 싯다르타가 원한다면 기꺼이 안내해주겠다고 나섰다.

싯다르타는 그를 따라 숲을 나와 언덕을 지난 뒤 또 다른 숲으로 들어섰다. 그들이 정오 무렵까지 걸었을 때, 그 수도자는 싯다르타에게 산열매와 식용식물들을 어떻게 채집하는가를 직접 보여주었다. 그리고 만약 그런 것들마저 발견되지 않을 때에는 나무뿌리를 파낼 필요도 있음을 알려주었다. 그가 오랫동안 숲 속에서 생활했음을 알게 된 싯다르타는 그에게 모든 식용식물에 대한 것을 물어서 기억해두었다. 이야기를 듣고 보니 과연 그 수도자는 산열매나 식용식물 그리고 나무뿌리밖에는 입에 대지 않는 고행자임이 틀림없었다. 그의 이름은 바르가바였다. 그는 싯다르타에게 대사문 알라라 칼라마는 고행자가 아니라는 것과 그의 제자들이 마을로 내려가 탁발을 함으로써 음식을 해결한다는 것을 이야기해주었다.

함께 길을 떠난 지 9일째가 되던 날, 드디어 그들은 아누피야 근처에 있는 알라라 칼라마의 숲 속 공동체에 도착했다. 그들이 도착했을 때 대사문 알라라는 사백 명이 넘는 제자들에게 가르침을 행하고 있던 중이었다. 그는 일흔 살가량 되는 나이에 비록 깡마른 몸이었지만 눈빛은 광채를 발하고 있었고, 목소리는 우렁찼다. 싯다르타와 바르가바는 제자들의 뒤에 서서 대사문의 가르침에 귀를 기울였다. 그가 이야기를 끝맺자 제자들은 저마다 수행에 몰두하기 위해 숲 속으로 뿔뿔이 흩어졌다. 싯다르타는 그에게 다가가 간략하게 자신을 소개한 뒤 존경심이 가득 담긴 목소리로 말했다. "위대한 스승이시여, 제가 당신의 제자가 될 수 있도록 허락해주십시오. 바라옵건대, 당신의 지도 아래 수행에 몰두하고자 합니다."

대사문 알라라는 싯다르타를 유심히 바라본 뒤 허락을 내렸다. "싯다르타여, 나는 너를 기꺼이 받아들이노라. 이제부터 이곳에 머무르도록 하여라. 네가 장차 나의 가르침을 따라 열심히 수행한다면 머지않아 깨달음을 얻게 될 것이다."

싯다르타는 땅에 엎드리며 자신이 그의 제자로 받아들여진 데 대한 감격을 나타내 보였다.

대사문 알라라는 제자들이 짚으로 지붕을 엮어 만들어준 오두막에서 기거했는데, 그의 추종자들도 숲 속 여기저기에 흩어져 있는 그런 오두막에서 생활했다. 그날 밤 싯다르타는 평평한 땅바닥에 나무뿌리를 베개로 삼아 잠자리에 들었다. 오랜 여행으로 몸이 지쳐 있던 터라 그는 다음 날 아침까지 푹 잘 수 있었다. 그가 일어났을 때 태양은 이미 떠오른 뒤였고 새들이 숲 속 가득 지저귀고 있었다. 다른 수행자들은 이미 아침 명상을 마치고서 탁발을 위해 마을로 내려갈 채비를 하고 있었다. 싯다르타는 그들로부터 발우를 건네받고 탁발하는 법을 배웠다.

다른 수행자들을 따라 그도 발우를 지니고 베살리로 들어갔다. 난생처음 탁발에 나선 싯다르타는 수행자들과 마을 주민들이 얼마나 밀접하게 연결되어 있는지를 보고 감명받았다. 수행자들은 마을 주민들로부터 음식을 제공받고 있었다. 싯다르타는 올바르게 발우를 쥐는 법과 탁발에 나섰을 때의 걷고 서는 법 그리고 음식을 제공받는 법과 자신에게 음식을 제공해준 마을 주민에게 감사하기 위해 경을 낭송하는 법 등을 배웠다. 그날 싯다르타는 얼마간의 쌀밥과 카레를 제공받았다.

싯다르타는 새로운 동료들과 숲으로 돌아왔다. 그리고 함께 둘러앉아 탁발해 온 음식을 먹었다. 식사를 마친 뒤, 싯다르타는 대사문 알라라의 지도를 받기 위해 그를 찾아갔다. 싯다르타가 찾아갔을 때, 대사문은 깊은 명상에 잠겨 있었다. 싯다르타는 그런 대사문의 앞에 조용히 앉은 뒤 자신도 명상에 들기 위해 정신을 집중시켰다. 한동안 시간이 흐르자 대사문이 눈을 떴다. 싯다르타는 그의 앞에 부복하며 가르침을 청했다.

대사문 알라라는 새로운 제자인 싯다르타에게 수행자가 갖추어야 할 성실하고 근면한 마음가짐에 대해 이야기했고 이어서 명상 수행에 필요한 호흡법을 지도해주었다. 그러고는 다음과 같이 설명했다. "나는 단지 이론적인 것만을 가르치는 게 아니다. 참다운 지식은 토론을 통해 얻어지는 게 아니라 직접적인 경험과 성취의 결과로 얻어지는 것이다. 참다운 명상의 상태에 도달하기 위해 너는 과거와 미래의 모든 생각들을 버려야 할 필요가 있다. 너는 오로지 해탈에 관한 생각에만 정신을 집중시켜야 한다."

싯다르타는 스승에게 육체와 감각을 제어하는 법에 대해 물어보았다. 그러고 나서 스승에게 깊이 감사한 뒤, 수행에 임할수 있게 적당한 장소를 찾기 위해 천천히 그곳을 물러났다. 그는 나뭇가지와 잎들을 모아 사라수 아래 조그만 오두막을 지었다. 그는 그곳에서 부지런히 수행에 임했고 대엿새마다 한 차례씩 자신이 경험한 어려운 문제에 관한 조언을 구하기 위해 알라라를 찾아갔다. 그렇게 해서 짧은 기간 안에 싯다르타는 수행에 커다란 진전을 이룰 수 있었다.

좌선을 하면서 그는 비록 생각의 근원과 현재적인 것의 집착으로부터는 자유롭지 못했으나 과거와 미래의 집착으로부터는 벗어날 수 있었고 놀랄 만한 평온과 환희의 상태를 맛볼 수 있었다. 그리고 몇 주 뒤에 싯다르타는 모든 생각의 근원과 현재적인 것의 집착으로부터도 자유로울 수 있는 더 높은 명상 상태에 이르게 되었다. 그런 뒤 그는 환희나 비(非)환희마저도 존재하지 않는 경지에 접어들었다. 그에게 그 상태는 마치 다섯 가지 감각의 문이 완전히 닫히는 듯했고 바람 한 점 없는 날 호수의 수면 같은 평온함을 느끼게 했다.

그가 그러한 수행의 열매를 스승에게 선사하자 스승은 몹시 기뻐했다. 알라라는 싯다르타가 짧은 시간에 놀랄 만한 진전을 이룬 것에 대해 칭찬하고 다시 '광대무변의 영역'이라 불리는 명상의 경지에 이르는 법에 관해 가르쳤다. '광대무변의 영역'이란 모든 물질과 가시적 현상들이 자취를 감춘 후에 오는 무한한 정신의 영역이며 여기에 이르면 우주가 모든 존재의 무한한 근원으로 보이게 된다.

싯다르타는 그러한 경지에 이르기 위해 스승의 지도에 따라 모든 노력을 기울였다. 그리고 사흘도 채 걸리지 않았을 때 그는 그 경지에 이르는 데 성공했다. 하지만 싯다르타는 그 경지에 이르렀음에도 불구하고 자신의 마음속 깊은 곳에 자리 잡은 근심과 슬픔으로부터는 여전히 자유롭지 못함을 느꼈다. 그래서 그는 다시 알라라를 찾아갔다. 스승이 그에게 말했다. "너는 여기에서 한 걸음 더 나아가야만 한다. '광대무변의 영역'은 네 정신의 진수와 같은 것이다. 그것은 네 의식의 대상이 아니라 네 의식 바로 그 자체이다. 지금 너는 '무한한 의식의 영역'

을 경험해야만 한다."

싯다르타는 다시 자신의 거처로 돌아가 불과 이틀 만에 '무한한 의식의 영역'을 깨달았다. 그는 삼라만상의 모든 현상 속에 자신의 마음이 존재함을 알게 되었다. 하지만 이러한 경지에 이르렀음에도 싯다르타는 여전히 자신의 깊은 곳에 자리 잡은 고뇌와 근심이 가시지 않음을 느꼈다. 그래서 그는 다시 대사문 알라라를 찾아가 도움을 청했다. 스승은 경탄해 마지않는 눈길로 그를 보며 말했다. "너는 이제 마지막 관문에 아주가까이 이른 셈이다. 오두막으로 돌아가 모든 현상의 덧없음에 관해 명상하도록 하여라. 삼라만상은 네 자신의 마음속에서 일어나는 것이다. 우리의 마음이 모든 현상의 근원이다. 형상과 소리, 냄새 그리고 뜨겁고 차갑고 단단하고 부드러운 것과 같은 촉감은 모두 우리의 마음이 만들어내는 것이다. 그것은 흔히들 생각하듯 독자적으로 존재하는 것이 아니다. 우리의 의식이 화가의 그림처럼 그러한 현상을 존재로 그려내는 것이다. 네가 이제 마지막 관문인 '무상(無相)의 영역'에 도달할 수 있다면 너는 성공했다고 볼 수 있을 것이다. '무상의 영역'에 도달하면 어떠한 현상도 우리 마음의 바깥에서는 존재하지 않음을 알게 될 것이다."

싯다르타는 두 손을 모아 스승에게 감사의 뜻을 나타내 보이고 자신의 거처로 돌아갔다.

대사문 알라라 칼라마의 문하에서 가르침을 받는 동안 싯다르타는 다른 많은 수행자들과도 사귀게 되었다. 모든 수행자들이 싯다르타의 친절하고 온유한 성품에 이끌렸다. 때로 그들은 싯다르타를 위해 음식을 그의 오두막에 놓아두고 갈 때가 있었다. 그래서 명상에서 깨어난 싯다르타는 종종 다른 수행자들이 바나나나 주먹밥 따위를 놓아두고 간 것을 발견하곤 했다. 많은 수행자들이 싯다르타로부터 배우기 위해 그와 친구가 되기를 원했다. 그들은 싯다르타가 이룬 수행의 진전에 관해서 스승으로부터 익히 들어서 알고 있는 터였다.

언젠가 대사문 알라라는 싯다르타에게 출신 성분에 관해 물은 끝에 그가 이전에는 왕자의 신분이었음을 알게 되었다. 하지만 싯다르타는 다른 수행자들이 자신의 과거를 물을 때는 단지 미소로 답할 뿐이었다. 그는 정중히 이렇게 대답했다. "그것은 중요하지 않아요. 지금 우리에게 중요한 건 깨달음을 위한 수행일 뿐입니다."

한 달이 못 미쳐서 싯다르타는 '무상의 영역'에 도달하게 되었다. 그런 뒤 그는 이어서 몇 주 동안 무상의 영역을 통해 자신의 내부 깊숙이 자리 잡고 있는 장애물들을 제거하기 위해 노력했다. 하지만 '무상의 영역'이 아무리 심오한 명상의 경지라 할지라도 그것 역시 자신을 도와줄 수 없음을 느꼈다. 결국 그는 다시 대사문 알라라를 찾아가 조언을 구했다.

알라라 칼라마는 싯다르타의 말에 열심히 귀를 기울였다. 스승의 눈빛은 짧은 시간 안에 심오한 경지에 이른 제자에 대한 경탄으로 빛났다. "싯다르타여, 너는 내가 가르칠 수 있는 가장 높은 경지에 이르렀다. 내가 성취한 모든 것을 이제는 너도 성취했다. 그러니 나와 함께 이제부터 이 공동체를 이끌어나가 도록 하자꾸나."

싯다르타는 잠시 침묵에 잠겼다. 비록 '무상의 영역'이 명상 의 가장 드높은 영역이라 할지라도 그것이 탄생과 죽음과 같은 근본적인 문제를 해결하는 데 도움이 되지는 못한다. 뿐만 아 니라 인간을 고통과 근심으로부터 구해내지도 못한다. 그런 만 큼 그것이 완전한 깨달음의 경지라고는 볼 수 없었다. 그리고 싯다르타의 목표는 공동체의 지도자가 되는 데 있는 것이 아니 었다. 그의 목표는 어디까지나 진정한 깨달음을 구하는 데 있 었다.

싯다르타는 합장하며 대답했다. "위대한 스승이시여, 제가 찾는 마지막 목표는 '무상의 영역'이 아닙니다. 그러니 이제 부터 제가 스승님의 공동체를 떠나 제 마지막 목표를 찾아갈 수 있도록 허락해주옵소서. 그동안 스승님께서는 최선을 다해 저를 가르쳐주셨습니다. 그러한 스승님의 은혜는 결코 잊지 않 겠습니다."

대사문 알라라 칼라마의 얼굴에 실망의 빛이 스쳤다. 하지만 싯다르타의 결심은 확고했다. 다음 날 싯다르타는 다시 길을 떠났다.

14장
강가 강을 건너다

싯다르타는 현재의 갠지스 강인 강가 강을 건너 영적인 스승들이 많기로 유명한 마가다 왕국 깊숙이 들어갔다. 그는 자신에게 생과 사를 극복하는 길을 일깨워줄 스승을 찾고자 결심하고 있었다. 대부분의 영적 스승들은 깊은 산이나 숲 속에서 살고 있었다. 싯다르타는 지칠 줄 모르고 그들이 살 만한 곳을 물어서 아무리 깊고 험한 계곡이나 산속일지라도 찾아 나섰다. 그는 비가 오건 해가 비치건, 한 달 또 한 달을 그렇게 계속해서 스승을 찾아 헤매었다.

그러는 동안에 싯다르타는 어떠한 옷도 거부하며 지내는 고행자들도 만났고 음식이라곤 숲에서 나는 열매나 나무뿌리, 식용식물 이외의 것은 입에도 대지 않는 금욕주의자들도 만났다. 이러한 수행자들은 극도의 고행과 금욕 생활을 견뎌냄으로써 죽어서 천국에 갈 수 있다고 믿고 있었다.

어느 날 싯다르타는 그들에게 말했다. "비록 당신들이 천국에서 다시 태어날 수 있다고 하더라도 이 지상에서 겪는 고통은 변함없이 그대로 남는 것입니다. 깨달음을 구하고자 하는 목적은 현세의 고통을 해결하기 위해서이지 현세로부터 도피하기 위해서가 아닙니다. 육체적 쾌락을 위해 지나치게 욕망을 채우고자 하는 것도 좋지 못한 일이지만 그 반대로 금욕적인 생활을 위해 지나치게 몸을 혹사하는 것도 좋지 못한 일입니다."

싯다르타는 여행을 계속해나갔다. 어떤 공동체에서는 석 달을 머무르기도 하고 또 다른 공동체에서는 여섯 달을 머무르기도 했다. 그의 명상과 정신력은 경지를 드높여갔지만 그는 여전히 생과 사의 문제로부터 진정한 해탈에 이르는 길을 찾지 못하고 있었다. 세월은 빨리 흘러서 어느덧 싯다르타가 집을 떠난지 3년이 넘었다. 때로 숲 속에서 좌선을 할 때 싯다르타의 마음속에 아버지와 야소다라와 라훌라 그리고 자신의 어린 시절과 청년 시절의 모습이 떠오르곤 했다. 그럴 때면 초조함과 실망감을 피하기가 어려웠지만, 깨달음을 얻게 될 것이라는 굳은 신념은 그가 계속해서 구도의 길로 나아가게 해주었다.

한동안 싯다르타는 마가다의 수도인 라자가하에서 그다지 멀지 않은 판다바의 산허리에서 혼자 지냈다. 어느 날 그는 탁발을 하기 위해 발우를 챙겨 들고 수도로 내려갔다. 그가 걷는 모습은 느긋하면서도 기품이 서려 있었으며 표정은 침착하면서도 단호한 데가 있었다. 거리의 양쪽에서 사람들은 마치 사자처럼 우아하게 걸어가는 수행자 싯다르타를 바라보기 위해 멈춰 섰다. 그때 마가다의 국왕인 빔비사라 왕이 왕실 마차를 타고 거리를 지나던 중 싯다르타의 수려한 자태를 보고서 마차를 멈추게 했다. 이어서 왕은 시종에게 분부해 그 수행자에게 보시를 행하도록 하고 아울러 그의 거처가 어디인지도 알아 오도록 했다.

다음 날 오후, 빔비사라 왕은 싯다르타의 거처를 향해 행차했다. 왕은 산 밑자락에 타고 온 마차를 세워두고 단 한 명의 시종만 데리고 산길을 올라갔다. 이윽고 그는 나무 아래에 앉아 있는 싯다르타를 발견하고 기쁜 표정으로 그에게 다가갔다.

싯다르타가 자리에서 일어났다. 싯다르타는 방문자의 옷차림을 보고서 그가 마가다 왕국의 국왕임을 알 수 있었다. 싯다르타는 합장하며 그를 맞이했고 이어서 근처에 있는 커다란 바위에 앉도록 자리를 권했다. 그러고 나서 싯다르타도 왕과 마주 볼 수 있는 또 다른 바위에 걸터앉았다.

빔비사라 왕은 수행자의 고상하고 예의 바른 태도에 깊이 감명받은 듯했다. 왕이 먼저 말을 꺼냈다. "나는 마가다 왕국의 국왕이오. 청컨대 당신이 수도로 내려와 나와 함께 지내주었으면 하오. 당신이 내 곁에서 조언을 해준다면 마가다 왕국은 틀림없이 평화와 번영을 누릴 수 있으리라 믿소."

싯다르타는 빙그레 미소 지으며 대답했다. "왕이시여, 저는 숲 속에서의 생활에 더 익숙합니다."

"하지만 당신은 지금 너무 힘든 생활을 하고 있소. 당신에겐 편안한 잠자리와 시종이 필요하오. 만약 당신이 나의 뜻을 따르겠다면 나는 당신을 위한 궁전을 마련해드리겠소. 부디 함께 하산해서 나를 보좌해주기 바라오."

"왕이시여, 궁전 생활은 저와 같은 사람에게는 적합하지가 않습니다. 저는 지금 제 자신과 모든 사람들이 겪고 있는 고통으로부터 진정한 해탈에 이르는 길을 찾기 위해 애쓰고 있는 수행자입니다. 거듭 말씀드리거니와 궁전 생활은 저와 같은 수행자의 구도적 생활에는 적합하지 않은 것이옵니다."

"당신은 나와 마찬가지로 아직 젊소. 나는 진정한 우정을 나눌 수 있는 친구를 절실히 필요로 하고 있소. 당신을 처음 본 순간 나는 당신에게서 자연스런 유대감을 느낄 수 있었소. 나와 함께 하산합시다. 만약 당신이 내 제의를 받아들인다면 나는 당신에게 내 왕국의 절반을 드리겠소. 그리고 훗날 당신이 나이를 더 먹은 뒤 수도자의 생활로 돌아가고 싶다면 그렇게 해도 좋아요. 그래도 늦지는 않소."

"왕이시여, 당신의 따뜻한 호의에 감사드립니다. 하지만 제가 진정으로 원하는 바는 고통으로부터 모든 존재를 구원할 수 있는 깨달음을 구하는 것입니다. 그리고 시간은 너무도 빨리 흘러갑니다. 지금 힘과 정열이 있는 저의 젊음을 깨달음을 구하는 데 사용하지 않는다면 머지않아 닥칠 노후에 저는 몹시 후회하게 될 것입니다. 인생이란 너무나도 불확실한 것입니다. 질병과 죽음이 어느 순간에 닥칠지는 아무도 알 수 없는 것입니다. 탐욕과 노여움, 증오와 격정과 질투와 교만으로 말미

암은 내적 혼란의 불꽃이 계속해서 우리의 마음을 불태웁니다. 진정한 깨달음을 얻을 때에만 모든 존재가 번뇌의 사슬을 끊고 자유로워질 수 있을 것입니다. 왕이시여, 당신이 만약 진정으로 저를 생각해주신다면 제가 오랫동안 추구해온 이 구도의 길을 계속해갈 수 있도록 그냥 내버려두셨으면 합니다."

빔비사라 왕은 싯다르타의 이야기를 듣고서 더 한층 감명받은 듯했다. "그토록 신념에 찬 당신의 이야기를 듣게 되니 나로서도 기쁘기 그지없소. 수도자여, 당신의 출신지와 가문에 대해 내게 이야기해줄 수 있겠소?"

"왕이시여, 저의 고향은 석가 왕국이며 저희 가문은 석가족의 후예입니다. 수도인 카필라밧투에서 현재 왕국을 다스리고 계신 숫도다나 왕이 저의 아버님이시며 마하마야 왕비가 저의 어머님이셨습니다. 저는 장차 왕위를 물려받을 왕자의 신분이었습니다만 깨달음을 얻기 위해 3년 전에 부모님과 아내와 아들을 남겨두고 궁전을 떠난 몸입니다."

그 이야기를 들은 빔비사라 왕은 깜짝 놀랐다. "그렇다면 당신은 왕족이로군요! 당신과 같은 분을 만나게 되어 실로 영광입니다. 고귀한 가문의 수도자여! 석가족과 마가다족은 오랫동안 사이좋게 지내온 사이입니다. 부디 저의 실례를 용서하십시오! 그런 줄도 모르고 어리석게도 제가 지위와 부로써 당신을 설득하려 들었다니! 하지만 이것만은 당신에게 부탁드리고 싶군요. 때때로 저의 궁전에 오셔서 제가 당신을 위해 보시를 행할 수 있게 해주시고 언젠가 당신이 깨달음을 얻으셨을 땐 저를 위해 가르침을 내려주십시오. 어떻습니까, 약속해주실 수 있겠습니까?"

싯다르타는 합장하며 대답했다. "그렇게 하겠습니다. 제가 깨달음을 얻게 되면 반드시 당신과도 그 열매를 나누어 갖도록 하겠습니다."

빔비사라 왕은 싯다르타에게 공손히 절을 한 뒤 데리고 온 시종과 함께 산을 내려갔다.

그날 이후 싯다르타는 자신의 거처를 옮겼다. 젊은 국왕 빔비사라의 지나친 호의가 자신의 수행 생활에는 오히려 방해가 될 것 같았기 때문이다. 그는 수행에 도움이 될 만한 또 다른 거처를 찾기 위해 남쪽으로 길을 떠났다. 그러던 중 그는 대사문 웃다카 라마풋타의 공동체에 관한 소문을 듣게 되었다. 대사문 웃다카는 아주 높은 정신적 경지에 이른 위대한 스승으로 존경받고 있었다. 라자가하에서 그리 멀지 않은 곳에 있는 그의 공동체에는 삼백 명가량의 수행자들이 거주하고 있었고 이웃한 곳에서 사백 명가량의 또 다른 제자들이 수행에 몰두하고 있었다. 싯다르타는 그곳으로 향하기로 결심했다.

빔비사라 왕은 수행자의 고상한 태도와 의젓한 몸가짐에 크게 감
동했다.

15장

숲 속의 고행자

대사문 웃다카는 일흔다섯 살이었다. 그는 사람들로부터 살아 있는 신으로서 존경받고 있었다. 웃다카는 새로 들어온 모든 제자들에게 가장 기본적인 단계부터 수련을 시작하도록 요구했다. 그래서 싯다르타도 가장 쉬운 명상법들로 다시 수련을 시작했다. 그러나 불과 몇 주도 지나지 않아 웃다카는 자신의 새로운 제자인 싯다르타가 이미 '무상의 영역'에 도달했음을 알게 되어 크게 감명받았다. 그는 이 젊은이에게서 고귀한 천성과 자신의 영적 후계자가 될 만한 소질을 간파하고 그를 최대한 성심껏 지도했다.

"싯다르타여, '무상의 영역'에서 공(空)이란 단지 텅 빈 공간도 아니며 우리가 흔히 의식이라 부르는 것 또한 아니다. 그러한 것들은 지각이거나 지각의 대상일 뿐이다. 그러므로 진정한 해탈이란 그 모든 지각을 초월한 후에 얻을 수 있는 것이다."

싯다르타가 공손히 물었다. "위대한 스승이시여, 지각을 제거한다면 그다음엔 어떻게 되는 것입니까? 만약 지각이 없다면 우리가 어떻게 나뭇가지와 바위를 구별할 수 있겠습니까?"

"나뭇가지와 바위는 지각 없이 존재할 수가 없다. 모든 무생물은 그 자체가 지각이다. 그대는 지각도 비(非)지각도 배제된 경지에 도달할 수 있어야 한다. 이것이 바로 삼매(三昧)의 경지이다. 그대는 이제부터 그러한 경지에 도달할 수 있어야 한다."

싯다르타는 명상에 들기 위해 다시 그의 거처로 돌아갔다. 그리고 불과 보름 만에 그는 이른바 지각도 비지각도 없다는 삼매의 경지에 도달할 수 있었다. 싯다르타는 이 경지가 모든 평범한 의식의 범주를 초월함을 알게 되었다. 그러나 이러한 명상의 상태에서 벗어날 때마다 그는 그 초월적인 체험에도 불구하고 그것이 삶과 죽음의 문제를 해결해주지 않는다는 것을 알았다. 그것은 마음을 지극히 평온한 상태에 머무를 수 있게는 해주었으나 진리의 문을 여는 열쇠는 되지 못했다.

싯다르타가 스승인 웃다카 라마풋타를 다시 찾아갔을 때 스승은 그를 높이 치하했다. 대사문 웃다카는 싯다르타의 손을 잡고 말했다. "이제껏 나는 그대처럼 뛰어난 제자를 본 적이 없다. 그대는 그 짧은 기간 동안에 엄청난 발전을 이루었다. 그대는 내가 터득한 가장 높은 경지에까지 도달했다. 나는 이제 늙었고 여생을 마칠 날이 가까운 몸이다. 만약 그대가 이곳에 남아준다면 함께 이 공동체를 이끌어나갈 수 있을 것이고 장차 내가 여생을 마치면 그대가 이곳의 대사문으로서 내 뒤를 이을 수 있을 것이다."

싯다르타는 지난날 그러한 제의를 받았을 때와 마찬가지로 공손히 거절했다. 그는 삼매의 경지가 삶과 죽음의 문제에 대한 해결책이 되지 못함을 알았기에 이제는 이곳도 떠나야 했다. 그는 대사문과 동료 수행자들에게 깊이 감사하는 마음을 표하고는 길을 떠났다. 모두들 싯다르타를 사랑했으므로 그가 떠나는 것을 보고 서운해했다.

웃다카 라마풋타의 공동체에 머물러 있는 동안 싯다르타는 콘단나라는 이름의 젊은 수행자를 친구로 사귀었다. 콘단나는 싯다르타를 친구로서 매우 좋아했을 뿐 아니라 스승으로서도 존경했다. 대사문 웃다카의 제자들 중 싯다르타 외에는 아무도 '무상의 영역'에 이르지 못했고 삼매의 경지를 언급하지도 못했다. 콘단나는 스승이 싯다르타를 영적 후계자로 간주했음을 알고 있었다. 싯다르타를 바라보는 것만으로도 콘단나는 자신의 수행에 대한 신념을 가질 수 있었다. 그는 자주 싯다르타를 찾아가 가르침을 구했고 그러는 동안에 두 사람 사이에는 특별한 유대감이 자라났다. 콘단나는 그런 친구와의 이별을 안타깝게 여겼다. 그는 싯다르타와 산 아래까지 함께 내려가 그가 시야에서 사라지는 것을 보고서야 다시 산으로 돌아갔다.

싯다르타는 이제껏 마가다 왕국 안에서 가장 위대한 대사문들로 일컬어지는 두 스승으로부터 많은 것을 배웠으나 여전히 그의 내부에서는 진정한 해탈에 이르고자 하는 갈구가 불꽃처럼 타오르고 있었다. 아마도 그 나라를 통틀어 본다 해도 그 어떤 스승에게도 더 이상은 배울 것이 없을 듯했다. 그래서 그는 결국 스스로의 힘으로 진리의 열쇠를 찾아야 함을 깨닫게 되었다.

서쪽으로 천천히 걸으며 논밭 사이를 지나고 개울을 지나 그는 네란자라 강에 다다랐다. 강을 건너 우루벨라 마을로부터 당시리 산에 닿을 때까지 반나절을 걸어야 했다. 가파른 산비탈이 험준한 산봉우리로 이어져 있는 그 산에는 곳곳에 동굴이 많았다. 가난한 마을 사람의 집채만 한 바위들이 산기슭에 걸쳐 있었다. 싯다르타는 해탈에 이르는 길을 발견할 때까지 이곳에 머무르기로 결심했다. 그는 앉아서 오랫동안 명상에 잠기기에 적합한 동굴을 하나 찾아냈다. 그런 뒤 자리를 잡고 앉아 지난 5년 동안의 수도 생활을 돌이켜보았다. 그는 지난날 고행자들에게 몸을 혹사시키지 말라고 충고해주었던 일을 떠올렸다. 하지만 지금 그는 그들의 방식을 좀 더 진지하게 고려해보았다. "축축하게 젖어 있는 나무에 불을 지필 수는 없다. 육신도 그와 같은 것이다. 만약 육체적 욕망을 통제할 수 없다면 진정한 깨달음에 이르는 것 또한 어려울 것이다. 나는 해탈에 이르기 위해서라면 기꺼이 고행도 감내하련다."

싯다르타는 이제 혹독한 고행의 시기로 접어들었다. 칠흑같이 어두운 밤에 그는 머리털이 쭈뼛 설 정도로 깊고 험한 숲 속으로 들어가 밤새도록 그곳에서 머물렀다. 두려움과 공포가 그의 몸과 마음을 집어삼킬 듯했지만 그는 동요하지 않고 견뎠다. 사슴이 바스락 소리를 낼 때 '두려움'은 마귀가 죽이러 온 것이라고 속삭였으나 그는 미동도 하지 않았다. 공작이 나뭇가지를 부러뜨리는 소리를 낼 때 '두려움'은 거대한 뱀이 나무에서 기어 내려오는 소리라고 속삭였지만 그는 여전히 미동도 하지 않았다. '두려움'이 불개미처럼 그의 내부를 쪼아댔지만 그는 동요하지 않고 참고 견뎠다. 그는 모든 신체적 공포를 극복하고자 애썼다.

그는 자기의 육신이 두려움의 노예가 되지 않을 수 있다면 정신 또한 고뇌의 사슬에서 벗어날 수 있으리라 믿었다. 그는 이를 악물고 혀로 입천장을 밀어 올리면서 두려움과 공포를 억제하기 위해 혼신의 힘을 다했다. 온몸이 식은땀으로 흠뻑 젖으면서도 그는 그 자리에서 꼼짝도 하지 않았다. 어떤 때는 천둥 같은 외침이 귓속에서 울려 퍼지기도 했고 누군가가 도끼로 내리칠 것 같은 느낌이 들기도 했다. 또 어떤 때는 자신의 몸이 쇠사슬에 죄이는 듯했고, 백정에게 도살되는 염소처럼 자신의 배가 갈라지고 말 것 같을 때도 있었다. 심지어는 자신의 몸이 산 채로 불에 구워지고 말 것 같은 느낌도 들었다. 하지만 결국 그는 이 모든 것을 견뎌냈다. 이러한 혹독한 고행을 통해 그의 육신은 어떠한 극심한 고통도 견뎌낼 수 있게 되었다. 하지만 그의 마음은 여전히 개운하지가 않았다.

싯다르타는 여섯 달 동안 이러한 엄격한 수행을 이어갔다. 처음의 석 달 동안은 혼자 지냈으나 넉 달째가 되었을 때 그는 콘단냐를 비롯한 웃다카 문하의 다섯 제자들에게 발견되어 함께 지내게 되었다. 싯다르타는 콘단냐를 다시 만나게 되어 기뺐다. 콘단나는 싯다르타가 웃다카의 공동체를 떠난 지 한 달 뒤에 삼매의 경지에 도달하게 되었다. 그래서 더 이상 배울 것이 없어진 콘단나는 바파, 밧디야, 앗사지, 마하나마 등 네 명의 동료를 설득해 함께 싯다르타를 찾아 나섰다. 그들은 길을 떠난 지 몇 주일 뒤에 다행히 싯다르타를 찾아낼 수 있었고, 그렇게 함께 수행하는 생활이 시작되었던 것이다. 싯다르타는 그들에게 자신이 어째서 고행의 길로 접어들게 되었는지를 설명했다. 그러자 그들도 그와 뜻을 같이하기로 결심했다. 수행자들은 각자 서로 이웃한 동굴에서 지냈고 매일 번갈아가며 그들 중 한 명이 마을로 내려가 탁발을 했다. 그리고 탁발해 온 음식은 공평하게 여섯 등분으로 나누어 먹었다.

그렇게 생활하는 동안 그들은 몰라보게 얼굴이 수척해지고 몸이 마르게 되었다. 그들은 산을 내려와 동쪽으로 이동해 우루벨라 마을 근처인 네란자라 강기슭에 거처를 정하고 계속 같은 방식으로 수행했다. 그러나 싯다르타의 고행은 다섯 동료들조차 우려할 정도로 강도가 높았고 그들은 도저히 따라 할 수 없는 것이었다. 싯다르타는 강에서의 목욕도 그만두었고 자기 몫의 음식을 먹는 것도 그만두었다. 단지 어쩌다가 길가에 떨어진 마른 구아바 열매를 먹는 것이 고작이었다. 그의 몸은 끔찍할 정도로 야위어갔다. 불거져 나온 뼈에 살가죽이 들러붙어 있는 형상이었다. 여섯 달 동안 그는 머리나 수염을 깎지 않았는데, 머리를 만지면 두개골에 가까스로 달라붙어 있는 머리칼이 힘없이 떨어져 내릴 정도였다.

그러던 어느 날 공동묘지 속에서 명상을 하던 중에 갑자기 그는 고행이 얼마나 잘못된 수행 방법인지를 깨닫게 되었다. 해가 지고 시원한 미풍이 그의 살갗을 부드럽게 어루만져주었다. 하루 종일 뜨거운 햇살 아래 앉아 있었던 터라 산들바람은 더없이 상쾌하게 느껴졌다. 싯다르타는 그동안 느껴본 어떤 것에도 비할 수 없는 편안한 기분을 맛보았다. 그는 육체와 정신이 서로 떼어놓고 생각할 수 없는 하나의 실체임을 깨달았다. 육신의 평화와 안락함이 곧 마음의 평화와 안락함과 통한다. 육신을 혹사시키는 것은 곧 마음까지 혹사시키는 것이다.

그는 아홉 살 나던 해 첫 쟁기질이 행해지던 제전 행사에 따라갔다가 사과나무 아래에서 처음으로 명상에 잠겨 앉아 있었던 때를 떠올렸다. 그는 그때의 상쾌하고 편안한 기분이 자신에게 얼마나 맑고 차분한 생각을 가질 수 있게 해주었는지를 지금도 분명하게 기억할 수 있었다. 또한 그는 찬나와 헤어진 후 숲 속에서 수행자로서의 첫 명상에 잠겼던 때도 떠올렸다. 그리고 대사문 알라라 칼라마와 보냈던 초기의 명상 수행도 떠올렸다. 그러한 일련의 명상들은 그의 몸과 마음을 이롭게 하는 자양분이 되었고 그에게 깊은 통찰력을 길러주었다. 그러나 그 후 대사문 알라라 칼라마는 그에게 물질의 세계를 넘어서 존재하는 '광대무변의 영역'과 '무한한 의식의 영역' 그리고 '무상의 영역'에 이르기 위해 명상의 기쁨을 초월하라고 말했다. 그런 다음에는 또 삼매의 경지가 있었다. 그리고 보면 언제나 목표는 느낌과 사유의 세계, 감각과 지각의 세계로부터 탈출하는 수단을 찾는 것이었다. '어째서 경전에서 규정한 전통만을 따라야 하는가? 어째서 명상이 가져다주는 기쁨을 버려야 하는 것인가? 명상에서 비롯되는 기쁨은 불확실한 의식인 욕망의 다섯 가지 범주와는 아무런 관계가 없는 것이다. 오히려 몸과 마음을 이롭게 하고 깨달음의 길을 추구하는 데 필요한 힘을 준다.'

싯다르타는 건강을 회복하고 명상으로써 몸과 마음을 이롭게 하기로 결심했다. 그는 다음 날 아침부터 다시 탁발에 나서기로 마음먹었다. 그리고 이제부터는 누구의 가르침에도 의지하지 않고 스스로를 스승으로 삼기로 뜻을 굳혔다. 그러한 결심들을 하고 나서 행복한 기분으로 땅바닥에 몸을 쭉 뻗고 평화롭게 잠이 들었다. 구름 한 점 없는 밤하늘에 둥근 달이 두둥실 떠올랐고 은하수가 하늘을 가로지르며 맑게 빛나고 있었다.

싯다르타는 다음 날 아침 새들이 지저귀는 소리에 잠이 깼다. 그는 자리에서 일어나 간밤의 결심들을 다시 떠올려보았다. 목욕을 하지 않았던 탓에 그의 몸은 몹시 더러워져 있었고 걸치고 있는 가사도 이미 헤어질 대로 헤어져 더 이상 그의 몸을 가려줄 수도 없을 정도로 누더기가 되어 있었다. 그는 그저께 공동묘지에서 시체 한 구를 본 것을 떠올렸다. 아마 오늘이나 내일쯤 사람들은 장례 의식에 따라 그 시체를 물에 담근 뒤 화장할 것이다. 그렇게 되면 시체를 덮은 벽돌색 천은 더 이상 필요 없어질 것이다. 그는 그 시체가 놓여 있는 곳으로 갔다. 그러고 나서 삶과 죽음에 대해서 잠깐 묵상한 뒤 정중하게 그

159

천을 시체로부터 벗겨냈다. 시체는 젊은 여인의 것으로 한껏 붓고 변색되어 있었다. 싯다르타는 시체로부터 벗겨낸 그 벽돌색 천을 새로운 가사로 삼을 작정이었다.

그는 목욕도 하고 그 천도 빨 생각으로 강가로 내려갔다. 강물은 시원했고 싯다르타는 더할 나위 없는 상쾌함을 느꼈다. 그는 새로운 마음가짐으로 상쾌한 강물이 피부에 와 닿는 느낌을 즐겼다. 그는 오랫동안 목욕을 한 뒤, 물속에서 새 가사를 비벼 빨았다. 하지만 물에서 나오려고 할 때 온몸의 기운이 빠져버렸다. 그는 강둑으로 올라올 기운이 없어서 물속에서 조용히 멈춰 선 채 호흡을 가다듬었다. 그러다가 나뭇가지 하나가 물 위에 떠 있는 것을 발견했다. 그는 천천히 그쪽으로 걸어가 나뭇가지를 붙들고 거기에 몸을 의지해 강물 밖으로 빠져나왔다.

그가 강기슭에 앉아 쉬고 있는 동안 해는 점점 더 높이 떠올랐다. 그는 새 가사를 햇볕에 말린 뒤 그걸 입고서 우루벨라 마을을 향해 출발했다. 하지만 도중에 온몸의 기운이 다 빠지고 숨도 제대로 쉴 수 없어서 주저앉고 말았다.

그는 마을에서 나온 한 소녀가 자신을 발견할 때까지 한동안 정신을 잃고 쓰러져 있었다. 수자타라는 이름의 그 소녀는 어머니의 분부로 숲의 신에게 바치기 위해 떡과 우유와 꿀 등을 가지고 숲으로 가던 중이었다. 수자타는 정신을 잃고 길가에 쓰러져 있는 수행자를 발견하고는 다가가 무릎을 꿇고 그의 입에 우유를 흘려 넣어주었다.

우유가 혀와 목구멍에 닿자 싯다르타는 곧바로 반응했다. 그

싯다르타가 물에서 나오려고 하자 온몸의 기운이 빠져버려 몸을
가눌 수가 없었다.

는 천천히 한 잔 가득한 우유를 받아 넘겼다. 그러고 나서 한동안 가만히 숨을 쉬고 있다가 일어나 앉을 수 있을 정도로 기운을 되찾자, 그는 다시 수자타에게 우유를 한 잔 더 줄 것을 청했다. 그 우유 덕분에 그는 놀랄 만큼 빨리 기운을 되찾을 수 있었다. 그날 그는 더 이상 고행을 하지 않기로 결심하고 강 건너의 시원한 숲 속으로 가서 그곳을 수행의 장소로 삼았다.

그날 이후 그는 점차 정상적인 음식을 먹게 되었다. 때로는 수자타가 그에게 먹을 것을 가져다주기도 했고, 때로는 그 자신이 발우를 챙겨 들고 마을로 가서 탁발을 하기도 했다. 매일 그는 강기슭을 따라 걸으며 명상했고 나머지 시간은 좌선에 힘을 쏟았다. 그리고 저녁에는 네란자라 강에서 목욕을 했다. 그는 스스로의 힘으로 깨달음을 구하기 위해 전통과 경전에 대한 모든 믿음을 포기했다. 그는 스스로의 성공과 실패를 교훈으로 삼고자 자기 자신으로 돌아갔다. 그는 명상을 통해 몸과 마음의 자양분을 얻는 데 주저하지 않았고 평화롭고 여유로운 기운이 자신 속에 깃들게 했다. 그는 이제 자아를 멀리하거나 느낌과 지각으로부터 탈출하기 위해 애쓰지는 않았으나 그것들이 일어날 때는 거기에 빠져들지 않도록 주의를 기울였다.

현상계(現象界)에서 벗어나려는 욕망을 버리고 자아로 돌아옴에 따라 그는 자신이 현상계 속에 온전히 존재함을 알게 되었다. 한 점의 바람, 한 장의 나뭇잎, 찰나의 새 울음, 한 줄기의 햇살, 그 어떤 것도 그의 명상의 주제가 될 수 있었다. 그는 진리의 열쇠가 숨소리마다, 발걸음마다, 길가에 놓인 작은 조약돌마다에 숨겨져 있음을 간파하기 시작했다.

싯다르타는 육신에 관한 명상으로부터 느낌에 관한 명상으로 그리고 느낌에 관한 명상에서 지각에 관한 명상으로 옮겨가며 자신의 마음속에서 명멸하는 모든 생각들을 포용했다. 그는 몸과 마음이 하나라는 것, 즉 육신의 모든 조직이 우주의 모든 지혜를 내포하고 있다는 생각에 눈을 떴다. 그는 진실로 우주의 전모를 파악하기 위해서는 먼지 하나라도 유심히 바라볼 필요가 있다는 것, 그 하나의 먼지가 바로 우주 그 자체이며 만약 그것이 존재하지 않는다면 우주 역시 존재할 수 없다는 것을 깨달았다. 싯다르타는 분리된 자아, 즉 아트만(我)을 뛰어넘었고, 자신이 이제까지 베다에 쓰인 잘못된 관점에 지배당해왔음을 깨닫게 되었다. 실로 이 세상의 모든 존재는 외따로 존재할 수가 없다. 무아(無我) 또는 아나트만이 모든 존재의 본성이다. 아나트만은 그 어떤 새로운 존재를 일컫기 위한 용어가 아니다. 그것은 모든 잘못된 관점을 부숴버리기 위한 일종의 벼락같은 것이랄 수 있다. 무아를 받아들인 싯다르타는 명상 수행이라는 전장에서 통찰이라는 날카로운 검을 치켜든 장수와 같았다. 밤낮을 가리지 않고 그는 보리수 아래 앉아 있었고 그러는 동안에 그의 내부에서는 새로운 깨달음이 섬광처럼 일었다.

싯다르타가 수행의 방식을 바꾸면서부터 그의 다섯 친구들은 그에 대한 신뢰를 잃어버렸다. 그들은 그가 강기슭에 앉아서 공양받은 음식을 먹는 것을 보았다. 그들은 그가 어린 소녀와 즐겁게 이야기를 나누며 우유와 쌀밥을 먹는 것을 보았고 탁발을 하기 위해 마을로 내려가는 것도 보았다. 콘단나는 동료들에게 말했다. "싯다르타는 이제 더 이상 우리가 의지할 수 있는 자가 아니다. 그는 자신의 길을 저버렸다. 그는 지금 나태하게 자신의 몸을 살찌우는 데만 관심을 기울이고 있다. 그러니 이제 우리는 그를 떠나 수행을 계속할 수 있는 다른 장소를 찾아야 한다. 이제 우리가 더 이상 여기 머물 이유는 없어졌다."

그들이 떠난 후에야 싯다르타는 그들이 자신과 결별했음을 알게 되었다. 새로운 정신적 시야가 열린 싯다르타는 명상하는 데 그의 모든 시간을 쏟아붓느라 미처 친구들에게 자신의 변화에 관해 설명하지 못했던 것이다. 그는 생각했다. '친구들은 나를 오해하고 있다. 하지만 이제 와서 그들을 납득시키지 못한 데 대해 걱정하고 있을 수만은 없다. 지금의 나는 깨달음을 얻는 데 모든 힘을 쏟아야 한다. 내가 깨달음을 얻게만 된다면 반드시 나는 그 열매를 친구들과 함께 나누어 가질 것이다.' 그렇게 생각하고 나서 그는 다시 수행에 몰두했다.

그렇게 수행에 몰두하며 지내던 어느 날, 그는 스바스티라는 어린 목동을 만나게 되었다. 그리고 싯다르타는 그 열한 살 난 소년이 주는 한 아름의 쿠사풀을 기쁜 마음으로 건네받았다. 수자타와 스바스티 그리고 그들의 친구들은 아직 나이가 어렸지만 싯다르타는 자신이 성취한 바를 얼마간이나마 그 아이들과 함께 나누어 가졌다. 그는 제대로 된 교육도 받지 못한 시골 아이들이 자신의 이야기를 쉽게 이해해주어서 기뻤다. 그리

고 완전한 깨달음의 문이 곧 활짝 열리게 되리라는 것을 알아
차리고는 더욱 기운이 넘쳐났다. 그는 삼라만상이 서로 떼어놓
고 생각할 수 없는 관계에 있다는 것과 무아가 모든 존재의 본
성임을 알고 있었다. 그는 완전한 깨달음, 즉 진리의 문을 여는
놀라운 열쇠를 손에 쥐고 있었던 것이다.

16장

그때 야소다라는 잠이 들었던가?

불가촉천민 출신인 스바스티는 물론 제대로 된 교육을 받지 못했다. 지난날 수자타가 약간의 기초 지식을 가르쳐주긴 했지만 그는 여전히 언변이 부족했고 붓다와 관련된 자신의 이야기를 할 때에도 적당한 말을 찾지 못해 종종 이야기가 중단되곤 했다. 그럴 때면 곁에서 이야기를 듣던 사람들이 그를 도와주었다. 아난다와 라훌라 외에 다른 두 사람이 더 그의 이야기를 들으러 왔다. 한 사람은 마하파자파티라는 이름의 비구니였고 또 한 사람은 앗사지라는 사십 대 초반의 비구였다.

　라훌라는 스바스티에게 그 두 사람을 소개했다. 스바스티는 마하파자파티가 붓다를 어린 시절부터 키운 고타미 왕비라는 사실을 알게 되자 크게 감명받았다. 그녀는 붓다의 교단에서 인정한 최초의 비구니로 지금은 칠백 명이 넘는 비구들 중 최고의 위치에 있었다. 그녀는 붓다를 만나 비구니들에 대한 계율을 의논하기 위해 북쪽 지방으로부터 막 도착한 참이었다. 스바스티는 그녀가 바로 어제 저녁에 도착했음을 알게 되었다. 그리고 그녀의 손자인 라훌라가 우루벨라 숲에서 지냈던 붓다의 나날들에 관한 스바스티의 이야기를 그녀가 듣고 싶어 할 것이라고 생각해서 이 자리에 초청한 것임도 알게 되었다. 스바스티는 합장한 채로 깊이 머리 숙여 그녀에게 인사했다. 붓다가 그녀에 대해 들려준 이야기를 떠올리며 그는 깊은 애정과 존경심이 가득 넘쳐남을 느꼈다. 마하파자파티는 손자인 라훌라를 대할 때와 다름없는 다정한 눈빛으로 스바스티를 바라보았다.

이어서 라훌라는 스바스티에게 앗사지를 소개했다. 스바스티는 앗사지가 지난날 붓다와 함께 고행을 한 다섯 친구들 중의 한 명이라는 사실을 알게 되자 눈을 빛내며 그를 다시 바라보았다. 당시 붓다는 스바스티에게 자신이 우유를 마시고 쌀밥을 먹는 등 금욕적인 생활을 지키지 않는 걸 보고서 실망한 친구들이 그를 남겨두고서 수행 장소를 옮겨 떠나갔다는 이야기를 들려준 적이 있었다. 스바스티는 그런 앗사지가 어떻게 붓다의 제자가 되어 이곳 죽림정사에 머물게 되었는지 궁금했다. 그는 나중에 라훌라에게 그에 관해 물어볼 작정이었다.

스바스티가 이야기를 하는 동안 말문이 막힐 때면 비구니 고타미가 열심히 그를 도와주었다. 그녀는 스바스티가 생각하기에는 그다지 중요하지 않은 것들에도 상당한 관심을 기울이며 질문을 던졌다. 그녀는 붓다가 명상을 할 때에 방석으로 삼을 수 있도록 제공해준 쿠사풀을 어디에서 베었는지 그리고 얼마나 자주 새 풀을 가져다주었는지 물었다. 또한 그가 붓다에게 새 풀을 가져다준 뒤에도 물소들이 저녁에 먹을 것이 충분했는지와 그 때문에 물소 주인에게 혼이 난 적은 없었는지에 대해서도 물어보았다.

이야기할 것이 아직 많이 남아 있었지만 스바스티는 그날 저녁은 그쯤에서 이야기를 마쳤으면 좋겠다고 양해를 구하고 남은 이야기는 다음 날 계속하겠다고 약속했다. 하지만 그는 자리를 떠나기 전에 고타미에게 자신이 지난 10년 동안 궁금하게 여겼던 몇 가지 질문을 해도 괜찮은지 여쭤보았다. 그녀는 미소 띤 표정으로 그를 바라보며 말했다. "어서 물어보거라. 나 역시 너의 궁금증을 풀어줄 수 있었으면 좋겠구나."

스바스티가 가장 궁금했던 것은 수행의 길을 떠나던 날 밤 싯다르타가 침실의 커튼을 젖혔을 때 야소다라가 정말로 잠이 들어 있었는지 아니면 일부러 잠이 든 척하고 있었는지 하는 것이었다. 그는 또한 찬나가 싯다르타의 검과 목걸이와 머리칼을 가지고 왕궁으로 돌아갔을 때 왕과 왕비와 야소다라가 어떻게 생각했고 무슨 말을 했는가도 궁금했다. 그리고 붓다가 없는 그 6년 동안 가족들은 어떻게 지냈으며, 누가 가장 먼저 붓다의 해탈 소식을 전해 들었을까, 붓다가 돌아왔을 때 가장 먼저 마중한 사람은 누구였고, 카필라밧투의 모든 백성들이 그를 환영하기 위해 거리로 나왔는가 하는 점도 궁금했다.

"너는 정말 궁금한 것이 많구나!" 고타미는 미소를 머금고 말했다. "간단하게나마 네가 궁금해하는 점들에 대해 대답해주마. 가장 먼저 네가 궁금하게 여기는 것은 그때 야소다라가 정말로 잠이 들었나 하는 것이었지? 사실 그건 야소다라에게 직접 물어보아야 할 성질의 것이야. 하지만 내 생각을 묻는다면 그녀가 그때 정말로 잠이 들어 있었을 것 같지는 않구나. 야소다라는 그 전에 직접 싯다르타의 의복과 신발을 챙겨 그의 의자 위에 놓아두었지. 그리고 찬나에게 그의 애마인 칸타카의 등에 안장을 얹혀 길 떠날 준비를 하도록 했어. 그런 그녀가 어떻게 태연히 잠이 들 수 있었겠느냐. 나는 그녀가 싯다르타와의 슬픈 이별을 피하기 위해 일부러 잠이 든 척 가장했을 거라고 믿어. 스바스티, 물론 너는 알지 못하겠지만, 라훌라의 어머니인 야소다라는 대단한 결단력을 가진 여성이야. 그녀는 싯다르타의 뜻을 이해하고 진심으로 그를 도왔어. 난 누구보다도 이런 사실을 잘 알고 있지. 난 싯다르타 다음으로 야소다라와 가까운 사이였으니까."

이어서 고타미는 싯다르타가 떠난 다음 날 야소다라를 제외한 모든 사람들이 얼마나 충격을 받았는가에 대해서 이야기해주었다. 화가 난 숫도다나 왕은 왕자가 떠난 것을 막지 못했다고 모두를 꾸짖었다. 고타미는 야소다라를 만나러 갔다가 그녀가 조용히 앉아서 슬피 우는 광경을 보게 되었다. 그리고 싯다르타를 찾아서 데리고 오라는 왕의 명령을 받은 수색대원들은 말을 타고 사방으로 흩어졌다. 그들 중 남쪽으로 향하던 대원들이 빈 말인 칸타카를 데리고 돌아오는 찬나를 만났다. 찬나는 그들이 더 이상 가지 못하도록 타일렀다. "왕자님께서 편안히 수도자의 길을 갈 수 있도록 내버려두십시오. 나 역시도 그분에게 울며 애원해보았지만 소용이 없었어요. 그리고 어쨌든 이미 그분께서는 국경을 넘어 타국의 깊은 숲 속으로 들어가셨으니 당신들도 더 이상 찾을 도리가 없을 거예요."

왕궁으로 돌아온 찬나는 자신의 행동에 대한 사죄의 표시로 머리를 세 번 바닥에 조아린 후 왕자의 검과 목걸이와 머리칼을 왕에게 바쳤다. 그때 고타미는 야소다라와 함께 왕의 곁에서 그 광경을 지켜보았는데 찬나의 눈물을 본 왕은 그를 꾸짖지 않고 조용히 어떤 일이 있었는지만을 물었다고 한다. 그런 뒤 그는 야소다라에게 찬나가 내놓은 검과 목걸이와 머리칼을 간직하라고 말했다. 왕자가 떠난 후의 왕궁은 더없이 적막한 분위기에 휩싸였다. 왕은 자신의 거처에 칩거하며 오랫동안 모습을 드러내지 않았다. 그 때문에 궁정 대신인 벳사밋타가 왕을 대신해 국사를 처리했다.

마구간으로 돌아온 싯다르타의 애마 칸타카는 식음을 전폐하다가 며칠 후 죽어버렸다. 간신히 슬픔에서 벗어난 찬나는 야소다라에게 왕자의 애마였던 칸타카를 위한 화장 의식을 치를 수 있도록 허락해줄 것을 청했다.

고타미가 여기까지 이야기했을 때 명상 시간임을 알리는 종소리가 울렸다. 모두들 더 듣고 싶어 했지만 아난다가 그들에게 뒷이야기가 아무리 궁금하더라도 명상을 거를 수는 없다는 것을 일깨웠다. 그는 모두에게 내일 자신의 거처에서 다시 모이자고 말했다. 스바스티와 라홀라는 고타미와 아난다 그리고 앗사지에게 공손히 합장하며 작별 인사를 한 뒤 스승인 사리풋타의 거처로 향했다. 두 젊은이는 아무 말 없이 나란히 걸었다. 천천히 울려 퍼지는 종소리가 마치 밀려왔다 밀려가는 파도를 연상케 했다. 스바스티는 그 종소리를 들으며 천천히 게송을 읊었다. "들어보자, 들어보자, 아아, 이 경이로운 소리가 나를 진정한 내 자신으로 돌아가게 하나니……."

17장

보리수 잎을 올려다보며

보리수 아래에서 싯다르타는 자신의 신체를 꿰뚫어 보기 위해 정신을 한곳으로 모았다. 자신의 몸 모든 부분이 끝없이 흐르는 탄생과 삶과 죽음의 강에 모인 물방울과 같은 것이며, 그의 몸에서 어느 것 하나 영원히 변하지 않거나 외따로 존재할 수 있는 것은 없음을 알게 되었다. 또한 몸의 모든 부분이 그러하듯이 모든 감정들도 강에 모인 물방울과 같은 것이며 이 감정의 물방울들 역시 탄생과 삶과 죽음의 흐름 속에 복잡하게 뒤얽혀 있음도 알게 되었다. 즐거운 감정이 있는가 하면 불쾌한 감정이 있으며 또한 중립적인 감정도 있었다. 하지만 이 제각기 다른 감정들도 어느 것 하나 영원한 것은 없었다.

싯다르타는 다시 정신을 집중해 신체와 감정의 강에 이어 지각의 강을 탐사했다. 지각의 강에 모인 물방울들 역시 탄생과 삶과 죽음의 과정을 통해 서로 뒤얽히면서 영향을 끼치고 있었다. 만약 어떤 이의 지각이 정확하다면 실체는 쉽게 그 모습을 드러낸다. 그러나 그의 지각이 잘못되었다면 실체는 그 본모습을 드러내지 않는다. 사람들은 잘못된 지각에 사로잡혀 끝없는 고통 속을 헤매인다. 사람들은 순간적인 것을 영원한 것으로, 본성이 없는 것을 있는 것으로, 삶과 죽음이 없는 것을 있는 것으로 믿으며, 분리될 수 없는 것을 분리하였다.

다음으로 싯다르타는 고통의 근원인 공포와 분노와 증오 그리고 오만과 질투와 욕심과 무지의 부정적 정신 요소를 가슴 가득 충만한 인식의 빛으로 비추어보았다. 그는 그 모든 부정적인 것들이 무지에서 비롯됨을 인식하였다. 무지의 세계는 빛이 없는 어둠의 세계이다. 해탈에 이르기 위해서는 그 무지의 어둠 속을 뛰쳐나와야 하고 실체의 중심으로 뛰어들어 그 실체를 직접적으로 체험해야 함을 알게 되었다. 즉 깨달음이란 지적 능력에 의해서가 아니라 직접적인 체험을 통해 얻을 수 있는 것이었다.

지난날 싯다르타는 공포와 분노와 욕심을 없애기 위해 여러 가지 시도를 했었으나 그 어느 것 하나 성과를 거두지 못했다. 그것은 그가 그러한 감정들을 억누르려고만 했었기 때문이었다. 싯다르타는 이제 그런 감정들이 무지에서 비롯된 것이며 무지에서 벗어날 때만이 떠오르는 태양 앞에 어둠이 사라지듯이 그러한 정신적 장애물들도 사라질 수 있음을 알게 되었다. 이러한 싯다르타의 식견은 깊은 정신집중을 통해 이루어진 것이었다.

그는 미소를 띤 채 푸른 하늘을 배경으로 선명하게 떠 있는 보리수 잎을 올려다보았다. 그 잎은 앞뒤로 하늘거리며 마치 그를 손짓하며 부르는 듯했다. 그 잎을 유심히 바라보다가 그는 그 속에서 해와 별들의 존재를 발견하게 되었다. 해와 빛과 온기가 없다면 그 잎은 존재할 수 없는 것이다. 그는 또한 그 잎 속에서 구름의 존재도 보게 되었다. 구름이 없다면 비도 없고 비가 내리지 않는다면 그 잎도 존재할 수 없는 것이다. 이어서 그는 그 잎 속에서 대지와 시간과 우주와 정신도 볼 수 있었다. 그 모든 것이 그 잎 속에 들어 있었던 것이다. 실로 바로 그 순간 삼라만상이 그 잎 속에 들어 있었던 것이다. 그 잎의 실체는 실로 경이로운 기적 그 자체였다.

사람들은 흔히 나뭇잎은 봄마다 새롭게 생겨난다고 하지만 싯다르타는 그 잎이 사실은 아주 오래전부터 햇살과 구름과 나무 그리고 자신의 속에서 존재해왔음을 깨달았다. 그리고 그 나뭇잎이 새롭게 태어난 존재가 아님과 마찬가지로 자신 역시도 새롭게 태어나서 존재하는 것이 아님을 알았다. 또한 그런 이유로 그 나뭇잎이든 자신이든 죽어서 영원히 사라질 존재도 아님이 분명했다. 이러한 통찰에 의해 이제까지 품어왔던 삶과 죽음 그리고 현상과 소멸에 관한 의문이 풀렸고, 그 나뭇잎과 자신의 실체가 그 모습을 드러냈다.

그 잎과 자신의 몸은 하나였다. 그것들은 분리되어 영속하는 것이 아니었다. 다른 삼라만상들로부터 떨어져 나와 외따로 존재할 수 있는 것이 아니었다. 이 세상 모든 현상들은 상호 의존적이어서 그 어떤 것일지라도 분리되어 독자적으로 존재할 수는 없는 것이었다. 그러므로 해탈에의 열쇠는 만물의 홀로 존재하지 못함(緣起)과 무아(無我)라는 두 가지 원칙에 있음을 그는 깨닫게 되었다. 천천히 하늘을 가로지르던 구름이 반투명의 보리수 잎새 뒤로 새하얗게 펼쳐졌다. 아마도 저녁이면 그 구름은 차가운 대기를 만나 비가 될지도 모른다. 구름은 하나의 명시적(明示的)인 존재 상태이며 비 역시 그러하다. 하지만 구름 또한 새롭게 생겨난 존재가 아니며 영원히 사라질 수 있는 존재도 아니다. 싯다르타는 구름이 만약 이런 사실을 안다면 자신이 비가 되어 산과 숲과 논을 적실 때 즐겁게 노래 부를 것이라 생각했다.

자신의 신체와 감정과 지각과 정신적 요소와 현상계를 조명해본 싯다르타는 모든 존재의 변함(無常)과 무아가 삶의 절대적 조건임을 깨달았다. 만약 모든 존재의 변함과 무아가 없다면 그 무엇도 자라거나 발전할 수 없을 것이다. 모든 존재의 변함과 무아가 없다면 논의 벼는 한 톨의 쌀알도 맺지 못할 것이고, 구름은 비가 되어 내릴 수 없을 것이며, 아이는 어른으로 자랄 수가 없을 것이다. 따라서 삶을 받아들인다는 것은 모든 존재의 변함과 무아를 받아들이는 것이라고 그는 생각했다. 고통의 근원은 영속성과 개별적 자아가 존재한다는 잘못된 믿음에 있다. 이러한 사실로 볼 때 삶과 죽음, 생산과 파괴, 많고 적음, 내부와 외부, 크고 작음 그리고 순수함과 불순함 등은 그 어느 것 하나 실은 진실로 존재하는 것이 아님을 알 수 있다.

이러한 관념들은 식자들이 만들어낸 잘못된 구별에 불과하다. 만약 모든 존재의 변함과 무아를 꿰뚫어 볼 수 있다면 인간은 모든 정신적 장애를 초월하여 고통의 굴레에서 벗어날 수 있을 것이다.

매일 밤 싯다르타는 보리수 아래에서 명상하며 자신의 신체와 정신을 비롯한 삼라만상에 대한 인식을 갈고 다듬었다. 그의 다섯 친구들은 자신을 떠나갔지만 이제는 숲과 강과 새들 그리고 대지와 나무에 사는 수많은 곤충들이 벗이 되어주었고, 아름드리 보리수와 매일 밤 나타나는 별들이 그와 더불어 수도 생활을 하는 동료였다.

마을 아이들은 이른 오후에만 그를 찾아왔다. 어느 날 수자타가 우유와 꿀을 넣어 만든 쌀죽을 가져왔고 스바스티는 신선한 쿠사풀을 한 아름 안고 왔다. 스바스티가 물소들을 몰고 떠난 후에 싯다르타는 자신이 그날 밤 안으로 해탈하리라는 강한 예감을 느꼈다. 전날 밤 그는 세 가지 예사롭지 않은 꿈을 꾸었다. 첫 번째 꿈에서 그는 옆으로 누워 있었는데, 그때 자신의 무릎은 히말라야 산맥에 닿아 있었으며 왼손은 동쪽 해안에 그리고 오른손은 서쪽 해안에 닿아 있었고 두 발은 남쪽 해안에 닿아 있었다. 그리고 두 번째 꿈에서는 수레바퀴만큼 커다란 연꽃이 그의 배꼽에서 자라나 하늘 높이 떠 있는 구름에까지 닿고 있었다. 마지막으로 세 번째 꿈에서는 각양각색의 무수한 새들이 사방에서 그를 향해 날아들었다. 이러한 꿈들은 그가 곧 해탈하리라는 암시였다.

그날 이른 저녁 싯다르타는 강기슭을 거닐며 명상했다. 그리고 강물로 걸어 들어가 목욕을 했다. 저녁놀이 질 무렵에 다시 보리수 아래로 돌아온 그는 자리를 잡고 앉았다. 바로 이 나무 아래에서 그는 명상을 통해 무수히 중요한 것들을 터득하였던 것이다. 그리고 이제는 그가 그토록 기다려왔던 순간이 다가오고 있었다. 이제 곧 해탈의 문이 그의 앞에 활짝 열리려고 하는 것이었다.

싯다르타는 천천히 가부좌 자세를 취했다. 그는 강기슭의 풀들이 바람에 살랑대는 너머로 고요히 흘러가는 강물을 바라보았다. 어둠이 찾아들기 시작한 숲 속은 평온한 듯하면서도 생기가 넘쳐흘렀다. 그의 주위에선 수많은 풀벌레들이 울어댔다. 그는 호흡을 가다듬으며 가볍게 눈을 감았다. 어두운 하늘에서는 별들이 하나둘씩 떠오르고 있었다.

18장

떠오른 샛별

싯다르타의 몸과 마음과 호흡은 완전히 하나가 되었다. 그동안의 수행의 결과로 그는 지금 자신의 몸과 마음을 안식의 빛으로 꿰뚫어 볼 수 있는 놀라운 집중력을 발휘할 수 있었다. 깊은 명상으로 들어간 후 그는 몸속에서 떠오르는 다른 무수한 존재들을 직시하기 시작했다. 생물과 무생물과 광물과 이끼와 풀과 곤충과 동물과 타인들의 존재를 볼 수 있었다. 그 모든 존재들은 다름 아닌 자신의 몸속에 깃들어 있던 것들이었다. 이어서 그는 자신의 과거와 모든 탄생과 죽음들을 보았고 수천의 세계와 수천의 별들이 창조되고 파괴되는 것을 보았다. 그리고 과거와 현재와 미래로 걸쳐져 있는 시간들도 보았다. 이것이 해탈의 첫 단계였다.

싯다르타는 더 깊은 명상으로 들어갔다. 그는 무수한 세계가 창조와 멸망을 되풀이하는 것을 보았고 무수한 존재가 탄생과 죽음을 되풀이하는 것을 보았다. 하지만 그는 이러한 탄생과 죽음이 정말로 실재하는 것이 아님을 알고 있었다. 그것은 마치 바다 위에 수도 없는 파도가 끊임없이 일어났다 사라지지만 그 바다 자체는 그런 것들을 초월하고 있음과 같았다. 만약 그 파도들 스스로가 자신들이 물임을 깨닫고 있다면 탄생과 소멸을 뛰어넘어 진정한 내적 평화를 성취할 수 있을 것이고 그 모든 공포를 극복할 수 있을 것이다. 이러한 깨달음은 싯다르타로 하여금 삶과 죽음의 문제를 초월할 수 있게 했고 마침내 그의 얼굴에 환한 미소가 떠오르게 했다. 그 미소는 마치 짙은 어둠 속에 한 줄기 햇살이 쏟아져 내리는 것과 같았고 한 송이 꽃이 활짝 피어나는 모습과도 같았다. 실로 그것은 깊은 통찰로써 모든 번뇌를 타파한 후에 떠올릴 수 있는 법열의 미소였다. 그것이 해탈의 두 번째 단계였다.

바로 그 순간 하늘을 두 쪽으로 갈라놓기라도 하려는 듯 천둥과 번개가 천지를 진동시켰다. 시커먼 구름이 달과 별을 가렸다. 이어서 억수 같은 비가 쏟아져 내렸다. 싯다르타의 온몸은 금세 흠뻑 젖었으나 그는 조금도 몸을 움직이지 않았다. 그는 명상을 계속했다.

꼼짝도 하지 않은 채 이번에는 인식의 빛으로 자신의 마음을 비추어보았다. 그는 삼라만상의 생명체들이 모두가 하나의 근원을 가지고 있음을 알지 못함으로써 고통을 겪고 있음을 볼 수 있었다. 이러한 무지로 인해 수많은 슬픔과 번뇌와 고통이 생겨나는 것이다. 탐욕과 분노와 오만과 의심과 질투와 공포는 한결같이 그들의 무지에 기인하고 있다. 사물의 본성을 깊이 성찰하기 위해 마음을 고요하게 가라앉히는 방법을 배우게 되면 모든 슬픔과 근심으로부터 관용과 사랑을 베풀 수 있는 깊은 깨달음에 이르게 된다.

싯다르타는 비로소 깨달음과 사랑이 둘이 아니고 하나임을 알았다. 깨달음이 없이는 사랑도 있을 수가 없는 것이다. 각자의 기질은 심리적, 감정적, 사회적 조건의 차이에서 비롯된다. 우리가 이를 깨닫게 되면 아무리 잔인한 행동을 하는 사람일지라도 미워할 수 없게 되며 그가 처한 심리적, 감정적, 사회적 조건을 바꾸어주기 위해 노력할 수 있게 된다. 깨달음에 도달하려면 마음의 문을 활짝 열고, 현존하는 생명체들과 직접 접촉하고, 자아의 내면과 외면에서 무슨 일이 일어나고 있는지를 제대로 바라보아야 한다. 마음의 문을 활짝 열면 존재를 제대로 바라볼 수 있으며, 존재의 핵심을 깊이 있게 들여다볼 수 있으면 그 존재의 실체가 드러나는 법이다. 이것이 해탈에 이르는 길이다. 인생은 바른 견해(正見), 바른 사고(正思惟), 바른 말(正言), 바른 행위(正業), 바른 생활(正命), 바른 노력(正精進), 바른 기억(正念), 바른 집중(正定)에 의해 밝아진다. 싯다르타는 이것을 팔정도(八正道)라고 불렀다.

싯다르타는 모든 존재의 핵심을 깊이 들여다봄으로써 사람들이 어디에 있든 간에 그들의 마음을 헤아릴 수 있었으며 그들의 고통과 기쁨의 소리를 들을 수 있었다. 그는 신성하고 경이로운 눈과 귀를 갖게 되었으며 몸을 움직이지 않고서도 그 어느 곳에든 갈 수 있는 능력을 갖게 되었다. 그것이 해탈의 세 번째 단계인 최종 단계였으며 더 이상 천둥 따윈 존재하지 않았다. 구름이 활짝 걷히며 밝은 달과 별이 모습을 드러냈다.

싯다르타는 영겁의 세월 동안 자신이 갇혀 있었던 감옥을 박차고 뛰어나온 듯한 기분이 들었다. 무지야말로 그 감옥을 지키는 옥졸이었다. 무지 때문에 그의 마음은 마치 구름에 가려진 달과 별처럼 흐릿해져 있었다. 그동안 그의 마음은 끊임없이 밀려오는 망령된 생각에 미혹되어 실체를 주체와 객체, 아(我)와 피아(被我), 실재와 비실재, 생과 사로 헛되이 구분 지었고, 또한 이러한 분별심으로 인해 흥분, 갈망, 집착심, 성취욕이라는 이름의 감옥에 사로잡혀 있었다. 그런데 생로병사의 고통은 감옥의 담장을 더욱 두텁게 만들 뿐이다. 반드시 해야만 하는 유일한 일은 감옥의 옥졸을 붙잡아 그의 진면목을 직시하는 것이다. 그 옥졸의 진면목은 무지이다. 그리고 그 무지를 극복하는 방편이 팔정도이다. 옥졸을 일단 몰아내면 감옥은 저절로 사라지고 결코 다시는 형성되지 않는 법이다.

수행자 싯다르타는 미소를 떠올리며 혼자 중얼거렸다. '오, 감옥의 옥졸이여. 나는 지금 그대를 보고 있다. 얼마나 오랜 세월에 걸쳐 그대는 나를 생과 사의 감옥에 가두었던가! 그러나 내 이제 그대의 진면목을 분명히 보았으니 이제부터 그대는 더 이상 나를 감옥 속에 가둘 수가 없으리라!'

싯다르타는 고개를 들어 지평선 너머로 샛별이 찬란하게 떠오르는 모습을 바라보았다. 그는 전에도 보리수 아래서 이 샛별을 수도 없이 자주 보았지만 마치 지금에서야 처음 보는 듯이 느껴졌다. 싯다르타는 샛별을 응시하며 깊은 연민에 잠긴 목소리로 이렇게 중얼거렸다. '모든 존재는 다 나름대로 해탈의 씨앗을 품고 있다. 그럼에도 불구하고 우리는 수도 없는 세월에 걸쳐 생사의 고해에서 허우적거리고 있다니!'

싯다르타는 자신이 진리를 깨우쳤음을 알았다. 그는 마침내 이루고자 하던 바의 목표를 달성했고 이제 비로소 그의 마음은 완전한 평화와 안식을 누릴 수 있었다. 그는 좌절과 고난으로 가득 찼던 지나간 구도의 세월을 돌이켜보았다. 이어서 그는 그의 아버지, 어머니, 이모, 야소다라, 라훌라 그리고 모든 친구들의 모습을 떠올려보았고, 조국과 백성들, 무엇보다 가난과 고통 속에 허덕이는 사람들, 특히 어린이들에 대해서 생각해보았다. 그는 자신이 발견한 진리를 함께 나눌 수 있는 방법을 찾아보리라 결심했다. 그의 깨달음은 모든 존재에 대한 심오한 사랑으로 이어지고 있었다.

이름 모를 풀들이 뒤덮여 있는 강기슭을 따라 화사한 꽃들이 이른 아침의 햇살 아래 활짝 피어 있었다. 아침 햇살은 나뭇잎 위에서도 춤을 추었고 강물 위에서도 반짝거렸다. 고통은 이미 그에게서 사라졌고 그 대신 생의 경이로운 실체가 그 모습을 드러내 보이고 있었다. 모든 것이 전혀 새롭게 보였다. 푸른 하늘과 흘러가는 흰 구름은 얼마나 경이로운가! 그는 자신과 더불어 삼라만상이 새로이 탄생되기라도 한 듯이 느껴졌다.

바로 그때 스바스티가 나타났다. 싯다르타는 물소를 돌보고 있는 그 어린 목동이 자신을 향해 달려오는 모습을 보고 빙그레 미소를 지었다. 그런데 달려오던 스바스티가 갑자기 발걸음을 멈추더니 눈을 크게 뜨고서 싯다르타를 우러러보았다. "스바스티!" 싯다르타가 그를 불렀다.

스바스티는 그제서야 정신을 차리고 대답했다. "스승님!"

스바스티는 두 손을 합장하며 깊이 고개 숙여 절을 올렸다. 이어서 그는 몇 발자국을 앞으로 내디뎠으나 곧 다시 걸음을 멈추고서는 경외감에 휩싸인 눈길로 다시 싯다르타를 우러러보았다. 그는 자신의 행동에 몹시 당황한 채 머뭇거리며 말했다. "스승님, 오늘은 스승님께서 전혀 다르게 보여요."

싯다르타는 그에게 가까이 다가오라는 손짓을 했다. 스바스티가 다가오자 싯다르타가 물었다. "내 모습이 어떻게 다르게 보이느냐?"

싯다르타를 우러러보며 스바스티가 대답했다. "말로는 이루 다 설명드릴 수가 없습니다. 그저 매우 다르게 느껴질 뿐입니다. 뭐라고 말하면 좋을까요. 마치 스승님이 샛별 같아 보여요."

싯다르타는 그의 머리를 쓰다듬으며 말했다. "그래? 그 밖에는 또 어떻게 보이느냐?"

"지금 막 피어난 연꽃처럼 보여요. 그리고 가야시사 산봉우리 위에 막 떠오른 보름달처럼도 보이고요."

싯다르타는 스바스티의 두 눈을 들여다보며 말했다. "스바스티야, 오늘은 마치 네가 시인이라도 된 듯하구나. 그런데 말

스바스티는 합장을 한 후 더듬거리며 말했다. "스승이시여, 오늘은
전과 다르게 보입니다."

해보렴. 오늘은 웬일로 이렇게 아침 일찍 오게 되었느냐? 그리고 네 물소들은 어느 곳에 두었느냐?"

스바스티는 싯다르타에게 오늘은 물소들이 밭일을 하는 날이어서 자신이 할 일은 풀을 베어 가는 일뿐임을 말해주었다. 이어서 그는 간밤에 남매들이 잠을 자다가 천둥소리에 놀라 깨어난 이야기를 해주었다. 낡은 지붕의 틈새로 빗물이 흘러내리며 잠자리를 흠뻑 적셨다. 그들은 지금까지 그토록 심한 폭풍우는 겪어본 적이 없었다. 그들은 서로 부둥켜안고 있다가 폭풍우가 좀 잠잠해지고 난 뒤에서야 비로소 잠을 이룰 수가 있었다. 날이 밝자 스바스티는 숲 속에 있는 싯다르타가 걱정이 되어 서둘러 외양간으로 달려가서 낫으로 막대기를 하나 만든 다음 길을 헤치고 찾아온 것이었다.

싯다르타는 스바스티의 손을 맞잡으며 말했다. "오늘은 내가 세상에 태어난 이래 가장 행복한 날이다. 그러니 오늘 오후에 아이들 모두를 데리고 보리수 아래로 다시 와다오. 네 동생들도 잊지 말고 함께 데려오려무나. 하지만 그 전에 너는 먼저 물소들에게 먹일 풀을 베도록 해야겠지."

그렇게 말하고서 싯다르타는 햇살이 내리쬐는 강기슭을 향해 천천히 걸음을 옮겼다.

19장

마음으로 먹는 굴

그날 오후 수자타가 음식을 가져갔을 때 그녀는 싯다르타가 보
리수 아래 아침 햇살과 같은 찬란한 광채를 발하며 앉아 있는
광경을 볼 수 있었다. 그의 얼굴과 온몸에서는 평화와 기쁨 그
리고 평정의 빛이 넘쳐흐르고 있었다. 그녀는 보리수 아래 엄
숙하고 장엄한 모습으로 앉아 있는 것을 수도 없이 보아왔지만
오늘 그의 모습에서는 뭔가 다른 것이 느껴졌다. 싯다르타를
바라보면서 수자타는 자신의 모든 슬픔과 근심이 사라지는 것
을 느꼈다. 봄바람만큼이나 싱그러운 기운이 그녀의 가슴을 가
득 채웠다. 삼라만상이 이미 모두 선하고 자비로운 것이며 그
누구도 이제는 더 이상 근심을 겪거나 절망감에 사로잡힐 필요
가 없을 것 같았다. 수자타는 앞으로 몇 발짝을 내딛은 다음 싯
다르타 앞에 음식을 내려놓았다. 그리고 그를 향해 절을 했다.
그녀는 싯다르타의 내부에 깃든 평화와 기쁨이 자신에게로 전

해져오는 듯했다.

싯다르타는 그녀를 바라보고 빙그레 미소 지었다. "여기에 잠시 앉거라. 지금까지 몇 달 동안이나 내게 음식과 물을 가져다준 데 대해 감사한다. 간밤에 난 커다란 깨달음을 얻었기에 오늘은 내 생애에서 가장 행복한 날이란다. 이 행복을 너와 함께 나누어 가지고 싶구나. 그리고 앞으로 나는 세상에 나가 이 커다란 깨달음을 모든 사람들에게 가르칠 생각이란다."

수자타는 깜짝 놀란 표정으로 그를 올려다보았다. "뭐라고요? 그럼 스승님께선 우리들 곁을 떠나신단 말씀인가요?"

싯다르타는 미소를 떠올리며 그녀에게 말했다. "그래, 난 떠나가야 한단다. 그렇지만 내가 너희들을 버리는 것은 아니란다. 떠나기 전에 내가 얻게 된 깨달음에 대해 너희들에게 일러주겠다."

수자타는 그래도 안심이 되지 않는 모양이었다. 그녀는 그에게 더 많은 것을 묻고 싶었지만 그가 먼저 말문을 열었다. "그래서 앞으로 며칠 동안을 좀 더 너희들과 함께 지낼 것이다. 그런 뒤에 나는 이곳을 떠날 생각이란다. 그렇다고 내가 너희들 곁을 영원히 떠나는 것은 아니다. 때때로 너희들을 찾아오도록 하마."

수자타는 그제야 안심이 되었다. 그녀는 무릎을 꿇고서 음식을 덮어두었던 바나나 잎을 들어내었다. 그녀는 싯다르타가 음식을 들고 있는 동안 그의 곁에 조용히 앉아 있었다. 그녀는 그가 밥을 떠서 깨소금을 묻히는 것을 지켜보았다. 그녀의 가슴에는 뭐라고 표현할 길이 없는 기쁨이 넘쳐흘렀다.

식사를 마치고 나서 싯다르타는 수자타에게 이제 그만 집으로 돌아가보라고 말하며 오후에 숲 속에서 마을 아이들을 만나보고 싶다고 덧붙였다.

오후가 되자, 스바스티의 동생들을 포함한 수많은 아이들이 숲으로 찾아왔다. 남자아이들은 모두 목욕을 한 뒤 깨끗한 옷으로 갈아입고 왔고 여자아이들은 자신들이 가지고 있는 것 중에서 가장 근사한 사리를 입고 왔다. 수자타의 사리는 상앗빛이었고 난다발라는 갓 피어난 바나나 잎과 같은 색이었고 비마의 사리는 분홍색이었다. 꽃처럼 싱그럽고 화사한 모습의 아이들은 보리수 아래 싯다르타의 주변에 둘러앉았다.

수자타는 코코넛 열매와 야자 열매로 만든 설탕을 한 바구니 가져왔다. 아이들은 몸을 구부려 맛있는 코코넛 열매를 집어들고서 달콤한 설탕에 찍어 먹었다. 난다발라와 수바시는 한 바구니의 귤을 가져왔다. 싯다르타는 아이들과 함께 앉아 마냥 행복했다. 루파크는 설탕을 바른 신선한 코코넛을 보리수 잎에 싸서 그에게 권했다. 난다발라는 귤을 권했다. 싯다르타는 아이들과 함께 그것을 먹었다.

그들이 즐겁게 점심 식사를 하고 있을 때 수자타가 이렇게 말했다. "자, 오늘 스승님께서 가장 행복하신 날이란다. 스승님께서는 커다란 깨달음을 얻으셨어. 내가 느끼기엔 이건 내게도 아주 중요한 일인 것 같아. 그러니 친구들이여, 오늘을 우리 모두에게도 가장 기쁜 날로 기억하기로 하자. 그리고 스승님,

스승님께서 언제까지나 저희들과 함께 머무르실 수 없다는 것을 알고 있습니다. 아무쪼록 저희들의 마음을 환히 열어줄 훌륭한 말씀을 청합니다."

수자타는 두 손을 합장한 채 고개를 숙이고서 싯다르타에게 경의를 표했다. 난다발라와 나머지 다른 아이들도 합장을 한 채 허리를 숙여 깊은 경의를 표했다.

싯다르타는 아이들에게 손짓을 해서 허리를 펴도록 하고는 말했다. "너희는 모두 총명한 아이들이니 지금부터 내가 들려주는 말을 잘 이해하고 행할 것이라고 믿는다. 내가 얻은 깨달음은 깊고 오묘하지만 마음을 활짝 열고 들으면 누구나 그것을 이해하고 따를 수 있단다. 귤껍질을 벗기고 나면 너희는 의식적으로든 무의식적으로든 그것을 먹을 수 있다. 그렇다면 의식하며 귤을 먹는다는 것은 무엇일까? 너희가 귤을 먹을 때 너희는 귤을 먹고 있음을 의식하고 있다. 귤껍질을 벗길 때 너희는 귤의 껍질을 벗기고 있음을 의식하고 있다. 너희가 귤 한 쪽을 떼어내서 입으로 가져갈 때, 귤을 떼어내서 입으로 가져가고 있음을 알고 있으며, 귤의 향긋한 냄새와 달콤한 맛을 경험할 때 너희는 귤의 향긋한 냄새와 달콤한 맛을 경험하고 있음을 알고 있다. 난다발라가 내게 준 귤은 아홉 개의 조각으로 되어 있었다. 나는 의식을 한 채 한 조각씩 먹었으며 그것이 얼마나 맛있으며 소중한 것인지를 알았다. 나는 귤에 대해 잊지 않았으며, 따라서 귤은 내게 아주 생생하게 존재했던 것이다. 귤이 실제로 존재하는 것이라면 그것을 먹는 사람도 실제로 존재하는 것이다. 이것이 바로 귤을 의식하며 먹는다는 것이다.

그렇다면, 의식을 하지 않은 채 귤을 먹는다는 것은 무슨 뜻이겠느냐? 그것은 너희가 귤을 먹을 때 귤을 먹고 있다는 것을 알지 못하는 것이다. 즉 귤의 향기로운 냄새와 달콤한 맛을 경험하지 못하는 것이지. 너희가 귤 조각을 떼어내 입에 넣으면서도 귤 조각을 떼어내 입에 넣고 있음을 알지 못하는 것이고, 귤의 향기를 맡거나 맛을 보면서도 귤의 향기나 맛을 알지 못하는 것이다. 그런 식으로 귤을 먹으면 너희는 귤의 소중하면서도 경이로운 본성을 경험할 수가 없는 것이야. 너희가 귤을 먹고 있음을 의식하지 못하면 귤은 존재하지 않는다. 귤이 존재하지 않는다면 귤을 먹는 사람도 존재하지 않는 것이다. 그것이 바로 의식을 하지 않은 채 귤을 먹고 있는 것이란다.

아이야, 귤을 진정으로 먹는다는 것은 귤을 먹는 동안 그 귤에 참되게 다가가는 것을 의미한단다. 너희의 마음은 어제나 내일의 생각을 뒤쫓을 게 아니라 현재 이 순간에 전적으로 충실해야 한다. 귤은 참되게 존재하고 있다. 진정한 삶이란 현재 속에 사는 것을 의미한단다. 그러려면 너희의 몸과 마음이 바로 이곳, 지금 이 순간에 매달려 있어야 하는 거란다.

마음의 문을 활짝 열 줄 아는 사람은 귤 속에서 다른 사람들이 볼 수 없는 것을 볼 수 있지. 마음의 눈을 뜨는 사람은 한 개의 귤을 보고서 그 귤이 열린 귤나무와 그 귤을 열리게 해준 햇살과 비를 볼 수 있다. 즉, 마음의 눈을 뜬 사람은 귤 한 개를 들여다보면서 삼라만상의 온갖 비밀을 볼 수 있으며 존재하는

아이들은 마음챙김을 한 채 굴 바구니 주변에 둘러앉았다.

모든 것들이 어떻게 서로 관련되어 있는지를 볼 수 있다. 아이야, 우리의 일상생활은 바로 이 한 개의 귤과 같단다. 귤이 여러 개의 조각들로 이루어진 것과 마찬가지로 하루는 스물네 시간으로 이루어져 있다. 한 시간은 귤 한 조각과 마찬가지이지. 하루 스물네 시간을 산다는 것은 귤 한 개를 먹는 것과 같다. 내가 찾아낸 길은 언제나 마음의 눈을 뜬 채 사는 길이며 언제나 몸과 마음이 현재 속에서 사는 길이란다. 그 반대의 길은 망각 속에 사는 것이지. 우리가 망각 속에서 산다면 우리는 우리가 살아 있음을 알지 못하게 되며, 우리의 몸과 마음이 현재의 순간들에서 벗어난다면 결과적으로 우리는 인생을 제대로 누릴 수가 없게 되는 거란다."

싯다르타는 수자타를 바라보며 그녀의 이름을 불렀다.

"네, 스승님?" 수자타가 대답을 하며 손을 모아 합장했다.

"네가 보기엔 마음의 눈을 뜬 채 사는 사람이 많은 실수를 한다고 생각하느냐, 아니면 적게 한다고 생각하느냐?"

"스승님, 마음의 눈을 뜨고 사는 사람은 거의 실수를 하지 않습니다. 저희 어머니께서 늘 말씀하시기를 여자들은 자신이나 남을 슬픔에 빠뜨리지 않기 위해 생각과 말과 행동을 주의해야 한다고 하셨습니다."

"그렇다, 수자타. 마음의 눈을 뜬 사람은 자신이 생각하고, 말하고, 행동하는 것의 의미를 알고 있다. 이런 사람은 자신과 남에게 고통을 주는 생각, 말, 행동을 피할 수 있다.

애들아, 마음의 눈을 뜨고 산다는 것은 현재의 순간 속에서 충실하게 사는 것을 의미한단다. 그는 자신의 내부와 외부에 무슨 일이 일어나고 있는가를 알고 있다. 그리고 그는 온몸으로 삶을 직접 경험한다. 그가 계속해서 이렇게 살아간다면 그는 그 자신과 주변의 것들에 대해 깊이 이해할 수 있게 된다. 이해할 수 있게 되면 관용과 사랑도 베풀 수 있다. 모든 사람들이 서로 이해하면 그들은 서로를 받아들이고 사랑하게 된다. 그렇게 되면 세상의 수많은 고통들이 생겨나지 않을 것이다. 어떻게 생각하느냐, 스바스티? 사람들이 이해하지 못하면서도 사랑할 수가 있겠느냐?"

"스승님, 이해하지 못하고서 사랑한다는 것은 지극히 어려운 일입니다. 제 여동생인 브히마에게 일어났던 일이 떠오릅니다. 어느 날 밤 그 애가 밤새도록 울어대는 바람에 언니인 발라가 더 이상 참지 못하고 브히마를 때려준 적이 있습니다. 그러자 아이는 더욱더 울어댔지요. 하지만 제가 안아 올려보니 그 애는 몸에 열이 심했던 것이었습니다. 저는 발라에게 손으로 아기의 이마를 짚어보라고 말했습니다. 발라는 브히마의 이마를 짚어보고 난 뒤에야 그 애가 그토록 울어댄 이유를 곧 이해했지요. 발라의 눈길이 부드러워졌고 브히마를 두 손으로 끌어안고서 그 애에게 다정하게 노래를 들려주었지요. 브히마는 여전히 열이 나고 있음에도 불구하고 울음을 멈추었습니다. 스승님, 제 생각으로는 그건 브히마가 우는 까닭을 발라가 이해했기 때문이라고 봅니다. 그러므로 이해가 없이는 사랑이 있을 수 없다고 생각합니다."

"바로 그렇다, 스바스티. 사랑은 이해가 있을 때에만 가능하다. 그리고 사랑이 있을 때만이 상대를 받아들일 수 있다. 마음의 눈을 활짝 뜨고서 살아가도록 해라, 애들아. 그렇게 하면 너희는 모든 것을 깊이 이해할 수 있단다. 너희 자신과 남들과 그밖의 모든 것들을 말이다. 더불어 너희는 사랑하는 마음을 갖게 된다. 그게 바로 내가 발견한 신비로운 길이란다."

스바스티는 두 손을 모아 합장했다. "스승님, 그럼 그것을 깨달음의 길이라 불러도 되겠습니까?"

싯다르타가 빙그레 미소 지었다. "물론이다. 우린 그것을 깨달음의 길이라고 부를 수 있단다. 나는 그 길이 아주 마음에 든단다. 그 길이 장차 너희를 깨달음으로 이끌어줄 것이야."

수자타도 의견을 말하고자 합장을 했다. "마가디 말로 깨달았다는 것을 '붓드(budh)'라고 하지요. 그렇다면 깨달은 사람은 마가디의 말로 '붓다(Buddha)'라고 할 수 있어요. 그러니 저희가 스승님을 '붓다'라고 불러도 되겠습니까?"

싯다르타는 고개를 끄덕였다. "그렇게 불러주면 좋겠구나." 아이들은 환한 미소를 떠올렸다. 이어서 아이들 중에서 가장 나이가 많은 열네 살 된 날라카가 말했다. "존경하는 붓다시여, 우리는 스승님의 깨달음의 길에 대한 가르침을 받게 되어 기쁜 마음 이루 다 말할 수가 없습니다. 수자타는 스승님께서 지난 6개월 동안 이 나무 아래에서 어떻게 명상에 잠기셨는가와 바로 어젯밤에 스승님께서 커다란 깨달음을 얻었다는 이야기를 제게 들려주었습니다. 존경하는 붓다시여, 이 나무는 숲 속에서 가장 아름다운 나무입니다. 우리는 이 나무를 '깨달음의 나무', 다시 말해 '보디의 나무(보리수)'라고 불러도 되겠습니까? '보디'라는 말은 붓다라는 말과 같은 뿌리를 가지고 있으며 또한 깨달음을 의미합니다."

싯다르타가 머리를 끄덕였다. 그도 또한 기뻤다. 그는 아이들과 이렇게 자리를 함께하는 가운데 자신이 발견한 길과 그 자신 그리고 심지어 자신이 거처로 삼은 나무에 이르기까지 특별한 이름을 갖게 되리라고는 미처 짐작하지 못했다. 난다발라가 합장을 했다. "날이 저물었으니 저희는 집으로 돌아가야겠군요. 그렇지만 곧 다시 와서 스승님에게 좀 더 많은 가르침을 받도록 하겠어요." 아이들은 모두 일어나서 연꽃 봉오리처럼 두 손을 모아 합장한 채 붓다께 감사드렸다. 그들은 행복에 겨운 듯 서로 웃고 떠들며 집으로 돌아갔다. 붓다 또한 행복했다. 그는 깨달음을 성취한 데서 온 커다란 평화와 기쁨을 누릴 시간을 갖는 동시에 그 깨달음의 씨앗을 보다 훌륭하게 뿌릴 수 있는 방법도 찾기 위해 좀 더 오랫동안 이 숲 속에서 머무르기로 결심했다.

20장

사슴의 우정

날마다 붓다는 네란자라 강에서 목욕을 했다. 그는 강기슭을 따라 그리고 자신의 발자국이 숱하게 나 있는 숲 속의 조그만 오솔길을 따라 거닐면서 명상에 잠겼다. 그는 강가에서나 또는 무수히 많은 새들이 나뭇가지 사이에서 지저귀는 깨달음의 나무 아래에서 명상에 잠긴 채 앉아 있었다. 문득 그는 자신이 한 맹세에 생각이 미쳤다. 그는 수많은 사람들이 자신의 소식을 기다리고 있을 카필라밧투로 돌아가야겠다고 생각했다. 그는 또한 라자가하에 있는 빔비사라 왕에 대해서도 생각이 미쳤다. 그는 그 젊은 국왕에 대해 각별한 친근감을 느끼고 있었기에 그를 만나보고 싶었다. 아울러 그에게는 다섯 명의 옛 친구들이 있었다. 그는 그들이 어렵지 않게 깨달음에 이를 수 있는 능력을 지니고 있음을 알고 있었다. 그는 그들을 찾아보기로 작정했다. 그들은 여전히 이 근처 어딘가에서 수행을 계속하고 있을 게 분명했다.

강, 하늘, 달, 별, 산, 숲 그리고 한 줄기의 풀잎과 하나의 티끌조차도 붓다에게는 전혀 다른 모습으로 다가왔다. 그는 지난 몇 년 동안 깨달음을 구하기 위해 방황한 것이 헛되지 않았음을 알았다. 사실 그동안 겪은 시련과 고난 덕분에 그는 가슴속 깊이 그려왔던 길을 마침내 찾을 수가 있었던 것이다. 존재하고 있는 모든 것은 불성(佛性)을 지니고 있다. 불성은 모든 사람에게 존재한다. 생명이 있는 모든 것들은 외부에서 깨달음을 구할 필요가 없다. 모든 지혜와 힘이 그들 내면에 이미 깃들어 있기 때문이다. 이것이야말로 붓다의 위대한 발견이며 모든 사람들이 기뻐할 소식이기도 했다.

아이들은 그를 자주 찾아왔다. 붓다는 깨달음의 길을 쉽고도 자연스럽게 그들에게 가르쳤다. 그 때문에 학교라고는 전혀 가본 적이 없는 시골의 가난한 아이들조차도 그의 가르침을 이해할 수 있었다. 이 사실은 그로서도 커다란 기쁨이었다.

어느 날 아이들이 귤을 한 바구니 들고 찾아왔다. 그들은 붓다가 그들에게 베풀어준 최초의 가르침을 실행하기 위해 의식을 하면서 귤을 먹고자 했다. 수자타는 붓다의 앞에 이르러 공손하게 인사를 하고 나서 귤 바구니를 내려놓았다. 붓다는 합장을 한 후 귤을 하나 집어 들었다. 수자타는 다시 바구니를 붓다의 곁에 앉아 있는 스바스티에게 건네주었다. 그도 역시 두 손을 합장하고 나서 귤을 하나 집었다. 그녀는 모든 사람들에게 귤 하나씩을 골고루 나누어 갖게 하고서는 자신도 합장을 한 뒤 바구니에서 귤을 하나 집어 들었다. 모든 아이들이 조용히 앉았다. 붓다는 그들에게 각자의 호흡을 가다듬도록 이른 다음 빙그레 미소 지었다. 그런 뒤에 그는 왼손에 들고 있던 귤을 깊이 들여다보았다. 아이들도 그를 따라 했다. 그는 손에 들고 있던 귤의 껍질을 천천히 벗겼고 아이들도 각자의 귤껍질을 벗겼다. 스승과 제자들은 말없이 마음의 눈을 뜬 채 귤 맛을 음미했다. 모든 사람이 귤을 다 먹어치웠을 때 발라는 귤껍질을 한데 모았다. 아이들은 붓다로부터 귤을 진정으로 먹는 법을 기쁜 마음으로 배웠다. 그리고 붓다는 아이들과 이러한 자리를 함께하면서 커다란 기쁨을 느꼈다.

아이들은 오후가 되면 늘 붓다를 찾아왔다. 그는 슬프거나 화가 났을 때 마음을 다스리는 법을 아이들에게 가르쳐주었다. 그는 몸과 마음을 깨끗이 할 수 있도록 명상을 하며 걷는 방법도 가르쳐주었다. 그는 아이들이 모든 것을 제대로 보고, 이해하고, 사랑할 수 있도록 타인과 그들 자신의 행동을 깊이 관찰하는 법도 가르쳐주었다. 아이들은 그가 가르쳐준 모든 것들을 이해했다.

난다발라와 수자타는 붓다에게 드릴 새 가사를 장만하느라고 하루를 보냈다. 수자타는 붓다가 지난날 장티푸스로 죽은 그녀의 집 하녀의 시신을 덮는 데 사용했던 천을 가사로 삼았다는 것을 알았을 때 울고 싶은 심정이었다.

두 소녀가 그에게 새로 만든 가사를 건네주기 위해 다가갔을 때 붓다는 깨달음의 나무인 보리수 아래에 앉아 있었다. 그들은 붓다가 명상에서 깨어나기를 조용히 기다렸다. 그들이 가사를 선사하자 그는 대단히 기뻐했다.

"그렇잖아도 내겐 새 가사가 필요하던 참이었단다." 그렇게 말하며 그는 새 옷을 빨 때마다 갈아입기 위해 낡은 가사도 지니겠다고 했다. 난다발라와 수자타는 그에게 또 한 벌의 새 가사를 만들어드려야겠다고 마음먹었다.

어느 날 수자타의 열두 살 난 여자 친구인 발라굽타가 붓다에게 우정에 대해 말해달라고 부탁했다. 바로 그 전날 발라굽타는 가장 친한 친구인 자틸리카와 다투었다. 그녀는 다음 날 붓다를 만나러 가는 도중에 있는 자틸리카의 집에 들르고 싶지 않았으나 수자타의 고집에 못 이겨 하는 수 없이 들르게 되었다. 그리고 수자타가 거기에 있었기 때문에 결국 함께 가는 데 동의했다. 하지만 깨달음의 나무 아래에 이른 뒤에 발라굽타와 자틸리카는 서로 멀찍이 떨어져 앉았다.

붓다는 사슴, 새, 거북이의 예를 들어 우정에 대해 그들에게 말했다. 그는 자신이 수천 년 전 전생에 사슴으로 태어났을 때 있었던 이야기를 들려주었다. 아이들은 깜짝 놀란 표정을 지었으나 그는 설명을 시작했다. "지난 과거의 생에 우리들 모두는 흙, 돌, 이슬, 바람, 물 그리고 불이었던 적이 있었단다. 또한 우린 이끼, 풀, 나무, 곤충, 물고기, 거북이, 새, 포유류였던 적도 있었어. 나는 명상에 들어가면 이것을 분명히 보곤 한다. 그런데 한번은 내가 사슴이었단다. 이런 일은 아주 흔히 있을 수 있는 일이란다. 뿐만 아니라 나는 산꼭대기 위에 놓인 울퉁

불퉁한 바위였던 적도 있었고 자두나무였던 적도 있었음을 분명히 기억하고 있다. 이건 너희들 모두에게도 똑같이 해당되는 일이야. 내가 이제부터 너희들에게 들려주려는 이야기는 사슴과 까치와 거북이와 사냥꾼에 관한 것이란다. 어쩌면 너희들 중에서 한 명은 까치였을 것이고 다른 한 명은 거북이였을지도 모른다.

우리 모두는 지상에 아직 인간이나 새 또는 포유동물 따위가 전혀 없던 시대에 존재했던 적이 있다. 그 당시에는 바다 밑 식물들과 지상의 나무와 식물들밖에 없었다. 바로 그 무렵엔 우리 역시 돌이나 이슬 또는 식물로 존재했단다. 훨씬 훗날에서야 우리는 새나 동물 그리고 마침내 인간으로서의 삶을 경험하게 되었지. 지금 우리는 인간으로 태어나긴 했지만 한편으로는 벼나 귤이나 혹은 강물이나 공기이기도 하단다. 왜냐하면 이런 것들이 없으면 우리도 살아갈 수가 없기 때문이다. 너희는 벼나 코코넛 열매, 귤 또는 물을 볼 때마다 현생에서 너희가 존재하기 위해 수많은 다른 것들에 의존하고 있음을 알아야 한다. 이러한 다른 모든 것들이 너희 존재의 일부란다. 그것을 알 수 있으면 진정한 이해와 사랑을 경험할 수 있을 것이야.

내가 지금 들려주려고 하는 이야기는 수천 년 전에 있었던 일이긴 하지만 그런 일은 지금 바로 이 순간에도 얼마든지 일어날 수 있단다. 내 이야기를 잘 듣고 너희가 이 이야기 속의 동물들과 공통점이 있나 없나를 살펴보려무나."

붓다는 이야기를 시작했다. 그 당시에 붓다는 물을 마시기 좋은 맑은 호수가 있는 숲 속에서 살고 있었다. 그리고 거북이는 그 호수 속에 살고 있었고 까치는 호숫가의 버드나무 가지 위에서 살고 있었다. 그래서 사슴, 거북이, 까치는 아주 가까운 친구들이었다. 어느 날 사냥꾼 한 사람이 오래된 사슴 발자국을 따라 호숫가에 나타났다. 그러고는 그곳에다 튼튼한 밧줄로 만든 덫을 하나 남겨둔 채 숲 아래쪽에 있는 자신의 오두막으로 돌아갔다.

며칠 후 사슴은 물을 마시러 내려왔다가 그 덫에 걸리고 말았다. 사슴은 놀라 울부짖었으며 그 울음소리를 거북이와 까치가 들었다. 그래서 거북이는 호수 밖으로 엉금엉금 기어 나왔고 까치도 둥지에서 날아 내려왔다. 그들은 어떻게 하면 친구를 덫에서 구해낼 수 있을까 하고 의논을 했다. 까치가 말했다. "거북아, 네 턱은 단단하고 힘이 세잖아. 그걸로 물어뜯으면 이 밧줄을 끊을 수 있을 거야. 그리고 난 그동안 사냥꾼이 이곳으로 돌아오지 못하게 막아볼게." 그런 다음 까치는 급히 날아올랐다.

거북이는 밧줄을 이빨로 갉아내기 시작했다. 까치는 그사이 사냥꾼의 오두막으로 날아가서 앞문 밖에 있는 망고나무 가지 위에 앉아 밤새도록 그를 기다렸다. 날이 밝자 사냥꾼은 날카로운 칼을 꺼내 들고 문밖으로 걸어 나왔다. 까치는 그를 보자마자 있는 힘을 다해 그의 얼굴을 향해 덤벼들었다. 까치에게 얼굴을 기습당한 사냥꾼은 순간적으로 정신이 멍해져 오두막 안으로 되돌아갔다. 그는 침대에 드러누워 한참 동안 휴식을 취했다. 한동안 쉬고 나서 그는 다시 날카로운 칼을 들고 오두막 밖으로 나왔다. 그러나 영리한 까치는 그때까지 돌아가지 않고 그를 감시하고 있었다. 까치는 나뭇가지 위에 몸을 숨긴 채 그가 나오기만 기다리고 있었던 것이다. 까치는 다시 그의 얼굴로 덤벼들며 세차게 공격했다. 까치한테 두 번씩이나 얼굴을 얻어맞은 그 사냥꾼은 다시 집으로 들어가서 이 일을 곰곰이 생각해보았다. 그는 오늘은 운이 없는 날인 것 같으니까 내일까지는 집에 붙어 있는 게 상책이라고 생각했다.

다음 날 아침 그는 일찍 일어났다. 그는 날카로운 칼을 집어 들고는 오랜 생각 끝에 문밖으로 나오기 전에 모자 하나를 깊이 눌러써 얼굴을 가렸다. 까치는 사냥꾼의 얼굴을 더 이상 공격할 수 없음을 알아채고는 쏜살같이 숲 속으로 날아가서 친구들에게 경고를 했다.

"사냥꾼이 오고 있어!"

거북이는 밧줄을 거의 다 끊어가는 중이었다. 그러나 밧줄의 마지막 부분은 무쇠처럼 단단했다. 그동안 잠시도 쉬지 않고 밧줄을 갉아내느라고 거북이의 턱은 너덜너덜해졌고 피가 흐르고 있었다. 그러나 거북이는 멈추지 않았다. 바로 그때 사냥꾼이 나타났다. 깜짝 놀란 사슴은 마지막 남은 밧줄을 안간힘을 다해 발로 차서 마침내 덫에서 벗어났다. 사슴은 숲 속으로 달려 들어갔다. 까치는 버드나무를 향해 높이 날아올랐다. 그러나 거북이는 너무도 기진맥진해서 움직일 수조차 없었다. 사냥꾼은 사슴이 달아나는 것을 보고는 화가 났다. 그는 거북이를 버드나무 가지 위에 걸려 있는 가죽 자루에 집어넣었다. 그런 뒤에 그는 사슴을 찾아 떠났다.

덤불 뒤에 몸을 숨기고 있던 사슴은 거북이가 곤경에 빠지는 장면을 보고는 곰곰이 생각했다. '내 친구들은 나를 구하기 위해 그들의 생명을 걸었다. 이제는 내가 그들을 위해 뭔가 그와 같은 일을 해야 할 때이다.' 사슴은 사냥꾼이 한눈에 볼 수 있는 곳으로 걸어 나갔다. 그러고는 아주 지쳐버린 것처럼 일부러 절뚝절뚝 걸으며 몸을 돌리고서 오솔길을 힘없이 내려갔다.

사냥꾼은 생각했다. '사슴이 거의 힘이 다한 모양이구나. 살금살금 다가가면 이 칼로 저놈을 쉽게 처치할 수 있을 거야.'

사냥꾼은 사슴을 뒤쫓아 숲 속으로 들어갔다. 사슴은 사냥꾼과의 거리를 아슬아슬하게 계속 유지했다. 그들이 호수에서 멀리 떨어진 곳에 왔을 때 사슴은 갑자기 속력을 내어 내달려 사냥꾼의 시야에서 사라졌다. 그는 자신의 발자국을 지우며 호수로 돌아왔다. 그런 뒤에 사슴은 자신의 뿔을 이용해 나뭇가지에 걸어둔 가죽 자루를 내리고는 거북이를 밖으로 꺼냈다. 까치도 두 친구와 어울렸다.

"너희가 오늘 사냥꾼의 손에 잡혀 죽을 뻔한 날 구해주었어!" 사슴이 말했다. "머지않아 그가 이곳으로 돌아올 거야. 까치야, 넌 좀 더 안전한 숲 속으로 날아가. 그리고 거북아, 어서 빨리 물속으로 들어가 몸을 숨겨. 나도 숲 속으로 다시 돌아가겠어."

사냥꾼이 호수로 되돌아왔을 때 그는 가죽 자루가 텅 빈 채 땅 위에 내려져 있는 것을 발견했다. 기운이 쑥 빠진 그는 자루를 들어 올리고는 칼을 허리에 매단 채 집으로 터벅터벅 걸어갈 수밖에 없었다.

아이들은 눈을 빛내며 붓다의 이야기에 귀를 기울였다. 붓다의 설법이 친구를 구하기 위해 밧줄을 갉아내느라고 거북이의 턱이 너덜너덜해지고 피가 흐르기 시작했다는 대목에 이르렀을 때 루파크와 수바시는 하마터면 울음을 터뜨릴 뻔했다. 붓다는 아이들에게 물었다. "너희는 어떻게 생각하느냐? 전생에 나는 바로 그 사슴이었다. 그렇다면 너희들 중에 거북이는 누구지?"

수자타를 포함한 네 명의 아이들이 손을 들었다.

붓다는 다시 물었다. "그럼 너희 중에서 까치는 누구이겠느냐?"

스바스티는 자틸리카와 발라굽타와 함께 손을 들었다.

수자타는 자틸리카를, 그러고 나서 발라굽타를 바라보았다. "너희 둘이 모두 까치였다면 그건 너희가 한 몸이었다는 뜻이야. 까치가 까치를 보고 화를 낸다면 무슨 소용이 있겠니? 우리의 우정이 까치, 거북이 그리고 사슴의 우정과 같을 수는 없을까?"

발라굽타는 일어서서 자틸리카에게로 다가갔다. 그녀는 두 손으로 친구의 손을 꼭 잡았다. 자틸리카는 발라굽타를 두 팔로 끌어당기고는 발라굽타가 앉을 수 있도록 옆으로 걸음을 옮겨 자리를 만들어주었다.

붓다는 미소를 떠올렸다. "너희는 이 이야기를 제대로 이해하고 있구나. 내가 방금 들려준 이 이야기와 비슷한 일들이 우리 일상생활에 항상 일어나고 있음을 명심하거라."

21장

연꽃이 피어 있는 연못

아이들이 집으로 돌아가고 난 뒤 붓다는 명상에 잠긴 채 걸음을 옮겼다. 그는 옷자락을 걷어 올리고는 강을 건넌 뒤 두 개의 논 사이로 난 오솔길을 따라 즐겨 찾는 연못으로 다가갔다. 그는 연못가에 걸터앉아 아름다운 연꽃을 감상했다.

그는 연꽃 줄기, 잎사귀, 꽃을 바라보면서 연꽃의 성장 과정에 대해 생각했다. 연꽃의 뿌리는 진흙 속에 묻혀 있다. 어떤 줄기는 아직 수면에 떠오르지 않았고 또 어떤 줄기는 가까스로 수면에 떠올라 있다. 그곳에는 아직 피지 않은 연꽃 봉오리가 이제 막 피기 시작한 꽃들에 둘러싸여 있고 주변에는 활짝 핀 연꽃들도 군데군데 섞여 있다. 모든 꽃잎이 떨어지고 나면 그곳에 씨방이 생긴다. 연꽃들의 색깔은 흰색, 푸른색, 분홍색으로 제각각이다. 붓다는 사람들도 연꽃과 그다지 다를 게 없다는 생각이 들었다. 사람은 누구나 나름대로의 천성을 가지고

붓다는 가사 자락을 들어 올린 채 강을 건넌 다음 명상 산책을 하
며 즐겨 찾던 연못으로 향했다.

있다. 데바닷타는 아난다와 다르고 야소다라는 파미타 왕비와 다르고 수자타는 발라와 다르다. 개성, 덕성, 지성 그리고 재능은 사람마다 큰 차이가 있다. 그 때문에 붓다가 발견한 진리는 여러 가지 방법으로 설명되어야 할 필요가 있었다. 그러나 어쨌든 붓다로서는 아이들을 가르치는 일은 쉽고 즐거웠다. 아주 단순한 방법으로 가르칠 수가 있기 때문이었다.

가르침을 펴는 여러 가지 방법은 서로 다른 유형의 사람들이 가르침에 접근하고 그것을 이해할 수 있도록 이끄는 문과 같은 것이다. 다르마(法)의 문을 만드는 일은 사람들과 직접 만남으로써만 가능했다. 보리수 아래에서 기적처럼 얻게 되는 미리 만들어진 방법 같은 것은 없는 것이었다. 붓다는 법의 수레바퀴를 굴리고 진리의 씨앗을 뿌리려면 속세로 돌아가야 할 필요가 있다고 생각했다. 어느덧 그가 깨달음을 얻은 지 49일이 지났다. 이제 우루벨라에서 떠날 때가 온 것이다. 그는 네란자라 강변의 시원한 숲, 깨달음의 나무 그리고 아이들의 곁을 내일 아침이면 떠날 작정이었다. 그는 먼저 두 명의 스승인 알라라 칼라마와 웃다카 라마풋타를 찾아가기로 했다. 그는 그들 두 사람이 머지않아 깨달음을 얻으리라고 확신했다. 덕망이 높은 이 두 사람을 도와준 뒤 그는 함께 고행을 했던 다섯 명의 친구들을 찾아가기로 했다. 그런 뒤에 그는 마가다로 가서 빔비사라 국왕을 찾아갈 작정이었다.

다음 날 아침 붓다는 새 가사를 입고서 아직 안개가 자욱한 아침 공기를 쐬며 스바스티의 오두막으로 갔다. 붓다는 아이들에게 이제 이곳을 떠난다는 사실을 알리고 나서 아이들의 머리를 하나하나 부드럽게 쓰다듬었다. 그러고는 모두 함께 수자타의 집으로 갔다. 그녀는 그 소식을 듣고는 울음을 터뜨렸다.

붓다가 말했다. "나는 내가 해야 할 일을 다하기 위해 떠나는 거란다. 그렇지만 틈나는 대로 너희들을 다시 찾아올 것을 약속하마. 너희가 나를 크게 도와준 데 대해 무척 고맙게 생각하고 있다. 부디 내가 너희에게 들려준 이야기들을 명심해서 실천하도록 해라. 그렇게 하면 나는 너희와 항상 가까이 있는 게 된단다. 수자타야, 울음을 그치고 웃어보려무나."

수자타는 옷자락으로 눈물을 닦아내고는 애써 웃음을 지었다. 그러고 나서 아이들은 붓다와 함께 마을 어귀로 나아갔다. 붓다는 작별 인사를 하려고 몸을 돌렸다가 한 수행자가 그들을 향해 걸어오고 있는 것을 발견했다. 그 수행자는 두 손 모아 합장을 하고는 호기심 어린 눈빛으로 붓다를 바라보았다. 한참이 지난 뒤에 그는 말했다. "수행자여, 당신의 온몸에서는 빛이 나는 것 같고 평화스러워 보이는군요. 당신의 이름은 무엇이며 스승은 누구신지요?"

붓다가 대답했다. "내 이름은 고타마 싯다르타라고 하지요. 난 여러 스승들의 가르침을 받았지만 지금의 내겐 스승이 한 사람도 없소. 당신의 이름은 무엇이며 어디에서 오는 길입니까?"

그 수행자는 대답했다. "내 이름은 우파카라고 합니다. 나는 지금 웃다카 라마풋타 대사문의 공동체에서 떠나오는 길이지요."

"웃다카 대사문께선 안녕하신지요?"

"웃다카 대사문께선 몇 년 전에 돌아가셨습니다."

붓다는 한숨을 내쉬었다. 그는 결국 자신의 늙은 스승을 도와줄 기회를 놓쳐버린 것이었다. 그가 물었다. "그럼 알라라 칼라마 대사문께 배운 적은 없으신가요?"

우파카가 대답했다. "있지요, 하지만 그분도 최근 돌아가셨답니다."

"그럼, 혹시 콘단나라는 수행자를 아십니까?"

우파카가 말했다. "예, 알다마다요. 내가 웃다카 공동체에서 지낼 때 콘단나와 네 명의 수행자에 대해 들은 적이 있지요. 그들은 바라나시 부근에 있는 이시파타나 녹야원에서 함께 생활하며 수행하고 있다고 하더군요. 고타마여, 그럼 나는 이만 갈 길을 가보겠습니다. 가야 할 길이 멀답니다."

붓다는 합장을 하며 우파카에게 작별을 고하고서 아이들에게로 다시 몸을 돌렸다. "얘들아, 나는 이제 다섯 명의 친구들을 찾아 바라나시로 가야겠다. 벌써 해가 솟았구나. 이제 그만 집으로 가보려무나."

붓다는 아이들과 작별하고서 강을 따라 북쪽을 향했다. 그는 이렇게 가면 길이 멀긴 하지만 여행을 하기는 좀 더 수월하다는 것을 알고 있었다. 네란자라 강은 북쪽으로 뻗어가다가 강가 강으로 흘러들었다. 강가 강의 서쪽 길을 따라가면 며칠 내로 파탈리그라마 마을에 다다를 수 있다. 또한 그곳에서 강가

의 다른 쪽 길을 선택한다면 카시의 수도인 바라나시에 도착할
수 있을 것이다.

아이들은 그의 모습이 시야에서 완전히 사라질 때까지 그를
지켜보았다. 아이들의 가슴은 슬픔과 그리움으로 가득 찼다.
수자타는 울음을 터뜨렸고 스바스티도 울고 싶은 심정이었으
나 동생들 앞에서 우는 모습을 보이고 싶지가 않았다. 한참 뒤
에 그가 말했다. "수자타, 난 가서 물소들을 돌봐야겠어. 우린
이제 모두 집으로 가야 해. 발라, 잊지 말고 오늘은 루파크를
목욕시켜줘. 자, 브히마는 내가 데리고 갈게."

그들은 강기슭을 따라 마을로 되돌아왔다. 어느 누구도 입을
여는 사람은 없었다.

❧

아난다는 유달리 잘생겼을 뿐만 아니라 점잖고 친절했다. 그리
고 그는 실로 놀라운 기억력의 소유자였다. 그는 붓다가 한 모
든 설법의 내용을 빠짐없이 기억했다. 그는 스바스티와 라훌라
의 요청에 따라 붓다가 물소를 돌보는 마음에 관한 설법에서
행한 열한 가지 요령을 반복해주었다. 그리고 스바스티는 우루
벨라 근처의 숲 속에서 한 붓다의 말씀을 자신이 그저 한 번 반
복하기만 하면 아난다가 모든 것을 기억할 수 있으리라는 것을
알게 되었다.

스바스티는 이야기를 계속하면서 비구니인 고타미를 자주

보았다. 그녀의 빛나는 눈초리를 볼 때 그녀가 자신의 이야기에 얼마나 깊은 관심을 가지고 있는지를 알 수 있었다. 그는 자신이 기억할 수 있는 한 많은 내용들을 이야기해주려고 최선을 다했다. 비구니인 고타미는 그들이 숲 속에서 붓다와 함께 정성을 다하여 귤을 먹을 때의 이야기와 마찬가지로 우루벨라의 아이들에 대한 이야기에도 유달리 관심을 보였다.

라훌라 또한 스바스티의 이야기에 얼마나 커다란 관심을 가지고 있는지 어렵지 않게 알 수 있었다. 비록 앗사지는 스바스티가 이야기를 하는 이틀 동안 아무 말도 하지 않았지만 그의 이야기에 관심을 가지고 있기는 매한가지였다. 스바스티는 앗사지가 붓다와 함께 고행을 한 다섯 명의 친구들 가운데 한 명이라는 것을 알고 있었다. 스바스티는 서로 헤어지고 6개월이 지난 뒤 붓다가 그들을 만났을 때 무슨 일이 있었는지 너무도 궁금했으나 차마 물어볼 수가 없었다. 마치 그의 생각을 읽기라도 한 듯 비구니 고타미가 말했다. "스바스티, 너는 붓다가 우루벨라를 떠난 뒤 무슨 일이 있었는지를 앗사지 대사문께 듣고 싶을 테지? 앗사지 대사문께서는 지금까지 10년 동안 붓다와 함께 지내왔지만 그가 이시파타나의 녹야원에서 있었던 일에 대해 말한 것을 들은 적이 없는 것 같구나. 앗사지 대사문이여, 붓다가 하신 최초의 설법과 지난 10년간 무슨 일이 있었는지 이야기해주시겠습니까?"

앗사지는 두 손을 합장한 채 대답했다. "저를 대사문이라고 칭하시다니 부끄럽습니다, 고타미 비구니시여. 그리고 오늘 우

리는 스바스티 비구로부터 이미 많은 이야기를 들었고 지금은
명상에 들어갈 시간이 다 된 듯싶군요. 그러니 내일 저의 오두
막으로 와주십시오. 그러면 제가 기억나는 대로 모든 이야기를
들려드리겠습니다."

22장

법륜(法輪)의 회전

앗사지는 녹야원에서 고행을 실천하고 있었다. 그러던 어느 날 명상에 잠겨 앉아 있다가 멀리서부터 한 수행자가 다가오고 있는 것을 발견했다. 그 수행자가 어느 정도 가까이 왔을 때에야 그는 비로소 그가 바로 싯다르타임을 알아차리고는 이 사실을 네 명의 친구들에게 재빨리 알렸다.

밧디야가 말했다. "싯다르타는 고행을 중도에 포기했어. 그는 쌀밥을 먹었고, 우유를 마셨고, 마을 아이들과 즐겁게 어울리기도 했어. 이제 그는 우리들까지 타락시키려는 게 분명해. 그러니 우리는 그에게 인사도 하지 말자." 그래서 다섯 명의 친구들은 녹야원 입구에 싯다르타가 나타나더라도 그를 맞이하러 나가지 않기로 의견을 모았다. 그들은 또한 그가 녹야원 안으로 들어오더라도 자리에서 일어나지도 말자고 했다. 그러나 실제로 벌어진 일은 전혀 달랐다.

싯다르타가 문에 들어섰을 때 친구들은 그의 온몸에 감도는 광채에 크게 감동한 나머지 갑자기 벌떡 일어서고야 말았다. 싯다르타는 찬란한 후광에 에워싸여 있는 듯했다. 그는 발걸음을 옮길 때마다 그들이 한 번도 본 적이 없는 영적인 힘을 드러내 보였다. 그리고 그들의 속마음까지 들여다보는 듯한 그의 시선은 그를 무시하려던 마음을 굴복시키기에 충분했다. 콘단나는 그에게로 달려가서 자신의 발우를 바쳤다. 마하나마는 싯다르타가 손과 발을 씻을 수 있도록 물을 가져다 두었고 브하디야는 그가 앉을 수 있도록 의자를 끌어당겨주었다. 그리고 바파는 야자나무 잎사귀를 가져와서 그에게 부채질을 해주었다. 앗사지는 어찌해야 좋을지 몰라 한쪽 옆에 서 있었다.

싯다르타가 손과 발을 씻고 난 뒤에야, 앗사지는 그가 마실 시원한 물을 가져다주어야겠다고 생각했다. 잠시 후 다섯 명의 친구들이 자신의 주변에 둥그렇게 둘러앉자 싯다르타는 그들을 다정스레 바라보면서 말했다. "친구들이여, 나는 이제 깨달음을 얻었네. 그래서 그것을 자네들에게 전해줄 생각이야."

앗사지는 싯다르타의 말을 반신반의했다. 분위기로 미루어 볼 때, 다른 친구들도 그와 같은 심정임이 분명했다. 그때 콘단나가 소리쳤다. "싯다르타! 자넨 고행을 중도에 포기하지 않았나. 자넨 쌀밥을 먹고, 우유를 마시고 게다가 마을 아이들과 놀며 시간을 보내지 않았나. 그런 자네가 어떻게 깨달음을 얻을 수 있었단 말인가?"

싯다르타는 콘단나의 두 눈을 들여다보며 물었다. "콘단나

콘단나는 싯다르타의 발우를 들었고, 마하나마는 물을 떠다 주었
으며, 브하디야는 의자를 놓아주었으며, 바파는 부채질을 해주었
다. 한편 앗사지는 한옆에 선 채 어쩔 바를 몰라 했다.

여, 자넨 오랫동안 나를 알고 지내지 않았나. 그런데 그동안 내가 한 번이라도 자넬 속인 적이 있었던가?"

콘단나는 그런 적이 없음을 시인했다. "그건 맞는 말이네, 싯다르타. 난 자네가 진실이 아닌 말을 한 번이라도 하는 것을 들어본 적이 없네."

붓다가 말했다. "그렇다면 들어보게나, 친구들. 나는 큰 깨달음을 얻었고 이제 그걸 자네들에게 전하고자 하는 거라네. 이제부터 내가 행하는 이 설법은 머릿속에서 나온 생각의 결실이 아니라네. 그것은 직접적인 경험의 결실이지. 마음의 눈을 크게 뜨고 한번 잘 들어보게나."

붓다의 목소리는 영적인 감화력으로 가득 차 있었기 때문에 다섯 명의 친구들은 합장을 한 채 그를 우러러보았다. "그렇다면 싯다르타여, 우리들을 가엾게 여겨 그 깨달음을 전해주시게나."

붓다는 경건하게 말을 시작했다. "친구들이여, 깨달음을 구하려는 자가 반드시 피해야 하는 두 가지의 극단적인 길이 있다네. 하나는 감각적 쾌락에 빠져드는 것이고 다른 하나는 육체로부터 필요한 것을 빼앗아 가는 고행을 실천하는 것이지. 이 두 가지 극단의 길은 구도의 길을 실패로 이끈다네. 내가 발견한 길은 중용의 길이며 사람들을 이해와 해탈과 평화로 이끌어가는 능력을 갖고 있어. 그것이 바로 여덟 가지의 바른 길인 팔정도라네. 팔정도란, 즉 바른 견해, 바른 사고, 바른 말, 바른 행위, 바른 생활, 바른 노력, 바른 기억, 바른 집중의 길이지.

친구들이여, 이 팔정도를 실천함으로써 자네들은 진정한 평화와 기쁨을 누릴 수가 있게 된다네.

친구들이여, 이 길을 왜 정도(正道)라 부르는지 아는가? 고통을 피하거나 부정하는 것이 아니라 극복하기 위한 방도로서 고통에 직접 맞서는 것이기 때문이네. 팔정도란 인식하는 삶의 길이며 바른 기억이 그 근간이네. 올바로 기억하는 연습을 통해 집중할 수 있고 그것이 그대들을 이해에 다다르게 할 것이야. 바른 집중은 그대들을 바른 견해, 바른 사고, 바른 말, 바른 행위, 바른 생활, 바른 노력으로 이끌어줄 것이네.

친구들이여, 이번에는 네 가지의 진리에 대해 말하겠네. 네 가지의 진리란, 고통 그 자체(苦諦), 고통의 원인(集諦), 고통의 소멸(滅諦), 고통의 소멸을 가능하게 해주는 실천 방도(道諦)를 이른다네. 나는 이것들을 네 가지의 성스러운 진리, 즉 사성제(四聖諦)라고 부르겠네. 사성제의 첫 번째 진리는 고통 그 자체인 고제라네. 생로병사는 고통이지. 슬픔, 분노, 질투, 근심, 걱정, 공포, 절망 또한 고통이네. 사랑하는 사람과의 이별도 고통이거니와 미워하는 자와의 만남도 고통이라네. 다섯 가지 집성체에 대한 욕망이나 애착이나 고착도 고통이라네.

친구들이여, 두 번째 진리는 고통의 원인인 집제라네. 무지로 인하여 사람들은 삶의 진리를 바로 보지 못하고 욕망, 분노, 질투, 슬픔, 걱정, 공포, 절망의 불꽃에 사로잡히지.

친구들이여, 세 번째 진리는 고통의 소멸인 멸제이네. 삶의 진리를 이해하게 되면 모든 근심과 슬픔에서 벗어나 평화의 기뻠을 맞이할 수 있다네.

친구들이여, 네 번째 진리는 고통의 소멸을 가능하게 해주는 실천 방도인 도제라네. 이것이 앞서 내가 설명한 팔정도라네. 팔정도의 근본이 되는 것이 바른 기억이네. 바른 기억은 바른 집중과 참된 이해를 가능하게 해주고 모든 슬픔과 고뇌로부터 자네들을 해방시켜주는 동시에 평화와 기쁨을 누릴 수 있게 해준다네. 그러니 친구들이여, 이제부터 내가 자네들을 이러한 깨달음의 길로 인도해주겠네."

싯다르타가 사성제를 설명하는 동안 콘단나는 내부에서 엄청난 빛이 일어나는 것을 느꼈다. 그는 오랫동안 찾아왔던 대자유를 맛볼 수 있었다. 그의 얼굴은 기쁨으로 빛났다. 붓다는 그를 가리키며 소리쳤다. "콘단나! 자넨 내 설법을 이해했군! 자넨 이해했어!"

콘단나는 붓다를 향해 합장하고는 절을 했다. 그리고 깊은 존경심을 가득 머금은 음성으로 말했다. "위대한 싯다르타여, 나를 그대의 제자로 받아주시게나. 그대가 인도해준다면 나는 커다란 깨달음에 이를 수 있을 걸세."

나머지 네 명의 친구들도 붓다의 발아래 무릎을 꿇고 절을 하고서는 두 손 모아 합장한 채 제자로서 받아주기를 청했다. 붓다는 친구들이 일어나도록 손짓을 했다. 그들이 다시 자세를 바로 하고 앉자 그는 말했다. "친구들이여! 우루벨라 마을의 아이들은 내게 '붓다'라는 이름을 지어주었다네. 괜찮다면 자네들도 나를 그렇게 불러주면 좋겠네."

콘단나가 물었다. "'붓다'라는 말은 '깨달은 사람'이라는 뜻이 아닌가?"

"그렇다네. 그리고 그 아이들은 내가 발견한 길을 '깨달음의 길'이라고 불렀다네. 여기에 대한 자네들 의견은 어떤가?"

"깨달은 사람! 깨달음의 길! 놀랍군! 놀라워! 그 이름이 아주 꼭 맞겠네. 아주 간단하기도 하고. 우리는 그대를 기꺼이 붓다라고 부르겠네. 그리고 그대가 발견한 길은 깨달음의 길이라고 부르겠네." 다섯 명의 수행자들은 한마음이 되어 싯다르타를 스승으로 모시고 붓다라고 부르기로 했다.

붓다는 그들을 보고 빙그레 미소 지었다. "친구들이여, 마음의 문을 활짝 열고 맑은 정신으로 수행하도록 해보게나. 그러면 3개월 내에 자네들은 해탈의 열매를 거두게 될 것이네."

붓다는 다섯 명의 친구들을 깨달음의 길로 인도하기 위해 이시파타나에 머물렀다. 그의 가르침대로 그들은 고행의 실천을 포기했다. 날이면 날마다 세 명의 수행자들은 음식을 구하러 나갔다가 돌아와서 나머지 세 명에게 음식을 골고루 나눠 주곤 했다. 붓다는 친구들이 빠른 진전을 할 수 있도록 개별적으로 지도를 해주었다.

붓다는 그들에게 모든 존재의 변함(無常)과 무아에 대해 가르쳤다. 그는 그들에게 독립적이거나 영원한 것이라고는 전혀 없이 끊임없이 흘러가는 다섯 개의 강물과도 같은 다섯 가지 요소를 바라보라고 가르쳤다. 다섯 가지 요소는 육신과 감각, 지각과 정신 작용 그리고 의식이다.

그들 자신에게 내재하는 이 다섯 가지 요소를 명상함으로써 그들은 자신과 삼라만상의 사이에 존재하는 본질적이고 신비스러운 관계를 보게 되었다.

부지런히 노력한 덕분에 그들은 모두 깨달음을 얻게 되었다. 가장 먼저 깨달음을 얻은 사람은 콘단나였고 두 달 뒤에는 바파와 브하디야가 뒤를 이었다. 조금 더 지나서 마하나마와 앗사지도 아라한*의 경지에 이르렀다.

붓다는 크게 기뻐하며 그들에게 말했다. "친구들이여, 이제야 우리는 하나의 진정한 공동체를 갖게 되었다네. 우린 그것을 '상가'라고 부르기로 하세. 상가는 한마음이 되어 깨달음을 실천하는 사람들의 공동체라네. 그러니 친구들이여, 이제부터 우리 모두 깨달음의 씨앗을 온 누리에 뿌리도록 하세."

*수행을 완성한 사람.

23장

다섯 가지 계율

붓다는 아침 일찍 일어나서 가부좌를 틀고 앉아 명상을 한 뒤
에 다시 숲 속을 거닐며 명상에 잠기고는 하였다. 그는 어느 날
아침 걸으면서 명상을 하다가 아침 안개 속에 반쯤 모습을 드
러낸 잘생기고 고상한 옷을 입은 이십 대 후반의 젊은이를 보
았다. 붓다는 커다란 바위 위에 걸터앉아 있었고 그 젊은이는
붓다를 의식하지 못하고서 그 바위 가까이 다가오며 중얼거렸
다. "구역질 나! 더러워!"

그 소리를 듣고서 붓다가 말했다. "아무것도 구역질 날 건
없네. 아무것도 더러울 건 없네."

젊은이는 그 자리에 멈춰 섰다. 붓다의 목소리는 맑고 부드
러웠다. 젊은이는 고개를 들어 평온하고 차분하게 그곳에 앉아
있는 붓다를 보았다. 젊은이는 자신의 신발을 벗고 붓다 앞에
깊숙이 허리를 굽혀 절했다. 그런 뒤에 그는 바로 옆에 있는 바

붓다는 아침마다 숲 속에서 명상을 하며 걷고는 하였다.

위에 앉았다.

붓다가 물었다. "무엇이 그렇게 구역질 나는가? 무엇이 그 토록 더러운가?"

젊은이는 자신을 바라나시에 있는 가장 부유하고 평판이 좋은 상인의 아들인 야사라고 소개했다. 야사는 언제나 호사스럽고 편안한 생활을 즐겨왔다. 그의 부모는 훌륭한 저택과 보석과 돈과 술과 여자와 연회를 포함하는 온갖 종류의 쾌락을 그에게 제공함으로써 그의 모든 일시적인 기분을 만족시켜주었다. 하지만 감수성이 예민하고 생각이 깊은 야사는 이런 쾌락적인 생활에서 답답함을 느끼기 시작했고 더 이상 그 안에서 아무런 만족도 찾을 수 없게 되었다.

그는 창문이 없는 방 안에 갇힌 사람 같았다. 그는 신선한 공기와 건전하고 유익한 생활을 갈망했다. 전날 밤 야사는 몇몇 친구들과 함께 연회를 열어 술을 마시고 춤을 추며 고급 창녀들과 즐겼다. 그러다가 야사는 한밤중에 깨어났고 아무렇게나 흩어져서 자고 있는 그의 친구들과 여자들을 보았다. 그 순간 그는 자신이 더 이상 이런 식으로 살 수 없다는 것을 깨달았다. 그는 아무렇게나 외투를 걸치고서 어디로 가야 할지도 모르는 채 밖으로 나왔다. 그는 밤새도록 정처 없이 떠돌아다니다가 어느새 자신이 이시파타나의 녹야원에까지 왔다는 것을 깨달았다. 그리고 해가 뜬 지금 그는 붓다와 마주 앉아 있었다.

붓다는 그에게 충고했다. "야사, 인생은 고통으로 가득 차 있지만 또한 많은 경이로움으로도 가득 차 있네. 관능적 쾌락에 빠지는 것은 몸과 마음의 건강에 나쁘지. 만약 그대가 욕망에 지배되지 않고 건전하고 참되게 산다면 인생의 많은 경이로움을 경험할 수 있게 될 것이야. 야사, 그대의 주위를 둘러보게. 아침 안개 속에 서 있는 나무들을 볼 수 있지? 아름답지 않은가? 달, 별, 강, 산, 햇빛, 새들의 지저귐 그리고 약동하는 자연의 소리들은 모두 우리에게 끝없는 행복을 줄 수 있는 우주의 표상들이라네.

우리가 이런 것들로부터 받는 행복은 몸과 마음을 윤택하게 한다네. 눈을 감고 심호흡을 몇 번 해보게. 자, 그럼 눈을 뜨게나. 무엇이 보이는가? 나무들, 안개, 하늘, 햇살. 이제 그대의 두 눈은 경이로움으로 가득 찼을 것이네. 그대는 이 같은 경이로움을 경험하지 못했기 때문에 몸과 마음을 경멸해왔던 것이네. 어떤 사람들은 그 때문에 자살을 하고 싶어 할 만큼 자신들의 몸과 마음을 경멸한다네. 그들은 인생에서 오직 고통만을 보지. 하지만 고통은 우주의 진정한 본질이 아니라네. 고통은 우리가 살아가는 방식의 결과이며 인생의 잘못된 이해의 결과이지."

붓다의 설법은 신선하고 상쾌한 아침 이슬처럼 야사의 메마른 마음을 적셔주었다. 그는 너무나 기쁜 나머지 붓다 앞에 엎드려 제자가 되기를 간청했다.

붓다는 그를 일으키고 말했다. "수행자는 검소하고 겸손한 삶을 산다네. 그들은 재물도 없으며 오두막이나 나무 밑에서 잠을 자지. 그들은 탁발해서 얻은 것으로 하루에 한 끼만 먹는

다네. 그대가 그런 삶을 살 수 있겠는가?"

"예, 스승님. 저는 그런 삶을 살면서 행복해지고 싶습니다."

붓다는 계속해서 말했다. "수행자는 자신과 다른 사람들을 돕기 위해 자신의 몸과 마음을 바쳐야 하네. 모든 존재의 고통을 덜어주기 위해 자신의 온 힘을 집중해야 한다네. 그대는 그런 길을 따를 것을 맹세할 수 있는가?"

"예, 스승님. 맹세합니다."

"그렇다면 나는 그대를 나의 제자로 받아들이겠네. 그대는 매일 음식을 해결하는 동시에 겸손을 실천하고 속인들을 교화하기 위해 탁발을 하러 가게 될 것이네."

그때 이제는 붓다의 제자들이 된 다섯 친구들이 나타났다. 야사는 일어서서 정중하게 그들을 맞았다. 붓다는 그들을 야사에게 소개하고 나서 콘단나에게 말했다. "콘단나, 야사는 비구가 되기를 원했고 나는 그를 받아들였네. 그에게 가사를 입는 법과 발우를 가지고 다니는 법, 호흡을 유지하는 법 그리고 좌선과 걸으며 명상하는 법을 가르쳐주도록 하게."

야사는 붓다에게 절을 하고는 콘단나를 따라갔다. 콘단나는 야사를 자신의 오두막으로 데려가 머리를 깎아주고 붓다의 요청대로 그에게 수행의 기본적인 것들을 가르쳤다. 콘단나는 마침 한 번도 사용한 적이 없는 여분의 가사와 발우를 가지고 있었다. 그는 그것들을 야사에게 주었다.

그날 오후 야사의 아버지가 그를 찾아왔다. 아침 내내 그는 집안사람들로 하여금 야사의 행방을 찾게 했다. 한 하인이 야사의 발자국을 따라 녹야원까지 왔고 그곳에서 커다란 바위 옆에 버려진 야사의 금빛 신발을 발견했다. 세심한 관찰 끝에 그는 주인의 아들이 어떤 수도자와 함께 그곳에 있다는 사실을 알아냈다. 그는 자신의 주인에게 그 사실을 알리기 위해 급히 돌아갔다.

야사의 아버지가 그곳에 이르러서 바위 위에 평온하게 앉아 있는 붓다를 발견했다. 그는 붓다에게 합장했고 정중하게 물었다. "존경하는 수도자님, 저의 아들 야사를 못 보셨습니까?"

붓다는 야사의 아버지를 향해 옆의 바위에 앉으라고 손짓을 했다. 그러고는 말했다. "야사는 지금 오두막 안에 있습니다. 이제 곧 나올 겁니다."

이어서 야사의 아버지는 붓다가 그날 아침에 일어났던 일에 대해 설명하는 것을 들었다. 붓다는 그가 야사의 내밀한 생각과 소망을 이해할 수 있도록 도왔다. "야사는 영리하고 감수성이 예민한 청년입니다. 그리고 그는 이제 자신이 나아가야 할 길을 찾아냈습니다. 지금 그의 마음은 믿음과 평화와 기쁨으로 충만해 있습니다. 그가 계속 행복한 삶을 살 수 있도록 도와주십시오."

붓다는 주위 사람들과 자신을 위해 평화와 기쁨을 창조하고 고통과 근심을 덜어주면서 사는 것이 어떻게 가능한가에 대해 야사의 아버지에게 설명해주었다. 그 상인은 붓다의 말 한 마디 한 마디에 자신의 마음이 가벼워짐을 느꼈다. 그는 일어서서 합장하며 자신을 속가의 제자로 받아주기를 간청했다.

붓다는 잠시 동안 잠자코 있었다. 그러고는 말했다. "나의 제자들은 깨달음을 가지고, 살생을 삼가고, 간통을 삼가며, 진실하게 말하고, 마음을 흐리게 하는 술과 자극제를 삼가면서 검소하게 살려고 노력합니다. 만약 당신이 이러한 길을 따를 수 있다고 생각한다면 나는 당신을 속가의 제자로서 받아들일 것입니다."

야사의 아버지는 붓다 앞에 무릎을 꿇고 합장했다. "당신의 가르침 안에서 내가 구원받을 수 있도록 허락해주십시오. 나는 평생 당신의 가르침에 충실할 것을 맹세합니다."

붓다는 상인이 일어나도록 도와주었다. 그때 야사가 그들이 있는 곳으로 왔다. 그는 삭발한 머리에 비구의 가사 차림을 하고 있었다. 그 새로운 비구는 대단히 기쁘게 미소 지었다. 그는 연꽃 봉오리처럼 두 손을 모아 합장한 다음 아버지에게 절했다. 야사는 아주 밝아 보였다. 그의 아버지는 이제껏 그렇게 행복한 아들의 모습을 본 적이 없었다. 야사의 아버지는 말했다. "네 어머니는 너에 대해 매우 걱정하고 있단다."

야사가 대답했다. "어머님을 위로해드리기 위해 집으로 찾아가 뵙겠습니다. 하지만 저는 붓다를 따르며 모든 존재들에게 도움을 주는 삶을 살 것을 맹세했습니다."

야사의 아버지는 붓다 쪽으로 몸을 돌렸다. "스승님, 당신과 당신의 비구들에게 내일 저희 집에서 식사를 대접할 수 있도록 허락해주십시오. 만약 당신이 오셔서 깨달음의 길에 대해 저희에게 가르침을 내려주신다면 큰 영광이겠습니다."

붓다는 몸을 돌려 야사를 보았다. 새로운 비구의 눈은 빛났다. 그리고 붓다는 고개를 끄덕여 그의 제안을 받아들였다.

그다음 날 붓다와 그의 여섯 제자들은 상인의 집에서 식사를 했다. 야사의 어머니는 너무나도 평안하고 행복해 보이는 아들을 보고 눈물을 흘렸다. 붓다와 그의 비구들은 안락한 의자에 앉도록 권유받았다. 야사의 어머니는 그들에게 직접 음식을 대접했다. 비구들이 조용히 식사를 할 때는 하인들조차도 입을 다물고 경건한 태도를 취했다. 그들이 식사를 마치자, 야사의 부모는 붓다에게 절하고 그 앞에 있는 낮은 의자에 앉았다. 붓다는 그들에게 속세의 제자들이 실천해야 할 다섯 가지 계율을 일러주었다.

"첫 번째 계율은 살생을 금하는 것입니다. 모든 생물은 죽음을 두려워합니다. 우리가 진실로 이해와 사랑의 길을 따른다면 우리는 이 계율을 지킬 수 있을 것입니다. 우리는 사람의 생명뿐만 아니라 동물의 생명도 보호해야 합니다. 이 계율을 지킴으로써 우리는 동정심과 분별력이 깊어지게 됩니다.

두 번째 계율은 도둑질을 하지 않는 것입니다. 우리에게는 다른 사람들의 재산을 훔치거나 다른 사람들의 노동력을 이용해서 부를 축적할 권리가 없습니다. 우리는 다른 사람들이 스스로의 힘으로 살아갈 수 있게끔 도와줘야 합니다.

세 번째 계율은 성적인 비행을 저지르지 않는 것입니다. 다른 사람들의 권리와 의무를 욕되게 하지 마십시오. 그리고 당신의 배우자를 언제나 믿으십시오.

네 번째 계율은 거짓말을 하지 않는 것입니다. 진실을 왜곡하거나 불화와 증오를 일으키는 말을 하지 마십시오. 불확실한 소식을 퍼트리지 마십시오.

다섯 번째 계율은 술이나 다른 자극제를 사용하지 않는 것입니다.

만약 여러분이 그 다섯 가지 계율을 지키고 살아간다면 여러분 자신과 여러분의 가족 그리고 친구들을 위할 수 있고 고통과 불화를 피할 수 있을 것입니다. 그리고 여러분은 마침내 행복한 인생을 누릴 수 있게 될 것입니다."

야사의 어머니는 붓다의 말을 듣고 그녀의 내부에서 행복의 문이 열리는 것을 느꼈다. 그녀는 남편이 붓다에 의해 속가의 제자로서 받아들여진 것을 알고 행복해했다. 그녀는 붓다 앞에 무릎을 꿇고 합장했다. 그리고 그녀 역시 속가의 제자로서 받아들여졌다.

붓다와 여섯 비구들은 이시파타나로 돌아갔다.

24장

삼귀의(三歸依)

야사가 비구가 되었다는 소식은 곧 그의 친구들 사이에 퍼졌다. 그의 가장 가까운 친구들인 비말라와 수바후, 푼나지 그리고 가밤파티 등은 이시파타나의 녹야원에 있는 그를 방문하기로 결정했다. 그곳으로 가는 도중 수바후가 말했다. "만약 야사가 비구가 된 게 사실이라면 그의 스승은 분명히 아주 뛰어나고 덕망이 높은 분임이 틀림없어. 야사는 아주 날카로운 비평가이거든."

비말라는 반박했다. "너무 그렇게 확신하지 마. 만약 그가 일시적 기분으로 수도자가 됐다면 그건 오래가지 않을 거야. 여섯 달이나 1년 후면 그런 생활을 그만둘 거야."

그러나 가밤파티는 동의하지 않았다. "자네는 야사를 별로 진지하게 받아들이지 않고 있어. 나는 언제나 그에게서 진지한 면을 보아왔어. 그리고 그가 비구가 된 게 사실이라면 끝까지 자신의 결심을 지켜가리라고 확신하네."

그들이 녹야원에서 야사를 만났을 때 야사는 붓다에게 그들을 소개했다. "스승님, 저의 친구들은 모두 좋은 청년들입니다. 그들을 불쌍히 여기시고 그들이 구원의 길에 눈을 뜰 수 있도록 깨우쳐주십시오."

붓다는 네 사람의 젊은이에게 설법을 행했다. 처음에 가장 많은 의심을 품었던 비말라는 붓다의 설법을 들으면서 점점 감명을 받게 되었다. 결국 그는 붓다에게 그들 모두를 비구로 받아들여줄 것을 간청하자고 다른 세 사람의 친구들에게 제의했다. 네 사람의 젊은이들은 붓다 앞에 무릎을 꿇었다. 그들의 진심을 읽은 붓다는 그 자리에서 그들을 받아들였다. 그는 콘단나로 하여금 그들에게 기본적인 수행법을 가르쳐주도록 명했다.

야사에게 그와 그의 가장 가까운 친구들이 어떻게 비구가 되었는지를 전해 들은 몇 백 명의 다른 친구들이 있었다. 그 이십대의 젊은이들 중 백이십 명은 야사의 집 밖에서 만나 그날 아침 바로 이시파타나의 녹야원을 방문하기로 결정했다. 야사는 그들의 도착 소식을 전해 듣고 그들을 맞으러 나갔다. 야사는 비구가 되기로 한 자신의 결심을 그들에게 말했다. 그런 뒤 그는 붓다에게로 그들을 데리고 갔다.

붓다는 젊은이들에게 둘러싸여 그들이 고통을 끝낼 수 있고 평화와 기쁨으로 인도될 수 있는 길에 대해 이야기했다. 그는 자신이 추구하는 바와 자신이 어떻게 해서 젊은 나이에 구도의 길로 나아갈 것을 결심했는지에 대해 그들에게 들려주었다. 백이십 명의 젊은이들은 마치 넋을 잃은 듯 붓다의 말씀에 귀를 기울였다. 그들 중 오십 명은 즉시 비구가 되기를 간청했다. 그리고 나머지 칠십 명도 비구가 되기를 원했지만, 그들은 아들로서, 남편으로서, 아버지로서 책임을 포기할 수가 없었다.

야사는 붓다에게 그 오십 명의 친구들을 제자로서 받아들여 줄 것을 청했고 붓다는 거기에 응했다. 야사는 너무나 기쁜 마음으로 말했다. "만약 스승님께서 허락하신다면 내일 제가 탁발을 나갈 때 저의 부모님 집에 들러 그분들에게 이 새로운 비구들을 위해 가사와 발우를 마련해주실 수 있는지 어떤지 물어보겠습니다."

붓다는 이제 녹야원 안에서 육십 명의 비구들을 거느리게 되었다. 그는 교단을 이끌기 위해서 세 달 더 그곳에 머물렀다. 그 기간 동안 몇 백 명의 남자와 여자들이 속가의 제자로서 받아들여졌다.

붓다는 비구들이 그들의 몸과 감정, 지각과 정신 작용 그리고 인식을 제대로 바라볼 수 있게 가르쳐주었다. 그는 그들에게 모든 것들이 홀로 존재하지 못함에 대해 명상하는 것이 매우 중요한 것임을 설명했다. 그는 삼라만상이 그 발생과 발달과 쇠퇴를 서로 의존하는 관계에 있음을 설명했다. 상호 의존성이 없이는 아무것도 존재할 수 없다. 한 가지 안에 모든 것들이 존재한다. "홀로 존재하지 못함에 대한 명상, 그것은 출생과 죽음의 문제로부터 해탈에 이르는 문입니다. 그것은 우주가 어떤 신이나 흙, 물 또는 공기 같은 어떤 요소에 의해서 창조되었다는 믿음 같은 고정되고 좁은 관점을 타개할 힘을 가지고 있습니다."

붓다는 스승으로서의 자신의 책임을 이해하고 있었다. 그는 자애로운 형처럼 육십 명의 비구들을 돌보고 이끌었다. 그는 또한 그의 첫 번째 다섯 제자들과 많은 책임을 나누어 가졌다. 콘단나는 스무 명의 비구들을 지도했고, 브하디야와 바파와 마하나마 그리고 앗사지는 각각 열 명의 비구들을 지도했다. 모든 비구들은 그들의 지도 아래 나날이 발전을 이루었다.

그 사실을 알게 된 붓다는 제자들을 불러 모아서 말했다. "비구들이여, 들어보십시오. 우리는 그 어느 것에도 구속받지 않고 완전히 자유롭습니다. 그대들은 지금 깨달음의 길을 이해하게 되었습니다. 믿음을 가지고 계속 정진하십시오. 그러면 그대들은 장족의 발전을 보게 될 것입니다. 또한 그대들은 원한다면 언제든지 이시파타나를 떠날 수 있습니다. 자유로운 사람으로서 나아가서 다른 사람들과 깨달음의 길을 함께하십시오. 부디 다른 사람들이 평화와 기쁨을 누릴 수 있도록 해탈과 깨달음의 씨앗을 뿌리십시오. 형식과 내용에 있어서 처음부터 끝까지 아름다운 깨달음의 길을 그들에게 가르치십시오. 수많은 사람들이 그대들이 퍼뜨리는 법의 혜택을 누리게 될 것입니다. 그리고 나 또한 곧 떠날 것입니다. 나는 동쪽으로 갈 계획입니다. 나는 보리수와 우루벨라 마을의 아이들을 방문하고 싶습니다. 그 후 나는 라자가하에 있는 특별한 친구를 방문할 것입니다."

붓다의 말씀을 경청한 후 많은 비구들이 벽돌색 가사를 입고 그들의 발우를 챙겨 들고서 붓다의 가르침을 전하기 위해 길을 떠났다. 스무 명의 비구들만이 이시파타나에 남았다.

오래지 않아 카시와 마가다의 영토에 살고 있는 많은 사람들은 붓다와 그의 제자들에 관한 소문을 전해 듣게 되었다. 그들은 석가족의 왕자가 구원을 얻었고 바라나시와 가까운 이시파타나에서 깨달음의 길을 가르치고 있다는 것을 알았다. 그때까지 아직 구원의 열매를 얻지 못했던 많은 수행자들은 크게 용기를 얻었다. 그리고 그들은 이시파타나를 향해 각지로부터 몰려왔다. 붓다의 설법을 듣고서 그들은 대부분 비구가 되기를 맹세했다. 가르침을 전하기 위해 이시파타나를 떠났던 제자들은 비구가 되기를 원하는 많은 젊은이들을 데리고 돌아왔다. 그리하여 제자들의 수는 크게 늘어났다.

어느 날 붓다는 녹야원에 모든 제자들을 모아놓고 말했다. "비구들이여! 이제 더 이상 내가 몸소 모든 새로운 비구들이나 이시파타나로 와서 계를 받기를 원하는 모든 사람들에게 의식을 행해야 할 필요는 없습니다. 계를 받고 싶어 하는 사람들은 그들의 친구들과 가족들이 있는 그들의 마을에서도 그렇게 할 수 있어야 합니다. 그리고 그대들처럼 나 또한 자유롭게 이곳을 떠나 여행하고 싶습니다. 앞으로 그대들이 진실로 비구가 되길 원하는 사람을 만났을 때는 그대들이 어디에 있든지 그에게 수계를 행할 수 있을 것입니다."

콘단나가 자리에서 일어나 합장하고 말했다. "스승님, 저희들에게 수계를 행하는 의식을 가르쳐주십시오. 그러면 저희는 나중에 저희들끼리 그것을 행할 수 있을 것입니다."

붓다는 대답했다. "이제까지 내가 했던 대로 하게나."

그러자 이번에는 앗사지가 일어나서 말했다. "스승님, 당신의 존재는 그 자체만으로도 너무나 엄청난 권위가 있기 때문에 수계를 행함에 있어 특별히 어떠한 형식적인 절차가 필요 없습니다. 하지만 저희에게는 형식적인 절차가 필요합니다. 콘단나, 아마 자네는 그 형식을 스승님께 제안할 수 있을 것이네. 그러면 스승님께서는 자네의 제안을 보충해주실 것이야."

콘단나는 잠시 잠자코 있었다. 그런 뒤에 그는 말했다. "스승님, 저는 수계 의식의 첫 번째 단계로는 비구가 되길 바라는 자가 그의 머리와 수염을 깎을 수 있도록 허락하는 것이라고 생각합니다. 그런 뒤에 그는 가사 입는 법을 배울 수 있게 됩니다. 그는 자신의 가사를 입은 다음 관례적인 방식대로 오른쪽 어깨를 드러낼 수 있습니다. 그리고 수계를 행하는 비구 앞에 무릎을 꿇습니다. 또한 계를 받는 수행자와 마찬가지로 스승님을 대신해 수계를 행하는 비구도 무릎을 꿇는 게 좋을 것 같습니다. 그리고 계를 받는 수행자는 합장하며 이렇게 세 번을 암송합니다. '나는 이 삶에서 깨달음을 열어주시는 붓다께 귀의한다. 나는 붓다의 가르침인 법에 귀의한다. 나는 조화와 깨달음을 실천하며 살아가는 상가에 귀의한다.' 이런 말들을 반복하면 그는 붓다 교단에서 비구로 여겨지게 되는 것입니다. 하지만 이것은 단지 저의 보잘것없는 제안에 불과합니다. 스승님, 부디 바로잡아주십시오."

붓다는 대답했다. "콘단냐여, 아주 좋은 제안이다. 그처럼 새로이 비구가 되려는 자가 이미 먼저 계를 받은 비구 앞에 무릎을 꿇고서 삼귀의(三歸依)*를 세 번 암송하는 것으로써 수계식은 충분히 훌륭하게 치러질 수 있을 것이다."

교단의 모든 비구들은 붓다의 결정을 기쁘게 받아들였다.

며칠 후 붓다는 이시파타나의 녹야원을 떠났다. 대단히 아름다운 아침이었다. 그는 마가다로 돌아가기 위해 강가 강으로 향했다.

*불, 법, 승의 삼보에 돌아가 의지하는 것을 뜻한다.

25장
음악의 아주 높은 경지

붓다는 전에도 바라나시에서 라자가하까지 여행한 적이 있었다. 그는 주위의 숲과 논밭을 바라보며 천천히 걸음을 옮겼다. 정오 무렵 그는 길가에 있는 작은 마을에 들러 탁발을 했다. 그런 뒤에 조용히 식사하기 위해 숲으로 들어갔다. 그리고 나서 그는 바로 그곳에서 걸으면서 명상했다. 걸으며 하는 명상이 끝난 후 그는 좌선을 행하기 위해 그늘진 나무 아래에 자리를 잡고 앉았다. 그는 숲에서 홀로 있는 시간을 즐겼다. 몇 시간 동안 명상을 하고 있는데 분명히 어떤 일로 흥분한 듯한 화려한 차림의 젊은이들이 지나갔다. 그들 중 몇 명은 악기를 들고 있었다. 그들 무리 중에 맨 앞에 있던 젊은이가 머리 숙여 붓다에게 인사했다. 그리고 나서 물었다. "수도자님, 이곳으로 뛰어든 한 여자를 보시지 않으셨습니까?"

붓다가 물었다. "그대들은 왜 그 여자를 찾고 있는가?"

그 젊은이는 붓다에게 자초지종을 설명했다. 그들은 바라나시에서 왔고 그날 아침 그들은 즐거운 시간을 보내기 위해 한 여자를 데리고 소풍을 나와 숲으로 찾아들었다. 그리고 노래와 춤을 한 차례 끝내고서 숲 속에서 잠시 낮잠이 들었다. 하지만 그들이 낮잠에서 깨어났을 때는 그 여자가 이미 자신들의 보석을 훔쳐 달아난 뒤였다. 그래서 그들은 그녀를 잡기 위해 여기까지 혈안이 되어 달려왔던 것이다.

붓다는 조용히 젊은이들을 보고는 물었다. "그대들이여, 나에게 말해보라. 지금 이 순간 그 여자를 찾는 것이 낫겠는가, 아니면 그대들 자신을 찾는 것이 낫겠는가?"

그 젊은이들은 깜짝 놀랐다. 붓다의 환한 모습과 예사롭지 않은 질문은 그들을 제정신으로 되돌려놓았다. 첫 번째 젊은이는 대답했다. "존경하는 수도자님, 아마 우리는 먼저 우리 자신을 찾기 위해 노력해야 할 것입니다."

붓다는 말했다. "인생이란 오로지 현재의 순간에서만 발견될 수 있는 것이다. 하지만 우리의 마음은 거의 현재의 순간에 존재하지 않는다. 대신에 우리는 과거를 좇거나 미래를 갈망한다. 우리는 우리가 우리 자신이라고 생각하지만 사실 우리는 거의 우리 자신과 진실한 관계를 맺고 있지 않다. 우리의 마음은 어제의 기억이나 내일의 꿈을 좇느라 너무 바쁘다. 인생과 진실한 관계를 맺는 유일한 방법은 현재로 되돌아가는 것이다. 일단 그대들이 현재로 돌아가는 방법을 알게만 되면 그대들은 깨어나게 될 것이며 그리고 그 순간 그대들은 진실한 그대들 자신을 발견할 것이다.

햇빛을 받고 있는 이 부드러운 나뭇잎들을 보라. 그대들은 진실로 평화롭고 열린 마음으로 나뭇잎의 푸르름을 바라본 적이 있는가? 이 푸르름의 형태는 인생의 경이로움 중의 하나이다. 그대들이 그것을 진실로 본 적이 없다면 지금 그렇게 하라."

젊은이들은 매우 조용해졌다. 그들 각자는 붓다가 가리키는 손가락 끝을 쫓아 오후의 미풍에 부드럽게 흔들리는 푸른 나뭇잎들을 바라보았다. 잠시 후 붓다는 그의 오른편에 앉아 있는 젊은이를 바라보고 말했다. "그대는 피리를 가지고 있군. 우리 모두를 위해 한 곡 연주해주게."

젊은이는 수줍어했지만 곧 입가에 피리를 갖다 대고 연주하기 시작했다. 모두가 숨을 죽이고 그의 연주에 빠져들었다. 그 피리 소리는 마치 실연의 상처를 안겨준 사랑하는 이에 대한 애절한 흐느낌과도 같았다. 붓다의 시선은 피리를 연주하는 젊은이에게 고정되어 있었다. 그의 연주가 끝났을 때는 마치 슬픔으로 오후의 숲이 뒤덮여버린 것 같았다. 젊은이가 붓다에게 피리를 내밀고, "존경하는 수도자님, 저희를 위해 연주해주십시오"라고 말할 때까지 아무도 입을 열지 않았다.

붓다가 미소 짓자 그 젊은이들 중 몇몇은 붓다에게 피리 연주를 요청한 그 친구에 대해 정말 어리석다는 듯이 웃음을 터뜨렸다. 피리를 연주하는 수도자라니 들어본 적이 있는가? 하지만 놀랍게도 붓다는 그가 내미는 피리를 받아들였다. 젊은이들은 저마다 호기심을 감추지 못하고 모두들 붓다에게 시선을 고정시켰다. 붓다는 몇 번 심호흡을 하고 나서 입가에 피리를 갖다 댔다.

붓다는 문득 카필라밧투의 궁전 정원에서 피리를 연주하던 지난날의 자신의 모습이 떠올랐다. 보름달이 떠 있는 밤이었다. 그때 마하파자파티 왕비는 조용히 돌의자에 앉아 자신의 연주를 경청했고 아내인 야소다라는 향불을 피워주었다. 붓다는 피리를 연주하기 시작했다.

그 소리는 마치 카필라밧투의 변두리에 있는 집들의 지붕에서 고요하게 소용돌이치며 올라가는 저녁연기의 가는 가닥처럼 섬세했다. 그 가는 가닥은 차례로 각각 다른 희미한 색깔의 꽃잎들 천 장이 모여 이루어진 연꽃으로 변하더니 이윽고 뭉게구름처럼 공중으로 천천히 퍼졌다. 갑자기 한 사람의 피리 연주자가 만 명의 피리 연주자가 되고, 우주의 모든 경이로움이 소리로 변화되는 것 같았다. 천 가지 색깔과 형태를 띤 그 소리는 미풍처럼 가볍고, 내리치는 비처럼 빠르고, 머리 위를 나는 두루미처럼 깨끗하고, 자장가처럼 편안하고, 빛나는 보석처럼 밝고, 그리고 이익과 손실을 초월한 인간의 미소처럼 신비로웠다. 숲 속의 새들은 이 더할 나위 없는 연주를 듣기 위해 지저귐을 멈추었고 나뭇잎을 살랑대게 하던 미풍조차 숨을 죽였다. 숲은 완전한 평화와 평온 그리고 경이로움으로 둘러싸였다. 붓다 주위에 앉아 있는 그 젊은이들은 자신들과 주위의 모든 것들이 완전히 새로워짐을 느꼈고 지금 그들은 나무, 붓다, 피리 그리고 서로 간의 친밀함의 모든 경이로움과 만나는 이 현재의 순간에 완전히 존재했다. 붓다가 피리를 내려놓은 다음에도 그들은 여전히 음악을 들을 수 있었다. 이제는 그들 중 누구도 그 여자나 여자가 훔친 보석에 대해서 생각하고 있지 않았다.

오랫동안 아무도 입을 열지 않았다. 그러다 붓다에게 피리 연주를 청했던 그 젊은이가 말했다. "수도자님, 정말이지 너무도 훌륭한 연주였습니다! 이제껏 저는 그렇게 뛰어난 연주를 들어본 적이 없습니다. 누구에게 배우셨습니까? 제가 당신에게서 피리를 배울 수 있도록 제자로서 받아주시지 않겠습니까?"

붓다는 미소 띤 얼굴로 말했다. "어렸을 때 피리를 배웠다네. 하지만 지난 7년 동안은 연주한 적이 없네. 그렇지만 나의 연주는 전보다 훨씬 좋아졌다네."

"어떻게 그렇게 될 수 있습니까, 수도자님? 어떻게 7년 동안 연주를 하지 않았는데도 당신의 연주는 그처럼 발전을 할 수가 있었습니까?"

"피리를 잘 연주하는 것은 오로지 피리 자체를 연습하는 데만 달려 있지 않다네. 나는 지금 진정한 나 자신을 찾았기 때문에 과거보다 더 연주를 잘할 수 있는 것이라네. 만약 그대가 먼저 자신의 마음속에서 탁월한 아름다움을 발견하지 못한다면 그대는 예술의 아주 높은 경지에 도달할 수 없다네. 그대가 진정으로 훌륭하게 피리를 연주하고 싶다면 깨달음의 길을 통해 진정한 자신을 발견해야만 하네."

붓다는 깨달음의 길, 네 가지의 성스러운 진리(四聖諦) 그리고 팔정도에 대해 그들에게 설법을 행해주었다. 젊은이들은 열중해서 들었다. 그리고 붓다의 설법이 끝났을 때 그들은 모두 무릎을 꿇고 제자로 받아줄 것을 간청했고 붓다는 그들 모두를 제자로 받아들였다. 그는 그들에게 이시파타나의 녹야원으로 가서 콘단나 비구에게 자신들을 소개하라고 지시했다. 붓다는 곧 다시 만나게 될 것이라고 말해주고 그들과 헤어졌다.

그날 밤 붓다는 숲에서 홀로 잤다. 다음 날 아침 그는 강가 강을 건너 동쪽으로 향했다. 그는 빔비사라 왕을 만나기 위해 라자가하로 가기 전에 먼저 우루벨라의 아이들을 방문할 작정이었다.

26장

물 또한 상승한다

일주일 후 붓다는 다시 보리수 숲으로 돌아온 자신을 발견하고는 기뻤다. 그는 그곳에서 밤을 보낸 뒤, 다음 날 아침 스바스티를 만나 강기슭에 함께 앉아 다정하게 이야기를 나누었다. 그러고 나서 붓다는 스바스티가 물소들에게 먹일 풀을 베는 것을 도와준 뒤, 탁발을 하기 위해 스바스티와 작별을 하고 마을로 나갔다.

다음 날 오후 마을 아이들이 숲으로 붓다를 찾아왔다. 스바스티도 동생들과 함께 왔고 수자타도 친구들을 모두 데리고 왔다. 붓다를 다시 만나게 된 아이들의 표정에는 기쁨이 넘쳐흘렀다. 그들은 붓다가 지난해에 일어났던 모든 일들을 이야기하는 동안 눈을 빛내며 열중해서 들었다. 그 자리에서 붓다는 스바스티에게 그가 스무 살이 되면 그를 비구로 받아들이겠다고 약속했다. 그때쯤이면 스바스티의 동생들도 그가 집을 떠나도 살아갈 수 있을 만큼 성장하게 될 터였다.

아이들은 브라만이 이끄는 교단이 얼마 전 이 근처에 정착했다고 붓다에게 말했다. 그 교단에는 열광적인 신봉자들 오백 명이 있었다. 그들은 비구처럼 머리를 깎지 않았다. 그 대신 머리를 땋아서 정수리에 올렸다. 그들은 불의 신을 숭배했다. 그 브라만의 이름은 카사파였다. 그는 만나는 모든 사람들로부터 깊은 존경을 받고 있었다.

다음 날 아침 붓다는 강을 건너 카사파의 교단을 찾아갔다. 그의 열광적인 신봉자들은 잎이 많은 나뭇가지와 거친 천으로 된 단순한 오두막에서 지내고 있었다. 그들은 탁발하기 위해 마을로 들어가지 않았고 마을 사람들이 가져다주는 봉납물을 받았다. 게다가 그들은 음식과 희생물을 마련하기 위해 동물들을 잡았다. 또한 음식과 제물을 마련하기 위해 직접 동물들을 기르고 있었다. 붓다는 카사파가 최고로 도덕적인 인생을 살며 베다에 가장 정통한 사람이라고 말하는 그의 신봉자 중 한 사람과 먼저 이야기를 나누게 되었다. 카사파에게는 역시 불의 신을 신봉하는 교단을 이끌고 있는 두 명의 형제가 있다고 그는 설명했다. 그러니까 그 세 명의 형제는 불을 우주의 기본적 본질이라고 여기고 있었다. 우루벨라 카사파는 네란자라에서 삼백 명의 열광적인 신봉자들과 함께 사는 나디 카사파와 가야에서 이백 명의 열광적인 신봉자들을 이끌고 있는 가야 카사파, 이 두 형제에게 높이 추앙받았다.

카사파의 제자는 붓다가 카사파와 이야기할 수 있도록 스승

의 오두막으로 붓다를 인도했다. 카사파는 더 이상 젊은이가
아닌데도 불구하고 여전히 재빠르고 빈틈이 없었다. 카사파는
젊은 수도자의 비범한 태도를 보고 그에게 즉시 빠져들었고 그
를 특별한 손님으로 대했다. 카사파는 붓다에게 오두막의 밖에
있는 나무 밑동에 앉을 것을 권했다. 그리고 두 사람은 오랫동
안 대화를 나눴다. 카사파는 붓다가 베다에 매우 정통한 인물
임을 알게 되었다. 게다가 이 젊은 수도자가 자신도 이해하지
못했던 베다 안의 어떤 개념들을 이해하고 있음을 알게 되자
크게 놀랐다. 카사파가 아직 진정으로 이해하지 못한 아타르베
다와 리그베다 경전에 있는 가장 심오한 구절을 붓다는 확실하
게 설명했다. 뿐만 아니라 붓다가 역사와 교리 그리고 브라만
의 의식에 대해서도 해박한 지식의 소유자임을 알게 되자 카사
파는 더욱 크게 놀랐다.

그날 정오 붓다는 우루벨라 카사파의 식사 초대를 받아들였
다. 붓다는 자신의 가사를 깨끗하게 접어서 방석으로 만들고
그 위에 앉았다. 그리고 그는 주의해서 침묵을 지켜며 식사를
들었다. 붓다의 평화롭고 위엄 있는 용모에 너무나도 감명을
받은 우루벨라 카사파는 그 침묵을 깰 수 없었다.

그날 오후 그들은 대화를 계속했다. 붓다가 물었다. "카사파
대사문, 당신이 숭배하는 불이 어떻게 인간을 구원으로 이끌
수 있는지 나에게 설명해주시겠습니까?"

우루벨라 카사파는 곧바로 대답하지 않았다. 그는 피상적이
거나 평범한 대답은 이 비범한 젊은 수도자를 만족시킬 수 없

다는 것을 아주 잘 알고 있었다. 카사파는 불이 우주의 기본적 요소라는 것으로 설명을 시작했다. 그것은 브라흐마(梵)에 근거를 두고 있는 설명이었다. 거기에 따르면 불은 생명이었다. 불 없이 생명은 있을 수 없었다. 불은 식물, 동물 그리고 사람들을 살 수 있도록 하는 빛, 따뜻함 그리고 태양의 원천이었다. 그것은 어두운 그림자를 내쫓고, 추위를 정복하며 모든 생물체에게 기쁨과 생명력을 가져다주는 것이었다. 음식은 불에 의해 먹을 수 있게 만들어지고 불 덕분에 사람들은 죽어서 브라흐마와 다시 결합되는 것이었다. 불은 생명의 원천이기 때문에 그것은 브라흐마 그 자체였다. 불의 신인 아그니는 브라흐마의 수천 가지 표명들 중 하나였다. 불의 제단 위에 아그니는 두 개의 머리를 가진 존재로 생생하게 묘사되었다. 하나는 불의 일상적 유용성을 상징했고 다른 하나는 불의 제물이 되어서 생명의 원천으로 되돌아가는 것을 상징했다. 불의 숭배자들은 마흔 가지의 제물을 바치는 의식을 행했다. 그들의 교단에 있는 열광적인 신봉자들은 교를 준수하고 금욕 생활을 실천해야 하며 언젠가 구원으로 이끌 길을 따르기 위해서 꾸준히 기도해야 했다.

카사파는 부를 얻고 관능적 쾌락을 추구하기 위해 그들의 사회적 지위를 이용하는 그러한 브라만들을 강력히 반대했다. 그는 그런 브라만들은 오직 부자가 되기 위해서 경전을 암송하고 의식을 행하고 있다고 말했다. 그 때문에 전통적인 브라만의 명성이 더럽혀지게 되었다고 말했다.

붓다는 물었다. "카사파 대사문, 당신은 물을 생명의 기본적인 요소로 간주하는 그런 사람들에 대해서는 어떻게 생각하십니까? 그들은 물이 사람들을 깨끗하게 해서 브라흐마와의 결합으로 되돌아가게 하는 요소라고 말하고 있지 않습니까?"

카사파는 주저했다. 그는 바로 그 순간 자신들을 깨끗이 하기 위해 강가 강이나 다른 신성한 강에서 목욕을 했던 수많은 사람들에 대해 생각했다.

"고타마, 물은 진실로 구원을 얻을 수 있도록 도와줄 수 없습니다. 물은 당연히 아래로 흘러 내려갑니다. 단지 불만이 위로 피어오릅니다. 우리가 죽을 때 우리의 몸은 불 덕분에 연기와 함께 올라갑니다."

"카사파 대사문, 그것은 정확하지 않습니다. 떠다니는 하얀 구름들은 물의 형태입니다. 그러므로 물도 위로 상승합니다. 실제로 연기 자체는 증발된 물입니다. 구름과 연기 모두 결국 액체 상태로 되돌아올 것입니다. 당신도 알고 있듯이 모든 만물은 순환해서 움직입니다."

"그러나 만물은 한 가지의 기본적인 본질을 공유하고 있으며, 만물은 그 한 가지의 본질로 되돌아갑니다."

"카사파 대사문, 만물은 그들의 존재를 위해 다른 만물에 의존합니다. 나의 손 안에 있는 이 잎을 예로 들자면, 흙, 물, 열, 씨앗, 나무, 구름, 태양, 시간, 공간, 이 모든 요소들은 이 잎이 존재하는 것을 가능하게 합니다. 만약 이 요소들 중 하나라도 없다면 잎은 존재할 수 없습니다. 모든 만물은 유기적으로나 무기적으로나 상호 의존적인 법칙에 따라 존재하는 것입니다.

한 가지 존재의 근원은 모든 것들입니다. 주의해서 이 점을 생각해보십시오. 당신은 나의 손에 있는 이 잎이 당신의 인식을 포함하는 우주의 모든 현상들의 상호 침투력 때문에 여기에 존재한다고 보시지 않습니까?"

두 사람이 대화를 나누는 동안에 어느덧 저녁이 되어 날이 어두워지기 시작했다. 카사파는 붓다에게 자신의 오두막에서 잘 것을 권했다. 카사파가 다른 사람에게 이런 제의를 한 것은 처음이었고 또한 이제껏 이처럼 비범한 수도자를 만난 적도 없었다. 그러나 붓다는 거절하면서 자신은 혼자서 자는 데 익숙해져 있다고 말했다. 그리고 만약 괜찮다면 불의 신전에서 자고 싶다고 말했다.

카사파가 말했다. "지난 며칠 동안 거대한 뱀이 불의 신전에 머물고 있습니다. 내쫓기 위해 온갖 노력을 다했지만 실패했습니다. 그러니 거기서 자면 안 됩니다. 위험에 처하게 될 것입니다. 우리는 그 뱀이 두려워서 의식조차 바깥에서 행하고 있습니다. 그러니 제발 저의 오두막에서 주무시도록 하십시오."

붓다가 대답했다. "걱정하지 마십시오. 나는 위험에 처하지 않을 겁니다."

붓다는 험준한 산속에서 고행했던 지난날들을 떠올려보았다. 사나운 짐승들은 그를 해치지 않고 지나쳐 갔다. 때때로 그가 명상을 하며 앉아 있는 동안 거대한 뱀이 그 앞을 지나가기도 했다. 그는 만약 사람이 그런 동물들을 두려워하지 않는다면 그들도 사람을 해치지 못할 것임을 알고 있었다.

카사파는 붓다를 더 이상 설득할 수 없다는 것을 알고 말했다. "당신이 불의 신전에서 주무시기를 원한다면 그렇게 하십시오. 당신이 원하신다면 며칠 밤이든 그곳에서 주무셔도 됩니다."

그날 밤 붓다는 불의 신전으로 들어갔다. 중앙의 제단 위에 수많은 촛불들로 이루어진 거대한 불이 타고 있었다. 방의 한쪽에는 옥외 의식에서 사용되는 한 더미의 백단 장작이 있었다. 뱀은 아마 그 장작더미에 몸을 감고 있을 거라고 붓다는 생각했다. 그래서 그는 방의 다른 쪽에 방석 삼아 접은 가사를 깔고 명상을 하기 위해 앉았다. 그는 한밤중까지 명상했다. 그는 명상을 끝냈을 때 자신을 노려보며 방 한가운데에 똬리를 틀고 있는 커다란 뱀을 보았다. 붓다는 그 뱀에게 부드럽게 말했다. "친구여, 너 자신의 안전을 위해서 숲으로 돌아가거라."

붓다의 목소리는 자비로움으로 가득 차 있었다. 뱀은 천천히 똬리를 풀고서 문밖으로 기어 나갔다. 붓다는 누워서 이내 잠이 들었다.

그가 깨어났을 때 밝은 달빛이 창문을 통해서 쏟아져 들어왔다. 열여드레째의 달은 유난히 밝다. 그는 달빛 아래에서 거닐며 명상을 하면 얼마나 즐거울까 하고 생각했다. 그는 가사에 묻은 먼지를 털어내고 그것을 입고서 불의 신전을 나갔다.

이른 아침 신전은 어찌 된 셈인지 불에 타고 있었다. 처음에 그것을 발견한 사람들은 불을 끄기 위해 다른 모든 사람들을 큰 소리로 불렀다. 사람들은 모두 강가로 달려가 물통에 물을 채워 날랐다. 하지만 그것도 아무 소용이 없었다. 맹렬한 불을 끄기에는 물이 오는 속도가 너무 늦었다. 결국 오백 명의 열광적인 신봉자들은 자신들의 신전이 불에 타서 재가 되는 것을 가만히 서서 지켜볼 수밖에 없었다.

우루벨라 카사파는 그의 신봉자들과 함께 서 있었다. 그는 어제 만난 고결하고 유능한 젊은 수도자를 떠올리며 커다란 슬픔에 잠겼다. 그 젊은 수도자는 분명히 불에 타 죽었을 것이다. 그가 자신의 오두막에서 자는 것을 승낙하기만 했어도 그는 살 수 있었을 것이다. 카사파가 이런 생각을 하고 있을 때 붓다가 나타났다. 붓다는 언덕을 산책하던 중에 신전에 불이 난 것을 보고서 자신이 어떤 도움을 줄 수는 없을까 해서 내려왔던 참이었다.

너무나 다행스럽고 기쁜 나머지 카사파는 붓다에게 달려가서 그의 손을 잡으며 말했다. "다행히도 당신은 살아 있었군요, 친구여! 당신에게는 아무 일도 일어나지 않았어요! 너무나도 다행입니다!"

붓다는 카사파의 어깨 위에 그의 손을 얹으며 미소 지었다. "고맙습니다, 나의 친구여. 그래요, 나는 괜찮습니다."

붓다는 그날 우루벨라 카사파가 오백 명의 제자와 인근의 마을들에서 온 적어도 천 명이 넘는 사람들에게 설교할 예정임을 알았다. 그 설교는 점심 식사 후에 열릴 터였다. 붓다는 자신이 그 자리에 참석한다면 카사파에게 어떤 불안을 초래하지 않을까 해서 일찌감치 마을로 탁발하러 내려갔다. 음식을 제공받은 다음 그는 연못으로 가서 그곳에서 식사를 했다. 그리고 오후 내내 그 연못가에서 시간을 보냈다.

오후 늦게 카사파가 그를 찾으러 왔다. 카사파는 연못가에 앉아 있는 붓다를 발견하고는 말했다. "우리는 점심 때 당신을 기다렸지만 당신은 나타나지 않았습니다. 왜 우리와 자리를 같이하지 않으셨습니까?"

붓다는 그 설교가 행해질 동안 자리를 피하고 싶었다고 말했다.

"어째서 당신은 그렇게 하시고 싶었습니까?" 우루벨라 카사파는 물었다.

붓다는 그저 부드럽게 미소 지었다. 붓다는 더 이상 아무 말도 하지 않았다. 하지만 카사파는 그 젊은 수도자가 자신의 생각을 읽었다는 것을 알았다. 얼마나 사려 깊은 젊은이인가!

그들은 연못가에 앉아서 대화를 나누었다. 카사파가 말했다. "어제 당신은 나뭇잎의 존재는 다른 많은 조건들이 함께함으로써 이루어진다고 말씀하셨습니다. 당신은 인간도 역시 다른 많은 조건들이 함께하기 때문에 존재한다고 말씀하셨습니다. 하지만 이런 모든 조건들이 소멸할 때 그 존재는 어디로 갑니까?"

붓다는 대답했다. "오랫동안 인간은 아트만의 개념, 즉 독립된 영원한 존재라는 개념에 현혹되어 왔습니다. 우리는 우리의 몸이 죽더라도 자아는 계속 존재하며 원천인 브라흐마와의 결합을 추구한다고 믿어왔습니다. 하지만 친구여, 그렇지 않습니다.

카사파여, 당신은 알아야 합니다. 삼라만상은 홀로 존재하지 못함(緣起)에 의해 생성되고 소멸하는 것입니다. 이것이 바로 내가 명상을 통해 깨달은 홀로 존재하지 못함의 법칙입니다. 사실 독립되고 영원한 것은 아무것도 없습니다. 카사파, 당신은 당신의 몸과 감정과 지각과 정신 작용 그리고 인식에 대해 명상해본 적이 있습니까? 인간은 이들 다섯 가지의 요소에 의해서 형성됩니다. 그것들은 무엇 하나 영원하지 않은데도 끊임없이 변화하며 흘러가는 강과 같은 것입니다."

우루벨라 카사파는 잠시 잠자코 있었다. 그런 뒤에 그는 물었다. "그럼, 당신이 비존재의 교리를 가르친다고 말할 수 있습니까?"

붓다는 미소 지으며 고개를 가로저었다. "아닙니다. 비존재의 개념은 독립되고 영원한 존재의 개념만큼 잘못된 것입니다. 카사파, 이 연못의 표면을 보십시오. 나는 물과 연꽃이 존재하지 않는다고 말하지 않습니다. 나는 다만 물과 연꽃이 독립적이거나 또는 영원한 것이 아니라 다른 모든 요소들의 존재와 홀로 존재하지 못함 덕분에 생겨난다고 말하고 있는 것입니다."

카사파는 고개를 들어 붓다를 바라보았다. "만약 자아가 없고 아트만이 없다면 어째서 인간은 구원을 얻기 위해 정신적인 수행을 행해야 하는 것입니까? 누가 구원을 받고자 하겠습니까?

붓다는 카사파의 눈을 깊이 응시했다. 그의 시선은 태양처럼 빛났고 달빛처럼 부드러웠다. 그는 미소 짓고 말했다. "카사파, 그 대답은 당신의 내부에서 구하도록 하십시오."

붓다는 카사파의 교단으로 함께 돌아왔다. 우루벨라 카사파는 붓다의 잠자리를 위해 자신의 오두막을 내어주길 고집했고 자신은 제자 중 한 사람의 오두막으로 잠자리를 옮겨 갔다. 붓다는 카사파의 제자들이 그를 얼마나 존경하는지 알 수 있었다.

27장

불의 설법

매일 아침 카사파는 붓다에게 음식을 제공해주었다. 그래서 붓다는 마을에 탁발을 하러 갈 필요가 없었다. 그는 식사가 끝난 후 숲길을 따라 걷거나 연못으로 내려갔다. 오후 늦게는 카사파가 붓다와 토론하기 위해 나무 밑이나 호숫가에서 그와 함께 시간을 보냈다. 카사파는 붓다와 함께 시간을 보내면 보낼수록 그가 얼마나 고결하고 지혜로운 인물인가를 더욱더 잘 알 수 있었다.

어느 날 밤 장대 같은 비가 다음 날 아침까지 쏟아져 네란자라 강물이 강둑을 넘어 범람했다. 대부분의 밭과 가옥들이 이내 홍수로 물에 잠겼다. 배들은 사람들을 구출하기 위해서 필사적으로 구조 활동을 펼쳤다. 카사파의 교단은 그동안에 더 높은 지대로 피할 수 있었지만 아무도 붓다를 발견하지는 못했다. 카사파는 그를 찾기 위해 몇 척의 배를 띄워 보냈다. 결국 멀리 떨어진 언덕 위에서 그를 발견할 수 있었다.

물은 범람했던 것만큼이나 빨리 가라앉았다. 다음 날 아침 붓다는 발우를 들고 홍수로 마을 사람들이 어떻게 됐는지 알아보기 위해서 마을로 내려갔다. 다행히 아무도 물에 떠내려간 사람은 없었다. 사람들은 붓다에게 자신들은 많은 재산을 가지고 있지 않았기 때문에 홍수에 의한 재산 피해는 그다지 크지 않다고 말했다.

카사파의 제자들은 불타버린 불의 신전과 홍수로 쓸려 간 그들의 오두막을 다시 짓기 시작했다.

어느 날 오후 붓다와 카사파가 네란자라 강기슭에 함께 있을 때 카사파가 말했다. "친구여, 지난번에 당신은 몸과 감정과 지각과 정신 작용 그리고 인식에 대해 명상하도록 권유하였습니다. 나는 그 명상을 실천하면서 감정과 지각이 어떻게 인생의 질을 결정하는지를 이해할 수 있게 되었습니다. 또한 이른바 그 다섯 개의 강들 중 어느 곳에서도 영원한 요소는 존재하지 않음을 알았습니다. 나는 독립적인 존재에 대한 믿음이 잘못된 것이라는 것도 알게 되었습니다. 하지만 만약 자아가 존재하지 않는다면 왜 인간이 정신적인 수행을 해야만 하는지에 대해서는 여전히 이해할 수 없습니다."

붓다가 물었다. "카사파, 당신은 고통의 실재함을 인정합니까?"

"예, 나는 고통의 실재함을 인정합니다."

"그럼, 당신은 고통에는 원인이 있다는 것도 인정합니까?"

"예, 나는 고통에는 원인이 있다는 것도 인정합니다."

"카사파, 고통의 원인이 존재할 때 고통은 존재합니다. 고통의 원인이 제거되면 고통도 또한 제거됩니다."

"그렇습니다. 고통의 원인이 제거되면 고통 자체도 제거됩니다."

"고통의 원인은 무지입니다. 무지로 말미암아 우리는 진실을 잘못 받아들이고 고통에 빠지게 되는 것입니다. 일시적인 것이 영원하다고 생각하는 것, 그것은 무지입니다. 존재하지 않는 자아를 존재한다고 생각하는 것, 그것이 무지입니다. 무지로부터 탐욕, 노여움, 두려움, 질투 그리고 끊임없는 다른 고통이 생겨납니다. 구원의 길은 모든 것은 변함(無常)과 무아 그리고 삼라만상의 홀로 존재하지 못함(緣起)을 진실로 깨닫기 위해 사물을 깊이 보는 데 있습니다. 이것이 무지를 극복하는 길입니다. 일단 무지를 극복하면 고통은 극복됩니다. 그것이 진정한 구원입니다."

우루벨라 카사파는 잠시 생각에 잠겼다가 말했다. "친구여, 나는 당신이 직접적인 경험으로만 말씀하신다는 걸 압니다. 당신은 말씀하시길, 구원은 오직 사물을 깊이 보는 명상에 의해서만 얻어질 수 있다고 하셨습니다. 그렇다면 당신은 모든 의식과 관례 그리고 기도가 쓸모없다고 생각하십니까?"

붓다는 강의 맞은편을 가리키며 말했다. "카사파, 어떤 사람이 맞은편 강가로 건너가기를 원한다면 어떻게 해야 하겠습니까?"

"물이 얕으면 걸어서 건널 수 있을 겁니다. 그렇지 않으면 그는 헤엄을 치거나 배를 저어서 건너야 할 겁니다."

"나도 동감입니다. 하지만 그가 걸어서 건너거나, 헤엄을 치거나, 배를 저어서 건너기를 싫어한다면 어떻게 될까요? 그저 강의 이쪽 편에 서서 다른 쪽 강가로 건너가게 해달라고 기도만 하고 있다면 어떻게 될까요? 당신은 그런 사람에 대해서 어떻게 생각하십니까?"

"나는 그가 몹시 어리석다고 말하겠습니다."

"그렇습니다, 카사파! 인간이 무지와 정신적 장해물을 극복하지 못한다면 인간은 한평생을 기도로 보낸다고 해도 구원에 이르게 되는 맞은편 강가에는 다다를 수 없습니다."

카사파는 갑자기 울음을 터뜨리며 붓다의 발밑에 엎드렸다. "오오, 성자시여, 저는 제 인생의 반이 넘는 시간을 공연히 허비했습니다. 부디 저를 당신의 제자로 받아주시어 제가 해탈에 이를 수 있도록 도와주십시오."

붓다는 카사파를 일으키며 말했다. "나는 당신을 나의 제자로서 받아들이는 데 조금도 망설이지 않습니다. 하지만 당신이 이끄는 저 오백 명의 제자들은 어떻게 하렵니까? 당신이 떠난다면 누가 그들을 이끕니까?"

카사파가 대답했다. "성자시여, 저에게 그들과 함께 의논할 기회를 주십시오. 내일 오후 그 결과를 당신께 알려드리겠습니다."

붓다가 말했다. "우루벨라 마을에 있는 아이들은 나를 붓다라고 부른답니다."

카사파는 놀란 표정으로 말했다. "그것은 깨달은 사람을 뜻하지요, 그렇지 않습니까? 이제부터는 저도 당신을 그렇게 부르겠습니다."

다음 날 아침 붓다는 우루벨라 마을로 탁발을 나갔다. 그런 다음 그는 연못가로 가서 시간을 보냈다. 그날 오후 늦게 카사파가 그를 찾으러 왔다. 그는 붓다에게 오백 명의 제자들 역시 붓다의 제자가 되어 가르침을 받길 원한다는 뜻을 전했다.

다음 날 우루벨라 카사파와 그의 모든 제자들은 머리와 수염을 깎아 그것을 지난날 자신들이 불의 숭배에 사용했던 갖가지 물건들과 함께 네란자라 강에 던져버렸다. 그들은 붓다 앞에 절하고 삼귀의를 세 번 암송했다. "저희는 이 삶에서 깨달음을 열어주시는 붓다께 귀의합니다. 저희는 붓다의 가르침인 법에 귀의합니다. 저희는 조화와 깨달음을 실천하며 살아가는 상가에 귀의합니다." 그들이 삼귀의를 암송하는 소리는 숲 속 전체로 울려 퍼졌다.

수계식이 끝났을 때, 붓다는 새로운 비구들에게 네 가지의 성스러운 진리와 어떻게 각자의 호흡과 몸과 마음을 다스려야 하는지에 대해 설법했다. 또한 붓다는 그들에게 탁발을 하는 법과 탁발로 제공받은 음식을 조용히 먹는 법에 대해 가르쳐주었다. 아울러 그들에게 지난날 식용이나 제물로 잡았던 모든 짐승들을 풀어주라고 일렀다.

그날 오후 붓다는 어떻게 하면 상가를 가장 잘 조직할 수 있는지를 토의하고 깨달음의 길에 관한 기본적인 가르침을 행하기 위해 카사파와 그의 수제자들 열 명을 만났다. 유능한 조직자이며 지도자였던 카사파는 붓다와 함께 붓다가 이시파타나의 녹야원에서 행했던 대로 나이가 더 어린 비구들을 가르칠 능력 있는 수제자들을 선정했다.

다음 날 우루벨라 카사파의 동생인 나디 카사파는 심한 충격을 받고서 그의 제자들과 함께 그곳에 도착했다. 그 전날 우루벨라로부터 강 하류 쪽에 살던 그는 삼백 명의 제자들과 함께 강물에 떠내려가는 무수한 머리털과 불의 예배에 쓰이는 물건들을 보고서 형의 교단에 어떤 끔찍한 재난이 생겼을 거라고 생각했던 것이다. 더구나 나디 카사파가 우루벨라에 도착했을 때는 탁발을 하는 시간이었기 때문에 아무도 발견할 수가 없었다. 그는 최악의 사태를 염려하지 않을 수 없었다. 하지만 서서히 비구들이 탁발에서 돌아오기 시작했다. 그리고 그들은 나디 카사파의 제자들에게 자신들 모두가 붓다라고 불리는 수도자를 따르겠다고 맹세한 것에 대해 설명해주었다. 붓다와 함께 탁발에서 돌아온 우루벨라 카사파는 동생을 보고서 매우 기뻐했다. 그는 동생에게 함께 숲을 거닐자고 권했다. 그들이 거닐면서 좋은 시간을 보내고 돌아온 뒤 나디 카사파는 자신과 삼백명의 제자들 역시 붓다에게 구원을 받겠다고 선언했다. 또한 두 형제는 자신들의 또 다른 형제인 가야 카사파를 부르러 사람을 보내기로 했다. 그리고 불과 일주일 만에 가야 카사파의 이백명의 제자들도 붓다의 제자로 받아들여졌다. 카사파 형제들은 우애가 깊고 공통의 이상을 나누어 갖는 것으로 유명했다. 그들은 함께 붓다의 매우 충실한 제자들이 되었다.

어느 날 모든 비구들이 탁발에서 돌아오자 붓다는 그들을 가야에 있는 산기슭에 불러 모았다. 천 명의 비구들은 붓다와 세 명의 카사파 형제들과 함께 조용히 식사를 했다. 그들은 식사를 끝내고 모두 붓다를 주목했다.

붓다는 커다란 바위 위에 평온하게 앉은 자세로 설법을 행하기 시작했다. "비구들이여, 모든 것은 불타고 있습니다. 하지만 정녕 무엇이 불타고 있습니까? 여섯 가지의 감각 기관(六根)인 눈, 귀, 코, 혀, 몸 그리고 마음, 이 모두가 불타고 있는 것입니다. 여섯 가지 감각의 대상(六境)인 형체, 소리, 냄새, 맛, 촉감 그리고 마음, 이 모두가 불타고 있는 것입니다. 그리고 여섯 가지의 인식(六識)인 안식(眼識), 이식(耳識), 비식(鼻識), 설식(舌識), 신식(身識), 의식(意識), 이 모두가 불타고 있는 것입니다. 그것들은 열망, 미움 그리고 미망의 불길로 타오르고 있습니다. 그것들은 출생과 늙음과 병과 죽음의 불길로, 그리고 고통, 갈망, 좌절, 걱정, 공포, 절망의 불길로 타오르고 있습니다.

비구들이여, 모든 느낌은 즐거운 느낌이든 불쾌한 느낌이든 또는 그 중간의 느낌이든 타오르고 있습니다. 느낌은 감각 기관, 감각 기관의 대상, 그리고 인식에 의해 생겨나고 조절됩니다. 느낌은 열망, 미움 그리고 미망의 불길로 타오르고 있습니다. 느낌은 출생, 늙음, 병, 죽음의 불길과 고통, 갈망, 좌절, 걱정, 공포, 절망의 불길로 타오르고 있습니다.

비구들이여, 열망, 미움, 미망의 불길로 여러분 자신을 파괴
시키지 마십시오. 감각 기관, 감각의 대상, 인식에 의해서 이루
어지는 삶과 죽음의 윤회에 의해 예속되지 않도록 삼라만상의
변함과 홀로 존재하지 못함의 본질을 깨달으십시오."

　천 명의 비구들은 주의 깊게 붓다의 설법을 경청했고 저마다
깊은 감동을 받았다. 그들은 비로소 해탈에 이르는 길로 들어
선 자신을 발견하고는 너무나 기뻤다. 믿음이 그곳에 있는 모
든 비구들의 가슴속에 솟아오르고 있었다.

　붓다는 그 새로운 비구들을 가르치기 위해서 3개월 동안 가
야시사에 머물렀다. 그동안 카사파 형제들은 붓다가 상가를 이
끌고 지도하는 것을 최선을 다해 도왔다.

28장

야자나무 숲

아침에 붓다는 가야시사를 떠나 라자가하로 갈 작정이었다. 우루벨라 카사파는 전체 비구들이 그와 동행함으로써 완전한 상가가 되게 해달라고 붓다에게 간청했다. 붓다는 내키지 않았지만, 카사파는 천 명의 비구들이 얼마나 쉽게 함께 여행할 수 있는지에 대해서 설명했다. 또한 카사파는 수많은 비구들이 라자가하 근처의 숲에서 지낼 수 있다고 주장했다. 아울러 그들은 그곳에 있는 많은 마을과 도시에서 많은 사람들과 접촉할 수 있으며, 게다가 현재의 비구들의 수는 가야 사람들이 부양하기에는 너무 많다고 덧붙였다. 우루벨라 카사파가 마가다의 상황에 대해 자세히 알고 있음을 알게 된 붓다는 마침내 천 명의 비구들이 자신과 동행하는 데 동의했다.

카사파 형제들은 스물다섯 명의 비구들을 한 집단으로 해서 서른여섯 집단으로 상가를 나누었다. 그렇게 함으로써 비구들의 조직 체계는 더욱 효율적이 되었다.

그들 모두가 라자가하에 도착하는 데는 열흘이 걸렸다. 매일 아침 그들은 도중의 마을에서 탁발한 음식을 숲이나 들판에 모여 조용히 나눠 먹었다. 그리고 식사를 마치면 집단별로 다시 걷기 시작했다. 비구들이 열을 지어 천천히 걸어가는 광경은 보는 이들에게 깊은 인상을 심어주었다.

그들이 라자가하 근처에 이르렀을 때 우루벨라 카사파는 수팟티타 사원이 있는 야자나무 숲으로 그들을 인도했다. 야자나무 숲은 수도에서 겨우 3킬로미터밖에 떨어져 있지 않았다. 다음 날 아침, 비구들은 발우를 챙겨 들고 시내로 탁발하러 나갔다. 그들은 열을 지어 똑바로 앞을 보며 걸었다. 그리고 붓다의 가르침에 따라 부유한 집과 가난한 집을 가리지 않고 문 앞에 멈춰 섰다. 그러다가 시간이 지나도 아무도 나타나지 않으면 그들은 다음 집으로 이동했다. 조용히 공양을 기다리는 동안에도 그들은 호흡을 정돈하는 것을 잊지 않았다. 그리고 공양을 받았을 때는 감사하는 마음으로 절을 했다. 그들은 제공받은 음식의 좋고 나쁨을 가리지 않았다. 때때로 속인들은 음식을 공양하며 비구들에게 불법에 대해 몇 가지 질문을 했고 비구들은 최대한 친절하게 답해주었다. 아울러 비구들은 자신들이 붓다의 제자임을 알리고 네 가지의 성스러운 진리와 속인들을 위한 다섯 가지 계율과 팔정도에 대해서도 이야기해주었다.

비구들은 언제나 붓다의 설법을 듣기 전에 조용히 식사를 마치기 위해 정오까지 야자나무 숲으로 돌아왔다. 오후와 저녁 시간은 명상을 실천하도록 정해져 있었다. 그래서 점심시간이 지나면 도시에 있는 어느 누구도 선황색 가사를 입은 비구들을 볼 수 없었다.

2주일쯤 지났을 때, 그 도시의 주민들 중 대부분은 붓다의 상가에 대해 인식하게 되었다. 서늘한 오후에 많은 속인들은 붓다의 설법을 듣기 위해 야자나무 숲으로 찾아들었다. 붓다가 방문할 기회를 갖기 전에 빔비사라 왕도 이미 붓다의 출현을 전해 듣고 있었다. 이 새로운 성자가 지난날 자신이 산에서 만났던 바로 그 젊은 수도자임을 확신한 그는 마차를 타고 야자나무 숲으로 갔다. 백 명 이상의 존경받는 브라만들과 지식인들을 동행시켰기 때문에 그의 마차 뒤로 많은 수의 다른 마차들이 꼬리를 물고 이어졌다. 그들이 숲의 경계 지역에 도착했을 때 왕은 자신의 마차에서 내려섰고 뒤를 이어 왕비와 왕자인 아자타삿투가 내렸다.

빔비사라 왕의 도착 소식을 전해 들은 붓다는 우루벨라 카사파와 함께 몸소 그를 맞으러 나갔다. 그동안 비구들은 자리를 잡고 빙 둘러앉아서 붓다의 설법이 시작되길 기다렸다. 붓다는 왕과 왕비와 왕자 그리고 그의 일행인 다른 손님들에게도 앉으라고 권했다. 빔비사라 왕은 붓다에게 함께 온 많은 사람들을 소개했다. 그들은 대부분 베다에 정통한 학자들이거나 그 밖의 다양한 학파의 학자들이었다. 그들 대부분은 우루벨라 카사파의 이름을 들어본 적이 있었다. 그리고 더러는 예전에 그를 만난 적도 있었다. 하지만 아무도 붓다에 대해서는 들어본 적이 없었다. 그들은 붓다가 카사파보다 훨씬 더 나이가 아래인데도 불구하고 카사파가 너무나도 공손하게 붓다를 대하는 것을 보고는 놀랐다. 그들은 붓다가 카사파의 제자인지 아니면 카사파가 붓다의 제자인지 알 수가 없어서 서로 수군거렸다. 그들의 혼동을 알아챈 우루벨라 카사파는 일어나서 붓다에게 다가갔다. 그는 합장을 하고서 또렷하고 공손하게 말했다. "깨달음을 이루신 분이시여, 이 세상 그 무엇보다 소중한 저의 스승이시여, 저 우루벨라 카사파는 당신의 제자입니다. 당신께 저의 가장 깊은 존경을 표할 수 있도록 허락하소서." 그리고 그는 붓다 앞에 세 번 절했다. 붓다는 카사파를 일으켜 세우고는 그의 옆에 앉도록 했다. 이제 브라만들 사이에서는 더 이상의 수군거림이 새어 나오지 않았다. 그들은 또한 진지하게 경의를 표하며 엄숙하게 앉아 있는 선황색 가사를 입은 천 명의 비구들을 봄으로써 그에 대한 존경심이 더욱 커짐을 느꼈다.

붓다는 깨달음의 길에 대해 설법하기 시작했다. 그는 삼라만상의 변함(無常)과 홀로 존재하지 못함(緣起)의 본질에 대해서 설법했다. 그는 깨달음의 길이 인간의 잘못된 관점과 극도의 고통을 극복할 수 있도록 도와준다는 것과 해탈에 이르기 위해 지켜야 할 계율들에 대해 설법했다. 그의 목소리는 커다란 종소리처럼 드넓게 울려 퍼졌다. 그리고 그것은 봄 햇살처럼 따뜻하고 가랑비처럼 부드럽고 파도처럼 위엄이 있었다. 천 명 이상의 사람들이 한데 모여 있었지만 한 사람의 흐트러짐도 없이 모두들 숨소리를 죽이고 그의 설법을 경청했다.

빔비사라 왕의 두 눈은 시간이 지남에 따라 점점 더 빛났다. 그는 붓다의 설법에 마음이 활짝 열리는 것을 느꼈다. 그의 얼굴에 환한 미소가 떠올랐다. 붓다가 설법을 마쳤을 때 빔비사라 왕은 자리에서 일어나 합장한 후 말했다. "성자시여, 어렸을 때부터 나에게는 다섯 가지 소원이 있었습니다. 나는 지금 그것을 모두 이루었습니다. 첫 번째 소원은 대관식을 치르고 왕이 되는 것이었습니다. 그것은 이미 이루어졌습니다. 두 번째 소원은 이 생애에서 깨달음을 이룬 스승을 만나는 것이었습니다. 그것도 또한 이루어졌습니다. 세 번째 소원은 그런 스승에게 존경을 표할 기회를 갖는 것이었습니다. 그 소원은 지금 막 이루어졌습니다. 네 번째 소원은 그런 스승의 가르침을 받는 것이었습니다. 그 소원도 지금 막 이루어졌습니다. 그리고 다섯 번째 소원은 그런 스승의 가르침을 이해하는 것이었습니다. 그 소원도 지금 막 이루어졌습니다. 당신의 경이로운 가르침 덕분에 비로소 나는 깨달음의 길로 들어서게 된 것입니다. 성자시여, 나를 당신의 속가 제자로서 받아주십시오."

붓다는 미소 지으며 그를 받아들였다.

왕은 붓다에게 오는 보름날 그와 천 명의 제자들 모두를 궁전에 초대해 식사를 대접할 수 있게 허락해줄 것을 청했다. 붓다는 기꺼이 그의 요청을 받아들였다.

다른 모든 손님들도 자리에서 일어나 붓다에게 경의를 표했다. 그들 중 스무 명은 자신들도 붓다의 제자가 되길 원했다. 붓다와 우루벨라 카사파는 왕과 왕비 그리고 아자타삿투 왕자를 숲의 경계 지역까지 배웅했다.

붓다는 적어도 한 달 안에 장마철이 시작될 것이며, 그렇게 되면 자신이 고향으로 돌아가는 것이 불가능하리라는 것을 알았다. 그래서 그는 천 명의 비구들과 3개월 더 야자나무 숲에 머물기로 결심했다. 그는 그때쯤이면 상가가 자신이 떠나도 될 만큼 강해지고 안정되리라고 생각했다. 봄, 맑은 하늘과 식물들이 새로이 싹을 틔우는 따뜻한 계절에 그는 떠날 것이었다.

왕궁으로 돌아온 빔비사라 왕은 즉시 붓다와 그의 제자들을 위한 환영회 준비를 서둘렀다. 그는 좋은 벽돌이 깔린 궁전 마당에서 그들을 대접할 계획이었다. 붓다와 그의 제자들을 맞이하기 위해 꽃과 등롱으로 길을 장식하도록 신하들에게 명령하고, 궁정 대신들과 그들의 가족들을 포함해서 다른 많은 사람들도 모임에 초대했다. 열두 살인 아자타삿투 왕자의 또래인 아이들도 이 모임에 초대를 받았다. 붓다와 그의 제자들이 살생을 금한다는 것을 알고 있었으므로 음식은 모두 채식으로만 준비하도록 분부를 내렸다. 그렇게 해서 열흘이 걸려서야 환영회의 모든 준비가 끝났다.

29장

홀로 존재하지 못함

많은 사람들이 붓다의 제자가 되기 위해 찾아왔다. 그들의 대부분은 부유한 집안 출신으로 교육을 많이 받은 젊은이들이었다. 붓다의 수제자들은 그들에게 수계를 행하고 새로운 비구들에게 수행의 기본적인 것들을 가르쳤다. 다른 젊은이들, 남자들뿐만 아니라 여자들도 야자나무 숲으로 와서 삼보(三寶)에 귀의했다.

어느 날 콘단나는 삼백 명에 가까운 젊은이에게 수계를 행한 후 그들에게 세 가지의 소중한 보배인 불, 법, 승의 이른바 삼보에 대해 설법했다.

"불(붓다)은 깨달음을 이룬 사람입니다. 깨달음을 이룬 사람은 인생과 우주의 본질을 볼 수 있습니다. 그 때문에 그는 미망과 공포와 분노와 욕망에 의해서 지배당하지 않습니다. 깨달음을 이룬 사람은 평화와 기쁨과 사랑과 이해심으로 가득 찬 자유로운 사람입니다. 우리의 스승이신 고타마께서는 완전한 깨달음을 이루신 분입니다. 그분은 또한 우리에게 깨달음의 길을 열어 보여주십니다. 우리 모두는 불성을 지니고 있습니다. 그러므로 우리는 모두 붓다가 될 수 있습니다. 불성은 고통의 원인인 무지를 타파하는 능력입니다. 우리가 만약 깨달음의 길을 수행한다면 우리의 불성 또한 완전한 자유와 평화와 기쁨을 얻을 그날까지 나날이 더 밝게 빛날 것입니다. 우리 모두는 스스로의 내부에 있는 붓다를 발견해야만 합니다. 불은 첫 번째 소중한 보배입니다.

법(다르마)은 우리를 깨달음으로 이끄는 길입니다. 그것은 붓다가 가르치는 바이며, 무지와 분노와 욕망의 감옥을 탈출하도록 우리를 돕는 길입니다. 이 길은 자유, 평화, 기쁨으로 이어집니다. 또한 이것은 우리가 다른 모든 사람들을 사랑하고 이해할 수 있도록 합니다. 이해와 사랑은 깨달음의 길의 가장 아름다운 두 가지 열매입니다. 법은 두 번째 소중한 보배입니다.

승(상가)은 깨달음의 길을 실천하는 사람들의 모임입니다. 만약 누구든 깨달음을 이루고자 한다면 함께 수행할 모임을 갖는 것은 중요합니다. 만약 누군가가 전적으로 혼자서 깨달음의 길을 수행한다면 그 길에 따르는 어려움들이 깨달음의 성취를 방해할 것입니다. 그러므로 계를 받은 비구이든 속인이든 승에 귀의하는 것은 중요합니다. 승은 세 번째 소중한 보배입니다.

젊은이들이여, 오늘 그대들은 불, 법, 승의 삼보에 귀의했습니다. 삼귀의의 도움으로 그대들은 이제 깨달음의 길에서 참된 발전을 이루게 될 것입니다. 내가 삼보에 귀의한 것은 2년 전의 일입니다. 그리고 오늘 그대들은 지난날의 나와 마찬가지로 삼보에 귀의한 것입니다. 우리 모두 이 사실을 함께 기뻐합시다. 물론 이들 보배들은 애초부터 우리 자신들의 마음에 존재해왔습니다. 아무쪼록 이들 세 가지 보배들이 우리 안에서 빛나도록 함께 노력합시다."

젊은이들은 콘단나의 말을 듣고 용기를 얻었다. 그들 모두는 자신들의 내부에서 새로운 생명력이 용솟음치는 듯한 느낌을 받았다.

그 무렵 붓다는 사리풋타와 목갈라나라는 두 명의 우수한 제자를 새로이 받아들였다. 그들은 모두 라자가하의 유명한 고행자인 산자야의 제자들이었다. 산자야의 열광적인 신봉자들은 파리브라자카라고 불렀다. 사리풋타와 목갈라나는 가까운 친구 사이였는데, 그들은 누구든 먼저 훌륭한 깨달음을 얻으면 즉시 상대에게 알려줄 것을 약속했었다.

어느 날 사리풋타는 라자가하에서 탁발하는 비구 앗사지를 보고서 그의 평온하고 침착한 태도에 즉시 끌렸다. 사리풋타는 생각했다. '이것은 깨달음을 얻은 사람만이 취할 수 있는 태도이다. 이제야 나는 그런 사람을 만났다! 그의 스승이 누구이며 가르침이 어떤 것인지를 물어봐야겠다.'

사리풋타는 곧바로 앗사지에게 다가가려다가 문득 멈춰 섰다. 그가 탁발을 하는 동안에는 방해를 하고 싶지 않았던 것이다. 사리풋타는 그가 탁발을 마칠 때까지 기다리기로 했다. 사리풋타는 앗사지가 알아차리지 못하도록 주의하면서 그를 뒤따랐다. 이윽고 앗사지가 발우를 채우고 탁발을 마치자 사리풋타는 그에게 다가가 정중히 합장하며 인사했다. "수도자님, 당신의 주위에는 평화롭고 고요한 기운이 넘칩니다. 당신의 덕성과 자비로움은 당신이 걸어가는 길을 밝히고 있고 당신의 얼굴과 당신의 모든 몸짓에서 나타나고 있습니다. 당신의 스승이 누구이시며 그분이 계시는 곳이 어디인지를 가르쳐주시지 않겠습니까?"

앗사지는 잠시 동안 사리풋타를 보았다. 그리고 아주 온화하게 미소 지으며 대답했다. "나는 붓다로 알려진 석가족 고타마라는 스승의 지도 아래 수행하고 있습니다. 그분은 지금 야자나무 숲에 있는 수팟티타 사원에서 거처하고 계십니다."

사리풋타의 눈은 빛났다. "그분의 가르침은 무엇입니까? 그분의 가르침을 제게도 좀 나누어 주시지 않겠습니까?"

"그분의 가르침은 깊고 고귀합니다. 나도 아직 그것을 완전히 파악하지는 못했습니다. 그러니 당신이 그분을 찾아뵙고 직접 가르침을 받는 게 좋을 것 같군요."

하지만 사리풋타는 앗사지에게 간청했다. "하지만 이 자리에서 그분의 가르침 중 몇 마디만이라도 저에게 나누어 주실 수 없겠습니까? 제발 부탁입니다. 물론 나중에는 그분을 찾아뵙고 직접 가르침을 받도록 하겠습니다."

앗사지는 미소를 떠올리고 나서 짧은 게송을 암송했다.

272

홀로 존재하지 못함으로부터

삼라만상이 생겨나고

삼라만상이 사라진다.

그렇게 말한다네

완전한 깨달음을 이룬 사람은.

그 순간 사리풋타는 마음이 활짝 열려짐과 동시에 진리의 섬광이 눈앞에서 번쩍임을 느꼈다. 그는 황급히 앗사지에게 절을 하고서 서둘러 친구인 목갈라나를 찾으러 달려갔다.

목갈라나가 사리풋타의 밝은 얼굴빛을 보고서 물었다. "친구여, 자네는 무슨 일로 그토록 기뻐하나? 진정한 깨달음을 구했는가? 어서 내게 말해주게나."

사리풋타는 무슨 일이 있었는지 이야기했다. 그는 앗사지로부터 들었던 게송을 목갈라나에게 들려주었다. 그러자 목갈라나 역시 마음이 활짝 열리며 진리의 섬광이 번쩍임을 느꼈다. 갑자기 그의 눈에는 거미줄처럼 서로 연결되어 홀로 존재하지 못하는 삼라만상이 보이는 듯했다. '이것'이 존재하는 것은 '저것'이 존재하기 때문이며, '이것'이 생겨남은 '저것'이 생겨나기 때문이며, '이것'이 없음은 '저것'이 없기 때문이며 '이것'이 사라짐은 '저것'이 사라지기 때문이었다. 그리고 이러한 홀로 존재하지 못함을 이해하게 되자 창조주에 대한 그릇된 믿음이 사라졌다. 그는 지금 어떻게 해야 인간이 삶과 죽음의 끊임없는 윤회에서 벗어날 수 있는지도 알 수 있을 것만 같았다. 비로소 해탈의 문이 자신의 앞에서 활짝 열리는 듯했다.

목갈라나는 말했다. "친구여, 우리는 지금 당장 붓다께 가야 해. 그분은 우리가 오랫동안 기다려온 분이야."

사리풋타는 거기에 동의하면서도 그에게 현실을 상기시켰 다. "교단의 수제자인 우리에게 오랫동안 믿음과 희망을 걸었 던 이백오십 명의 파리브라자카 동료들은 어쩌지? 그들을 저 버릴 수는 없지 않나. 우리가 먼저 그들에게 우리의 결정을 알 려야 하네."

두 사람은 파리브라자카들의 집회장으로 가서 동료들에게 자신들은 교단을 떠나 붓다의 제자가 되기로 했다고 결심을 밝 혔다. 파리브라자카들은 그들을 떠나겠다는 사리풋타와 목갈 라나의 말을 듣고 몹시 슬펐다. 교단은 이 두 사람이 없으면 예 전과 같지 않을 터였다. 결국 그들 모두 두 사람을 따라서 함께 붓다의 제자가 되기로 뜻을 정했다.

사리풋타와 목갈라나는 산자야 대사문에게 가서 그들의 결 심을 밝혔다. 산자야는 계속 남아주기를 바라면서 말했다. "그 대들이 이곳에 남는다면 나는 그대들 두 사람에게 교단의 지도 권을 이양하겠소." 하지만 사리풋타와 목갈라나는 이미 그들 의 마음을 결정했다.

그들은 말했다. "존경하는 대사문이시여, 저희는 종교적인 지도자가 되려는 것이 아니라 깨달음을 이루기 위한 길로 나아 가려는 것입니다. 만약 우리가 진정한 깨달음을 이루지 못한다 면 어떻게 다른 사람들을 이끌 수 있겠습니까? 우리는 우리가

그토록 추구해온 그 깨달음을 이루신 대스승 붓다를 찾아가야
만 합니다."

사리풋타와 목갈라나는 산자야에게 절하고 다른 파리브라자
카들을 이끌고 그곳을 떠났다. 그들은 야자나무 숲으로 가서 붓
다에게 경배하고 자신들 모두를 제자로서 받아들여줄 것을 간
청했다. 붓다는 그들에게 네 가지의 성스러운 진리에 대해서 설
법하고 그들 모두를 상가의 비구로서 받아들였다. 이로써 야자
나무 숲에 있는 비구들의 수는 천이백오십 명에 이르게 되었다.

2
부

B O O K

T W O

30장

대나무 숲

유난히도 화창한 날씨였다. 붓다는 발우를 손에 든 채 천이백오십 명의 비구들과 함께 라자가하 시내로 들어섰다. 그들은 침묵한 채 느릿하면서도 경건한 걸음걸이로 걸었다. 수도의 거리들은 등롱과 싱싱한 꽃으로 꾸며져 있었다. 대중들은 도로의 양옆에 늘어서서 붓다 일행을 맞이했다. 비구들이 여러 갈래의 길이 한데 모이는 도로 한가운데로 들어섰을 때는 그들의 주변에 몰려든 사람들이 너무도 많아서 더 이상 앞으로 나아가기가 어려울 지경이었다.

맵시 있게 잘생긴 젊은이가 열여섯 현으로 된 시타르라는 악기를 연주하는 동시에 노래를 부르며 나타났을 때 우루벨라 카사파는 적이 뜻밖이었다. 그가 노래를 따라 부르는 대중들의 틈을 비집고 들어서자 사람들은 그가 갈 수 있도록 길을 터주었다. 그러자 붓다와 비구들이 계속해서 걸어갈 수 있게끔 길이 하나 트였다. 카사파는 그 악기 연주자가 불과 한 달 전에 자신과 더불어 삼귀의를 암송했던 젊은이임을 알아보았다. 그가 부르는 노래 속에는 한없는 기쁨이 담겨 있었다.

싱그러운 봄날 아침
깨달으신 분이 계셔서 이 도시를 찾으셨네.
덕망 높으신 천이백오십 명의 제자와 함께.
모든 이들 조용하고 경건하게 온 누리에 빛을 던지는 걸음을 옮기시네.

사람들은 젊은 악사의 노랫소리에 흠뻑 취한 듯 귀를 기울이다가 이윽고 그에게서 눈길을 돌려 앞으로 천천히 걸어오는 붓다를 바라보았다. 그러자 젊은이는 환희에 넘쳐 노래를 계속했다.

그분의 가르침을 받는 이 영광
다함이 없는 그분의 사랑과 지혜를 찬양하나니
스스로 만족함을 알도록 인도하는 길
진실된 깨달음의 길을 따르는 상가.

그 젊은이는 노래를 계속하며 붓다와 모든 비구들이 궁전 입구에 이르도록 길을 열어주었다. 붓다 일행이 궁전 입구에 이르자 그는 붓다에게 합장을 한 뒤, 나타났을 때나 다름없이 순식간에 군중 속으로 사라져갔다.

　빔비사라 왕은 육천 명이나 되는 시종들과 손님들을 이끌고 붓다를 맞으러 나왔다. 왕은 붓다와 비구들을 궁전 뜰로 안내했다. 이미 그곳에는 귀한 손님들을 뜨거운 햇살로부터 보호해주기 위해 커다란 천막이 펼쳐져 있었다. 붓다에게는 정원 한가운데 마련된 가장 영광스런 자리가 주어졌다. 또한 비구들을 위한 자리도 아주 세심하게 꾸며져 있었다. 붓다가 일단 자리에 앉은 다음에서야 빔비사라 왕은 나머지 다른 사람들에게 모두 자리에 앉도록 권했다. 왕과 우루벨라 카사파는 각각 붓다의 양쪽에 앉았다.

　왕자인 아자타삿투는 붓다가 손과 발을 씻을 수 있도록 세숫물과 수건을 가져왔다. 시녀들은 모든 비구들이 씻을 세숫물과 수건을 가져왔다. 모두가 세수를 하고 나자 이번에는 채식 요리가 식탁 위에 차려졌다. 왕이 몸소 붓다의 그릇에 음식을 담는 동안 비데히 왕비는 비구들의 시중을 들도록 시녀들에게 분부했다. 음식을 들기 전에 붓다와 비구들은 특별한 게송을 외웠다. 빔비사라 왕과 그의 손님들은 식사를 하는 동안 그 누구도 입을 열지 않았다. 육천 명의 귀한 손님들은 붓다와 비구들의 경건하고 평화로운 모습에 크게 감동했다.

　붓다와 천이백오십 명의 비구들은 모두 식사를 끝마치고 난 뒤, 식기를 각자 깨끗하게 닦아 다시 제자리에 놓았다. 빔비사라 왕은 붓다에게로 몸을 돌린 뒤 합장을 했다. 왕의 뜻을 알고 붓다는 설법을 행하기 시작했다. 그는 각자의 가정과 왕국 전체

빔비사라 왕은 육천 명의 시종들과 손님들을 데리고 붓다를 맞으
러 나왔다.

에 평화와 행복을 가져다줄 수 있는 다섯 가지 계율에 대해 설했다.

"첫 번째 계율은 살생을 하지 않는 것입니다. 생명을 가진 모든 것들은 죽음을 두려워합니다. 우리가 자신의 생명을 소중하게 여기듯 다른 모든 생명을 사랑해야 합니다. 우리는 인간의 생명을 빼앗지 말아야 할 뿐만 아니라 그 밖의 다른 생명도 빼앗는 일이 없도록 해야 합니다. 사람들뿐만이 아니라 동물과 식물들과도 사이좋게 살아가야 합니다. 사랑의 마음을 가꾸어나가면 우리는 고통을 줄이고 행복한 생활을 꾸려나갈 수 있습니다. 모든 사람들이 저마다 살생을 금하는 계율을 지켜나가면 온 나라가 평화로워집니다. 사람들이 각자 다른 사람의 생명을 존중하면 왕국이 융성하고 튼튼해지며 다른 나라의 침략을 받지 않게 됩니다. 왕국이 커다란 군사력을 가지고 있다고 하더라도 그것을 사용할 일이 없게 됩니다. 군사들은 남은 시간을 다리, 길, 시장 그리고 제방을 만드는 등의 소중한 일에 활용할 수 있게 됩니다.

두 번째 계율은 도둑질하지 않는 것입니다. 누구든 다른 사람이 스스로의 노력으로 벌어들인 것을 빼앗을 수 있는 권리는 없습니다. 다른 사람의 물건을 빼앗으려고 한다면 이 계율을 어기는 것이 됩니다. 다른 사람의 물건을 빼앗기 위해 남을 속이거나 영향력을 행사하지 말아야 합니다. 다른 사람의 땀과 노력을 갈취하는 것도 이 계율을 어기는 일이 됩니다. 모두들 이 계율을 지키면 사회가 평등해지고 도둑질과 살생이 순식간에 사라질 것입니다.

세 번째 계율은 간음하지 않는 것입니다. 성관계는 배우자와의 사이에서만 일어나야 합니다. 이 계율을 지키면 가정에 신뢰와 행복이 찾아오며 다른 사람에게 불필요한 고통을 주지 않게 됩니다. 그대들이 행복을 원하고 나라와 백성을 위한다면 첩을 몇 명씩 거느리는 일은 삼가야 합니다.

네 번째 계율은 거짓말을 하지 않는 것입니다. 분열과 미움을 일으킬 수 있는 말은 하지 말아야 합니다. 그대들의 말은 진실에 합당해야 합니다. 긍정은 긍정을 낳고 부정은 부정을 낳습니다. 말은 진리와 행복을 만들어내는 힘을 가지고 있기도 하지만 오해와 미움을 부르고 살인과 전쟁을 일으킬 수도 있습니다. 말은 아주 신중하게 사용해야 합니다.

다섯 번째 계율, 술을 마시거나 흥분제를 사용하지 말아야 합니다. 술과 흥분제는 맑은 마음을 앗아 갑니다. 맑은 마음을 잃게 되면 자신과 가족과 남에게 이루 말할 수 없는 고통을 안겨주게 되는 것입니다. 이 계율을 지키는 것은 심신의 건강을 보존하는 길입니다. 이 계율을 항상 지켜야 합니다.

이 자리에 모인 국왕과 여러 고관들이 이 다섯 가지 계율을 깊이 생각하고 지키게 되면 왕국이 크게 번성하게 됩니다. 나라의 기강을 바로 세우려면 국왕은 마음의 눈을 크게 뜨고 살면서 왕국 내에 항상 일어나고 있는 모든 일들을 바로 알아야 합니다. 백성들 모두가 평화롭고 화목하게 살아갈 수 있는 이 다섯 가지 계율을 올바로 이해하고 지켜나가면 마가다국은 융성하게 될 것입니다."

환희에 넘친 빔비사라 왕은 자리에서 일어나 붓다에게 합장을 했다. 비데히 왕비는 아자타삿투 왕자의 손을 잡고 붓다에게로 다가갔다. 그녀는 왕자가 자신을 따라 그의 두 손을 연꽃 봉오리처럼 모은 뒤 붓다에게 경건하게 인사드리게 했다. 그러고 나서 그녀가 말했다. "거룩하신 붓다시여, 아자타삿투 왕자와 사백 명의 아이들이 오늘 이 자리에 참석했습니다. 깨달음과 사랑의 길에 대해 가르침을 청해도 되오리까?"

왕비는 붓다의 앞에 합장을 했다. 붓다는 빙그레 미소 지었다. 그는 손을 내밀어 왕자의 손을 잡았다. 왕비는 몸을 돌린 다음 손짓을 해서 나머지 다른 아이들도 가까이 다가오도록 했다. 그들은 부유하고 고귀한 가문의 자녀들이었기에 모두들 아주 근사한 옷을 입고 있었다. 여자아이들과 마찬가지로 남자아이들도 손목과 발목에 팔찌 따위를 두르고 있었다. 여자아이들은 여러 가지 색상으로 된 번쩍이는 사리를 입고 있었다. 아자타삿투 왕자는 붓다의 발아래에 꿇어 엎드렸다. 붓다는 지난날 카필라밧투에서 함께 산책을 하곤 했던 가난한 시골 아이들을 머릿속에 떠올렸다. 그는 그때의 그 아이들을 다시 찾아가서 그들에게도 가르침을 주겠노라고 스스로에게 조용히 다짐했다.

붓다는 자신 앞에 모여 앉아 있는 아이들을 향해 말했다. "얘들아, 일찍이 나는 인간으로 태어나기 이전에 흙, 돌, 나무, 새 그리고 수많은 다른 동물이었던 적이 있었다. 그리고 너희 역시 흙, 돌, 나무, 새 그리고 동물이었던 전생이 있었단다. 너희가 오늘 이렇게 내 앞에 있게 된 것도 우리가 지난 생애에서 맺은 인연 때문인지도 모른다. 또한 앞으로 새 생명을 갖고 태어나면 또 다른 기쁨과 슬픔을 겪게 될지도 모른단다.

오늘 나는 너희에게 수천 번이 넘는 전생에서 겪었던 일 중 한 가지를 이야기해주도록 하겠다. 이 이야기는 왜가리, 게, 자두나무 그리고 여러 물고기들과 새우들에 관한 이야기란다. 그때의 생애에서 나는 자두나무였단다. 어쩌면 너희 가운데 왜가리, 게 또는 새우였던 사람이 있을지도 모르겠구나. 이 이야기속에서 왜가리는 수많은 다른 종족들에게 죽음과 고통을 안겨주는 사악하고 교활한 동물이었단다. 그 왜가리는 자두나무였던 나에게도 고통을 주었지. 그러나 그 고통으로 나는 커다란 교훈을 한 가지 얻을 수 있었단다. 어떤 사람이 남을 속이고 해롭게 하면 나중에 그 자신도 남에게 속게 되고 괴로움을 겪게 된다는 사실이란다.

나는 향기롭고, 시원한, 연꽃이 아름답게 피어 있는 연못 근처에서 자라고 있던 한 그루의 자두나무였단다. 그러나 그 연못에서 그리 멀지 않은 곳에 얕고, 탁한 물이 늘 고여 있는 또하나의 연못이 있었는데 그곳에는 여러 물고기들과 새우들과 게 한 마리가 살고 있었단다. 그런데 어느 날 그 위를 날고 있던 왜가리가 물고기랑 새우들이 혼잡스럽게 아옹다옹하며 살고 있음을 알아채고는 한 가지 꾀를 생각해냈단다. 그는 연못 가장자리에 내려앉은 다음 슬픈 얼굴을 하고서 오랫동안 그곳에 서 있었지.

물고기와 새우들이 그에게 물었단다. '왜가리 아저씨, 무슨 생각을 그렇게 심각하게 하고 계세요?'

'난, 이 세상에 너희처럼 불쌍한 생물들도 다 있구나, 하고 생각하던 참이었단다. 너희가 살고 있는 곳은 진흙투성이고 지저분해. 맛있는 음식도 부족할 테고. 난 지금 너희의 어려운 생활이 정말 너무나 가엾어 눈물이 날 지경이란다.'

'그럼, 우리를 도와줄 방법이라도 있나요, 왜가리 아저씨?' 하고 물고기와 새우들이 다시 물었지.

'암 있고말고, 나는 너희를 하나씩 하나씩 여기에서 그다지 멀지 않은 시원하고 먹을 것도 많은 연못으로 데려다줄 수가 있단다.'

'당신의 말을 믿고 싶군요. 하지만 왜가리 아저씨. 우린 지금까지 왜가리가 수많은 물고기나 새우에 대해 뭔가 도움을 주었다는 이야기를 한 번도 들어보지 못했다고요. 우리를 속여서 잡아먹으려는 속셈일 테죠?'

'너희는 왜 그리도 의심이 많으냐? 난 단지 너희에게 도움을 주려는 생각에서 말한 것뿐이란다. 이곳에서 조금만 가면 시원하고 깨끗한 물이 가득 찬 큼직한 연못이 정말로 있어. 내 말을 믿지 못하겠으면 너희 중에 한 명을 뽑아서 나와 함께 날아가서 눈으로 보면 되지 않겠니? 그러면 그가 다시 돌아와서 내 말이 사실인지 아닌지 알려주면 되는 거야.'

새우와 물고기들은 그 문제에 대해 오랫동안 의논을 한 끝에 마침내 나이가 많은 물고기 중에 한 명을 왜가리와 함께 보내기로 결정을 내렸단다. 이 물고기는 용감하고 씩씩하였으며 그 비늘은 돌처럼 단단했지. 그는 모래 위에서도 헤엄쳐나갈 수 있을 만큼 솜씨도 뛰어났지. 왜가리는 그 물고기를 주둥이에 물고는 하늘을 날아 그 연못으로 날아갔단다. 그는 그 늙은 물고기를 시원한 물속에 풍덩 내던져서 연못의 구석구석을 살펴볼 수 있게 해주었지. 그 연못은 정말이지 엄청나게 컸으며 시원하고, 깨끗하였으며 먹을 것도 충분했단다. 왜가리가 그를 옛 연못으로 다시 데려다주자 그 물고기는 그가 본 모든 것들에 대해 아직도 흥분이 채 가시지 않은 목소리로 모두에게 들려주었지.

그렇게 해서 왜가리의 진심을 믿게 된 새우와 물고기들은 자신들도 그 연못에 하나씩 하나씩 데려다달라고 왜가리에게 부탁했단다. 교활한 왜가리는 그들의 부탁을 들어주기로 했지. 그는 주둥이에 물고기 한 마리를 물고 나서 하늘을 날아올랐어. 그러나 이번에는 그 물고기를 연못 속에 떨어뜨리지 않고 자두나무 가지에 내려놓은 거야. 그 물고기를 나뭇가지 사이에 놓고는 날카로운 부리로 살을 모두 파먹었단다. 그런 뒤에 그는 물고기의 뼈를 자두나무 뿌리 근처에 내던졌어.

나는 바로 그 자두나무였기 때문에 그때까지 일어난 모든 일들을 눈으로 다 지켜보았지. 난 너무나 화가 났지만 그 왜가리를 멈추게 할 아무런 방법도 없었단다. 자두나무 뿌리는 땅속에 굳게 박혀 있었고 가지와 나뭇잎 그리고 꽃을 피우는 일을

빼고는 아무 일도 할 수 없었어. 난 달려갈 수도 없었지. 지금
까지 실제로 일어난 일에 대해 소리를 질러 새우와 물고기한테
알려줄 수도 없었어. 그리고 나는 가지를 뻗쳐서 왜가리가 그
가여운 생명을 먹지 못하게 막을 수도 없었단다. 이 비참한 광
경을 그저 두 눈으로 지켜볼 도리밖에 없었지. 그 왜가리가 주
둥이 사이에 물고기를 한 마리씩 가져와서 속살을 파먹기 시작
할 때마다 나는 고통에 휩싸였어. 수액이 모두 메마르고 나뭇
가지가 모두 시들어가는 듯한 느낌이었단다. 눈물방울처럼 물
방울이 나의 껍질 위에 생겨났지. 하지만 그 왜가리는 알아채
지 못했어. 며칠 뒤에도 그는 계속해서 물고기를 물고 와서 먹
어치우곤 했단다. 물고기가 모두 없어진 뒤에는 새우까지도 먹
어치우기 시작했지. 내 뿌리 근처에 쌓인 뼈와 껍질 무더기만
해도 큼직한 바구니로 두 개쯤은 충분히 되었을 거야.

자두나무인 내가 할 일은 향기로운 꽃으로 숲을 아름답게 꾸
미는 것임을 알았지. 그렇지만 그때 나는 새우와 물고기를 구
하기 위해 아무 일도 할 수 없다는 사실에 몹시 고통을 느꼈단
다. 내가 만약 사람이나 사슴이었다면 무엇인가를 할 수 있었
으련만. 그러나 난 뿌리가 땅속 깊이 박혀 있어서 움직일 수가
없었지. 그때 나는 만약 훗날에 사람이나 동물로 다시 태어나
면 힘없고 의지할 곳 없는 사람들을 힘세고 강한 사람들로부터
보호해주기 위해 노력하기로 맹세했단다.

왜가리가 새우와 물고기를 모두 먹어치웠을 때 남아 있는 것
이라고는 오직 게뿐이었지. 그래서 왜가리는 게에게도 또 이렇

게 말했단다. '게야, 난 모든 물고기와 새우들을 살기 좋은 연못으로 옮겨주었지. 그들은 그곳에서 행복하게 지내고 있단다. 너는 이곳에서 지금 혼자 지내고 있지 않니. 너도 그 연못으로 데려다줄까?'

'아저씨, 나를 어떻게 데리고 가지요?' 게가 물었지.

'내 입에다 물고 가면 된단다. 모두들 그렇게 운반되었으니까.'

'만약 가는 도중에 미끄러져 떨어지면 어떻게 하지요? 내 껍데기가 산산조각 날 텐데 말입니다.'

'그건 걱정 말아라. 내가 아주 조심해서 널 데려다줄 테니까.'

그러자 게는 곰곰이 생각했지. 왜가리가 그의 말대로 모든 물고기와 새우를 연못으로 데려다주었는지도 몰라. 하지만 만약 그가 그들을 속이고 모두 먹어치웠다면? 게는 자신의 안전을 확실하게 보장할 수 있는 방법을 하나 생각해내고 나서야 왜가리에게 말했단다.

'아저씨, 난 아저씨의 부리가 나를 안전하게 데려다줄 수 있을 만큼 튼튼하지 못하면 어쩌나 하고 걱정이 돼요. 아저씨가 하늘을 나는 동안 나의 발로 당신의 목을 꼭 붙잡아도 좋다고 허락해주세요.'

왜가리가 그것을 허락해주었지. 그는 게가 목 근처로 기어오를 때까지 기다린 다음 날개를 펴고 하늘로 날아올랐어. 그러나 왜가리는 게를 연못으로 데려다주기는커녕 자두나무로 데리고 갔단다.

'아저씨, 왜 나를 연못에 내려주지 않는 거죠? 왜 날 이곳으로 데려오는 거예요?'

'세상에 어떤 멍청이 왜가리가 물고기를 연못으로 데려다준단 말이냐? 난 자선사업가가 아니야. 게야, 자두나무 아래에 있는 저 물고기 뼈와 새우 껍데기가 보이지 않니? 이제 네 생명도 다 끝난 거야.'

'아저씨, 물고기와 새우를 쉽게 해치웠는지는 모르겠지만, 나까지 그렇게 쉽게 해치울 순 없을걸요. 어서 나를 그 연못으로 데려다주세요. 그러지 않으면 내 앞발로 당신의 목을 잘라버리겠어요.'

게는 날카로운 발톱으로 왜가리의 목을 짓누르기 시작했단다. 날카로운 발톱이 목으로 파고들자 왜가리는 고통스럽게 울부짖었지. '제발 그렇게 너무 아프게 목을 죄지 말아라! 내 지금 당장 널 연못으로 데려다줄 테니! 널 잡아먹지 않을 것을 약속하마!'

왜가리는 다시 하늘을 날아 연못가에 게를 내려놓으려고 했단다. 그러나 게는 왜가리의 목을 죄고 있던 발을 여전히 놓아주지 않았지. 모든 물고기와 새우들이 왜가리한테 그토록 비참하게 죽임을 당했다고 생각하자 새삼 분노가 치민 게는 자신의 발톱을 왜가리의 목덜미 속으로 깊이깊이 찔러버렸어. 마침내 목을 완전히 꿰뚫어버릴 때까지 말이다. 왜가리가 숨이 끊어져 땅 위로 쓰러지자 게는 연못 속으로 기어 들어갔단다.

애들아, 그 당시 나는 자두나무였다고 했지 않았느냐? 나는 이 모든 사건을 눈으로 다 보았단다. 우리가 남을 친절하게 대하면 우리도 친절한 보답을 받게 되지만 남을 잔인하게 대하면 머지않아 우리도 똑같은 운명을 겪게 된다는 것을 배웠지. 그래서 나는 후세에 새로운 생명으로 태어나면 다른 생명을 돕기 위해 노력하기로 맹세했단다."

아이들은 한결같이 눈을 빛내며 붓다의 이야기에 귀를 기울였다. 아이들은 자두나무의 큰 고통에 감동을 받았고 불쌍한 물고기와 새우들에게서는 연민을 느꼈다. 또한 아이들은 왜가리의 속임수를 경멸했고 게의 기막힌 꾀에는 감탄을 했다.

빔비사라 왕이 자리에서 일어났다. 그는 두 손을 모아 합장했다. 그는 말했다. "거룩하신 이여, 당신은 아이들에게나 어른들에게나 똑같이 귀중한 교훈을 주셨습니다. 아자타삿투 왕자가 당신의 말씀을 늘 잊지 않았으면 합니다. 우리 왕국은 영광스럽게도 당신을 이렇게 모시게 되었습니다. 허락하신다면 이제 당신과 당신의 상가에게 선물을 하나 드리고 싶습니다만……."

붓다는 왕을 바라보았다. 잠시 침묵이 있고 나서 왕이 말을 이었다. "라자가하의 북쪽으로 약 3킬로미터쯤 가면 베누바나라고 불리는 넓고 아름다운 대나무 숲이 하나 있지요. 그곳은 조용하고, 평화롭고, 시원하며 상쾌하답니다. 수많은 귀여운 다람쥐들이 그 숲에서 살고 있지요. 그 대나무 숲을 당신과 여러 비구들을 위한 수도원으로 삼을 수 있게 드리고자 합니다. 거룩하신 스승이여, 부디 저의 마음으로부터의 선물을 허락하여주십시오."

붓다는 잠시 생각했다. 상가가 수도원을 선사받기는 이번이 처음이었다. 그의 비구들에게 비 오는 계절에 머무를 수 있는 장소가 필요한 것은 사실이었다. 붓다는 깊이 숨을 들이마신 뒤 빙그레 미소를 지으며 고개를 끄덕여서 왕의 진심 어린 선물을 받아들였다. 빔비사라 왕은 몹시 기뻐했다. 그는 수도원이 있으면 붓다가 마가다국에서 좀 더 오랫동안 머물 수 있으리라 생각했다.

그날 궁전의 많은 손님들 가운데에는 브라만의 종교 지도자들도 여럿 있었다. 그들 중 많은 사람들은 왕의 결정을 못마땅하게 여겼지만 아무 말도 하지 않았다.

왕은 물이 담겨 있는 황금 주전자를 가져오라고 분부했다. 그는 붓다의 손에 정화수를 따르고 나서 경건하게 말했다. "거룩하신 분이시여, 당신의 손 위에 이 정화수를 따르는 순간 대나무 숲을 당신과 당신의 상가께 드립니다."

이날의 모임은 왕이 붓다에게 대나무 숲을 선사하는 것으로 끝을 맺었다. 모임이 끝나자 붓다와 천이백오십 명의 비구들은 궁전을 떠났다.

31장

나는 봄에 돌아오겠소

바로 그다음 날 붓다는 몇 명의 수제자들과 함께 대나무 숲을 찾아갔다. 약 40만 제곱미터 정도의 울창한 대나무 숲으로 에워싸여 있는 그곳은 상가에게는 아주 이상적인 곳이었다. 그곳에는 각종 대나무들이 자라고 있었다. 숲 한가운데 자리 잡고 있는 칼란다카 호수는 비구들이 목욕을 하고, 가사를 빨거나 또는 호숫가를 따라 산책을 하기에는 아주 안성맞춤인 곳이었다. 대나무가 매우 울창했기 때문에 나이가 지긋한 수도자들이 들어가 살 수 있는 조그만 오두막을 짓기도 쉬울 것 같았다. 콘단나, 카사파 그리고 사리풋타를 포함한 붓다의 나이 든 제자들은 대나무 숲을 보고는 크게 기뻐했다. 그들은 그곳에 가장 훌륭한 수도원을 세울 수 있는 방법에 관해 당장 의논을 시작했다.

붓다가 말했다. "비가 많이 오는 우기에는 여행을 하기가 불편합니다. 비구들은 비가 올 때는 함께 수련할 장소가 필요합니다. 이런 곳이 있으면 일사병 따위의 질병을 피할 수 있고 비가 오면 땅 위를 기어 다니는 온갖 독충들을 막을 수도 있습니다. 이제부터는 우기가 시작되면 비구들을 모두 한자리에 불러 모아야겠습니다. 3개월의 안거 기간 중에는 우리가 인근 지역의 속가 제자들에게 음식 제공을 요청할 수도 있고, 또한 속가 제자들은 비구들의 가르침을 받을 수도 있을 것입니다." 이렇게 해서 우기에 안거를 하는 전통이 시작되었다.

목갈라나의 감독 아래 젊은 비구들이 붓다와 나이 든 비구들을 위해 대나무와 이엉으로 오두막을 지었다. 붓다의 오두막은 비록 자그마하긴 하였지만 아주 근사했다. 뒤편에 자라는 금빛 대나무들과 양옆에서 자라는 좀 더 키가 큰 초록색 대나무들이 그 오두막에 시원한 그늘을 만들어주었다. 비구인 나가사말라는 붓다가 드러누울 수 있도록 나무로 된 나지막한 평상을 하나 만들었다. 그는 또한 붓다가 세수를 할 수 있도록 그 오두막 뒤에다 큼직한 질그릇 하나를 놓아두었다. 나가사말라는 한때 우루벨라 카사파의 제자였던 젊은 비구였다. 그는 상가가 대나무 숲으로 이동하고 난 뒤 붓다를 모시도록 카사파의 지시를 받았다.

사리풋타는 수도에 흩어져 살고 있는 속가 제자들에게 이곳 죽림정사에 달아놓을 커다란 종을 준비하도록 시켰다. 그는 그 종을 칼란다카 호수 근처의 고목나무 가지 위에 걸었다. 그 종은 학습 또는 명상 시간을 알리는 데 사용되어 비구들의 심신 수련에 중요한 역할을 했다. 붓다는 비구들에게 종소리가 울릴 때마다 멈추어 서서 호흡을 고르고 명상에 들어갈 것을 지시했다.

　속가 제자들은 여러 가지로 도움을 주었다. 카사파는 그들에게 안거 기간에 대해 설명했다. "이 안거 기간은 모든 비구들이 붓다의 직접적인 지도 아래 명상 방법을 수련할 수 있는 기회를 제공해줄 것입니다. 그들은 비 오는 철에 땅 위를 기어 다니는 독충들과 우연히 맞닥뜨리는 일을 피할 수 있을 것입니다. 여러분이 이 석 달 동안 음식을 날라다 주면 비구들에게는 큰 도움이 될 것입니다. 될 수 있는 한 여러분들끼리 상의를 해서 너무 많거나 적지 않게 매일 똑같은 분량의 알맞은 음식을 가져다주었으면 좋겠습니다. 별로 제공할 음식이 없는 가난한 사람들도 머무르면서 붓다의 설법을 듣거나 나이 든 제자들의 설법도 들을 수 있을 것입니다. 이 안거 기간은 비구들과 속가 제자들 모두에게 똑같이 도움을 줄 수 있을 것입니다."

　카사파는 지금까지 비구들을 능숙하게 이끌어왔듯이 속가 제자들을 관리하는 재능도 뛰어난 것으로 증명되었다. 그는 자발적으로 수도원을 돕겠다는 사람들을 만나서 그들이 음식 제공과 다른 도움을 질서 정연하게 할 수 있도록 이끌었다. 그는 모든 비구들에게 옷, 발우, 방석, 수건 그리고 기타 개인 용품들이 필요할 것이라고 판단했다.

　안거 첫날이 되자 상가는 붓다와 수제자들이 세심하게 세워놓은 계획을 지켜나갔다. 기상용 종은 새벽 4시에 울렸다. 세수를 한 뒤 비구들은 각자 명상을 하며 걷기 시작했다. 그들은 태양이 대나무 숲 꼭대기 위로 나타날 때까지 앉아서 명상하거나 걸으며 명상하는 과정을 번갈아가면서 계속했다. 여느 때 같으면 탁발을 나가 음식 공양을 받을 시간이지만 안거 기간이기 때문에 음식은 속인들이 날라 왔다. 비구들은 남는 시간을 활용해서 그들 각자의 스승을 만나 계율에 대해 보다 깊이 있게 연구하거나 수행 중에 겪게 된 어려움이 있으면 이를 상의하곤 했다. 스승 역할을 맡고 있는 비구들은 각자의 수행 진전의 깊이에 따라 선정되었다. 콘단나, 앗사지, 카사파, 사리풋타, 목갈라나, 바파 그리고 마하나마와 같은 수제자들은 각자 오륙십 명의 젊은 비구들을 맡아 거느리고 있었다. 그 이외의 스승 역할을 맡은 비구들도 열 명에서 삼십 명의 제자를 맡아 거느렸다. 또한 갓 들어온 입문자들도 수행의 기본적인 사항들을 지도받을 수 있게끔 조직이 갖추어져 있었다. 카사파와 사리풋타가 각자 이 조직을 운영했다.

정오가 되기 직전 비구들은 호숫가에 집결하여 각자의 발우를 손에 들고 줄지어 섰다. 음식은 똑같이 분배되었다. 음식을 나누어 받은 후에는 모두들 호숫가 풀밭 위에 앉아 조용히 식사를 했다. 식사를 마치고 발우를 씻은 다음 모두 붓다를 향해 돌아앉았다. 며칠 간격으로 비구들을 위한 설법이 행해지는데 한편으로는 그 설법이 속인들에게도 도움을 주었다. 또한 며칠 간격으로는 속인들을 위한 설법이 행해지는데 이 또한 비구들에게도 도움을 주었다. 가끔씩은 모여든 아이들을 위한 특별한 설법이 행해질 때도 있었다. 붓다는 아이들을 상대로 설법을 할 때는 자주 전생의 이야기를 들려주곤 했다.

그리고 간혹 붓다의 수제자들 가운데 한 명이 붓다를 대신하여 설법을 하기도 했다. 그러면 붓다는 조용히 앉아 경청하였으며 설법 내용 중에 보충할 부분이 있으면 덧붙여 들려주곤 했다. 설법이 끝나면 속가 제자들은 집으로 돌아가고 비구들은 앉아서 휴식을 취하다가 오후 종이 울려 퍼지면 제자리로 돌아가서 좌선을 하거나 명상에 잠긴 채 걷거나 했다. 비구들은 자정까지 수행을 계속한 뒤 하루 일과를 마쳤다.

붓다는 밤늦도록 명상에 잠긴 채 앉아 있었다. 그는 오두막 바깥에 있는 대나무 평상에 있는 것을 좋아해서 그곳에 앉아 시원한 밤공기를 쐬거나 했다. 특히 달이 떠오르는 밤에는 반드시 그곳을 찾았다. 먼동이 트기 직전이면 그는 명상에 잠긴 채 호숫가를 따라 걷는 것을 즐겼다. 기쁨에 넘치고, 평화롭고 또한 모든 긴장에서 해방된 상태에 있었기 때문에 붓다는 여느 비구들보다도 잠을 적게 잤다. 카사파도 늦은 밤까지 명상에 잠기곤 했다.

빔비사라 왕은 그곳 죽림정사를 자주 방문했다. 그는 지난날 야자나무 숲으로 붓다를 찾아왔을 때와는 달리 수행원을 별로 데리고 오지 않았다. 비데히 왕비와 아자타삿투 왕자와 함께 찾아오는 때도 있었다. 혼자 오는 경우도 많았다. 그는 숲 어귀에 마차를 세워둔 후 붓다의 오두막으로 몸소 걸어오곤 했다. 어느 날 비구들이 비를 맞으며 설법을 듣는 것을 보고 나서 왕은 붓다에게 그곳에 커다란 법당을 세울 수 있도록 허락해 줄 것을 청했다. 붓다가 이를 허락하자 법당 공사가 곧바로 시작되었다. 그 법당은 천 명 이상의 비구들과 천 명 이상의 속가 제자들이 비를 피할 수 있을 만큼 넓었다. 법당은 수도원 못지 않게 매우 유용했다.

붓다와 왕은 자주 대나무 평상에 함께 앉아 담론을 나누곤 했다. 그 광경을 본 나가사말라는 붓다와 손님들을 위해 대나무로 간이 의자를 만들었다. 어느 날 붓다와 왕이 이 의자에 걸터앉았을 때 왕이 먼저 말문을 열었다. "저에게는 당신이 아직 본 적이 없는 또 한 명의 아들이 있습니다. 그 아들과 어미를 좀 만나주셨으면 합니다. 그 아이는 비데히 왕비의 아들이 아닙니다. 그 아이의 어미 이름은 암바팔리이고 그 아이의 이름은 지바카라고 하지요. 그는 이제 좀 있으면 열여섯 살이 됩니다. 암바팔리는 파탈리풋타 시의 북쪽에 위치한 베살리에 살고 있습니다. 그녀는 궁정에 갇혀 지내는 것을 달가워하지 않으며 신분과 특권에도 관심이 없습니다. 그녀는 자유만을 원하고 있답니다. 저는 그들에게 아름다운 망고 과수원을 비롯해서 좋아할 만한 것은 다 해주었습니다. 지바카는 부지런하고 총명한 아이입니다만 군사적이거나 정치적인 문제 따윈 안중에도 없어합니다. 수도 근처에 살면서 의술 공부에만 몰두하고 있지요. 저는 그들을 깊이 사랑하고 있습니다. 당신께서도 그들을 어여삐 여겨주셨으면 합니다. 거룩하신 분이시여, 지바카와 그의 어미를 만나주시겠다면 제가 며칠 내로 그들을 이곳으로 보내겠습니다."

붓다는 조용히 미소 지으며 이를 승낙했다. 왕은 몹시 감사

붓다는 밤늦게까지 명상에 잠긴 채 달빛과 시원한 밤공기를 즐겼다.

한 마음으로 합장을 한 후 떠났다.

이와 비슷한 시기에 죽림정사에서는 붓다의 고향인 카필라밧투에서 줄곧 달려온 두 사람의 특별한 손님을 맞이했다. 그들은 붓다의 마차를 몰던 붓다의 옛 친구 칼루다이와 시종이었던 찬나였다. 그들의 출현으로 죽림정사에는 훈훈한 기운이 감돌았다.

집을 떠난 지 7년이나 되었기 때문에 붓다는 고향의 소식이 몹시 궁금했다. 그는 왕과 왕비 그리고 그의 아내인 야소다라와 동생인 난다와 순다리 난다 그리고 그의 친구들의 안부를 칼루다이에게 물었다. 물론 그의 아들인 라훌라에 대해서도 물어보았다. 칼루다이는 여전히 활기에 넘치고 건장했지만 얼굴에는 주름살이 생기고 있었다. 찬나도 역시 늙어 보였다. 붓다는 오두막 바깥에 앉아 오랫동안 그들과 이야기를 나누었다. 그는 칼루다이가 지금은 궁궐에서 상당한 지위에 올랐으며 숫도다나 왕이 가장 신뢰하면서 의견을 나누는 소수의 사람들 중의 한 명임을 알게 되었다. 붓다가 해탈을 성취했으며 마가다국에서 설법을 하고 있다는 소식은 두 달 전에 카필라밧투에도 알려졌다. 모든 사람들은 그 소식을 듣고 기뻐하였으며 특히 왕과 왕비 그리고 아내인 야소다라의 기쁨은 이루 말할 수 없을 정도였다. 그러던 중, 칼루다이가 뛸 듯이 기뻐하게 된 일이 또 하나 생겼으니 그것은 왕이 칼루다이를 보내 붓다를 고국으로 모셔 오도록 분부한 것이었다. 그는 여행을 준비하는 데 사흘을 보냈으며 가슴이 설레어 밤잠을 제대로 못 이룰 지경이었다. 야소다라는 찬나와 함께 갈 것을 제안했다. 찬나는 칼루다이가 이를 승낙하자 몹시 기뻐하며 마차를 깔끔하게 손질했다. 두 사람은 거의 한 달이 지나서야 죽림정사에 다다를 수가 있었다.

칼루다이의 말에 따르면 왕의 정신은 여전히 맑은 상태이나 신체적 건강은 최근 몇 년 동안 쇠약해졌다고 했다. 고타미는 예전이나 다름없이 건강했다. 난다 왕자는 이제 어엿한 청년이 되어 칼리아니라는 이름의 귀족 처녀와 약혼을 했다. 난다는 매우 잘생겼으며 멋진 옷을 즐겨 입었지만 왕은 난다가 아직 마음이 안정되어 있지 못하고 어른스럽지가 못하다고 걱정을 했다. 붓다의 여동생인 순다리 난다는 지금 아름답고 우아한 부인이 되었다. 그리고 야소다라는 붓다가 출가하는 날부터 모든 귀금속 장신구를 일체 몸에 걸치지 않았다. 그녀는 매우 검소한 차림으로 지내고 있으며 자신이 가지고 있던 모든 값비싼 물건들을 가난한 사람들을 위해 사용했다. 붓다가 하루에 한 끼 이상 식사를 하지 않는다는 것을 전해 듣고 난 뒤부터는 그녀도 똑같은 생활을 하기 시작했다. 그녀는 고타미 왕비의 적극적인 도움을 받아 계속해서 가난한 사람들을 도와주었다. 라훌라는 이제 일곱 살로 건강하고 잘생긴 소년으로 자라고 있었다. 그의 새까만 두 눈은 총기로 빛났다. 그의 조부모는 지난날 소년 싯다르타를 귀여워했듯이 그를 몹시 소중히 여겼다.

찬나는 칼루다이가 붓다에게 들려준 모든 말들이 사실임에 틀림이 없다고 확인해주었다. 붓다의 가슴은 고향 소식으로 훈훈해졌다. 마지막으로 칼루다이는 언제 카필라밧투로 돌아갈 수 있느냐고 붓다에게 물었다. 붓다가 말했다. "나는 우기의 안거 기간이 지난 다음에 돌아가겠네. 나는 이곳의 젊은 비구들이 수행의 기초를 보다 확실하게 세울 때까지 떠나지 않겠네. 이번 안거 기간이 끝난 뒤라야 마음 편히 그들 곁을 떠날수 있을 걸세. 하지만 칼루다이! 찬나! 그대들도 이곳에서 한두 달 머무르면서 이곳 생활을 경험해보는 게 어떻겠나? 그런 뒤에 카필라밧투로 돌아가서 나의 귀향에 관한 소식을 전하더라도 늦지는 않을 걸세."

칼루다이와 찬나는 기꺼이 이 제안을 받아들여 죽림정사의 손님으로 머물기로 했다. 그들은 수많은 비구들과 가까이 지내면서 깨달음을 구하기 위해 출가를 한 수행자들의 평화롭고 기쁨이 넘치는 생활을 맛볼 수 있었다. 그들은 일상생활 속에서 깨달음의 길을 실천하면 얼마나 심신이 풍요로워질 수 있는가를 배웠다. 칼루다이는 붓다의 곁에서 많은 시간을 보내면서 그를 주의 깊게 관찰했다. 그는 붓다가 이루 헤아릴 수 없는 평온함을 누리고 있는 것에 깊이 감동을 받았다. 붓다는 이제 더이상 어떠한 욕망에도 구애되지 않는 상태에 이르렀음이 분명했다. 붓다는 자유롭게 헤엄치는 물고기와도 같았으며 하늘에 한가롭게 떠다니는 구름과도 같았다. 그는 현재의 순간 속에 완전히 몰입되어 있었다.

붓다의 두 눈과 미소는 그의 영혼이 무한하고 신비로운 대자유를 누리고 있음을 분명히 보여주고 있었다. 이 세상의 그 무엇도 그를 더 이상 속박할 수 없었으며 그를 제외한 누구도 그만큼 타인에 대한 이해와 사랑이 깊은 사람도 없었다. 칼루다이는 그의 옛 친구가 이제는 영적인 세계에 깊숙이 들어갔음을 알았다. 문득 그는 자신이 경건하고 자유로운 비구의 생활 속으로 빨려들어가는 것을 느꼈다. 칼루다이는 이런 생활을 위해 필요하다면 모든 지위와 재산과 특권 그리고 모든 근심과 걱정까지도 내던지기로 작정했다. 대나무 숲에서 지낸 지 꼭 이레만에 그는 붓다에게 비구가 되고 싶다는 뜻을 전했다. 붓다는 다소 놀란 듯했으나 곧 미소를 지으며 고개를 끄덕여 이를 허락했다.

찬나도 마찬가지로 비구가 되고 싶긴 했지만 왕실을 위한 자신의 직분을 깨닫고는 무엇보다도 먼저 야소다라의 허락을 받아야만 할 것이라고 생각하였다. 그래서 그는 붓다가 카필라밧투로 돌아올 때까지 기다렸다가 야소다라에게 간청하기로 결심했다.

32장

달을 가리키면 달을 보아야지

어느 날 오후 사리풋타와 목갈라나가 디가나카라는 고행자를
데리고 붓다를 만나러 왔다. 디가나카는 산자야라는 이름으로
더 잘 알려져 있었다. 그는 또한 사리풋타의 숙부이기도 했다.
그는 조카가 붓다의 제자가 된 것을 알고 나서 붓다의 가르침
을 받기를 몹시 바랐다. 그가 사리풋타와 목갈라나에게 가르침
을 청하자 그들은 붓다를 직접 만나보라고 권했다.

디가나카가 붓다에게 물었다. "고타마시여, 당신의 가르침
은 무엇입니까? 당신의 학설은 무엇입니까? 저로 말씀드릴 것
같으면 모든 교리와 이론을 혐오합니다. 따라서 누구에게도 그
런 것 따위를 설명해본 적이 한 번도 없지요."

붓다는 빙그레 미소 지으며 물었다. "그럼 그대는 지금 어떠
한 교리도 따르지 않는다는 그대의 교리를 설명하고 있는 게
아니오? 아무것도 믿지 않는다는 그대 자신의 교리를 믿고 있

는 게 아니오?"

다소 놀란 듯이 디가나카가 대답했다. "고타마여, 믿느냐 안 믿느냐 하는 것은 중요하지 않습니다."

붓다가 부드럽게 말했다. "어떤 사람이 일단 하나의 교리에 사로잡히면 그는 모든 자유를 잃게 되는 것이오. 어떤 사람이 일단 독단에 빠지면 그는 그의 교리가 유일한 진리이며 다른 모든 교리가 이단이라고 믿게 되지요. 논쟁과 다툼은 모두 좁은 소견에서 비롯되는 것이오. 그러한 논쟁과 다툼은 끝없이 계속되는 것이며 소중한 시간을 허비하며 때로는 전쟁으로까지 치닫는 법입니다. 정신적인 수행에 가장 큰 장애가 되는 것도 바로 이 좁은 소견에 집착하는 것이지요. 좁은 소견에 사로잡히면 사람은 혼란에 빠져 더 이상 진리의 문을 열 수 없게 됩니다.

다섯 살 난 아들과 함께 살았던 한 젊은 홀아비의 이야기를 들려드리겠습니다. 그는 그 아들을 자신의 생명보다 더욱 사랑했지요. 어느 날 그는 아들을 집에 남겨둔 채 일을 하러 나갔답니다. 그가 나간 뒤 산적이 쳐들어와서 약탈을 한 다음 온 마을을 불태워버렸지요. 그리고 그들은 그의 아들을 납치해 갔습니다. 아비가 집에 돌아왔을 때 그는 모두 타버린 집 곁에 새까맣게 타 죽은 어린아이의 시체 하나를 발견했지요. 그는 그것이 자신의 아들의 시체라고 믿었답니다. 그는 비통한 마음으로 그 시체를 완전히 불태워버렸지요. 그는 아들을 너무도 사랑했던 나머지 그 잿가루를 일하러 가는 곳마다 갖고 다니는 자루 속에 집어넣었습니다. 몇 달 뒤 그의 아들은 산적들의 손에서 간신히 빠져나와 곧장 집으로 달려갔지요. 그는 한밤중에서야 집에 이르러서 방문을 두드렸답니다. 그때 그의 아버지는 재가든 자루를 부둥켜안고 울고 있었던 것이지요. 그 소년은 자신이 그의 아들이라며 소리쳤지만 그는 문을 열어주지 않았답니다. 그는 아들이 죽었으며 문을 두드리는 아이는 그의 슬픔을 달래주려고 찾아온 이웃 아이라고 믿었던 것입니다. 마침내 그의 아들은 홀로 그곳을 떠나갈 도리밖에 없었지요. 그래서 결국 아버지와 아들은 영원히 서로 떨어져 살아야만 했답니다.

한번 생각해보시지요. 우리가 어떠한 믿음에 사로잡혀 그것이 절대적인 진리라고 매달리면 언젠가 이 젊은 홀아비와 비슷한 상황에 처해 있는 자신을 발견하게 될 것입니다. 우리가 이미 진리를 가지고 있다고 생각하면 진리가 우리의 문을 두들겨도 진리를 받아들일 마음을 열 수 없을 것입니다." 디가나카가 물었다. "그렇지만 당신의 가르침은 무엇입니까? 누군가가 당신의 가르침을 따른다고 하더라도 그는 좁은 소견에 사로잡히는 것 아니겠습니까?"

"나의 가르침은 교리나 철학이 아니오. 그것은 논쟁을 일삼는 여러 철학들처럼 추상적인 생각이나 정신적인 추측의 소산이 아니지요. 진리에 대한 정신적인 추측이나 추상적인 생각은 그릇의 테두리만 맴도는 개미와 같은 것입니다. 그들은 아무 데도 갈 수가 없는 것이지요. 나의 가르침은 철학이 아닙니다. 그것은 직접적인 체험의 소산이랍니다. 내가 말하는 것은 나 자신의 경험으로부터 비롯된 것입니다. 당신은 그것을 자신의 경험을 통해 확인해볼 수가 있습니다. 나는 모든 것은 순간적인 것이며 이렇다 할 실체가 없는 것이라고 가르치지요. 이것을 나는 나 자신의 직접적인 체험을 통해 배웠습니다. 당신도 그것을 체험할 수 있지요. 나는 모든 것은 서로 의존하여 생겨나고, 자라나고, 사라진다고 가르칩니다. 아무것도 혼자서, 최초의 근원으로부터 생겨나는 것은 없습니다. 나는 이러한 진리를 직접 체험하였으며 당신도 또한 체험할 수 있습니다. 나의 뜻은 우주를 설명하는 데 있지 않으며 다른 사람들이 실체를 직접 체험하도록 돕는 데 있습니다. 말은 실체를 설명할 수 없지요. 오직 직접 체험만이 우리들로 하여금 실체의 진면목을 볼 수 있게 해줍니다."

디가나카는 크게 깨우친 바 있었다. "훌륭합니다! 정말 훌륭합니다, 고타마여! 하지만 어떤 사람이 당신의 가르침을 독단론으로 받아들이면 어떻게 됩니까?"

붓다는 잠시 침묵을 지키다가 고개를 끄덕였다. "디가나카, 아주 훌륭한 질문이오. 나의 가르침은 독단론이나 교리가 아니지만 나는 나의 가르침이 실체를 경험하는 방법이지 실체 그 자체는 아니라는 것을 분명히 말하는 바입니다. 달을 가리키는 손가락이 달 그 자체는 아닌 것과 마찬가지지요. 총명한 사람은 달을 가리키기 위해 손가락을 사용합니다. 손가락을 보면서 그것을 달이라고 착각하는 사람은 진정한 달을 결코 볼 수 없습니다. 나의 가르침은 수행의 방법일 뿐이며 떠받들어지거나 숭배되어야 할 대상이 아닙니다. 나의 가르침은 강을 건너기 위한 뗏목과도 같은 것이지요. 어리석은 자만이 피안, 다시말해 대자유의 강기슭에 이미 도착한 뒤에도 뗏목에 매달리지요."

디가나카는 두 손을 모아 합장했다. "거룩하신 붓다시여, 고통만 불러일으키는 감각으로부터 벗어나는 길을 일러주소서."

붓다가 말했다. "감각에는 세 가지가 있습니다. 유쾌한 감각, 유쾌하지 못한 감각 그리고 이것도 저것도 아닌 중립적인 감각이지요. 감각은 다른 형태의 정신적인 또는 물질적인 현상과 마찬가지로 생겨나며 소멸합니다. 나는 그것들이 유쾌한 것이든, 불쾌한 것이든 아니면 중립적인 것이든 간에 감각의 본질과 근원을 제대로 파악할 수 있게끔 깊이 관조하는 방법을 가르치지요. 당신이 갖고 있는 감각의 근원을 볼 수 있게 되면 당신은 그러한 감각이 생겨난다거나 소멸한다거나 하는 것에 의해 더 이상 현혹되지 않을 것입니다. 거의 모든 고통스러운 감각이라는 것은 실체를 보는 데 부정확한 방법을 사용하고 있는 데에서 비롯되는 것입니다. 당신이 그릇된 소견을 뿌리 뽑아버리면 고통은 소멸하지요. 그릇된 소견은 사람들로 하여금 순간적인 것을 영원한 것으로 생각하게 만듭니다. 무지는 모든 고통의 근원입니다. 우리는 무지를 극복하기 위해 마음의 눈을 크게 뜨는 방법을 수행하고 있는 것이랍니다. 사물의 참된 본성을 꿰뚫어 보려면 사물을 깊숙이 들여다보아야 합니다. 기도를 하거나 공물을 많이 바친다고 해서 무지를 극복할 수는 없습니다."

사리풋타, 목갈라나, 칼루다이, 나가사말라 그리고 찬나는 붓다가 디가나카에게 이 모든 이치를 설명하는 것을 경청했다. 사리풋타는 붓다의 말뜻을 가장 깊이 파악할 수 있었다. 그는 자신의 마음이 밝은 태양처럼 빛나는 것을 느꼈다. 기쁨을 감출 수가 없어 그는 두 손을 합장하고서 붓다의 앞에 무릎을 꿇었다. 목갈라나도 또한 무릎을 꿇었다. 그때 디가나카도 붓다가 말해준 모든 이야기에 크게 마음이 움직여 붓다 앞에 무릎 꿇었다. 칼루다이와 찬나는 이 광경에 깊이 감동했다. 그들은 붓다와 함께 있는 것이 자랑스러웠으며 그의 깨달음에 대한 신심이 더욱 깊어지는 것을 느꼈다.

그로부터 며칠 뒤 비데히 왕비가 시종 한 명을 데리고 상가를 찾아와서 음식 공양을 올렸다. 그녀는 또한 자두나무 묘목을 하나 가지고 와 붓다가 궁전 뜰에서 아이들에게 들려준 이야기를 기념하는 뜻으로 그것을 붓다의 오두막 옆에 심었다.

붓다의 지도 아래 상가는 점점 더 커다란 진전을 이룩했다. 사리풋타와 목갈라나는 각자 뛰어난 두뇌, 근면성 그리고 지도력으로 인해 샛별처럼 빛나는 존재였다. 그들은 콘단나와 카사파와 함께 상가를 결속시키고 이끌어나갔다. 그러나 상가의 명성이 날로 더해감에 따라 몇몇 사람들은 붓다와 그의 수행자 집단을 비방하기 시작했다. 이러한 나쁜 소문 가운데 일부는 상가에 대한 국왕의 지원을 시기한 종파의 구성원들에 의해 퍼졌다. 죽림정사를 자주 찾는 속가 제자들은 자신들이 들은 소문에 대해 우려를 나타냈다. 분명히 라자가하 지역의 몇몇 사람들은 부유하고 고귀한 집안 출신의 수많은 젊은이들이 비구가 되는 것을 가슴 아프게 생각했다.

그들은 머지않아 모든 젊은이들이 가정을 포기하게 됨으로써 라자가하의 고귀한 젊은 여성들이 더 이상 적절한 남편감을 찾지 못하게 될 것을 두려워했다. 가정이 송두리째 파괴될지도 모른다고 그들은 경고했다.

많은 비구들은 이러한 소문을 듣고서 마음이 편치 않았다. 그러나 이 이야기를 전해 들은 붓다는 이렇게 타이르며 속인들과 비구들을 진정시켰다. "이런 일로 걱정하지 말아라. 머지않아 이러한 소문은 사라질 것이다." 그리고 사실 그러했다. 채 한 달이 못 되어 이런 부질없는 우려에 관한 소문들은 사라졌다.

33장

변함없는 아름다움

우기의 안거 기간이 끝나기 2주일 전, 비할 수 없을 만큼 아름다운 여자 한 명이 붓다를 방문했다. 그녀는 두 마리의 백마가 끄는 흰색의 마차를 타고 왔는데 약 열여섯 살쯤으로 보이는 젊은이 한 명을 데리고 왔다. 그녀의 옷차림과 태도는 매우 세련되었고 기품이 있었다. 그녀는 한 젊은 비구에게 붓다의 오두막으로 가는 길을 물었다. 그러나 두 사람이 그곳에 이르렀을 때 붓다는 명상 산책을 나가서 아직 돌아오지 않았다. 비구는 젊은 부인과 젊은이에게 오두막 앞에 놓인 대나무 의자에 앉기를 권했다.

조금 뒤, 붓다가 칼루다이, 사리풋타 그리고 나가사말라와 함께 돌아왔다. 부인과 젊은이는 일어나서 경건한 태도로 합장을 했다. 붓다는 세 번째 대나무 의자에 앉으면서 두 사람에게 다시 자리에 앉도록 했다. 그는 이 부인이 암바팔리이며 그 젊은이가 빔비사라 왕의 아들인 지바카임을 알아차렸다.

칼루다이는 여태껏 이렇게 아름다운 여자를 한 번도 본 적이 없었다. 그는 비구가 된 지 아직 한 달밖에 되지 않아서 단지 합장만 하고 있을 따름이었고 비구가 아름다운 여자를 바라보는 것이 옳은 것인지 어떤 것인지 도무지 갈피를 잡을 수 없었다. 어찌할 바를 모르고 그는 두 눈을 내리깔고 지면만 내려다보았다. 나가사말라도 마찬가지였다. 붓다와 사리풋타만이 그 여자의 두 눈을 똑바로 쳐다보았다.

사리풋타는 암바팔리를 바라본 후 다시 붓다에게로 시선을 옮겼다. 그는 붓다의 시선이 이루 말할 수 없을 만큼 자연스럽고 평온함을 볼 수 있었다. 그의 얼굴은 아름다운 보름달처럼 평온해 보였다. 붓다의 시선은 자애롭고도 침착했다. 붓다의 시선을 바라본 순간 사리풋타는 그의 충만함, 평온함 그리고 기쁨이 그 자신의 마음을 곧바로 꿰뚫는 듯한 느낌을 받았다.

암바팔리도 붓다의 두 눈을 똑바로 바라보았다. 붓다가 지금 그녀를 바라보듯이 그녀를 바라본 사람은 지금까지 아무도 없었다. 그녀가 기억할 수 있는 한 남자들은 당혹스러움이나 욕망이 담긴 시선을 보내왔다. 그가 자신의 마음을 깊이 들여다볼 수 있다는 느낌을 받았다. 그녀는 두 손 모아 합장을 한 후 자신과 아들을 소개했다. "저는 암바팔리라고 하며 이 아이는 제 아들입니다. 의술을 공부하고 있지요. 우리는 당신에 관해 자주 들었으며 늘 한번 찾아뵙기를 바랐습니다."

붓다는 지바카에게 그의 공부와 일상생활에 대해 물었다. 지

암바팔리는 붓다가 자신의 마음속을 들여다보자 감동했다.

바카는 정중하게 대답했다. 붓다는 그가 착하고 총명한 소년임을 알 수 있었다. 그는 비록 아자타삿투 왕자와 같은 아버지에게서 태어났으나 그 왕자보다 훨씬 더 기품 있는 성격을 지닌 게 분명했다. 지바카의 마음은 붓다를 향한 존경심과 애정으로 가득 찼다. 그는 의술 공부가 끝나면 죽림정사에서 붓다를 가까이 모시겠다고 스스로 다짐했다.

그를 만나기 전만 해도 암바팔리는 붓다가 지금까지 그녀가 만나본 그 숱한 스승들과 비슷한 사람일 거라 짐작하고 있었다. 그러나 그녀는 붓다와 비슷한 사람은 한 번도 만난 적이 없었다. 그의 시선은 뭐라고 말할 수 없으리만치 따뜻하고 자애로웠다. 그녀는 그가 자신의 가슴속 깊이 숨겨둔 모든 고통을 이해할 수 있다고 느꼈다. 그녀의 고통의 대부분은 그가 그녀를 바라본 바로 그 순간 이미 위안을 받고 있었다. 두 눈에 눈물을 글썽이며 그녀가 말문을 열었다. "스승이시여, 저의 인생은 고통으로 가득 차 있었습니다. 돈이라든가 재산이 부족하다고는 한 번도 생각한 적이 없지만 지금까지 아무런 삶의 의미도 느껴보지 못했습니다. 오늘이야말로 제가 세상에 태어나서 가장 행복한 날입니다."

암바팔리는 노래 솜씨와 춤 솜씨가 상당히 뛰어났지만 지금까지 누군가를 위해 한 번도 선보인 적이 없었다. 누군가의 태도나 행동이 기분을 상하게 하면 그들이 아무리 많은 황금을 주어도 자신의 솜씨를 보여주지 않았다. 열여섯 살이었을 때 그녀는 마음의 상처만 남긴 채 끝나버린 사랑에 빠진 적이 있었다. 그 뒤 그녀는 젊은 빔비사라 왕자를 만났고 두 사람은 사랑에 빠졌다. 그리고 아들 지바카를 낳았다. 그러나 궁전에 있는 그 누구도 암바팔리와 그녀의 아들을 반겨주지 않았다. 심지어 왕가의 몇몇 사람들은 지바카 왕자는 길가의 쓰레기통에서 주워 온 버려진 고아에 불과하다는 소문을 퍼뜨리기까지 했다. 암바팔리는 이러한 구박에 마음의 상처를 입었다. 그녀는 궁전의 사람들 일부가 품고 있는 시기와 미움에서 비롯된 멸시를 참고 견디었다. 곧 그녀는 자유라는 것이야말로 무엇보다 소중한 가치라는 것을 알게 되었다. 그녀는 궁전에 살기를 거부하고 자신의 자유만은 누구에게도 빼앗기지 않겠다고 맹세했다.

붓다는 그녀에게 부드럽게 말했다. "아름다움은 다른 모든 현상들처럼 생겨났다가 사라지는 것이지요. 명예와 부도 이와 다를 게 없지요. 명상의 열매인 평화, 기쁨 그리고 자유만이 행복을 가져다줍니다. 암바팔리, 당신에게 남아 있는 인생의 모든 순간들을 소중히 여기고 돌보도록 하십시오. 망각이나 부질없는 쾌락 따위에 당신 자신을 맡기지 마십시오. 이것은 대단히 중요한 것입니다."

붓다는 그녀의 일상생활을 새롭게 가다듬을 수 있는 방법들, 즉 마음의 눈을 활짝 뜨고 호흡하기, 앉기, 일하기 그리고 다섯 가지 계율을 지키며 실천하는 일에 대해 들려주었다. 그녀는 몹시 기뻐하며 이러한 가르침을 소중히 받아들였다. 떠나기 전에 그녀가 말했다. "저는 베살리 시에서 아주 가까운 곳에 상쾌하고 평화스러운 망고나무 과수원을 하나 가지고 있답니다. 당신과 비구들께서 그곳으로 한번 들러주신다면 더할 나위 없는 영광이겠습니다."

붓다가 웃으며 승낙했다.

암바팔리가 떠난 뒤 칼루다이가 붓다 옆에 앉기를 청했다. 나가사말라는 그대로 선 채 사리풋타에게 의자에 앉도록 권했다. 오두막 곁을 지나가던 수많은 비구들도 걸음을 멈추고 모여들었다. 사리풋타는 칼루다이를 바라보며 미소를 지었다. 그러고 나서 다시 나가사말라를 바라보면서 미소를 지었다. 이어서 그는 붓다에게 물었다. "스승이시여, 수행자는 여인의 아름다움에 대해 어떤 마음가짐을 가져야 하는지요? 아름다움은, 특히 여인의 아름다움은 정신 수련에 장애가 되는 것입니까?"

붓다가 미소 지었다. 그는 사리풋타가 스스로를 위한 질문을 한 것이 아니고 다른 비구들을 위해 질문한 것임을 알고 있었다. 그는 대답했다. "비구들이여, 모든 법의 참된 본성은 아름다움과 추함을 뛰어넘는 것이다. 아름다움과 추함은 우리 마음이 만들어내는 한낱 부질없는 생각일 따름이다. 그것들은 다섯 가지 성분으로 서로 떼려야 뗄 수 없는 관계로 서로 뒤엉켜 있는 것이니라. 예술가의 눈으로 볼 때 어떤 것은 아름답게 또 어떤 것은 추하게 보일 것이다. 강, 구름, 나뭇잎, 꽃, 햇빛 또는 저녁노을은 나름대로 아름다움을 가지고 있지. 우리들 곁에 자라고 있는 황금빛 대나무는 아름답다. 그렇지만 어떠한 아름다움도 여인의 아름다움보다 남자의 마음을 송두리째 빼앗는 것은 없느니라. 한 남자가 여자의 아름다움에 사로잡히면 그는 그의 인생길을 망칠 수도 있는 것이다.

비구들이여, 하지만 그대들이 해탈을 성취하게 되면 그 어느 것에도 얽매이지 않게 된다. 해탈을 성취한 사람이 아름다움을 볼 때 그는 그것이 아름답지 못한 무수한 성분으로 이루어져 있음을 보게 된다. 그는 아름다움과 추함을 비롯한 모든 것들의 순간적이고 덧없는 본질을 이해한다. 따라서 그는 아름다움에 현혹된다거나 추한 것을 배척하거나 하지 않게 되는 것이다.

소멸하지 않으며 고통을 불러일으키지 않는 유일한 아름다움은 다름 아닌 자비롭고 자유로운 마음이다. 자비는 대가를 바라지 않고 조건 없이 사랑하는 능력이다. 자유로운 마음은 조건에 의해 속박당하지 않는다. 자비롭고 자유로운 마음이야말로 참된 아름다움이다. 그러한 아름다움에서 비롯된 평화와 기쁨이야말로 참된 평화이며 기쁨이니라. 비구들이여, 부지런히 정진하라. 그리하면 참된 아름다움을 깨달을 수 있을 것이다."

칼루다이와 나머지 다른 비구들에게는 붓다의 말씀이 크게 도움이 되었다.

안거 기간이 끝났다. 붓다는 칼루다이와 찬나를 불러 두 사람이 먼저 카필라밧투에 당도해 자신이 곧 도착하게 될 것임을 전하게 했다. 칼루다이와 찬나는 지체 없이 행장을 꾸렸다. 이제는 조용하고 평온한 모습의 비구가 된 칼루다이는 수도에 있는 모든 사람들이 그를 보면 깜짝 놀랄 것임을 알고 있었다. 그는 한시 바삐 달려가 붓다가 온다는 소식을 전하고 싶었지만 한편으로는 비록 짧은 기간이긴 했으나 죽림정사를 떠나기가 몹시 아쉬웠다.

34장

7년 만의 만남

칼루다이는 왕, 왕비 그리고 야소다라에게 붓다가 곧 도착할 것임을 알린 다음 곧 발우 하나만 들고서 카필라밧투를 향해 오는 붓다를 맞이하기 위해 혼자 길을 나섰다. 칼루다이는 평화롭고 느릿한 비구의 걸음걸이로 걸었다. 그는 탁발을 위해 길가에 있는 마을에 들르느라고 잠시 걸음을 멈추었을 뿐 낮에는 걷고 밤에는 쉬어가며 계속 걸어갔다. 그는 가는 곳마다 싯다르타 왕자가 해탈을 성취했으며 지금 고향을 찾아오고 있는 중이라고 알렸다. 카필라밧투를 떠난 지 아흐레째에 칼루다이는 붓다와 그를 따라 함께 여행길에 오른 삼백 명의 비구들을 만났다. 목갈라나, 콘단나 그리고 카사파는 다른 비구들과 함께 죽림정사에 남아 있었다.

칼루다이의 제안에 따라 붓다 일행은 카필라밧투에서 남쪽으로 4킬로미터쯤 떨어져 있는 니그로다 공원에서 밤을 보냈다. 이튿날 아침 그들은 탁발을 하기 위해 시내로 들어섰다.

가사를 걸친 삼백 명의 비구들이 각자의 발우를 평화스럽고 조용하게 잡고 있는 모습은 시내에 살고 있는 사람들에게 깊은 인상을 심어주었다. 그들이 도착했다는 소식은 곧 궁전으로 전해졌다. 숫도다나 왕은 아들을 만나러 가기 위해 당장 마차를 준비하라고 분부했다. 고타미 왕비와 야소다라는 궁전 안에서 애타게 기다리고 있었다.

왕이 탄 마차가 시내 동쪽 지역으로 들어섰을 때 그들은 비구들과 마주쳤다. 마부가 싯다르타를 가장 먼저 알아보았다. "왕이시여, 저기에 계십니다! 그분이 맨 앞에서 걸어오고 계십니다. 그분의 가사는 조금 더 길군요."

깜짝 놀란 왕은 샛노란 가사를 걸친 비구가 정말로 자신의 아들임을 알아보았다. 붓다는 장엄한 모습을 하고 있었으며 후광으로 온몸이 거의 둘러싸여 있다시피 했다. 그는 보잘것없이 초라한 한 집 앞에서 발우를 손에 들고 서 있었다. 그의 평온한 모습으로 볼 때 탁발을 하는 행동이 그 순간 그의 삶에서 가장 중요한 일인 것처럼 보였다. 왕은 그때 누더기 옷을 걸쳐 입은 한 여인이 다 쓰러져가는 오두막에서 나와 붓다의 발우에 조그만 감자 하나를 놓는 광경을 지켜보았다. 붓다는 그 여인에게 합장을 한 다음 그것을 경건하게 받았다. 그러고 나서 그는 다음 집으로 걸음을 옮겼다.

왕의 마차는 붓다가 서 있는 곳에서 꽤 멀리 떨어져 있었다. 왕은 마부에게 말을 멈추라고 분부했다. 그는 마차를 빠져나와 붓다를 향해 걸어갔다. 그제서야 붓다는 그의 아버지가 다가오는 것을 발견했다. 그들은 서로를 향해 마주 걸어갔다. 왕은 급한 걸음이었으며 붓다는 조용하고 침착한 걸음이었다.

"싯다르타!"

"아버님!"

나가사말라는 붓다에게 다가와서 스승의 발우를 받아 들어 붓다가 두 손으로 왕의 손을 맞잡을 수 있도록 해주었다. 왕의 주름진 뺨을 타고 눈물이 흘러내렸다. 붓다는 따뜻한 시선으로 아버지를 응시했다. 왕은 싯다르타가 더 이상 왕자가 아니며 뭇 사람의 존경을 한 몸에 받는 정신적인 스승임을 알았다. 그는 싯다르타를 품에 안고 싶었지만 적절한 행동이 아님을 느꼈다. 품에 안는 대신에 왕은 높은 수준의 정신적 스승에게 인사하는 식으로 두 손을 합장했다.

붓다는 곁에 서 있는 사리풋타에게 몸을 돌린 다음 말했다. "비구들은 탁발을 모두 끝냈으니 그들을 인도해서 니그로다 공원으로 돌아가도록 해라. 나가사말라는 나와 함께 궁전으로 가서 식사를 하도록 하자. 우리는 오후 늦게쯤이면 상가로 돌아올 것이다."

사리풋타는 합장을 한 후 다른 비구들을 인도해서 공원으로 돌아갔다. 왕은 한동안 붓다를 바라보다가 어렵게 입을 열었다. "나는 네가 궁전으로 와서 가족을 먼저 만나보리라고 생각했다. 그렇게 하지 않고 시내에서 탁발을 하리라고 누가 상상이나 했겠느냐?"

붓다는 아버지인 숫도다나 왕을 보고 빙그레 미소 지었다. "아버님, 저는 혼자 몸이 아닙니다. 수많은 비구들과 함께 왔습니다. 저도 다른 비구들과 마찬가지로 한 사람의 비구이니 탁발을 해야 마땅하겠지요."

"그렇다고 이처럼 가난한 집에서 꼭 탁발을 해야만 한단 말이냐? 석가족의 지난날을 돌이켜보더라도 이런 행동을 한 사람은 아무도 없었다."

다시 붓다가 미소 지었다. "석가족은 지난날 그런 행동을 하지 않았겠지요. 그러나 모든 비구들은 그렇게 해왔습니다. 아버님, 탁발은 비구로 하여금 겸허한 마음을 기르도록 해주며 모든 사람이 다 평등하다는 것을 일깨워주는 정신 수련입니다. 제가 가난한 집에서 조그만 감자 하나를 받으면 그것은 왕에게서 근사한 접시를 받은 것이나 다를 바 없습니다. 비구는 부자와 가난한 자를 구분 짓는 분별심을 뛰어넘어야 합니다. 제가 발견한 깨달음에 따르면 모든 것은 평등한 것으로 여겨집니다. 아무리 가난하다고 할지라도 모든 사람은 대자유와 깨달음에 이를 수 있습니다. 탁발을 한다고 하더라도 우리가 가진 본래의 존엄성을 해치지는 않지요. 모든 사람은 태어날 때부터 모두 존엄성을 지니고 있습니다."

숫도다나 왕은 놀란 표정으로 입을 벌린 채 듣고 있었다. 늙은 예언자의 말이 맞았다. 싯다르타는 덕망을 온 누리에 떨치는 정신적인 스승이 된 것이다. 왕의 손을 잡은 채 붓다는 궁전으로 걸어갔다. 나가사말라가 두 사람의 뒤를 따랐다.

비구들을 발견한 궁전의 시녀 한 명이 그들의 도착을 알려주었기에 고타미 왕비, 야소다라, 순다리 난다 그리고 어린 라훌라는 궁전의 난간에 서서 왕과 붓다가 함께 만나는 모습을 빼놓지 않고 볼 수 있었다. 그들은 왕이 붓다를 얼마나 공경스럽게 대하는지를 보았다. 왕과 붓다가 궁전 가까이 왔을 때 야소다라가 라훌라에게로 몸을 돌렸다. 그녀는 붓다를 가리키며 말했다. "얘야, 네 할아버지의 손을 잡고 지금 막 궁전 문을 들어서는 수도자가 보이느냐?"

라훌라가 고개를 끄덕였다.

"그 수도자가 네 아버지란다. 달려 내려가서 그분께 인사드려라. 그분은 네게 아주 특별한 유산을 물려줄 것이다. 그게 무엇인지 그분한테 물어보려무나."

라훌라는 아래층으로 달려갔다. 그리고 번개처럼 빠르게 궁전 뜰에 이르렀다. 그는 붓다를 향해 달려갔다. 붓다는 자신을 향해 달려오는 조그만 소년이 라훌라임을 즉시 알아보았다. 그는 두 팔을 넓게 벌려 아들을 끌어안았다. 숨이 차서 헐떡거리며 라훌라가 말했다. "존경하는 수도자님, 어머니께서 저보고 특별한 유산에 대해 수도자이신 아버지께 여쭤보라고 말씀하셨습니다. 그게 뭐지요? 제게 좀 보여주시겠어요?"

붓다는 라훌라의 뺨을 쓰다듬으며 미소 지었다. "네 유산에 대해 알고 싶은 게로구나? 적절한 때가 오면 내 너에게 물려주마."

붓다는 여전히 한 손으로는 왕의 손을 잡은 채 다른 한 손으

야소다라는 라훌라에게 말했다. "애야, 저 수도자가 바로 너의 아
버지란다."

로 라훌라의 손을 꼭 움켜잡았다. 세 사람은 함께 궁전으로 들어섰다. 고타미 왕비와 야소다라 그리고 순다리 난다도 아래층으로 내려와서 왕과 붓다 그리고 라훌라가 궁전 정원으로 들어서고 있는 것을 지켜보았다. 봄의 햇살이 밝고 따스했다. 꽃들은 곳곳에 피어 있었고 새들은 아름다운 목청으로 노래했다. 붓다는 왕과 라훌라와 함께 대리석 의자 위에 걸터앉았다. 그는 나가사말라에게도 앉도록 권했다. 그때 고타미 왕비, 야소다라 그리고 순다리 난다가 정원으로 들어왔다.

붓다는 즉시 일어나 세 여인에게로 다가갔다. 고타미 왕비는 건강이 아주 좋아 보였다. 그녀는 시원해 보이는 초록색 사리를 입고 있었다. 야소다라, 즉 고파는 안색이 좀 창백해 보이기는 했지만 예전이나 다름없이 아름다웠다. 그녀의 사리는 하늘에서 지금 막 떨어져 내린 눈처럼 흰색이었다. 그녀는 보석이나 장신구 따위를 전혀 걸치지 않고 있었다. 이제 열여섯 살이 된 붓다의 여동생 순다리 난다는 새까만 두 눈과 잘 어울리는 금빛 사리를 입고 있었다. 세 여인들은 저마다 합장을 하고서 붓다에게 고개를 숙여 인사했다. 붓다는 합장을 하고는 답례를 했다. 그러고 나서 그는 소리쳤다. "어머님! 고파!"

자신들의 이름을 부르는 그의 목소리를 듣고 두 여인은 울음을 터뜨렸다.

붓다는 왕비의 손을 잡고 그녀를 의자에 앉혔다. 그가 물었다. "난다는 어디에 있는지요?"

왕비가 대답했다. "무술을 연마하러 나갔단다. 곧 돌아올 게다. 네 여동생은 알아보겠느냐? 네가 없는 동안에 그 애도 많이 자랐단다. 이야기를 좀 나누지 않으련?"

붓다는 여동생을 응시했다. 그는 그녀를 7년 이상이나 보지 못했다. "순다리 난다, 너도 이제 숙녀가 다 되었구나!"

그러고 나서 붓다는 야소다라에게 다가가서 손을 부드럽게 잡았다. 그녀는 너무나 가슴이 벅차올라 그의 손에 잡힌 두 손을 떨고 있었다. 그는 그녀를 왕비 옆에 앉도록 했다. 궁전으로 돌아오는 길에 왕은 붓다에게 여러 가지를 물었으나 지금은 아무도 입을 열지 않았다. 심지어 라훌라조차도 아무 말이 없었다. 붓다는 왕과 왕비와 야소다라 그리고 순다리 난다를 번갈아가며 바라보았다. 다시 한 번 기쁨이 모든 사람의 얼굴에 빛나고 있었다. 오랜 침묵 끝에 붓다가 말했다. "아버님, 제가 돌아왔습니다. 어머님, 제가 이젠 돌아온 겁니다. 그리고 고파, 내가 이렇게 돌아왔지 않소."

다시 두 여인이 울기 시작했다. 그러나 그 울음은 기쁨의 울음이었다. 붓다는 울음을 그치라고 그들을 달랜 후 라훌라에게 옆에 앉도록 했다. 그는 아들의 머리를 애정 어린 손길로 쓰다듬었다.

고타미는 사리의 옷자락으로 눈물을 닦고 난 후 붓다를 보고 웃으며 말했다. "네가 집을 떠난 지 벌써 오랜 세월이 흘렀구나. 7년 이상이나 지났단다. 그동안 고파가 얼마나 꿋꿋하게 살아왔는지 아느냐?"

"그녀가 오랫동안 꿋꿋하게 살아왔다는 것은 저도 알고 있

326

습니다. 어머님과 고파는 제가 아는 여자들 중에서 가장 굳센 사람들이니까요. 어머님과 저 사람은 남편들의 뜻을 잘 받들고 묵묵히 뒷바라지를 해오셨을 뿐만 아니라 모든 면에서 강하고 의연하셨지요. 제가 세상에 태어나 어머님과 고파를 만나게 된 것도 큰 행운입니다. 그 덕분에 제가 목표한 바를 보다 수월하게 끝마칠 수 있었습니다."

야소다라는 웃음만 지을 뿐 아무 말도 하지 않았다.

왕이 말했다. "먼저 그동안 네가 어떻게 깨달음의 길을 걸었는지를 말해주지 않겠느냐? 그러고 나서 다른 이야기를 계속하자꾸나."

붓다는 그가 오랫동안 찾아 헤맸던 구도의 길에 대해 그들에게 간략하게 들려주었다. 그는 산에서 빔비사라 왕을 만난 일과 우루벨라 마을의 가난한 아이들에 대해서도 들려주었다. 그리고 함께 고행을 했던 다섯 친구에 대한 이야기와 라자가하에서 비구들을 위해 성대하게 베풀어졌던 환영회에 대해서도 이야기해주었다. 모든 사람들은 흥미롭게 귀를 기울였다. 라훌라도 꼼짝 않고 들었다.

붓다의 목소리는 따뜻하고 자상했다. 그는 세부적인 일들에 대해서는 말하지 않고 고행 기간 중에 있었던 일들을 간추려서 들려주었다. 그는 자신과 가장 밀접한 사람들의 가슴속에 깨달음의 씨앗을 뿌릴 수 있도록 말을 신중하게 선택해서 들려주었다.

시녀 한 명이 정원으로 나와서 고타미의 귀에다 대고 무슨 말인가를 속삭였다 왕비도 뭐가를 속삭여서 답했다. 조금 뒤에 시녀들이 점심 식사를 할 수 있도록 정원에 식탁을 마련했다. 음식을 막 식탁 위에 차리고 나자 난다가 도착했다. 붓다는 기뻐하며 그를 맞이했다.

"난다! 내가 네 곁을 떠날 때, 너는 겨우 열다섯 살이었는데, 이제는 어엿한 청년이 다 되었구나!"

난다가 미소 지었다. 왕비가 그를 타일렀다. "난다, 형에게 공손히 인사를 드려야지. 그는 이제 수도자이니 두 손을 한데 모아 합장을 하려무나."

난다가 합장을 하자 붓다는 어린 동생에게 합장으로 답례했다.

그들은 모두 식탁으로 향했다. 붓다는 나가사말라에게 옆에 앉도록 권했다. 시녀가 모든 사람들이 손을 씻을 수 있도록 물을 가져왔다.

왕이 붓다에게 물었다. "너는 발우에 무엇을 받았느냐?"

"저는 감자 한 개를 받았습니다. 하지만 나가사말라는 아직 아무것도 받지 못한 걸로 알고 있습니다."

숫도다나 왕이 자리에서 일어섰다. "두 사람 모두에게 내가 음식 공양을 행할 수 있게 해다오." 왕이 두 사람에게 음식을 덜어주는 동안 야소다라는 접시를 받쳐 들고 서 있었다. 그는 먹음직스러운 흰 쌀밥과 채소를 두 사람의 발우에 담아주었다. 붓다와 나가사말라는 조용하고도 경건한 태도로 음식을 들기 시작했고 다른 사람들도 두 사람이 하는 예법에 따라 식사를 했다. 새들은 정원 위를 날아다니며 계속 지저귀고 있었다.

식사를 끝내고 나서 왕비는 왕과 붓다를 다시 대리석 의자 위에 앉도록 권했다. 시녀 한 명이 귤이 담긴 접시를 하나 가져왔으나 각자에게 나누어진 귤을 먹는 사람은 라훌라뿐이었다. 다른 사람들은 붓다의 경험담을 듣는 데 온통 마음이 쏠려 있었다. 고타미 왕비가 가장 많은 질문을 했다. 왕은 붓다가 죽림정사에서 살았다는 오두막에 대한 이야기를 들었을 때 니그로다 공원에다 그를 위해 비슷한 오두막을 하나 지어주기로 마음먹었다. 그는 붓다에게 몇 달 동안 이곳에 머무르면서 설법을 행해주는 게 어떻겠냐고 제의했다. 그러자 고타미 왕비, 야소다라, 난다 그리고 순다리 난다도 왕의 제의에 기뻐하며 한결같이 뜻을 같이했다.

마침내 붓다는 공원에 있는 그의 비구들에게 돌아가야 할 때가 되었다고 말했다. 왕이 일어서며 말했다. "마가다국의 왕이 했던 것처럼 나도 너와 모든 비구들을 위해 환영회를 열어 음식 공양을 행하고 싶구나. 그리고 아울러 모든 왕족들과 대신들을 함께 불러 그들이 너의 설법을 들을 수 있도록 자리를 마련하고 싶다."

붓다는 초대해주시면 기쁜 마음으로 받아들이겠다고 말했다. 그들은 그 모임을 이레 뒤에 갖기로 했다. 야소다라는 붓다와 칼루다이를 위해 동편의 궁전에서 따로 식사를 대접하겠다는 뜻을 표했다. 붓다는 그녀의 초대에도 응하면서 왕의 환영회가 끝나고 나서 며칠 뒤까지만 기다려주는 게 어떻겠느냐고 제의했다.

왕은 마차를 준비해서 붓다와 나가사말라를 니그로다 공원까지 데려다주고자 했지만 붓다는 사양했다. 온 가족이 궁전의 바깥쪽 문까지 두 사람을 배웅했다. 그리고 모두 경건한 태도로 합장을 하며 작별 인사를 했다.

35장

이른 아침의 햇살

싯다르타가 돌아왔다는 소식은 순식간에 카필라밧투 전 지역으로 퍼져나갔고, 이 사실은 시내에서 매일 아침 탁발을 하는 비구들을 보더라도 쉽사리 짐작할 수 있었다. 많은 가정에서 비구들에게 음식 공양을 하였고 그들이 좋은 설법을 행해주기를 바랐다.

숫도다나 왕은 붓다와 비구들을 궁전에 초대한 날 거리를 깃발과 꽃으로 장식하도록 지시했다. 그는 또한 지체 없이 붓다 일행을 위해 니그로다 공원에 조그만 오두막을 짓도록 분부했다. 수많은 사람들이 붓다와 비구들을 만나기 위해 공원으로 찾아들었다. 사람들은 거리에서 조용히 탁발을 하고 있는 지난날의 왕자의 모습을 보고 크게 감동했다. 붓다가 돌아왔다는 소문은 모든 백성들의 주요 화젯거리가 되었다.

고타미와 야소다라는 니그로다 공원으로 붓다를 만나러 가고 싶었으나 상가를 맞이하기 위한 준비를 하느라고 일주일 동안 너무나 바빴다. 왕은 정치, 문화, 종교계의 원로들뿐만 아니라 대신들을 포함해서 수천 명의 손님들을 초대하기로 했다. 그는 식사는 채식으로만 준비하도록 분부했다.

그러나 난다 왕자는 이렇게 준비를 하고 있는 동안 시간을 내어 붓다를 두 번 찾아갔다. 그는 붓다가 들려주는 깨달음에 이르는 길을 경청했다. 난다는 형인 붓다를 좋아하였으며 비구의 평화로운 생활을 부러워했다. 그는 자신이 훌륭한 비구가 될 수 있을 것인지를 붓다에게 물어보기까지 했으나 붓다는 그저 웃기만 했다. 붓다는 난다가 비록 훌륭한 생각과 뜻을 가진 청년이긴 하지만 강한 목적의식과 집념을 가지고 있지는 못하다는 것을 알았다. 그는 붓다와 함께 앉았을 때는 수행자가 되기를 원했으나 궁전으로 돌아가면 사랑하는 약혼녀 칼리아니에 대한 생각뿐이었다. 난다는 붓다가 자신의 이러한 양면성을 어떻게 생각할지 궁금했다.

환영회가 열리는 날이 되었다. 왕궁을 포함한 수도의 전 지역은 붓다와 그의 상가를 환영하기 위해 깃발과 꽃으로 뒤덮였다. 수도 전체가 온통 축제 분위기로 술렁거렸다. 군중들이 거리를 가득 메우고 줄지어 행진할 때 악사들은 아름다운 음악을 연주했다. 모든 사람들이 먼발치에서나마 붓다를 보려고 애썼다. 고타미와 야소다라는 왕이 초대한 모든 손님들을 정성껏 영접했다. 고파는 왕비의 요청에 따라 환영회를 기리는 뜻에서 우아한 모습의 사리를 입고 특별히 보석 장신구까지 몸에 걸쳤다.

붓다와 비구들은 군중들 틈에서 느릿하면서도 경건하게 걸었다. 붓다가 지나갈 때 많은 사람들은 두 손 모아 합장을 하며 인사를 했다. 아이들은 좀 더 잘 보기 위해서 그들 부모의 어깨 위에 목말까지 타고 있었다. 군중들 속에서 환호성과 박수갈채가 터져 나왔다. 비구들은 소란스럽고 열띤 축제 분위기에서도 한결같이 마음의 평정을 유지하고 있었다.

숫도다나 왕은 궁전의 바깥문에서 붓다와 상가를 맞이했다. 그는 그들을 궁전 안뜰로 안내했다. 일부 사람들은 붓다가 비록 지난날 왕자였다 하더라도 젊은 수행자에게 이토록 커다란 존경을 표시할 필요가 있을까 의심하기도 했지만 곧 모든 사람들이 왕이 하는 대로 두 손을 모아 붓다에게 경의를 표했다.

붓다와 비구들이 자리에 앉자 왕은 시종들에게 음식을 가져오라고 손짓을 했다. 왕은 몸소 붓다에게 음식을 나누어 주었다. 야소다라와 고타미는 시녀들에게 다른 모든 손님들의 시중을 들라고 분부했다. 그 손님들 중에는 브라만이나 금욕주의자 그리고 은둔자도 있었다. 모든 사람이 붓다와 비구들이 하는 식으로 조용히 식사를 했다. 모든 비구와 손님들이 식사를 끝마치고 비구들이 발우를 씻고 났을 때 왕은 자리에서 일어나 합장을 했다. 그는 붓다에게 이곳에 모인 대중들을 위해 설법을 해주길 청했다.

붓다는 참석한 사람들의 뜻을 알기 위해 잠시 조용히 앉아 있었다. 그는 대중들이 지난 7년 동안 자신에게 무슨 일이 있었는지 몹시 궁금해함을 알고는 깨달음을 찾아 헤매던 지난날의 경험들을 간략하게 언급했다. 그리고 모든 존재의 변함(無常)과 홀로 존재하지 못함(緣起)에 관한 설법을 행했다. 그는 일상생활에서도 마음의 눈을 크게 뜨고 사물을 깊이 들여다보면 고통을 없애고 평화와 기쁨을 얻을 수 있다고 말했다. 그는 또한 공물을 많이 바치고 기도를 한다고 해서 해탈을 얻을 수 있는 것이 아님을 말했다.

붓다는 네 가지의 성스러운 진리(四聖諦)에 대해 가르쳤다. "인간은 생로병사의 고통뿐만 아니라 그것들이 만들어내는 다른 고통들을 겪습니다. 무지와 그릇된 관점으로 인해 사람들은 자신과 남에게 고통을 주는 바를 말하고 행합니다. 성냄, 증오, 의심, 시기심 그리고 욕구불만이 고통을 만들어냅니다. 이 모든 것은 무지에서 비롯된 것입니다. 사람들은 불타는 집 속에 갇힌 듯이 고통 속에 갇혀 있으며 그 고통의 대부분은 사람들 스스로가 만들어냅니다. 그대들은 신에게 기도를 한다고 해서 자유를 얻을 수는 없습니다. 고통의 근원이 되는 그릇된 생각을 뿌리 뽑으려면 우리는 자신의 마음과 처한 상황을 깊이 들여다보아야 합니다. 고통의 본질을 알기 위해서는 고통의 근원을 찾아내야 합니다. 일단 고통의 본질을 이해하면 그것이 더이상 그대들을 속박하지 못할 것입니다.

어떤 사람이 그대들에게 화를 내면 그대들도 그에게 화를 낼수도 있습니다. 그러나 그렇게 하면 고통만 더할 따름입니다. 깨달음의 길을 따르면 상대에게 화를 내는 식으로 반응하지는 않게 될 것입니다. 화를 내는 대신에 마음을 가라앉히고 그 사람이 내게 왜 화를 내는지 그 까닭을 알고자 할 것입니다. 그리고 깊이 생각해보면 그 사람이 화를 낸 까닭을 찾아낼 수 있을 것입니다. 그 사람이 화를 낸 데 대해 그대들의 책임이 있다는 것을 알게 되면 화를 내지 않고 그대들 자신의 그릇된 행동 때문에 그가 화를 냈다는 것을 인정하게 될 것입니다. 만약 그대들에게 잘못이 없다면 그 사람이 그대들을 오해한 까닭을 알아내야 합니다. 그러면 그에게 그대들의 진정한 의도를 그가 이해하도록 도움을 줄 수 있을 것입니다. 이와 같이 하면 그대들 자신과 그에게 고통을 주는 원인을 제거할 수 있을 것입니다.

왕이시여, 그리고 여러분! 모든 고통은 사물을 깊이 들여다봄으로써 극복될 수 있습니다. 깨달음의 길에서 우리는 지혜와 집중을 얻기 위해 계율을 따라야 합니다. 계율이란 평화와 기쁨을 길러주는 삶의 원리입니다. 계율을 실천함으로써 우리는 지혜와 집중의 능력을 키울 수 있게 됩니다. 집중은 우리 마음과 환경의 본성을 밝힐 수 있도록 도와주며, 이를 통해 이해에 도달하게 됩니다. 이해를 통해서만 우리는 사랑을 할 수 있습니다. 모든 고통은 우리가 지혜에 이를 때 극복됩니다. 참된 자유의 길은 지혜의 길입니다. 지혜는 프리즈나(般若)입니다. 이러한 지혜는 사물의 참된 본성을 깊이 들여다볼 때만 얻을 수 있습니다. 계율, 마음의 집중 그리고 지혜의 길이야말로 자유에 이르는 길입니다."

붓다는 잠시 멈추었다가 빙그레 미소를 지으면서 말을 계속했다. "그러나 고통도 삶의 한 측면일 따름입니다. 삶은 또 하나의 측면, 다시 말해 경이로운 측면을 가지고 있습니다. 우리가 삶의 그러한 측면을 볼 수 있으면 우리는 행복, 평화 그리고 기쁨을 누릴 수 있습니다. 마음이 얽매이지 않으면 삶의 경이로움을 직접 경험할 수 있습니다. 우리가 모든 존재의 변함과 무아와 홀로 존재하지 못함의 이치를 참되게 깨우칠 때 우리는 우리의 마음과 정신이 얼마나 신비로운 것인지를 알 수 있게 됩니다. 이때 비로소 우리는 우리의 육신, 자줏빛의 대나무 가지, 금빛의 국화, 맑은 시냇물 그리고 빛나는 달빛이 얼마나 신비로운 것인지 알 수 있게 됩니다.

우리가 우리 자신을 고통 속에 가두기 때문에 삶의 신비를 경험할 수 있는 능력을 잃게 되는 것입니다. 무지를 타파하면 평화와 기쁨과 자유 그리고 니르바나의 한없이 넓은 세계를 발견하게 됩니다. 니르바나는 무지, 탐욕 그리고 성냄이 뿌리 뽑힌 상태입니다. 그것은 평화와 기쁨 그리고 자유의 출현입니다. 여러분, 맑은 시냇물이나 이른 아침의 햇살을 한번 보십시오. 평화와 기쁨과 자유를 경험할 수 있지 않습니까? 그대들이 여전히 슬픔과 근심의 감옥 속에 갇혀 있으면 그대들의 숨결, 육신 그리고 정신 속에 깃들어 있는 우주의 신비를 경험할 수가 없게 됩니다. 내가 발견한 진리는 슬픔과 근심의 참된 본질을 깊이 들여다봄으로써 그것을 뛰어넘는 진리입니다. 나는 이러한 진리를 다른 여러 사람들과 나누어 가질 것이며 그들 또한 스스로 이 진리를 터득하게 될 것입니다."

모든 사람들은 붓다의 설법에 깊은 감동을 받았다. 왕의 마음은 고타미 왕비 그리고 야소다라와 마찬가지로 기쁨으로 벅차올랐다. 그들은 자유와 해탈에 이르기 위해 사물의 본질을 깊숙이 들여다보는 방법에 관하여 더욱 많은 것을 배우고 싶었다. 설법이 끝난 후 왕은 붓다와 비구들을 수도의 바깥문까지 배웅했다. 모든 손님들은 왕자의 위대한 득도에 대하여 왕에게 축하했다.

니그로다 공원은 곧 수도원으로 바뀌었다. 그곳에서 자라는 무성한 나무들은 시원한 그늘을 제공해주었다. 새로이 많은 비구들이 생겨났으며 석가족의 젊은이들을 포함한 수많은 속인들이 다섯 가지 계율을 지키고자 다짐했다.

야소다라는 왕비와 라훌라와 함께 니그로다 공원으로 붓다를 자주 방문했다. 그녀는 그의 설법에 귀를 기울였으며 깨달음을 실천하는 일과 사회봉사를 행하는 일 사이의 관계에 대하여 나름대로 묻곤 했다. 붓다는 그녀의 마음속에 평화와 기쁨을 길러주기 위해 호흡을 가다듬고 명상에 들어가는 방법을 그녀에게 가르쳐주었다. 그녀는 평화와 기쁨이 없이는 다른 사람을 진실로 도울 수 없다는 것을 깨달았다. 보다 깊은 깨달음을 이룸으로써 사랑을 베풀 수 있는 힘도 커진다는 것을 알았다. 그녀는 또한 다른 사람들을 도와주는 노력을 통해서 깨달음의 길을 실천할 수 있다는 것을 알고 기뻤다. 평화와 기쁨은 그녀가 일을 하고 있는 바로 그 순간에도 가능한 것이었다. 수단과 목적은 두 가지가 서로 다른 것이 아니었다.

고타미 왕비 또한 수행에 큰 진전을 이루었다.

36장

메가와 젊은 여인

야소다라는 붓다, 칼루다이, 나가사말라 그리고 왕비를 그녀의 궁전으로 초대해 식사 대접을 했다. 그들이 식사를 끝냈을 때 그녀는 아이들과 함께 지내고 있는 누추한 오두막집 쪽으로 그들을 안내했다. 라훌라도 그 아이들과 함께 어울렸다. 야소다라는 거기서 다시 그들을 사과나무가 있는 곳으로 인도했다. 그곳은 붓다가 어려서 명상을 처음으로 경험한 곳이었다. 실제로는 27년 전의 일이었으나 붓다는 바로 어제 일처럼 느껴졌다. 나무는 굉장히 크게 자라 있었다.

야소다라의 요청에 따라 수많은 가난한 아이들이 그 나무 옆으로 모여들었다. 야소다라는 붓다에게 그가 여러 해 동안 그곳에서 만난 아이들은 이제는 모두 결혼을 했다고 말했다. 사과나무 아래에 있는 아이들은 일곱 살에서 열두 살 정도로 보였다. 그들은 붓다가 오는 것을 보고서 놀이를 멈추고 붓다가

지나갈 수 있도록 양쪽으로 길을 내주었다. 야소다라는 붓다에게 인사하는 법을 그 아이들에게 미리 가르쳐준 적이 있었다. 그들은 붓다를 위해 나무 아래 특별히 준비해둔 대나무 의자를 놓아주었고 고타미, 야소다라 그리고 두 명의 비구들이 앉을 수 있도록 방석을 펴주었다.

붓다는 기쁜 마음으로 그곳에 앉았다. 그는 우루벨라 마을의 가난한 아이들과 보냈던 지난날들을 떠올렸다. 그는 아이들에게 물소를 키우는 소년 스바스티와 우유를 준 어린 소녀 수자타에 대해서 들려주었다. 그는 이해심과 지혜를 깊게 함으로써 사랑의 마음을 기르는 법에 대해서 말했고 그의 사촌이 쏘아 떨어뜨린 백조를 구해주었던 이야기도 들려주었다. 아이들은 그가 하는 말을 아주 진지한 태도로 경청했다.

붓다는 라훌라에게 앞에 앉도록 손짓을 했다. 그러고 나서 그는 모든 아이들에게 전생의 이야기를 들려주었다.

"옛날에 히말라야 산 아래에 '메가'라는 이름을 가진 친절하고 부지런한 한 젊은이가 살았단다. 가진 돈은 없었지만 공부를 하고 싶은 마음에 그는 수도를 향해 떠났지. 그가 가진 것이라곤 지팡이와 모자와 물 잔과 입고 있는 옷과 그리고 겉옷 한 벌이 전부였다. 도중에 그는 농가에 들러 일을 해주고 돈을 벌어 쓰곤 했다. 그가 수도인 디바파티에 도착했을 때 그에게는 5백 루피의 돈이 있었다.

그가 시내에 들어섰을 때 사람들은 중요한 축제를 준비하고 있는 듯이 보였다. 무슨 축제일까 궁금하여 그는 물어볼 사람이 없나 주변을 두리번거렸다. 그때 아름다운 여인 한 명이 그의 옆으로 지나갔다. 그녀는 갓 피어난 연꽃으로 만든 꽃다발을 가지고 있었다.

메가가 그녀에게 물었다. '오늘 무슨 축제가 있나요?'

그러자 젊은 여인이 대답했다. '당신은 디바파티에 처음 왔나 보군요. 그렇지 않다면 오늘이 깨달음을 성취한 디판카라 성자께서 도착하는 날임을 알았을 텐데 말이에요. 그는 모든 사람들에게 길을 밝혀주는 횃불과도 같은 사람이랍니다. 그는 진리를 찾아 길을 떠났던 아르시마트 왕의 아들이지요. 그의 깨달음은 온 세상을 밝게 비춰주기 때문에 사람들이 그를 기념하는 뜻으로 이번 축제를 마련했답니다.'

메가는 깨달음을 이룬 성자가 있다는 이야기를 듣고 몹시 기뻐했지. 그는 성자에게 무엇인가를 바치고 그의 제자가 되고 싶은 마음이 아주 간절했단다. 그래서 그는 젊은 여인에게 이렇게 물었지. '당신은 그 연꽃들을 얼마에 사셨나요?'

그녀는 메가를 바라보고 그가 총명하고 사려 깊은 젊은이라는 것을 쉽게 알아보았지. 그녀는 이렇게 대답했단다. '다섯에 샀지요. 나머지 두 송이는 우리 집 연못에서 가져왔고요.'

그러자 메가가 되물었단다. '다섯에 샀다뇨?'

'5백 루피 말이에요.'

메가는 디판카라에게 바치기 위해 그가 갖고 있던 5백 루피를 주고 그 다섯 송이의 연꽃을 사겠다고 말했단다. 그러나 그녀는 이렇게 말하면서 거절을 했지. '저도 그분께 바치기 위해

이것들을 산 거예요. 그러니 다른 사람에게 팔 생각은 없어요.'

　　메가는 그녀를 설득해보려고 애썼다. '그렇지만 당신이 그 다섯 송이를 제게 팔더라도 당신한테는 연못에서 가져온 연꽃 두 송이가 여전히 남지 않습니까? 그러니 나머지 다섯 송이는 제게 파십시오. 저는 그 성자께 무엇인가를 드리고 싶답니다. 제 인생에서 이런 스승을 만나기란 너무나 어려운 기회일 것입니다. 저는 그분을 만나 그분의 제자가 되겠다고 말씀드릴 거예요. 제게 당신이 가진 다섯 송이의 연꽃을 팔면 평생 그 은혜를 잊지 않겠습니다.'

　　하지만 어쩐 일인지 그 여인은 발끝에 시선을 떨구고는 대답을 하지 않았지.

　　그러자 메가가 다시 그녀에게 애원했단다. '제게 그 다섯 송이의 꽃을 팔면 당신이 부탁하는 것을 들어드리겠습니다.'

　　젊은 여인은 무척 난처해하는 기색이었지. 그녀는 오랫동안 고개를 들지 못했어. 마침내 그녀가 이렇게 말했지. '우리가 전생에 무슨 인연이 있었는지 모르겠지만, 저는 당신을 본 순간 사랑하게 되었어요. 저는 수많은 젊은 남자들을 만났었지만 제 마음이 이토록 흔들렸던 적이 없었습니다. 만약 당신이 이번 생에서나 미래의 모든 생에서 저를 아내로 삼겠다고 약속하신다면 당신이 그 깨달음을 얻은 분에게 바칠 수 있도록 이 꽃을 당신한테 드리겠어요.'

　　그녀는 이 말을 너무나 빨리 해대는 바람에 말을 모두 끝냈을 때는 거의 숨이 막힐 지경이었단다. 메가는 무슨 말을 해야

메가는 아름답고 젊은 여자에게, 디판카라 성자께 드리려고 하니
그 다섯 송이 연꽃을 팔지 않겠느냐고 물었다.

좋을지 몰랐지. 한동안 말없이 있다가 그는 말했어. '당신은 매우 특이하고도 매우 솔직하군요. 당신을 처음 보았을 때 저도 뭔가 특별한 기분을 느꼈답니다. 그러나 저는 자유의 길을 찾고 있는 중입니다. 제가 결혼을 하면 적절한 기회가 주어졌을 때에도 그 길을 택할 수 없을 것입니다.'

그 젊은 여인이 말했어. '저를 당신의 아내로 삼겠다고 약속해줘요. 그러면 당신이 깨달음을 구할 수 있는 기회가 오더라도 그 길을 가는 것을 방해하지 않겠어요. 오히려 당신이 그러한 소망을 무난히 달성할 수 있도록 힘껏 도와드리겠습니다.'

메가는 그녀의 제안을 쾌히 승낙했고 두 사람은 함께 디판카라 성자를 찾아 떠났단다. 사람들이 몹시 붐볐기 때문에 그들은 그의 모습을 거의 볼 수도 없을 지경이었어. 그러나 먼발치로나마 언뜻 본 그의 얼굴 모습만으로도 메가는 그가 진실로 깨달음을 얻은 사람임을 충분히 알 수 있었지. 메가는 크나큰 기쁨을 느끼며 그 자신도 언젠가는 이러한 깨달음을 얻고 말리라고 맹세했단다. 그는 그 꽃을 디판카라에게 줄 수 있을 만큼 좀 더 다가가고 싶었지만 사람들 틈을 비집고 나아가기란 불가능했단다. 다른 방법을 찾을 수 없자 그는 디판카라를 향해 꽃을 하늘 높이 던졌지. 기적과도 같이 그 꽃은 성자의 손에 곧장 떨어져 내렸단다. 메가는 자신의 마음의 정성이 전달되자 무척 기뻐했지. 그러자 젊은 여인은 그녀의 꽃도 성자에게 던져달라고 부탁했단다. 그녀의 연꽃 두 송이도 성자의 손에 떨어져 내렸어. 디판카라는 누가 꽃을 던졌는지 궁금해서 큰 소리로 외치며 나타나줄 것을 요청했다. 군중이 메가와 젊은 여인이 지나갈 수 있도록 길을 터주었어. 메가는 그 여인의 손을 꼭 붙잡았고, 두 사람은 함께 디판카라의 앞으로 나아갔단다. 성자는 메가를 보고 말했어. '나는 너의 진심을 알고 있단다. 나는 또한 네가 정신적인 길을 따라 큰 깨달음을 얻어서 마침내 모든 인류를 구원하기로 결심했음을 알고 있단다. 안심하거라. 훗날 때가 되면 네가 소망한 바를 이룰 것이니라.'

그러고 나서 디판카라는 메가의 옆에 꿇어앉아 있는 젊은 여인을 바라보고는 그녀에게 말했다. '너는 현세와 내세에서 메가의 가장 가까운 친구가 되어야만 할 것이다. 약속을 잊지 말거라. 너는 네 남편을 도와 그의 뜻을 실현시키게 될 것이다!'

메가와 젊은 여인은 그 성자의 말에 크게 감명을 받았단다. 그들은 깨달음을 이룬 디판카라에게서 가르침 받은 깨달음의 길로 정진하는 데 온 정성을 쏟았단다.

얘들아, 그때의 생에서 그리고 그 후 여러 생에 걸쳐서 메가와 젊은 여인은 부부로서 살았단다. 남편이 정신적인 길을 따르기 위해 떠나야만 할 때마다 그의 아내는 최선을 다해 여러모로 그를 도와주었지. 그녀는 그를 방해한 적이 한 번도 없었어. 그래서 그는 그녀에 대해 이루 말할 수 없는 고마움을 느꼈단다. 마침내 그는 오랜 숙원을 성취해서 디판카라가 아주 오랜 옛날에 예언했던 대로 깨달음을 이루게 된 것이란다.

얘들아, 돈과 명예만이 인생에서 가장 소중한 것은 아니란다. 돈과 명예는 순식간에 없어질 수도 있다. 이해심과 사랑이야말로 인생에서 가장 소중한 것이니라. 너희가 이해심과 사랑을 가지게 되면 행복을 누리게 될 것이다. 메가와 그의 아내는 그러한 이해심과 사랑 덕분에 여러 생에 걸쳐서 행복을 누렸단다. 이해심과 사랑을 통해 극복할 수 없는 것은 이 세상에 아무것도 없단다."

야소다라는 두 손 모아 합장을 하며 붓다에게 절했다. 그녀는 감동을 한 나머지 눈물을 흘렸다. 그녀는 그가 비록 아이들에게 그 이야기를 들려주었지만 실은 그 이야기가 자신을 위한 것임을 알고 있었다. 그 이야기는 곧 그가 그녀를 어떻게 생각하고 있는지를 보여준 것이다. 고타미 왕비는 그녀를 바라보았다. 그녀는 붓다가 이 이야기를 들려준 이유를 너무나 잘 알고 있었다. 그녀는 며느리의 어깨 위에 손을 올려놓고 아이들에게 말했다. "너희는 메가가 현세에서 누구인지 아느냐? 그는 바로 붓다란다. 현세에서 그는 깨달음을 얻었단다. 메가의 아내는 현세에서 누구인지 아느냐? 그녀는 다름 아닌 너희의 야소다라 아주머니란다. 그녀의 이해심 덕분에 싯다르타 왕자는 자신의 길을 나아가서 깨달음을 얻을 수 있었단다. 우리는 야소다라에게 감사드려야 한단다."

아이들은 오래전부터 야소다라를 사랑해왔었다. 그들은 이제 그녀를 향해 몸을 돌린 다음 마음에서 우러난 한없는 사랑을 표시하기 위해 절을 했다. 붓다도 깊은 감명을 받았다. 그리고 나서 붓다는 비구인 칼루다이와 나가사말라와 함께 수도원을 향해 천천히 걸음을 옮겼다.

37장

새로운 믿음

2주일이 지나서 숫도다나 왕은 붓다를 궁전으로 초대하여 가족들과 함께 식사를 하는 자리를 마련했다. 사리풋타도 초대되었고, 고타미 왕비, 야소다라, 난다, 순다리 난다 그리고 라홀라도 모두 참석했다. 가족적이고 평온한 분위기 속에서 붓다는 호흡을 가다듬는 방법, 마음속의 생각들을 깊숙이 들여다보는 방법 그리고 좌선이나 걸으며 명상하는 방법 등을 그들에게 가르쳐주었다. 그는 그들이 일상생활 속에서도 명상 수행과 마음챙김을 통해 매일매일의 걱정과 좌절감 그리고 초조감을 극복할 수 있다는 것을 강조하였다.

라홀라는 사리풋타의 옆에 앉아 조그마한 손을 그의 손 위에 올려놓고 있었다. 라홀라는 사리풋타를 매우 좋아했다.

붓다와 사리풋타가 수도원으로 돌아가야 할 시간이 되었을 때 모든 사람은 두 사람과 함께 문까지 걸어 나왔다. 난다는 붓다가 합장을 하며 한 사람씩 작별 인사를 할 때 붓다의 발우를 들어주고 있었다. 붓다가 발우를 돌려받지 않자 어찌해야 좋을지를 모르게 된 난다는 붓다가 발우를 다시 가져갈 때만 기다리며 수도원으로 그를 따라갔다. 그들이 수도원에 이르렀을 때에야 붓다는 난다에게 수도원에서 한 주일 동안 머물면서 비구의 생활을 직접 체험해보지 않겠는가 하고 물었다. 난다는 형을 사랑하고 존경하고 있었으므로 그렇게 하겠다고 했다. 옆에서 지켜본 비구들의 조용하고도 여유 있는 생활에 스스로 끌려드는 기분을 느끼는 것도 사실이었다. 그렇게 한 주일을 보낸 뒤 붓다가 그에게 다시 몇 달 동안을 더 수도원에서 지내면서 그의 지도 아래 비구 생활을 해보는 게 어떻겠느냐고 묻자 난다는 흔쾌히 이를 받아들였다. 붓다는 사리풋타로 하여금 난다에게 초보적인 수행 방법을 가르쳐주고 그를 비구로서 입문시키도록 부탁했다.

붓다는 난다가 한동안 비구 생활을 하는 문제에 대해 왕께 우선 상의를 드렸다. 왕은 난다가 비록 훌륭한 젊은이이기는 하지만 장차 국왕이 되기 위해 필요한 강인함과 결단력이 부족하므로 붓다의 뜻에 따르기로 했다. 붓다는 난다가 매사를 분명하고 결단성 있게 처리할 수 있도록 수련을 시키겠노라고 말씀드렸다. 왕은 이에 동의했다.

그러나 한 달도 채 지나지 않아서 난다는 약혼녀인 아름다운 자나파다 칼리아니를 못 견딜 만큼 그리워하게 되었다. 그는 간절한 그리움을 숨기려고 했지만 붓다는 그의 마음을 분명하게 읽고 있었다. 어느 날 붓다가 난다에게 말했다. "네가 목표를 이루고자 하면 너는 우선 일상적인 감정에 매달리는 일부터 극복해야 한다. 수행에 전력을 기울이고 마음을 단련해라. 그래야만 너는 다른 사람들에게도 도움을 줄 수 있는 유능한 지도자가 될 수 있단다."

붓다는 또한 사리풋타에게도 난다가 더 이상 칼리아니의 집 근처를 기웃거리며 탁발을 하는 일이 없도록 살펴보라고 부탁했다. 난다가 이를 알게 되었을 때 그는 붓다에게 섭섭함과 고마움이 뒤섞이는 느낌을 받았다. 그는 붓다가 자신의 마음속 깊은 생각과 욕구를 들여다볼 수 있다는 것을 알았다.

라홀라는 그의 젊은 삼촌이 수도원에서 살 수 있게 된 것을 부러워했다. 그는 자기도 똑같이 할 수 있기를 바랐다. 그러나 어머니한테 물어보자 그녀는 그의 머리를 쓰다듬으며 우선 더 커야 수행자가 될 수 있다고 말했다. 라홀라는 어떻게 하면 더 빨리 자랄 수 있느냐고 물었다. 그녀는 매일 잘 먹고 운동도 열심히 하면 된다고 말해주었다.

어느 날 비구들이 궁전 가까이에서 탁발을 하고 있는 것을 보고서 야소다라는 라홀라를 향해서 말했다. "어서 달려 내려가 붓다께 인사드리지 않으련? 그리고 그분한테 네 유산에 대해 다시 물어보려무나."

라홀라는 아래층으로 달려갔다. 그는 어머니를 매우 사랑했지만 아버지도 역시 사랑했다. 그는 늘 어머니와 함께 시간을 보냈지만 아버지하고는 단 하루도 온종일 함께 지내본 적이 없었다. 라훌라는 난다처럼 붓다의 곁에서 살 수 있기를 원했다. 그는 궁전 뜰을 가로질러 쏜살같이 달려 남쪽 문을 빠져나가 붓다를 따라잡았다. 붓다는 빙그레 미소를 지으면서 손을 내밀었다. 봄볕이 이미 뜨거워지고 있었지만 라훌라는 아버지의 자비로운 그늘로 해서 조금도 더위를 느끼지 못했다. 그는 아버지를 올려다보며 말했다. "아버지 곁에 있으면 아주 시원하고 기분이 좋아지네요."

야소다라는 궁전 난간에서 그들의 모습을 지켜보고 있었다. 그녀는 붓다가 라훌라를 그날 하루 동안 수도원으로 데려가 함께 지낼 수 있도록 허락했음을 알 수 있었다.

라훌라는 붓다에게 물었다. "제게 주실 유산이란 뭐예요?"

붓다는 대답했다. "수도원으로 가자꾸나, 그럼 내가 그것을 네게 주도록 하마."

그들이 수도원으로 돌아왔을 때 사리풋타는 그의 음식을 라훌라에게 나누어 주었다. 라훌라는 붓다와 사리풋타 사이에 앉아 조용히 그것을 먹었다. 그는 젊은 난다 삼촌을 보고는 기뻤다. 붓다는 라훌라에게 사리풋타의 오두막에서 밤을 지내라고 말했다. 모든 비구들은 라훌라를 좋아했고 매우 따뜻하게 대해 주었다. 라훌라는 그 수도원에서 언제까지나 지냈으면 하고 바랐다. 그러나 사리풋타는 그에게 수도원에서 머물고 싶으면 수행자가 되어야만 한다고 설명했다. 라훌라는 사리풋타의 손을 꽉 잡고는 자신을 입문시켜달라고 붓다께 말씀드려도 되겠는지를 물었다. 그렇게 해서 라훌라가 붓다께 물었을 때 그는 승낙의 표시로 고개를 끄덕이고 나서 사리풋타에게 그 아이를 입문시키라고 지시했다.

처음에 사리풋타는 붓다가 농담으로 그러는가 보다 생각했으나 붓다의 진지한 표정을 보고는 물었다. "하지만 스승이시여, 이토록 어린 소년이 어찌 비구가 될 수 있겠습니까?"

붓다가 대답했다. "우리가 이 아이가 장차 훌륭한 비구가 될 수 있도록 예비 수련을 시키면 된다. 지금은 이 아이에게 초심자로서의 임무를 주도록 하라. 명상 중인 비구들을 괴롭히는 까마귀를 쫓는 일을 맡겨도 좋겠지."

사리풋타는 라훌라의 머리를 깎아주고 나서 그에게 삼귀의를 행할 수 있게 해주었다. 그는 라훌라에게 네 가지 계율을 가르쳤다. 살생하지 말 것, 도둑질하지 말 것, 거짓말하지 말 것 그리고 술 마시지 말 것. 그는 자신의 가사 중에서 한 벌을 가져다가 그것을 라훌라의 몸에 맞게 줄여주었다. 그는 라훌라에게 그것을 입는 법과 발우를 잡는 법을 가르쳐주었다. 라훌라는 그야말로 귀여운 비구였다. 그는 사리풋타의 오두막에서 잠을 잤고 수도원 근처의 조그만 오두막으로 매일 그와 함께 탁발을 나갔다. 나이 든 비구들은 하루에 단 한 끼씩 먹지만 사리풋타는 라훌라가 한참 자라는 나이에 적절한 영양 섭취를 하지 못할까 걱정을 했다. 그래서 그는 소년이 저녁 식사도 할 수 있도록 허락해주었다. 속가 제자들은 어린 수행자를 위해 잊지 않고 우유와 별도의 음식을 가져다주었다.

라훌라가 머리를 깎고 비구의 가사를 입었다는 소식이 궁전으로 전해졌을 때 숫도다나 왕은 무척 안타까워했다. 왕과 왕비는 라홀라를 몹시 그리워했다. 그들은 그가 그저 며칠 동안 수도원을 방문하고 나서 궁전으로 돌아올 줄로만 믿고 있었다. 그가 초심자로서 수도원에 남으리라고는 꿈에도 생각지 못했다. 그들은 손자가 없자 외로움을 느꼈다. 야소다라는 슬픔과 기쁨을 함께 느꼈다. 그녀는 아들이 몹시 보고 싶었지만 그가 지금 그토록 오랫동안 만나지 못했던 아버지 곁에 있다는 것을 생각하면 위안이 되었다.

어느 날 오후 왕은 고타미 왕비 그리고 야소다라와 함께 마차를 타고 수도원을 방문했다. 그들은 붓다의 영접을 받았다. 난다와 라홀라도 그들을 맞으러 나왔다. 몹시 기뻐하며 라홀라는 어머니에게 달려갔고 야소다라는 아들을 따뜻하게 감싸 안았다. 그리고 나서 라홀라는 조부모의 품에 안겼다.

왕은 붓다에게 합장을 한 후 다소 나무라는 투로 말했다. "나는 네가 집을 떠나 수행자가 되고 나서 말할 수 없이 고통을 받았다. 그런데 이제는 난다도 내 곁을 떠났다. 게다가 또 라홀라마저 잃고 나니 너무나 견디기 힘들구나. 나와 같은 속인에게는 부자간 그리고 조손간의 인연이 매우 중요하다. 네가 내 곁을 떠난 뒤 느꼈던 고통은 칼로 내 살갗을 베는 듯했다. 내 살갗을 베고 나서 그 칼은 내 살을 파고들었다. 내 살을 파고든 다음에는 뼈까지 꿰뚫어버렸다. 난 네가 네 행동을 돌이켜보았으면 한다. 앞으로는 아이들을 입문시키기 전에 부모의 사전 승낙을 꼭 받도록 하거라."

붓다는 이 세상에 영원한 것은 없으며 또한 따로 떼어서 생각할 수 있는 실체 역시 어디에도 없음을 왕에게 말씀드리고 그를 위로하려고 애썼다. 그는 매일매일의 심신 수련만이 고통을 극복할 수 있는 유일한 길임을 그에게 상기시켜주었다. 난다와 라훌라는 이제 이런 생활에 깊이 젖어들 만큼 젖어들어 있었다. 붓다는 부친에게 그들의 좋은 행운을 감사하게 받아들이고 일상생활 속에서 깨달음의 길을 계속 실천하여 참된 행복을 찾을 수 있도록 해야 함을 일깨워주었다.

왕은 고통이 가셔짐을 느꼈다. 고타미와 야소다라도 붓다의 말에 위안을 받고 마음을 돌리기로 했다.

며칠 뒤 붓다가 사리풋타에게 말했다. "이제부터 부모의 승낙 없이는 수도원에 어린이들을 받아들이는 일이 없도록 하자. 수도원 규정에 그것을 명시하도록 해라."

시간은 빠르게 지나갔다. 붓다와 상가는 석가 왕국에 반년이 넘도록 머물러 있었다. 새로 입문한 비구의 수도 오백 명을 넘어섰다. 속가 제자들의 수도 너무 많아서 이루 다 셀 수가 없을 지경이었다. 숫도다나 왕도 수도원으로 삼을 수 있도록 또 하나의 장소를 상가에 제공했다. 그곳은 수도의 북쪽에 있는 지난날 싯다르타 왕자의 여름철 궁전이었던 곳으로 시원하고 넓은 정원이 딸려 있었다. 뭇 사람의 존경을 받고 있는 사리풋타가 다수의 비구들을 편성하여 그곳에서 수도 생활을 시작하도록 했다. 새로운 수도원을 갖게 되어 석가 왕국에서는 깨달음의 길을 닦을 수 있는 확고한 기초를 세울 수 있게 되었다.

붓다는 빔비사라 왕과 그곳에 머물고 있는 비구들에게 약속하였듯이 우기의 안거 기간 동안 죽림정사로 돌아가기로 했다. 숫도다나 왕은 붓다가 떠나기 전 마지막 식사에 그를 초대하고는 왕족과 석가족의 모든 사람들을 위한 설법도 청했다.

붓다는 이번 기회를 통해 깨달음을 정치에 응용하는 방법에 대해 이야기했다. 그는 깨달음은 정치에도 그대로 활용되며 왕국에 속한 백성들에게 사회적 평등과 정의를 가져다줄 수 있음을 말했다. "깨달음을 실천하면 이해와 사랑을 증진시켜 백성들에게 크나큰 도움을 줄 수 있습니다. 전혀 폭력에 의존함이 없이 평화와 행복을 누릴 수 있는 방법을 발견하게 될 것입니다. 사람을 죽이거나, 고문하거나 재산을 몰수하는 일도 없게 될 것입니다. 이것은 불가능한 이상이 아니며 실제로 실현될 수 있는 것입니다.

정치가들이 충분한 이해심과 사랑을 가지면 가난과 불행 그리고 억압의 본질을 볼 수 있게 됩니다. 그는 정부를 개혁시킬 수 있는 수단을 발견하여 부자와 가난한 자 사이의 간격을 좁히고 다른 이들에 폭력을 행하는 일을 그만두게 될 것입니다.

나의 친구들이여, 정치 지도자들과 통치자들은 솔선수범을 보여야 합니다. 부귀는 그대들과 백성들 사이의 벽을 두텁게 할 뿐이므로 사치스럽게 사는 일이 없어야 합니다. 검소하면서도 건강한 생활을 하되 남는 시간은 무익한 쾌락을 추구하느니보다는 백성들에게 도움을 주는 일을 행해야 합니다. 지도자는 훌륭한 모범을 보이지 않으면 백성들의 믿음과 존경을 받을 수 없습니다. 그대들이 백성들을 사랑하고 존경하면 그들도 그대들을 사랑하고 존경하게 될 것입니다. 덕에 의한 정치는 법과 명령에 의한 정치와는 다릅니다. 덕에 의한 정치는 처벌에 의존하지 않습니다. 깨달음의 길에 따르면, 참된 행복은 덕의 길을 통해서만 성취될 수 있는 것입니다."

숫도다나 왕과 자리에 참석한 모든 사람들은 붓다의 설법에 귀를 기울였다. 붓다의 삼촌이자 데바닷타와 아난다의 아버지인 드로노다나라자 숙부가 말했다. "네가 방금 설명한 덕에 의한 정치는 참으로 아름답다. 그런데 이러한 길을 실천하는 데 필요한 성품과 덕성은 오직 너만이 갖고 있다고 나는 믿는다. 네가 카필라밧투에 머물면서 이곳 석가 왕국의 모든 백성들에게 평화, 기쁨 그리고 행복을 가져다줄 수 있는 새로운 정치를 실현시키는 게 어떻겠느냐?"

숫도다나 왕이 덧붙였다. "나는 이제 늙었다. 네가 머물러 있겠다면 나는 너를 위해 기꺼이 왕위를 물려주겠다. 너의 덕성과 인격 그리고 총명함으로 미루어보건대 모든 사람들이 너를 따르리라고 확신한다. 머지않아 우리 왕국은 과거 그 어느 때보다도 융성해질 것이다."

붓다는 빙그레 미소 지으면서 당장 말을 꺼내지는 않았다. 부친을 자상한 눈길로 바라보면서 그가 말했다. "아버님, 저는 더 이상 한 가문 또는 한 왕국의 아들이 아닙니다. 저의 가족은 이제 모든 인류이며 저의 집은 온 세상이며 저의 신분은 다른 사람들의 너그러운 마음에 의지하는 한 사람의 수행자일 뿐입니다. 저는 이 길을 택하였으며 정치의 길을 택하지 않았습니다. 저는 이러한 방식을 통해서만 모든 인류를 위해 가장 훌륭하게 일할 수 있다고 믿고 있습니다."

고타미 왕비와 야소다라는 이번 모임에서 자신들의 견해를 드러내지 않으리라 생각하였으나 붓다의 말에 크게 감동하여 눈물을 흘렸다. 그들은 그가 한 말이 옳다고 생각했다.

붓다는 왕과 참석한 모든 사람들에게 다섯 가지 계율과 가정생활과 사회에서 그 계율을 응용하는 방법에 대해 이야기를 계속했다. 다섯 가지 계율은 행복한 가정과 평화로운 사회의 기초이다. 그는 각각의 계율에 대해 자세하게 설명을 한 후 이렇게 말하면서 매듭을 지었다. "그대들이 백성들을 결합시키려면 먼저 그들의 믿음을 얻어야 합니다. 정치 지도자들이 다섯 가지 계율을 실천하면 백성들의 믿음은 커집니다. 그러한 믿음이 있으면 왕국이 이루지 못할 일이란 없습니다. 평화와 행복 그리고 사회 평등이 이루어질 수 있습니다. 마음의 눈을 뜨고 생활을 하도록 해야 합니다. 지난날의 독단으로는 믿음을 얻을 수 없을 뿐만 아니라 백성들 사이에 평등을 이룩할 수 없습니다. 깨달음의 길을 통해서만 새로운 길과 새로운 믿음을 구할 수 있습니다."

붓다는 비록 자신이 곧 마가다국으로 떠날 것이지만 앞으로 카필라밧투에 돌아오리라고 말하며 그들을 안심시켰다. 왕과 참석한 모든 사람들은 그 말을 듣고 기뻐했다.

38장

오, 행복하구나!

석가국의 붓다는 코살라의 북부 지역으로 들어갔다. 그는 귀족 출신의 젊은이들이 여럿 포함되어 있는 백이십 명의 비구들과 함께 동행했다. 그들은 말라족(族)의 근원지인 아누피야 시 근처에 있는 공원에서 휴식을 취했다. 덕망 높은 사리풋타는 칼루다이, 난다 그리고 초심자인 라훌라와 마찬가지로 붓다와 함께 여행을 하고 있었다.

붓다가 카필라밧투를 떠난 지 채 한 달도 못 되어 매우 부유한 석가족 출신의 두 명의 청년이 비구가 될 생각으로 출가를 생각하고 있었다. 그들은 형제로서 이름은 각각 마하나마와 아누룻다였다. 그들은 철마다 옮겨 다니며 지낼 수 있는 세 곳의 훌륭한 별장을 가지고 있었다. 마하나마는 이미 비구가 된 몇몇 친구들을 뒤따라 자신도 비구가 되려고 하였으나 동생인 아누룻다도 비슷한 생각을 하고 있음을 알고는 마음을 바꾸었다.

그들의 집안에는 아들이 단 두 명뿐이었다. 그는 두 사람 모두 수행자가 되면 곤란하다고 생각했다. 그래서 마하나마는 동생에게 수행자가 될 수 있는 기회를 양보해주었다.

그러나 아누룻다가 그의 어머니께 승낙을 구했을 때 그녀는 이렇게 완강하게 말했다. "나의 두 아들은 내게 있어서 유일한 행복이다. 네가 수행자가 된다면 나는 도저히 견딜 수가 없을 것이야."

아누룻다는 어머니에게 이미 비구가 된 수많은 다른 귀족 자제들에 대해 이야기를 하였다. 그는 깨달음의 길을 실천하면 수행자 자신을 위해서뿐만 아니라 그의 가문과 사회에 평화와 행복을 가져다줄 수 있다는 것을 말했다. 아누룻다는 붓다가 니그로다 공원에서 행한 설법을 여러 차례 들었기 때문에 그러한 가르침에 대해 어머니께 능숙하게 말할 수 있었다. 마침내 그녀가 말했다. "좋다, 가거라. 다만 너의 좋은 친구인 밧디야도 마찬가지로 비구가 된다면 허락하겠다."

그녀는 밧디야가 결코 비구가 되고 싶어 할 리 없을 것으로 확신했다. 밧디야 또한 왕족의 일원으로서 높은 지위를 갖고 있었다. 그의 크나큰 책임과 높은 명성을 한낱 수행자 생활을 위해 포기하기란 어려울 것이라고 생각했다. 아누룻다는 즉각 친구를 찾아갔다. 밧디야는 북부 지방의 통치자로, 휘하에 수많은 장군들을 거느리고 있었다. 궁전조차도 무장을 갖춘 호위병들이 밤낮으로 지키고 있을 정도였으며, 그가 머무르는 곳은 날이면 날마다 중요한 손님들로 들끓었다.

밧디야는 아누룻다를 중요한 손님으로 맞이했다.

아누룻다가 그에게 말했다. "나는 출가를 해서 붓다의 지도를 받는 비구가 되고 싶다네. 그러나 그렇게 할 수가 없다네. 왜냐하면 바로 자네 때문일세."

밧디야가 크게 웃었다. "뭐라고? 내가 언제 자네가 비구 되는 걸 막기라도 했단 말인가? 내가 자네의 뜻을 이룰 수 있도록 도와줄 일이라도 있으면 말해보게."

아누룻다는 자신의 사정을 설명해주었다. "자네는 방금 내가 비구가 되는 데 도움을 줄 수 있으면 도와주겠다고 말했지. 그렇지만 자네가 날 도와줄 수 있는 유일한 길은 자네가 비구가 되는 것뿐이라네."

밧디야는 곤혹스러웠다. 그도 붓다의 깨달음의 길에 마음이 끌리고 있는 것은 사실이었다. 사실 그는 비록 지금 당장은 아니더라도 훗날 비구가 되고 말겠다고 마음속으로 작정하고 있었다. 그가 말했다. "7년 후에는 나도 비구가 되겠네. 그때까지만 기다려주게."

"7년이라니, 기다리기에 너무나 멀군. 내가 그때까지 살아 있을지 누가 장담하겠나?"

밧디야가 다시 크게 웃었다. "자넨 뭘 그렇게 비관적으로 생각하는가? 그렇다면 좋네. 3년만 기다려주게. 그러면 내 비구가 될 테니까."

"3년도 너무 길어."

"좋아 좋아, 7개월로 함세. 나도 집안일을 정리하고 공무를 인계할 시간이 필요하다네."

"깨달음의 길을 가는 데 그토록 많은 준비 기간이 필요하단 말인가? 비구는 자유와 해탈의 길을 따르기 위해 모든 것을 기꺼이 버려야 한다네. 그리 오랜 시간이 지나다 보면 자네 마음이 변할 걸세."

"좋네, 좋아, 이 친구야. 7일만 기다리게. 그러면 내 자네와 뜻을 같이하겠네."

몹시 기뻐하며, 아누룻다는 집으로 돌아와 어머니에게 그 말을 전했다. 그녀는 통치자인 밧디야가 특권을 그토록 쉽사리 포기하리라고는 꿈에도 생각하지 못했다. 그녀는 대자유의 길이 갖는 위력을 새삼스럽게 느끼며 아들을 출가시키는 게 더 낫겠다고 생각했다.

아누룻다는 다른 많은 친구들에게 함께 가자고 설득했다. 그들은 바구, 킴빌라, 데바닷타 그리고 아난다로, 모두 왕족들이었다. 약속한 날에 그들은 데바닷타의 집에 모여서 붓다를 찾아 나섰다. 아직 열여덟 살에 불과한 아난다를 빼놓고는 모두 동갑이었다. 아난다는 형인 데바닷타를 따라가도 좋다는 부친의 허락을 받았다. 여섯 명의 왕자들은 마차를 타고 코살라와 인접한 조그만 도시에 이르렀다. 그들은 붓다가 아누피야 부근에 머무르고 있다는 소문을 들었다.

아누룻다는 국경을 통과하기 전에 자신들이 가지고 있던 보석과 장신구들을 몸에서 제거하는 게 어떻겠냐고 제안했다. 모두가 목걸이, 반지, 팔찌 따위를 벗어 한데 모은 후 겉옷으로 감쌌다. 여섯 왕자는 가난한 사람을 찾아 그것들을 주기로 의견을 모았다. 그들은 자신들의 나이쯤 되어 보이는 젊은이가 운영하는 길가의 조그마한 이발소를 발견했다. 젊은이는 매력적인 청년이었지만 옷차림이 초라했다. 아누룻다가 가게로 들어가서 그에게 이름을 물었다.

젊은 이발사가 대답했다. "우팔리라고 합니다."

아누룻다는 우팔리에게 국경 지대로 가려면 어디로 가면 되는지 가르쳐주겠느냐고 물었다. 우팔리는 몸소 그들을 그곳으로 안내했다. 그가 막 돌아가려고 할 때 여섯 왕자는 값비싼 보석과 장신구들이 들어 있는 겉옷 뭉치를 그에게 건네주었다. 아누룻다가 말했다. "우팔리, 우리는 붓다를 따라 비구로서 살아가려고 하네. 그러니 이런 보석이 더 이상 필요치 않다네. 우린 이것을 자네에게 주고 싶네. 이것이 있으면 자넨 여생을 편안하게 보낼 수 있을 걸세."

왕자들은 우팔리에게 작별을 고하고 국경을 넘었다. 젊은 이발사가 외투를 펼쳤을 때 보석의 번쩍거리는 빛이 눈을 아찔하게 했다. 그는 가장 낮은 사회 계급에 속해 있었다. 그의 가문의 그 누구도 이토록 많은 귀금속을, 아니 단 한 개의 반지조차 가진 사람이 없었다. 하지만 지금 그는 겉옷에 가득 싸여 있는 값비싼 보석들을 가지고 있는 것이다. 그러나 그는 즐겁기는커녕 갑작스런 두려움에 사로잡혔다. 그는 보석이 들어 있는 겉옷 뭉치를 두 팔로 감싸 안았다. 부자가 되고 싶었던 지금까지의 꿈이 모두 사라져버렸다. 그는 겉옷에 싸여 있는 보석들을 사람들이 알면 그것들을 빼앗기 위해 살인까지도 서슴지 않을 것임을 알고 있었다.

우팔리는 곰곰이 생각했다. 엄청난 부와 권력을 누리고 있는 젊은 귀족들은 수행자가 되기 위해 모든 것을 포기하고 있다. 두말할 나위도 없이 그들은 부와 명예가 가져다줄 수 있는 위험과 부담감을 느끼고 있는 것이다. 갑자기 그도 그 보석들을 팽개치고 참된 평화, 기쁨 그리고 자유를 찾아 그 왕자들을 뒤따라가고 싶은 마음이 생겨났다. 조금도 망설이지 않고, 그는 그 겉옷 뭉치를 근처의 나뭇가지 위에 걸어놓아 누구든지 맨처음 발견하는 사람이 가져갈 수 있도록 해두고 나서 자신도 역시 국경을 넘었다. 얼마 안 있어 그는 조금 전의 젊은 귀족들을 따라잡았다.

우팔리가 그들 뒤를 쫓아오는 것을 보고는 데바닷타가 물었다. "우팔리, 자넨 왜 이렇게 우리를 향해 달려왔는가? 우리가 자네에게 준 보석들은 또 어디에 두었나?"

우팔리는 숨을 헐떡거리며 맨 처음 발견한 사람이 가져갈 수 있도록 나무 위에다 보따리를 매어두었다고 설명했다. 그는 이렇게 부자가 된다는 게 마음에 걸리며 붓다의 지도 아래 비구가 되기 위해 그들과 함께 가고 싶다고 말했다.

데바닷타가 웃었다. "자네도 비구가 되고 싶다고? 그렇지만 자네는……."

아누룻다는 데바닷타의 말을 중단시켰다. "훌륭하군! 훌륭해! 자네가 우리들과 함께 가고 싶다니 기쁘네. 붓다는 상가가 큰 바다와도 같으며 비구들은 그 바다로 흘러들어가는 수많은 강과 같다고 가르치셨다네. 우리가 비록 서로 다른 계급으로 태어났지만 일단 우리가 상가가 된다면 우리들 사이에 신분 구별은 없어질 것이고 모두가 형제가 되는 것이네."

밧디야는 손을 내밀어 우팔리의 손을 잡았다. 그는 지난날 석가 왕국 북부 지방의 영주라고 자신을 소개했다. 그는 그들 각각에 대해 깊숙이 고개를 숙여 인사하는 우팔리에게 다른 왕족들을 소개했다. 일곱 명의 청년들은 가던 길을 계속해서 걸어갔다.

그들은 이튿날 아누피야에 도착해서 붓다가 그 도시의 북동쪽으로 3킬로미터 정도 떨어진 숲 속에 머무르고 있다는 소식을 들었다. 그들은 숲 속으로 걸어 들어가 그곳에서 붓다를 만났다. 밧디야가 모든 사람을 대표해서 말했다. 붓다는 입문을 하고 싶다는 그들의 요청에 고개를 끄덕여 허락했다. 밧디야가 다시 말했다. "우팔리를 맨 먼저 입문시켜주시기를 부탁드립니다. 그러고 나서 저희들은 지금까지의 헛된 자부심과 분별심을 떨쳐버리고 우팔리에게 사형으로 인사드리고 싶습니다."

붓다가 우팔리를 맨 먼저 입문시켰다. 아난다는 겨우 열여덟 살밖에 안 되었기 때문에 스무 살이 되었을 때 충분한 수행을 할 수 있도록 준비하는 뜻에서 초심자로서의 역할을 받았다. 아난다는 이제 상가 가운데 라훌라 다음으로 가장 나이가 어린 일원이 되었다. 라훌라는 아난다를 보자 매우 기뻐했다.

입문을 마치고 나서 사흘 뒤 그들은 붓다와 다른 비구들과 함께 출발해서 베살리로 향했다. 그곳에 있는 마하바나 공원에서 3일을 머물렀다. 사흘 뒤 그들이 길을 떠나 라자가하의 죽림정사에 도달하는 데는 열흘이 걸렸다.

덕망 높은 카사파, 목갈라나 그리고 콘단냐는 붓다를 다시 만나자 죽림정사에 남아 있던 육백 명의 비구들과 함께 몹시 기뻐했다. 빔비사라 왕도 붓다가 도착했다는 말을 듣고는 지체 없이 달려왔다. 대나무 숲의 분위기는 행복하고 따뜻했다. 우기가 빠른 속도로 다가오고 있었기 때문에 콘단냐와 카사파는 만반의 채비를 갖추어놓고 있었다. 붓다가 깨달음을 얻은 이후 세 번째 맞는 우기였다. 첫 번째는 녹야원에서, 두 번째는 이곳 죽림정사에서 우기를 보냈었다.

밧디야는 영주의 자리를 맡기 전에 정신적인 문제들을 골똘히 연구한 적이 있었다. 이제 그는 죽림정사에서 덕망 높은 카사파의 지도 아래 수행에 정진하였으며 거의 대부분의 시간을 명상하는 데 보냈다. 그는 오두막 안에서 자는 것보다는 나무 아래 자는 것을 더 좋아했다. 어느 날 밤, 한 그루 나무 아래에 앉아 명상에 잠겨 있던 그는 지금까지 한 번도 경험한 적이 없는 커다란 기쁨을 느꼈다. 그는 소리쳤다. "오, 행복하구나! 행복하도다!"

또 다른 비구가 가까운 곳에 앉아 있다가 밧디야가 외치는 소리를 들었다. 다음 날 아침 그 비구는 붓다에게 말씀을 전했다. "스승이시여, 간밤에 제가 명상에 잠겨 앉아 있다가 밧디야 비구가 갑자기 이렇게 소리치는 것을 들었습니다. '오, 행복! 행복!' 그는 아마도 남겨두고 온 부와 명예를 그리워하는 듯했습니다. 제가 생각하기에는 말씀드리는 게 좋을 듯싶어서 이렇게 찾아왔습니다."

붓다는 다만 고개를 끄덕일 따름이었다.

점심 식사가 끝난 후 붓다는 설법을 했다. 막 설법을 끝냈을 때 그는 밧디야 비구에게 여러 명의 속가 제자들도 포함되어 있는 무리들의 맨 앞으로 나서라고 말했다. 붓다는 그에게 물었다. "밧디야, 간밤에 명상을 하며 앉아 있을 때 그대가 '오, 행복! 행복!' 하고 소리쳤더냐?"

밧디야가 합장하며 대답했다. "스승이시여, 간밤에 제가 그런 소리를 지른 것은 분명한 사실입니다."

"그 까닭을 말해주겠느냐?"

"스승이시여, 제가 영주로 있을 때 저는 명예와 권력과 부를 누리며 살았습니다. 제가 가는 곳마다 네 명의 군사들이 저를 호위해주었고, 제 궁전은 밤이나 낮이나 무장한 군사들이 항상 보초를 섰습니다. 그러나 저는 안전하다고 느낀 적이 한 번도 없습니다. 늘 두려움과 걱정에 사로잡혀 있었지요. 그러나 지금의 저는 깊은 숲 속에서 혼자 걷거나 앉을 수 있습니다. 두려움이라든가 걱정도 모릅니다. 오히려 전과 비할 바 없는 편안함, 평화 그리고 기쁨을 느끼고 있습니다. 스승이시여, 비구로서의 생활이 제게 이토록 커다란 행복과 만족을 주고 있을 뿐만 아니라, 이제는 누군가를 겁내거나 무엇을 잃을까 더 이상 두려워할 일이 없게 되었습니다. 저는 숲 속에 자유롭게 살고 있는 한 마리의 사슴처럼 행복하답니다. 간밤에 제가 명상에 들었을 때 이러한 사실이 제게 너무도 분명히 느껴져서 이렇게 외쳤습니다. '오, 행복하구나! 행복하도다!' 이로 인해 스승님과 다른 비구들에게 혹시 폐를 끼쳐드렸다면 용서해주십시오."

붓다는 모든 사람들 앞에서 밧디야를 칭찬했다. "훌륭하구나, 밧디야. 스스로 만족함을 아는 길과 집착에서 벗어나는 길에서 큰 진전을 보였구나. 네가 느끼고 있는 평화와 기쁨은 하늘에도 비할 바 없는 평화와 기쁨이니라."

여름철 안거 기간 동안 붓다는 마하카사파라는 재능 있는 청년을 포함한 수많은 비구들을 새로이 입문시켰다. 마하카사파는 마가다국에서 가장 부자인 사람의 아들이었다. 그의 부친의 부는 국고에 버금가는 정도였다. 마하카사파는 바드라 카필라니라는 베살리 출신의 여자와 결혼을 했었다. 그들은 12년 동안 부부로서 살아왔지만 두 사람 모두 정신적인 길을 따르기를 갈망했다.

어느 날 아침 일찍 마하카사파는 아내보다 먼저 잠을 깼다. 그 순간 그는 독사 한 마리가 침대 한쪽으로 축 늘어져 있는 아내의 팔뚝으로 기어오르는 것을 목격했다. 마하카사파는 뱀을 놀라게 할까 두려워 제대로 숨도 못 쉴 지경이었다. 그 독사는 천천히 카필라니의 팔을 지나 방을 빠져나갔다. 마하카사파는 아내를 깨워 방금 무슨 일이 일어났는지를 들려주었다. 두 사람은 생명의 불확실성과 덧없음을 생각했다. 카필라니는 마하카사파에게 참된 깨달음을 구하기 위해 지체 없이 스승을 찾아보자고 재촉했다. 그는 붓다에 대해 들은 적이 있었으므로 죽림정사로 곧장 달려갔다. 붓다를 본 순간 그는 붓다야말로 참된 스승임을 알았다. 붓다는 마하카사파가 보기 드물게 깊이가 있는 청년임을 한눈에 알아보고는 그를 입문시켰다. 마하카사파는 붓다에게 그의 아내 또한 수행자가 되고 싶어 한다는 뜻을 말했으나 붓다는 여자를 상가로 받아들이기에는 아직 때가 이르다고 하며 조금 더 기다리라고 대답했다.

39장

먼동이 트기를 기다리며

우기의 안거 기간이 끝난 지 3일이 지난 후, 수닷타라는 이름의 한 청년이 붓다를 방문하여 코살라에 깨달음의 길을 전파하고 싶다는 뜻을 전했다. 수닷타는 매우 부유한 상인이었다. 그는 파세나디 왕이 다스리는 코살라 왕국의 수도인 사밧티에 살고 있었다. 마을 사람들에게 수닷타는 자기 재산의 상당 부분을 늘 고아와 불우한 사람들에게 나누어 주는 자선사업가로 알려져 있었다. 이러한 자선 활동은 그에게 커다란 만족과 기쁨을 주었다. 마을 사람들은 그를 '아나타핀디카', 즉 가난한 사람과 버림받은 사람을 돌보는 사람이라고 불렀다.

수닷타는 물건을 사고팔기 위해 마가다국으로 자주 여행을 했다. 라자가하에서 그는 역시 상인인 처남과 함께 머무르고 있었다. 그가 그곳에 머무르는 동안 처남은 아주 세심한 데까지 신경을 써주며 아주 극진한 대접을 해주었다. 그는 우기가 끝날 때까지 처남과 함께 지냈다.

그런데 여느 때와는 달리 그의 처남은 수닷타에게 그다지 신경을 써주지 않았다. 대신 그는 가족들과 하인들에게 큰 잔치를 준비하도록 지시했다. 수닷타는 처남의 집에 도착한 첫날부터 집 안이 온통 분주한 분위기임을 발견하고는 깜짝 놀랐었다. 그는 그들에게 무슨 결혼식이나 장례식이라도 준비하고 있는 중이냐고 물었다.

처남이 대답했다. "내일 붓다와 비구들을 식사에 초대했네."

수닷타가 좀 놀란 기색으로 물었다. "붓다라면 깨달은 사람을 뜻하지 않는가?"

"맞네. 깨달은 분이시지. 그분은 깨달음을 이루신 큰 스승이며 신비스럽고 거룩하신 분이시라네. 내일 자네도 그분을 만나보도록 하게."

무어라고 설명할 길은 없으나 붓다라는 이름을 단지 듣기만 했는데도 수닷타는 기쁨과 설렘으로 벅차올랐다. 그는 처남 곁에 다가앉으며 이 큰 스승에 대해 좀 더 많은 것을 듣기 위해 여러 가지를 물었다. 처남은 평온한 모습의 비구들이 시내에서 탁발을 하는 것을 본 뒤 자신이 붓다의 말씀을 듣기 위해 죽림정사로 달려갔었음을 이야기해주었다. 그는 붓다의 속가 제자의 한 사람이 되어 비구들이 뜨거운 햇살과 비를 피할 수 있도록 수도원에 여러 채의 오두막을 세워준 적도 있었다. 단 하루만에 60채 이상의 오두막을 세워주기도 했다는 것이었다.

수닷타는 그 말에 깜짝 놀라며 아마 과거생의 인연 때문인가

보다고 생각했지만 그의 가슴속에서도 붓다에 대한 커다란 사랑과 존경이 생겨나고 있었다. 그는 붓다를 만나기 위해 다음 날 정오까지 기다릴 수가 없었다. 그는 날이 밝으면 곧장 죽림정사로 찾아갈 마음으로 먼동이 트기만을 기다리느라 잠도 제대로 이루지 못했다. 날이 밝았는지 보려고 세 번이나 침대에서 일어났지만 그때마다 하늘은 여전히 컴컴했다. 더 이상 잠을 이룰 수가 없자 그는 아예 일어나기로 했다. 그는 옷을 차려입고 신발을 신고 나서 문밖으로 나왔다. 새벽 공기는 시원했고 안개가 자욱했다. 그는 시바카 문을 지나 죽림정사로 향했다. 그가 그곳에 도착했을 때는 바야흐로 떠오른 아침 햇살이 대나무의 나뭇잎 위에서 아름답게 반짝거리고 있었다. 그는 붓다를 만나고 싶은 마음뿐이었지만 다소 긴장됨을 느꼈다. 마음을 가라앉히기 위해 그는 스스로에게 속삭였다. "수닷타, 걱정할 것 없어."

바로 그때 명상 산책을 하고 있던 붓다가 수닷타의 곁을 지나게 되었다. 그는 걸음을 멈추고는 부드럽게 말했다. "수닷타."

수닷타는 두 손을 합장하며 붓다에게 인사했다. 붓다가 머무르고 있는 오두막까지 걸어가는 동안 수닷타는 붓다에게 안녕히 주무셨느냐고 물었다. 붓다는 그렇다고 대답했다. 수닷타는 자신은 잠도 제대로 못 이루며 밤을 지새웠으며 한시바삐 붓다를 만나려고 이렇게 아침 일찍 달려왔다고 말했다. 그는 붓다에게 깨달음에 대한 가르침을 내려달라고 청했다. 붓다는 수닷타에게 이해와 사랑에 대해 이야기해주었다.

수닷타는 크나큰 기쁨을 느꼈다. 그는 붓다 앞에 무릎을 꿇으며 속가 제자가 되게 해달라고 부탁드렸다. 붓다는 그를 받아들였다. 수닷타는 붓다와 모든 비구들을 다음 날 처남의 집에 와서 식사를 하도록 초대하였다.

붓다는 부드럽게 미소 지었다. "비구들과 나는 이미 오늘 그곳에서 식사를 하도록 초대를 받았다. 그러므로 내일 다시 거기서 식사를 해야 할 까닭은 없을 것 같다."

수닷타가 말했다. "오늘은 제 처남이 스승님을 모신 것이고 내일은 제가 모시는 것이지요. 라자가하에 제 집이 없다는 게 유감입니다 저의 초대도 받아주시기를 청합니다."

붓다는 미소 지으며 이를 승낙했다. 기쁨에 넘쳐 다시 인사드린 후 수닷타는 서둘러 집으로 돌아와서 그날 제공할 식사를 준비하느라 분주한 처남의 일손을 도왔다.

수닷타가 그의 처남 집에서 붓다의 설법을 듣고 났을 때 그 행복감은 이루 다 말할 수 없을 지경이었다. 그는 설법이 끝나자 붓다와 비구들을 문밖까지 따라 나와 배웅했다. 그러고 나서 그는 다음 날 식사를 제공하기 위한 준비를 시작했다. 그의 처남은 성의껏 그를 도우며 이렇게 말했다. "수닷타, 자네는 그래도 내 손님이 아닌가? 모든 준비를 내가 하도록 맡겨두는 게 어떻겠나?"

그러나 수닷타는 그 말을 듣지 않았다. 그는 모든 비용은 자신이 부담하겠다고 고집하며 가족들이 음식 장만을 하는 데에만 동의했다. 이튿날 붓다의 가르침을 듣고 났을 때, 수닷타는 자신의 마음이 마치 한 떨기의 꽃처럼 활짝 피어나는 듯한 느낌을 받았다. 그는 무릎을 꿇고서 말했다. "스승이시여, 코살라 사람들은 당신과 당신의 상가를 청하여 깨달음의 길을 배울 기회가 아직 없었습니다. 시간을 내어 코살라에 와주실 것을 삼가 청합니다. 코살라 사람들을 위하여 자비를 베풀어주소서."

붓다는 이 문제를 수제자들과 의논해보기로 했다. 그는 수닷타에게 며칠 내에 대답을 해주기로 약속했다.

며칠 뒤 수닷타는 죽림정사를 방문하여 붓다가 그의 초대를 허락했다는 기쁜 소식을 들었다. 붓다는 그에게 사밧티 부근에 방대한 규모의 비구 집단이 지낼 만한 곳이 있는가를 물었다. 수닷타는 적절한 장소를 찾아보겠으며 그들이 그곳에 머무르는 동안 상가가 필요로 하는 모든 것을 제공하겠다며 붓다를 안심시켰다. 수닷타는 또한 붓다가 오실 것에 대비해서 채비를 갖출 수 있도록 덕망 높은 사리풋타를 우선 코살라로 보내줄 것을 부탁드렸다. 붓다가 사리풋타의 생각은 어떠냐고 묻자 사리풋타는 기쁜 마음으로 그렇게 하겠다고 대답했다.

일주일 뒤 수닷타는 죽림정사로 가서 사리풋타를 만났다. 그들은 함께 출발하여 강가 강을 건너 베살리로 향했으며 그곳에서 우연히 암바팔리를 만나서 그날 밤은 그녀의 망고 과수원에서 지냈다. 사리풋타는 그녀에게 앞으로 6개월이 지나면 붓다와 수많은 비구들이 코살라로 가는 도중 베살리를 통과하게 될 것이라고 전해주었다. 암바팔리는 그들에게 음식과 숙소를 제공해드릴 수 있다면 매우 기쁘겠다고 말했다. 또한 그녀는 사리풋타와 수닷타에게 두 사람을 손님으로 맞이하게 되어 크나큰 영광이라고 덧붙였다. 그녀는 그 젊은 상인의 수많은 자선활동을 칭송하며 붓다가 코살라인들에게 가르침을 내릴 수 있도록 노력한 데 대해서 격려했다.

암바팔리에게 작별을 고한 후 그들은 아키라바티 강기슭을 따라 북서쪽으로 향했다. 수닷타는 지금까지 이토록 먼 길을 걸어본 적이 없었으며 지난날에는 항상 마차를 이용했다. 그들이 들르는 곳마다 그는 사람들에게 붓다와 그의 상가가 이곳을 지나게 될 것임을 알렸고 사람들에게 그를 환영해달라고 부탁했다.

"붓다는 깨달음을 이루신 분입니다. 그분과 상가를 기쁜 마음으로 맞아주십시오."

코살라는 마가다국 못지않은 거대하고 부유한 왕국이었다. 이 나라의 남쪽 경계선은 강가 강이며 북쪽 경계선은 히말라야 산맥의 기슭에 있었다. 수닷타 즉 '아나타핀디카'는 가는 곳마다 이름이 알려졌다. 사람들은 그가 들려준 말을 믿었으며 붓다와 상가를 만날 날만 기다리고 있었다. 사리풋타는 매일 아침 탁발을 나갈 때마다 수닷타를 데리고 나가서 붓다에 관해 가능한 한 많은 이야기를 사람들에게 들려주도록 했다.

그들은 한 달 뒤에 사밧티에 도착했다. 집에 당도한 수닷타는 사리풋타를 부모와 아내에게 소개했다. 그는 사리풋타에게 설법을 청했다. 설법이 끝나자 그의 부모와 아내는 다섯 가지 계율에 대해 물었다. 수닷타의 아내는 사랑스럽고 우아한 여인이었다. 그녀의 이름은 푼날라카나였다. 그들은 세 명의 딸과 한 명의 아들을 두고 있었다. 세 딸의 이름은 큰 수바드라와 작은 수바드라, 그리고 수마가다였다. 막내아들은 칼라였다.

사리풋타는 매일 아침마다 시내에서 탁발을 했고 밤에는 강기슭에 면한 숲 속에서 잤다. 수닷타는 지체 없이 붓다와 비구들이 머무를 장소를 찾아 나섰다.

40장

온 누리를 금빛으로 덮다

수닷타가 방문한 모든 곳 가운데에서 제타 왕자가 소유하고 있는 공원만큼 아름답고 평화로운 곳은 없었다. 수닷타는 만약 자신이 이 공원을 소유하게 되면 왕국의 구석구석에 붓다의 깨달음을 전파하기에 가장 이상적인 장소가 되리라고 확신했다. 수닷타가 제타 왕자를 만나러 갔을 때 그는 궁정 관리를 접대하고 있었다. 수닷타는 그들 두 사람에게 정중히 인사한 후 붓다와 상가를 위한 수도원을 만들려고 하니 그 공원을 자신에게 팔 수 없겠느냐고 물어보았다. 제타 왕자는 스무 살밖에 안 되었다. 그 공원은 지난해 부친인 파세나디 왕으로부터 선물로 받은 것이었다. 왕자는 궁정 관리를 바라본 후 다시 수닷타를 바라보며 대답했다. "부왕께서 내게 공원을 주셨소. 난 그곳이 아주 마음에 든다오. 당신들이 만약 금화로 그 공원 전체를 뒤덮어주기만 한다면 그것을 팔겠소."

제타 왕자는 농담을 하고 있었다. 그는 젊은 상인을 진지하게 대하고 있지 않은 게 분명했다. 그러나 수닷타는 대답했다. "좋습니다. 원하는 대로 해드리지요. 내일 제가 공원으로 금화를 가져가겠습니다."

제타 왕자는 깜짝 놀랐다. "하지만 난 농담을 했을 뿐이오. 공원을 팔 생각이 없소. 금화를 가져올 필요가 없소."

수닷타는 단호하게 대답했다. "존경하는 왕자님, 당신은 왕족이십니다. 당신이 입으로 한 말에 대해서는 책임을 지셔야요."

수닷타는 차를 마시고 있는 궁정 관리를 바라보며 물었다. "사실이 그렇지 않습니까, 높으신 나리?"

관리가 고개를 끄덕였다. 그는 왕자를 향해 말했다. "상인 아나타핀디카의 말이 사실입니다. 조건을 실제로 제시하지 않았다면 문제가 다르겠지요. 하지만 이미 제시한 것을 이제 다시 취소할 수는 없는 것입니다."

제타 왕자는 하는 수 없이 굴복하긴 했지만 속으로는 수닷타가 그 조건을 지킬 수 없기만을 바랐다. 수닷타는 인사를 한 후 떠났다. 다음 날 아침 일찍 수닷타는 금화를 가득 실은 큼직한 마차들을 여러 대 보내서 하인들로 하여금 공원 전체를 금화로 덮도록 지시했다.

제타 왕자는 거대한 황금벌판이 펼쳐지기 시작하는 것을 보고서 소스라치게 놀랐다. 그는 이것이 평범한 거래가 아님을 비로소 이해했다. 그는 도대체 이 세상 누가 이토록 공원 가득히 금화를 깔 수 있게 만든단 말인가, 하고 스스로에게 물었다. 젊은 상인으로 하여금 이렇게까지 할 수 있게 하는 것을 보면 붓다와 그의 제자들은 실로 대단한 사람들임에 틀림없었다. 왕자는 수닷타에게 붓다에 대해 말해달라고 부탁했다. 그 위대한 스승과 그의 설법 그리고 상가에 대해 말할 때 수닷타의 두 눈은 빛나고 있었다. 그는 다음 날 덕망 높은 사리풋타를 모셔다가 왕자를 만날 수 있도록 해주겠다고 약속했다. 제타 왕자는 수닷타가 붓다에 대해 들려준 이야기에 자신도 모르게 감동됨을 느꼈다. 그는 눈을 들어 수닷타의 하인들이 이미 공원의 3분의 2가량을 금화로 깔았음을 보았다. 네 번째 마차가 막 도착했을 때 그는 손을 내밀어 그들을 멈추게 했다. 그는 수닷타에게 말했다. "저것만으로도 충분하오. 나머지 땅은 선물로 드리겠소. 나도 당신의 이 아름다운 계획에 도움을 주고 싶소."

수닷타도 그 말을 듣고는 기뻐했다. 그가 왕자를 만나기 위해 사리풋타를 데려왔을 때 왕자는 그 비구의 평온한 모습에 감동을 받았다. 그들은 함께 공원으로 찾아갔으며 수닷타는 이곳을 제타바나라고 부르기로 했다. 수닷타는 사리풋타에게 이곳 제타바나에 머물면서 수도원을 세우는 데 필요한 지시를 내려주기를 청했다. 그는 가족들을 시켜 매일 사리풋타에게 음식을 제공하도록 하겠다고 말했다. 수닷타, 사리풋타 그리고 제타 왕자 등 세 사람은 오두막, 법당, 명상실 그리고 욕실을 세우는 문제에 대해 의논했다. 수닷타는 숲으로 들어가는 입구에 3층으로 된 문을 세우고 싶다는 뜻을 밝혔다. 사리풋타는 이제 이런 문제에 관해 많은 경험을 했기 때문에 수도원 건립과 관련해서 여러 가지 유익한 조언을 해줄 수 있었다. 그들은 특별히 시원하고 조용한 곳을 택해서 붓다가 기거할 오두막을 세우기로 했다. 도로를 만들고 우물을 팔 곳도 둘러보았다.

얼마 안 있어 사람들은 수닷타가 왕자로부터 공원을 사기 위해 금화로 공원을 뒤덮었다는 소식을 들었다. 그들은 또한 마가다국을 출발해서 곧 도착하게 될 붓다와 상가를 맞기 위해 수도원이 세워지고 있다는 것을 알게 되었다. 사리풋타가 제타바나에서 설법을 하기 시작하자 참석하는 사람들의 수는 날로 증가했다. 그 누구도 아직 붓다를 만나보지는 못했지만 그들 모두 그의 가르침에 빨려드는 것을 느꼈다.

넉 달 뒤에 수도원은 거의 완성되었다. 사리풋타는 붓다와 비구들을 제타바나로 안내하기 위해 라자가하를 향해 떠났다. 그는 베살리 거리에서 그들을 만났다. 노란색 가사를 걸쳐 입은 수백 명의 비구들이 거리에서 탁발을 하고 있었다. 그는 붓다와 비구들이 불과 며칠 전에 베살리에 도착해서 근처에 있는 거대한 숲에서 머무르고 있다는 것을 알았다. 붓다는 사밧티에서 준비가 어떻게 되고 있는지 물었고 사리풋타는 모든 일이 순조롭게 잘 진행되고 있다고 보고했다. 붓다는 사리풋타에게 죽림정사를 맡아보도록 콘단나와 우루벨라 카사파를 남겨두었다고 말했다. 현재 베살리에서 붓다와 함께 있는 오백 명의 비구들 가운데 이백 명은 이 부근에서 수행을 하기 위해 남기로 했고 나머지 삼백 명이 그를 수행하여 코살라로 함께 향하기로 했다. 붓다는 사리풋타에게 암바팔리가 다음 날 식사에 모든 상가를 초대하였다고 말했다. 그리고 그다음 날 그들은 사밧티로 출발하기로 했다.

암바팔리는 그녀의 망고 과수원에서 붓다와 비구들에게 식사를 제공하게 된 것을 몹시 기뻐했다. 그녀는 아들인 지바카가 의술 공부를 하느라고 참석할 수 없게 된 점을 안타까워했다. 그녀가 붓다 일행에게 식사를 제공하기 바로 전날 이상한 일이 발생했다. 붓다를 만나고 집으로 돌아오는 길에 그녀가 탄 마차가 릿차비 가문의 몇몇 귀족들에 의해 세워졌다. 그들은 베살리에서 가장 권세가 있고 부유한 영주들이었으며 근사하고 우아한 마차를 타고 여행하고 있었다. 그들은 그녀에게 어디로 가고 있느냐고 물었고 그녀는 이튿날 붓다와 비구들을 맞을 준비를 하기 위해 집으로 가는 중이라고 대답했다. 젊은 귀족들은 그녀에게 붓다는 잊어버리고 그 대신에 자기들을 초대하라고 제의했다.

귀족들이 말했다. "우리를 초대해서 식사를 제공하면 수십만 개의 금화를 주겠소." 그리고 그들은 수행자를 대접하는 것보다는 자신들을 대접하는 것이 훨씬 더 재미있고 유익할 것이라고 말했다.

물론 암바팔리는 그런 제의에는 관심이 없었다. 그녀가 대답했다. "당신들은 붓다가 어떤 분이신지를 모르는 게 분명하군요. 그렇지 않다면 이런 식으로 말할 리가 없을 테니까요. 나는 이미 붓다와 상가를 초대할 준비를 모두 끝냈답니다. 당신들이 베살리 시 전부와 인근 지역의 모든 땅을 내게 준다고 해도 난 거절할 거예요. 자, 이제 괜찮으시다면 날 보내주시죠. 난 지금 해야 할 일이 많답니다."

순간 멍해진 릿차비 귀족들은 그녀를 가게 내버려두었다. 암바팔리는 그들이 그녀와 헤어진 후, 그녀가 그토록 존경하는 스승을 만나보기 위해 길을 떠났다는 것은 전혀 모르고 있었다. 그들은 거대한 숲으로 들어가는 입구에 타고 온 마차를 세워둔 채 안으로 걸어 들어갔다. 붓다는 이 청년들이 많은 사랑과 지혜의 씨앗을 지니고 있다는 것을 알 수 있었다. 그는 그들에게 자리를 권한 다음 자신의 생활과 깨달음을 찾아 나선 경험담을 들려주었다. 그는 고통을 이겨내고 해탈을 실현하는 길에 대해 그들에게 이야기해주었다. 그는 그들이 지난날 자신이 속해 있던 귀족 계급에 속해 있음을 알았고 그들을 물끄러미 바라본 다음 젊은 시절의 자신의 모습을 볼 수 있었다. 그는 그들에게 자비로운 음성으로 말했다.

청년들의 마음은 붓다의 설법에 크게 열렸다. 그들은 처음으로 그들 스스로를 볼 수 있음을 느꼈다. 그들은 부와 권력이 그들에게 진정한 행복을 가져다주기에는 충분하지 못하다는 것을 이해했다. 그들은 자신들이 참된 삶의 길을 찾았다는 것을 알았다. 청년들은 자신들을 속가 제자로서 받아주길 간청하고는 붓다와 그의 상가에게 다음 날 식사를 제공해도 좋으냐고 물었다.

붓다가 말했다. "우리는 이미 내일 암바팔리의 초대를 받았다네."

젊은 귀족들은 암바팔리와 만났던 일을 떠올리고는 미소를 지었다.

"그러면 그다음 날 하게 해주십시오."

붓다는 미소를 지으면서 승낙했다.

암바팔리는 다음 날 그녀의 모든 친지들과 친구들을 망고 과수원으로 초대했다. 그녀는 붓다가 그 릿차비 귀족 청년들에게 가르침을 주었다는 소식을 듣고는 그들도 초대했다.

그 이튿날 붓다와 백 명의 비구들은 귀족들의 저택에서 식사를 했다. 그들은 극진한 정성으로 솜씨 있게 장만된 우아하고도 정갈한 채식 요리를 대접받았다. 귀족들은 또한 비구들에게 그들 각자의 과수원에서 방금 막 따 온 망고와 바나나와 사과 따위의 과일들을 대접했다. 식사가 끝나고 나서 붓다는 삼라만상의 홀로 존재하지 못함과 팔정도에 대해 설법했다. 그는 그 설법으로 모든 사람의 가슴속에 감동을 불러일으켰다. 열두 명의 귀족 청년들이 그 자리에서 비구가 되기를 간청했다. 붓다는 쾌히 그들을 받아들였다. 그들 중에는 릿차비 가문에서 크나큰 영향력을 가지고 있는 두 명의 귀족 웃타다와 수나캇타도 포함되어 있었다.

식사와 설법이 끝났을 때 릿차비 귀족들은 이듬해에 베살리에 와서 지내주기를 간청했다. 그들은 거대한 숲에 수백 명의 비구들이 지낼 수 있는 수도원을 하나 세우기로 약속했다. 붓다는 그들의 제안을 받아들였다.

암바팔리는 다음 날 아침 일찍 붓다를 방문했다. 그녀는 망고 과수원을 붓다와 상가에게 제공하고 싶다는 소망을 전했다. 붓다는 그녀의 선물을 받아들였다. 그런 뒤에 붓다와 사리풋타 그리고 삼백 명의 비구들은 사밧티를 향해 북쪽으로 떠났다.

41장

누가 제 어머니를 보지 못하셨나요?

사밧티로 가는 길은 이제 사리풋타에게는 낯설지가 않았다. 그
와 아나타핀디카가 붓다와 상가에 대한 사람들의 관심을 높여
놓았기 때문에 그들은 가는 곳마다 따뜻하게 환영을 받았다.
밤이면 비구들은 아키라바티 강변의 시원한 숲 속에서 휴식을
취했다. 그들은 세 무리로 나누어 여행을 했다. 붓다와 사리풋
타는 첫 번째 무리를 이끌었다. 두 번째 무리는 앗사지가 인도
했고, 세 번째는 목갈라나가 인도했다. 비구들은 걸어가면서
평화로운 침묵을 유지했다. 가끔 지역 주민들이 숲이나 강변에
모여들어 붓다의 가르침에 귀를 기울이곤 했다.

　사밧티에 도착한 날, 그들은 자신들을 위해 새로운 수도원을
마련한 수닷타와 제타 왕자의 영접을 받았다. 제타바나가 훌륭
하게 꾸며진 것을 보고는 붓다가 수닷타를 칭찬했다. 수닷타는
모든 것이 덕망 높은 사리풋타와 제타 왕자의 도움과 노력 덕

분이라고 대답했다.

초심자인 라훌라는 이제 열두 살이었다. 그는 사리풋타의 지도 아래 공부하기로 되어 있었으나 사리풋타는 6개월 동안 자리를 비웠다. 그래서 목갈라나가 그의 역할을 대신했다. 제타바나에서 라훌라는 다시 사리풋타에게 배울 수가 있었다.

제타 왕자와 수닷타는 붓다가 도착한 직후에 환영회를 준비했다. 제타 왕자는 덕망 높은 사리풋타와의 접촉을 통해 붓다를 깊이 존경하게 되었다. 그들은 모든 지역 주민들을 초대하여 붓다의 가르침을 듣도록 했다. 제타 왕자의 어머니인 말리카 왕비 그리고 그의 여동생으로 이제 열여섯 살이 된 바지리 공주를 포함한 많은 사람들이 찾아왔다. 몇 달 동안 붓다에 대한 이야기를 듣고 모두들 그를 직접 만나보고 싶어 했다. 붓다는 네 가지의 성스러운 진리(四聖諦)와 팔정도에 대해 설법했다.

설법이 끝난 후 왕비와 공주는 자신들의 마음이 확 트이는 것을 느꼈다. 두 사람은 속가 제자가 되고 싶었으나 차마 간청을 하지는 못했다. 왕비는 먼저 남편인 파세나디 왕의 허락을 얻고 싶었다. 그녀는 국왕도 붓다를 만나게 되면 자신과 똑같은 생각을 하게 되리라고 확신했다. 빔비사라 왕의 아내인 파세나디의 여동생은 이미 3년 전에 붓다로부터 삼귀의를 허락받았다.

사밧티의 수많은 종교계 원로들도 그날 붓다의 설법에 참여했다. 대부분의 사람들은 무엇인가를 배우기 위해서라기보다는 단순한 호기심에서 찾아왔다. 그러나 그들 가운데 일부 사람들은 붓다의 말씀을 듣고는 갑자기 마음이 확 트이는 것을 느꼈다. 또 다른 사람들은 그가 그들 자신의 신념에 도전하는 훌륭한 적수임을 느꼈다. 모든 사람이 사밧티에 그가 출현한 것은 코살라인의 정신생활에서 하나의 중요한 사건이라는 데 동의했다.

환영회와 설법이 끝났을 때 수닷타는 붓다 앞에 공손히 무릎 꿇으며 말했다. "저의 가족과 저 그리고 모든 친구와 친척들은 제타바나 수도원을 스승님과 상가에게 바칩니다."

붓다가 말했다. "수닷타, 그대의 공덕이 참으로 크구나. 그대 덕분에 상가는 뜨거운 햇살과 비와 야생동물과 뱀 그리고 모기로부터 보호받을 수 있게 되었다. 이 수도원은 앞으로 사방으로부터 비구들이 몰려들게 해줄 것이다. 그대는 법을 몸소 실천하였구나. 나는 그대가 계속해서 수행에 전념하길 바란다."

다음 날 아침 붓다와 비구들은 탁발을 하기 위해 시내로 들어갔다. 사리풋타는 비구들을 열두 무리로 나누고 각각에 대해 번호를 붙였다. 노란색 가사를 걸친 수행자의 출현은 새로 세워진 제타바나 수도원에 대한 사람들의 관심을 더욱 불러일으켰다. 사람들은 비구들의 차분하고 조용한 태도를 찬양했다.

일주일에 한 번씩 붓다는 제타바나에서 설법을 행했다. 수많은 사람들이 붓다의 설법을 듣기 위해 몰려들었다. 따라서 파세나디 국왕이 붓다의 출현을 알게 되기까지는 그리 오랜 시간이 걸리지 않았다. 그는 업무로 너무 바빠서 붓다를 방문할 시간이 없었지만 궁중의 많은 사람들이 새 수도원과 마가다국에서 온 비구들에 관해 이야기하는 것을 듣고서 마음이 움직였다. 가족끼리 식사를 하는 동안 국왕은 붓다에 관한 이야기를 꺼냈다. 말리카 왕비는 그에게 제타 왕자가 수도원을 기증하였음을 알려주었다. 왕은 왕자에게 붓다에 관해 이야기해달라고 했고 왕자는 그가 지금까지 보고 들은 모든 것을 들려주었다. 왕자는 부왕이 허락해주신다면 붓다의 속가 제자가 되고 싶다고 말했다.

파세나디 국왕은 붓다처럼 젊은 수행자가 진정한 깨달음을 이루었다고 믿기가 어려웠다. 왕자의 말에 따르면 붓다는 자신과 동갑인 서른아홉 살이었다. 왕은 붓다가 푸라나 카사파, 마칼리 고살라, 니간타 나타풋타 그리고 산자야 벨랏티풋타 같은 정신적 지도자들보다 더 높은 경지에 이르렀다고는 도저히 믿을 수가 없었다. 왕은 아들의 말을 믿고 싶었지만 의심을 떨칠 수가 없었다. 그는 기회가 오면 자신이 직접 붓다를 찾아가서 만나보기로 작정했다.

우기가 다가오고 있었기 때문에 붓다는 그동안 제타바나에서 지내기로 결정했다. 지난 우기 동안 죽림정사에서 겪은 경험 덕분에 붓다의 수제자들은 안거 기간에 대해 쉽게 채비를 갖추었다. 육십 명의 새로운 비구들이 사밧티의 수도원에 합류했다. 수닷타도 많은 친구들을 끌어들였는데 그들은 속가 제자가 되어 수도원 활동을 열성적으로 도와주었다.

어느 날 오후 붓다는 얼굴에 슬픔과 불행의 기색이 역력한

한 청년을 맞이했다. 붓다는 그 청년이 최근 하나뿐인 아들을 잃었으며 며칠 동안 무덤에 엎드려 "내 아들아, 내 아들아, 너는 어디로 갔단 말이냐?"라고 울부짖는 것을 들었다. 그는 침식조차도 잊고 지냈다.

붓다가 그에게 말했다. "사랑에는 고통이 따르는 법이다."

청년이 이의를 제기했다. "당신의 말씀은 틀렸습니다. 사랑은 고통을 불러일으키지 않습니다. 사랑은 행복과 기쁨만을 줍니다."

실의에 사로잡힌 청년은 붓다가 그 말뜻을 미처 설명하기도 전에 갑자기 떠나버렸다. 그는 정처 없이 방황하다가 거리에서 도박을 하고 있는 사람들과 잡담을 나누기 위해 걸음을 멈추었다. 그는 붓다와 만났던 이야기를 그들에게 들려주었다. 사람들은 붓다의 말이 틀렸다고 하며 자신의 의견에 맞장구를 쳐주었다.

"사랑이 어떻게 고통을 일으킨단 말이오? 사랑은 행복과 기쁨만을 줄 뿐이오! 당신 말이 맞소. 그 수도자가 틀렸소."

얼마 안 있어 이 이야기에 대한 소식은 사밧티 전역에 퍼져서 열띤 화젯거리가 되었다. 이 문제는 파세나디 국왕의 귀에까지 들어가게 되어 그날 저녁 가족 식사 시간에 그는 왕비에게 말했다. "사람들이 '붓다'라고 부르는 수도자는 그들의 말처럼 그렇게 위대한 스승은 아닌 듯싶소."

왕비가 물었다. "왜 그런 말씀을 하시지요? 누군가가 그 스승에 대해 험담을 하던가요?"

"오늘 아침, 몇 명의 궁정 관리들이 그에 관한 이야기를 하는 걸 들었소. 그들이 하는 말을 들으니 그는 사랑을 하면 할수록 고통을 더욱 많이 겪게 된다고 했다는군."

왕비가 말했다. "그분이 그런 말씀을 했다면 그건 틀림없이 사실일 거예요."

왕은 신경질적으로 쏘아붙였다. "그런 말도 안 되는 소리는 집어치우시오. 생각을 좀 제대로 해보시오. 스승이 말하면 모든 걸 다 믿어버리는 애들처럼 굴지 말란 말이오."

왕비는 더 이상 아무 말도 하지 않았다. 그녀는 왕이 아직 붓다를 만나보지 않았기에 그렇게 말한다고 생각했다. 다음 날 아침 그녀는 가까운 친구인 날리잔가에게 붓다를 찾아가서 그에게 사랑이 고통의 근원이라고 말했는지를 물어보고 만약 그렇게 말했다면 그 까닭을 좀 알아봐달라고 부탁했다. 그녀는 친구에게 붓다가 말한 모든 것을 주의 깊게 듣고 와서 자신에게 들려달라고 말했다.

날리잔가는 붓다를 찾아가서 왕비의 질문을 전했다. 붓다가 대답했다. "최근 나는 사밧티의 한 여인이 그녀의 어머니를 잃었다고 들었소. 그녀는 너무 슬픔에 겨운 나머지 정신을 잃고 거리를 헤매면서 누구든 붙잡고서 '누가 제 어머니를 보시지 않았나요? 누가 제 어머니를 보시지 않았나요?'라며 슬피 묻고 다닌다는군요. 나는 또한 어떤 처녀의 부모가 그녀를 다른 사람과 억지로 결혼시킨다는 이유로 함께 자살해버린 두 남녀의 이야기를 들은 적이 있소. 이 두 가지 이야기만으로도 사랑이 고통을 일으킨다는 것을 알 수 있지요."

날리잔가는 붓다의 말을 말리카에게 그대로 전했다. 그런 일이 있고 나서 얼마 안 있어 그녀는 왕이 쉬고 있을 때를 틈타 그에게 물었다. "왕이시여, 당신은 바지리 공주를 사랑하고 소중히 생각지 않으세요?"

"그야 물론 사랑하오." 왕은 느닷없는 질문에 깜짝 놀라며 대답했다.

"그 애한테 불행이 닥치면 당신은 고통스러우시겠죠?"

왕은 그 말에 깜짝 놀랐다. 문득 그는 고통의 씨앗이 사랑 속에 깃들어 있다는 것을 분명히 깨달았다. 행복감이 걱정으로 바뀌었다. 붓다의 말에는 왕의 마음을 온통 뒤흔들어놓을 만큼의 무서운 진실이 담겨 있었던 것이다. 그는 말했다. "나도 기회가 닿는 대로 그 수도자를 방문해야겠소."

왕비는 왕이 붓다를 일단 만나기만 하면 붓다의 가르침이 얼마나 훌륭한가를 이해할 것으로 확신했기에 무척 기뻤다.

42장

사랑은 이해하는 것이다

파세나디 국왕은 단 한 명의 호위병도 없이 혼자서 붓다를 방문했다. 타고 온 마차는 수도원 입구에 세워두었다. 그는 붓다의 오두막 앞에서 붓다의 영접을 받았다. 인사를 교환하고 난후 왕은 붓다에게 아주 솔직하게 말했다. "고타마 스승이시여, 사람들은 당신을 붓다, 즉 완벽한 깨달음을 얻은 사람으로 칭송하고 있습니다. 그러나 저는 당신처럼 젊은 사람이 어떻게 깨달음을 얻었는지 늘 궁금했습니다. 수년간에 걸쳐 크나큰 진전을 이룬 푸라나 카사파, 마칼리 고살라, 니간타 나타풋타 그리고 산자야 벨랏티풋타 같은 분들조차도 완전한 깨달음을 얻었다고는 주장하지 않습니다. 심지어 파쿠다 카카야나와 아지타 케사캄발리도 그렇게까지는 말하지 않습니다. 당신도 이들에 대해서는 알고 있겠지요?"

붓다가 대답했다. "왕이시여, 저도 그분들에 대해 들은 적이 있으며 그분들 중 몇 분은 만나본 적도 있습니다. 정신적인 깨달음은 나이에 달려 있는 게 아닙니다. 세월이 깨달음을 보장해주지 않는 법입니다. 하찮은 것으로 무시해버릴 수 없는 것들이 몇 가지 있지요. 어린 왕자와 조그만 뱀과 작은 불꽃 그리고 젊은 수행자가 바로 그런 것입니다. 왕자가 비록 어릴지라도 그는 왕으로서의 품성과 운명을 지니고 있습니다. 그리고 조그만 독사는 어른이라도 순식간에 죽일 수가 있지요. 또한 수행자가 젊다고 할지라도 완전한 깨달음을 성취할 수가 있습니다! 왕이시여, 현명한 사람은 어린 왕자와 조그만 뱀 그리고 작은 불꽃이나 젊은 수행자를 무시하지 않는 법이지요."

파세나디 국왕은 붓다를 바라보았다. 그는 감동에 사로잡혔다. 붓다는 차분하면서도 조용한 목소리로 말했으며 그가 말하는 것은 매우 단순하면서도 심오했다. 왕은 붓다를 신뢰할 수 있을 것 같았다. 그는 이어서 마음속에 품고 있던 질문을 던졌다. "고타마 스승이시여, 당신이 사람들에게 사랑을 하지 말라고 충고한다고 말하는 사람이 있습니다. 그들은 당신이 사랑을 하면 할수록 고통을 받게 되고 절망에 빠진다고 말했다고 하더군요. 저도 그 말이 어느 정도는 사실임을 알고 있지만 전적으로 수긍할 수만은 없습니다. 사랑이 없으면 인생은 무의미한 것이겠지요. 제가 이 문제를 풀 수 있게끔 도와주십시오."

붓다는 온화한 표정으로 왕을 바라보았다. "왕이시여, 당신은 아주 좋은 질문을 하셨습니다. 그리고 많은 사람들이 이로 인해 얻는 바가 있을 것입니다. 사랑에는 여러 가지 유형이 있습니다. 우리는 갖가지 유형의 사랑의 본질을 자세히 살펴보아야 합니다. 인생은 사랑을 크게 필요로 하고 있지요. 그러나 욕정, 격정, 집착, 분별심 그리고 편견에 기초한 사랑은 필요치 않은 것이지요. 왕이시여, 유일하게 필요한 또 다른 유형의 사랑이 있습니다. 그것은 친애와 자비심이며 마이트리(Maitri)와 카루나(Karuna)로 이루어진 사랑입니다.

　보통 사람들이 사랑이라고 말할 때 그것은 부모와 자식, 남편과 아내, 가족들 또는 하나의 계급이나 국가에 속한 사람들 사이에 존재하는 사랑만을 가리킵니다. 이러한 사랑의 본질은 '나'와 '나의 것'이라는 관념에 의존하고 있기 때문에 거기에는 집착과 분별심이 얽혀 있습니다. 사람들은 다만 그들의 부모, 배우자, 아이들, 손자, 친척, 동족만을 사랑하려고 합니다. 그들은 집착에 얽매여 있기 때문에 어떤 사고가 실제로 일어나기도 전에 그들이 사랑하는 것을 잃게 되지나 않을까 걱정을 합니다. 그리고 사고가 일어나면 그들은 몹시 고통스러워합니다. 분별심에 기초한 사랑은 편견을 낳습니다. 사람들은 스스로 만들어놓은 사랑의 범위 바깥에 있는 사람들에 대해서는 무관심하거나 적대적이기까지 합니다. 집착과 분별은 우리와 타인들에게 있어서 고통의 근원입니다. 왕이시여, 모든 사람들이 실로 목마르게 찾아야 할 사랑은 친애와 자비입니다. 마이트리는 행복을 다른 사람에게 옮겨줄 수 있는 능력을 가진 사랑입니다. 카루나는 다른 사람의 고통을 제거해주는 능력을 가진 사랑입니다. 마이트리와 카루나는 대가를 바라지 않습니다. 친애와 자비는 부모나 배우자나 자녀나 친척이나 같은 계급의 사람 그리고 동족에 한정되어 있지 않습니다. 그것들은 모든 사람, 모든 인류에게로 확대됩니다. 마이트리와 카루나에는 분별심이나 '나의 것' 또는 '나의 것이 아님' 따위가 존재하지 않습니다. 그리고 분별심이 없으므로 집착심도 없습니다. 마이트리와 카루나는 행복을 가져다주며 고통을 줄여줍니다. 고통과 절망을 낳지 않습니다. 이들이 없으면 인생은 당신이 말했듯이 무의미합니다. 친애와 자비가 있으면 인생은 평화와 기쁨과 만족으로 가득 찹니다. 왕이시여, 당신은 일국의 통치자입니다. 당신의 온 백성들은 당신이 친애와 자비를 실천할 때 풍요로움을 느낄 것입니다."

왕은 고개를 숙이고 생각에 잠겼다. 잠시 후 그는 고개를 들고 붓다에게 말했다. "나는 돌봐야 할 가족과 다스려야 할 나라를 갖고 있습니다. 내가 가족과 백성들을 사랑하지 않는다면 어떻게 그들을 돌볼 수 있겠습니까? 나를 위해 이 점을 분명히 가르쳐주십시오."

"당연히 왕께서는 당신 자신의 가족과 백성들을 사랑해야 합니다. 하지만 당신의 사랑은 가족과 백성들 너머로 확장될 수 있습니다. 왕께서는 왕자와 공주를 사랑하고 돌보십니다. 하지만 그렇게 하는 것이 당신의 왕국에 있는 다른 젊은이들을 사랑하거나 보살피지 못하도록 방해하지는 않습니다. 왕께서 모든 젊은이들을 사랑할 수 있다면 이때 당신의 한정된 사랑은 모두를 품에 안은 사랑이 될 것이며 왕국의 모든 젊은이들은 당신의 아이들이나 마찬가지가 됩니다. 이는 자비의 마음이 있기에 가능한 것이지요. 단순한 이상이 아닙니다. 그것은 실제로 실현될 수 있는, 특히 당신처럼 뜻한 대로 사용할 수 있는 여러 수단을 가진 사람들에 의해 실현될 수 있는 것입니다."

"그렇지만 다른 왕국의 젊은이들은 어떻게 합니까?"

"비록 당신의 통치를 받지 않는다 하더라도 다른 왕국의 젊은이들을 당신의 자식처럼 사랑하지 못하게 막는 것은 아무것도 없지요. 그리고 자기 나라의 백성을 사랑한다고 해서 그것이 다른 나라의 백성을 사랑하지 않을 이유는 되지 않습니다."

"그러나 그들이 나의 통치 구역 내에 있지 않은데 어떻게 그들에게 사랑을 베풀 수 있겠습니까?"

붓다는 왕을 바라보았다. "한 나라의 번영과 안정은 다른 나라의 가난과 혼란에 달려 있지 않습니다. 왕이시여, 계속적인 평화와 번영은 각국이 서로의 복지를 위해 공동의 약속 아래 단결할 때에만 가능합니다. 당신이 코살라인이 평화를 누리고 전쟁터에서 생명을 잃지 않기를 진실로 바란다면 다른 왕국들이 평화를 찾을 수 있도록 도와주어야 합니다. 외교 정책과 경제정책은 참된 평화를 이룰 수 있도록 자비의 길을 따라서 행해져야 합니다. 그와 동시에 당신이 자국을 사랑하고 돌보듯이 마가다, 카시, 비데하, 석가 그리고 콜리야와 같은 다른 나라들을 사랑하고 돌봐야 합니다.

왕이시여, 지난해 나는 석가 왕국에 있는 내 가족을 방문한 적이 있습니다. 히말라야 기슭에 자리 잡은 아란나쿠티카에서 며칠을 묵었지요. 그곳에서 나는 비폭력에 기초한 정치에 대해 오랜 시간을 생각했답니다. 그리고 나라란 투옥과 사형 집행과 같은 폭력적 수단에 의지하지 않고도 진정한 평화와 안정을 누릴 수 있다는 것을 알았지요. 나는 이러한 것들에 대해 숫도다나 부왕께 말씀드렸습니다. 이제 이러한 생각을 당신께도 전해 드립니다. 스스로의 자비심을 기르고 있는 통치자는 폭력적 수단에 의지할 필요가 없습니다."

왕은 감탄했다. "훌륭합니다! 참으로 훌륭합니다! 당신의 말씀에 커다란 깨우침을 얻었습니다! 당신은 진실로 깨달으신 분이십니다! 당신께서 오늘 말씀하신 것을 명심하겠습니다. 저는 크나큰 지혜가 담긴 당신의 말씀을 실천하겠습니다. 하지만 또 한 가지 간단한 질문을 던질 수 있도록 허락해주십시오. 보통의 경우, 사랑은 분별, 욕망 그리고 집착심을 포함하고 있습니다. 당신의 말씀에 따르자면 그 같은 유형의 사랑은 걱정, 고통 그리고 실망을 자아냅니다. 사람이 욕망이나 집착이 없이 사랑을 할 수 있겠습니까?"

붓다가 대답했다. "우리는 사랑의 본질을 들여다볼 필요가 있습니다. 우리의 사랑은 우리가 사랑하는 사람들에게 평화와 행복을 가져다주어야 합니다. 우리의 사랑이 다른 것들을 소유하고자 하는 이기적인 욕망에 기초하고 있다면, 우리는 상대에게 평화와 행복을 가져다줄 수 없습니다. 오히려 우리의 그러한 사랑은 상대를 옭아매게 됩니다. 이러한 사랑은 감옥과 마찬가지지요. 우리가 사랑하는 사람들이 우리의 사랑으로 인해서 행복해질 수 없다면 그들은 스스로를 자유롭게 하기 위한 방법을 찾아 나설 것입니다. 그들은 사랑의 감옥을 받아들이지 않을 것입니다. 차츰 우리들 사이에서의 사랑이 분노와 증오로 바뀌어갑니다.

왕이시여, 열흘 전에 사밧티에서 일어난 이기적인 사랑으로 인한 비극에 대해 알고 계십니까? 한 어머니가 자식이 사랑에 빠져 결혼해버리자 버림받았다고 생각하게 되었습니다. 그녀는 딸 하나를 얻은 것으로 생각하기보다는 자신이 아들을 잃었으며 그에게 배반당했다고 느꼈던 것입니다. 그로 인해서 그녀의 사랑은 증오로 변했고 결국 젊은 부부의 음식 속에 독약을 넣어 두 사람을 죽이고 말았지요.

왕이시여, 깨달음의 길에 따르면 사랑은 이해가 없이는 존재할 수가 없습니다. 사랑은 이해입니다. 당신이 이해할 수 없으면 사랑을 할 수가 없습니다. 서로를 이해하지 못하는 남편과 아내는 서로를 사랑할 수 없는 것이지요. 서로를 이해하지 못하는 형제자매는 서로를 사랑할 수 없습니다. 서로를 이해하지 못하는 부모와 자식은 서로를 사랑할 수 없습니다. 당신이 사랑하는 사람이 행복해지기를 원한다면 그들의 고통과 바라는 바를 이해하는 법을 배워야 합니다. 당신이 이해할 때 당신은 그들의 고통을 덜어주는 방법과 그들이 바라는 바를 들어줄 수 있는 방법을 알게 됩니다. 그것이 참된 사랑입니다. 당신이 사랑하는 사람이 당신의 생각을 따라주기만을 원하면서 그들이 바라는 바를 알지 못하면 그것은 참된 사랑이 아닙니다. 그것은 다른 사람을 소유하고 당신 자신의 욕구를 채우려는 것에 지나지 않습니다.

왕이시여, 코살라 사람들은 고통과 열망을 가지고 있습니다. 그들의 고통과 열망을 이해할 수 있으면 당신은 그들을 진실로 사랑할 수 있게 됩니다. 당신의 궁전의 모든 관리들은 고통과 열망을 가지고 있습니다. 그러한 고통과 열망을 이해하십시오. 그러면 당신은 그들에게 행복을 가져다줄 수 있는 방법을 알게 됩니다. 거기에 감사하여 그들은 당신에게 생명을 바쳐 충성을 다할 것입니다. 왕비, 왕자 그리고 공주들은 나름대로의 고통과 열망을 가지고 있습니다. 당신이 그들의 고통과 열망을 이해할 수 있으면 당신은 그들에게 행복을 가져다줄 수 있을 것입니다. 모든 사람이 행복, 평화 그리고 기쁨을 누릴 때 당신 자신도 행복, 평화 그리고 기쁨을 누리게 됩니다. 그것이 깨달음의 길에 따른 사랑의 의미입니다."

파세나디 왕은 깊이 감동하였다. 다른 정신적 지도자 또는 브라만들 중 그 누구도 그로 하여금 마음의 문을 활짝 열어 사물을 그토록 깊이 이해할 수 있도록 해준 사람이 없었다. 이 스승이 나타난 것은 나라의 크나큰 복이 아닐 수 없다고 그는 속으로 생각했다. 그는 붓다의 제자가 되기를 원했다. 한동안 침묵을 지키고 있다가 그는 붓다를 바라보며 말했다. "저를 위해 이러한 문제들에 대해 그토록 크나큰 빛을 비추어주셔서 감사드립니다. 하지만 아직도 저를 괴롭히는 것이 하나 남아 있습니다. 당신께선 욕망과 집착에 기초한 사랑이 고통과 절망을 가져다주는 반면에 자비에 기초한 사랑이 평화와 기쁨을 가져다준다고 말씀하셨습니다. 그러나 제가 보기에는 자비의 길에 기초한 사랑이 이기적이거나 하지는 않지만 그것도 또한 고통과 괴로움을 줄 수가 있는 것 같습니다. 저는 이 나라 백성들을 사랑합니다. 그들이 태풍이나 홍수 같은 자연적 재난으로 고통을 겪을 때 저도 고통스럽습니다. 저는 당신도 마찬가지일 것으로 믿고 있습니다. 병들어 있거나 죽어가는 사람을 볼 때면 당신께서도 괴로움을 느끼실 테지요."

"왕이시여, 아주 좋은 질문을 하셨습니다. 이 질문 덕분에 당신은 자비의 본질을 보다 깊이 이해할 수 있을 것입니다. 무엇보다 먼저 욕망과 집착에 기초한 사랑에 의해 생긴 고통이 자비에 의해 생긴 고통보다 수천 배 더 크다는 것을 아셔야 합니다. 두 가지 유형의 고통, 다시 말해 우리들의 몸과 마음을 어지럽히기만 하는 전혀 무익한 고통과 사랑과 책임을 북돋워주는 고통을 구별할 필요가 있습니다. 자비에 기초한 사랑은 다른 사람들의 고통에 대처하는 데 필요한 힘을 줄 수 있는 반면에 집착과 욕망에 기초한 사랑은 보다 많은 걱정과 고통을 만들어낼 뿐입니다. 자비는 유익한 행동과 봉사를 위한 연료를 제공합니다. 왕이시여, 자비가 가장 필요합니다. 자비로부터 비롯되는 고통은 유익한 고통일 수가 있습니다. 당신이 다른 사람의 고통을 느낄 수 없다면 당신은 참된 인간이 아닙니다.

자비는 이해의 열매입니다. 깨달음의 길을 실천하는 것은 생명의 진면목을 실현시키는 것입니다. 그러한 진면목은 순간적인 것이지요. 언제나 모든 것은 순간적이며 별개의 실체가 없습니다. 모든 것은 언젠가 사라지게 마련입니다. 언젠가는 당신의 육신도 사라집니다. 어떤 사람이 모든 것이 갖는 순간적인 본질을 보게 되면 그의 겉모습은 차분하고 경건해집니다. 생명의 순간적인 본질이 더 이상 그의 심신을 어지럽히지 않기 때문이지요. 따라서 자비로부터 비롯되는 고통의 느낌은 다른 유형의 고통이 주는 느낌보다 더 쓰라리고 혹독한 특성을 지니고 있지 않습니다. 오히려 자비는 사람에게 더 커다란 힘을 줍니다. 왕이시여, 오늘 당신은 깨달음의 길에 관한 몇 가지 기본적인 것들에 관해 들었습니다. 언젠가 다시 시간이 마련되면 당신에게 더 많은 것을 가르쳐드리고 싶습니다."

파세나디 왕의 가슴은 감사한 마음으로 가득 찼다. 왕은 일어서서 붓다에게 절을 올렸다. 그리고 가까운 시일 내에 붓다에게 속가 제자로 받아주길 간청하기로 마음먹었다. 그는 말리카 왕비, 제타 왕자 그리고 바지리 공주가 이미 붓다와 특별한 유대를 맺고 있음을 알고 있었다. 그는 온 가족이 다 함께 삼보에 귀의하기를 바랐다. 여동생인 코살라데비와 그녀의 남편인 빔비사라 왕은 이미 수계를 받았었다.

그날 저녁 말리카 왕비와 바지리 공주는 왕이 눈에 띄게 달라졌음을 느낄 수 있었다. 두 사람은 그것이 붓다와의 만남 때문임을 알았다. 그들은 그가 붓다와 만났던 일에 대해 여러 가지 물어보고 싶었지만 왕이 스스로 그 일에 대해 말해줄 때까지 기다리기로 했다.

43장

모든 사람의 눈물은 짜다

파세나디 왕이 제타바나를 방문했다는 소식은 사람들의 커다란 관심을 불러일으켰으며, 붓다의 상가에 대한 위신을 드높여 주었다. 많은 궁정 관리들은 파세나디 왕이 매주 실시되는 설법을 단 한 차례도 거르지 않았다는 것을 알고서 그와 동행하기 시작했다. 일부는 붓다의 가르침을 찬양하는 마음에서였고 또 일부는 단지 왕을 기쁘게 하기 위해서 그렇게 했다. 제타바나를 방문하는 지식인들과 청년들의 숫자는 날로 늘어갔다. 그러나 오랫동안 국왕의 보살핌을 받았던 다른 종파의 종교 지도자들은 제타바나 수도원을 곱지 않은 시선으로 바라보기 시작했다. 안거 기간은 성대한 의식으로 끝을 맺었다. 그 의식에서 국왕은 모든 비구들에게 새 가사를 제공하였으며 가난한 집에는 음식과 생필품을 나누어 주었다. 그리고 이 자리에서 왕과 그의 가족은 모두 공식적으로 삼보에 귀의했다.

안거 기간이 끝난 후 붓다와 다른 비구들은 보다 많은 사람들에게 설법을 행하기 위해 이웃 지역으로 나섰다. 어느 날 붓다와 비구들은 강가 강의 기슭 근처의 마을에서 탁발을 하다가 거름을 운반하고 있는 한 사내를 발견했다. 그 사내는 수니타라는 천민이었다. 수니타는 붓다와 비구에 대해 들은 적은 있었지만 그들을 직접 본 것은 이번이 처음이었다. 자신의 옷이 얼마나 더러우며 지금 나르고 있는 거름에서 얼마나 심한 냄새가 날까 하는 데 생각이 미치자 놀란 그는 재빨리 오솔길로 빠져나가 강가 강으로 달려갔다. 붓다는 수니타와 가르침의 길을 함께하기로 마음먹었다. 수니타가 오솔길로 빠져나가자 붓다도 똑같이 그렇게 했다. 붓다의 뜻을 이해하고 사리풋타와 메기야를 비롯한 비구들도 그의 뒤를 따라갔다. 다른 비구들도 걸음을 멈추고서 조용히 바라보았다.

수니타는 공포에 질려 있었다. 그는 거름통을 급히 내려놓은 후 숨을 곳을 찾았다. 그의 위쪽에는 노란 가사를 입은 비구들이 서 있었고 뒤로는 붓다와 두 명의 다른 비구들이 다가오고 있었다. 이제는 하는 수 없다고 생각한 수니타는 물속에 무릎을 담근 채 두 팔을 합장하고 섰다.

호기심 많은 마을 사람들이 집 밖으로 나와 강가 강에 늘어서서 무슨 일이 생겼는지 구경을 하고 있었다. 수니타는 자신이 비구들을 더럽힐 것을 두려워해서 오솔길로 도망친 것이었다. 그는 붓다가 그를 따라온 까닭을 도무지 알 수가 없었다. 수니타는 상가에 많은 귀족 청년들이 있다는 것을 알고 있었다. 그는 비구를 더럽히는 것은 용서받을 수 없는 행동이라고 확신했다. 그는 붓다와 비구들이 그를 떠나 가던 길로 돌아가 주기만을 바랐다. 그러나 붓다는 떠나지 않았다. 그는 곧장 물가로 걸어가서 말했다. "친구여, 함께 이야기를 나눌 수 있도록 이리 가까이 오너라."

수니타는 두 손을 여전히 합장한 채 대답했다. "존엄하신 분이시여, 저는 감히 다가갈 수가 없습니다!"

"왜 그렇지?" 붓다가 물었다.

"저는 천민입니다. 당신과 수행자들을 더럽히고 싶지 않습니다."

붓다가 대답했다. "우리의 길에는 계급 따윈 더 이상 없느니라. 너는 우리와 마찬가지의 인간이다. 우리는 더럽혀지는 것을 두려워하지 않느니라. 탐욕, 증오 그리고 망상만이 우리들을 더럽힐 수 있단다. 너처럼 깨끗한 사람은 우리에게 다만 행복을 안겨줄 따름이란다. 네 이름이 뭐냐?"

"존엄하신 분이시여, 제 이름은 수니타입니다."

"수니타, 다른 사람들처럼 너도 비구가 되고 싶지 않으냐?"

"저는 안 됩니다!"

"왜 안 되지?"

"저는 천민입니다!"

"수니타, 우리의 길에는 계급 따윈 없다고 내가 이미 말하지 않았느냐. 깨달음의 길에는 계급이 존재하지 않는다. 그것은 강가, 야무노, 아키라바티, 사라부, 마히 그리고 로히니 강과도 같은 것이다. 그 강물들은 일단 바다로 흘러들면 더 이상 제 이름을 지니지 않는다. 출가해서 깨달음의 길로 정진하는 사람은 그가 브라만이건 크샤트리아이건 바이샤, 수드라 또는 천민이든 아니든 계급을 버린다. 수니타, 네가 원한다면 너도 다른 사람들처럼 비구가 될 수 있다."

수니타는 자신의 귀를 의심했다. 그는 합장한 두 손을 이마 위로 올린 채 말했다. "어느 누구도 이제까지 제게 이토록 친절히 대해준 적이 없습니다. 오늘은 제 생애에서 가장 행복한 날입니다. 당신께서 저를 제자로 받아만 주신다면 생명을 바쳐 당신의 가르침을 따르겠습니다."

붓다는 들고 있던 발우를 메기야에게 건네준 다음 수니타에게 손을 내밀었다. "사리풋타! 나를 도와 수니타를 목욕시키도록 해라. 그를 이곳 강기슭에서 당장 비구로 받아들이겠다."

덕망 높은 사리풋타가 미소를 지었다. 그는 자신의 발우를 땅에 내려놓고 붓다를 돕기 위해 앞으로 나아갔다. 수니타는 사리풋타와 붓다가 자신을 깨끗이 씻어주자 쑥스럽고 송구스러웠지만 감히 저항을 하거나 하진 않았다. 붓다는 메기야에게 어서 가서 아난다에게 가사 한 벌을 받아 오라고 말했다. 수니타가 입문하자 붓다는 그를 보살펴주도록 사리풋타에게 맡겼다. 사리풋타는 그를 제타바나로 데리고 갔고 붓다와 나머지 비구들은 조용히 탁발을 계속했다.

지역 주민들은 방금 일어난 모든 일들을 목격했다. 붓다가 천민을 상가에 받아들였다는 소식은 순식간에 퍼져갔다. 이 소

수니타는 대답했다. "존엄한 분이시여, 저는 감히 다가갈 수가 없
습니다. 저는 천민입니다."

식은 수도의 상층 계급민들 사이에 분노를 일으켰다. 코살라의 역사상 천민을 수도자 집단에 받아들인 적은 한 번도 없었던 것이다. 많은 사람들은 신성한 전통을 위반했다는 이유로 붓다를 비난했다. 심지어 어떤 사람들은 붓다가 기존 질서를 무너뜨리고 국가를 무너뜨리려는 음모를 꾸민다고 말하기도 했다.

이러한 온갖 비난의 소리는 시내에서 사람들이 말하는 것을 들은 비구들뿐만 아니라 속가 제자들을 통해 수도원에 전해졌다. 수제자들인 사리풋타, 마하카사파, 목갈라나 그리고 아누룻다가 사람들의 반응에 대해 붓다와 의논하기 위해 모였다.

붓다가 말했다. "천민을 상가에 받아들이는 것은 단지 시간 문제일 뿐이다. 우리가 가는 길은 평등의 길이다. 우리는 계급을 인정하지 않는다. 우리가 지금 수니타의 입문으로 인해 어려움에 처하긴 했지만 우리는 역사상 최초로 후세의 사람들이 감사할 하나의 문을 활짝 연 것일 뿐이다. 용기를 갖도록 해라."

목갈라나가 말했다. "저희에게 용기와 인내심이 부족한 게 아닙니다. 하지만 어떻게 해야 여론의 반감을 줄이고 비구들의 수행에 지장을 초래하지 않게 할 수 있겠습니까?"

사리풋타가 말했다. "중요한 것은 우리의 수행에 대한 믿음을 유지하는 것이오. 나는 수니타가 수행에 정진하도록 힘써 돕겠소. 그의 성공이야말로 우리 입장에서 볼 때 가장 강력한 무기가 될 것이오. 또한 평등에 대한 우리의 신념을 사람들에게 설명할 수 있는 방법도 찾아낼 수 있을 겁니다. 스승님께서는 어떻게 생각하시는지요?"

붓다는 사리풋타의 어깨 위에 손을 올려놓으며 말했다. "그대가 나의 생각을 바로 맞추었다."

얼마 안 있어 수니타의 입문을 둘러싼 시끄러운 소문은 파세나디 왕의 귀에도 들어갔다. 일단의 종교 지도자들은 그를 개별적으로 만나 그 문제에 대한 자신들의 우려를 표시했다. 그들의 확신에 가득 찬 주장에 마음이 동요된 국왕은 비록 자신이 헌신적인 붓다의 추종자이긴 하였으나 그 문제에 대해 알아보겠다고 그들에게 약속했다. 며칠 뒤 그는 제타바나를 방문했다.

그는 마차에서 내려 혼자서 수도원으로 걸어 들어갔다. 비구들은 시원한 나무 그늘이 드리워진 길에서 그를 지나쳐 갔다. 왕은 붓다의 오두막까지 나 있는 길을 따라갔다. 그는 자신의 곁을 지나가는 비구들마다 인사를 했다. 항상 그랬듯이 비구들의 평온하면서도 침착한 태도는 붓다에 대한 그의 믿음을 강하게 해주었다. 붓다의 오두막까지 반쯤 걸어갔을 때 그는 커다란 소나무 아래에서 큼직한 바위 위에 앉아 몇 명의 비구들과 속가 제자들을 가르치고 있는 한 비구를 발견했다. 그것은 매우 인상적인 광경이었다. 가르침을 주고 있는 비구는 마흔 살이 채 안 되어 보였지만, 그의 얼굴은 한량없는 평화와 지혜의 빛으로 밝게 빛나고 있었다. 그의 청중들은 그가 말한 내용에 깊이 빠져 있는 게 분명했다. 왕은 걸음을 멈추고 귀를 기울여 좀 들어보고는 큰 감명을 받았다. 그러다가 문득 그는 자신의 방문 목적을 생각해내고는 가던 길을 계속 갔다. 그는 나중에 돌아갈 때 그 비구의 가르침을 다시 들어야겠다고 생각했다.

붓다는 오두막 밖에서 왕을 맞이하고는 대나무 의자에 앉도록 권했다. 형식적인 인사를 주고받은 다음 왕은 바위 위에 앉아 있는 비구가 누구냐고 붓다에게 물었다. 붓다가 미소 지으며 대답했다. "수니타라는 비구지요. 그는 한때 거름을 나르던 천민이었답니다. 그의 가르침에 대해 어떻게 생각하십니까?"

왕은 순간 당황했다. 그토록 빛나는 자태를 갖춘 비구가 바로 거름을 나르던 수니타라니! 그는 이런 일이 가능하리라고는 상상도 해본 적이 없었다. 그가 미처 대답할 말을 찾기도 전에 붓다가 말했다. "수니타 비구는 입문한 날로부터 온 정성을 다 바쳐 수행에 정진하였답니다. 그는 성실하고, 총명하고 결단력이 있는 사람입니다. 불과 3개월 전에 입문했으나 크나큰 덕망과 순수한 마음으로 인해 이미 좋은 평판을 얻고 있지요. 당신도 그를 만나 공양을 하시겠습니까?"

왕은 솔직하게 대답했다. "나는 진심으로 수니타 비구를 만나 공양을 하고 싶습니다. 스승이시여, 당신의 가르침은 깊고도 오묘합니다! 저는 지금까지 그토록 마음의 문을 활짝 열어 주는 사람을 본 적이 없습니다. 저는 사람이나 동물 또는 식물에 이르기까지 당신의 한량없는 지혜의 덕을 보지 않는 것은 없다고 생각합니다. 제가 오늘 이곳에 온 것은 당신의 상가에 어떻게 천민을 받아들일 수 있는 것인지를 여쭤보려는 뜻에서였습니다. 그러나 저는 이제 그 까닭을 직접 보았고, 들었고, 이해했습니다. 그러니 저는 더 이상 그런 질문은 드리지 못하겠습니다. 다만 제가 당신께 엎드려 절을 드릴 수 있도록 허락해주십시오."

왕은 엎드려 절을 하려고 일어섰으나 붓다 또한 일어나서 왕의 손을 잡았다. 그는 왕을 다시 자리에 앉도록 했다. 두 사람이 자리에 앉았을 때 붓다가 왕을 바라보며 말했다. "왕이시여, 깨달음의 길에는 계급이 없습니다. 깨달은 자의 눈으로 볼 때는 모든 사람이 평등합니다. 모든 사람의 피는 붉습니다. 모든 사람의 눈물은 짜답니다. 우리는 똑같은 인간입니다. 우리는 모든 사람들이 그들의 더할 수 없는 존엄성과 잠재력을 깨달을 수 있도록 도와야 합니다. 그것이 내가 수니타를 받아들인 까닭입니다."

왕은 손을 모아 합장했다. "이제 저는 이해합니다. 저도 당신이 택하신 길이 장애와 어려움으로 가득 차 있다는 것을 알고 있습니다. 그러나 저는 당신이 이러한 모든 장애를 극복하는 데 필요한 힘과 용기를 가지고 있음을 알고 있습니다. 하지만 저 역시 당신의 참된 가르침을 후원할 수 있는 일이라면 저의 힘이 닿는 데까지 최선을 다해 돕도록 하겠습니다."

왕은 붓다와 헤어진 뒤, 수니타 비구의 가르침을 듣기 위해 소나무 아래로 다시 가보았다. 그러나 수니타 비구와 그의 청중들은 이미 사라지고 없었다. 왕의 눈에 띈 것이라고는 천천히 가벼운 발걸음으로 길을 오르내리는 몇 명의 비구들의 모습뿐이었다.

44장
육신을 이루고 있는 구성 요소

어느 날 메기야는 붓다에게 수행자로서의 난다의 불행에 관해
말했다. 난다는 자신이 카필라밧투의 약혼녀를 얼마나 그리워
하고 있는지 메기야에게 털어놓은 적이 있었다. 난다가 말했
다. "붓다의 발우를 니그로다 공원까지 들고 갔던 날을 지금도
생생히 기억하고 있지. 내가 떠날 때 자나파다 칼리아니가 내
두 눈을 들여다보며 말하더군. '빨리 와야 해요. 당신을 기다리
고 있을 테니까요.' 나는 그녀의 야윈 어깨 위에 넘실대던 새까
만 머리카락의 윤기를 지금도 분명히 기억하고 있네. 그녀의
모습은 내가 명상을 하며 앉아 있을 때도 자주 떠오르곤 했어.
그녀 생각을 할 때마다 그리움으로 가슴이 벅차올라. 난 수행
자가 된 것이 그다지 행복하지가 못한 것 같네."

　다음 날 오후 붓다는 함께 산책을 하자면서 난다를 불렀다.
그들은 제타바나를 출발해서 호숫가에 자리 잡은 외딴 오두막

을 향했다. 그들은 수정처럼 맑은 물이 고인 호수가 바라보이는 둥글고 큼직한 바위 위에 걸터앉았다. 그 호수에는 오리들이 유유히 헤엄치고 있었다. 새들은 축 늘어진 나뭇가지 위에서 노래했다.

붓다가 말했다. "몇몇 사람들이 내게 들려주기로는 네가 비구 생활을 그다지 행복해하지 않는다고 하더구나. 사실이냐?"

난다는 침묵을 지켰다. 잠시 후 붓다가 물었다. "카필라밧투로 돌아가서 왕위를 물려받고 싶은 것이냐?"

난다가 서둘러 대답했다. "아닙니다. 저는 정치에는 뜻이 없다고 이미 모든 사람들에게 말했습니다. 저는 제가 왕국을 다스릴 능력이 없다는 것을 알고 있습니다. 왕위를 물려받고 싶지는 않습니다."

"그럼 어째서 비구가 된 것을 불행하게 생각하느냐?"

다시 난다가 침묵을 지켰다.

"칼리아니를 그리워하는 것이냐?"

난다는 머리를 긁어댔으나 말을 하지는 않았다.

붓다가 말했다. "난다, 이곳 코살라에도 네 약혼녀 칼리아니만큼 아름다운 여자들이 많이 있단다. 파세나디 왕의 궁전에서의 환영회를 기억하고 있겠지? 그곳에도 칼리아니만큼 아름다운 여인은 있지 않더냐?"

난다가 인정했다. "아마 그곳에도 그녀 못지않게 아름다운 젊은 여인이 있었을 겁니다. 그러나 저는 칼리아니만을 좋아합니다. 저의 현세에서는 오직 칼리아니만이 있을 뿐입니다."

"난다, 집착은 정신 수행에서 가장 커다란 장벽이란다. 여인의 육체적 아름다움은 장미의 아름다움과 마찬가지로 분명히 사라지는 것이다. 너는 모든 것들이 영원하지 않음을 알고 있을 것이다. 너는 모든 사물의 변함(無常)을 꿰뚫어 보는 법을 배워야 한다. 보아라." 붓다는 지팡이에 의지해서 대나무로 만든 다리를 건너고 있는 한 노파를 가리켰다. 그녀의 얼굴은 주름살로 뒤덮여 있었다.

"저 노파도 한때는 아름다운 여인이었을 게 분명하다. 칼리아니의 아름다움도 세월이 흘러가면 사라질 것이다. 그동안 네가 깨달음을 구하면 현세와 내세에서 평화와 기쁨을 누릴 수 있어. 난다, 저기 저 나무 위에서 놀고 있는 두 마리 원숭이들을 보아라. 네 눈에는 길다랗고, 얼룩덜룩한 주둥이를 가진 암놈이 그리 아름답게 보이지 않는지도 모른다. 그러나 수컷에게는 그 암컷이 세상에서 가장 아름다운 원숭이란다. 그에게 그 암컷은 단 하나뿐인 존재이며 그는 암컷을 보호하기 위해 자신의 단 하나뿐인 생명조차 희생할 것이다. 네가 그것을……."

난다는 붓다의 말을 중단시켰다. "부디 아무 말씀 말아주십시오. 저도 형님이 하려는 말을 이해합니다. 저는 수행에 더욱더 전력을 다하겠습니다."

붓다는 동생을 바라보며 미소 지었다. "호흡을 가다듬고 정신을 집중해서 네 육신과 감각과 정신 상태와 의식 그리고 네 의식의 대상에 대해 명상을 해보아라. 너의 육신, 감각, 정신 그리고 마음속에 그리는 대상을 통해 출생과 성장 과정 그리고 그 모든 현상의 소멸 과정을 볼 수 있을 만큼 깊이 들여다보아라. 네가 이해하지 못하는 것이 있으면 나에게나 사리풋타에게 물어보고. 난다, 깨달음이 가져다주는 행복이야말로 참되고 무조건적인 행복임을 명심해라. 그것은 소멸되는 법이 없다. 그 행복을 구하도록 해."

하늘이 어두컴컴해지고 있었다. 붓다와 난다는 일어나서 수도원을 향해 돌아갔다. 제타바나는 이제 힘차고 안정된 수도 생활의 본거지가 되었다. 그곳에 거주하는 비구들의 숫자는 오백 명으로 불어났다. 이듬해 붓다는 안거 기간을 지내기 위해 베살리로 돌아갔다. 릿차비 귀족들은 거대한 숲을 수도원으로 변모시켰다. 그들은 쿠타가라라는 이름의 이층으로 된 법당을 세웠다. 좀 더 작은 건물들이 숲 구석구석에 세워졌다. 암바팔리로부터의 푸짐한 선물이 있었으며 또한 다른 귀족들도 비구들의 안거 기간 동안의 후원자가 되어주었다.

멀리 마가다국과 석가국에서도 붓다와 함께 안거 기간을 보내기 위해 비구들이 그곳으로 몰려들었다. 그들은 모두 합해서 육백 명에 이르렀다. 뿐만 아니라 속가 제자들도 안거 기간을 그곳에서 보내며 붓다의 가르침을 받기 위해 먼 길을 달려왔다. 그들은 날이면 날마다 음식물을 날랐으며 법회에도 빠짐없이 참석했다.

안거 기간이 끝난 직후 어느 초가을 날 아침 붓다는 숫도다나 왕이 카필라밧투에서 병상에 누웠다는 소식을 전해 들었다.

왕은 그의 조카인 마하나마를 보내 세상을 뜨기 전에 붓다의 얼굴이나마 보고 싶다는 뜻을 전해 왔다. 마하나마의 간곡한 요청에 따라 붓다는 시간을 절약하기 위해 마차를 타고 여행하기로 했다. 아누룻다, 난다, 아난다 그리고 라홀라가 그를 수행했다. 몹시 서둘러 출발했기에 릿차비의 귀족들이나 암바팔리조차도 그들이 떠나는 것을 미처 보지 못했다. 마차가 떠난 뒤 지난날 석가국의 모든 귀족들을 포함한 이백 명의 비구들은 카필라밧투를 향해 걸음을 옮겨놓기 시작했다. 그들은 숫도다나 왕의 장례식 때 붓다와 함께 참석하기로 뜻을 모은 것이다.

왕족들은 궁전 입구에서 붓다를 맞이했다. 고타미 왕비는 곧장 그를 왕의 침실로 데리고 갔다. 창백하게 야윈 왕의 얼굴은 붓다를 본 순간 밝게 빛났다. 붓다는 침상 옆에 앉아 왕의 두 손을 꼭 쥐었다. 이제 여든둘이나 된 왕은 야위고 수척해져 있었다.

붓다가 말했다. "아버님, 부드럽게 천천히 호흡을 하십시오. 미소를 지어보세요. 지금 이 순간 아버님의 호흡만큼 중요한 것은 없습니다. 난다, 아난다, 라홀라, 아누룻다 그리고 저는 아버님과 함께 호흡을 하겠습니다."

왕이 그들을 하나하나 바라보았다. 그는 미소를 지으면서 호흡을 가다듬기 시작했다. 어느 누구도 감히 울지 못했다. 잠시 후 왕은 붓다를 바라보며 말했다. "나는 인생의 덧없음과 사람이 진정한 행복을 원한다면 욕망을 추구해서는 안 된다는 것을 분명히 알았단다. 행복은 검소하고 자유로운 삶을 통해 얻을 수 있겠지."

고타미 왕비가 붓다에게 말했다. "지난 몇 달 동안 폐하께서는 매우 검소하게 지내셨단다. 너의 가르침을 참되게 따르셨지. 네 가르침은 이제 이곳에 있는 우리 모두의 생활 속에 스며들게 되었단다."

여전히 왕의 손을 꼭 잡은 채 붓다가 말했다. "아버님, 저와 난다 그리고 라홀라를 한번 깊이 바라보십시오. 그리고 창밖의 나뭇가지 위에 달린 푸른 나뭇잎을 보십시오. 생명은 계속됩니다. 생명이 영원하듯 아버님께서도 영원하실 겁니다. 아버님은 저와 난다, 라홀라 그리고 모든 사람들 속에서 영원히 살아계실 것입니다. 네 가지의 요소로 생성된 일시적인 육신은 일단 소멸하고 나서도 무한히 다시 생성됩니다. 아버님, 육신이 사라진다고 해서 삶과 죽음이 우리들을 속박할 수 있는 것은 아닙니다. 라홀라의 육신은 곧 아버님의 육신이기도 합니다."

붓다는 라홀라를 가까이 오게 해서 왕의 다른 한 손을 붙잡게 했다. 죽음이 임박한 왕의 얼굴에 자애로운 미소가 피어올랐다. 그는 붓다의 말을 이해하였으며 더 이상 죽음이 두렵지 않았다.

그 자리에는 궁정 대신들과 관리들이 모두 참석해 있었다. 왕은 그들에게 가까이 다가오라고 손짓을 하는 작은 목소리로 말했다. "내가 왕위에 있는 동안 그대들에게 못 할 짓 많이 했었소. 죽기 전에 용서를 빌겠소."

참석자들은 눈물을 가눌 길이 없었다. 마하나마가 침상 곁에 무릎을 꿇고 말했다. "왕이시여, 왕께서는 가장 훌륭하시고 어진 왕이셨습니다. 이곳의 그 누구도 왕을 탓할 사람은 없습니다." 마하나마가 계속했다. "그리고 저는 이제 난다 왕자가 수도원 생활을 떠나 카필라밧투로 돌아와 왕위를 계승해야 할 것으로 보입니다. 사람들은 그가 왕위를 계승한다면 모두들 기뻐할 것입니다. 저 또한 있는 힘을 다해 그를 도울 것을 맹세합니다."

난다는 구원이라도 요청하는 듯이 붓다를 바라보았다. 고타미 왕비도 붓다 쪽을 바라보았다. 조용히 붓다가 말했다. "아버님, 그리고 대신 여러분들, 이 문제에 대한 제 생각을 말씀드리겠습니다. 난다는 아직 정치 지도자로 일할 수 있는 자질도 능력도 갖추고 있지 않습니다. 그는 이러한 일을 담당하려면 몇 년 더 정신적 수련을 거쳐야 합니다. 그리고 라훌라 역시 아직 열다섯 살에 불과하여 왕이 되기에는 너무 어립니다. 그러니 마하나마가 왕위를 계승하는 것이 가장 적합하다고 믿습니다. 그는 자비심과 이해심을 갖추고 있을 뿐 아니라 총기와 재능을 지니고 있지요. 게다가 그는 지난 6년간 충실히 왕을 보좌해왔습니다. 저는 왕가를 위해서나 그리고 백성들을 위해 이어려운 책임을 마하나마 왕자가 맡아야 한다고 봅니다."

마하나마는 두 손을 합장한 채 이의를 제기했다. "저는 제능력이 왕위를 계승할 만한 수준에 크게 못 미친다고 생각합니다. 그러니 왕이시여, 그리고 여러 대신들과 붓다시여, 저를 제외하고서 좀 더 훌륭한 사람을 선택해주십시오."

하지만 다른 대신들도 붓다의 제안이 합당하다고 입을 모았다. 왕도 고개를 끄덕여 이를 수긍하고는 마하나마를 곁으로 다가오게 했다. 그는 마하나마의 손을 붙잡고 말했다. "여기에 있는 모든 사람들이 너를 신임하고 있다. 더욱이 붓다도 너를 추천하고 있다. 너는 나의 조카이니 나도 기쁜 마음으로 왕위를 물려주고 싶다."

마하나마는 합장을 하며 왕의 소원을 받아들였다.

왕은 몹시 기뻐했다. "이제 편안히 눈을 감을 수 있게 되었구나. 이 세상을 떠나기 전에 붓다를 만나게 되어 다행이다. 나는 이제 아무런 여한이 없다. 후회나 괴로움도 없다. 나는 붓다가 카필라밧투에 머물면서 처음 얼마 동안 마하나마를 도와주었으면 한다. 붓다, 네 도움이 미친다면 이 나라는 수백 세대 동안이라도 태평성대를 이룰 수 있을 것이다." 왕의 목소리가 차츰 작아지면서 거의 들리지 않게 되었다.

붓다가 말했다. "마하나마에게 도움이 될 수 있다면 기꺼이 저는 그렇게 하겠습니다."

왕은 희미하게 미소를 지었으나 그의 시선은 이미 평온함을 담고 있었다. 그는 두 눈을 감고 세상을 떠났다. 고타미 왕비와 야소다라가 울기 시작했다. 대신들도 슬픔에 잠겼다. 붓다는 왕의 두 손을 그의 앞가슴에 올려놓으며 모든 사람들에게 울음을 그치도록 손짓했다. 잠시 후 그는 사람들에게 바깥 대청에 모여 장례 절차를 의논할 것을 제안했다.

장례식은 일주일 뒤에 치러졌다. 천여 명이 넘는 브라만들이 장례식에 참석했다. 그러나 숫도다나 왕의 장례식은 부처의 깨달음의 길을 대표한 오백여 명의 노란 가사를 입은 비구들의 출현으로 독특한 분위기를 자아냈다. 전통적인 브라만의 기도와 암송에 덧붙여 깨달음의 수트라(經)가 읊어졌다. 비구들은 네 가지의 성스러운 진리(四聖諦)와 모든 것은 변함(無常)과 홀로 존재하지 못함(緣起)과 삼귀의의 수트라를 읊었다. 그들은 강가 강의 동부 사람들이 쓰는 마가디의 언어로 경을 읊었다.

붓다는 장례용 장작더미 주변을 천천히 세 바퀴 돌았다. 그는 장작에 불을 붙이기 전에 말했다. "생로병사는 모든 사람의 삶에서 다 일어납니다. 우리는 욕망에 빠지는 것을 스스로 경계하기 위해, 그리고 삶을 평화와 기쁨과 충만으로 가득 채우기 위해 매일 생로병사를 깊이 생각해야 합니다. 깨달음을 얻은 사람은 이러한 생로병사를 동일한 것으로 봅니다. 모든 법(法)의 참된 본질은 태어남도 죽음도 아니며 생겨나는 것도 소멸하는 것도 아니며 늘어나는 것도 줄어드는 것도 아닙니다."

일단 불이 붙자 불꽃은 장작더미를 태우기 시작했다. 여러 종류의 종소리와 독경 소리가 한데 어우러졌다. 카필라밧투 곳곳의 수많은 사람들이 붓다가 왕의 장례를 치르는 광경을 보려고 모여들어 있었다.

마하나마가 왕위에 오른 뒤 붓다는 3개월 동안 카필라밧투에 머물렀다. 어느 날 고타미 왕비가 니그로다 공원으로 그를 방문했다. 그녀는 수많은 가사를 선물하며 자신을 여수도자로 입문시켜주기를 청했다. 그녀가 말했다. "네가 여자들을 입문시켜주면 많은 사람들이 도움을 받을 것이다. 우리 가문에서 수많은 왕족들이 너의 제자가 되기 위해 출가를 했다. 그들 중 많은 사람들은 아내가 있다. 지금 그들의 아내들이 여수도자로서 법을 배우려고 한다. 나도 입문을 원한다. 그렇게 해주면 한없이 기쁘겠다. 이것은 왕이 돌아가시고 나서 늘 바라왔던 나의 소망이란다."

붓다는 오랜 침묵 끝에 입을 열었다. "그건 불가능합니다."

왕비가 애원했다. "나도 이것이 네게 어려운 문제임을 알고 있다. 네가 여인을 상가로 받아주면 세상으로부터 비난과 저항을 받게 될 테지. 그러나 나는 네가 이러한 저항을 두려워하지 않으리라고 믿는다."

붓다는 잠시 침묵한 후 말했다. "라자가하에 입문을 원하는 많은 여인들이 있으나 아직은 때가 아니라고 봅니다. 상가에 여인을 받아들이기에는 아직 여건이 무르익지 않았습니다."

고타미 왕비가 세 번이나 애원했지만 그의 대답은 한결같았다. 왕비는 크게 실망한 채 그곳을 떠났다. 그녀는 궁전으로 돌아가서 야소다라에게 붓다의 대답을 전해주었다.

며칠 뒤 붓다가 베살리로 돌아갔다. 그가 떠난 뒤에 고타미는 입문을 원하는 여인들을 모았다. 그들 중에는 한 번도 결혼한 적이 없는 젊은 여자들도 여럿 포함되어 있었다. 모든 여인들은 석가 가문에 속해 있었다. 그녀가 그들에게 말했다. "나는 깨달음의 길에는 모든 사람이 평등하다는 것을 분명히 알고 있다. 모든 사람은 깨달음을 얻고 자유로워질 수 있는 능력을 가지고 있지. 붓다 스스로 그렇게 말했어. 그는 천민조차도 상가에 받아들였다. 여인이라고 해서 받아들이지 못할 아무런 까닭이 없다. 우리도 모든 것을 두루 갖춘 똑같은 인간이 아니냐. 그러니 우리도 깨달음과 해탈에 이를 수 있다. 여자들이라고 무시당해서야 말이 되겠느냐?

우리도 머리를 깎고, 화려한 의복과 보석 따위를 벗어 던지고, 비구들이 입는 노란 가사를 걸쳐 입고서 베살리까지 맨발로 걸어가 그곳에서 입문을 요청하도록 하자. 그렇게 하면 우리도 검소하게 살며 수행을 할 수 있다는 것을 붓다를 비롯한 모든 사람들에게 보여줄 수 있을 거야. 수백 마일 걸어가며 탁발을 해야 할 것이다. 이것만이 우리가 상가에 받아들여질 수 있는 유일한 희망이야."

모든 여인들이 고타미의 뜻에 동의했다. 여인들은 그녀에게서 참된 지도자의 모습을 보았다. 야소다라가 미소 지었다. 그녀는 고타미의 강한 의지에 깊이 감동받았다. 고타미는 수년 동안 야소다라와 함께 가난한 사람들을 위해 일해온 것을 보아도 알 수 있듯이 어떠한 장애에도 물러서는 법이 없었다. 여인들은 날을 잡아 자신들의 계획을 실행하기로 했다.

고타미가 야소다라에게 말했다. "고파, 이번에는 네가 우리와 함께 가지 않는 게 좋을 것 같구나. 그러는 편이 일이 좀 더 수월해질 것으로 보인다. 우리가 일단 성공을 거두면 앞으로 너도 함께 갈 수 있는 기회는 많을 것이야."

야소다라는 고타미의 뜻을 이해하고 미소 지었다.

45장
여인들의 입문

어느 날 아침 물을 길러 호수로 가는 도중에 아난다는 붓다의 오두막에서 그리 멀지 않은 곳에 고타미와 오십 명의 다른 여인들이 서 있는 것을 발견했다. 모든 여인들은 하나같이 삭발을 하고 노란 가사를 입고 있었다. 얼핏 보았을 때는 아마도 수행자 사절단인가 보다고 생각했지만 그는 일행 중에서 고타미를 알아보았다. 도저히 자신의 두 눈을 믿을 수가 없어 그가 소리쳤다. "맙소사, 고타미 왕비님! 어디에서 오는 길이십니까? 그리고 발들은 왜 그토록 피투성이가 되었나요? 도대체 무슨 까닭으로 이런 차림으로 오셨지요?"

고타미가 대답했다. "아난다, 우리는 머리를 깎고 좋은 옷과 보석 따위도 모두 버렸어요. 우리는 이 세상에서 더 이상 아무것도 가진 게 없어요. 우린 카필라밧투를 출발해서 길가에서 잠자고 작은 마을들에서 탁발을 하며 보름 동안 걸어왔지요. 우리도 비구처럼 살 수 있다는 것을 보여주고 싶었어요. 부탁이니, 우리를 위해서 붓다께 전해주시오. 우리가 입문하기를 원한다고 말이오."

아난다가 말했다. "여기서 잠시 기다려주십시오. 제가 당장 달려가서 붓다께 전하겠습니다. 그리고 제가 할 수 있는 데까지 힘써 도와드리겠습니다." 아난다가 오두막으로 들어가자 붓다는 마침 가사를 입고 있었다. 그때 붓다를 돌보고 있는 나기타도 그곳에 있었다. 아난다는 자신이 방금 보고 들은 이야기를 빠짐없이 들려주었다. 붓다는 아무 말도 하지 않았다.

그때 아난다가 물었다. "스승이시여, 여인들이 여러 단계의 수행 과정을 거칠 수 있겠습니까?"

붓다가 대답했다. "그야 물론 가능하지."

"그렇다면 어인 일로 여인들을 받아들이지 않는 것인지요? 고타미 왕비께서는 스승님이 아주 어렸을 때부터 길러주시고 돌봐오셨습니다. 그리고 그분은 스승님을 친아들처럼 사랑하셨습니다. 이제 그분은 삭발을 하고 자신이 가지고 있는 모든 소유물을 버리셨습니다. 그분은 여인들도 남자가 할 수 있는 것을 해낼 수 있다는 것을 보여주기 위해 카필라밧투에서 줄곧 걸어왔습니다. 자비를 베푸셔서 그분들의 입문을 허락해주십시오."

붓다는 오랫동안 침묵했다. 그러고 나서 나기타에게 사리풋타, 목갈라나, 아누룻다, 밧디야, 빌라 그리고 마하카사파를 불러오라고 했다. 그들이 도착하자 그는 현재의 사정에 대해 그들과 오랫동안 의논했다. 그는 자신이 여인들의 입문을 망설이는 것이 여인을 차별해서가 아님을 설명했다. 여인들을 받아들이면 상가 안팎에서 잡음이 크게 일어날 것인데 이를 극복하는 것이 어려운 과제였기 때문이다.

오랫동안 의견을 주고받은 끝에 사리풋타가 말했다. "상가에게서 여자 수행자의 역할을 명시하는 규율을 만드는 것이 좋겠습니다. 이런 규율을 만들게 되면 오랫동안 여자에 대한 차별을 해온 데서 반드시 생기게 될 반대 여론을 무마시킬 수 있을 것입니다. 다음 여덟 가지 규율을 생각해볼 수 있겠지요.

첫째, 비구니는 비구보다 나이가 많거나 수행 기간이 더 오래되었다 해도 비구에게 항상 복종해야 한다.

둘째, 모든 비구니는 안거 기간을 비구들의 거처에서 그리 멀지 않은 거처에서 보냄으로써 정신적인 지원을 용이하게 받으며 좀 더 깊이 있는 수행을 하도록 한다.

셋째, 한 달에 두 번씩 정기적으로 비구니들은 수행상의 특별 점검을 받기 위해 특별히 선정된 비구를 초청해야 한다. 선정된 비구는 비구니들을 방문해서 그들을 가르쳐주고 수행을 북돋워주어야 한다.

넷째, 우기의 안거 기간이 끝난 후 비구니들은 파바라나(自恣)* 집회에 참석해서 다른 비구니들의 앞에서뿐만 아니라 비구들의 앞에서 각자의 수행 정도를 나타내 보여야 한다.

다섯째, 비구니는 계율을 어길 때마다 비구니들과 비구들 앞

*죄를 고백하고 참회하는 행사.

에서 참회해야 한다.

여섯째, 초심자로서의 수행 기간을 끝낸 비구니는 비구와 비구니들이 모두 모인 곳에서 인사해야 한다.

일곱째, 비구니는 비구를 헐뜯거나 중상해서는 안 된다.

여덟째, 비구니는 비구들의 모임에서 설법을 할 수 없다."

목갈라나가 웃었다. "이 여덟 가지 계율은 너무나 차별적이오. 다른 방법이 없을까요?"

사리풋타가 대답했다. "이 계율의 목적은 여인들을 상가에 입문시키는 데 있소. 이 계율들은 차별을 위한 것이 아니라 차별을 끝내기 위한 것이오. 그렇지 않소?"

목갈라나가 사리풋타의 말뜻을 이해하고는 고개를 끄덕였다.

밧디야가 말했다. "이 여덟 가지 계율이 필요합니다. 고타미 왕비는 커다란 권위를 행사해왔소. 그분은 왕비였소. 이러한 계율이 없으면 스승님을 제외한 그 누구도 그분의 수행을 지도할 수 없을 것이오."

붓다는 아난다를 향해 말했다. "아난다, 돌아가서 그분이 이 여덟 가지 계율을 받아들이겠다면 그분과 다른 여인들을 받아들이겠다고 말해라."

해는 이미 중천에 높이 떠올라 있었지만 아난다는 고타미 왕비의 일행들이 참을성 있게 기다리고 있는 것을 발견했다. 팔경법(八敬法)을 들어본 뒤 고타미는 매우 기뻐했다. 그녀가 대답했다. "아난다, 마치 젊은 여인이 향수로 목욕한 후 머리를 장식할 연꽃 화환을 받는 마음으로 팔경법을 기꺼이 받아들이겠다고 붓다께 전해주시오. 우리의 입문을 허락해주시면 생명을 다 바쳐 그 계율을 따르겠어요."

아난다는 붓다의 오두막으로 돌아가서 고타미의 대답을 그대로 전했다.

다른 여인들은 불안한 눈빛으로 고타미를 바라보았다. 그러나 그녀는 미소 지으며 그들을 안심시켰다. "걱정 마세요. 중요한 것은 우리가 입문을 하게 되었다는 점입니다. 이 팔경법은 우리의 수행에 장애가 아닙니다. 그것은 우리가 상가로 들어가는 문이랍니다."

모두 합해 쉰한 명의 여인들은 같은 날 입문을 했다. 사리풋타는 그들을 우선 암바팔리의 망고 과수원에서 머무르도록 했다. 붓다는 또한 사리풋타로 하여금 비구니들에게 기초 수련을 가르치도록 부탁했다.

여드레 뒤 고타미는 붓다를 방문했다. 그녀가 말했다. "스승이시여, 자비를 베푸시어 어떻게 해야 자유의 길을 닦는 데 빠른 진전을 보일 수 있는지 가르쳐주십시오."

붓다가 대답했다. "고타미 비구니여, 가장 중요한 것은 그대 자신의 마음을 붙잡는 것입니다. 호흡을 주의 깊게 헤아리고서 육신과 감정과, 마음과 마음의 대상에 대해 명상하시오. 그와 같이 수행하면 매일 그대는 겸허함과 평안함과 초연함과 평화의 기쁨이 더해감을 경험할 것입니다. 그러한 경지가 느껴지면 비로소 그대는 깨달음의 길에 오를 수가 있는 것이오."

고타미는 비구니들이 붓다와 그의 수제자들 가까이 지낼 수 있도록 베살리에 수도원 하나를 짓고 싶었다. 그녀는 또한 훗날 카필라밧투에 돌아가서 고국에 수도원을 하나 세우기로 마음먹었다. 그녀는 심부름꾼을 시켜 야소다라에게 여인들이 입문을 했다는 기쁜 소식을 전하도록 했다. 비구니 고타미는 상가에 여인들이 받아들여지면 말썽이 생길 수 있음을 알고 있었다. 반드시 심한 반대가 있을 것이고 많은 사람들은 상가와 붓다를 비난할 터였다. 그녀는 붓다가 여러 가지 어려움에 직면하리라는 것을 알았다. 그래서 붓다에게 감사했고 동시에 팔경법이 사람들의 비난으로부터 상가를 보호하기 위해서는 일시적으로나마 필요하다는 것을 이해했다. 그녀는 훗날 여인들의 입문이 하나의 관례가 되기만 하면 팔경법은 더 이상 필요치 않게 될 것임을 확신했다.

붓다의 수행자 단체는 이제 네 개의 큰 흐름을 갖게 되었다. 비구, 비구니, 우파사카스(남자 속가 제자들), 그리고 우파시카스(여자 속가 제자들)가 그것들이었다.

고타미는 비구니들이 어떤 옷을 입어야 할지에 대해 깊이 생각했다. 그녀의 제안은 모두 붓다에 의해 받아들여졌다. 비구들은 세 가지 종류의 의복을 입었다. 안타라바사카 혹은 바지, 웃타라상가 혹은 내복, 그리고 상가티 혹은 겉옷 이렇게 세 가지였다. 이 세 가지의 의복뿐만 아니라 비구들에게는 삼카크시카라고 불리는 앞가슴을 두르는 천과 쿠술라카라고 불리는 치마가 더 주어졌다. 각자의 가사와 발우뿐만 아니라 비구와 비구니는 저마다 부채와 정수기와 각자의 가사를 수선할 수 있는

실과 바늘 그리고 이를 깨끗이 할 수 있는 이쑤시개와 한 달에
두 번씩 머리를 깎을 수 있게끔 면도칼을 소유할 수 있었다.

46장

한 줌의 심사파 나뭇잎

라자가하의 베누바나 수도원, 베살리의 쿠타가라살라 수도원 그리고 사밧티의 제타바나 수도원은 깨달음을 수행하고 가르치는 중심지로서의 역할을 했다. 다른 수행 중심지는 마가다와 코살라 그리고 인접 왕국에 걸쳐 두루 세워졌다. 어디를 가든 노란 가사를 입은 비구들의 모습을 흔히 볼 수 있게 되었다. 붓다가 깨달음을 얻은 후 첫 6년 동안, 깨달음의 길은 그토록 널리 퍼지게 되었다.

붓다는 여섯 번째 맞이한 우기의 안거 기간을 만쿨라 산에서, 일곱 번째 안거 기간을 강가 강 상류 지역에 자리 잡은 삼카샤 산에서 보냈다. 그는 여덟 번째 안거 기간을 박가의 숨수마라기리에서, 아홉 번째는 코삼비 근처에서 보냈다. 코삼비는 자무나 강가에 자리 잡고 있는 밤사 왕국의 큼직한 도시였다. 그곳의 거대한 숲에 중요한 수도원이 세워졌는데 숲을 기증한 속가 제자의 이름을 따서 '고시타'라고 이름 지었다. 고시타에서의 아홉 번째 안거 기간 동안 마하카사파, 마하목갈라나, 사리풋타 그리고 마하카카나 같은 수제자들은 붓다와 함께 지내지 않았지만 아난다는 그와 함께했다. 라훌라는 사리풋타 곁에 남았다.

고시타는 심사파나무들이 우거진 곳으로, 붓다는 뜨거운 오후 동안 그 나무들 아래에서 명상하길 좋아했다. 어느 날 명상을 끝내고 나서 붓다는 한 줌의 심사파 나뭇잎을 움켜쥐고 수도원으로 돌아갔다. 그는 그것을 들어 보이며 비구들에게 물었다. "비구들이여, 내 손 안에 있는 나뭇잎의 수와 숲 속에 있는 나뭇잎의 수 중에서 어느 쪽이 더 많겠느냐?"

비구들이 대답했다. "그야 물론 숲 속에 있는 나뭇잎의 수가 많습니다."

붓다가 대답했다. "바로 그렇다. 그와 마찬가지로, 내가 알고 있는 것이 내가 가르치는 것보다 훨씬 더 많다. 왜 그런지 아느냐? 나는 다만 깨달음을 이루는 데 참으로 필요한 것, 도움이 되는 것만 가르치기 때문이다."

붓다가 이 말을 꺼낸 것은 고시타에는 철학적 사색에 스스로를 내던져버리는 비구들이 많이 있었기 때문이었다. 특히 비구 말룬캬풋타는 붓다에게서 수행에 중요하지 않은 신비주의적 의문에 빠져들지 않도록 하라는 충고를 들은 적이 있었다. 말룬캬풋타는 붓다에게 우주는 유한한 것인가 아니면 무한한 것인가 또는 순간적인 것인가 아니면 영원한 것인가 하는 식의 질문들을 던지는 습관을 가지고 있었다. 붓다는 이런 질문에는 항상 대답을 거부했다. 어느 날 말룬캬풋타는 붓다의 침묵을 더 이상 참을 수 없다고 생각했다. 그는 마지막으로 한 번만 더 그 질문을 붓다에게 던져보고 그래도 대답을 주지 않으면 비구가 되기로 한 맹세를 저버리기로 결심했다.

그는 붓다를 보고 말했다. "스승님, 만약 스승님께서 제 질문에 답을 주시면 저는 스승님을 계속 따를 것입니다. 그러나 거절하신다면 상가를 떠나겠습니다. 스승님, 스승님께서는 우주가 유한한 것인가 아니면 무한한 것인가에 대해 알고 계신지를 말씀해주십시오. 만약 답을 알지 못하면 그렇다고만 말씀해주십시오."

붓다가 말룬캬풋타를 보며 말했다. "네가 입문할 때 내가 이런 질문에 대답하겠노라 약속했더냐? '말룬캬풋타, 비구가 되어라. 그러면 너의 추상적인 문제를 풀어주마' 하고 말했더냐?"

"그렇지는 않습니다, 스승님."

"그런데 어째서 내게 지금 이런 대답을 요구하느냐? 말룬캬풋타, 너는 마치 독화살을 맞은 사람과도 같구나. 그의 가족은 화살을 제거하고 처방을 내려줄 수 있는 의사를 불렀다. 그런데 그 사람은 자신의 질문에 답해주기 전에는 의사가 손을 쓰는 것을 거절하겠다고 했지. 부상당한 사람은 누가 화살을 쏘았으며 그의 계급과 직업이 무엇이며 그가 자신을 왜 쏘았는지 알려줄 것을 요구했다. 또한 그는 자기를 쏜 자가 어떤 종류의 화살을 샀으며 독을 준비하는 데 쓰인 성분들을 어떻게 확보했는지 알고 싶어 했다. 말룬캬풋타, 이런 사람은 자신의 질문에 대한 답을 얻기도 전에 죽게 된다. 나는 깨달음에 이르는 데 필요한 것들만을 가르칠 따름이다. 도움이 되지 않거나 필요하지 않은 것에 대해선 가르치지 않는다.

말룬캬풋타, 우주가 유한한지 무한한지, 영원한 것인지 아니면 순간적인 것인지를 알기 전에 네가 인정해야만 하는 하나의 진실이 있다. 그것은 고통이 존재하고 있다는 점이다. 내가 가르치는 것들은 네가 초연함, 평정, 평화 그리고 해탈에 이를 수 있도록 도와줄 것이다. 나는 깨달음의 길에 도움이 되지 않는 모든 것들에 관해 대답하기를 거절하겠다."

부끄러움을 느낀 말룬캬풋타는 붓다에게 이런 어리석은 요구를 한 자신을 용서해달라고 간청했다. 붓다는 모든 비구들에게 수행에 전념하고 불필요한 철학적 사색과 토론을 피하도록 하라고 타일렀다.

숲을 기증했던 고시타는 두 개의 또 다른 수도원인 쿠쿠타와 파바리캄바바나를 세우겠다고 자청했다. 네 번째 수도원도 그 지역에 세워졌는데 바다리카라고 불렸다.

다른 모든 수도원에서와 마찬가지로 고시타에서도 붓다의 가르침을 암기하는 임무를 담당할 비구들이 선정되었다. 붓다의 말씀이 수트라, 즉 경전이라고 불렸기 때문에 그들은 경전박사라는 칭호를 얻었다. 경전 중 하나는 법륜*의 회전에 관한

*붓다의 교법을 이르는 말. 인도 신화 속 전륜왕의 수레바퀴가 산과 바위를 부수고 거침없이 나아가듯 중생의 번뇌를 굴복시킨다 하여 법의 수레바퀴, 즉 법륜이라 하였다.

것인데 이는 붓다가 녹야원에서 다섯 제자들에게 맨 처음 들려준 설법을 기록한 것이었다. 비구들은 전체 모임에서 무아(無我)의 본질에 관한 경전, 연기설(緣起說)에 관한 경전 그리고 팔정도(八正道)에 관한 경전을 비롯한 일부 경전들을 매월 두 번씩 암송했다.

경전박사뿐 아니라 율법박사도 있었는데 이들은 초심자와 입문을 거친 비구들을 위한 다양한 계율에 정통해 있었다. 라훌라와 다른 일부 초심자들은 아직 스무 살이 되지 않았기 때문에 사미계(samanera)라고 일컬어지는 계율을 따랐다.

그해 고시타에서는 경전박사와 율법박사 사이에 다툼이 있었다. 그들의 다툼은 사소한 사건에서 비롯되었으나 상가에 심각한 분열을 불러일으켰다. 경전박사는 평소 사용하던 세숫대야를 깨끗하게 써야 한다는 것을 깜빡 잊었고 이로 인해 율법박사로부터 경미한 계율 위반의 혐의를 받게 되었다. 자존심이 강한 경전박사는 자신이 고의로 세숫대야를 더럽힌 것이 아닌 만큼 크게 잘못한 게 아니라고 항변했다. 각 비구의 제자들은 자신의 스승 편을 들었으며 다툼은 점차 커져갔다. 마침내 율법박사는 경전박사의 계율 위반을 공표한 후 그가 상가 앞에서 공식적으로 사과하기 전에는 한 달에 두 번씩 열리는 계율 암송에 참가하지 못하도록 금지시켰다.

상황은 점점 더 심각해졌다. 양편은 서로를 욕했다. 그들의 욕은 마치 독화살처럼 허공을 날아다녔다. 대부분의 비구들은 어느 한쪽 편을 거들었다. 그러나 물론 어느 편에도 가담하기를 거부하는 비구들도 있었다. 그들은 말했다. "심각한 문제다! 이 일은 상가에 해로운 분열만 불러일으킬 따름이다."

붓다는 수도원에서 멀지 않은 곳에 머물고 있었지만 이 사태를 우려한 비구들의 방문을 받고 나서야 이러한 다툼에 대해 알게 되었다. 그들은 이 문제를 알리고 나서 붓다에게 중재해줄 것을 간청했다. 붓다는 곧바로 율법박사를 찾아가서 말했다. "우리 자신의 관점에만 지나치게 집착해서는 안 된다. 상대의 관점을 이해하기 위해 주의 깊게 귀를 기울여야 한다. 모든 수단을 강구해서 교단이 분열되는 것을 막아야 한다." 그런 다음 경전박사에게 가서 같은 이야기를 했다. 자신의 오두막으로 돌아온 그는 두 사람이 화해하기를 바랐다.

그러나 붓다의 중재에도 불구하고 바람직한 효과는 나타나지 않았다. 이미 너무나 많은 욕설이 오간 것이었다. 아물 수 없는 상처가 나 있었다. 공정한 입장에 서 있던 비구들조차 양편을 서로 결합시킬 수 있을 만큼 충분한 영향력을 발휘하지 못했다. 다툼이 있었다는 소문은 속가 제자들의 귀에까지 들어갔고, 얼마 지나지 않아 다른 교파에도 전해졌다. 그것은 상가의 명예에 심각한 타격을 주었다. 붓다를 시중들고 있던 나기타는 이러한 상황을 더 이상 참을 수가 없었다. 그는 이 문제를 다시 붓다와 상의한 후 그에게 한 번 더 나서주기를 간청했다.

붓다는 가사를 걸쳐 입고 곧장 수도원의 집회실로 갔다. 나기타는 종을 쳐서 집회를 소집했다. 사람들이 모두 참석하자 붓다가 말했다. "다툼을 그만두어라. 그것은 상가 전체의 분열만 불러일으킬 따름이다. 본래의 수행으로 다시 돌아가라. 우리가 진실로 수행에 전념한다면 헛된 자존심과 분노의 희생물이 되지 않을 것이다."

한 비구가 자리에서 일어나 말했다. "스승이시여, 부디 이 문제에 관여하지 말아주십시오. 돌아가셔서 아무 걱정 마시고 명상을 계속하시지요. 이 문제는 스승님과는 상관이 없습니다. 저희는 성인이고 스스로의 힘으로 이 문제를 해결할 수 있습니다."

비구들 사이에 무거운 침묵이 흘렀다. 붓다는 일어나서 집회실을 떠났다. 그는 오두막으로 돌아가서 발우를 들고 탁발을 하기 위해 코삼비 시내로 들어갔다. 그곳에서 탁발을 한 후 음식을 들기 위해 혼자 숲 속으로 들어갔다. 그런 다음 그는 강으로 향했다. 자신이 떠난다는 사실은 아무에게도 말하지 않았다. 시중을 드는 나기타와 아난다에게도 알리지 않았다.

붓다는 발라칼로나카라가마 시에 도착할 때까지 계속해서 걸었다. 그곳에서 그는 제자인 바구를 만났다. 바구는 자신이 혼자서 지내고 있는 숲으로 그를 안내했다. 그리고 붓다가 세수를 할 수 있도록 세숫물과 수건을 제공했다. 붓다는 바구에게 수행이 잘되고 있느냐고 물었다. 바구는 현재 혼자 지내고 있긴 하지만 수행을 하면서 커다란 평온과 기쁨을 발견했다고 대답했다. 붓다가 말했다. "때로는 여러 사람과 함께 지내는 것보다 혼자 지내는 것이 더 유쾌한 법이다."

바구에게 작별을 고하고 붓다는 그곳에서 그리 멀지 않은 동쪽 대나무 숲으로 향했다. 막 숲으로 들어가려고 할 때 산지기가 그를 멈춰 세우며 말했다. "수행자여, 들어가지 마시오. 그렇지 않으면 그곳에서 이미 수행을 하고 있는 사람들을 방해하게 될 것이오."

붓다가 미처 대답하기도 전에 아누룻다가 모습을 나타냈다. 그는 붓다를 향해 반갑게 인사하며 산지기에게 말했다. "이분은 나의 스승님이시오. 들어가게 해주시오."

아누룻다는 붓다를 숲 속으로 안내했다. 그는 그곳에서 난디야와 킴빌라라는 다른 두 명의 비구와 함께 살고 있었다. 그들은 붓다를 반갑게 맞이했다. 난디야는 붓다의 발우를 받아 들었고 킴빌라는 가사를 받았다. 그들은 붓다가 앉을 수 있도록 울창한 대나무 숲 옆에 자리를 마련했다. 그리고 수건과 세숫대야를 가져다주었다. 세 명의 비구들은 합장을 한 후 붓다에게 절했다. 붓다는 그들을 자리에 앉도록 한 후 물었다. "그대들은 이곳에서의 생활이 만족스러운가? 수행에 진전은 있는가? 탁발을 하거나 가르침을 베푸는 데 어려움은 없는가?"

아누룻다가 대답했다. "스승이시여, 저희는 이곳이 매우 만족스럽습니다. 아주 조용하고 평화롭답니다. 음식도 충분히 제공받고 있으며 설법을 행하는 데도 어려움은 없습니다. 수행도 제법 진전을 보이고 있습니다."

붓다가 물었다. "그대들은 서로 화목하게 지내고 있는가?"

아누룻다가 말했다. "스승이시여, 저희는 서로 깊이 사랑하며 화목하게 지내고 있습니다. 저는 난디야와 킴빌라와 함께 지내는 것을 큰 축복이라고 생각합니다. 저는 이들의 우정을 소중하게 생각합니다. 이들에게 무슨 말을 하기 전에 먼저 이들이 어떤 반응을 보일까를 스스로에게 물어봅니다. 제 말과 행동이 이들을 어떤 식으로든 실망시킬 듯하면 하려던 말과 행동을 그만두지요. 스승이시여, 저희는 세 사람이지만 혼자 있는 것이나 마찬가지입니다."

붓다는 수긍의 뜻으로 고개를 끄덕였다. 그는 다른 두 명의 비구들을 돌아보았다. 킴빌라가 말했다. "아누룻다의 말은 사실입니다. 저희는 화목하게 지내며 서로를 깊이 사랑합니다."

난디야가 덧붙였다. "저희는 음식에서부터 생각과 경험에 이르기까지 모든 것을 함께 나누고 있습니다."

붓다가 그들을 칭찬했다. "훌륭하다! 너희가 이렇게 화목하게 지내는 것을 보니 내 마음이 몹시 기쁘구나. 상가는 이렇듯 화목할 때만 진정한 상가이다. 너희는 진정한 깨달음을 경험했구나. 이렇게 화목을 이루었으니 말이다."

붓다는 세 명의 비구들과 한 달을 보냈다. 그는 그들이 매일 아침 명상을 마친 뒤 어떻게 탁발을 나가는지를 살펴보았다. 어느 비구든 맨 처음 탁발을 하고 돌아온 사람은 다른 사람들이 앉을 곳을 마련해주고, 세숫물을 떠주고, 함께 음식을 들기 전에 다른 두 사람 중 하나가 음식을 제공받지 못한 경우에는 자신의 음식 일부를 빈 그릇에 담아주곤 했다. 세 사람이 식사를 모두 끝냈을 때, 남은 음식이 있으면 그것을 땅 위나 냇물 속에 버리곤 했는데 이때에도 그곳에 살고 있을지도 모르는 생물들을 해치지 않도록 주의했다. 그러고 나서 그들은 각자의 발우를 함께 씻었다.

변소를 깨끗하게 청소해야 할 경우에는 누구든 먼저 발견한 사람이 곧장 그것을 실행에 옮겼다. 혼자서 할 수 없는 일이 있는 경우에는 힘을 합했다. 그들은 정기적으로 한자리에 모여 앉아 생각과 경험을 나누곤 했다.

붓다가 세 비구들과 작별하기 전에 말했다. "비구들이여, 상가의 본질은 화합에 있다. 나는 다음 원칙에 따르면 화합이 이루어질 수 있다고 믿는다.

첫째, 숲이나 집과 같은 공동의 공간을 함께 사용한다.

둘째, 생활필수품을 함께 사용한다.

셋째, 계율은 함께 준수한다.

넷째, 화목을 이룰 수 있는 말만 사용하고 단체를 분열시킬 수 있는 말을 금한다.

다섯째, 수행을 통해 얻은 생각과 이해를 함께 나눈다.

여섯째, 남의 생각을 존중하고 자신의 생각을 강요하지 않는다.

이 원칙을 따르면 상가는 행복과 화합을 누릴 것이다. 비구들이여, 다 함께 이 원칙을 지켜나가도록 하자."

세 비구들은 붓다로부터 이러한 가르침을 받고 기뻐했다. 붓다는 그들에게 작별을 고한 뒤 계속 걸어서 파릴레이야카 근처의 라키타 숲에 도착했다. 그는 무성한 사라수(沙羅樹) 아래에 앉아 한동안 명상을 하고 나서, 다가오는 안거 기간을 이 숲에서 혼자 보내기로 마음먹었다.

47장

법에 따른다

사라수 아래에서 붓다는 평정과 평화와 기쁨을 누렸다. 그곳은 푸른 구릉지와 맑은 봄날의 호수가 내려다보이는 근사한 숲이었다. 붓다는 홀로 적막을 즐겼다. 그는 갈등을 빚고 있는 코삼비의 비구들에 대해 생각했다. 그 때문에 속가 제자들조차 동요하고 있었다. 그는 비구들이 가르침에 귀 기울이지 않는 데 대해 슬픔을 느꼈다. 그러나 그는 비구들의 마음이 분노에 의해 가려져 있음을 알고 있었다.

붓다는 코끼리 가족을 비롯해 라키타 숲의 수많은 동물들을 만났다. 왕비 격인, 가장 나이가 지긋한 어미 코끼리는 새끼들을 데리고 호수에서 목욕을 하곤 했다. 어미 코끼리는 새끼들에게 시원한 물을 마시고 수련(水蓮)을 뜯어 먹는 방법을 가르쳐주었다. 붓다는 어미 코끼리가 코로 수련을 휘어잡은 다음 묻어 있는 진흙을 씻어내기 위해 물에 헹구는 모습을 유심히

어미 코끼리는 가끔 나무 열매를 따서 붓다에게 건네주곤 했다.

살펴보았다. 어린 코끼리들은 어미를 따라 행동했다.

코끼리들은 점차 붓다를 좋아하게 되어 친구가 되었다. 가끔 어미 코끼리는 열매를 따서 붓다에게 주었다. 붓다는 아기 코끼리의 머리를 즐겨 쓰다듬어주었고 코끼리들과 함께 호숫가로 내려가기도 했다. 그는 어미 코끼리의 우렁찬 울음소리를 듣는 게 좋았다. 마치 커다란 나팔 소리처럼 들렸다. 그는 어미 코끼리의 울음소리를 완벽하게 흉내 낼 수 있을 때까지 계속 연습했다. 어미 코끼리가 울면 그도 역시 거대한 나팔 소리를 냈다. 어미 코끼리는 붓다를 물끄러미 바라보더니 절이라도 하듯이 그의 앞에서 무릎을 꿇었다. 붓다는 부드럽게 어미 코끼리의 머리를 쓰다듬어주었다.

붓다가 해탈에 이른 후 꼭 열 번째 맞은 안거 기간이었다. 그러나 안거 기간을 혼자 보낸 것은 이번이 두 번째였다. 그는 안거 기간 동안 시원한 숲 속에 머무르며 아침에만 탁발을 하기 위해 잠시 다녀오곤 했다. 우기가 끝나갈 무렵 붓다는 코끼리 가족을 떠나 북동쪽으로 향했다. 2주를 걸어서 그는 사밧티에 있는 제타바나 수도원에 도착했다. 그를 본 사리풋타는 라홀라와 마찬가지로 매우 기뻐했다. 마하목갈라나, 마하카사파, 마하카카나, 우팔리, 마하코티타, 마하카피나, 마하쿤다, 레바타, 데바닷타를 포함한 여러 수제자들도 그곳에 있었다. 아누룻다, 킴빌라, 난디야도 자신들이 머물고 있던 카라가마의 대나무 숲에서 제타바나로 달려왔다. 고타미 비구니 또한 사밧티에 있었다. 붓다를 다시 만나자 모두가 몹시 기뻐했다.

제타바나의 오두막에 들어섰을 때 붓다는 아난다가 청소를 하고 마루를 닦는 것을 발견했다. 붓다가 이곳으로 돌아온 것은 1년 4개월 만이었다. 아난다는 빗자루를 내려놓고 절을 했다. 붓다가 코삼비 쪽의 사정에 대해 묻자 아난다가 대답했다. "스승님께서 떠나신 후 여러 비구들이 저에게 와서 말하더군요. '사형, 스승님께서 떠나셨습니다. 그것도 혼자서 말입니다. 사형께서 그분을 뒤따라가 도와드리지 않겠습니까? 사형이 가지 않는다면 우리가라도 찾아 나서보겠습니다.' 저는 그들에게 말했습니다. '붓다께서 아무에게도 알리지 않고 떠나신 것은 혼자 있고 싶으셨기 때문인 것 같군요. 그분을 성가시게 하면 안 됩니다.' 6개월이 지나자 그들이 또다시 제게 찾아와 말하더군요. '사형, 우리가 붓다께 직접 가르침을 받은 지가 꽤 오래되었습니다. 그분을 찾아 나서야겠습니다.' 이번에는 저도 동의했고 그들과 함께 스승님을 찾아 나섰지만 허사였습니다. 스승님이 어디 계신지 아무도 알아낼 수 없었습니다. 결국 사밧티로 왔지만 스승님은 이곳에도 안 계셨지요. 하지만 저희는 스승님께서 저희를 버리시지 않을 것이라고 확신했습니다."

"너희가 코삼비를 떠날 때의 상황은 어떠했느냐? 비구들이 분열되어 있었느냐?"

"스승님, 다툼은 훨씬 더 악화되었습니다. 어느 쪽도 상대편에 양보하려 들지 않았지요. 분위기가 경직되고 불안했습니다. 속가 제자들은 제가 시내로 탁발을 나갈 때마다 실망감을 표시했답니다. 저는 대부분의 비구들이 어느 편에도 들지 않았다고 그들에게 설명해주었지요. 하지만 속가 제자들은 자신들의 손으로 문제를 해결하기로 작정했습니다. 그들은 수도원으로 와서 다툼에 끼어든 비구들에게 이렇게 말했지요. '당신들이 붓다께 너무 큰 슬픔을 드려서 그분이 떠나가셨소. 당신들에게 큰 책임이 있소. 당신들 때문에 많은 속가 제자들이 상가에 대해 믿음을 갖지 않게 되었소. 당신들의 행동에 대해 다시 한 번 생각해주시오.' 처음에 싸움에 끼어든 비구들은 속가 제자들에게 별로 주의를 기울이지 않았습니다. 그러자 속가 제자들은 싸움에 끼어드는 비구들에게는 음식을 제공하지 않기로 했지요. 그들은 이렇게 말했습니다. '당신들은 서로 화목하게 지내지 못하니 붓다의 제자로서 존중해줄 필요가 없습니다. 당신들이 붓다의 가르침을 따른다면 서로 화해하고 붓다께 찾아가 용서를 구하시오. 그렇게 해야만 우리의 신뢰를 받을 수 있을 겁니다.' 스승님, 그렇듯 속가 제자들은 분연히 일어났습니다. 덕분에 제가 코삼비를 떠난 날, 양편은 서로 모임을 갖는 데 동의했습니다. 저는 머지않아 그들이 이곳으로 와서 공개적으로 참회할 거라 봅니다."

붓다는 아난다가 내려놓은 빗자루를 집어 들었다. "그 일은 내가 하겠다. 사리풋타를 찾아서 내가 이야기를 나누고자 한다고 전해주게."

붓다는 느긋하게 오두막을 쓸고 나서 바깥에 놓인 대나무 의자들 중 하나에 걸터앉았다. 제타바나 수도원은 참으로 아름다웠다. 나무에는 새잎이 돋아나 있었다. 새들은 숲 이곳저곳에서 지저귀고 있었다. 그때 사리풋타가 나타나서 붓다 옆에 조용히 앉더니 한참을 평온한 모습으로 묵묵히 있었다.

붓다는 마음속에 떠오른 생각을 사리풋타에게 말했다. "우리는 이 아름다운 수도원에서 불필요한 다툼이 일어나지 않도록 막아야 한다."

그들은 이 문제에 대해 오랫동안 이야기를 나누었다.

며칠이 지난 어느 날 오후, 덕망 높은 사리풋타는 코삼비를 출발한 비구들이 이미 사밧티에 도착해서 수도원을 향해 오고 있다는 소식을 전해 들었다. 사리풋타는 붓다에게 가서 물었다. "코삼비의 비구들이 이제 곧 도착할 것입니다. 어떻게 하면 좋겠습니까?"

"법에 따라 처리하도록 해라."

"스승님의 생각을 좀 더 명확히 설명해주시겠습니까?"

"사리풋타야, 아직도 그런 질문을 하느냐?"

사리풋타는 침묵을 지켰다. 바로 그때 목갈라나, 카사파, 카카나, 코티타, 카피나 그리고 아누룻다가 나타났다. 그들 역시 물었다. "코삼비에서 비구들이 도착했는데 저희가 어떻게 대처하면 좋겠습니까?"

그들은 모두 사리풋타를 바라보았으나 사리풋타는 다만 미소를 지을 따름이었다. 붓다가 수제자들을 바라보며 말했다. "편견을 갖지 말고 양쪽의 이야기를 주의 깊게 들어라. 그런 뒤 너희가 들은 모든 이야기를 깊이 생각해보고 그것들이 나의 가르침과 일치하는지 어떤지를 판단하도록 해라. 가르침에 일치하는 것은 평화와 기쁨과 자유로 인도해준다. 그것들은 나 자신이 실천하고 있는 바이기도 하다. 내가 하지 말라고 주의를 주는 것, 나 자신이 행하지 않는 것은 가르침에 일치하지 않는 것이다. 너희가 이 점을 이해한다면 양편을 화해시킬 수 있는 방법을 찾게 될 것이다."

그때 아나타핀디카가 이끄는 속인 후원자들이 붓다의 오두막에 도착했다. "스승님, 코삼비에서 온 비구들이 도착했습니다. 그들을 어떻게 맞아야 하는지요? 양편에 음식을 제공해야 합니까?"

붓다가 미소 지었다. "양편에 음식을 주도록 하시오. 그대들이 상가를 지원하고 있음을 보여주도록 하시오. 그들 중 누구라도 법에 합당한 말을 하면 칭송해주시오."

아난다가 돌아와서 코삼비의 비구들이 이미 수도원 입구에 도착했음을 사리풋타에게 알렸다. 사리풋타는 붓다를 돌아보며 물었다. "들어오도록 할까요?"

붓다가 말했다. "문을 열고 그들을 맞이해라."

사리풋타가 말했다. "저는 그들 모두가 잘 만한 곳을 마련하겠습니다."

"당분간은 양측이 다른 곳에 머물도록 해라."

"모두에게 흡족한 잠자리를 마련하기는 어려울 것 같습니다."

"지금은 혼잡스러워도 참고 견딜 수밖에 없다. 그러나 연장자들이 바깥에서 자는 일은 없도록 해라. 음식과 약 등 필요한 물건을 모든 비구들에게 골고루 나누어 주어라."

사리풋타는 모든 문을 활짝 열도록 지시했다. 코삼비 비구들은 잘 곳을 지정받고 필요한 물건들을 배급받았다.

다음 날 아침, 새로 도착한 비구들은 여느 때와 다름없이 탁발을 나갔다고 했다. 사리풋타는 붓다가 충고한 대로 그들을 몇 개의 그룹으로 나누어 서로 다른 지역으로 보냈다. 그날 저녁, 코삼비 비구들은 참회를 할 테니 붓다와의 만남을 주선해달라고 사리풋타에게 부탁했다. 사리풋타가 말했다. "중요한 것은 붓다께 참회를 드리는 것이 아니오. 그에 앞서 그대들이 진정으로 화해를 해야 하오. 화해가 이루어져야 참회가 의미 있게 되는 것이오."

그날 밤, 잘못을 인정하지 않음으로써 맨 처음 다툼을 일으킨 경전박사는 율법박사에게로 갔다. 그는 두 손을 합장하고 인사했다. 그러고 나서 율법박사 앞에 무릎을 꿇고 말했다. "내가 계율을 어겼음을 인정하오. 그때 그대가 나를 지적한 게 당연합니다. 상가 앞에 기꺼이 사과드리는 바이오."

경전박사는 자신의 자존심을 굽히는 것이 다툼을 해결하는 유일한 길임을 알았다. 율법박사도 경전박사 앞에 무릎을 꿇고서 말했다. "나도 겸손과 요령이 부족했음을 사과드리겠소. 나의 진심 어린 사과를 받아주시오."

그날 밤 늦은 시각, 경전박사의 참회 의식이 행해졌다. 사람들은 모두 안도의 한숨을 내쉬었다. 특히 다툼이 벌어지는 동안 줄곧 공정한 입장을 유지했던 코삼비 비구들의 경우에는 더욱 그러했다. 한밤중이 지났을 때 사리풋타가 붓다에게 마침내 화해가 이루어졌음을 알렸다. 붓다는 말없이 고개를 끄덕였다. 다툼이 끝나긴 했지만 그는 모든 상처가 치유되려면 시간이 필요하리라는 것을 알고 있었다.

48장

진흙길을 덮어주는 짚

목갈라나는 제타바나에 있는 붓다의 수제자들과 코삼비에서
다툼을 일으킨 주동자들이 모임을 가져야 한다고 제안했다. 모
임의 목적은 이러한 다툼의 재발을 막을 방법을 찾기 위해 당
사자들의 경험으로부터 배우는 것에 있었다. 마하카사파가 모
임을 주도했다.

　모임을 시작하면서 마하카사파는 아누룻다에게 붓다가 동쪽
대나무 숲에 머무는 동안 생각해낸 화목한 생활을 위한 여섯
가지 규칙을 다시 한 번 들려줄 것을 요청했다. 아누룻다가 여
섯 가지 규칙을 설명하는 것을 듣고 난 뒤 목갈라나는 모든 수
도원의 비구와 비구니들로 하여금 그것들을 암기하게 하자고
제의했다.

　나흘 뒤, 모임을 가졌던 비구들은 상가 내에서의 다툼을 해
결하기 위해 적용할 일곱 가지 화해 방법을 공식화했다. 그들

은 일곱 가지 방법을 삽타디카라나 – 사마타라고 명명했다.

첫째 방법은 삼무카 – 비나야 혹은 '대면하기'이다. 이 방법에 따르면 다툼의 당사자인 양측은 전체 비구들의 모임에서 토론을 벌여야 한다. 이는 사람들이 어느 한쪽에 반감을 갖도록 필연적으로 영향을 미치거나 더 심각한 불화와 갈등을 야기하는 대화가 사적으로 오가지 않도록 하기 위함이다.

둘째 방법은 스므리티 – 비나야 혹은 '기억'이다. 모임에서 당사자인 양측은 다툼으로 치닫게 된 과정을 처음부터 끝까지 낱낱이 기억해내도록 노력해야 한다. 세부 사항들은 가능한 한 명확하게 표현해야 한다. 필요하다면 증인이나 증거를 제시할 수도 있다. 교단은 다툼을 조사하는 데 필요한 정확한 정보를 얻기 위해 조용하고 끈기 있게 양측의 의견에 귀 기울여야 한다.

셋째 방법은 아무다 – 비나야 혹은 '고집 버리기'이다. 문제를 일으킨 수행자들이 스스로 갈등을 해결하는 것이 바람직하다. 교단은 양측이 화해에 이르기 위해 각자 성의를 다해주기를 기대한다. 고집은 부정적이고 비생산적인 것으로 간주된다. 어느 한쪽에서 실제로는 위반할 생각이 없었는데 무지 또는 불안정한 정신 상태로 인해 계율을 위반했다고 주장하는 경우, 교단은 양측 모두 수긍할 수 있는 해결책을 찾기 위해 그 주장을 고려해야 한다.

넷째 방법은 타트스바바이샤-비나야 혹은 '자발적인 참회'이다. 다툼의 각 당사자는 상대방 교단에 의해 거론되기 전에 자신의 잘못을 인정하는 것이 바람직하다. 교단은 아무리 하찮

446

은 일로 보일지라도 양측에 실수를 참회할 수 있는 충분한 시간을 허용해주어야 한다. 그렇게 해서 어느 한쪽이 잘못을 인정하게 되면 이는 곧 화해 과정의 시작이며 상대편도 이와 같이 할 수 있도록 용기를 북돋워줄 수 있다. 이로써 충분한 화해가 가능해진다.

다섯째 방법은 프라티즈나카라카-비나야 혹은 '판정의 수용'이다. 판정에 이르게 되면 그 판정은 큰 소리로 세 번 읽혀진다. 교단의 어느 누구도 이의를 제기하지 않으면 그것은 확정된 것으로 간주된다. 다툼을 일으킨 어느 쪽도 판정에 불복할 권리는 없다. 그들은 교단의 결정을 믿고 따라야 한다.

여섯째 방법은 야드부야시키야-비나야 혹은 '합의에 의한 해결'이다. 양측의 의견을 들어보고, 화해에 이르기 위해 양측이 성의껏 노력했다고 인정되는 경우 교단은 합의에 의한 판정에 이른다.

일곱째 방법은 트르나스타라카-비나야 혹은 '진흙길을 덮어주는 짚'이다. 모임에서 다툼의 양측을 대표할 수 있는 덕망 높은 비구가 한 명씩 선정된다. 이들은 상가에서 다른 비구들로부터 깊은 존경을 받고 있는 수행이 깊은 비구들이다. 그들은 묵묵히 양쪽의 의견을 주의 깊게 듣는다. 그러나 그들이 일단 의견을 제시하면 그 의견은 특별한 권위를 갖는다. 그들의 말은 마치 짚이 진흙길을 덮어 사람들이 옷을 더럽히지 않고 진흙을 건널 수 있게 해주듯이 갈등의 상처를 가볍게 치유해주며 화해와 용서를 불러일으킬 수 있게 해준다. 이와 같이 수행이 깊은 비구들 덕분에 다툼의 당사자들은 쓸모없는 걱정거리를 좀 더 쉽게 벗어던질 수 있게 된다. 이로써 보다 큰 불행을 막으며 교단은 양측이 수긍할 수 있는 판정에 이르게 된다.

붓다의 수제자들은 일곱 가지 화해 방법에 대한 붓다의 승인을 요청했다. 붓다는 그들의 노고를 치하하며 그것을 교단의 공식적인 지침으로 삼는 데 동의했다. 붓다는 6개월 동안 제타바나에 머물러 있다가 라자가하로 돌아갔다. 그는 가는 도중에 스바스티의 가족을 만나기 위해 우루벨라로 들어갔다. 스바스티는 스물한 살이었다. 붓다는 스바스티가 성인이 되면 그를 제자로 받아들이기로 한 지난날의 약속을 지키기 위해 그를 찾아온 것이었다. 스바스티는 비구로 입문했고 곧 라훌라의 가장 친한 친구가 되었다.

49장

흙의 교훈

스바스티는 불법을 널리 퍼기 위한 붓다의 노력에 대해 앗사지와 아난다가 들려주는 모든 이야기들을 하나도 놓치지 않고 열심히 경청했다. 비구니 고타미와 라훌라도 주의 깊게 귀를 기울였다. 아난다의 기억력은 실로 놀라웠다. 그는 앗사지가 미처 설명하지 못한 많은 부분들을 보완해주었다. 스바스티는 두 비구와 비구니 고타미 그리고 라훌라에게 커다란 고마움을 느꼈다. 그들 덕분에 달리 알 길이 없었을 붓다의 지난날에 관해 많은 것들을 알 수 있었다. 스바스티는 자신이 언제까지나 붓다 곁에 가까이 머무르면서 그의 삶을 두 눈으로 보고 그의 가르침을 직접 들을 수 있기를 바랐다.

지난날 스바스티는 비록 천민 신분의 물소 치는 목동에 지나지 않았지만 수자타 덕분에 초등교육을 받을 수 있었다. 그리고 이제는 라훌라에게서도 많은 것을 배울 수 있음을 알았다.

그는 라훌라에게서 왠지 모를 위엄 같은 것을 느꼈다. 라훌라는 왕족 출신이었을 뿐만 아니라 경건하면서도 결연한 상가의 분위기 속에서 지난 8년을 보냈다. 라훌라와 비교해볼 때 스바스티는 자신이 거칠고 투박스럽게 느껴졌다. 그러나 이러한 생각은 그로 하여금 수행에 더욱 정진할 수 있도록 해주었다. 사리풋타는 라훌라에게 스바스티가 가사를 입는 법과 발우를 쥐는 법 그리고 걷기와 서기, 눕기, 앉기, 먹기, 세수하기, 설법 듣기와 같은 기본적인 수행을 제대로 행할 수 있게 가르쳐주도록 당부했다. 비구는 마흔다섯 가지 수행들을 기억하고 부지런히 실천함으로써 집중력과 평정심을 깊게 할 수 있는 것이다.

원칙적으로 볼 때 라훌라는 아직 한 사람의 초심자 즉 사미였다. 그는 스무 살이 되어 정식으로 비구가 될 때까지 기다려야만 했다. 사미는 열 가지 계율을 지켜야 한다. 살생하지 말 것, 도둑질하지 말 것, 성관계를 맺지 말 것, 거짓말하지 말 것, 술을 마시지 말 것, 보석이나 꽃 또는 향수를 가까이하지 말 것, 크고 호화로운 침상에 앉거나 눕지 말 것, 세속적인 연회에 참석하지 말 것, 돈을 만지지 말 것 그리고 정오가 지나서는 먹지 말 것 등이 그것이었다. 그리고 마흔다섯 가지 수행은 계를 받은 비구들이 준수해야 할 사항들이었으나 라훌라는 성인이 된 후를 대비해서 그것들을 연구하고 관찰했다. 한 사람의 비구가 되면 백이십 가지의 계율을 준수해야 하는데 그 계율 안에는 이러한 마흔다섯 가지의 수행도 들어 있었다. 라훌라는 장차 계율이 추가될지도 모르며 어쩌면 이백 가지가 넘을지도 모른다는 이야기를 들었다고 스바스티에게 말한 적이 있었다.

라훌라는 상가에 들어오고 난 뒤 처음 얼마 동안은 계율이 많지 않았다고 설명했다. 입문은 간단했다. 비구가 될 사람이 붓다나 다른 비구의 발아래 무릎을 꿇고서 삼귀의를 세 번 암송하기만 하면 되었다. 거대한 단체 내에서는 좀 더 단련해야 하는 비구들, 규칙과 지도를 필요로 하는 비구들이 생기므로 상가의 규모가 커짐에 따라 계율을 새로 만들어내고 강화할 필요가 있었다.

라훌라는 스바스티에게 상가의 정신을 위반한 첫 번째 사람이 수디나라는 비구였다고 알려주었다. 붓다가 최초의 계율을 만든 것도 수디나 때문이었다. 입문하기 전에 수디나는 베살리 부근의 칼란다라는 마을에서 결혼을 해서 살고 있었다. 그는 붓다의 가르침을 듣고서 입문을 간청했다. 비구가 되고 얼마 후 그는 칼란다로 돌아갈 기회가 있었다. 가족이 식사에 초대해서 이에 응한 것이었다. 가족은 그에게 속세로 돌아와서 가업을 돌보라고 설득했다. 하지만 그는 거절했다. 수디나가 유일한 핏줄인 데다 가업을 물려줄 사람이 없었으므로 그의 부모는 불만이 심했다. 가족의 재산은 누군가 다른 사람의 손에 들어갈 판국이었다. 비구로 남겠다는 수디나의 결심을 알고 어머니는 최소한 유산을 물려줄 자식이라도 하나 낳아달라고 부탁했다. 어머니의 간절한 애원에 설득된 데다 자신을 이끌어줄 아무런 계율도 없었으므로 그는 마하바나 숲에서 지난날의 아내와 만나기로 했다. 그 후 그의 아내는 임신을 했고 사내아이를 하나 낳았는데 그들은 '씨앗'이라는 뜻을 가진 비자카라는 이름을 아기에게 지어주었다. 수다나의 친구들은 그를 '씨앗의 아버지'라고 놀려댔다. 이로써 상가의 명예는 추락하게 되었다. 붓다는 비구들을 모두 소집해서 수다나를 나무랐다. 이 사건으로 인해 공식적인 계율이 만들어졌다. 비구가 깨달음과 자유의 길이 갖는 정신을 위반할 때마다 모임을 소집해서 새로운 계율을 추가해나가기로 결정했다. 이러한 계율들은 파티목카라고 불렸다.

네 가지 계율은 가장 중요한 사항으로 간주되었다. 나머지 계율들은 참회를 하면 용서받을 수 있었으나 이 네 가지 계율 가운데 어느 것 하나라도 위반하면 교단에서 추방되었다. 이 네 가지 기본 계율은 성관계를 맺지 말 것, 도둑질하지 말 것, 살인하지 말 것 그리고 실제로는 도달하지 않은 통찰력의 경지를 도달한 것으로 내세우지 말 것 등이었다. 이 네 가지 계율은 파라지카라고 불렸다.

라훌라는 아버지가 자신을 사랑하면서도 특별한 호의를 베푼 적은 한 번도 없었다고 스바스티에게 말했다. 그는 열한 살 무렵의 일을 기억해냈다. 그는 다른 해야 할 일이 있었는데도 달아나서 놀고 온 데 대해 꾸중을 들을까 걱정이 된 나머지 사리풋타에게 사소한 거짓말을 한 적이 있었다. 그는 사리풋타가 그 사실을 알아낼까 두려워 결국 연이어 네 가지 거짓말로 둘러대야만 했다. 그러나 늘 그렇듯이 사실은 드러나는 법이었다. 붓다는 그 일을 계기로 거짓말을 하지 않는 것이 얼마나 중요한지를 라훌라에게 가르쳐주어야겠다고 생각했다.

당시 사리풋타와 라훌라는 붓다가 머무르고 있는 죽림정사에서 그다지 멀지 않은 암발랏티카 공원에서 지내고 있었다. 어느 날 붓다는 그들을 방문했다. 라훌라는 그를 위해 의자를 하나 내놓고 손발을 씻을 수 있도록 대야를 가져다주었다. 붓다는 손을 다 씻고 대야의 물을 거의 다 쏟아버렸다. 그리고 라훌라를 보며 물었다. "라훌라야, 이 대야 안에 물이 많으냐 아니면 적으냐?"

라훌라가 대답했다. "남은 게 거의 없습니다."

붓다가 말했다. "라훌라야, 너는 알아야 한다. 진실을 말하지 않는 사람은 이 대야 속의 물처럼 보잘것없는 인격을 가지고 있단다."

라훌라가 침묵을 지켰다. 붓다는 나머지 물을 쏟아버린 다음 다시 아들에게 물었다. "라훌라야, 내가 모든 물을 다 비운 것이 보이느냐?"

"예, 보입니다."

"거짓말을 계속하는 사람들은 모든 물을 비워버린 이 대야처럼 모든 인격을 잃어버린단다."

붓다는 세숫대야를 엎어놓고 라훌라에게 물었다. "네 눈에는 이 대야가 엎어져 있는 게 보이느냐?"

"예, 보입니다."

"우리가 바른말을 하지 않으면 우리의 인격은 이 대야처럼 엎어지는 것이란다. 농담으로라도 거짓말을 해서는 안 된다.

라훌라는 붓다를 위해 의자를 하나 내준 다음 손발을 씻을 수 있도
록 세숫물을 떠다 주었다.

라훌라야, 너는 사람들이 거울을 사용하는 까닭을 알고 있느냐?"

"예, 사람들은 자신의 모습을 살피기 위해 거울을 사용합니다."

"바로 그렇단다, 라훌라야. 사람이 거울을 들여다보며 자신의 모습을 살피듯이 너는 네 자신의 행동과 생각 그리고 말을 살피도록 해라."

라훌라의 이야기는 스바스티로 하여금 바른말의 중요성을 깊이 깨닫게 해주었다. 그는 자신의 부모에게, 그리고 한번은 수자타에게도 거짓말을 했던 기억을 되살려냈다. 붓다에게는 한 번도 거짓말을 하지 않은 것이 참으로 다행스럽게 생각되었다. 사실 붓다에게 거짓말을 하는 것은 불가능해 보였다. 누군가 거짓말을 하면 붓다는 분명히 알아낼 것만 같았다. 스바스티는 생각했다. '모든 사람에게, 심지어 어린아이에게조차도 항상 사실만을 말해야겠다. 그것이 붓다가 내게 베풀어주신 모든 것에 대해 고마움을 표현할 수 있는 길이 될 것이다. 앞으로 계율을 성실히 지켜나가야겠다.'

한 달에 두 번씩, 초하룻날과 보름날에 비구들은 모여서 계율을 암송했다. 각 계율마다 한 번씩 큰 소리로 읽고 나면 이 계율을 지키지 못한 사람이 있느냐는 질문을 받게 된다. 대답하는 이가 없으면 다음 계율을 읽는다. 누군가가 해당 계율을 어겼으면 그는 일어나서 여러 비구들에게 참회해야 한다. 네 가지 가장 중요한 계율을 제외하고는 참회만으로 족하며 앞으로 어기지 않도록 주의하면 된다.

스바스티는 사리풋타와 라훌라가 있는 붓다의 탁발 집단에 합류하도록 권유받아 안거 기간 동안 라자가하 남쪽에 있는 에카날라 마을 근처의 언덕에 머무른 적이 있었다. 어느 날 오후 비구들이 에카날라 근처의 논을 지나갈 때 그들은 바라드바자라는 이름을 가진 귀족 출신의 부유한 농장주를 만나 걸음을 멈추게 되었다. 그는 수천 에이커의 농토를 소유하고 있었다. 이때는 씨앗을 뿌리는 계절이었기 때문에 그는 수백 명이나 되는 일꾼들을 지휘하기 위해 나와 있었다. 붓다가 지나가는 것을 보고 그는 그 자리에 선 채 약간 경멸하는 투로 곧장 소리쳤다. "우리는 농부들이오. 우리는 먹고살기 위해 쟁기질을 하고, 씨를 뿌리고, 거름을 주고, 땀 흘려 일해서 수확을 한다오. 그런데 당신들은 아무것도 생산하지 않고도 잘 먹고 잘 지내고 있소. 이것은 어찌 된 일이오?"

붓다가 대답했다. "아니, 우리도 그렇게 하고 있소. 우리도 쟁기질을 하고, 씨를 뿌리고, 거름을 주고, 땀 흘려 수확을 거두고 있다오."

"그렇다면 당신들의 쟁기, 물소, 씨앗은 어디에 있소? 당신들이 돌보는 농작물은 무엇이오? 당신들이 수확하는 곡식은 대체 뭐란 말이오?"

붓다가 대답했다. "우리는 참된 마음의 밭에 믿음의 씨앗을 뿌리고 있소. 우리의 쟁기는 마음의 눈을 뜨는 것이며 우리의 물소는 부지런한 수행이오. 우리의 수확은 사랑과 이해라고 하

오. 그대, 내 말을 잘 들으시오. 만약에 믿음과 이해 그리고 사
랑이 없다면 인생은 단지 고통일 따름이오."

바라드바자는 뜻밖에도 붓다의 말에 감동하는 자신을 발견
했다. 그는 우유에 적신 향기로운 떡을 갖다 드리라고 하인에
게 분부했지만 붓다는 이렇게 말하며 거절했다. "나는 음식을
제공받기 위해 이런 말을 한 게 아니오. 당신이 음식을 제공하
고 싶다면 다음 기회에 하도록 하시오."

농장 주인은 그 말에 더욱 크게 감동하며 붓다 앞에 털썩 무
릎을 꿇고 자신을 속가 제자로 받아주기를 청했다. 스바스티는
이제까지 있었던 일을 두 눈으로 똑똑히 보았다. 그는 붓다의
곁에 머물러 있게 되면 굉장히 많은 것을 배울 수 있다는 사실
을 알았다. 그리고 상가에 있는 수천 명의 비구들 중에서도 자
신처럼 몇몇만이 붓다를 가까이 모실 수 있으며 그것이 얼마나
큰 행운인가를 깨닫게 되었다.

안거 기간이 끝난 뒤 붓다는 불법을 펴기 위해 북서쪽으로
여행했다. 그리고 가을이 저물어갈 무렵 사밧티로 돌아왔다.
어느 날 아침 탁발을 나섰을 때 라홀라는 마음챙김 상태에서
벗어나 있었다. 대열을 따라 계속해서 걷고 있긴 했지만 마음
은 다른 데 가 있었다. 그는 앞에 가는 붓다를 보며 만약 그가
구도의 길을 따르지 않았다면 지금 어떻게 되었을지 생각했다.
또한 붓다가 위대한 왕이 되었다면 라홀라 자신은 어떻게 변
했을까 하는 생각을 하면서 그만 자신의 숨결과 걸음걸이를 살
펴야 한다는 것을 잊고 있었다. 붓다는 라홀라를 볼 수 없었지

만 아들이 정신을 엉뚱한 데 팔고 있음을 알았다. 붓다는 걸음을 멈추고 돌아보았다. 다른 비구들도 걸음을 멈추었다. 붓다는 라훌라를 바라보며 말했다. "라훌라야, 너는 지금 마음챙김을 하고 네 숨결을 살피고 있느냐?"

라훌라가 고개를 떨구었다.

붓다가 말했다. "마음챙김을 위해서는 네 호흡을 계속해서 살펴야 한다. 우리는 탁발을 하면서도 명상을 실행하고 있는 것이다. 모든 존재를 이루고 있는 요소들의 변함(無常)과 무아에 대해 명상을 계속해야 한다. 다섯 가지 요소란 육신, 감각, 지각, 정신 작용 그리고 인식이다. 네가 호흡과 생각들을 살피고 있으면 네 마음이 흩어지지 않을 것이다."

붓다는 몸을 돌려 계속 걸어갔다. 그의 말은 모든 비구들에게 자극제가 되어 마음챙김 상태에 머무를 수 있도록 해주었다. 그러나 조금 뒤 라훌라는 비구들의 대열에서 벗어나 숲 속으로 들어간 뒤 한 그루의 나무 아래 혼자 앉았다. 스바스티가 그를 따라왔다. 라훌라가 그를 바라보며 말했다. "사형, 다른 사람들과 함께 탁발을 계속해요. 난 지금 당장은 탁발을 나가고 싶지 않아요. 붓다께서는 여러 사람들 앞에서 나를 나무랐어요. 너무나 창피해서 차라리 이곳에 혼자 앉아 명상이나 하고 싶어요." 자신이 그에게 별로 도움이 되지 않으리라 생각한 스바스티는 다시 비구들의 대열에 합류했다.

수도원으로 돌아오는 도중에 사리풋타와 스바스티는 숲 속에 들러 라훌라를 데리고 왔다. 수도원에서 스바스티는 음식의

반을 라훌라에게 나누어 주었고, 그들이 식사를 끝내자 사리풋
타는 라훌라에게 붓다가 만나고 싶어 한다고 전했다. 스바스티
도 함께 가도록 허락받았다.

붓다는 라훌라가 특별한 가르침을 받을 수 있을 만큼 때가
무르익었음을 알았다. 그가 말했다. "라훌라야, 대지로부터 배
워라. 사람들이 그 위에 순결하고 향기로운 꽃, 향수, 신선한
우유를 뿌리든 아니면 더러운 냄새가 나는 똥, 오줌, 피, 콧물,
침을 버리든 땅은 집착이나 배척 없이 그 모든 것을 똑같이 받
아들인다. 유쾌하거나 불쾌한 생각이 일어날 때 그것들이 네
마음에 달라붙거나 너를 노예로 만들지 않도록 해라.

그리고 물로부터 배워라. 사람들이 그 속에서 더러운 것을
씻어내도 물은 슬퍼하거나 싫어하지 않는다. 또한 불로부터 배
워라. 불은 차별함이 없이 모든 것을 태운다. 순결하지 못한 물
질들을 태울지라도 부끄러워하지 않는다. 공기로부터도 배워
라. 공기는 향기로운 것이든 더러운 것이든 모든 냄새를 실어
나른다.

라훌라야, 노여움을 이겨내려면 친애의 마음을 갖도록 해라.
친애는 대가로 무엇을 바라지 않고 다른 사람들의 고통을 제거
할 수 있는 능력을 가지고 있다. 미움을 이겨내려면 자비심을
갖도록 해라. 자비심은 다른 사람의 행복을 함께 기뻐하고, 다
른 사람이 행복과 성공을 누리도록 빌어줄 때 생겨난다. 편견
을 이겨내려면 집착하지 말도록 해라. 집착하지 않음으로써 마
음의 문을 열고 모든 것을 평등하게 볼 수가 있다. 이것은 곧

저것이며 저것은 곧 이것이다. 그렇듯 나와 남이 둘로 나뉜 것이 아니다. 단지 다른 것을 추구하기 위해 어느 것을 거부해서는 안 된다.

라훌라야, 친애의 마음과 동정심, 자비심 그리고 집착하지 않음은 아름답고 심오한 마음의 상태란다. 나는 그것들을 네 가지 한량없는 마음, 즉 사무량심(四無量心)이라고 부른단다. 그것들을 실천하도록 해라. 그렇게 하면 다른 사람들의 삶을 보다 활력 있고 행복하게 해줄 수가 있을 것이다.

그리고 라훌라야, 자아라는 망상을 깨부수기 위해서 모든 존재의 변함에 대해 명상하도록 해라. 너 자신의 욕망으로부터 자유로워지고 싶으면 육신의 태어남과 성장, 죽음의 본질에 대해 명상하도록 해라. 그리고 명상을 할 때는 네 호흡을 살펴라. 호흡에 마음을 집중하게 되면 커다란 기쁨을 누릴 수 있다."

스바스티는 라훌라의 옆에 앉아 붓다가 들려주는 모든 이야기를 듣게 되어 기뻤다. 비록 법륜의 회전이나 무아의 본성과 같은 경을 기억하고 있긴 했지만 그는 오늘처럼 법의 오묘함을 깊이 맛보기는 처음이었다. 아마 그것은 붓다의 목소리로 경을 직접 들었기 때문인 듯싶었다. 그가 직접 들은 최초의 경은 물소 돌보기에 관한 경이었다. 그러나 그때는 그 경의 깊은 의미를 파악할 수 있을 만큼 충분히 성숙해 있지 않았을 때였다. 그는 언젠가 시간이 나면 새롭게 터득한 안목을 통해 모든 경을 다시 암송해보리라 마음먹었다.

그날 붓다는 두 사람에게 호흡을 살피는 여러 가지 방법을 가르쳐주기도 했다. 전에도 비슷한 가르침을 받은 적이 있긴 했지만 두 사람이 붓다로부터 직접 가르침을 받은 것은 이번이 처음이었다. 붓다는 마음을 하나로 모아 호흡을 살피는 경우 우선 얻게 되는 성과는 마음의 흐트러짐과 망각을 극복할 수 있다는 점이라고 했다.

"숨을 들이쉴 때 너희는 숨을 들이쉬고 있음을 의식해야 한다. 숨을 내쉴 때 너희는 숨을 내쉬고 있음을 의식해야 한다. 이렇게 숨쉬기를 계속하는 동안 오직 숨 쉬는 일에만 마음을 집중해라. 그렇게 하면 너희는 각자의 숨쉬기를 의식하면서 마음챙김 상태로 들어가게 된다. 마음챙김 상태가 되면 단 한 번의 호흡만으로도 깨달음을 얻을 수 있다. 그러한 깨달음이야말로 모든 것에 존재하는 불성(佛性)이다. 짧게 숨을 들이쉴 때 너희는 자신이 짧게 숨을 들이쉼을 알아야 한다. 길게 숨을 내쉴 때 너희는 길게 숨을 내쉼을 알아야 한다. 이어지는 호흡을 하나도 놓치지 말도록 해라. 마음을 하나로 모아 호흡을 살핌으로써 집중력을 키울 수 있다. 마음이 집중된 상태에서 너희는 육신과 감각과 마음과 사르바다르마라고 불리는 마음의 대상을 깊숙이 들여다볼 수 있게 된다."

붓다는 정성을 다해 두 사람을 가르쳤다. 그의 말은 단순하면서도 심오했다. 스바스티는 붓다와의 특별한 만남 덕분에 호흡을 통한 마음챙김을 좀 더 쉽게 배울 수 있었으며 나아가 수행에서 좀 더 커다란 진전을 거둘 수 있으리라고 확신했다. 붓다에게 절한 뒤 스바스티와 라훌라는 함께 호숫가로 걸어갔다.

그들은 붓다가 두 사람에게 가르쳐준 모든 것들을 반복해가면서 익혔다.

50장

한 줌의 밀기울

이듬해 붓다는 오백 명의 비구들과 함께 베란자에서 안거 기간을 보냈다. 사리풋타와 목갈라나가 그를 보좌했다. 안거 기간이 반쯤 지났을 무렵 그 지역에 가뭄이 닥쳐왔고 더위는 거의 참기 어려울 지경이 되었다. 붓다는 하루의 대부분을 한 그루의 님바나무 아래에서 보냈다. 그는 바로 그 나무 아래에서 음식을 들고, 설법을 하고, 명상에 잠기고, 잠을 잤다.

안거를 시작한 지 3개월이 막 지났을 무렵, 비구들은 아주 적은 양의 음식밖에 제공받을 수가 없었다. 가뭄으로 인해 먹을 것이 거의 없었고 나라에서 긴급하게 제공해준 식량조차 이젠 거의 바닥이 난 상태였다. 많은 수행자들이 텅 빈 발우를 든 채 수도원으로 들어오기 일쑤였다. 붓다 자신도 빈 발우로 돌아오는 경우가 자주 있었다. 그럴 때면 그는 허기를 달래기 위해 물로 배를 채웠다. 비구들은 점점 야위어갔다. 목갈라나는 음식을 구하기가 좀 더 쉬울지도 모르니 남은 안거 기간을 남쪽의 웃타라쿠루로 옮겨 가서 보내는 게 어떻겠느냐고 제안했다. 그러나 붓다는 이렇게 말하며 거절했다. "목갈라나, 우리만 고통을 받고 있는 게 아니다. 일부 부유한 집안을 제외하고 대부분의 지역 주민들이 굶주림에 허덕이고 있다. 이러한 때에 그들을 떠나서는 안 된다. 우리는 그들과 고통을 함께 나누어야 한다. 안거 기간이 끝날 때까지 우리는 이곳에 머물러 있어야 한다."

부유한 상인인 아그니닷타는 붓다의 가르침을 듣고 난 후 베란자에서의 안거 기간 중에 붓다와 비구들을 초대했다. 그러나 그는 일 때문에 여행 중이었기에 고향의 상황을 전혀 알지 못했다.

어느 날 목갈라나는 수도원 근처에서 자라고 있는 싱싱한 나무와 풀들을 가리키면서 붓다에게 말했다. "스승님, 제가 보기에 저 초목들은 땅속에 있는 풍성한 영양분 덕분에 싱싱하고 튼튼하게 자라고 있는 듯합니다. 영양분이 풍부한 저 부식토를 파내서 물과 섞으면 비구들을 위한 영양분이 풍부한 음식을 만들 수 있을 것 같습니다."

붓다가 말했다. "그렇게 하는 것은 옳지 않다, 목갈라나. 사실은 나도 당시리 산에서 고행을 하고 있을 때 그러한 생각을 했었다. 그러나 나는 그것이 영양 섭취에 아무런 도움이 되지 않는다는 것을 알았다. 게다가 우리가 땅을 파면 태양열을 피해 흙 속에 살고 있는 많은 생명체들이 죽게 되며 식물들도 죽게 된다." 목갈라나는 더 이상 아무 말도 하지 못했다.

비구들이 제공받은 음식의 일부를 큼직한 빈 그릇에 담아두었다가 음식을 충분히 얻어 오지 못한 비구들에게 나누어 주는 것은 수도원의 오랜 관행이었다. 하지만 스바스티는 지난 열흘 동안 그 빈 그릇이 쌀 한 톨 담기지 않은 채 텅 비어 있었음을 알았다. 라훌라는 사람들이 젊은 비구들에게는 음식을 주지 못하더라도 나이 든 비구들에게는 우선적으로 음식을 제공하고 있다고 스바스티에게 귀띔해주었다. 젊은 비구들은 아주 적은 음식만을 제공받고 있거나 그나마도 전혀 받지 못했다. 스바스티도 마찬가지였다. 그는 말했다. "음식을 조금이나마 제공받은 요 며칠 동안도 여전히 배가 고프긴 마찬가지야. 너도 그러니?"

라훌라가 고개를 끄덕였다. 그는 배가 고파서 밤에 잠을 이루기조차 어려웠다.

어느 날 탁발을 하고 돌아와서 아난다는 다리가 셋 달린 옥외용 아궁이 위에 질그릇 항아리를 올려놓았다. 그는 나뭇조각을 몇 개 주워 모아 불을 피우기 시작했다. 스바스티는 그가 무슨 일을 하고 있는지 보러 왔다가 불 피우는 일을 거들었다. 스바스티는 이런 일에 아주 익숙했다. 얼마 안 있어 그는 별로 힘도 들이지 않고 불꽃을 살려냈다. 아난다는 발우를 들어 올려 항아리 속에다 마치 톱밥처럼 보이는 것을 쏟아부었다. 그가 말했다. "이건 밀기울이다. 이걸 향기가 날 때까지 구운 다음 붓다께 드리자."

스바스티가 두 개의 조그만 막대기로 그 밀기울을 휘젓고 있는 동안 아난다는 오백 필의 말을 이끌고 최근 베란자에 도착한 말 장수 한 사람을 만났던 이야기를 들려주었다. 비구들이 굶주리고 있다는 말을 들은 말 장수는 아난다에게 비구들이 음식을 구하지 못했을 때 자신의 마구간으로 오면 말먹이로 쓰는 밀기울을 한 줌씩 주겠다고 제의했다. 그날 그는 아난다에게 두 줌의 밀기울을 주었는데 한 줌은 붓다의 몫이었다. 아난다는 상인의 너그러운 제의를 다른 비구들에게도 알리겠다고 했다.

밀기울은 곧 구워졌고 향긋한 냄새가 났다. 아난다는 그것을 발우에 담은 다음 스바스티를 앞장세우고 님바 나무까지 걸어갔다. 아난다는 밀기울을 붓다에게 바쳤다. 붓다는 스바스티에게 음식을 받았느냐고 물었고 스바스티는 그가 운 좋게 받아 온 달콤한 감자를 내밀었다. 붓다는 자리에 앉아 함께 그것을 나누어 먹자고 권했다. 붓다는 아주 경건한 태도로 발우를 들어 올렸다. 스바스티는 정성을 다해 감자를 발우 속에 담았다. 붓다가 밀기울을 떠서 감사해하며 먹을 때 그는 자기도 모르게 눈물이 솟구쳐 오르는 것을 느꼈다.

그날의 설법이 끝난 뒤 아난다는 여러 비구들에게 말 장수의 제의를 알렸다. 아난다는 그 밀기울이 말들의 먹이이므로 음식을 전혀 받지 못했을 때에만 마구간으로 가자고 제안했다. 그는 말들이 굶는 것을 원치 않았다.

그날 밤 달빛을 받으며 사리풋타는 님바 나무 아래에 앉아 있는 붓다를 방문했다. 그가 말했다. "스승이시여, 깨달음의 세계는 너무나도 오묘합니다! 그것을 듣고, 이해하고, 행하는 모든 사람들을 움직이는 힘을 가지고 있습니다. 스승이시여, 스승께서 돌아가신 뒤에는 어떻게 해야 이를 계속 전파시킬 수 있겠습니까?"

"사리풋타, 비구들이 경(經)의 뜻을 파악하고 경이 가르치는 바를 실천하고 계율을 충실히 따르면 대자유의 길은 오래도록 계속될 것이다."

"스승이시여, 많은 비구들이 경을 부지런히 암기하고 암송하고 있습니다. 훗날 수행자들이 계속해서 스승님의 가르침을 연구하고 암송한다면 스승님의 친애와 통찰력은 앞으로 영원히 살아 숨 쉴 것입니다."

"사리풋타, 경을 계승하는 것만으로는 충분하지가 않다. 경에 담겨 있는 것을 실천하는 것이 필요하다. 계율을 지키는 것이 특히 중요하다. 그렇지 않으면 법은 오래도록 계속될 수가 없다. 계율이 지켜지지 않으면 참된 법도 곧 소멸하고 말 것이다."

"미래의 수많은 사람들을 위해 계율을 보전할 수 있는 형태로 만들 방법이 없겠습니까?"

"그것은 아직 불가능하다. 사리풋타. 완전한 형태의 계율은 하루아침에 이루어질 수 있는 것도 아니거니와 어느 한 사람에 의해 만들어질 수도 없다. 상가가 처음 생겨날 무렵 우리에겐 계율이라는 것이 없었다. 비구들이 저지르는 실수와 잘못으로 인해 차츰 우리는 계율을 만들게 되었다. 이제 우리들에게는 백이십 가지의 계율이 있다. 그 수는 점차 늘어날 것이다. 계율은 아직 완전하지 않다. 나는 그 수가 이백 가지 이상으로 늘어나리라 본다."

안거의 마지막 날이 왔다. 상인 아그니닷타는 여행에서 돌아온 뒤 비구들이 굶주림에 시달렸다는 말을 듣고는 소스라치게 놀랐다. 그는 비구들에게 미안해하며 자신의 집에서 식사를 대접했다. 또한 비구들에게 각자 가사 한 벌씩을 선사했다. 붓다가 안거 기간이 끝나는 법회를 갖고 난 뒤 비구들은 남쪽으로 향했다.

오랜만의 반가운 여행길이었다. 비구들은 서두르지 않고 걸었다. 밤에는 쉬었고 아침에는 탁발을 했다. 시원한 숲 속에서 식사와 휴식을 마친 뒤 그들은 매일 계속해서 걸었다. 이따금 인근 마을에서 며칠씩 머물렀다. 그럴 때면 사람들은 가르침을 듣게 되어 몹시 기뻐했다. 밤이 되면 비구들은 명상과 취침에 들기 전 경을 공부하고 암송했다.

어느 날 오후, 스바스티는 물소를 몰고 집으로 돌아가고 있는 한 무리의 목동들을 만났다. 그는 자신의 어린 시절을 생각하며 그들 앞에서 걸음을 멈추고 말을 건넸다. 갑자기 그는 동생들을 보고 싶은 마음에 사로잡혔다. 루파크와 발라 그리고 무엇보다도 가장 어린 브히마가 보고 싶었다. 그는 비구가 자신의 가족을 생각하는 것이 옳은 일인지 여전히 궁금했다. 물론, 라훌라는 자신 역시 가족이 그립다고 말했다.

스바스티는 스물두 살이었다. 그는 비교적 젊은 층의 비구들을 더 좋아했는데 이는 그들과 함께 있을 때 마음이 편했기 때문이었다. 그는 대부분의 시간을 라훌라와 보냈다. 두 사람은 종종 마음속에 묻어둔 서로의 생각을 함께 나누었다. 스바스티는 라훌라에게 자신이 물소를 돌보는 목동이었을 때의 이야기를 들려주었다. 라훌라는 물소 등에 앉아본 적이 한 번도 없었다. 그래서 그는 그토록 거대한 동물이 스바스티의 말처럼 유순하다는 것을 쉽사리 믿지 못했다. 강기슭을 따라 수도원으로 돌아오는 길에 스바스티는 자신이 얼마나 자주 물소의 등에 올라타곤 했는지를 라훌라에게 이야기했다. 지난날 그는 부드럽고 따스한 물소의 등 위에서 평화로운 여가 시간을 보내며 짙푸른 하늘과 흘러가는 구름들을 바라보곤 했다. 스바스티는 또한 라훌라에게 다른 목동들과 함께 한 놀이에 대해서도 들려주었다. 라훌라는 이런 이야기를 듣는 것을 좋아했다. 그는 궁전에서 자랐기 때문에 한 번도 그런 경험을 해본 적이 없었다. 라훌라는 물소의 등에 타보고 싶다고 말했고, 스바스티는 언젠가 한번 기회를 마련해주겠다고 약속했다.

스바스티는 정말로 라훌라를 물소에 태워줄 수 있을지 걱정이었다. 두 사람 다 입문을 한 수행자의 신분이었기 때문이다. 그는 고향 마을 근처를 지나갈 때 가족에게 다녀올 수 있도록 붓다의 허락을 구하기로 마음먹었다. 라훌라가 자신과 함께 가도 좋은지도 물어보기로 했다. 그리고 나서 주변에 아무도 없을 때 루파크에게 그가 돌보는 물소들 중에서 한 마리를 골라 라훌라를 태워달라고 부탁하기로 했다. 그렇게 하면 라훌라는 네란자라 강기슭을 따라 유유히 물소를 타며 즐거운 시간을 보낼 수 있을 터였다. 스바스티도 지난날처럼 수행자의 가사를 벗고 오랜만에 물소 등에 타보기로 마음먹었다.

이듬해 붓다는 바위가 많은 칼리카 산 위에서 안거 기간을 보냈다. 붓다가 해탈에 이르고 나서 열세 번째 맞는 안거 기간이었다. 붓다의 시중을 들고 있던 메기야가 어느 날 붓다에게 자신은 숲 속에 혼자 앉아 있으면 욕망과 격정에 시달린다고 털어놓았다. 붓다는 비구들의 명상을 위해 그들이 혼자서 시간을 보내도록 하고 있었지만 메기야는 혼자서 명상에 들 때마다 마음속의 혼란에 시달려왔기 때문에 이를 몹시 걱정하고 있었다.

붓다는 그에게 혼자서 수행한다는 것이 친구들의 도움 없이 사는 것을 뜻하지는 않는다고 말했다. 물론 한가한 잡담이나 쓸데없는 얘깃거리로 시간을 낭비하는 것은 수행에 도움이 되지 않는다. 하지만 수행 중에 친구의 도움을 받는 것은 매우 중요하다. 비구들은 서로를 지원하고 격려하기 위해 공동으로 살아갈 필요가 있다. 그것이야말로 삼귀의의 참된 뜻이다.

붓다는 그에게 이렇게도 말했다. "비구는 다섯 가지를 필요로 한다. 첫째는 길을 함께 가는, 이해심 있고 덕성을 갖춘 친구이다. 둘째는 비구가 마음을 집중할 수 있도록 도와주는 계율이다. 셋째는 가르침을 공부할 수 있는 폭넓은 기회이다. 넷째는 근면이다. 그리고 다섯째는 이해심이다. 나중 네 개의 조건들은 첫째 조건, 즉 길을 함께 가는 좋은 친구를 갖는 것과 밀접하게 관련되어 있다.

메기야, 죽음과 동정심과 모든 존재의 변함 그리고 호흡에 관해 명상하여라.

욕망을 이겨내려면 시신에 관해 명상하여라. 그렇게 하면 사람의 몸이 호흡을 멈춘 순간부터 뼈가 먼지로 변하는 순간까지 쇠퇴하는 아홉 단계를 깊이 들여다볼 수 있다.

노여움과 미움을 이겨내려면 동정심에 관해 명상하여라. 그렇게 하면 자신의 마음이나 타인의 마음속에 깃든 노여움과 미움의 원인을 훤히 들여다볼 수가 있다.

슬픔을 이겨내려면 모든 존재의 변함에 관해 명상하여라. 그렇게 하면 모든 존재의 삶과 죽음을 훤히 들여다볼 수 있다.

혼란과 산만함을 이겨내려면, 호흡에 관해 충분히 알 수 있도록 명상하여라.

이 네 가지에 관한 명상을 정기적으로 수행하면 너는 자유와 깨달음에 이를 수가 있다.”

51장

통찰력이라는 보배

열세 번째 안거 기간이 끝났을 때 붓다는 사밧티로 돌아갔다. 스바스티와 라훌라는 그를 따라갔다. 스바스티가 제타바나 수도원에 와본 것은 이번이 처음이었다. 그는 앞으로 수행하게 될 장소가 이토록 아름답고 마음에 드는 곳임을 알고는 몹시 기뻤다. 제타바나 수도원은 시원하고 쾌적했으며 친근감이 들었다. 모든 사람들이 따뜻한 미소로 스바스티를 맞이했다. 그들은 물소를 돌보는 일에 관한 경이 그를 바탕으로 만들어진 것임을 알고 있었다. 스바스티는 이렇듯 우호적인 환경에서라면 수행에서도 큰 진전을 이룰 수 있을 것이라고 확신했다. 그는 상가(僧)가 붓다(佛)나 법(法)에 못지않게 중요한 까닭을 비로소 이해할 수 있을 것 같았다. 상가는 깨달음의 길을 실천하는 사람들의 공동체였다. 또한 상가는 깨달음의 길로 정진하려는 사람을 지원해주고 이끌어주는 곳이었다. 그 때문에 수행자가 되려는 사람은 상가에 귀의하는 것이 필요하다.

라훌라는 어느덧 스무 살이 되었고 사리풋타는 그의 수계식을 거행했다. 그는 이제 완전한 비구가 되었고 모든 비구들이 이를 함께 기뻐했다. 사리풋타는 수계식에 앞서 라훌라에게 며칠 동안 특별한 가르침을 행했다. 스바스티도 이때 줄곧 함께 지냈는데 그 역시 사리풋타의 가르침을 통해 크게 얻은 바가 있었다.

라훌라가 정식 비구로서 계를 받고 난 뒤 붓다 또한 시간을 내어 그를 가르쳤다. 스바스티는 이때도 자리를 함께하여 가르침을 받을 수가 있었다. 붓다는 여섯 가지의 감각 기관(六根), 즉 눈, 귀, 코, 혀, 몸, 마음과 이 여섯 감각 기관의 대상이 되는 형태, 소리, 냄새, 맛, 감촉, 개념과 여섯 가지 감각 인식, 즉 안식(眼識), 이식(耳識), 비식(鼻識), 설식(舌識), 신식(身識), 의식(意識) 등에 관해 가르쳤다. 붓다는 여섯 가지의 감각 기관, 여섯 가지의 감각 대상, 여섯 가지의 감각 인식으로 구성된 열여덟 가지의 다투스, 즉 열여덟 가지의 감각 영역의 순간적인 본질을 깊이 들여다보는 방법을 가르쳐주었다. 지각은 감각 기관과 감각 대상 간의 접촉으로 인해 생겨난다. 모든 감각 영역은 서로 의존하는 상태로 존재한다. 즉 그것들은 모두 변하며 홀로 존재하지 못한다. 그것을 이해할 수 있으면 무아(無我)의 본성을 꿰뚫어 볼 수 있으며 생과 사를 뛰어넘을 수 있게 된다.

붓다는 라훌라에게 자아라는 것이 존재하지 않는다는 것을 구체적으로 가르쳐주었다. "라훌라, 다섯 가지 스칸다스, 즉 육체, 감각, 지각, 정신 작용 그리고 인식 중에서 영원하다고 할 수 있는 것은 아무것도 없으며 또한 '자아'라고 불릴 만한 것도 아무것도 없다. 즉 이 육체도 자아가 아니다. 자아는 육체에서 찾을 수 없으며 육체가 자아 속에서 찾아지는 것도 아니다.

　자아에 대한 세 가지 그릇된 견해가 있다. 첫째는 이 육체가 자아이거나 감각, 지각, 정신 작용 또는 인식이 자아라고 보는 관점이다. 이것은 '스칸다스를 자아로 믿는 것'이며 이것이 첫 번째 그릇된 견해이다. 그러나 누군가가 '스칸다스는 자아가 아니다'라고 말할 때 그는 두 번째 그릇된 견해에 빠지며, 자아가 스칸다스와 별개로 존재하고 스칸다스는 그것의 일부라고 믿게 된다. 이렇듯 '스칸다스는 자아와 다르다'는 것이 두 번째 그릇된 견해이다. 세 번째 그릇된 견해는 스칸다스 속에 자아가 존재하며 자아 속에 스칸다스가 존재한다는 믿음, 즉 '스칸다스와 자아는 서로의 속에 존재한다'는 믿음에 토대를 두고 있다.

　라훌라, 무아에 대해 깊이 명상한다는 것은 그 무엇도 자아가 아니며, 자아에 속해 있지도 않으며, 자아와 공존하는 것도 아님을 알기 위해 다섯 가지 스칸다스를 깊이 들여다보는 것을 의미한다. 이 세 가지 그릇된 견해를 극복하기만 하면 우리는 '모든 법의 비어 있음'이라는 말이 갖는 참된 뜻을 알게 된다."

　스바스티는 테라라는 이름을 가진 제타바나의 한 비구가 아무에게도 말을 하지 않는다는 것을 알았다. 그는 언제나 혼자 걸었다. 테라는 다른 사람을 방해하지도 않았고 계율을 위반한 적도 없었다. 그럼에도 불구하고 스바스티의 눈에 그는 다른 비구들과 진정한 화목을 이루며 살지 않는 것처럼 보였다. 스바스티가 말을 건네려고 할 때마다 그는 슬쩍 딴 데로 가버렸다. 다른 비구들은 그에게 '독신자'라는 별명을 붙여주었다. 스바스티는 붓다가 비구들에게 한가로운 잡담을 피하고, 좀 더 깊이 명상하고, 자기 충만에 힘쓰라는 격려의 말을 하는 것을 자주 듣곤 했다. 그러나 스바스티는 테라가 붓다가 말한 자기 충만 상태에서 살고 있지 않다고 느꼈다. 혼란을 느낀 스바스티는 그 점에 관해 붓다에게 물어보기로 했다.

다음 날 붓다는 설법 시간에 테라 비구를 불렀다. 붓다가 그에게 물었다. "네가 혼자 있기를 좋아하고 모든 것을 혼자서 하고 다른 비구들과 접촉하는 것을 피한다는 것이 사실이냐?"

그 비구가 대답했다. "예, 스승님. 사실입니다. 스승님께서는 저희에게 자기 수행에 힘쓰라고 말씀하셨습니다."

붓다가 제자들을 둘러보며 말했다. "비구들이여, 그대들에게 참된 자기 수행이 무엇이며 혼자 지낼 수 있는 좋은 방법이 무엇인지를 설명해주겠다. 자기 수행을 할 줄 아는 사람은 마음챙김을 하고 사는 사람이다. 그는 현재 무슨 일이 일어나고 있으며 그의 육체, 감각, 마음, 마음의 대상에서 무슨 일이 일어나고 있는지를 알고 있다. 그는 현재 속에서 사물을 깊숙이 들여다보는 법을 안다. 그는 과거를 추구하지도 않으며 미래에 자신을 내던지지도 않는다. 왜냐하면 과거는 더 이상 존재하지 않고 미래는 아직 오지 않았기 때문이다. 인생은 현재 속에서

만 이루어진다. 현재를 놓치면 우리는 인생을 놓친다. 이것이 혼자 사는 좋은 방법이니라.

　비구들이여, '과거를 추구한다'는 것은 무슨 뜻인가? 과거를 추구함은 그대들이 지난날 어떤 모습을 하였으며, 그대들의 생각이 어떠하였으며, 계급과 신분이 어떠하였으며, 어떠한 행복과 고통을 경험했다는 등의 생각 속에 그대들 자신을 내던지는 것을 뜻한다. 그러한 생각들을 불러일으키면 그대들은 과거 속에 갇히게 된다.

　비구들이여, '미래를 추구한다'는 것은 무슨 뜻인가? 미래를 추구한다는 것은 미래에 대한 생각 속에 자신을 내던진다는 뜻이다. 그대들은 미래에 대해 상상하고, 바라고, 두려워하고 또 걱정을 하며, 어떤 모습을 하게 될까, 어떤 생각이 들까, 행복하게 될까 아니면 불행하게 될까를 궁금해하게 된다. 이러한 생각들을 불러일으키면 그대들은 미래 속에 갇히게 된다.

　비구들이여, 삶과 직접 대면하기 위해 현재의 순간으로 돌아와 삶을 깊이 들여다보라. 마음챙김은 그대들을 현재의 순간으로 돌아올 수 있게 해준다. 그러나 그대들이 현재를 넘어선 욕망과 불안에 사로잡힌다면, 진정으로 삶에 머무를 수 없다.

　비구들이여, 진실로 혼자 있는 법을 아는 사람은 비록 혼잡한 가운데 앉아 있더라도 현재의 순간에서 지낸다. 숲 속에 혼자 앉아 있는 사람이라도 마음챙김을 잃어버리거나, 과거나 미래에 사로잡혀 있으면 그는 진실로 혼자 있는 것이 아니다."

　붓다는 자신의 가르침을 요약하기 위해 게송을 읊었다.

476

과거를 추구하지 말라.

미래에 자신을 내던지지 말라.

과거는 이미 흘러갔으며

미래는 아직 오지 않은 것.

삶을 있는 그대로 깊이 들여다보라.

바로 이곳, 이 순간에

수행자는 머무른다네.

평정과 자유 속에.

오늘 부지런할지어다.

내일을 기다리면 너무 늦으리.

죽음은 예고 없이 찾아오나니.

그럼 우린 어찌하리까?

슬기로운 자는 구하노니

마음챙김하여 사는 법 아는 이를.

밤이나 낮이나

홀로 지내는 법 아는 이를.

  게송을 읊은 뒤 붓다는 테라를 다시 자리에 앉도록 했다. 붓다는 테라를 칭찬하지도 비난하지도 않았으나 비구들은 붓다가 말한 자기 충만을 이루는 것이나 혼자 지내는 것이 무슨 뜻인지를 보다 분명히 파악하게 되었다.

  저녁 늦게 시작된 법 토론 시간에 스바스티는 수제자들이 그날 아침에 있었던 붓다의 말씀이 얼마나 중요한 것이었는지에 대해 이야기하는 것을 들었다. 아난다는 게송을 포함해서 한 마디도 빼놓지 않고 붓다의 말씀을 반복했다. 스바스티는 아난다의 기억력에 늘 놀라곤 했다. 아난다가 말을 끝마쳤을 때 마하카카나가 일어서서 말했다. "오늘 아침에 있었던 붓다의 말씀을 공식적인 경으로 삼을 것을 제안하고 싶습니다. 아울러 저는 그 경을 바데카랏타 숫타(Bhaddekaratta Sutta), 즉 '홀로 지내는 최선의 길에 대한 경'이라고 이름 붙였으면 합니다. 모든 비구들이 이 경을 암기하고 그것을 실행에 옮겼으면 합니다."

마하카사파가 일어서며 마하카카나의 제안을 지지했다.

다음 날 아침 비구들은 탁발을 하기 위해 나갔다가 논 옆에서 놀고 있는 아이들을 만났다. 아이들 중 하나가 게 한 마리를 잡아서 손가락으로 짓누르고 있었다. 그러다가 그 아이는 다른 손으로 게의 다리 하나를 잡아뗐다. 다른 아이들은 손뼉을 치며 즐거워했다. 친구들의 반응에 신이 난 아이는 다른 다리를 또 하나 떼어냈다. 그러다가 이윽고 게의 다리를 모두 떼어내버렸다. 아이는 게를 논으로 던진 다음 또 다른 게를 한 마리 잡았다.

아이들은 붓다와 비구들이 도착하자 머리 숙여 인사한 후 다시 게를 괴롭히는 일로 관심을 돌렸다. 붓다는 아이들에게 그만두라고 말했다. 그가 말했다. "얘들아, 누군가가 너희들의 팔이나 다리를 떼어내면 아프겠지?"

"물론 그렇지요." 아이들이 대답했다.

"너희가 그렇게 하면 게가 아파한다는 것을 알고 있느냐?"

아이들은 대답하지 않았다.

붓다가 계속했다. "게는 너희들처럼 먹고 마신다. 또한 그 게에게도 부모와 형제자매가 있단다. 너희가 게를 아프게 하면 그 게의 가족들도 아파한단다. 너희가 무슨 짓을 하고 있는지 생각해보려무나."

아이들은 자신들이 한 짓에 대해 부끄러워하는 것 같았다. 그와 아이들의 대화를 들으려고 마을 사람들이 주위로 몰려드는 것을 본 붓다는 이 기회를 통해 자비심에 대한 가르침을 주어야겠다고 생각했다.

"살아 있는 모든 것들은 안전과 행복을 누릴 자격을 지니고 있단다. 우리는 생명을 보호하고 행복하게 해주어야 한다. 크든 작든, 두 발이 달렸든 네 발이 달렸든, 헤엄치는 생명이든 날아다니는 생명이든 모든 생명은 살 권리가 있단다. 우리는 다른 생명을 해치거나 죽여서는 안 된다. 우리는 모든 생명을 보호해야 한다.

애들아, 어머니가 자신의 목숨을 걸고 제 자식을 사랑하고 보호하듯이 우리는 마음의 문을 활짝 열고 모든 생명들을 보호해주어야 한다. 우리의 사랑은 우리들의 위와 아래, 안과 밖 그리고 주변에 있는 모든 생명들을 감싸주어야 한다. 밤이나 낮이나, 서 있거나 걸을 때나, 앉으나 누우나 우리는 그러한 사랑 속에 머물러 있어야 한다."

붓다는 아이들에게 붙잡은 게를 놓아주도록 부탁했다. 그러고 나서 모두에게 말했다. "이런 방식으로 사랑에 대해 명상하면 그것을 행하는 사람에게 우선 행복을 가져다준다. 너희는 좀 더 편안하게 잠을 잘 수 있으며 좀 더 가벼운 마음으로 깨어날 수 있다. 악몽에 시달릴 필요가 없다. 슬픔에 잠기거나 걱정을 할 필요가 없다. 그리고 너희는 주변의 모든 사람과 모든 것에 의해 보호를 받는다. 너희가 사랑과 자비를 베푼 사람과 생명들은 너희에게 커다란 기쁨을 안겨줄 것이다."

스바스티는 붓다가 특히 아이들에게 가르침을 베풀고 싶어 한다는 것을 알고 있었다. 그러한 뜻을 받들기 위해 그와 라훌라는 제타바나에 어린이 특별반을 편성했다. 젊은 속인들 특히 수닷타의 네 아이들의 도움으로 어린이들이 한 달에 한 번씩 열리는 특별한 가르침을 받기 위해 모여들었다. 수닷타의 아들 칼라는 처음에는 참석에 그다지 열의를 보이지 않았다. 그는 스바스티를 좋아해서 그렇게 했을 뿐이었다. 그러나 그의 관심은 차츰 커져갔다. 바지리 공주도 이 수업에 지원을 아끼지 않았다.

어느 보름날 그녀는 아이들에게 붓다에게 드릴 꽃을 준비해 달라고 부탁했다. 아이들은 자신의 집 정원이나 수도원 근처의 밭에서 꺾은 꽃을 가지고 왔다. 바지리 공주도 궁전의 연못에서 따 온 연꽃을 한 아름 가져왔다. 그녀와 아이들이 붓다를 만나러 오두막으로 갔을 때 그들은 그가 비구들과 속인들에게 설법을 하기 위해 법당에 있다는 것을 알았다. 공주는 아이들을 이끌고 조용히 방 안으로 들어갔다. 어른들은 아이들을 위해 길을 터주었다. 그들은 붓다 앞에 놓인 조그만 탁자 위에 가져온 꽃을 놓고 나서 절을 했다. 붓다는 미소 지으면서 답례로 절을 했다. 그는 아이들을 자리에 앉게 했다.

그날 붓다의 설법은 매우 특별했다. 그는 조용히 아이들이 앉을 때까지 기다렸다가 천천히 일어섰다. 그리고 연꽃 한 송이를 집어 들고서 그것을 대중들 앞에 들어 보였다. 그는 아무 말도 하지 않았다. 사람들은 미동도 하지 않은 채 앉아 있었다. 붓다는 오랫동안 아무 말도 하지 않고 꽃을 계속 들고 있었다. 사람들은 당황한 표정으로 무슨 뜻인가 궁금해했다. 그때 붓다가 대중들을 둘러보며 미소 지었다.

그가 말했다. "나는 참된 법을 보는 안목과 오묘한 통찰력이라는 보배를 지니고 있으며 방금 그것을 마하카사파에게 전해 주었다."

모든 사람들은 카사파에게로 시선을 돌려 그가 빙그레 미소 짓고 있는 것을 보았다. 그의 시선은 조금의 동요도 없이 붓다와 그가 들고 있는 연꽃에 고정되어 있었다. 다시 붓다를 돌아보았을 때 사람들은 붓다도 연꽃을 바라보며 미소 짓고 있음을 알았다.

스바스티는 영문을 몰라 당혹스러웠지만 가장 중요한 것은 마음챙김을 유지하는 것임을 알았다. 그는 붓다를 보면서 자신의 호흡을 살피기 시작했다. 붓다의 손에 들려 있는 흰 연꽃은 산뜻하게 갓 피어난 것이었다. 붓다는 매우 부드럽고 우아한 모습으로 그 꽃을 잡고 있었다. 엄지손가락과 집게손가락은 팔 모양을 따라 나란히 놓여진 연꽃 줄기를 잡고 있었다. 그의 손

그날 붓다의 설법은 매우 특별했다.

은 연꽃만큼이나 아름답고 순결했으며 신비로웠다. 갑자기 스
바스티는 연꽃의 순결하고 고귀한 아름다움을 진실로 보았다.
더 이상 생각할 게 아무것도 없었다. 그의 얼굴에 아주 자연스
럽게 미소가 피어났다.

붓다는 다시 말을 하기 시작했다. "그대들이여, 이 꽃은 놀
라운 진실을 담고 있다. 내가 그대들 앞에 꽃을 들어 보였을 때
그대들 모두 그것을 경험할 기회가 있었다. 한 송이 꽃과 교감
하는 것은 신비로운 진실과 교감하는 것이다. 그것은 생명 그
자체와 교감하는 것이다.

마하카사파는 꽃과 교감할 수 있었기에 다른 사람들보다 먼
저 미소를 지었다. 그대들의 마음속에 장애가 자리하고 있는
이상 그대들은 이 꽃과 교감할 수 없을 것이다. 그대들 중 일부
는 스스로 의문을 가졌을 것이다. '스승님이 무슨 까닭으로 저
꽃을 잡고 계실까? 그리고 저 자세는 무엇을 뜻하는 것일까?'
하고 말이다. 그대들의 마음이 이러한 생각에 사로잡혀 있는
한 그대들은 이 꽃을 참되게 경험할 수 없다.

그대들이여, 생각에 사로잡히는 것은 우리가 생명 그 자체와
진실로 교감할 수 없도록 방해하는 것들 가운데 하나이다. 그
대들이 만약 걱정, 좌절감, 불안, 분노, 질투심에 사로잡혀 있
다면 그대들은 생명의 모든 신비와 참되게 교감할 수 있는 기
회를 놓치는 것이다.

그대들이여, 내 손에 있는 연꽃은 오직 한마음으로 현재의
순간에 머물러 있는 사람들에게만 진면목을 보여준다. 그대들

이 현재의 순간으로 돌아오지 않는 이상 꽃은 참으로 존재하지 않는다. 한 그루의 나무도 보지 않은 채 나무들로 꽉 들어찬 숲을 통과할 수 있는 사람들이 있다. 인생은 고통으로 가득 차 있지만 또한 수많은 신비를 간직하고 있기도 한 것이다. 인생에서 고통과 신비를 모두 볼 수 있도록 해야 한다.

고통과 대면한다는 것은 그 고통 속에서 헤매는 것을 뜻하는 게 아니다. 또한 인생의 경이로움과 대면한다는 것이 그 속에서 우리 자신을 잊어버리는 것을 뜻하는 게 아니다. 진실로 인생을 경험하고 그것을 깊이 들여다보아야 한다. 우리가 인생과 직접적으로 마주칠 수 있을 때 우리는 모든 존재의 변함(無常)과 홀로 존재하지 못함(緣起)을 이해할 수 있게 된다. 그리고 그 덕분에 우리는 더 이상 욕망과 분노 속에서 우리 자신을 잃어버리지 않게 될 것이다."

스바스티는 기뻤다. 붓다가 말하기 전에 먼저 미소를 지을 수 있었다는 사실이 기뻤다. 마하카사파는 맨 처음 미소 지었다. 그는 스바스티의 스승들 중 한 사람이었으며 수행을 통해 높은 경지에 이른 수제자였다. 물론, 스바스티는 자신을 마하카사파나 사리풋타, 목갈라나, 앗사지 같은 다른 수제자들과 비교할 수 없다는 것을 잘 알고 있었다. 그는 아직 스물네 살에 불과했으니까!

52장

공덕의 씨앗이 뿌려지는 논

이듬해 스바스티는 카필라밧투의 니그로다 수도원에서 안거 기간을 보냈다. 붓다는 석가국과 콜리야국 사이에 분쟁과 소요 가 있다는 소문을 듣고서 안거 기간이 되기 전에 고국으로 돌 아왔다. 콜리야는 어머니의 모국이었고, 아내인 야소다라도 콜 리야 출신이었다.

두 왕국은 로히니 강을 사이에 두고 있었다. 사실 이번 분쟁 은 강물에 대한 소유권을 둘러싸고 일어난 것이었다. 가뭄 탓 에 양국 모두 논에 충분한 물을 공급해줄 수가 없었다. 두 왕국 은 얼마 안 되는 강물을 차지하기 위해 로히니 강에 제방을 세 우려고 했다. 결국 강 하나를 사이에 두고 두 나라 농부들 간에 욕설이 오갔고 곧 감정이 격화되어 서로 상대방에게 돌을 던지 기 시작하면서 싸움이 터진 것이었다. 백성들을 보호하기 위해 군대가 파견되었고 급기야 강 양편에 군사들이 줄지어 늘어섰

485

다. 당장이라도 전쟁이 터질 듯한 살벌한 분위기였다.

붓다는 무엇보다도 싸움의 원인을 이해하기를 원했다. 그는 강가에 서 있는 석가국의 장군들에게 물어보았다. 그러자 그들은 석가국 백성들의 생명과 재산을 위협한 콜리야국 백성들을 비난했다. 다음으로 그는 콜리야국 장군들에게 물어보았다. 그러자 그들은 콜리야국 백성들의 생명과 재산을 위협한 석가국 백성들을 비난했다. 붓다는 그 지역 농부들에게 직접 물어본 후에야 싸움의 진정한 원인이 물 부족에 있음을 알았다.

석가 및 콜리야 왕가와의 긴밀한 유대 관계 덕분에 붓다는 마하나마 왕과 수파붓다 왕 사이에 회담을 이끌어낼 수 있었다. 그는 양국이 전쟁을 하게 되면 크든 작든 간에 양국 모두 피해를 입으므로 위기를 신속히 해결할 수 있도록 협상을 하라고 종용했다. 그가 말했다. "고귀한 분들이여, 물과 인간의 생명 중에서 어느 것이 더 소중합니까?"

두 왕은 인간의 생명이 한없이 더 소중하다는 데 동의했다.

붓다가 말했다. "고귀한 분들이여, 적당량의 관개용수를 필요로 하다 보니 이 같은 싸움이 생겼습니다. 자존심과 분노를 불태우지만 않으면 이 싸움은 쉽게 해결될 수 있습니다. 전쟁 따윈 할 필요가 없습니다! 마음을 가라앉히십시오. 자존심과 분노 때문에 백성들이 피를 흘릴 필요는 없습니다. 자존심과 분노만 가라앉히면 전쟁으로 치닫게 만드는 긴장된 분위기는 사라집니다. 가뭄 때에는 양국이 어떻게 하면 강물을 공평하게 나눌 수 있을지 얼굴을 맞대고 상의하십시오. 양국은 똑같은 양의 물을 확보할 수 있을 것입니다."

붓다의 충고 덕분에 양국은 신속히 합의에 도달했다. 따뜻하고 우호적인 관계가 다시 회복되었다. 마하나마 왕은 붓다에게 석가국에 머물면서 안거 기간을 보내줄 것을 부탁했다. 붓다가 깨달음에 이른 뒤로 열다섯 번째 안거 기간이었다.

안거 기간이 끝난 후 붓다는 남쪽으로 돌아갔다. 그는 열여섯 번째 안거 기간을 알라비에서, 열일곱 번째는 죽림정사에서, 열여덟 번째는 콜리야에서, 열아홉 번째는 라자가하에서 각각 보냈다.

라자가하에 머무를 때마다 붓다는 기자쿠타 산에서 지내기를 좋아했다. 봉우리가 독수리를 닮았다고 해서 그 봉우리는 독수리 봉이라고 불렸다. 빔비사라 왕은 설법을 듣기 위해 독수리 봉으로 붓다를 자주 찾아왔다. 그는 붓다의 오두막으로 올라가는 길 전체에 계단을 만들어주기까지 했다. 또한 험한 폭포 위로 조그만 다리를 만들어주기도 했다. 그는 타고 온 마차를 산 밑에 세워두고 붓다를 만나기 위해 돌계단을 밟고 올라가곤 했다. 붓다의 오두막 근처에는 집 몇 채를 합친 크기의 거대한 바위가 하나 있었고 맑은 시냇물이 흐르고 있었다. 붓다는 그곳에서 가사를 빨아 매끄러운 바위 위에서 말리곤 했다. 붓다의 오두막은 산 위에서 주워 모은 돌로 지어져 있었다. 붓다의 오두막에서 본 전망은 장관이었다. 그는 특히 석양을 감상하는 것을 즐겼다. 사리풋타, 우루벨라 카사파, 목갈라나, 우팔리, 데바닷타 그리고 아난다도 독수리 봉 위에 오두막을 가지고 있었다.

붓다의 상가는 이제 라자가하 부근에 열여덟 군데의 수행처를 가지고 있었다. 대나무 숲(배누바나)과 독수리 봉 외에도 바이바라바나, 사르파순디카-프라그바라, 사프타파르나구하 그리고 인드라샤일라구하에 수행처가 있었다. 마지막 두 곳은 거대한 동굴 속에 있었다.

암바팔리와 빔비사라 왕의 아들인 지바카는 의술가로 붓다와 가장 가까운 속가 제자 중 한 사람이었으며 독수리 봉에서 가까운 한 오두막에 살고 있었다. 그는 치명적인 질병을 고쳐주는 능력으로 이전부터 상당히 이름이 나 있었다. 그는 빔비사라 왕의 주치의도 맡고 있었다.

지바카는 독수리 봉과 대나무 숲에서 붓다와 비구들의 건강을 돌봐주었다. 그는 친구들과 함께 매년 겨울 비구들에게 밤에 담요로도 사용할 수 있는 별도의 가사를 제공하기로 했다. 그는 붓다에게도 가사 한 벌을 제공했다.

지바카는 치료뿐만 아니라 질병 예방에도 관심을 기울이고 있었다. 그는 비구들을 위해 수많은 건강 요법을 제시해주기도 했다. 연못과 호수에서 길어 온 물은 마시기 전에 반드시 끓이고, 비구들은 적어도 일주일에 한 번씩 가사를 빨아야 하며, 수도원에 좀 더 많은 화장실을 마련해야 한다고 조언했다. 그는 다음 날 먹겠다고 음식들을 밤새 남겨두지 말도록 주의를 주었다. 붓다는 지바카의 제안을 모두 받아들였다.

가사를 제공하는 일은 속인들 사이에서 매우 일반화된 관행

붓다는 지바카가 준 가사를 빨았다.

이 되었다. 어느 날 붓다는 한 비구가 어깨 위에 가사 한 짐을 짊어지고 수도원으로 돌아오는 걸 발견했다. 붓다가 그에게 물었다. "그 속에 가사가 몇 벌이나 있느냐?"

비구가 대답했다. "모두 여덟 벌입니다."

"너는 그토록 많은 가사가 필요하다고 생각하느냐?"

"그렇지 않습니다, 스승님. 저는 그저 사람들이 주는 것을 가져왔을 뿐입니다."

"네 생각엔 비구 한 사람에게 몇 벌이 필요할 것 같으냐?"

"스승님, 제 생각으로는 세 벌이 적당합니다."

"세 벌이면 충분하다고 본다. 이제부터는 비구 한 사람이 한 개의 발우와 세 벌의 가사를 갖기로 하자꾸나. 그 이상을 주면 비구는 그것을 사양해야 한다."

비구는 붓다에게 절한 뒤 자신의 오두막으로 걸어 들어갔다.

어느 날 붓다는 높은 언덕 위에 서서 논을 굽어보았다. 그는 아난다를 돌아보며 말했다. "아난다, 지평선까지 펼쳐진 황금 벌판이 얼마나 아름다우냐! 우리가 입는 가사도 똑같은 격자 무늬로 만드는 게 좋지 않겠느냐?"

아난다가 말했다. "스승님, 참 좋은 생각입니다. 비구들의 가사를 그렇듯 논과 같은 형태로 만드는 게 좋겠습니다. 스승님께서는 깨달음을 수행하는 비구가 현재와 미래 세대가 수확을 거둘 수 있는, 공덕의 씨앗이 뿌려지는 비옥한 논과 같다고 말씀하신 적이 있습니다. 어떤 사람이 한 비구에게 공양을 바치거나 그와 함께 공부하거나 수행을 하는 것은 공덕의 씨앗을 뿌리는 것과 같습니다. 다른 사람들에게 앞으로 논 모양으로 가사를 만들도록 이야기하겠습니다. 우리는 그 옷을 '공덕의 씨앗이 뿌려지는 논'이라고 부를 수 있겠습니다."

붓다가 미소 지으면서 허락의 뜻을 표했다.

이듬해 수닷타가 라자가하에 와서 붓다께서 제타바나에서 안거 기간을 보낸 지 참 오래되었다는 말을 하며 상기시키자, 붓다는 안거 기간을 보내기 위해 제타바나로 다시 돌아갔다. 붓다가 깨달음을 얻은 뒤로 스물한 번째 맞이하는 안거 기간이었다. 붓다는 이제 쉰다섯 살이 되었다. 파세나디 왕은 붓다가 돌아왔다는 소식을 듣고 몹시 기뻐하며 자신의 두 번째 아내인 브리샤바크샤트리야와 두 자녀 비두다바 왕자와 바즈나 공주를 포함한 모든 왕족들을 이끌고 붓다를 방문했다. 그의 두 번째 아내는 석가족 출신이었다. 파세나디 왕은 여러 해 전에 붓다의 제자가 된 뒤 석가국에 사자를 보내 석가국의 공주를 아내로 맞이하고자 청했다. 이렇게 해서 마하나마 왕은 그의 딸인 아름답기 그지없는 브리샤바크샤트리야 공주를 파세나디 왕에게 보냈다.

파세나디 왕은 안거 기간 중 붓다의 설법을 한 번도 거르지 않았다. 붓다의 가르침을 듣기 위해 점점 더 많은 사람들이 몰려들었다. 비사카 부인은 새로 들어온 속가의 여자 신도들 가운데 가장 열성적인 후원자 중 한 사람으로 비구들을 위해 사밧티 동쪽의 크고 우거진 숲을 제공했다. 크기로 보자면 제타바나보다 좀 작은 편이었으나 그에 못지않게 아름다운 곳이었다. 수많은 친구들의 도움에 힘입어 비사카 부인은 숲 속에 명상실과 법당 그리고 오두막들을 짓도록 했다. 사리풋타의 제안에 따라 그들은 이 새로운 수도원을 동쪽 공원 또는 푸르바라마라고 불렀다. 숲 한가운데 있는 법당은 비사카 강당이라고도 불렀다.

비사카 부인은 안가 왕국의 밧디야라는 도시에서 태어났다. 그녀는 다난자야라는 매우 부유한 남자의 딸이었다. 사밧티 출신의 부호인 남편과 그녀의 아들은 니간타 나타풋타의 제자였고 처음에는 붓다에게 별로 관심을 보이지 않았다. 그러나 비사카 부인이 헌신적으로 설법에 참석하는 것을 보며 마음이 움직였고 서서히 관심을 갖게 되어 마침내는 속가 제자가 되기를 청했다. 비사카 부인과 친구 수피야 부인은 붓다의 수도원을 자주 찾아와 비구나 비구니들에게 필요한 약품과 가사, 수건을 선사하곤 했다. 그녀는 또한 강가 강의 오른쪽 제방을 따라 수도원을 세우느라 여념 없는 마하파자파티 비구니도 도와주기로 작정했다. 비사카 부인은 비구니들을 물심양면으로 도와주는 열렬한 후원자였다. 그녀의 자비로운 지혜로써 비구니들 사이에 일어나는 사소한 다툼을 해결한 것만도 한두 번이 아니었다.

비사카 강당에서 열린 법회에서 두 가지 중요한 결정이 이루어졌다. 하나는 아난다가 평생 동안 붓다의 시자(侍者)가 되기로 한 것이었다. 다른 하나는 붓다가 해마다 우기의 안거 기간을 사밧티에 가서 보내기로 한 것이었다.

첫 번째 제안을 한 사리풋타가 말했다. "아난다 사제는 우리들 가운데서 가장 뛰어난 기억력을 지니고 있다. 어느 누구도 붓다의 말씀을 기억하는 그의 비상한 기억력을 따를 수가 없다. 그는 붓다의 설법을 한 마디도 빼놓지 않고 반복할 수 있다. 만약 아난다 사제가 붓다의 시자로서 시중을 들게 된다면 그는 붓다가 대중들을 상대로 설법을 하든, 속가 제자와 사소한 대화를 나누든 붓다의 가르침이 있는 곳마다 참석하게 될 것이다. 붓다의 가르침은 한없이 소중한 것이다. 우리는 그 가르침을 보존하고 보호하기 위해 모든 노력을 기울여야 한다. 지난 20년 동안 우리가 게으른 탓으로 붓다가 말씀하신 많은 것들을 놓쳤다. 아난다 사제, 우리 모두와 후대를 위해 붓다의 시자를 좀 맡아주게."

모든 비구들은 덕망 높은 사리풋타의 제안을 지지하고 나섰다. 그러나 아난다는 사양했다. 그가 말했다. "제겐 많은 문제가 있습니다. 우선, 붓다께서 저를 시자로 받아주실지 어떨지 모르겠습니다. 붓다께서는 석가족 출신인 사람들에게 각별한 호의를 베풀지 않으려고 항상 주의하고 계십니다. 그분은 의붓어머니이신 마하파자파티 비구니와도 매우 엄격하게 거리를 두고 있습니다. 아들인 라훌라도 그분의 오두막에서 자본 적이 한 번도 없으며 그분과 단둘이서 식사를 한 적도 없습니다. 붓다는 제게도 특별한 배려를 베푼 적이 없습니다. 만약 제가 그분의 시자로 선정되면 일부 비구들은 제가 그들의 허물을 붓다에게 일러바친다고 비난할 것이며 그리되면 붓다께도 누를 끼치게 될 것입니다."

아난다는 사리풋타를 바라보며 계속했다. "사리풋타 사형께서는 우리들 중에서 가장 재능이 많고 총명하시지요. 사형께서는 상가를 가르치고 이끌어나가는 데도 뛰어나니 붓다께서 그토록 중요시하는 것은 당연하다고 생각합니다. 그럼에도 불구하고 사형께서는 여러 사문들의 시기를 받아왔습니다. 붓다께서 중요한 결정을 하기 전에 몇몇 사문들과 항상 상의하곤 하는데 일부 사문들은 그것을 가지고서 마치 붓다께서 스스로 결정을 할 수 없기라도 한 것처럼 사리풋타가 결정한다고 불평을 합니다. 이러한 비난은 터무니없는 것이지만 제가 붓다의 시자가 되기를 사양하고자 하는 것도 실은 이러한 오해의 소지가 있기 때문입니다."

사리풋타가 미소 지었다. "나는 일시적인 오해에서 생긴 사문들의 시기 따위는 두려워하지 않는다네. 우리들 각자가 다른 사람들이 무엇이라고 말하든 개의치 않고 올바르고 유익하다고 생각되는 일을 해야만 한다고 믿네. 아난다 사제, 우리는 자네가 매사에 사려 깊고 조심스러워한다는 것을 알고 있네. 이 자리를 받아들이게. 만약 자네가 받아들이지 않으면 불법은 이번 세대나 다가올 세대에 사라지고 말 것이네."

아난다는 침묵을 지킨 채 앉아 있었다. 오랜 망설임 끝에 그가 마침내 입을 열었다. "붓다께서 다음 요청을 수락해주신다면 그 지위를 받아들이겠습니다. 첫째, 붓다께서는 제게 당신의 가사를 주시지 않도록 해야 합니다. 둘째, 붓다께서는 제게 음식을 나누어 주시지 않도록 해야 합니다. 셋째, 붓다께서는 저를 당신과 같은 오두막에서 지내지 않도록 해주셔야 합니다. 넷째, 붓다께서는 속가 제자의 식사 초대에 저를 데려가지 않아야 합니다. 다섯째, 제가 만약 속가 제자의 집에 초대받으면 붓다께서도 함께 가주셔야 합니다. 여섯째, 붓다께서는 당신을 만나러 찾아오는 사람을 받아들이거나 거절할 수 있는 재량을 제게 주셔야 합니다. 일곱째, 붓다께서는 저로 하여금 당신이 하신 말씀 중 이해가 안 되는 부분을 거듭 물어볼 수 있게 해주셔야 합니다. 그리고 여덟째, 붓다께서는 제가 참석할 수 없는 곳에서 하신 설법 중 핵심적인 내용을 제게 다시 한 번 말씀해주셔야 합니다."

우팔리가 일어서서 말했다. "아난다 사제가 제시한 조건은 매우 합당한 듯합니다. 저는 붓다께서 그것들을 받아들이실 거라 확신합니다. 그러나 저는 네 번째 요구를 받아들일 수 없습니다. 아난다 사제가 붓다를 따라 속가 제자의 집에 가지 않는다면 후대나 우리 모두를 위해 유익한 것일 수 있는, 붓다께서 속인들에게 하신 말씀을 어떻게 기록할 수 있겠습니까? 저는 붓다께서 속인들의 식사에 초대되면 아난다 사제와 더불어 또한 사람의 비구를 데려갈 것을 제안합니다. 그렇게 하면 아무도 아난다 사제가 특별한 호의를 받는다고 비난하지 않을 것입니다."

아난다가 말했다. "사형, 저는 그것이 바람직한 제안이라고 생각하지 않습니다. 속가 제자가 붓다 외에 두 명의 비구들에게도 음식을 제공해야만 한다면 그에게 폐가 되지 않겠습니까?"

우팔리가 대답했다. "그럼 붓다와 자네들 두 비구가 적게 먹는 데 만족해야겠군."

나머지 비구들이 실컷 웃어댔다. 그들은 이로써 붓다의 시자로 가장 적합한 수행자를 찾는 문제가 일단락되었음을 알았다. 그들은 다음 차례로 붓다가 매년 우기의 안거 기간을 사밧티에서 보내는 문제에 대해 검토했다. 사밧티는 제타바나 동쪽 공원이나 비구들의 오두막과 모두 인접해 있어서 아주 좋은 위치에 있었다. 그곳은 또한 상가의 본거지 역할도 해주었다. 붓다가 매년 같은 장소에 머무르게 된다면 많은 사람들이 안거에 참여하거나 직접 붓다의 가르침을 받기가 수월해질 터였다. 아나타핀디카나 비사카 부인 같은 속인 후원자들은 안거 기간을 보내려고 사밧티로 찾아오는 비구나 비구니들을 위해 음식과 약품과 가사 그리고 숙소를 제공해주기로 이미 약속했었다.

비구들은 매년 안거 기간을 사밧티에서 보내줄 것을 붓다에게 간청하자는 것으로 모임을 끝냈고 자신들의 뜻을 전하기 위해 곧장 붓다의 거처로 달려갔다. 붓다는 비구들이 청한 두 가지 제의를 흔쾌히 받아들였다.

53장

현재의 순간 속에서 사는 법

이듬해 봄에 붓다는 쿠루의 수도 캄마삿담마에서 삼백 명이 넘
는 비구들이 모인 가운데 사티팟타나 숫타(Satipatthana Sutta), 즉
네 가지 마음챙김에 대한 경을 설했다. 이것은 명상 수행의 기
본이 되는 경이었다. 붓다는 이것이 모든 이로 하여금 심신의
평화에 도달하게 하고, 모든 슬픔과 비통함을 극복하게 하고,
고통과 슬픔을 타파하게 하고, 가장 높은 단계의 이해와 완전
한 해탈에 이를 수 있도록 도와주는 길이라고 설했다. 나중에
사리풋타는 이것이 붓다가 지금껏 설한 가장 중요한 경 중의
하나라고 모든 수행자들에게 말했다. 그는 모든 비구와 비구니
들에게 이를 연구하고, 기억하고, 실천할 것을 권했다.

아난다는 그날 밤 경의 내용을 하나도 빠짐없이 복습했다.
사티(sati)는 '마음챙김 상태에 머무르는 것'을 의미하는 것으
로, 즉 수행자가 자신의 육체, 감각, 마음 그리고 마음의 대상

497

등 네 가지 마음챙김 속에서 일어나는 모든 것을 인식하는 상태에 머무르는 것이다.

먼저 수행자는 자신의 육체를 관조한다. 즉 자신의 호흡과 걷기, 서기, 눕기, 앉기 등 신체의 네 가지 자세와 앞뒤로 움직이기, 보기, 가사 입기, 먹기, 마시기, 화장실 사용하기, 말하기 그리고 가사 세탁과 같은 신체 활동과 머리칼, 이, 근육, 뼈, 내장, 골수, 창자, 침, 팔과 같은 신체의 부분과 물, 공기, 열과 같은 신체의 구성 요소와 죽는 순간부터 뼈가 먼지로 변할 때까지의 신체의 부패 단계에 대해 관조하도록 한다.

육체를 관찰하면서 수행자는 그와 관련된 모든 세부 내용을 인식해야 한다. 예를 들어 숨을 들이쉬면서 수행자는 숨을 들이쉬고 있음을 알아야 하며 숨을 내쉬면서 숨을 내쉬고 있음을 알아야 한다. 숨을 들이쉬고 몸 전체를 조용하고 평화롭게 하면서 수행자는 자신이 이렇게 하고 있음을 알아야 한다. 육체를 관조함은 앉아서 명상을 하는 동안뿐만 아니라 탁발을 하고, 먹고, 그릇을 씻는 순간을 포함한 하루 생활의 전반에 걸쳐 실행되어야 한다.

감각을 관조할 때 수행자는 유쾌하거나 불쾌하거나 아니면 이도 저도 아닌 중립적인 감각들이 생겨나고, 전개되고, 소멸하는 것을 관조한다. 감각들은 육체 또는 마음을 그 근원으로 할 수 있다. 그가 치통으로 고통을 느낄 때 그는 치통으로 고통을 느끼고 있음을 알아야 한다. 그가 칭찬을 받아 기쁠 때 그는 자신이 칭찬을 받아 기뻐함을 알아야 한다. 수행자는 감각들을 불러일으키는 근원을 분명히 알기 위해, 그리고 이러한 모든 감각들을 진정시키기 위해 관조해야 한다. 감각을 관조하는 일은 앉아서 명상을 하는 동안에만 해서는 안 된다. 하루 생활의 전반에 걸쳐 실행되어야 한다.

　마음을 관조할 때 수행자는 정신 상태의 존재를 관조해야 한다. 슬퍼하면 그는 자신이 슬퍼함을 알아야 한다. 슬퍼하지 않으면 그는 자신이 슬퍼하지 않음을 알아야 한다. 화가 나거나 졸음을 느끼면 그는 자신이 화가 나거나 졸음을 느끼고 있음을 알아야 한다. 화를 내거나 졸음을 느끼거나 하지 않으면 그는 자신이 화를 내거나 졸음을 느끼지 않고 있음을 알아야 한다. 집중되어 있거나 흩어져 있으면 그는 자신이 집중되어 있거나 흩어져 있음을 알아야 한다. 그가 마음을 열어놓았든, 닫아두었든, 집중되어 있든 아니면 깨달음을 얻었든 수행자는 이를 곧 알아야 한다. 그리고 만약 그가 그러한 상태를 경험하지 못했다면 그 사실 또한 곧 알아야 한다. 수행자는 현재의 순간 자신의 내면에서 일어나는 모든 정신 상태를 인식해야 한다. 마음의 대상을 관조할 때 수행자는 현재의 순간 자신의 내면에서 일어나는 모든 정신 상태를 인식하여야 한다.

　마음의 대상을 관조할 때 수행자는 자유에 대한 다섯 가지 장애(감각에 따른 욕망, 그릇된 생각, 졸음, 동요, 의심)와 사람을 구성하고 있는 다섯 가지 스칸다스(육체, 감각, 지각, 정신 작용, 인식)와 여섯 가지의 감각 기관과 여섯 가지의 감각 대상과 깨달음의 일곱 가지 요소(충분한 주의력, 법의 관찰,

힘, 기쁨, 평정, 집중, 해탈)와 사성제(고통의 존재, 고통의 원인, 고통으로부터의 벗어남, 고통에서 자유로 인도하는 길)를 살펴야 한다. 이것들은 마음의 모든 대상들이며 동시에 모든 법을 포함하고 있다.

붓다는 이러한 네 가지 요소들에 대해 하나씩 세밀하게 설명했다. 그는 이 네 가지를 7년 동안 수행한 사람이면 누구나 다 해탈에 이를 수 있다고 말했다. 그는 그것들을 7개월 동안 수행한 사람이라도 해탈에 이를 수 있다고 말했다. 그는 이 네 가지 관조를 7일 동안 수행한 뒤에도 해탈에 이를 수 있다고 말했다.

설법이 계속되는 동안 앗사지는 대중들에게 붓다가 네 가지 마음챙김을 가르친 것이 이번이 처음이 아니라고 상기시켰다. 사실 몇 차례의 집회에서 이에 대해 설한 적이 있었지만 모든 것을 이토록 완벽하고 철저하게 체계화시킨 것은 이번이 처음이었다. 앗사지는 모든 비구와 비구니들이 이 경을 암기하고, 암송하고, 수행하도록 해야 한다는 사리풋타의 의견에 동의했다.

그해 봄이 다 지날 무렵 붓다가 제타바나로 돌아갔을 때 그는 앙굴리말라라는 악명 높은 살인자를 만나 감화시켰다. 어느 날 아침 붓다가 사밧티에 들어섰을 때 그곳은 마치 유령의 도시처럼 보였다. 문이란 문에 모두 빗장이 채워져 있었다. 거리에는 나다니는 사람이 아무도 없었다. 붓다는 어느 집 앞에 멈춰 섰다. 그가 평소 음식을 제공받던 집이었다. 대문이 빠끔히 열리더니 붓다임을 확인한 집주인은 얼른 밖으로 나와 그를 데리고 안으로 들어갔다. 안으로 들어선 집주인은 대문에 빗장을 채운 다음 붓다에게 들어가서 식사를 하고 집 안에 머물러 있을 것을 제의했다. "붓다시여, 오늘 밖에 나가는 것은 매우 위험합니다. 앙굴리말라라는 살인자가 이곳에 나타났습니다. 사람들 이야기를 듣자 하니 그가 다른 도시에서 여러 사람을 죽였다고 하더군요. 사람을 죽일 때마다 그들의 손가락 하나를 잘라내어 목에 걸어둔 실에 매단다고 합니다. 소문으로는 그가 만약 백 명을 죽여 손가락 목걸이에 백 개의 손가락을 채우게 되면 훨씬 더 끔찍하고 악독한 힘을 얻게 된다고 합니다. 그런데 이상하게도 그는 죽인 사람에게서 무엇을 훔치거나 하지는 않는다고 합니다. 파세나디 왕이 군사를 동원해 그를 체포하기로 했다는군요."

붓다가 물었다. "왕이 단 한 사람을 붙잡기 위해 군사까지 동원해야 한단 말이오?"

"존경하는 붓다시여, 앙굴리말라는 매우 위험합니다. 그는 가공할 만한 격투 솜씨를 가지고 있습니다. 한번은 거리에서 자신을 에워싼 사람 사십 명을 해치운 적도 있습니다. 그는 그들 대부분을 죽였습니다. 남은 사람들은 자신의 목숨을 지키기 위해 달아나야만 했습니다. 앙굴리말라는 잘리니 숲 속에 숨어 있다고 합니다. 그래서 그 근처에는 사람들이 얼씬도 못 하고 있지요. 얼마 전에 스무 명의 무장한 관헌이 그를 체포하기 위해 숲 속으로 들어갔었지요. 하지만 단 두 명만이 겨우 살아 돌아왔습니다. 앙굴리말라가 이곳에 나타난 이래 일을 하거나 장사를 하기 위해 집 밖으로 나가는 사람이 아무도 없게 되었습니다.”

붓다는 앙굴리말라에 관해 이야기해준 그에게 고마움을 표시하고 떠나기 위해 일어섰다. 집주인은 안전하게 집 안에 머물러 있기를 간청했으나 붓다는 사양했다. 그는 여느 때와 다름없이 탁발을 계속해야만 사람들의 신뢰를 저버리지 않을 수 있다고 말했다.

붓다가 마음챙김을 하고서 천천히 거리를 내려가고 있을 때 갑자기 멀리서 자신의 뒤를 쫓아 달려오는 발자국 소리가 들렸다. 붓다는 쫓아오는 자가 앙굴리말라임을 알았으나 두려움을 느끼지는 않았다. 그는 자신의 내면에서 그리고 밖에서 일어나고 있는 모든 일들을 알면서도 계속해서 천천히 걸음을 옮겼다.

앙굴리말라가 소리쳤다. “멈춰라, 엉터리 도사! 멈춰!”

붓다는 계속해서 느릿하면서도 흔들림 없는 걸음을 옮기고 있었다. 그는 발자국 소리를 통해 앙굴리말라가 마구 달려 가까이 다가왔음을 알았다. 붓다는 이제 쉰여섯 살이 되었지만 그의 눈과 귀는 예전보다 더 예민해져 있었다. 그가 들고 있는 것이라고는 발우 하나밖에 없었다. 그는 젊은 왕자였던 지난날 자신이 전투술에 얼마나 뛰어났었던가를 떠올리며 빙그레 미소 지었다. 젊은이들 중에서 그를 공격해 이길 수 있는 사람은 아무도 없었다. 붓다는 앙굴리말라가 이제 아주 가까이 와 있으며 분명히 무기를 가지고 있을 것임을 알았다. 붓다는 태연히 계속 걸어갔다.

앙굴리말라는 붓다를 따라잡고는 그의 옆에서 나란히 걸으며 말했다. "난 멈추라고 말했다. 엉터리 도사야. 그런데 어째서 멈추지 않는 거지?"

붓다가 계속해서 걸어가며 말했다. "앙굴리말라, 난 오래전에 멈췄다. 멈추지 않은 것은 바로 너다."

앙굴리말라는 붓다의 이상한 대답에 깜짝 놀랐다. 그는 붓다를 억지로 세우기 위해 붓다의 앞길을 가로막았다. 붓다는 앙굴리말라의 두 눈을 들여다보았다. 앙굴리말라는 또 한 번 깜짝 놀랐다. 붓다의 두 눈은 마치 두 개의 별처럼 빛나고 있었다. 앙굴리말라는 이토록 평온함이 온몸에 흘러넘치는 사람을 한 번도 본 적이 없었다. 그를 본 사람들은 하나같이 공포에 질린 채 달아났다. 그런데 어째서 이 수행자는 조금도 두려워하지 않을까? 더군다나 자신을 마치 친구나 형제라도 되는 듯이 바라보고 있었다. 그는 자신의 이름을 입 밖에 내었다. 그렇다면 자신이 누구인지 알고 있는 게 분명했다. 자신의 끔찍한 행동에 대해서도 알고 있을 터였다. 살인자를 만났는데도 저토록 고요하고 태연할 수가 있단 말인가? 갑자기 앙굴리말라는 붓다의 자애롭고 친절한 시선을 더 이상 참을 수 없다고 느꼈다. 그가 말했다. "도사, 넌 방금 오래전에 멈췄다고 말했다. 그러나 넌 이제까지 분명히 걷고 있었다. 넌 멈추지 않은 사람이 바로 나라고 말했다. 그게 무슨 뜻이냐?"

붓다가 대답했다. "앙굴리말라, 난 다른 생명에게 고통을 주는 행동을 저지르는 일을 오래전에 멈추었다. 나는 인간뿐만 아니라 모든 생명이 보호받아야 함을 알게 되었다. 앙굴리말라, 모든 생명은 살기를 원한다. 모든 생명을 죽음을 두려워한다. 우리는 자비심을 함양하고 모든 생명을 보호해야 한다."

"인간은 서로 사랑하지 않는다. 내가 왜 다른 사람을 사랑해야 한단 말인가! 인간은 잔인하고 속이기를 잘한다. 나는 그들 모두를 죽일 때까지 멈추지 않을 것이다."

붓다가 자애롭게 말했다. "앙굴리말라, 난 네가 다른 인간들에게 깊은 고통을 주었다는 것을 알고 있다. 인간은 때로는 매우 잔인할 때도 있다. 그러한 잔인성은 무지와 증오와 욕망 그리고 시기심의 결과이다. 그러나 인간은 또한 이해심이 많고 자비롭기도 하다. 전에 비구를 만난 적이 있느냐? 비구들은 다른 모든 생명을 보호하기로 맹세했다. 그들은 또한 욕망과 증오, 무지를 극복하기로 맹세했다. 비구들뿐만 아니라 많은 사람들의 생명은 이해와 사랑을 기초로 한다. 앙굴리말라, 이 세상에는 잔인한 사람이 많다. 그러나 친절한 사람도 많다. 눈을 감고 있지 마라. 나의 깨달음은 잔인성을 친절로 바꿀 수 있다. 너는 지금 증오의 길을 가고 있다. 멈춰야 한다. 그 대신 용서와 이해와 사랑의 길을 택하거라."

앙굴리말라는 수행자의 말에 감동을 받았다. 그럼에도 불구하고 그의 마음은 혼란에 빠져 있었다. 갑자기 그는 살이 갈라지고 그 갈라진 상처 위에 소금이 뿌려진 듯한 느낌을 받았다. 그는 붓다가 사랑의 마음으로 그 말을 들려주었다는 것을 알

수 있었다. 붓다에게는 증오도 없고 적대감도 없었다. 수행자
는 더없이 따뜻한 시선으로 자신을 바라보고 있었다. 이 수행
자가 사람들이 '붓다'라고 부르며 칭송하는 바로 그 고타마가
아닐까? 앙굴리말라가 물었다. "당신이 고타마 수행자요?"

붓다가 고개를 끄덕였다.

앙굴리말라가 말했다. "당신을 좀 더 빨리 만나지 못한 게
큰 유감이오. 나는 파멸의 길로 이미 너무 많이 가버렸소. 돌아
오기엔 늦은 것 같소."

붓다가 말했다. "아니다, 앙굴리말라. 선행을 하는 데 너무
늦는 법은 결코 없다."

"도대체 내가 무슨 선행을 할 수 있겠소?"

"증오와 폭력의 길로 여행하는 것을 그만두어라. 앙굴리말
라, 그것이 가장 큰 선행이 될 것이다. 고통의 바다가 눈앞에
끝없이 펼쳐져 있지만 고개를 돌려보아라. 그리하면 해변이 보
일 것이다."

"고타마, 내 비록 그렇게 하기를 원하지만 이제는 돌이킬 수
가 없소. 지금까지 저지른 일 때문에 아무도 날 평화롭게 살도
록 내버려두지 않을 것이오."

붓다는 앙굴리말라의 손을 잡고 말했다. "앙굴리말라, 만약
네가 증오심을 버리고 깨달음을 수행하는 데 온 마음을 쏟기로
맹세한다면 내가 널 보호해주겠다. 새롭게 시작한다는 각오로
다른 사람들에게 봉사하여라. 나는 네가 총명한 사람이라는 것
을 쉽게 알 수 있다. 네가 이 깨달음의 길에서 성공할 것임을

의심치 않는다."

앙굴리말라는 붓다 앞에 무릎을 꿇었다. 그는 등에 매고 있던 검을 풀어 땅 위에 놓고서 붓다의 발아래 엎드렸다. 그러고는 두 손에 얼굴을 파묻고 흐느껴 울기 시작했다. 한참이 지난 후 그는 고개를 들고 올려다보며 말했다. "저는 지금까지 걸어온 악의 길을 포기하겠습니다. 당신을 따르며 당신에게서 자비를 배우겠습니다. 부디 저를 당신의 제자로 받아주시기를 간곡히 청합니다."

그때 사리풋타, 아난다, 우팔리, 킴빌라 그리고 몇 명의 다른 비구들이 현장에 도착했다. 그들은 붓다와 앙굴리말라를 에워쌌다. 붓다가 안전하며 앙굴리말라가 세속을 떠날 준비를 하는 것을 보고 그들의 마음은 한없이 기뻤다. 붓다는 아난다로하여금 그에게 가사를 주도록 했다. 그는 사리풋타에게 옆집에가서 앙굴리말라의 머리를 깎아줄 면도칼을 빌려 오도록 분부했다. 앙굴리말라는 그 자리에서 상가에 입문했다. 그는 엎드려서 삼보에 귀의한다는 맹세를 한 후 우팔리로부터 계를 받았다. 그런 뒤에 그들은 다 함께 제타바나로 돌아왔다.

그 후 열흘에 걸쳐 우팔리와 사리풋타는 앙굴리말라에게 계율과 명상 수행 그리고 탁발 수행에 대해 가르쳤다. 앙굴리말라는 앞서 들어온 그 어떤 비구보다도 더 큰 노력을 기울였다. 그가 입문한 후 보름 뒤에 앙굴리말라를 찾은 붓다조차도 그의 변화된 모습에 깜짝 놀랐다. 앙굴리말라의 온몸에서는 평온과 안정 그리고 보기 드문 점잖음이 배어 나왔으며 다른 비구들

앙굴리말라는 붓다 앞에 무릎을 꿇고 엎드렸다.

은 그를 '비폭력주의자'라는 뜻의 '아힘사카'라고 불렀다. 사실 그것은 태어날 때 지어진 그의 이름이었다. 스바스티는 그것이 그에게 꼭 맞는 이름라는 것을 알았다. 붓다를 제외한 다른 어느 비구도 그만큼 친절함으로 충만한 시선을 가진 사람이 없었기 때문이다.

어느 날 아침, 붓다는 아힘사카를 포함한 오십 명의 비구들과 함께 탁발을 하기 위해 사밧티로 들어섰다. 시내 입구에 도착했을 때 그들은 말에 탄 채 군사들을 이끌고 오는 파세나디 왕과 마주쳤다. 왕과 그의 장군들은 완벽하게 무장을 하고 있었다. 붓다를 보자 왕은 말에서 내려 인사를 했다.

붓다가 물었다. "왕이여, 무슨 일이 생겼습니까? 다른 왕국이 귀국의 국경을 침범하기라도 했나요?"

왕이 대답했다. "존엄한 분이시여, 아무도 코살라를 침범하지 않았습니다. 저는 앙굴리말라라는 살인자를 잡기 위해 이렇게 군사를 일으킨 것입니다. 그는 지극히 위험한 인물입니다. 그럼에도 불구하고 아무도 그를 잡지 못했습니다. 보름 전만 해도 시내에 모습을 나타낸 적이 있습니다. 백성들은 아직도 두려움에 떨며 지내고 있습니다."

붓다가 물었다. "당신은 앙굴리말라가 그토록 위험하다고 확신합니까?"

왕이 대답했다. "존엄한 분이시여, 앙굴리말라는 모든 사람들에게 위험한 인물입니다. 그를 찾아 죽이기 전에는 마음을 놓을 수가 없습니다."

붓다가 물었다. "만약 앙굴리말라가 자신의 잘못을 뉘우치고 다시는 사람을 죽이지 않겠다고 맹세한다면 그리고 만약 그가 비구가 되기로 맹세하고 모든 생명을 존중한다면 그래도 그를 붙잡아 죽일 필요가 있을까요?"

"존엄한 분이시여, 만약 앙굴리말라가 당신의 제자가 되어 살생하지 않는다는 계율을 따른다면 그리고 만약 그가 비구로서 순수하고 해로움을 주지 않는 생활을 한다면 저는 더할 나위 없이 기쁠 것입니다! 저는 그의 생명을 거두지 않고 그에게 자유를 줄 뿐만 아니라 가사와 음식과 약품을 선사할 것입니다. 하지만 그런 일이 일어나리라고는 도저히 생각할 수가 없습니다!"

붓다는 뒤에 서 있는 아힘사카를 가리키며 말했다. "왕이여, 이 수행자가 다름 아닌 앙굴리말라입니다. 비구로서 계를 받았지요. 지난 보름 사이에 그는 새로운 사람이 되었습니다."

파세나디 왕은 자신이 그 악명 높은 살인자와 그토록 가까이 서 있음을 깨닫고 두려움을 느끼는 듯했다.

붓다가 말했다. "그를 두려워할 필요는 없습니다. 앙굴리말라 비구는 한 줌의 흙보다도 더 부드럽습니다. 우리는 지금 그를 아힘사카라고 부르지요."

왕은 아힘사카를 오랫동안 뚫어질 듯이 바라본 다음 그에게 인사했다. 그는 물었다. "비구여, 당신은 어떠한 가문에서 태어났소? 당신 부친의 이름은 무엇이오?"

"왕이시여, 제 아버지 이름은 가가입니다. 어머니 이름은 만타니라고 하지요."

"가가 만타니풋타 비구여, 그대에게 가사와 음식과 약품을 선사할 수 있도록 허락해주시오."

아힘사카가 말했다. "감사합니다, 왕이시여. 그러나 저는 이미 세 벌의 가사를 가지고 있답니다. 매일 탁발을 해서 음식도 제공받을 수 있습니다. 또한 지금 당장은 약품도 필요치 않습니다. 하지만 당신의 호의에 대해서는 진심으로 감사드립니다."

왕은 다시 새로운 비구에게 답례로 절을 한 후 붓다에게로 몸을 돌렸다. "깨달으신 분이시여, 당신의 공덕은 실로 오묘합니다! 다른 사람들이 힘과 폭력으로도 해결할 수 없는 것을 당신께서는 한량없는 덕으로써 해결하셨습니다. 당신은 그 누구도 할 수 없는 일을 해내셨습니다. 그리하여 우리에게 평화와 행복을 가져다주셨습니다. 진심으로 당신에게 감사드리는 바입니다."

왕은 장군들에게 군대를 해산하고 각자 본래의 임무로 돌아가도록 지시한 후 그곳을 떠났다.

54장

마음챙김 상태에서 머무르는 집

앙굴리말라가 상가에 입문했다는 소식은 시내 전역에 신속히 퍼져나갔다. 사람들은 모두 안도의 한숨을 내쉬었다. 이웃 왕국에서도 살인자의 변신을 곧 알게 되었고 사람들은 붓다와 상가를 더 한층 높이 평가하게 되었다.

상가는 붓다의 가르침을 따르기 위해 다른 종파를 포기하고 찾아든 총명하고 유능한 젊은이들을 계속해서 받아들였다. 니간타 종파를 떠난 속가 제자 우팔리의 이야기는 마가다와 코살라의 교단들 사이에서 단연 화젯거리가 되었다. 우팔리는 북부 마가다에 사는 부유하고 재능 있는 청년이었다. 그는 나타풋타라는 스승이 이끌고 있는 니간타 종파의 주요 후원자 중 한 사람이었다. 금욕주의자인 니간타 종파의 수행자들은 매우 검소하게 생활했으며 옷조차 몸에 걸치길 꺼려했으므로 사람들은 그들을 매우 높이 평가하였다.

그해 봄에 붓다는 날란다에 있는 파바리카 망고 과수원에서 지내고 있었다. 그는 니간타 종파의 고참 수행자 중 하나인 디가 타파시의 방문을 받았다. 붓다는 타파시로부터 니간타의 추종자들이 업보에 대해서는 말하지 않고 죄악에 대해서만 말한다는 것을 알았다. 타파시는 죄악에 세 가지 종류가 있으며 그것은 육체에 의한 죄악, 그릇된 말에 의한 죄악, 그릇된 생각에 의한 죄악이라고 설명했다. 붓다가 그에게 어떠한 형태의 죄악이 가장 심각하냐고 묻자 금욕주의자가 대답했다. "육체에 의한 죄악이 가장 심각하지요."

붓다는 깨달음의 길에 따르면 마음이 보다 근본적인 것이므로 그릇된 생각에 의한 죄악이 그 세 가지 죄악 중 가장 심각한 것이라고 그에게 말했다. 그러자 금욕주의자 타파시는 붓다로 하여금 이 말을 세 번 반복하게 해서 나중에 바꿀 수 없도록 했다. 그런 뒤 그는 그곳을 떠나 나타풋타에게 돌아갔다. 타파시가 붓다의 말을 들려주자 나타풋타는 크게 웃어젖혔다.

나타풋타가 말했다. "고타마 수행자는 중대한 오류를 범했군. 죄가 될 수 있는 생각과 말은 가장 큰 죄악이 아니야. 육체에 의한 죄악이야말로 가장 심각한 것이고 가장 오랫동안 영향을 미치지. 타파시, 너는 내 가르침의 핵심을 파악했다."

이러한 대화가 이어지는 자리에는 다른 많은 제자들이 함께하고 있었는데 그들 중에는 발라카에서 온 몇몇 친구들과 함께 방문한 상인 우팔리도 있었다. 우팔리는 이 문제에 대한 붓다의 견해를 직접 들어보기 위해 그를 방문하고 싶다고 말했다. 나타풋타는 우팔리에게 그렇게 하라고 말했으나 타파시는 보류하는 편이 낫겠다는 뜻을 나타냈다. 그는 붓다가 우팔리를 설득해서 종파를 바꾸게 만들지도 모른다고 걱정했다.

나타풋타는 우팔리를 크게 신뢰하고 있었으므로 이렇게 말했다. "우팔리가 우리를 떠나 고타마의 제자가 될까 두려워할 필요가 없다. 또 누가 알겠나, 어쩌면 고타마가 우팔리의 제자가 될지!"

타파시는 여전히 우팔리가 붓다에게 가지 못하게 하려고 애썼으나 우팔리의 마음은 확고부동했다. 붓다를 만나자 우팔리는 곧 붓다의 설법에 감동되었다. 붓다는 일곱 가지 예를 들어가며 어째서 불건전한 생각이 불건전한 말이나 행동보다 더 근본적인 죄악인가를 우팔리에게 설명했다. 붓다는 니간타 종파의 제자들이 생명을 해치지 않는다는 계율을 지키고 있음을 알고 있었다. 그는 그들이 벌레들을 밟아 죽일 것을 두려워해서 걸을 때도 매우 조심한다는 것을 알고 그 점에 대해 칭찬했다. 그리고 우팔리에게 물었다. "그대들이 일부러 벌레를 밟지 않고 무심코 그렇게 했다 해도 죄악을 범한 것이 될까?"

우팔리가 대답했다. "나타풋타 스승께선 죽일 생각이 없었다면 죄가 되지 않는다고 말합니다."

붓다는 미소 지으면서 말했다. "그렇다면 나타풋타 스승도 생각이 보다 근본적인 것임을 인정하는 셈이다. 그런데 어떻게 그는 행동에 의한 죄악이 생각에 의한 죄악보다 더 심각한 것이라고 주장하는 거지?"

우팔리는 붓다의 간명한 지혜에 감동받았다. 훗날 그는 붓다에게 첫 번째 실례만 듣고서도 충분히 공감하였으며 붓다의 가르침을 좀 더 많이 듣기 위해 보다 많은 실례를 제시하도록 했을 뿐이라고 털어놓았다. 붓다가 일곱 번째 실례에 대해 설명을 끝냈을 때 우팔리는 붓다 앞에 털썩 무릎을 꿇고 제자로 받아주길 청했다.

붓다가 말했다. "우팔리, 그대는 이 문제를 깊이 생각해야 한다. 그대처럼 총명하고 고상한 젊은이는 성급한 결정을 해서는 안 된다. 좀 더 심사숙고한 후에 결정해도 늦지 않다."

붓다의 말은 우팔리로 하여금 더욱 그를 존경하게 만들었다. 그는 붓다가 자신의 위신을 높이기 위해 다른 사람을 끌어들이는 일에는 관심이 없다는 것을 알았다. 다른 어떤 스승도 자신의 교단을 지지하기 전에 깊이 생각해보라고 말하지는 않기 때문이었다. 우팔리가 대답했다. "스승이시여, 저는 충분히 생각했습니다. 제가 삼보에 귀의할 수 있도록 허락해주십시오. 저는 참되고 바른 길을 찾게 된 것에 크게 감사드리며 또한 한없이 기쁩니다."

붓다가 말했다. "우팔리, 그대는 오랫동안 니간타 종파의 주요 후원자였네. 그대가 나에게 입문하더라도 예전의 종파에 대한 후원을 중단하지 말게."

우팔리가 말했다. "스승이시여, 당신은 참으로 거룩하십니다. 그리고 제가 지금껏 만난 어느 누구보다도 관대하십니다."

타파시로부터 우팔리가 붓다의 제자가 되었다는 소식을 전해 들었을 때 나타풋타는 그 말을 믿을 수가 없었다. 그는 타파시와 함께 우팔리의 집으로 찾아갔고 우팔리는 그것이 사실임을 시인했다.

마가다국과 코살라국의 전역에 걸쳐 점점 더 많은 사람들이 깨달음의 길을 받아들였다. 붓다를 만나기 위해 사밧티를 찾은 많은 비구들이 이 기쁜 소식을 들려주었다.

붓다는 그들에게 말했다. "깨달음의 길을 받아들인 사람의 수가 증가하는 것이 좋은 일이 될지 나쁜 일이 될지는 비구들이 그들의 수행을 얼마나 부지런히 하느냐에 달렸다. 성공이나 실패라는 관념에 매달려서는 안 된다. 우리는 행운이든 불행이든 차분하게 바라볼 줄 알아야 한다."

어느 날 아침 붓다와 비구들이 탁발을 나가기 위해 수도원을 떠날 준비를 하고 있을 때 몇 사람의 관헌들이 제타바나로 들어와서 한 여자의 시체를 찾겠다고 했다. 비구들은 관헌들이 수도원에서 여자의 시체를 찾으려고 하는 까닭을 알지 못해 몹시 당황했다. 그 여자가 누구냐고 붓다야가 묻자 관헌들은 사밧티의 거대 종파에 소속된 순다리라는 이름을 가진 젊은 여자라고 했다. 비구들은 그 이름이 최근 몇 달 동안 수도원의 법회에 몇 차례 참석했던 어여쁜 젊은 여자의 이름임을 알았다. 비구들은 관헌들에게 수도원에 그녀의 시신이 있을 리가 없다고 말했지만 관헌들은 아무튼 찾아보겠다고 고집을 부렸다. 그리고 놀랍게도 붓다의 오두막으로부터 그리 멀지 않은 곳에서 땅에 묻혀 있는 그녀의 시신을 찾아냈다. 그녀가 어떻게 죽었으며 왜 그곳에 묻혀 있는지 아무도 이해할 수 없었다. 관헌들이 시신을 가지고 떠난 뒤에 붓다는 비구들에게 여느 때와 다름없이 탁발을 나가라고 말했다.

"마음챙김을 한 상태에 머무르도록 해라." 붓다는 덧붙여 말했다.

그날 오후 늦게 순다리 종파의 사람들은 큰 소리로 울부짖으며 그녀의 시신을 시내 곳곳에 끌고 다녔다. 그들은 가끔씩 걸음을 멈추고 사람들에게 큰 소리로 외쳤다. "이게 순다리의 시체라오! 그녀의 망가진 시체가 제타바나 수도원의 땅속에서 발견되었소. 석가국의 귀족 출신이라고 떠들어대며 고결하고 순수한 삶을 사노라고 우겨대는 저 수행자들이……. 그들이 순다리를 납치해서 죽이고, 그것도 부족해서 그녀의 시체마저 숨기려고 했다오! 그들이 내세우는 친애, 자비, 기쁨 그리고 평등이니 뭐니 하는 것도 다 속임수일 뿐이오! 당신들 눈으로 똑바로 보시오!"

사밧티의 시민들은 혼란에 빠졌다. 붓다가 가장 신임하는 속가 제자들 중 일부도 자신들의 믿음이 흔들리는 것을 느꼈다. 다른 사람들은 이 모든 일이 붓다의 명성을 손상시키기 위해 꾸며진 것임을 확신하면서 몹시 가슴 아파했다. 붓다로 인해 위협을 느끼던 다른 종파들은 이 같은 기회를 놓치지 않고 상가를 공개적으로 비난하고 헐뜯었다. 비구들은 가는 곳마다 질문을 받았고 조롱을 당했다. 그들은 평정심을 유지하고 마음챙김을 한 상태에 머무르려고 최선을 다했지만 그것은 어려운 일이었다. 특히 이제 막 수행을 시작하는 비구들의 경우에는 더욱 그러했다. 많은 젊은 비구들은 부끄러워서 더 이상 시내로 탁발을 나가는 것을 원치 않았다.

어느 날 저녁 붓다는 비구들을 불러 모은 뒤 그들에게 말했다. "부당한 비난은 언제 어디서든 일어날 수 있다. 너희가 부끄러워할 필요는 없다. 진정으로 부끄러워해야 할 때는 순수한 수행 생활을 해나가겠다는 노력을 포기할 때뿐이다. 이러한 잘못된 비난은 널리 퍼져갈 것이고 그런 뒤에는 곧 사라질 것이다. 내일 너희가 탁발을 나갔을 때 누군가가 이 문제에 대해 물으면 다만 이렇게 답해라. '씨를 뿌린 사람이 열매를 거두는 법이다'라고 말이다."

비구들은 붓다의 말에 크게 위안받았다.

한편, 그 문제로 크게 걱정이 된 비사카 부인은 수닷타를 만나러 갔다. 두 사람은 그 문제에 대해 오랫동안 의논을 했다. 그들은 진짜 범인을 알아내기 위해 조사를 담당할 탐정을 고용하기로 남모르게 계획을 세우고 자신들을 돕기로 한 제타 왕자와 상의를 했다.

일주일이 채 안 되어 탐정은 실제 살인범이 누구인지를 알아냈다. 살인 혐의가 있는 두 사내는 술에 취한 상태에서 사실을 털어놓고 말았다. 왕립 경찰이 신고를 받고 달려왔고 두 사람은 붙잡혔다. 그들은 순다리가 속했던 종파의 지도자들에게 고용되어 그녀를 살해하고 붓다의 오두막 근처에 시신을 묻었다고 실토했다.

파세나디 왕은 살인범들이 밝혀졌다는 소식을 전하기 위해 곧장 제타바나를 방문했다. 그는 이제 진실이 모든 사람들에게 알려졌다고 말하면서 상가에 대한 흔들림 없는 믿음과 기쁨을 표시했다. 붓다는 왕에게 그러한 범죄를 저지른 사람들을 용서해달라고 부탁했다. 아울러 사람들이 증오와 시기심을 이겨내는 법을 배우지 못하면 비슷한 범죄가 다시 일어날 수 있다고 말했다.

사밧티 사람들은 다시 커다란 존경심과 경의를 품고 비구들을 대하게 되었다.

55장

새벽별이 찬연히 빛날 때

어느 날 붓다와 아난다는 시내에서 얼마 벗어나지 않은 곳에 자리 잡고 있는 조그만 수도원을 방문했다. 그들은 대부분의 비구들이 탁발을 나갔을 때 도착했다. 두 사람은 수도원 주변을 한 바퀴 산책하던 중 갑자기 오두막들 중 한 곳에서 흘러나오는 고통스러운 신음 소리를 듣게 되었다. 붓다는 오두막 안으로 들어가서 한쪽 구석에 웅크리고 앉아 있는 바싹 야윈 비구 한 사람을 발견했다. 지독한 악취가 방 안을 가득 메우고 있었다. 붓다가 그의 곁에서 몸을 숙이고 물었다. "비구여, 어디 아픈가?"

비구가 대답했다. "스승이시여, 저는 이질에 걸렸습니다."

"그대를 돌봐주는 사람은 없는가?"

"스승이시여, 다른 비구들은 탁발을 나갔습니다. 이곳엔 저밖에 없습니다. 맨 처음 병을 앓게 되었을 때 몇몇 비구들이 저를 돌봐주려고 했지만, 제 자신이 아무에게도 도움이 될 수 없음을 알고서 그들에게 저 때문에 더 이상 마음 쓰지 말라고 말했습니다."

붓다가 아난다에게 말했다. "가서 물을 좀 떠 오너라. 우리 형제를 목욕시켜주어야겠구나."

아난다가 물 한 통을 가져와서 붓다가 병든 비구를 목욕시키는 것을 도왔다. 그들은 병자의 가사를 갈아입히고 침상 위에 눕혀주었다. 붓다와 아난다는 마루를 닦고 비구의 더럽혀진 가사를 빨았다. 그들이 가사를 말리기 위해 널고 있을 때 다른 비구들이 돌아왔다. 아난다는 그들에게 물을 끓이고 약을 준비해 달라고 부탁했다.

여러 비구들은 붓다와 아난다를 식사에 초대했다. 식사를 마친 뒤 붓다는 그들에게 물었다. "저 비구는 어째서 저 오두막에서 고통을 겪고 있느냐?"

"스승이시여, 그는 설사병에 걸렸습니다."

"그를 돌보는 사람이 있느냐?"

"스승이시여, 처음에 저희는 그를 돌봐주려고 했지만 나중에 그가 그만두라고 요청했습니다."

"비구들이여, 깨달음의 길을 따르기 위해 출가를 할 때 우리는 가족을 뒤로하고 왔다. 우리가 아플 때 서로를 돌보지 않으면 누가 돌보겠느냐? 우리는 서로를 돌봐주어야 한다. 병든 사람이 스승이든 제자이든 동료이든 간에 우린 그가 건강을 되찾을 때까지 보살펴야 한다. 비구들이여, 만약 내가 병들면 너희는 나를 보살펴주겠느냐?"

"예, 물론입니다. 스승님."

"그렇다면 너희는 누가 병들든 간에 그를 보살펴주어야 한다. 어떤 비구를 보살피는 것은 나를 보살피는 것과 마찬가지이니라."

비구들은 합장을 하며 절했다.

이듬해 여름에 붓다는 사밧티의 동쪽 공원에 머무르고 있었는데, 바로 그 무렵 마하파자파티 비구니는 많은 수의 비구니들을 모아놓고 가르치고 있었다. 그녀는 한때 빔비사라 왕의 아내 중 한 사람이었던 케마 비구니의 보좌를 받고 있었다. 케마 비구니는 20년 전 붓다의 제자가 되었다. 당시 그녀의 타고난 깊은 통찰력은 오만으로 인해 다소 상처를 입은 상태였지만 붓다의 가르침을 접하게 되면서 그녀는 겸손을 배웠다. 속가 제자로 4년 동안 수행을 한 후 그녀는 비구니로서의 입문을 청했다. 그녀는 매우 부지런히 수행에 정진하여 이제는 중요한 스승이자 비구니들의 지도자가 되었다. 비사카 부인은 그녀와 다른 비구니들을 정기적으로 방문했다. 어느 날 그녀는 함께 방문하기 위해 수닷타(상가를 위해 제타 농장을 구입한 자선사업가인 아나타핀디카로도 알려진 인물)를 초대했다. 그녀는 그를 비구니인 케마, 담마딘나, 우팔라반나, 파타카라에게 소개했다. 나중에 비사카 부인은 비구니가 되기 전부터 그들을 알고 있었다고 말해주었다.

그 뒤 어느 날 수닷타는 역시 비사카라는 이름을 가진 한 남자와 함께 비구니들의 수도원을 방문했다. 그의 친구 비사카는 담마딘나의 친척이었고 비구니들 사이에서 잘 알려진 인물이었다. 두 사람은 담마딘나 비구니가 다섯 가지의 스칸다스와 팔정도에 대해 설법하는 것을 경청했다. 비사카는 그녀가 이 심오한 진리들에 대해 깊이 이해하고 있다는 사실에 깜짝 놀랐다. 제타바나로 돌아왔을 때 그는 담마딘나 비구니가 말한 모든 것을 붓다에게 말했다.

붓다가 대답했다. "만약 네가 같은 주제에 대해 내게 물었다면 나도 담마딘나 비구니와 똑같이 말했을 것이다. 그녀는 해탈과 깨달음에 관한 나의 가르침을 진실되게 파악하고 있다."

붓다는 아난다를 돌아보며 말했다. "아난다, 담마딘나 비구니의 설법을 기억했다가 그것을 전체 비구니들에게 반복해주도록 해라. 그녀의 설법은 중요한 것이다."

비구니인 밧다 카필라니도 법에 관한 깊은 이해로 잘 알려져 있었다. 담마딘나와 마찬가지로 그녀도 가르침을 주기 위해 자주 초대받아 가곤 했다.

비구니인 파타카라의 이야기는 감동적인 것이었다. 그녀는 사밧티의 어느 부잣집 딸이었다. 부모는 그녀를 지나칠 정도로 보호한 탓에 집 밖으로 한 번도 내보낸 적이 없었다. 그녀는 온종일 집 안에 틀어박혀 지내야만 했다. 따라서 그녀는 많은 사람을 만날 기회가 한 번도 없었다. 결혼할 나이가 되었을 때 그녀는 집에서 일을 돌보는 젊은 하인과 부모 몰래 사랑에 빠졌다. 그녀의 부모가 다른 부유한 집안의 아들과 결혼시키려고 하자 파타카라는 애인인 그 젊은 하인에게 함께 달아나자고 재촉했다. 결혼식이 열리는 날 아침 일찍 그녀는 하녀로 변장해서 물을 긷기 위해 나가는 척하며 밖으로 빠져나왔다. 밖에 나오자마자 그녀는 애인과 만나 멀리 떨어진 마을로 달아나 그곳에서 함께 살았다.

3년 뒤 파타카라는 임신을 했다. 출산이 가까워지자 그녀는 남편에게 아이를 낳을 수 있도록 관례대로 친정에 데려다 달라고 요구했다. 남편은 마음이 내키지 않았지만 그녀가 워낙 고집을 부려대는 바람에 마침내 그렇게 하기로 했다. 그러나 친정으로 가는 도중에 파타카라는 진통을 하며 아들을 낳았다. 이젠 더 이상 친정으로 돌아갈 이유가 없어졌으므로 그들은 다시 집으로 되돌아왔다.

그로부터 2년이 지난 뒤 파타카라는 다시 아이를 갖게 되었다. 이번에도 그녀는 남편에게 자기를 친정으로 데려다 달라고 부탁했다. 하지만 그것이 엄청난 비극으로 이어질 줄 두 사람은 꿈에도 생각하지 못했다. 가는 도중에 폭우가 쏟아졌고 바로 그때 진통이 시작되었다. 남편은 자기가 숲 속으로 들어가 나뭇가지를 꺾어 움막을 만들 때까지만 길가에서 기다려달라고 그녀에게 부탁했다. 파타카라는 한참을 기다렸지만 남편은 돌아오지 않았다. 한밤중이 되어 비바람에 에워싸인 가운데 그녀는 두 번째 아들을 낳았다. 먼동이 틀 무렵 그녀는 갓 태어난 아기를 한쪽 팔로 들어 올린 다음 나머지 한 손으로 다른 아들의 손을 잡고 남편을 찾아 숲 속으로 들어갔다. 그리고 남편이 독사에 물려 죽어 있는 것을 발견했다. 그녀는 오랫동안 비통하게 울었다. 그러다가 가까스로 기운을 되찾은 그녀는 두 아들과 함께 사밧티에 있는 친정을 향해 갔다. 마침내 그녀는 강가에 이르렀다. 물이 불어나서 그녀의 큰아들이 건너기에는 너무 깊었다. 그녀는 큰아이한테 갓난아기를 강 건너편에 안전하게 데려다 놓고 다시 올 테니 기다리라고 말했다. 그런 다음 갓난아기를 머리 위로 들어 올리고서 강을 건너기 시작했다. 하지만 안타깝게도 강을 반쯤 건넜을 때 거대한 독수리가 날아와서 아기를 발톱으로 낚아채 가버렸다. 그녀가 아이를 내려놓으라고 독수리를 향해 자지러진 비명을 질러댔지만 이미 소용없는 일이었다. 설상가상 그녀의 큰아들은 외침을 듣고 어머니가 자기를 부르는 것으로 생각했다. 파타카라가 돌아보았을 때 그녀의 눈에 거친 물속으로 들어서고 있는 아이의 모습이 보였다. 아이를 향해 기다리라고 소리쳤지만 그것도 이미 소용이 없었다. 눈 깜짝할 사이에 큰아들도 거친 물살에 휩쓸려 가버렸다.

가까스로 건너편 강기슭에 다다른 순간 파타카라는 털썩 쓰러졌다. 그리고 다시 정신이 들자 그녀는 일어나서 며칠 동안 줄곧 걸어 사밧티에 도착했다. 마침내 사밧티에 도착했을 때 그녀는 자신의 친정집이 폭풍우로 인해 무너져 내렸고 그녀의 부모가 집이 무너져 내릴 때 깔려 죽었음을 알게 되었다. 파타카라가 고향으로 돌아온 날 그녀의 부모마저 세상을 뜬 것이었다.

파타카라는 길가에 다시 쓰러졌다. 그녀는 더 이상 살고 싶지가 않았다. 파타카라를 불쌍히 여긴 몇몇 사람들이 그녀를 데리고 붓다에게 갔다. 붓다는 그녀가 하는 이야기를 귀 기울여 듣고 나서 부드러운 목소리로 말했다. "파타카라, 너는 몹시 심한 고통을 겪었구나. 그러나 인생에 단지 고통과 불행만 있는 것은 아니다. 힘을 내라! 깨달음의 길을 수행하도록 하여라. 그러면 언젠가는 네가 겪었던 그 극심한 고통에도 불구하고 웃음을 찾게 될 것이다. 너는 새로운 평화와 기쁨을 만들어내는 법을 배워야 한다."

파타카라는 절을 하고 나서 삼보에 귀의하기를 청했다. 붓다는 그녀를 돌봐주도록 마하파자파티에게 맡겼다. 곧이어 파타카라는 비구니로 입문했다. 그녀는 마하파자파티를 비롯한 다른 비구니들로부터 따뜻한 보살핌을 받았다. 그리고 몇 년의 수행 기간이 지난 뒤 그녀는 다시 웃음을 되찾게 되었다. 어느 날 개울에서 발을 씻고 있던 그녀는 물줄기가 땅속으로 사라지는 것을 발견하고 모든 존재의 변함(無常)에 대한 갑작스러운 깨달음을 얻게 되었다. 그녀는 며칠 동안 낮과 밤을 가리지 않고 명상을 계속하면서 그러한 영상을 마음속에 줄곧 간직했다. 그러던 어느 날 새벽녘에 그녀는 생사의 문제를 꿰뚫었다. 자신도 모르는 사이에 그녀는 게송을 읊었다.

어느 날 발을 씻다가
난 보았네,
물줄기가 땅속으로 스며드는 것을.

난 물었다네. "물은 어디로 돌아가는가?"

평온한 침묵 속에 관조하였네,

마음의 눈 바로 뜬 채 심신을.

난 보았다네, 여섯 가지 감각 대상의 참된 본성을.

힘세고 빠른 천리마의 영혼과 함께.

등잔불의 타들어가는 심지를 보며

난 마음을 하나로 모았다네.

시간은 빠르게 흘러가건만

등잔불 아직도 빛을 내뿜고 있다네.

바늘을 하나 가져와서

심지를 눌렀다네.

그러자 불빛은 즉시 사라지고

온 누리 어둠 속에 잠겼다네.

불빛은 사라졌건만

내 마음 모든 속박에서 벗어났네.

새벽별이 찬연히 빛날 때.

파타카라가 그 게송을 마하파자파티에게 들려주자, 그녀는
진심으로 칭찬을 아끼지 않았다.

우팔라반나는 목갈라나의 노력 덕분에 크나큰 고통을 겪은 후 깨달음에 이른 또 한 사람의 비구니였다. 그녀는 머리를 삭발했음에도 불구하고 비할 데 없이 아름다운 여인이었다. 그녀는 부지런히 수행에 힘써 이제는 파자파티의 뛰어난 제자 가운데 한 사람이 되었다.

목갈라나는 어느 날 시내 공원을 지나 걸어가다가 우팔라반나를 만났다. 그녀는 그곳에서 한 송이 꽃인 듯 서 있었다. 그녀는 뭇 남자들에게 아름다운 연꽃으로 통했다. 실로 그녀의 아름다움은 가장 아름다운 연꽃을 능가하는 것이었다. 그러나 목갈라나는 그녀의 두 눈 속에서 고통을 읽었다. 그는 그녀가 마음속에 수많은 슬픔을 숨기고 있음을 알았다. 목갈라나가 걸음을 멈추고 말했다. "그대는 참으로 아름답고 게다가 가장 훌륭한 옷을 입고 있군요. 하지만 나는 그대가 고통과 번민으로 가득 차 있음을 볼 수 있습니다. 당신은 무거운 짐을 짊어진 데다가 어두운 길을 향해 계속 걸어가고 있군요."

우팔라반나는 목갈라나가 자신의 내면을 읽어내자 깜짝 놀랐다. 그러나 그녀는 아무렇지도 않은 듯이 툭 쏘아붙였다. "당신의 말이 사실일지도 몰라요. 하지만 당신이 상관한다고 될 문제가 아니에요."

목갈라나가 말했다. "왜 그토록 비관하는 겁니까? 그대의 과거가 어떠했든 그대는 자신을 변화시켜 보다 나은 삶을 살아갈 수가 있소. 더러운 옷은 빨면 되는 것이오. 고통과 번민으로 물든 마음은 깨달음의 물로 씻어낼 수가 있다오. 붓다께서는 모든 사람이 깨달음을 얻고 평화와 기쁨을 발견할 수 있는 능력을 갖고 있다고 가르치셨소."

우팔라반나는 울기 시작했다. "그러나 나의 인생은 죄 많은 행동과 불의로 가득 차 있답니다. 붓다라고 해도 나를 도울 순 없을 거예요."

목갈라나가 그녀를 위로했다. "걱정 마시오. 우선 당신의 사연이나 좀 들어봅시다." 우팔라반나는 자신이 부유한 가문의 딸이었다고 말했다. 그녀는 열여섯 살 되던 해에 결혼을 했다. 하지만 시아버지가 세상을 뜬 후 시어머니는 우팔라반나의 남편인 아들과 함께 잠을 자기 시작했다. 우팔라반나는 딸을 하나 낳았지만 남편과 시어머니의 근친상간을 참을 수가 없었다. 그녀는 딸을 남겨둔 채 집을 나와버렸다. 몇 년 뒤 그녀는 한 상인을 만나 결혼했다. 하지만 어느 해 그가 남몰래 첩을 두고 있음을 알고서 뒤를 캤고, 그 첩이 바로 지난날 자신이 남겨두고 온 딸임을 알게 되었다.

고통과 쓰라림이 너무나 큰 나머지 그녀는 온 세상을 미워하기 시작했다. 그녀는 더 이상 아무도 사랑하거나 믿지 못했다. 그녀는 고급 창녀가 되어 돈과 보석, 마음을 달래줄 성적 쾌락을 추구했다. 그녀는 목갈라나가 옆을 지나갈 때 그를 유혹해서 인간의 거짓된 도덕성을 폭로하려는 생각을 갖고 있었다고 고백했다.

아름다운 연꽃은 얼굴을 감싸고 울음을 터뜨렸다. 목갈라나는 실컷 울어서 고통을 좀 덜어버릴 수 있도록 그녀를 내버려두었다. 한참 뒤 그는 설법을 해준 다음 그녀를 데리고 붓다를 만나러 갔다. 붓다는 위로의 말을 한 후 마하파자파티의 지도 아래 비구니로서 수행하고 싶으냐고 물었다. 그렇게 해서 그녀는 비구니로 입문을 했고 부지런히 수행에 정진한 결과, 불과 4년 만에 모든 수행자들의 귀감이 되는 비구니로 인정받게 되었다.

3
부

B O O K

T H R E E

56장

호흡의 충분한 의식

가끔 붓다나 수제자들 가운데 한 사람이 비구니들의 수도원에서 설법을 하는 경우도 있었다. 또한 비구니들은 한 달에 한 번씩 제타바나나 동쪽 공원에서 열리는 법회에 참석하기도 했다. 어느 해인가 붓다는 사리풋타의 제안으로 안거 기간을 한 달 더 연장한 적이 있었다. 사리풋타는 안거 기간이 한 달 늘어나면 멀리 떨어진 곳의 비구와 비구니들이 자신들의 거처에서 각자 안거 기간을 보낸 뒤 사밧티로 찾아와 붓다에게서 직접 가르침을 받을 수 있을 거라고 생각했다. 덕분에 무척 많은 사람들이 찾아왔다. 수닷타, 비사카 부인 그리고 말리카 왕비를 비롯한 속인 후원자들은 거의 삼천 명이나 되는 비구와 비구니들에게 음식과 잠잘 곳을 마련해주었다. 그해, 안거 기간이 끝날 때마다 열리는 파바라나 법회는 보름날 앗사유자가 아닌 캇티카에서 열렸다.

보름날이 되자 쿠무디 꽃이 사방에서 활짝 피었다. 쿠무디, 다시 말해 흰 연꽃은 매년 같은 시기에 피었기 때문에 캇티카의 보름날은 쿠무디의 날이라고도 불렸다. 그날 저녁 붓다와 삼천 명의 제자들은 밝은 달빛 아래 모여 앉았다. 향긋한 연꽃 향기가 호숫가에서 불어왔다. 비구들과 비구니들이 조용히 앉아 있는 가운데 붓다는 제자들을 둘러보며 그들이 부지런히 수행에 정진하고 있음을 칭찬했다. 붓다는 오늘 이 특별한 모임을 통해 '호흡의 충분한 의식'에 관한 설법을 행할 참이었다.

물론 참석한 비구와 비구니들은 모두 호흡을 의식하는 방법에 대해 이미 가르침을 받았다. 그러나 대부분의 경우 붓다로부터 이렇게 직접 가르침을 받기는 이번이 처음이었다. 붓다가 호흡의 의식에 관한 지금까지의 가르침을 한데 모아 요약하는 것도 이번이 처음이었다. 아난다는 이번 설법이 모든 상가에 전달해야 할 중요한 경이 될 것을 알고 귀를 기울여 들었다.

라훌라의 어머니인 야소다라와 순다리 난다도 이들 가운데 있었다. 두 사람은 고타미 비구니의 인도 아래 수년 전에 입문을 했다. 그들은 고타미가 세운 카필라밧투 북쪽의 한 수도원에서 수행을 했다. 야소다라는 고타미보다 6개월 늦게 입문했고 수행을 시작한 지 1년 뒤에는 그녀의 수제자들 중 하나가 되었다.

비구니들은 붓다와 수제자들로부터 직접 가르침을 받기 위해 사밧티에서의 안거 기간 중에 빠짐없이 참석했다. 말리카 왕비와 비사카 부인은 비구니들의 헌신적인 후원자였다. 2년

보름달이 환하게 떠오른 그날 밤 붓다는 삼천 명의 제자들에게 호
흡의 충분한 의식에 대하여 설법을 했다.

동안 비구니들은 왕실 정원에서 머물러야 했지만 3년째 되는
해부터는 왕비와 비사카 부인의 관대한 후원 덕분에 그들만의
수도원을 갖게 되었다. 고타미 비구니는 나이가 들어감에 따
라 야소다라, 셀라, 비말라, 소마, 뭇타, 난듯타라를 비롯한 젊
은 지도자를 양성하는 데 세심하게 신경을 썼다. 그녀들 모두
이날 저녁의 법회에 참석해 있었다. 스바스티는 라훌라를 통해
야소다라와 순다리 난다를 소개받았다. 마침내 말로만 듣던 그
들을 만나게 되자 스바스티는 가슴이 벅차올랐다.

붓다가 설법을 행하기 시작했다.

"비구와 비구니들이여, 호흡을 충분히 의식하는 수행법을
충실히 익히면 네 가지 마음챙김(四念處)과 깨달음의 일곱 요소
(七覺支)를 성공적으로 수행하게 되어 마침내 이해와 자유에 이
르게 된다. 무릇 수행자는 다음과 같이 해야 한다.

1단계 호흡에서는 길게 숨을 들이쉬면서 길게 숨을 들이쉬
고 있음을 알고, 길게 숨을 내쉬면서 길게 숨을 내쉬고 있음을
알아야 한다.

2단계 호흡에서는 짧게 숨을 들이쉬면서 짧게 숨을 들이쉬
고 있음을 알고, 짧게 숨을 내쉬면서 짧게 숨을 내쉬고 있음을
알아야 한다.

이 두 가지 호흡을 통해 마음챙김을 이룸과 동시에 망각과
불필요한 생각을 떨쳐버릴 수 있으며 현재의 순간과 직접 대면
할 수 있다. 망각은 마음챙김이 안 된 상태에서 생겨난다. 의식
이 깨어 있으면서 호흡을 하게 되면 우리들 자신과 삶 자체에

이르게 된다.

3단계 호흡에서는 숨을 들이쉬면서 육신을 의식하고, 숨을 내쉬면서 육신을 의식해야 한다.

이 호흡을 통해 육신을 관조할 수 있으며 그대들의 육신과 직접 대면할 수 있다. 육신 전체와 육신의 구석구석을 의식하게 되면 육신의 신비로운 모습과 육신에 깃들어 있는 생과 사의 과정을 볼 수 있다.

4단계 호흡에서는 숨을 들이쉬면서 몸 전체를 고요하고 평화롭게 하고, 숨을 내쉬면서 몸 전체를 고요하고 평화롭게 해야 한다.

이 호흡은 몸속에서의 고요와 평화를 깨닫게 해주며 마음과 몸, 호흡이 하나가 되는 상태에 이르게 해준다.

5단계 호흡에서는 숨을 들이쉬면서 기쁨을 느끼고, 숨을 내쉬면서 기쁨을 느껴야 한다.

6단계 호흡에서는 숨을 들이쉬면서 행복을 느끼고, 숨을 내쉬면서 행복을 느껴야 한다.

이 두 가지의 호흡은 감각의 영역으로 들어가게 해준다. 이 것은 몸과 마음을 넉넉하게 하는 평화와 기쁨을 맛보게 해준다. 생각의 흐트러짐과 망각을 끊게 되면 그대들 자신에게로 돌아가서 현재의 순간을 의식하게 된다. 행복과 기쁨이 몸 안에서 솟아난다.

그대들은 생명의 신비 속에 머물며 마음챙김이 가져다주는 평화와 행복을 맛볼 수 있다. 이렇게 생명의 신비에 다가감으로써 이도 저도 아니던 감각이 즐거운 감각으로 바뀐다. 따라서 이 두 가지 호흡은 그대들을 즐거운 감각으로 이끌어준다고 할 수 있다.

7단계 호흡에서는 숨을 들이쉬면서 마음속의 작용을 의식하고 숨을 내쉬면서 마음속의 작용을 의식해야 한다.

8단계 호흡에서는 숨을 들이쉬면서 마음속의 작용을 고요하고 평화롭게 해주고, 숨을 내쉬면서 마음속의 작용을 고요하고 평화롭게 해주어야 한다.

이 두 가지 호흡은 그대들 내부에서 일어나는 모든 감각들, 그것이 유쾌한 것이든 불쾌한 것이든 아니면 이도 저도 아닌 것이든 간에, 그런 감각들을 깊이 들여다볼 수 있게 함과 더불어 그런 감각들을 고요하고 평화롭게 해준다. '마음속의 작용' 이란 이 경우 감각을 뜻한다. 그대들이 감각을 의식하고 그 근원과 본질을 깊이 들여다볼 수 있을 때 설사 그것이 욕망이나 노여움 그리고 시기심에서 생겨난 유쾌하지 못한 것일지라도 고요하고 평화롭게 다스릴 수가 있다.

9단계 호흡에서는 숨을 들이쉬면서 마음을 의식하고, 숨을 내쉬면서 마음을 의식해야 한다.

10단계 호흡에서는 숨을 들이쉬면서 마음을 행복하고 평화롭게 하고, 숨을 내쉬면서 마음을 행복하고 평화롭게 해야 한다.

11단계 호흡에서는 숨을 들이쉬면서 마음을 집중하고, 숨을 내쉬면서 마음을 집중해야 한다.

12단계 호흡에서는 숨을 들이쉬면서 마음을 자유롭게 하고,

숨을 내쉬면서 마음을 자유롭게 해야 한다.

이 네 가지의 호흡을 통해 제3영역인 마음속으로 들어간다. 9단계 호흡은 지각, 사고, 분별, 행복, 슬픔, 의심과 같은 모든 마음 상태를 인식하게 해준다. 그대들은 이러한 상태를 관찰하고 인식함으로써 마음 작용을 깊이 들여다볼 수 있다. 마음 작용이 관찰되고 인식되면 그대들은 마음을 하나로 집중시켜 고요하고 평화롭게 할 수 있다. 이는 10단계와 11단계 호흡을 통해 이루어진다. 그리고 12단계 호흡을 통해 마음속의 온갖 장애는 제거된다. 마음을 밝게 해주면 모든 정신 작용의 근원을 볼 수 있으며 따라서 모든 장애를 극복하게 된다.

13단계 호흡에서는 숨을 들이쉬면서 모든 법의 변함을 관찰하고, 숨을 내쉬면서 모든 법의 변함을 관찰해야 한다.

14단계 호흡에서는 숨을 들이쉬면서 모든 법의 소멸을 관찰하고, 숨을 내쉬면서 모든 법의 소멸을 관찰해야 한다.

15단계 호흡에서는 숨을 들이쉬면서 자유를 관조하고, 숨을 내쉬면서 자유를 관조해야 한다.

16단계 호흡에서는 숨을 들이쉬면서 해탈을 관조하고, 숨을 내쉬면서 해탈을 관조해야 한다.

이 네 가지 호흡을 통해 수행자들은 마음의 대상이라는 영역에 들어가며 마음을 집중해서 모든 법의 참된 본성을 관찰할 수 있다. 첫째는, 모든 법이 갖는 변함을 관찰할 수 있다. 모든 법은 순간적이기 때문에 그것들은 모두 소멸하게 된다. 모든 법이 갖는 순간적이고 소멸하게 되는 본성을 분명히 이해하게 되면 더 이상 생사의 끝없는 사슬에 얽매이지 않게 된다. 그 덕분에 그대들은 해탈을 하고 자유를 얻게 된다. 해탈은 삶을 혐오하거나 그것으로부터 달아나는 것을 의미하지는 않는다. 해탈은 갈망과 집착에서 벗어나고 생사의 끝없는 사슬에서 벗어남을 의미한다. 일단 해탈을 하고 자유를 얻게 되면 생의 한가운데서 평화와 기쁨을 누리며 살 수 있다. 더 이상 그대들을 구속할 수 있는 것은 없게 된다."

붓다는 이와 같이 의식적인 16단계의 호흡법을 통해 육신, 감각, 마음 그리고 마음의 대상을 깊이 관찰하는 법을 가르쳤다. 그는 또한 16단계의 호흡법을 깨달음의 일곱 요소, 즉 충분한 주의력, 법의 관찰, 힘, 기쁨, 평정, 집중 그리고 해탈을 수행하는 데 적용했다.

스바스티는 이미 네 가지 마음챙김에 관한 경을 들은 적이 있었다. 이번 호흡의 충분한 의식에 관한 경 덕분에 그는 이제 네 가지 마음챙김을 보다 깊이 꿰뚫어 볼 수 있음을 느꼈다. 그는 이 두 개의 경이 상호 보완적이며 둘 다 명상 수행에 있어 기본적인 것임을 알 수 있었다.

삼천 명의 비구와 비구니들은 그날 밤 모두 보름달의 밝은 빛을 받으며 기쁜 마음으로 붓다의 가르침을 받아들였다. 스바스티의 가슴은 오늘 밤과 같은 법회를 마련해준 사리풋타에 대해 감사하는 마음으로 가득 찼다.

어느 날 아힘사카는 걷기조차 힘들 만큼 피를 흘리며 탁발에서 돌아왔다. 스바스티는 달려가서 그를 부축했다. 아힘사카는 붓다에게 데려다 달라고 부탁했다. 그가 시내에 탁발을 나갔을 때 일부 사람들이 그가 지난날의 앙굴리말라임을 알아보았던 것이다. 그들은 그를 구석진 곳으로 끌고 가서 때리기 시작했다. 아힘사카는 맞으면서도 대항하지 않고 두 손을 연꽃 송이처럼 합장한 채 그들이 노여움과 증오를 가라앉히기만을 기다렸다. 그들은 그가 피를 줄줄 흘릴 때까지 두들겨 팼다.

붓다는 아힘사카가 상처를 입고 돌아온 것을 보고 아난다로 하여금 물과 수건으로 피를 씻어내게 했다. 그러고는 스바스티에게 약초 잎을 뜯어다가 짓이겨 아힘사카의 상처에 발라주라고 분부했다.

아힘사카는 극심한 고통에 시달리면서도 소리를 지르거나 하지 않았다. 붓다가 말했다. "오늘 네 고통은 지난날의 모든 고통을 씻어줄 것이다. 사랑과 의식을 통해 고통을 참고 견디면 수천 번의 생에 걸쳐 쌓은 커다란 증오심을 지울 수 있다. 아힘사카, 네 가사가 갈기갈기 찢어졌구나. 발우는 어디에 두었느냐?"

"스승님, 사람들이 그것마저도 부숴버렸습니다."

"아난다에게 말해서 네게 새 가사와 발우를 주도록 하마."

스바스티는 아힘사카의 상처 위에 찜질 약을 발라주면서 아힘사카의 참모습은 바로 이런 것이구나, 하고 느꼈다. 아힘사카는 스바스티에게 며칠 전 탁발을 나갔을 때 일어났던 이야기를 들려주었다.

숲 속의 한 그루 나무 아래에서 아힘사카는 산고를 겪고 있는 한 여인을 만났다. 그녀는 극심한 산통에 시달리면서도 아이를 낳지 못하고 있었다. 아힘사카는 붓다에게 달려가 어찌해야 좋을지를 물었다.

붓다가 말했다. "그녀에게 달려가서 이렇게 말해라. '부인, 제가 세상에 태어난 뒤 어떤 생명을 고의로 해친 적이 한 번도 없습니다. 그러한 공덕으로 당신과 아기는 아무 탈이 없을 것입니다'라고 말이다."

아힘사카가 말했다. "제가 그런 말을 한다면 거짓말을 하는 겁니다! 제가 수많은 생명을 해친 것은 분명한 사실입니다."

붓다가 말했다. "그러면 가서 그녀에게 말해라. '부인, 제가 숭고한 법의 품에 안긴 뒤로는 어떤 생명을 고의로 해친 적이 한 번도 없습니다. 그러한 공덕으로 당신과 아기는 아무 탈이 없을 것입니다'라고 말이다."

아힘사카는 숲으로 달려가서 그와 같이 말했다. 잠시 후 여인은 무사히 아기를 낳았다.

아힘사카는 붓다의 칭찬을 받으며 계속 깨달음의 길에 정진했다.

57장

뗏목은 하나의 수단일 뿐

그해 겨울에 붓다는 베살리에서 머물렀다. 어느 날 그가 쿠타가라살라 법당으로부터 그리 멀지 않은 곳에서 명상을 하고 있을 때 그 수도원의 한곳에서 몇 명의 비구들이 자살을 했다. 붓다는 그 소식을 듣고 그들이 자살한 이유를 물었다. 이 비구들은 육신의 순간적이며 소멸하게 되는 본성에 대해 명상을 한 후 육신의 덧없음을 느껴 더 이상 살아갈 의욕을 잃고 말았다고 했다. 붓다는 이 말을 듣고 슬픔에 잠겼다. 그는 다른 모든 비구들을 소집했다.

그가 말했다. "비구들이여, 우리가 모든 존재의 변함과 소멸하는 육신의 본질을 명상하는 까닭은 모든 법의 참된 본성을 바로 보고 그것에 얽매이지 않기 위함이다. 해탈과 자유는 세상을 피한다고 얻을 수 있는 것이 아니다. 그것은 모든 법의 참된 본성을 깊이 들여다볼 때에만 얻을 수 있다. 죽은 비구들은 이를 이해하지 못하여 어리석게도 세상을 뜬 것이다. 그렇게 함으로써 그들은 불살생의 계율을 저버린 셈이다.

비구들이여, 자유를 얻은 사람은 법에 집착하지 않을 뿐만 아니라 그것을 배척하지도 않는다. 집착과 배척은 속박의 두 끈이다. 자유로운 사람은 이 두 가지를 풀어 헤치고 평화롭고 행복한 상태에 머무른다. 이러한 행복은 측량할 수 없는 것이다. 자유로운 사람은 영원이라느니 별개의 실체라느니 하는 편협한 소견에 매달리지 않는다. 비구들이여, 아무것에도 얽매이지 않는 마음으로 가르침을 부지런히 연마하고 수행해라." 그러고 나서 붓다는 비구들에게 의식적인 호흡의 수련을 통해 스스로를 새롭게 하라고 가르쳤다.

사밧티에 돌아왔을 때 붓다는 아릿타라는 비구를 예로 들며 집착심을 타파하는 법에 관해 좀 더 자세히 가르쳤다. 그는 붓다의 가르침을 그릇되게 이해했기 때문에 편협한 소견에 사로잡혀 있었다. 제타바나에서 비구들을 앞에 앉혀놓고 붓다는 말했다. "비구들이여, 가르침을 그릇되게 이해하면 자신과 남에게 고통을 안겨주는 편협한 소견에 사로잡힐 수 있다. 그대들은 가르침을 현명하게 듣고, 이해하고, 응용해야 한다. 뱀을 이해하는 사람은 그 뱀을 들어 올리기 전에 집게를 사용해서 뱀의 목을 누른다. 만약 그가 꼬리나 몸통 부분을 잡아 들어 올린다면 뱀은 쉽게 그를 물 수 있다. 뱀을 사로잡는 그와 같은 지혜를 활용해서 가르침을 받아들여야 한다.

비구들이여, 가르침은 진실을 설명해주는 수단에 불과하다.

그것을 진실 그 자체로 착각해서는 안 된다. 달을 가리키는 손가락은 달이 아닌 것이다. 손가락은 달이 어디에 있는지 가리키는 데 사용될 뿐이며 손가락을 달 그 자체로 착각하면 진정한 달을 볼 수가 없는 법이다.

가르침은 그대들을 강 건너편으로 옮겨주는 뗏목과도 같다. 강을 건너는 데 뗏목이 필요하긴 하지만 뗏목이 강 건너편 그 자체는 아니다. 총명한 사람은 강 건너편에 다다른 후 뗏목을 가지고 다닐 생각을 하지 않는 법이다. 비구들이여, 나의 가르침은 강을 건너 생사를 넘어서게 해주는 뗏목이라 할 수 있다. 뗏목은 강을 건너는 데 사용할 것이며 그것을 그대의 소유물로 생각하지 말라. 가르침에 사로잡혀서는 안 된다. 그것으로부터 벗어나야 한다.

비구들이여, 나는 그대들에게 네 가지의 성스러운 진리(四聖諦)와 팔정도 그리고 네 가지 마음챙김(四念處), 깨달음의 일곱 요소(七覺支), 모든 존재의 변함(無常), 무아(無我), 고통(苦), 비어 있음(空), 형상을 떠남(無相) 그리고 바람을 떠남(無願)에 대해 가르쳤지만 그대들은 마음의 문을 활짝 열고 열린 마음으로 이것들을 공부해야 한다. 이러한 가르침은 그대들이 자유에 이르는 데 도움을 줄 것이다. 하지만 그것들 자체에 집착해서는 안 된다."

비구니들의 수도원은 오백 명을 수용할 수 있었다. 그들은 자주 제타바나로부터 붓다와 다른 수제자들을 초대해서 설법을 듣곤 했다. 아난다는 붓다로부터 비구니들에게 설법을 행해줄 수행자를 선정하는 일을 분부받았다. 어느 날 그는 반다를 가게 했다. 반다는 수행에 깊은 진전을 이루고 있었다. 그러나 그는 말재주가 없었다. 다음 날 그는 탁발을 하고 숲 속에서 혼자 식사를 마친 후 비구니들의 수도원으로 갔다. 비구니들은 그를 따뜻하게 맞이했고 고타미 비구니는 그를 방석 위에 앉게 한 후 설법을 청했다.

방석 위에 앉은 다음 그는 짤막한 게송을 하나 읊었다.

> 고요한 가운데 머무르며
> 법을 살펴 근원으로 돌아감이여.
> 증오나 폭력도 없이
> 기쁨과 평화 넘쳐흐르네.
> 마음이 완전하게 하나로 되면
> 참된 평화, 참된 평정 이루나니
> 모든 욕망을 넘어서는 깨달음은
> 한량없는 기쁨이로세.

그는 더 이상 아무 말도 하지 않은 채 깊은 삼매에 들어갔다. 그의 법어는 비록 짤막했지만 그의 온몸에는 평화와 행복의 빛이 가득했다. 이에 참석한 비구니들은 모두 크나큰 힘을 얻을 수 있었다. 그러나 나이가 어린 비구니들은 그의 법어가 너무나 짧은 데 대해 실망했다. 그들은 고타미 비구니에게 조금 더 해주실 수 있겠는지 부탁드려보라고 재촉했다. 고타미는 반다에게 절한 후 젊은 비구니들의 바람을 전했다. 그러나 반다는 똑같은 게송을 한 번 더 읊을 뿐이었다.

며칠 뒤 붓다는 반다의 설법에 대한 이야기를 들었다. 앞으로는 말재주가 좀 더 뛰어난 수행자가 설법을 해주었으면 하는 요청도 있었다. 그러나 붓다는 사람의 가치가 단순히 말을 잘하는 데 있지 않다고 대답했다.

어느 날 아침 붓다가 탁발을 마치고 돌아와보니 아난다가 보이지 않았다. 라홀라를 비롯한 다른 사람들도 그를 보지 못했다고 말했다. 조금 뒤 한 비구가 근처 천민의 집에서 아난다가 탁발을 하고 있는 것을 보았다고 말했다. 붓다는 비구에게 어서 그 집으로 가서 아난다를 데려오라고 시켰다. 그 비구는 아난다를 찾아 함께 수도원으로 돌아왔다. 그는 또한 두 모녀를 데리고 왔는데 딸의 이름은 프라크리티였다.

붓다는 아난다에게서 그가 그토록 늦어진 이유를 들었다. 몇 주 전의 어느 날 탁발을 마치고 수도원으로 돌아오는 길에 아난다는 갑자기 갈증을 느꼈다. 그는 물을 마시기 위해 한 천민의 집 바깥에 있는 우물가에서 걸음을 멈추었다. 그곳에서 그는 프라크리티가 두레박을 들어 올리고 있는 것을 보았다. 아난다는 그녀에게 물을 좀 달라고 부탁했으나 그녀는 이를 거절했다. 그녀는 자신이 천민이기 때문에 그에게 물을 주어 수행자를 욕되게 할 수는 없다고 말했다.

아난다가 그녀에게 말했다. "내게는 지금 높은 지위도 계급도 필요 없다. 오직 물이 필요할 뿐이다. 그러니 네게서 물을 좀 얻어 마실 수 있으면 좋겠다. 나를 더럽힐까 봐 걱정하지 말 거라."

프라크리티는 곧 그에게 물을 주었다. 그녀는 이토록 친절하고 잘생긴 수행자가 점잖게 말을 건네자 마음이 끌렸다. 그녀는 그만 사랑의 열병에 걸려버렸다. 밤에 그녀는 잠을 이룰 수도 없었다. 그녀의 마음속에는 아난다밖에 없었다. 그녀는 혹시 그의 모습을 볼 수 있을까 하는 기대감으로 매일 우물가에서 기다리곤 했다. 그녀는 그를 집으로 초대해서 식사를 함께 하자고 어머니를 설득했다. 아난다는 초대에 두 번을 응했으나 곧 젊은 여자가 자신에게 사랑을 느끼고 있음을 알아채고는 더 이상 초대에 응하지 않았다.

프라크리티는 상사병에 걸렸다. 그녀의 몸은 야위고 창백해졌다. 결국 그녀는 마음속의 비밀을 어머니에게 고백했다. 아난다가 수행자 생활을 포기하고 자기와 결혼해주기를 바란다고 말했다. 그녀의 말에 큰 충격을 받은 어머니는 소리를 버럭 지르면서 어리석은 생각이며 이룰 수 없는 사랑이라고 말했다. 그러나 프라크리티는 결혼을 포기하느니 차라리 죽어버리겠다고 말했다. 결국 딸의 죽음을 걱정한 그녀의 어머니는 아난다가 혹시 딸아이의 사랑을 받아주지 않을까 하는 실낱같은 희망을 걸고 성욕을 촉진시켜주는 최음제를 준비했다. 그녀는 마탄가 부족 출신이었기 때문에 여러 가지 샤머니즘적인 묘약들을 알고 있었다.

그날 아침, 프라크리티는 거리에서 아난다를 만나 마지막으

프라크리티는 아난다에게 샘물을 떠주었다.

로 단 한 번만 초대에 응해달라고 유혹했다. 아난다는 프라크리티와 그녀의 어머니에게 가르침을 베풀어 자신에 대한 욕망을 버리도록 해야겠다고 마음먹었다. 그러나 최음제를 탄 차를 마시자 미처 가르침을 줄 기회조차도 없었다. 머리가 멍해졌고 손발은 힘이 빠졌다. 그는 뭔가 일이 생겼음을 알아채고는 약의 효과를 억누르기 위한 호흡 조절에 들어갔다. 붓다가 보낸 비구가 프라크리티의 오두막에 도착할 때까지 그는 연꽃과도 같은 자세를 취하고 있었다.

붓다는 부드럽게 프라크리티에게 물었다.

"너는 아난다 비구를 깊이 사랑한다, 그렇지 않느냐?"

프라크리티가 대답했다. "저는 진심으로 그를 사랑합니다."

"그의 무엇을 사랑하느냐? 그의 눈이냐, 코냐, 아니면 그의 입술이냐?"

"그의 모든 것을 사랑합니다. 그의 눈, 그의 코, 그의 입술, 그의 목소리, 그의 걸음걸이, 저는 그의 모든 것을 사랑합니다."

"눈, 코, 입술, 목소리, 걸음걸이뿐만 아니라 아난다 비구는 네가 아직 알지 못하는 수많은 아름다움을 가지고 있단다."

"그것이 무엇인가요?" 프라크리티가 물었다.

붓다가 대답했다. "그가 마음속으로 사랑하는 것은 단 하나이다. 너는 그가 무엇을 사랑하는지 아느냐?"

"존엄하신 분이시여, 저는 그가 무엇을 사랑하는지 모르겠습니다. 다만 그가 저를 사랑하지 않는다는 것만은 알고 있습니다."

"너는 잘못 알고 있다. 아난다 비구는 너를 사랑하고 있다. 하지만 네가 바라는 방식으로 사랑하지는 않는다. 아난다는 자유와 평화와 기쁨의 길을 사랑한단다. 그렇기 때문에 아난다는 자주 미소를 짓곤 한단다. 그는 다른 모든 생명들을 사랑한다. 그는 자유의 길을 모든 사람들에게 알려주어 그들 또한 자유와 평화와 기쁨을 누리기를 원한다. 프라크리티, 아난다 비구의 사랑은 이해와 자유로부터 온다. 그는 너처럼 사랑 때문에 고통을 받거나 절망을 느끼거나 하지는 않는다. 네가 아난다 비구를 참으로 사랑한다면 그의 사랑을 이해하고 그가 선택한 자유의 삶을 계속 살도록 해주어야 한다. 아난다가 사랑하는 방법을 안다면 너는 더 이상 고통이나 좌절감에 빠지지 않게 된다. 너의 고통과 좌절감은 아난다의 모든 것을 너 자신의 것으로 만들려고 하는 데서 비롯된 것이다. 그것은 이기적인 사랑이다."

프라크리티는 붓다를 바라보며 물었다. "어떻게 해야 아난다 비구가 사랑하는 방식으로 사랑할 수 있는지요?"

"너 자신의 행복뿐만 아니라 아난다의 행복을 지켜줄 수 있는 방식으로 사랑하여라. 아난다 비구는 시원한 산들바람과도 같다. 네가 산들바람을 붙잡아서 사랑의 감옥 속에 가두어버리면 산들바람은 곧 소멸해버리기 때문에 너 자신뿐 아니라 어느 누구도 그 바람의 혜택을 받을 수 없단다. 시원한 산들바람을 대하듯이 아난다를 사랑해라. 프라크리티, 네가 그렇게 사랑할 수 있으면 넌 스스로를 시원하고 상쾌한 산들바람으로 만들 수도 있게 된다. 그러면 너는 네 자신의 고통과 짐을 덜 뿐만 아니라 다른 사람들에게도 도움을 줄 수 있단다."

"존엄하신 분이시여, 그러한 방식으로 사랑하는 법을 가르쳐주십시오."

"너도 아난다 비구가 택한 길을 가면 된다. 그러면 아난다 비구처럼 자유와 평화와 기쁨으로 충만한 삶을 살 수 있으며 다른 사람들에게 행복을 안겨줄 수 있게 된다. 너도 그처럼 입문을 하도록 해라."

"그렇지만 저는 천민인걸요! 제가 어떻게 입문을 하지요?"

"우리 상가에 신분의 차별 따위 없느니라. 천민 가운데 몇 사람이 이미 비구로 입문했다. 파세나디 왕이 높이 평가하고 있는 수니타도 천민이었다. 네가 비구니가 되기를 원한다면 천민 출신 최초의 비구니가 되는 셈이다. 원한다면 케마 비구니에게 너를 입문시키도록 말해주마."

프라크리티는 기쁨에 넘쳐 붓다 앞에 엎드리고 입문시켜주기를 청했다. 붓다는 프라크리티를 케마에게 맡겨 돌보도록 했다. 그녀들이 떠나간 뒤 붓다는 아난다와 여러 제자들을 향해 말했다.

"비구들이여, 너희도 아난다의 비구로서의 굳은 맹세가 아직도 변함없음을 잘 알 수 있을 것이다. 그러나 너희가 바깥에 나가 활동할 때에는 좀 더 주의하기를 바란다. 변함없이 마음챙김을 한 채 머무르면 너희의 안팎에서 무슨 일이 생기는지 알게 될 것이다. 무슨 일이 생겨나든 속히 그것을 발견하면 거기에 적절히 대처할 수 있을 것이다. 너희의 집중력이 강하고 안정되어 있으면 시야는 분명해지고 행동은 시기를 놓치는 일이 없게 될 것이다. 집중력과 이해는 서로 연결되어 있다. 각각은 서로를 포함하고 있다. 두 개는 하나이다.

비구들이여, 나이가 든 여인을 보면 어머니나 누나로 보아라. 나이가 어린 여인을 보면 여동생이나 딸로 보아라. 그러면 너희의 애정이 수행에 어려움을 불러일으키지 않을 것이다. 필요하다면 집중력이 좀 더 강해질 때까지 여인들과 접촉하는 일을 피하도록 해라. 그리고 깨달음의 길과 관련된 말 이외에는 입 밖에 내지 말도록 하여라."

비구들은 기쁜 마음으로 붓다의 가르침을 받아들였다.

58장

한 줌의 소중한 흙

가난한 마을로 탁발을 나간 어느 날, 붓다는 지저분한 길바닥 위에서 놀고 있는 몇 명의 아이들을 만났다. 그들은 진흙과 모래로 도시를 만들고 있었는데 도시의 성벽과 창고와 주택 그리고 강까지 완성시키고 있는 중이었다. 붓다와 비구들이 다가오는 것을 보고 한 아이가 다른 아이들을 보며 말했다. "붓다와 비구들이 우리 도시를 지나 여행을 하고 있어. 그분들에게 뭔가 공양을 드리는 게 좋겠어."

아이들도 그 생각을 그럴듯하게 여기긴 했으나 이렇게 말했다. "붓다께 무엇을 드리면 좋을까? 우린 애들이잖아."

첫 번째 아이가 대답했다. "걱정 마, 얘들아, 진흙과 모래로 만든 도시의 창고에는 곡식들이 많이 있잖아. 그 안에서 조금 꺼내어 붓다께 드리면 되지 뭐."

다른 아이들도 기뻐하며 손뼉을 쳤다. 그들은 창고 안에서

553

진흙 한 줌을 퍼낸 후 그것이 마치 쌀이라도 되는 것처럼 나뭇잎 위에 올려놓았다. 첫 번째 아이가 두 손으로 그 나뭇잎을 들어 올린 후 붓다를 향해 정중하게 무릎을 구부리고는 말했다. "저희 도시의 사람들이 이렇게 창고에서 쌀을 꺼내어 정중하게 바칩니다. 부디 받아주세요."

붓다가 미소 지었다. 그는 소년의 머리를 쓰다듬으면서 말했다. "이 귀한 쌀을 우리에게 준다니 고맙구나, 애야. 넌 참으로 사려 깊은 아이로구나."

붓다는 아난다를 돌아보며 말했다. "아난다, 이 아이의 공양을 받도록 해라. 그리고 수도원에 돌아가는 대로 물을 섞어서 내 오두막의 벽에다 바르도록 해라."

아난다는 한 줌의 흙을 받아 들었다. 아이들은 붓다를 초대해 가까운 보리수 아래에 있는 커다란 바위 위에 함께 걸터앉았다. 아난다와 다른 비구들도 주변에 빙 둘러앉았다.

붓다는 아이들에게 이야기를 하나 들려주었다.

"옛날에 비스반타라라는 이름을 가진 한 왕자가 살았단다. 그는 마음씨가 매우 너그럽고 친절한 사람이었지. 언제나 가난한 사람들과 함께 지냈고 자신이 가진 것들을 주저 없이 나누어 주곤 했단다. 그의 아내인 마드리 또한 너그러웠지. 그녀는 남편이 다른 사람들에게 도움을 주는 것을 큰 기쁨으로 여겼고 그가 그렇게 나누어 주는 데 대해 불평 한 마디 하는 법이 없었다. 그들에게는 잘린이라는 아들과 크리슈나지나라는 딸이 있었단다.

가뭄이 들자 비스반타라 왕자는 왕실 창고에서 쌀과 옷가지 등을 꺼내 가난한 사람들에게 나누어 주고 싶다고 국왕에게 말했단다. 국왕은 이를 허락했지. 사람들이 필요로 하는 것들이 너무나 많았기 때문에 창고는 거의 바닥이 드러날 지경이었어. 그러자 궁궐의 여러 대신들은 크게 놀랐지. 그들은 왕자가 더 이상 물건을 나누어 주지 못하게끔 대책을 세우기로 했단다. 우선 그들은 왕자가 헤프게 물건을 나누어 주면 왕국이 멸망하게 될지도 모른다고 왕에게 말했단다. 그들은 왕자가 보석으로 된 코끼리 한 마리도 나누어 주었다고 일러바쳤지. 이 말을 들은 왕은 크게 놀라며 하나뿐인 아들을 아주 멀리 떨어진 자야투라 산으로 유배 보냈단다. 이리하여 비스반타라, 마드리 그리고 두 아이들은 함께 떠나게 되었단다.

산으로 가는 도중에 그들은 불쌍한 거지를 만났지. 왕자는 입고 있던 근사한 외투를 벗어 그에게 주었단다. 그리고 가난한 사람들을 더 많이 만나게 되었을 때는 마드리도 자신이 입고 있던 겉옷을 벗어 그들에게 주었단다. 또한 얼마 지나지 않아 잘린과 크리슈나지나 역시 입고 있던 외투를 벗어 주게 되었단다. 그 후에도 그들은 가는 도중에 만나게 된 어려운 형편의 사람들에게 보석과 장신구 따위를 모두 나누어 주었단다. 산에 도착하기도 전에 그들은 음식을 마련하기 위해 가지고 있던 것 모두를 주어버렸지. 결국 마차와 두 필의 말까지도 주어버렸단다. 왕자는 잘린을, 마드리는 크리슈나지나를 각자 팔에 안고 걸었단다. 하지만 그들은 아무런 후회도 하지 않았고 계속 걸어 마침내 자야투라 산 밑에 이르렀단다. 그들은 이 세상에 아무런 걱정도 없다는 듯이 노래를 부르며 산길을 걸어 올랐지. 마음은 가벼웠고 편안했단다.

아주 먼 길을 걸었기에 그들이 산에 도착했을 때 비스반타라와 마드리의 두 발은 지치고 피가 날 지경이었단다. 그렇지만 그들은 운 좋게도 산기슭에서 사람이 살지 않는 오두막을 발견했지. 그 오두막은 한때 은둔자가 살던 곳이었단다. 그들은 쓸고 닦고 한참 동안 청소를 한 후, 잎이 달려 있는 나뭇가지를 엮어 침상을 만들었단다. 그리고 다행히, 숲 속에는 그들이 먹을 것을 걱정하지 않아도 될 만큼 풍성한 과일들과 열매들이 있었단다. 아이들은 먹을 것을 구하고, 숲 속의 샘에서 빨래를 하고, 씨를 뿌리고, 뜰을 가꾸는 법을 배웠지. 왕자와 그의 아내는 널따란 나뭇잎에다 사슴뿔로 만든 붓을 사용해서 아이들에게 읽고 쓰는 법을 가르쳤단다.

비록 사는 것이 어렵긴 했지만, 마음만은 넉넉했단다. 3년 동안 그들은 평화롭게 살았어. 그런데 어느 날 비스반타라와 마드리가 과일을 따러 숲 속에 깊이 들어가고 집에 없을 때 한 낯선 남자가 와서 두 아이를 잡아갔단다. 비스반타라와 마드리는 며칠 동안 숲 속 전체를 뒤지고 근처 마을에 수소문하며 찾아다녔지만 끝내 사랑하는 아이들의 발자국조차 찾을 수 없었단다.

마침내 그들은 기운이 쏙 빠지고 절망감에 사로잡힌 채 아이들이 스스로 집으로 찾아오기만을 기다리며 오두막으로 돌아왔지. 집으로 돌아왔을 때 그들은 왕이 보낸 심부름꾼 한 명이 자신들을 기다리고 있는 것을 보고 깜짝 놀랐단다. 그들은 심부름꾼으로부터 뜻밖에도 잘린과 크리슈나지나가 궁전에서 왕과 함께 무사히 잘 있다는 말을 듣고는 크게 안도의 한숨을 내쉬었단다. 아이들이 어떻게 그곳으로 가게 되었느냐고 묻자 심부름꾼은 이렇게 설명했단다. '며칠 전 궁전의 귀부인 한 명이 길을 가다가 두 아이들이 수도의 노예시장에서 팔리고 있는 것을 발견했답니다. 그녀는 당신들의 아이들임을 알아보고는 재빨리 궁전으로 돌아가서 국왕의 고문인 남편한테 이를 알렸지요. 고문은 곧바로 노예시장으로 달려가서 상인에게 그 아이들을 궁전으로 데려가겠으며 값은 충분히 지불하겠다고 말했답니다. 비록 그들이 다 헤어진 옷과 흙이 묻은 얼굴을 하고 있긴 했지만 왕은 자신의 손자와 손녀임을 알아보았지요. 왕은 자신이 당신 가족을 얼마나 깊이 사랑하는지 문득 깨닫게 되었답니다.'

왕이 노예 상인에게 이렇게 물었단다. '그대는 이 아이들을 어디에서 발견했느냐? 그들을 얼마에 팔고 있었느냐?'

상인이 미처 대답을 하기도 전에 궁전 고문이 말했단다. '왕이시여, 아가씨는 황금 천 냥과 천 마리의 가축에 팔리고 있었고, 도련님은 황금 천 냥과 백 마리의 가축에 팔리고 있었습니다.'

상인과 두 아이들을 포함한 모든 사람들이 이 말을 듣고 깜짝 놀랐단다. 왕이 물었지. '어째서 여자아이가 사내아이보다 더 비싸더란 말이냐?'

궁전 고문이 대답했지. '예, 여자아이는 사내아이보다 값이
더 나간답니다. 왕께서는 공주님들한테는 게으르다고 꾸중을
하시거나 벌을 내린 적이 없습니다. 심지어 궁전의 시녀들에게
도 친절하게 대하셨지요. 하지만 한 분뿐인 아드님을 호랑이와
표범이 울부짖고, 먹을 것이라고는 나무 열매밖에 없는 깊은
산속으로 유배 보내셨습니다. 그러니 여자아이가 사내아이보
다 값이 더 나가는 것은 당연하지요.'

왕은 그 말의 뜻을 헤아리고는 눈물을 글썽거렸다. '더 이상
아무 말도 하지 마라. 이미 너의 말뜻을 알겠으니.'

왕은 그 상인이 산에서 내려온 어느 남자한테서 아이들을 샀
음을 알게 되었다. 왕은 상인에게 상금을 후히 치르고는 궁전
경비병들에게 상인을 따라가서 납치범을 잡아 오라고 시켰단
다. 왕은 두 아이들을 끌어안고 산속에서 어떻게 지냈는지 물
었단다. 그리고 그는 왕자 내외를 다시 궁전으로 불러들이라고
분부를 내렸지. 그 후로 왕은 아들을 사랑하게 되었고 가난한
사람들의 고통을 덜어주려고 애쓰는 아들의 노력을 아낌없이
도와주었단다."

아이들은 붓다의 이야기를 무척 재미있어했다. 붓다는 그들
을 보고 웃으며 말했다. "비스반타라 왕자는 자신이 가지고 있
는 것을 다른 사람들에게 기쁜 마음으로 나누어 주었단다. 오
늘 너희는 창고에 있는 귀중한 흙 한 줌을 내게 나누어 주었
지. 너희는 나를 기쁘게 해주었다. 이처럼 너희들도 매일 조그
만 선물을 함으로써 다른 사람들을 기쁘게 해줄 수가 있단다.

그것이 꼭 돈으로 산 물건일 필요는 없다. 들에서 한 송이 꽃을 꺾어 부모님께 갖다 드려도 너희는 그분들을 기쁘게 해드릴 수 있단다. 감사한 마음과 사랑이 담긴 말 한 마디도 소중한 선물이 될 수 있단다. 친절이 담긴 표정이나 몸짓 하나도 다른 사람들에게 기쁨을 줄 수 있단다. 가족과 친구들에게 매일 이런 선물을 주도록 해라. 비구들과 나는 이제 떠나지만 오늘 너희가 준 근사한 선물을 항상 잊지 않을 것이다."

아이들은 좀 더 많은 친구들을 불러 모아 제타바나로 붓다와 비구들을 방문하기로 약속했다. 그들은 보다 많은 이야기를 듣고 싶어 했다.

이듬해 여름 붓다는 가르침을 주기 위해 라자가하로 돌아가 독수리 봉에 올랐다. 지바카가 그를 방문해서 망고 과수원에 와서 며칠 묵었다 가기를 청했다. 붓다는 초대에 응했고 아난다가 그를 수행했다. 의술가의 망고 과수원은 시원하고 쾌적했다. 망고나무는 열매가 달리기 시작한 지 8년이 되었다. 지바카는 붓다를 위해 조그만 오두막을 마련해주고 날이면 날마다 그에게 정성껏 채소 요리를 대접했다. 그는 붓다가 탁발을 며칠 그만두고 건강을 돌보기를 원했다. 또한 각종 뿌리와 잎, 열매들을 달여 약을 만들어주었다.

어느 날 그들이 함께 앉아 있을 때 지바카가 말했다. "스승님, 일부 사람들은 스승님께서 비구들에게 육식을 허용해주었다고 합니다. 그들은 스승님께서 자신과 비구들을 위해 짐승을 죽이는 것도 용인해주었다고 합니다. 심지어 어떤 사람들은 스승님께서 상가를 위해 고기를 대줄 사람을 필요로 한다며 터무니없는 모함을 하기도 합니다. 물론 저는 그러한 소문이 사실이 아님을 알지만 이 문제에 대해 스승님께서 한번 생각해주셨으면 합니다."

붓다가 대답했다. "지바카, 내가 짐승을 죽여 나 자신과 비구들을 위한 음식을 만들도록 허락했다는 사람들의 말은 사실이 아니다. 사실 나는 이 문제에 대해 여러 번에 걸쳐 말한 적이 있다. 누군가가 비구들의 음식을 마련해줄 생각으로 동물을 죽이는 것을 본다면 비구는 그걸 말려야 한다. 실제로 짐승이 죽는 것을 보지 못했다 하더라도 그 자신을 위해 짐승이 죽어간다는 말을 들었을 때는 그걸 말려야 한다. 더 나아가서 만약 짐승들이 그 자신을 위해 죽은 것 같다는 의문이 생기기만 하더라도 그는 그걸 막아야 한다. 지바카, 탁발을 수행할 때 비구들은 자신들을 위해 짐승이 죽지만 않았다면 무슨 음식이 주어지든 그것을 받아들인다. 살생을 하지 않고 자비를 베풀기로 한 비구들의 맹세를 이해하는 사람은 비구들에게 채식만을 제공한다. 그러나 간혹 어떤 사람은 고기가 섞여 있는 음식을 주기도 한다. 또한 비구들이 채식만 한다는 것을 모르는 사람들도 있다. 이러한 상황에서 비구들은 사람들이 깨달음의 길에 대해 배울 수 있는 기회를 마련해주기 위해, 그리고 음식을 제공해준 사람의 마음이 상하지 않도록 하기 위해 어떠한 음식을 주든 이를 받아들인 경우도 있을 것이다.

지바카, 언젠가는 비구들이 짐승의 죽음을 원치 않는다는 것을 모든 사람들이 이해하게 될 것이다. 그때가 되면 누구도 고기를 주지 않을 것이며 비구들은 채식만을 할 수 있을 것이다."

지바카가 말했다. "저는 채식이 건강에 더 좋다고 믿고 있습니다. 몸이 가뿐해지고 질병에도 덜 걸리게 되지요. 저는 지금까지 10년 동안 줄곧 채식만 해왔습니다. 그렇게 하는 것이 건강에도 좋고 자비심을 함양하는 데도 도움이 되기 때문입니다. 스승님, 저는 스승님으로부터 이처럼 분명한 가르침을 받게 되어 기쁘기 그지없습니다."

지바카는 또한 상가의 비구들이 전날 남긴 음식을 먹는 일이 없도록 주의해야 함을 말했다. 하룻밤 지난 음식은 상했거나 질병을 일으킬 우려가 있기 때문이었다. 붓다는 지바카에게 고마움을 표시한 후, 수행자들에게 기본적인 건강관리에 관해 알려줄 수 있도록 그를 수도원으로 초대했다.

59장

이론의 그물

지바카의 망고 과수원은 매우 넓고 조용했다. 과수원의 구석구석에는 비구니들을 위한 조그만 오두막들이 흩어져 있었다. 어느 날 저녁 수바라는 이름을 가진 젊은 비구니가 한 가지 문제를 의논하기 위해 붓다를 찾아왔다. 그녀가 탁발을 막 끝내고 외딴길을 통해 망고 과수원으로 돌아오고 있을 때 갑자기 한 사내가 나타나 그녀의 앞길을 가로막았다. 그녀는 사내의 불순한 의도를 짐작하고 마음을 가라앉히고 머리를 맑게 하기 위해 호흡을 가다듬었다. 그녀는 그의 두 눈을 똑바로 바라보며 말했다. "나는 붓다의 가르침을 따르는 비구니랍니다. 어서 길을 비켜 내가 수도원으로 돌아갈 수 있게 해주십시오."

그러자 그 사내가 말했다. "당신은 아직 젊고 매우 아름답소. 그런데 왜 머리를 깎고 노란 가사를 걸치고 인생을 허비하는 것이오? 내 말을 좀 들어보시오, 비구니여. 당신의 사랑스러운 육체는 그 볼품없는 가사보다 비단 사리가 더 어울려요. 왜냐고요? 당신은 내가 지금껏 본 여자들 중 그 누구보다도 아름답기 때문이오. 자, 당신한테 육체의 즐거움을 가르쳐주겠소. 나를 따라오시오."

수바는 냉정을 유지했다. "어리석은 말 하지 마세요. 나는 자유와 해탈 속에서 행복을 찾기로 했어요. 다섯 가지 욕망은 고통으로 이끌 뿐이지요. 날 가게 내버려두세요. 당신이 이해 해주시면 감사드리겠어요."

그러나 사내는 이를 거절했다. "당신의 눈은 매우 아름답소. 그토록 아름다운 눈을 본 적이 없소. 당신이 가게 내버려둘 만큼 내가 어리석은 줄 아시오? 자, 나와 함께 갑시다."

그는 손을 뻗어 그녀를 움켜잡으려 했으나 수바는 뒷걸음질 치며 말했다. "이봐요, 내 몸에 손대지 마세요. 비구니를 범해서는 안 됩니다. 나는 욕망과 증오로 가득 찬 삶이 싫어졌기 때문에 정신적인 수행의 길을 택했어요. 방금 당신은 내 눈이 아름답다고 말했지요. 맞는 말이에요. 그러니 내 두 눈을 뽑아 그것을 당신에게 드리겠어요. 당신에게 더럽혀지느니 차라리 맹인이 되겠어요."

수바의 목소리에는 굳은 결심이 담겨 있었다. 사내는 순간 깜짝 놀랐다. 그는 그녀가 말한 대로 할 수 있다는 것을 순간적으로 느낄 수 있었다. 그가 멈칫했다. 수바가 계속 말했다. "당신의 욕망으로 인해 죄악을 저지르지 않도록 하세요. 빔비사라왕이 붓다의 상가에 소속된 사람을 해치는 이를 엄히 벌한다는 말을 듣지 못했습니까? 똑바로 처신하지 않고 나의 순결과 생명을 위협한다면 당신도 체포되어 처벌당합니다."

문득 사내는 정신을 되찾은 듯했다. 그는 맹목적인 열정이 고통을 부른다는 것을 알았다. 그는 비구니의 앞에서 비키며 그녀에게 길을 터주었다. 그가 그녀의 뒤에서 불렀다. "날 용서해주시오. 당신이 정신 수련의 길에서 목표를 이루기를 바라겠소."

수바는 돌아보지 않고 계속 걸어갔다.

붓다는 그녀의 지혜와 용기를 칭찬하고는 말했다. "비구니가 혼자서 외딴길을 가는 것은 위험하다. 그것은 내가 처음에 여인들의 입문을 망설인 이유 가운데 하나이다. 수바, 앞으로는 비구니들이 혼자서 여행하는 일이 없도록 해라. 강을 건널 때, 탁발을 하러 마을에 들어갈 때, 또는 숲이나 들을 걸어갈 때 비구니들은 혼자 가는 일이 없도록 해라. 또한 비구니들은 혼자 잠을 자서도 안 된다. 수도원에서든 조그만 오두막이나 나무 아래에서든 비구니들은 혼자서 잠을 자서는 안 된다. 비구니들은 서로를 돌봐주고 보호해줄 수 있도록 적어도 한 명 이상의 비구니와 항상 함께 다녀야 한다." 붓다는 아난다를 돌아보며 그에게 일러두었다. "아난다, 새로운 규칙을 기록하도록 하여라. 모든 비구니들이 이 규칙을 그들의 계율 속에 포함시키게끔 해라."

지바카의 망고 과수원을 출발한 뒤 붓다는 수많은 비구들을 이끌고 날란다로 갔다. 그들 모두 천천히 마음챙김을 하고서 걸어갔다. 비구들은 각자의 호흡을 살피며 걸었다. 비구들의 뒤로 금욕주의자인 수피요와 그의 제자 브라마닷타가 걸어오고 있었다. 그들은 붓다와 그의 가르침에 대해 큰 소리로 토론했다. 수피요는 붓다를 비판하고 경멸했다. 그러나 이상하게도 그의 제자는 붓다와 그의 가르침을 칭송함으로써 스승의 의견에 반박했다. 비구들은 뒤편에서 들려오는 두 사람의 대화를 빼놓지 않고 들을 수 있었다.

그날 저녁, 비구들은 암발랏티카라는 이름의 울창한 숲에 머무르며 휴식을 취했다. 빔비사라 왕은 일찍이 모든 종파의 수행자들이 필요한 경우 언제든지 왕실 소유인 이 숲을 이용해도 좋다고 허락한 터여서 수피요와 브라마닷타도 그날 밤 그곳에서 휴식을 취했다.

다음 날 아침 비구들은 두 사람의 금욕주의자들 사이에 오간 대화 내용에 대해 토론을 벌였다. 붓다는 그 말을 듣고 말했다. "비구들이여, 누군가가 나와 법에 대해 비판을 하거나 경멸하는 소리를 들을 때마다 분노나 초조감 또는 수치심을 일으켜서는 안 된다. 이러한 생각은 그대들 자신을 해칠 뿐이다. 또한 누군가가 나와 나의 법에 대해 칭찬하는 소리를 들을 때마다 기쁨이나 행복감 또는 만족감 따위를 일으켜서도 안 된다. 그러한 생각 또한 그대들을 해칠 뿐이다. 이에 대한 바른 태도는 그 비판을 주의 깊게 살펴서 어느 부분이 사실이고 어느 부분이 사실이 아닌지를 보는 것이다. 그렇게 해야만 그대들은 수행을 진척시키고 참된 진보를 할 수 있는 기회를 갖게 된다.

비구들이여, 붓다와 법, 상가를 칭찬하는 많은 사람들은 다만 피상적인 이해를 하고 있을 따름이다. 그들은 비구들이 청정하고, 검소하고, 경건한 생활을 어떻게 영위해나가고 있느냐 하는 것을 칭찬하고 있을 뿐, 그 이상의 것을 보지 못한다. 가장 미묘하고 심오한 법을 깊이 파악한 사람들은 칭찬을 좀체하지 않는 법이다. 그들은 깨달음의 참된 지혜를 이해한다. 그러한 지혜는 심오하고 숭고하며 오묘하다. 그것은 평범한 모든 생각과 말을 초월하는 것이다.

비구들이여, 이 세상에는 이루 헤아릴 수 없을 만큼 수많은 철학과 주의 그리고 이론들이 있다. 사람들은 자신들의 이론을 내세우며 서로를 비판하고 끊임없이 논쟁을 일삼는다. 내가 살펴본 바에 따르면, 현세에 나오는 수천 가지 철학과 종교의 토대는 예순두 가지의 주요 이론들로 이루어져 있다. 깨달음과 해탈의 길을 통해 들여다보았을 때 이들 예순두 가지의 이론들 모두가 오류를 범하고 있으며 장애를 만들어내고 있다."

붓다는 예순두 가지의 이론을 계속해서 설명하며 각 이론의 오류를 지적했다. 그는 과거에 관한 열여덟 가지 이론, 즉 영원성에 관한 네 개 이론, 부분적인 영원성에 관한 네 개 이론, 세계의 유한성과 무한성에 관한 네 개 이론, 무한한 모호성에 관한 네 개 이론 그리고 인연은 존재하지 않는다고 주장하는 두 개 이론에 대해 말했다. 이어서 그는 미래에 관한 마흔네 가지의 이론, 즉 영혼이 사후에도 존재한다고 주장하는 열여섯 가지 이론, 사후에 영혼이 없다고 주장하는 여덟 개 이론, 사후에

영혼이 계속 존재하지도 않으며 사후에 계속 존재하지 않는 것
도 아님을 주장하는 여덟 개 이론, 일곱 개의 영혼 소멸설 그리
고 현재야말로 니르바나라고 하는 다섯 개 이론에 대해서도 말
했다. 이러한 이론에 내포된 모든 오류를 낱낱이 지적하고 나
서 붓다가 말했다. "훌륭한 어부는 물속에 그물을 펼쳐놓고 그
가 잡을 수 있는 한의 모든 새우와 물고기를 잡는다. 그는 그물
밖으로 뛰쳐나오려고 하는 물고기를 보고 이렇게 말한다. '너
희가 아무리 뛰어봤자 다시 그물 속에 떨어지고 말걸.' 그의 말
이 맞다. 오늘날 번성하고 있는 수천 가지의 신념들은 이 예순
두 가지의 이론이라는 그물 속에서 찾을 수 있다.

비구들이여, 사람의 마음을 현혹시키는 그러한 그물 속에 빠
지지 마라. 시간만 허비할 따름이며 깨달음의 길을 수행할 수
있는 기회를 놓치게 될 것이다. 쓸데없는 공론의 그물 속에 빠
지지 마라.

비구들이여, 이러한 모든 신념과 주의는 사람들이 그들의 지
각과 감각에 의해 그릇되게 인도될 때 생겨난다. 마음챙김을
하지 않는 한 지각과 감각의 참된 본성을 들여다볼 수는 없다.
그대들이 근원을 꿰뚫어 보고 지각과 감각의 참된 본성을 들여
다볼 수 있을 때 그대들은 모든 법이 갖는 변함과 홀로 존재하
지 못함의 본성을 보게 될 것이며 더 이상 욕망과 근심과 불안
의 그물 또는 예순두 가지의 그릇된 이론에 빠지는 일이 없을
것이다."

설법이 끝난 후 아난다는 걸어가면서 붓다가 한 모든 이야기

를 떠올리는 데 마음을 집중하며 생각했다. '이것은 중요한 경이다. 이것을 브라마잘라 경, 다시 말해 거대한 그물에 관한 경이라고 불러야겠다. 이 그물은 세상의 모든 그릇된 이론과 학설을 담고 있는 것이다.'

60장

비사카 부인의 슬픔

암발랏티카에서 돌아온 뒤 붓다는 처음에는 날란다로 그다음에는 안가 지방의 대도시인 캄파로 가르침을 베풀기 위해 떠났다. 안가는 빔비사라 왕의 통치하에 있는, 인구가 많고 비옥한지역이었다. 그곳에서 붓다는 향기로운 연꽃이 무성하게 피어 있는 가가라 호숫가의 시원한 숲 속에 머무르고 있었다.

수많은 사람들이 붓다의 가르침을 듣기 위해 모여들었다. 소나단다라는 젊고 부유한 브라만 청년도 이들 중 하나였다. 소나단다는 뛰어난 두뇌의 소유자로 이 지역에서 잘 알려져 있었고 사람들의 칭송을 한 몸에 받고 있었다. 몇몇 친구들은 그가 붓다를 만나러 가는 것을 막았다. 그들은 소나단다가 방문을 하게 되면 붓다의 위신을 너무 높여주는 결과가 된다고 생각했다. 소나단다는 빙그레 미소 지으며 남다른 통찰력을 가진 것으로 알려진 붓다와 같은 사람을 만날 기회를 놓치고 싶지 않으며 더욱이 이런 기회는 천 년에 한 번쯤 있을 것이라고 말했다.

"지금 알고 있는 것을 좀 더 깊이 있게 하고 싶네." 소나단다가 말했다. "나는 고타마 비구가 어느 면에서 나보다 낫고 또 어느 면에서 내가 그를 능가하는지 알고 싶다네."

수백 명의 브라만들이 소나단다와 동행하기로 했다. 그들은 소나단다를 굳게 믿으며 가가라 호수까지 걸어갔다. 그들은 그가 브라만 계급의 가르침이 붓다의 가르침보다 우월하다는 것을 입증해주리라고 확신했다. 그들은 소나단다가 브라만에게 불명예를 안겨주는 일은 없으리라는 것을 믿어 의심치 않았다.

소나단다가 이미 수많은 군중들에 둘러싸여 있는 붓다 앞에 섰을 때 그는 무슨 말을 어떻게 꺼내야 할지 몰라 잠시 망설였다. 그러자 붓다가 먼저 말을 꺼내 그를 곤경에서 벗어나게 해주었다. "소나단다, 진정한 브라만이 되기 위해 어떠한 특성이 가장 중요한 것인지 말해줄 수 있겠느냐? 필요하다면 베다 경전을 인용해도 좋다."

소나단다는 내심 기뻤다. 베다는 그의 전문 분야였던 것이다. 그가 말했다. "고타마 수행자여, 진정한 브라만은 다섯 가지 특성, 즉 매력적인 용모와 경전을 암송하고 의식을 집행하는 솜씨와 7대까지 거슬러 올라가는 혈통의 순수성과 덕망 있는 행동 그리고 지혜를 갖고 있지요."

붓다가 물었다. "다섯 가지 특성 중에서 어느 것이 가장 중요한 것인가? 다섯 가지 특성 중 어느 하나가 빠져 있어도 여전히 브라만이 될 수 있는가?"

소나단다는 곰곰이 생각해본 결과 마지막 두 가지 특성만
이 정말로 없어서는 안 될 것이라고 대답했다. 매력적인 용모
와 경전을 암송하고 의식을 집행하는 솜씨 그리고 혈통의 순수
성은 절대적으로 필요한 것은 아니었다. 소나단다의 이러한 대
답을 듣고 그와 함께 온 오백 명의 브라만들은 흥분하기 시작
했다. 그들은 모두 일어나서 주먹을 흔들며 소나단다의 대답에
항의했다. 그들은 그가 붓다의 유도성 질문에 말려들었으며 그
의 대답은 브라만 계급의 수치라고 느꼈다.

붓다는 브라만들을 향해 돌아서며 말했다. "그대들이여! 소
나단다를 믿는다면 정숙을 유지하고 나와 이야기를 계속할 수
있게 해라. 더 이상 그를 믿지 못하겠다면 그를 자리에 앉히도
록 하겠다. 그리고 대신에 그대들 중 다른 한 사람과 이야기를
나누겠다."

모든 사람들이 침묵을 지켰다. 소나단다는 붓다를 돌아보며
말했다. "고타마 수행자여, 제 친구들에게 몇 마디 말을 할 수
있도록 허락해주십시오."

소나단다는 친구들을 돌아보며 그들의 대열에서 맨 앞에 앉
아 있는 한 청년을 가리키며 말했다. "자네는 내 사촌 안가카
를 본 적이 있겠지. 안가카는 잘생기고 품위 있는 젊은이다. 그
의 태도는 세련되었으며 고상하다. 고타마를 제외한 어느 누구
도 그의 잘생긴 용모를 따를 수 없다. 안가카도 베다 경전에 아
주 정통해 있다. 그는 경전을 암송하고 의식을 집행하는 데도
뛰어난 솜씨를 지니고 있다. 그는 직계와 방계 어느 쪽으로든

7대까지 거슬러 올라가도 혈통의 순수성을 주장할 수 있다. 그러나 안가카는 살인을 하고, 강탈을 하고, 거짓말을 하는 술주정꾼이었다. 그렇다면 그의 매력적인 용모와 경전을 암송하고 의식을 집행하는 솜씨와 혈통의 순수성이 무슨 가치가 있단 말인가? 사랑하는 친구들이여, 우리는 진정한 브라만에게 진실로 중요한 두 가지 특성이 덕성스러운 행동과 지혜뿐임을 인정해야 한다네. 이것은 고타마 수행자 한 개인의 진실일 뿐만 아니라 모든 사람의 진실이기도 하네."

군중들은 박수갈채를 보내며 지지를 표시했다. 박수가 가라앉자 붓다가 소나단다에게 물었다. "좋다. 그렇다면 그 두 가지 특성, 즉 덕행과 지혜 중에서는 어느 것이 다른 하나보다 더 중요한가?"

소나단다가 대답했다. "고타마 수행자여, 덕행은 지혜로 인해 늘어나며 지혜는 덕행으로 인해 늘어납니다. 두 가지는 서로 떼어 생각할 수 없습니다. 그것은 마치 한 손으로 다른 손을 씻는 것과 같으며 한쪽 발로 다른 발을 긁어주는 것과도 같습니다. 덕행과 지혜는 서로를 도와주고 북돋워주고 있습니다. 덕행은 지혜를 빛나게 해줄 수 있고 지혜는 행동을 훨씬 더 덕성스럽게 해줄 수 있지요. 이 두 가지 특성은 인생에서 가장 중요한 것들입니다."

붓다가 대답했다. "훌륭하다, 소나단다! 너는 진실을 말했다. 덕행과 지혜는 인생에서 가장 중요한 두 가지 요소이다. 좀 더 말해줄 수 있겠느냐? 사람이 어떻게 해야 덕행과 지혜를 가장 높은 수준까지 끌어올릴 수 있느냐?"

소나단다는 빙그레 웃으며 두 손을 합장했다. 그는 붓다에게 절을 한 후 말했다. "스승이시여, 저희를 인도해주십시오. 저희도 그것을 알고는 있습니다만 당신만이 실제로 참된 깨달음에 도달한 분입니다 덕행과 지혜를 가장 높은 수준까지 끌어올릴 수 있는 방법에 대해 말씀해주십시오."

붓다는 그들에게 깨달음의 길과 깨달음의 세 단계, 즉 계율, 집중, 이해에 대해 설했다. 계율을 지키면 집중력이 길러진다. 집중력은 이해로 이어진다. 이해는 계율을 좀 더 깊이 수행하도록 해준다. 계율을 깊이 지키면 지킬수록 집중력은 더 깊어진다. 집중력이 커지면 커질수록 이해는 깊어진다. 붓다는 또한 영원성 및 별개의 것으로 구분되는 자아라는 그릇된 개념을 깨뜨리기 위해 만물의 홀로 존재하지 못함에 대해 명상할 것과 홀로 존재하지 못함에 대해 명상함으로써 탐욕과 분노와 무지의 사슬을 끊고 자유와 평화와 기쁨에 이를 수 있음을 가르쳤다.

소나단다는 넋이 나간 듯 듣고 있었다. 붓다가 설법을 끝냈을 때 소나단다는 일어서서 합장했다. 그가 말했다. "스승이시여, 저의 감사하는 마음을 받아주십시오. 당신은 오늘 저의 두 눈을 뜨게 해주셨습니다. 저를 어둠 속에서 건져주셨습니다. 제가 삼보에 귀의할 수 있도록 허락해주십시오. 저는 내일 당신과 모든 비구들을 저의 집으로 초대하여 식사를 대접해드리고 싶습니다."

그날 붓다와 젊은 소나단다 사이에 있었던 일은 그 지역의 각계각층에 커다란 파문을 불러일으켰다. 이차난칼라 마을에서는 유명한 브라만 암밧타와 그의 스승 포카라사디를 비롯한 수많은 브라만 계급 출신의 지식인들이 붓다의 제자가 되었다. 엄청난 수의 브라만 청년들이 붓다의 제자가 되자 브라만 지도자나 다른 종파의 지도자들은 시기심과 분노를 억누를 길이 없었다.

암발랏티카에 머무르는 동안 스바스티는 목갈라나에게 당대의 다른 종교적 운동들에 대해 물어보았다. 목갈라나는 그에게 각 종파의 주요 교의에 대해 간략히 설명해주었다.

먼저 푸라나 카사파 종파가 있다. 그의 추종자들은 도덕과 윤리에 관해 회의적인 입장을 취하고 있었다. 그들은 선과 악이 단지 인습에서 비롯된 개념일 뿐이라고 생각했다.

마칼리 고살라의 추종자들은 운명론자들이었다. 그들은 사람의 운명이란 개인의 힘으로는 어쩔 수 없는, 미리 예정된 것으로 믿고 있었다. 만약 누군가가 해탈에 이른다고 하더라도 그것을 어떤 특별한 노력의 결과로 보기보다는 타고난 운명이라고 여기는 것이다.

아지타 케사캄발리는 쾌락설을 가르쳤다. 그는 인간이 흙과 물과 불과 공기의 네 요소로 구성되어 있다고 믿었다. 그러므로 사람이 죽으면 아무것도 남지 않는다는 것이었다. 그런 만큼 살아 있을 때 충분히 즐겨야 한다고 주장했다.

파쿠다 카카야나 종파는 위와는 정반대의 입장이었다. 그들은 인간의 진정한 영혼과 육체는 결코 소멸하지 않는다고 믿었다. 그들은 인간이 흙, 물, 불, 공기, 고통, 행복, 생명력 등의 일곱 가지 요소로 구성되어 있다고 믿었다. 삶과 죽음은 단지 한때의 결합과 해체에 따른 외형적인 형태에 지나지 않는다고 믿었다. 그러므로 인간의 진정한 본질은 영원하다고 주장했다.

사리풋타와 목갈라나가 지난날 속해 있었던 산자야 벨랏티 풋타 종파는 상대론을 따르고 있었다. 산자야는 진리란 환경과 시대와 장소에 따라 변한다고 믿고 있었다. 어떤 상황에서는 진리일 수 있는 것이 상황이 바뀌면 진리가 되지 못할 수도 있다는 게 그의 주장이었다.

니간타 나타풋타가 이끄는 종파는 엄격한 금욕주의로 고행을 실천했다. 그들은 불살생의 계율을 엄격히 지키며 니간타가 주장하는 이원론적인 운명론을 신봉했다. 니간타는 지바와 아지바라는 두 가지 힘이 우주의 근본을 이룬다고 믿었다. 그의 종파는 당대 사회에서 커다란 존경을 받고 있었고 큰 영향력을 발휘하고 있었다. 비구들은 나타풋타를 따르는 금욕주의자들과 자주 마주쳤다. 두 종파는 모두 생명을 중시했다. 그러나 둘 사이에는 많은 차이점이 있었고, 니간타 종파의 추종자들 중 일부는 비구들을 매우 적대시했다. 목갈라나는 금욕주의자들의 관점이 지나치게 극단적이라고 생각했고, 이러한 자신의 견해를 숨기지 않았다. 때문에 니간타 종파를 따르는 많은 이들이 목갈라나에 대해 특히 더 큰 적대감을 갖고 있었다.

붓다는 사밧티로 돌아가서 동쪽 공원에 머물렀다. 방문객들이 끊임없이 찾아왔다. 어느 날 아침 비사카 부인이 그를 찾아왔다. 그녀의 머리카락과 옷은 비에 흠뻑 젖어 있었다. 붓다가 그에게 물었다. "비사카, 어디에서 오는 길이오? 그대의 옷과 머리카락은 웬일로 그렇게 젖어 있소?"

비사카 부인이 흐느끼듯 말했다. "존엄하신 분이시여, 저의 어린 손자가 방금 죽었습니다. 당신을 만나려고 왔습니다만 너무 슬픈 나머지 모자나 우산을 쓰고 비를 피해야 한다는 것조차 잊어버렸습니다."

"그대의 손자는 몇 살이오, 비사카? 어쩌다 죽었소?"

"그 아이는 겨우 세 살밖에 되지 않았습니다. 장티푸스로 죽었습니다."

"안됐구려, 비사카. 그런데 그대에게는 자식들과 손자들이 몇이나 있소?"

"제 자식은 모두 열여섯이 있습니다. 그중 아홉은 결혼했지요. 손자는 여덟 명이었는데 이제는 일곱이 남았습니다."

"비사카, 그렇다면 그대는 여러 명의 손자를 가진 셈이 아니겠소?"

"예, 그렇습니다. 자손은 많을수록 좋지요. 사밧티에 사는 다른 사람들과 마찬가지로 저 역시 아이들을 많이 갖는 것을 행복으로 여긴답니다."

"비사카, 그대가 보기에 사밧티에서 매일 몇 사람이나 죽을 것 같소?"

"대략 아홉 명이나 열 명쯤 되겠지요. 최소한 하루에 한 명은 죽겠지요. 사밧티에서 사람이 죽지 않는 날은 없지요."

"비사카, 그대의 아이들이 사밧티에 살고 있는 사람들 수만큼 많다면 당신의 머리카락과 옷은 오늘처럼 날이면 날마다 젖어 있을 것이오?"

비사카가 두 손을 합장했다. "이제 알겠습니다! 사실 저는 사밧티 사람들 숫자만큼이나 되는 아이들을 원치 않습니다. 집착이 많을수록 고통도 많아지지요. 당신께서 자주 그 점을 일깨워주셨는데도 늘 잊어버리곤 한답니다."

붓다는 온화하게 웃었다.

비사카가 그에게 말했다. "존엄한 분이시여, 당신께선 우기가 시작되기 직전에만 여행에서 돌아오곤 하십니다. 제자들은 나머지 기간 동안 당신을 몹시 그리워하지요. 그리고 저희도 수도원에 왔을 때 당신이 없으면 텅 빈 듯이 느껴집니다. 어찌해야 할지 몰라 당신의 오두막을 몇 바퀴나 돈 다음 집으로 돌아가곤 하지요."

붓다가 말했다. "비사카, 가르침을 부지런히 수행하는 것이 수도원을 방문하는 것보다 더 중요하오. 그리고 그대가 수도원에 왔을 때 설사 내가 없더라도 다른 비구들에게서 설법을 들을 수도 있는 것이오. 그들에게 질문을 해서 수행에 도움을 얻을 수도 있소. 가르침과 스승은 하나인 것이오. 내가 이곳에 없다고 해서 수행을 소홀히 해선 안 되오."

옆에 서 있던 아난다가 한 가지 의견을 말했다. "이곳에 보리수를 한 그루 심는 게 좋을 듯합니다. 그렇게 하면 제자들이 찾아왔을 때 스승님께서 안 계시더라도 스승님 대신에 보리수를 찾아 볼 수 있겠지요. 스승님께 절을 하듯이 그 보리수에 절을 할 수도 있을 겁니다. 그리고 제자들이 꽃을 놓을 수 있도록 나무 밑에 돌로 된 단을 하나 놓아도 좋을 듯합니다. 꽃을 바친 후에는 보리수 주변을 천천히 맴돌며 명상을 할 수도 있을 것입니다."

비사카 부인이 말했다. "그것참 훌륭한 생각이에요! 그렇지만 보리수를 어디에서 구하지요?"

아난다가 대답했다. "붓다께서 깨달음을 얻은 우루벨라의 보리수에서 씨앗을 받아 오면 되겠지요. 아무 걱정 마십시오. 제가 씨앗을 받아 와서 싹을 틔워 묘목을 기르겠습니다."

비사카 부인은 그제야 마음이 가벼워지며 평온함을 느꼈다. 그녀는 붓다와 아난다에게 합장을 한 후 집으로 돌아갔다.

61장

사자의 외침

같은 안거 기간에 아난다가 만물의 홀로 존재하지 못함에 대해 묻자 붓다는 비구들에게 존재의 사슬을 이루고 있는 열두 개의 고리에 대해 가르쳤다.

그는 설명했다. "홀로 존재하지 못함에 대한 가르침은 가장 심오하고 미묘하다. 그것은 말이나 설법을 통해 파악될 수 있는 것이 아니다. 비구들이여, 홀로 존재하지 못함에 관한 가르침을 듣고서 우루벨라 카사파는 참된 법의 문에 들어섰다. 모두가 존경하고 있는 사리풋타는 홀로 존재하지 못함에 대한 게송을 듣고 법의 문에 들어섰다. 매 순간마다 홀로 존재하지 못함의 본성을 관조해라. 한 잎의 잎사귀나 한 방울의 빗방울을 볼 때 그러한 존재를 이루고 있는 모든 조건들에 대해 명상하도록 해라. 세상은 서로 연결된 채 구성되어 있음을 알아야 한다. 이것이 있음은 곧 저것이 있기 때문이다. 이것이 없음은 곧 저것이 없기 때문이다. 이것이 태어남은 곧 저것이 태어나기 때문이다. 이것이 죽음은 곧 저것이 죽기 때문이다.

하나의 법의 생성과 소멸은 다른 모든 법의 생성과 소멸과 연관되어 있다. 하나가 없으면 다수가 있을 수 없다. 다수가 없으면 하나가 있을 수 없다. 이것은 홀로 존재하지 못함의 오묘한 진리이다. 모든 법의 본성을 깊이 들여다보면 그대들은 생과 사에 관한 온갖 근심을 넘어설 수 있다. 그러므로 생사의 고리를 끊어버려야 한다.

비구들이여, 서로 연결된 매듭은 각양각색으로 이루어져 있지만 네 개의 영역으로 구분된다. 주요 원인, 부수적 원인, 원인으로서 직접 선행하는 순간, 그리고 원인으로서의 대상이 바로 그것이다.

주요 원인은 현상을 낳는 데 필요한 일차적 조건이다. 예를 들어, 곡식의 낟알은 벼 포기를 생겨나게 하는 데 필요한 주요 원인이다. 부수적 원인은 보조적 조건들이다. 벼농사의 경우에는 씨앗을 벼 포기로 자라게 해주는 태양, 비, 흙이 이에 해당된다.

원인으로서 직접 선행하는 순간은 연속적인 과정이며 근본적인 원인으로 작용한다. 이러한 계속적 과정이 없으면 벼 포기의 성장은 결실을 보기 전에 중단된다. 원인으로서의 대상은 인식 대상을 말한다. 벼 포기를 존재하게 해주는 벼의 낟알과 가깝고 먼 모든 조건들은 인식 대상이다. 그것들은 인식과 떼어서 생각할 수 없다. 마음은 모든 법이 존재하게 해주는 기본

조건이다.

비구들이여, 고통은 생사가 있기 때문에 존재한다. 무엇이 생과 사를 낳는가? 그것은 무지이다. 생사는 모든 정신적 관념 중에서 일차적인 것이다. 그것들은 무지의 산물이다. 모든 사물의 원인을 깊이 들여다보고 꿰뚫어 보면 무지를 극복할 수 있다. 일단 무지를 극복하면 생사에 대한 모든 생각을 초월할 수 있다. 그리고 생사에 대한 모든 생각을 초월하면 모든 걱정과 슬픔을 극복할 수 있다.

비구들이여, '생'이라는 개념이 있기에 '사'라는 개념이 있는 것이다. 이러한 그릇된 견해는 자아라는 그릇된 견해에 기초해 있다. 집착심이 있기 때문에 자아라는 그릇된 견해가 있다. 갈망이 있기 때문에 집착이 있게 마련이다. 감각의 참된 본질을 들여다보지 못하기 때문에 갈망이 생겨난다. 마음이 맑고 고요하지 못하기 때문에 감각 기관과 감각 대상 사이에 존재하는 매개물에 사로잡히고 만다. 욕구와 충동이 있기 때문에 마음이 맑고 고요하지 못하게 된다. 이러한 욕구와 충동은 무지에서 비롯된다. 이러한 존재 사슬의 열두 고리는 서로 연결되어 있다. 각각의 고리 속에서 다른 열한 개의 고리를 볼 수 있다. 하나의 고리를 놓치면 다른 열한 개의 고리를 놓치게 된다. 열두 개의 고리는 죽음, 태어남, 생성, 집착심, 갈망, 감각, 매개물, 여섯 가지의 감각 기관, 이름과 형상, 인식, 욕망과 충동 그리고 무지이다.

비구들이여, 무지는 존재의 사슬을 이루고 있는 열두 개 고리의 근저에 놓여 있다. 홀로 존재하지 못함의 참된 본성을 관조하면 무지를 떨쳐버리고 모든 근심과 슬픔을 뛰어넘을 수 있다. 깨달음을 얻은 자는 생사의 파도 위를 건너지만 그 속에 빠지는 법이 없다. 깨달음을 얻은 자는 마치 수레바퀴를 이용하듯 열두 개의 존재의 고리를 이용한다. 깨달음을 얻은 자는 세상의 한가운데서 살지만 그 속에 잠겨버리는 법이 없다. 비구들이여, 생사로부터 도망치려고 하지 마라. 그 위에 우뚝 서야만 한다. 생과 사를 초월함은 참된 존재에 도달함을 의미한다."

며칠 동안 계속된 설법에서 마하카사파는 비구들에게 붓다가 홀로 존재하지 못함에 관해 지난날에도 여러 차례 가르친 바 있지만 특히 이번 가르침은 깨달음의 길의 핵심이라고 할 수 있다는 점을 상기시켜주었다. 그는 또한 비구들에게 붓다가 홀로 존재하지 못함에 대한 가르침을 돕기 위해 갈대를 예로 든 적이 있음을 상기시켰다. 붓다는 존재하는 모든 것들은 유일신과 같은 창조자를 필요로 하지 않으며 서로에 의해 생성된다고 말했다. 무지는 욕망과 충동을 낳고 욕망과 충동은 무지를 낳는 모습은 마치 갈대가 서로 의지해 서 있는 것과도 같다. 즉 하나가 쓰러지면 다른 것도 쓰러지는 것이다. 이것은 삼라만상에 똑같이 적용된다. 하나는 여럿을 낳고 여럿은 하나를 낳는다. 깊이 관조하면 여럿 속에서 하나를 그리고 하나 속에서 여럿을 볼 수 있다.

같은 안거 기간 중에 몇 사람의 브라만이 함께 공모하여 붓다가 한 여자와 잠을 잤으며 그녀가 임신을 했다고 모함했다. 그들은 킨카라는 이름의 젊고 매력적인 한 브라만 출신의 여인을 찾아가, 붓다가 수많은 청년들을 꾀어 그의 제자로 만듦으로써 브라만 선조들의 믿음을 급속하게 붕괴시키고 있다고 말하며 자신들의 계획에 따라줄 것을 요청했다. 그리고 킨카는 브라만의 신앙을 지키기 위해 그 계획에 따르기로 했다.

그녀는 매일 아름다운 사리를 입고 싱싱한 꽃다발을 들고서 제타바나로 갔다. 그녀는 법회에는 참석하지 않고 법당 밖에서 사람들이 집으로 돌아갈 때만 기다렸다. 누군가가 그녀에게 어디로 가려고 하느냐, 무엇을 하려고 하느냐고 물어봐도 그녀는 웃기만 했다. 그러나 며칠 뒤 그녀는 짐짓 부끄러워하며 이렇게 대답했다. "그야 제가 가야 할 곳으로 가지요." 막연하게 대답하며 몇 주를 보낸 뒤 그녀는 이렇게 대답하기 시작했다. "붓다를 방문하려고 하지요." 마침내 그녀는 이렇게 외쳤다. "제타바나에서 자는 것이 기쁘답니다!"

이 말은 여러 사람들로 하여금 자신들의 귀를 의심하게 만들었다. 일부 속가 제자들은 그녀의 말에 동요되기도 했지만 어느 누구도 말은 하지 않았다. 어느 날 킨카는 붓다의 설법에 참석했다. 그녀의 배는 눈에 띌 만큼 불러 있었다. 붓다가 한참 설법을 하고 있을 때 그녀는 자리에서 일어나 큰 소리로 말했다. "붓다시여! 설법을 참 잘도 하시는군요. 그리고 당신은 크나큰 존경도 받고 있군요. 그런데 당신이 임신시킨 이 불쌍한 여인은 어째서 조금도 돌봐주지 않나요? 내 배 속에 있는 아이는 당신의 것이에요. 당신 아이에 대해 책임을 져야 하지 않겠어요?"

대중들 사이에 한 차례 소란이 일어났다. 사람들은 모두 붓다를 바라보았다. 붓다는 그저 조용히 미소 지으며 대답했다. "젊은 여인이여, 그대의 말이 사실인지 아닌지는 그대와 나만이 알 수 있다."

붓다의 조용한 미소는 킨카를 불안하게 했지만 그녀는 쏘아붙였다. "그야 말할 필요도 없지요. 당신과 나만이 내 말이 사실인지 아닌지 알 수 있지요."

대중들은 더 이상 놀라움을 억누르지 못했다. 몇몇 사람들은 화를 내며 일어섰다. 킨카는 사람들이 자신을 때릴까 봐 갑자기 두려움을 느꼈다. 그녀는 달아날 길을 찾았으나 공포에 질린 나머지 그만 기둥을 들이받고 넘어졌다. 그녀가 벌렁 넘어지자 배에 끈으로 묶어놓았던 큼직하고 둥그스름한 나무토막 하나가 마룻바닥 위로 떨어져 나뒹굴었다. 그녀는 고통스럽게 소리치며 망가진 발톱을 부여잡았다. 이제 그녀의 배는 완전히 납작해져 있었다.

대중들 사이에서 안도의 한숨이 새어 나왔다. 이내 사람들은 웃어댔고 일부는 킨카를 비웃었다. 케마 비구니가 자리에서 일어나 킨카를 자애롭게 부축하여 밖으로 데리고 나갔다. 두 여인이 밖으로 나가자 붓다는 마치 아무 일도 없었다는 듯이 설법을 계속했다.

붓다가 말했다. "대중들이여, 깨달음의 길은 마치 빛이 그늘을 몰아내듯이 무지의 벽을 부서뜨릴 수 있다. 네 가지의 성스러운 진리, 모든 존재의 변함, 무아, 홀로 존재하지 못함, 네 가지 마음챙김, 깨달음의 일곱 요소, 세 개의 문, 팔정도는 마치 사자의 외침처럼 온 누리에 울려 퍼지고 무수한 그릇된 학설과 좁은 소견을 몰아낸다. 사자는 백수의 왕이다. 사자는 굴을 벗어나면 신경을 곤두세우고 사방을 노려본다. 먹이를 덮치기 전에 그는 우렁찬 울음을 토해내고 다른 동물들이 두려움에 사로잡혀 달아나게 한다. 새는 공중으로 날아오르고, 악어는 물속으로 숨고, 여우는 굴속으로 들어간다. 거대한 코끼리조차도 그 소리에 달아난다.

대중들이여, 깨달음의 길을 전파하는 것도 사자의 포효와 같은 것이다! 그릇된 학설은 두려움에 사로잡혀 벌벌 떤다. 모든 존재의 변함, 무아 그리고 홀로 존재하지 못함이 세상에 알려지는 순간 무지와 망각 속에서 오랫동안 거짓된 안식처를 찾고 있던 인간뿐만 아니라 제신들도 잠에서 깨어난다. 눈부신 진리를 목격한 순간 사람들은 외친다. '우리는 순간을 영원으로 생각하고, 별개의 것인 실체가 존재하는 양 믿으며 오랫동안 위험한 생각을 해왔다. 우리는 고통을 쾌락으로 알았으며, 순간이 마치 영원이라도 되는 듯이 생각했다. 우리는 거짓을 진실로 착각했다. 이제 망각과 그릇된 생각의 모든 벽을 부숴버릴 때가 왔다.'

대중들이여, 깨달음의 길은 인간으로 하여금 그릇된 소견의 두꺼운 벽을 허물어준다. 깨달은 자가 나타나면 진리는 마치

거대한 파도처럼 온 누리에 퍼진다. 진리의 파도는 모든 그릇된 견해를 휩쓸어버린다.

대중들이여, 사람들은 네 가지 덫에 쉽게 걸려든다. 첫째는 육체적 쾌락에의 집착이다. 둘째는 편협한 소견에의 집착이다. 셋째는 불신과 의심이다. 넷째는 자아에 대한 그릇된 견해이다. 깨달음의 길은 사람들로 하여금 이 네 가지 커다란 덫을 극복하게 해준다.

대중들이여, 홀로 존재하지 못함에 대한 가르침은 그대들이 모든 장애와 덫을 극복할 수 있게 해준다. 그대들의 육신과 감각과 마음 그리고 마음의 대상에서 홀로 존재하지 못함의 본성을 관조하도록 해라."

다음 날 대강당에서 아난다는 붓다의 설법을 반복했다. 그는 그것을 '사자의 외침에 관한 경'이라고 불렀다.

그해 안거 기간 동안 수많은 비구들이 말라리아에 걸렸다. 많은 사람들이 야위고 창백해졌으며 더 이상 탁발을 나갈 수조차 없게 되었다. 다른 비구들은 그들에게 자신의 음식을 나누어 주었지만 대부분 쌀과 카레가 섞여 있어 환자가 먹기에는 너무 거칠었다. 붓다는 속가 제자들이 환자들을 위해 별식을 제공할 수 있도록 허락해주었다. 그들은 쌀가루를 꿀이나 우유나 설탕에 섞은, 건강에도 좋고 소화하기도 쉬운 음식을 만들어 환자들에게 제공했다. 이러한 특별한 음식 덕분인지 비구들은 서서히 건강을 되찾았다.

어느 날 명상을 마친 후 붓다는 수많은 까마귀들이 깍깍거리는 소리를 들었다. 무슨 일인지 살펴보기 위해 간 그는 많은 비구들이 환자용으로 만든 별식을 까마귀에게 던져주고 있는 것을 발견했다. 그들은 한 무리의 비구들이 너무나 상태가 좋지 않아 그날 아침엔 별식조차 먹을 수가 없었다고 설명했다. 정오가 지나고 나면 비구들은 음식을 나누어 받을 수가 없었다. 붓다가 그 음식을 남겨두었다가 다음 날 먹게 하지 않는 까닭을 묻자, 그들은 음식을 밤새 남겨두지 못하게 되어 있는 계율을 상기시켰다. 붓다는 환자의 경우에는 정오가 지난 뒤에도 음식을 먹을 수 있도록 계율을 완화시킬 수 있으며 특별한 음식의 경우에는 밤에도 남겨둘 수 있다고 말했다.

그로부터 얼마 후, 수도에서 한 의사가 사리풋타를 찾아왔다. 그는 환자들에게 특별한 약이 섞인 음식을 제공하겠다고 제안했다. 그 덕분에 비구들은 더욱 빨리 건강을 회복했다.

62장

사리풋타의 외침

안거 기간이 끝난 뒤 사리풋타는 붓다에게 작별 인사를 하고 불법을 전파하기 위해 여행길에 올랐다. 붓다는 그가 평온하고 안전하게 여행하며 육신과 마음이 온갖 근심에서 벗어나길 바랐다. 그는 법을 전파하려는 사리풋타의 노력이 어떤 장애에도 부딪히지 않기를 바란다고 말했다. 사리풋타는 붓다에게 감사를 표하고 길을 떠났다.

그날 오후 한 비구가 붓다를 찾아와서 사리풋타에게 부당한 대우를 받았다고 불평을 늘어놓았다. 그가 말했다. "제가 사리풋타 사형한테 어디로 가느냐고 물었지요. 그런데 그가 대답하기를 거부하면서 저를 어찌나 세게 밀어젖혔던지 그만 길바닥에 넘어지고 말았답니다. 그런데도 그는 사과 한 마디 하지 않고 길을 떠났습니다."

붓다는 아난다를 돌아보며 말했다. "내 생각에는 사리풋타가 아직 그리 멀리 가지는 않았을 것 같다. 초심자 한 명을 보내 그를 불러 오도록 해라. 오늘 밤 제타바나 법당에서 전체 모임을 갖기로 하자."

아난다는 붓다의 말대로 했고 오후 늦게 사리풋타는 초심자와 함께 수도원으로 돌아왔다. 붓다는 그에게 말했다. "사리풋타, 오늘 밤 전체 비구가 법당에 모이게 될 것이다. 한 비구가 네가 그를 넘어뜨리고도 사과 한 마디 하지 않았다고 비난하더구나."

그날 오후 목갈라나와 아난다는 수도원 내 곳곳을 방문해서 저녁에 모임이 있다고 알렸다. 그들은 말했다. "오늘 밤 법당에서 열리는 모임에 참석하도록 하시오. 사리풋타 사형이 사자의 외침을 토하게 될 것이오."

그날 저녁, 법당에 한 사람도 빠짐없이 모두 참석했다. 비구들은 사리풋타가 상가에서 그의 지위를 오랫동안 시기해온 사람들에게 어떻게 반응할지 궁금해했다. 사리풋타는 붓다가 가장 신임해온 제자들 중 한 사람이었고 그 때문에 그는 수많은 오해와 시기의 대상이 되었다. 일부는 붓다가 사리풋타를 지나치게 신임하고 있으며 그가 너무 커다란 영향력을 행사하고 있다고 생각했다. 그들은 지적을 받았을 때 사리풋타가 붓다에게 자신들을 일러바쳤기 때문일 거라고 오해하기도 했다. 그들은 몇 년 전에 붓다가 자신의 자리에 사리풋타와 함께 앉았던 것을 잊지 못했다.

아난다는 8년 전에 제타바나에 살았던 코칼리카라는 이름의 한 수행자를 기억해냈다. 코칼리카는 사리풋타와 목갈라나를 너무나 미워한 나머지 붓다조차도 그를 설득할 수 없을 정도였다. 코칼리카는 사리풋타와 목갈라나를 야심에 가득 찬 위선자들이라고 말했다. 붓다는 그를 개별적으로 만나서 두 사람은 진실되며 그들의 행동은 친애에서 비롯된 것이라고 말했다. 그러나 코칼리카의 마음은 시기와 증오로 가득 차 있었고 결국 그는 수도원을 떠나 라자가하의 데바닷타에게로 가서 그의 가장 가까운 협력자 중 한 사람이 되었다.

아난다가 붓다의 시자가 되기를 꺼린 것도 이러한 문제들 때문이었다. 붓다와 한방에서 자지 않을 것이며 그와 음식을 나누어 먹지 않겠다는 등 그가 제시한 조건들이 없는 한 아난다는 여러 비구들이 자신을 배척할 것임을 알았다. 일부 비구들은 자신들이 붓다의 관심을 충분히 받지 못하고 있다고 느꼈다. 아난다는 그러한 느낌이 분노와 증오심을 불러일으킬 수 있으며 스승인 붓다를 저버리게 할 수도 있음을 알고 있었다.

아난다는 또한 코삼비의 칼마샤다미아 마을에 사는 마간디카라는 이름의 한 여인을 떠올릴 수 있었다. 그녀는 붓다에게서 특별한 관심을 받지 못했다고 붓다를 미워하게 된 브라만 계급의 아름다운 여인이었다. 붓다는 그녀를 만났을 당시 마흔다섯 살이었다. 그녀는 붓다에게 반해버렸고 사랑의 감정이 점점 강해짐에 따라 붓다가 자기에게 특별한 관심을 가지고 있는지를 알고 싶어 했다. 마간디카는 붓다의 관심을 끌기 위해 자신이 할 수 있는 모든 일을 다 했으나 붓다는 다른 사람들을 대하듯이 사심 없이 그녀를 대했다. 결국 그녀의 애정은 증오로 바뀌었다. 나중에 밧사국 우데나 왕의 아내가 된 그녀는 자신의 지위를 이용해서 소문을 퍼뜨려 붓다를 모욕했다. 그녀는 조정에 압력을 가해 붓다가 대중들에게 설법을 하지 못하도록 방해하기도 했다. 우데나 왕의 애첩인 사마바티가 붓다의 제자가 되자 마간디카는 그녀에게 고통을 줄 수 있는 방법을 찾기 시작했다. 이러한 일로 시달리게 되자 아난다는 붓다에게 코삼비를 떠나 좀 더 우호적인 지역에 가서 불법을 펼 것을 제안했다. 붓다가 그에게 물었다. "우리가 옮겨 간 곳에서도 모욕과 난관에 부딪히면 그땐 어찌하겠느냐?"

아난다가 대답했다. "그럼 또 다른 곳으로 가야겠지요."

하지만 붓다는 의견을 달리했다. "그것은 옳지 않다, 아난다. 난관에 부딪힐 때마다 좌절해서는 안 된다. 고난의 한가운데서 해결책을 찾아야 한다. 아난다, 평정심을 수행하면 모욕과 비방을 극복할 수 있을 것이다. 우리를 비방하는 사람들이 우리를 해칠 수는 없다. 그들 스스로를 해칠 뿐이다. 하늘에 침을 뱉어도 하늘은 더럽혀지지 않는다. 침은 뱉은 사람의 얼굴 위로 떨어진다."

아난다는 사리풋타가 현재의 상황을 극복할 수 있을 것임을 믿어 의심치 않았다. 사리풋타는 붓다의 전적인 신임을 받았다. 그는 상가에서 진정으로 덕망이 있고 숭고한 수제자였다. 그의 깊은 통찰력을 믿었기에 붓다는 상가를 이끌어가는 데 도움을 받았다. 그는 수행 성과를 토대로 코끼리 발자국에 관한

591

경을 포함해 몇 가지 경을 독창적인 방법으로 짓기도 했다.

붓다가 법당에 들어서자 비구들이 자리에서 일어났다. 그는 모두에게 앉도록 손짓을 한 후 자리에 앉았다. 그는 사리풋타에게 자신의 옆에 놓인 낮은 의자에 앉으라고 손짓했다. 붓다가 사리풋타에게 말했다. "비구 한 사람이 말하기를 네가 그를 넘어뜨리고도 사과를 하지 않았다고 한다. 이 점에 대해 할 말이 있느냐?"

사리풋타는 일어서서 합장을 했다. 그는 먼저 붓다를 향해 합장한 후 여러 비구들을 향해 다시 합장을 했다. 그가 말했다. "스승이시여, 수행을 게을리하며, 육신을 관조하지 아니하며, 육신의 움직임을 마음의 눈을 뜬 채 바라보지 아니하는 그러한 비구는 동료 비구를 쓰러뜨리고도 사과 없이 떠날 수 있습니다.

스승이시여, 저는 스승님께서 14년 전 라훌라 비구에게 들려주신 가르침을 지금도 기억하고 있습니다. 스승께선 땅, 물, 불, 공기의 본질을 관조해서 친애, 자비, 기쁨, 평정심을 기르고 향상시키도록 가르치셨습니다. 스승님의 가르침은 라훌라를 위한 것이었습니다만 저 또한 그 말씀을 통해 배웠습니다. 지난 14년 동안 그러한 가르침을 지키려고 노력하였으며 마음속으로 늘 스승님께 감사드리고 있습니다.

스승이시여, 저는 좀 더 땅을 닮으려고 수행을 해왔습니다. 땅은 넓고 활짝 열려 있으며 모든 것을 받아들이고 변화시킬 수 있는 능력을 가지고 있습니다. 사람들이 꽃, 향기 또는 신선한 우유와 같은 순수하고 향기로운 물질을 땅 위에 쏟든 아니면 땀, 오줌, 피, 침과 같은 불결하고 더러운 냄새가 나는 물질을 쏟든 땅은 집착이나 차별, 배척함이 없이 그것을 받아들입니다.

스승이시여, 저는 몸과 마음이 좀 더 땅을 닮게 하려고 수행을 해왔습니다. 수행을 게을리하며, 육신을 관조하지 아니하며, 육신의 움직임을 마음의 눈을 뜬 채 바라보지 아니하는 그러한 비구는 동료 비구를 쓰러뜨리고도 사과 없이 떠날 수 있습니다. 하지만 그것은 제가 가고자 하는 길이 아닙니다.

스승이시여, 저는 좀 더 물을 닮으려고 수행을 해왔습니다. 누군가가 향기로운 물질을 그 속에 집어넣든 아니면 더러운 물질을 그 속에 집어넣든 물은 집착이나 배척함이 없이 그것들을 받아들입니다. 물은 무한히 흘러가며 무엇이든 변형시키고 순수하게 만드는 능력을 갖고 있습니다. 존경하는 스승이시여, 저는 몸과 마음이 좀 더 물을 닮게 하려고 수행을 해왔습니다. 수행을 게을리하며, 육신을 관조하지 아니하며, 육신의 움직임을 마음의 눈을 뜬 채 바라보지 아니하는 그러한 비구는 동료 비구를 쓰러뜨리고도 사과 없이 떠날 수 있습니다. 하지만 그것은 제가 가고자 하는 길이 아닙니다.

스승이시여, 저는 좀 더 불을 닮으려고 수행을 해왔습니다. 불은 순결한 것이든 불결한 것이든 가리지 않고 모든 것을 태웁니다. 불은 무엇이든 정화할 수 있는 능력을 갖고 있습니다. 존경하는 스승이시여, 저는 몸과 마음이 좀 더 불을 닮게 하려고 수행을 해왔습니다. 수행을 게을리하며, 육신을 관조하지 아니하며, 육신의 움직임을 마음의 눈을 뜬 채 바라보지 아니하는 그러한 비구는 동료 비구를 쓰러뜨리고도 사과 없이 떠날수 있습니다. 하지만 그것은 제가 가고자 하는 길이 아닙니다.

스승이시여, 저는 좀 더 공기를 닮으려고 수행을 해왔습니다. 공기는 집착이나 배척함이 없이 좋은 냄새든 나쁜 냄새든 모든 냄새를 운반합니다. 공기는 모든 것을 변화시키고, 순수하게 하며, 자유롭게 하는 능력을 가지고 있습니다. 존경하는 스승이시여, 저는 몸과 마음이 좀 더 공기를 닮게 하려고 수행을 해왔습니다. 수행을 게을리하며, 육신을 관조하지 아니하며, 육신의 움직임을 마음의 눈을 뜬 채 바라보지 아니하는 그러한 비구는 동료 비구를 쓰러뜨리고도 사과 없이 떠날 수 있습니다. 하지만 그것은 제가 가고자 하는 길이 아닙니다.

스승이시여, 저는 남루한 옷을 입고 거리에서 구걸하는 천민 소년처럼 거짓 자부심과 오만함을 갖지 않으려고 수행을 해왔습니다. 저는 천민 소년의 마음을 닮으려고 노력해왔습니다. 제 자신을 남보다 위에 세우지 않는 겸손을 실천하려고 노력해왔습니다. 수행을 게을리하며, 육신을 관조하지 아니하며, 육신의 움직임을 마음의 눈을 뜬 채 바라보지 아니하는 그러한 비구는 동료 비구를 쓰러뜨리고도 사과 없이 떠날 수 있습니다. 하지만 그것은 제가 가고자 하는 길이 아닙니다."

사리풋타는 말을 계속하려고 했으나 그를 비난한 비구는 더이상 견딜 수가 없었다. 그는 자리에서 일어나 가사 자락을 바로 하고서 붓다에게 합장을 했다. 두 손을 합장하고 그가 참회했다. "스승이시여, 제가 계율을 어겼습니다. 사리풋타 사형에 대해 거짓말을 했습니다. 스승님과 여러 동료들 앞에서 계율을 위반한 데 대해 참회하는 바입니다. 앞으로는 계율을 지킬 것을 맹세합니다."

붓다가 말했다. "네가 계율을 어겼다는 사실을 여러 동료들 앞에 참회했으니 그것으로 됐다. 우리는 네 사과를 받아들인다."

사리풋타는 두 손을 합장한 채 말했다. "나는 사제를 비난할 생각이 전혀 없으며 지난날 혹시라도 내가 그대에게 잘못한 점이 있었다면 용서해주기 바라네."

그러자 그 비구는 합장을 한 후 사리풋타에게 절했다. 사리풋타가 그의 절에 답했다. 법당 안에 기쁨이 가득 넘쳤다. 아난다가 일어서서 말했다. "사리풋타 사형, 저희와 함께 며칠 더 머무르시지요. 모두들 사형과 함께 지내기를 원합니다."

사리풋타가 웃으며 이를 받아들였다.

안거 기간이 끝나자 붓다는 방방곡곡을 여행했다. 어느 날 그는 칼라마 부족에 속해 있는 케사풋타라는 마을에서 설법을 하게 되었다. 많은 젊은이들이 설법을 듣기 위해 몰려들었다. 그들 모두 수행자 고타마에 대한 소문은 많이 들어왔지만 직접 만나보는 것은 이번이 처음이었다.

한 젊은이가 합장한 후 말했다. "존엄한 분이시여, 오랜 세월에 걸쳐 수많은 브라만 수행자들이 이곳 케사풋타에 와서 여러 가지 교리를 가르쳐왔습니다. 모든 사람이 자신의 교리가 다른 사람들의 교리보다 더 훌륭하다고 내세우고 있습니다. 이로 인해 저희들은 혼란에 빠져 있습니다. 저희들은 어느 길을 따라야 할지 모르겠습니다. 사실 저희는 모든 교리를 믿지 못하게 되었답니다. 당신은 깨달음을 얻은 분이시라고 들었습니다. 누구를 믿어야 하며 누구를 믿지 말아야 하는지를 가르쳐 주시겠습니까? 누가 진실을 말하고 있으며 누가 거짓 교리를 퍼뜨리고 있는 것인지를 말입니다."

붓다가 대답했다. "그대들이 의문을 갖는 까닭을 이해할 수 있다. 젊은 친구들이여, 모든 사람이 그것을 되풀이하더라도 또한 그것이 아무리 신성한 형태로 쓰여 있거나 세상이 존경하는 스승이 말한 것이라도 성급하게 믿지 마라. 네 자신의 판단에 합당한 것 그리고 그것을 실천하면 기쁨과 평화를 가져다줄 수 있는 것들만 받아들여라. 네 자신의 판단에 합당하지 않고 현명한 자와 덕이 있는 자의 지지를 얻지 못하는 것 그리고 실천해도 기쁨과 평화를 가져다주지 않는 것은 버리도록 해라."

젊은이들은 붓다에게 좀 더 자세히 가르쳐달라고 청했다. 그러자 붓다가 말했다. "그대들이여, 탐욕, 성냄, 무지가 그대들에게 행복을 가져다주겠느냐 아니면 고통을 주겠느냐?"

사람들이 대답했다. "존엄하신 분이시여, 탐욕, 성냄, 무지에 이끌리는 사람은 자신과 남에게 고통을 안겨주게 됩니다."

"현명한 자와 덕이 있는 자가 탐욕, 성냄, 무지에 의해 사는 삶을 따르겠느냐?"

"그렇지 않습니다."

붓다가 계속해서 말했다. "친애, 자비, 함께 기뻐함 그리고 평정심에 따라 살며, 남의 고통을 덜어주고 기쁨을 주며, 남의 행운을 기뻐하고 차별 없이 남을 대하는 사람이 있다고 하자. 이러한 특성은 그 사람에게 행복을 주겠느냐 아니면 고통을 주겠느냐?"

"존엄하신 분이시여, 그런 특성은 자신과 그의 주변 사람 모두에게 행복을 가져다줄 것입니다."

"친애, 자비, 기쁨, 평정심은 현명한 자와 덕이 있는 자의 지지를 받겠느냐?"

"예, 그러합니다."

"그대들은 이미 어느 것을 받아들이고 어느 것을 버려야 할지 식별할 수 있는 능력을 가진 셈이다. 그대들 자신의 판단에 합당한 것, 현명한 자와 덕이 있는 자가 지지하는 것 그리고 실천했을 때 자신과 남에게 기쁨과 평화를 가져다주는 것만 믿고 받아들이도록 해라. 이러한 원칙에 반하는 것은 버리면 된다."

칼라마의 젊은이들은 붓다의 말씀에 크게 감동받았다. 그들은 그의 가르침이 무조건적인 믿음을 강요하는 것이 아님을 알게 되었다. 붓다의 길은 진정으로 생각의 자유를 존중했다. 칼라마의 많은 젊은이들이 그날로 붓다의 제자가 되기를 간청했다.

63장

바다에 이르는 길

여행을 하던 도중에 붓다는 알라비 마을에 들렀다. 붓다와 여덟 명의 비구들은 한 공회당에 초대받아 지역 주민들과 함께 식사를 했다. 식사를 마치고 붓다가 막 설법을 시작하려고 할 때 나이가 지긋해 보이는 농부 한 명이 허겁지겁 실내로 뛰어들어왔다. 잃어버린 물소를 찾느라고 늦은 것이었다. 붓다는 늙은 농부가 온종일 아무것도 먹지 못했다는 것을 알고 설법에 들어가기 전 그에게 먼저 식사를 대접하도록 했다. 순간 많은 사람들이 불쾌해했다. 그들은 감히 어떤 자가 붓다의 설법을 중단시킨단 말인가, 하고 생각하며 이해하지 못했다.

농부가 식사를 끝내자 붓다가 말했다. "그대들이여, 우리 형제가 배가 고픈 상태에서 내가 설법을 하면 그는 정신을 집중할 수 없을 것이다. 그것은 안타까운 일이다. 배고픈 것보다 더 큰 고통은 없다. 배고픔은 우리의 육신을 소모시키며 행복, 평화, 기쁨을 파괴시킨다. 한 끼 식사를 거르는 것도 고통이거늘 하루 종일 또는 며칠씩 식사를 제대로 하지 못하는 사람들의 고통은 어떻겠느냐? 이 세상의 누구도 굶는 일이 없도록 우리가 돌봐주어야 한다."

알라비를 떠난 뒤 붓다는 강가 강의 북서쪽을 따라 코삼비를 향해 걸어갔다. 그는 한 척의 뗏목이 하류로 흘러가고 있는 모습을 보고 걸음을 멈추었다. 그는 그 뗏목을 손가락으로 가리키며 말했다. "비구들이여! 저 뗏목이 강기슭에 걸리지도 않고, 가라앉지도 않고, 백사장 위로 올라오지도 않고, 물 위로 들어 올려지지도 않고, 소용돌이에 휘말리지도 않고, 안에서부터 썩는 일도 없다면 바다로 곧장 흘러갈 것이다. 너희가 깨달음을 수행하는 것도 이와 같다. 너희가 강기슭에 걸리지도 않고, 가라앉지도 않고, 백사장 위로 올라오지도 않고, 물 위로 들어 올려지지도 않고, 소용돌이에 휘말리지도 않고, 안에서부터 썩는 일도 없다면 너희는 틀림없이 깨달음과 해탈의 바다에 이르게 된다."

비구들이 말했다. "스승이시여, 좀 더 자세히 설명해주십시오. 강기슭에 걸리게 되고, 가라앉고, 백사장 위에 올려지게 된다는 것은 무슨 뜻인지요?"

붓다가 대답했다. "강기슭에 걸린다는 것은 여섯 가지의 감각과 감각 대상에 얽매이는 것을 말한다. 너희가 부지런히 수행을 하면 그러한 감각과 감각 대상의 사이에 놓여 있는 매개물에 생각이 얽매이지 않게 된다. 가라앉는다는 것은 욕망과 탐욕에 사로잡혀 수행을 계속하는 데 필요한 힘을 모두 빼앗기는 것을 의미한다. 백사장 위에 올려진다는 것은 깨달음이라는 목표를 망각한 채 자신의 이익과 특권을 끝없이 추구하며 자신의 욕망에만 매달리는 것을 의미한다. 물 위로 들어 올려진다는 것은 수행을 하지 않고 마음이 흐트러진 채 타락한 인격을 가진 사람들과 어울리는 것을 말한다. 소용돌이에 휘말린다는 것은 오욕, 다시 말해 식욕, 성욕, 금전욕, 명예욕, 그리고 수면욕에 사로잡히는 것을 말한다. 안에서부터 썩는다는 것은 위선적인 생활을 하고 상가를 속이면서 불법을 이용해 자신의 욕망만 채우는 것을 말한다.

비구들이여, 부지런히 수행하여 이러한 여섯 가지 덫에 사로잡히지 않으면 저 뗏목이 모든 장애를 극복하고 바다에 이르듯이 너희들도 틀림없이 깨달음의 바다에 이를 수 있을 것이다."

붓다가 비구들에게 이렇게 설법하고 있을 때 물소를 돌보는 한 젊은이가 가까운 곳에서 걸음을 멈추고 귀를 기울였다. 그의 이름은 난다였다. 그는 붓다의 말에 크게 감동해서 비구들에게 다가와 제자로 받아주길 청했다. 그가 말했다. "존엄하신 분이시여, 저도 이분들처럼 비구가 되기를 원합니다. 깨달음의 길을 따르고 싶습니다. 있는 힘을 다해 깨달음을 수행할 것을 맹세합니다. 강기슭에 걸리거나, 가라앉거나, 백사장 위에 올려지거나, 물 위로 들어 올려지거나, 소용돌이에 휘말리거나, 안에서부터 썩는 일이 없도록 하겠습니다. 부디 저를 제자로 받아주십시오."

붓다는 젊은이의 총명한 얼굴을 보며 빙그레 미소를 지었다. 배운 것은 없지만 유능하고 부지런한 젊은이라는 것을 알 수 있었다. 붓다는 고개를 끄덕여 허락한 후 물었다. "몇 살이냐?"

난다가 대답했다. "스승이시여, 열여섯 살입니다."

"부모님은 계시냐?"

"안 계십니다. 모두 돌아가셨습니다. 가족이라고는 한 사람도 없지요. 저는 저를 먹여주고 재워주는 대가로 부유한 사람들의 물소를 돌보고 있답니다."

붓다가 물었다. "하루에 한 끼를 먹고 지낼 수 있겠느냐?"

"예, 오랫동안 그렇게 해왔습니다."

붓다가 말했다. "정식으로 상가에 입문하려면 나이가 스무 살이 되어야 한다. 대부분의 젊은이들은 적어도 스무 살이 되기 전에는 집을 떠나 수행자 생활을 할 만큼 충분히 성숙해 있지가 못하다. 그러나 너는 특별히 받아들여주마. 상가에 말해서 네 경우에는 평소의 요건을 완화시키도록 해주마. 정식으로 계율을 받기 전에 4년 동안 초심자인 사미로서 수행하도록 해라. 물소를 몰고 가서 네 주인한테 집을 떠나겠다고 알리고 오너라. 그동안 우리는 여기서 널 기다리고 있겠다."

젊은이가 대답했다. "스승이시여, 그럴 필요가 없다고 봅니다. 이 물소들은 매우 잘 길들여져 있답니다. 제가 몰고 가지 않아도 저희들끼리 외양간으로 돌아갈 수 있습니다."

붓다가 말했다. "아니다, 네가 직접 몰고 가서 주인한테 이야기하고 이리로 오도록 해라."

"그렇지만 제가 돌아오기 전에 모두들 가버리면 어떻게 합니까?"

붓다가 미소 지으며 말했다. "걱정 마라, 우리가 여기서 널 기다린다고 말하지 않았느냐?"

난다가 물소를 몰고 외양간으로 가자 붓다는 스바스티에게 말했다. "스바스티, 이 젊은이는 네가 돌보도록 해라. 그를 인도하고 도와줄 방법은 네가 가장 잘 알고 있을 것이다."

스바스티가 합장을 하며 미소 지었다. 스바스티는 이제 서른아홉 살이었다. 그는 붓다가 자신에게 난다를 맡기는 까닭을 잘 알았다. 지난날 붓다는 스바스티가 난다와 마찬가지로 물소를 돌보는 목동이었을 때의 그와의 만남에서 느껴지는 바가 있어 물소를 돌보는 경을 설한 적이 있었다. 스바스티는 난다를 잘 이끌어줄 수 있을 것 같았다. 가장 친한 친구인 라훌라도 자신을 도와줄 거라 생각했다. 라훌라도 이제는 서른여섯 살이었다.

스바스티의 동생들도 모두 성장해 가정을 이루었다. 그들이 지난날 함께 지냈던 오두막집은 이미 사라진 지 오래였다. 스바스티는 어느 해인가 라훌라와 함께 우루벨라를 방문했던 때를 떠올렸다. 그때 이미 루파크는 결혼을 해서 다른 마을로 이사 간 뒤였고 브히마와 발라는 그곳에서 떡을 만들어 팔며 생계를 꾸려가고 있었다. 스바스티와 라훌라는 네란자라 강으로 걸어갔다. 스바스티는 라훌라에게 물소를 태워주겠다고 한 약속을 잊지 않고 있었기 때문에 강가에서 물소에게 풀을 뜯기고 있는 몇 명의 목동들을 불렀다. 그리고 라훌라 비구가 물소들 가운데 한 마리를 타볼 수 있게 해달라고 부탁했다. 라훌라는 처음에는 주저했으나 곧 겉옷을 벗어 스바스티에게 건네주었다. 라훌라는 그토록 거대한 짐승이 너무나도 유순한 데 놀랐다. 물소의 등에 올라타자 그는 몹시 즐거워하며 만약 붓다가 자신의 모습을 보면 어떻게 생각할까 궁금하다며 큰 소리로 외쳤다. 스바스티는 빙그레 웃었다. 그는 라훌라가 석가 궁전에 머물러 있다가 언젠가 왕이 되었다면 이렇게 물소를 타보지는 못했으리라고 생각했다.

스바스티는 난다가 돌아온 순간 문득 현실로 돌아왔다. 그날 밤 그는 난다의 머리를 깎아주고 나서 가사 입기와 발우를 잡는 법, 걷고 서고 눕고 앉는 법에 대해 가르쳐주었다. 난다는 신중하고 부지런했으며, 스바스티는 그를 도와주는 일이 마냥 즐거웠다.

그는 몇 해 전에 열일곱 명의 소년들이 죽림정사에서 입문하던 때를 떠올렸다. 그중에서 나이가 가장 많았던 우팔리는 열일곱 살이었고 가장 어린 소년은 겨우 열두 살이었다. 그들은 모두 부유한 가문 출신이었다. 우팔리가 부모에게 비구가 되겠다고 말하고 이를 허락받자 그의 친구 열여섯 명도 덩달아서 부모의 허락을 받아 비구가 되었다. 상가에 입문하자 그들은 정오가 되기 전에 단 한 끼만을 먹는 것을 포함해 비구 생활을 따라야만 했다. 첫날 밤이 되자 그중 나이 어린 몇 명은 배고픔을 참지 못하고 울음을 터뜨렸다. 다음 날 아침 붓다가 울음소

라훌라는 물소의 등에 올라타기 위해 스바스티에게 가사를 건네주
었다.

리가 난 이유를 전해 듣고 말했다. "앞으로는 적어도 스무 살 이상이 된 젊은이들만 상가에 받아들이겠다. 어린 소년들은 집을 떠나 수행자 생활을 하기가 어렵기 때문이다."

소년들은 계속 상가에 머물러 있도록 허락받았으나, 붓다는 열다섯 살 미만의 아이들에게는 저녁 때 한 차례 더 식사를 제공하도록 했다. 당시의 소년들도 지금은 모두 어엿한 비구들이 되어 있었다. 스바스티가 기억하기로 가장 나이가 어린 비구도 이제는 스무 살이었다.

64장

생사의 윤회

어느 날 숨수마라기리의 베사칼라 공원에 앉아 있던 붓다가 비구들에게 말했다. "비구들이여, 나는 오늘 성인들의 여덟 가지 인식에 대해 이야기하고 싶다. 아누룻다도 전에 이 여덟 가지 인식에 대해 이야기한 적이 있다. 그것은 망각을 극복하고 깨달음에 도달할 수 있도록 성인들이 가르친 바 있는 그러한 인식이다.

첫 번째는 모든 법이 변하며 개별적인 실체가 없다는 인식이다. 모든 법의 변함과 무아의 본성을 관조할 때 우리는 비로소 고통에서 벗어나 깨달음과 평화와 기쁨을 누릴 수 있다.

두 번째는 많은 욕망이 많은 고통을 불러일으킨다는 인식이다. 생의 모든 고통은 탐욕으로부터 온다.

세 번째는 단순히 욕망을 줄이기만 해도 평화와 기쁨 그리고 평정에 도달한다는 인식이다. 욕망을 적게 갖고 사는 것만으로도 깨달음을 수행하고 남을 도울 수 있는 보다 많은 시간과 관심을 가질 수 있다.

네 번째는 오직 근면하게 노력해야만 깨달음에 이를 수 있다는 인식이다. 게으름과 육체적인 욕망에 몰두하는 것은 수행에 장애가 된다.

다섯 번째는 무지가 끝없는 생사윤회의 근원이 된다는 인식이다. 이해심과 포용력을 함양하기 위해서는 부단히 배워야 한다.

여섯 번째는 가난이 증오와 분노를 일으키며 결국 부정적인 생각과 행동이라는 악의 사슬을 만들어낸다는 인식이다. 깨달음을 수행하는 자는 포용력을 기르기 위해 모든 동료들을 똑같이 생각해야 하며 그들의 지난날의 잘못을 탓하거나 현재 해를 주고 있는 사람들을 미워해서는 안 된다.

일곱 번째는 우리가 남을 가르치고 도와주기 위해 세상에 머물러 있다 해도 세속의 잡다한 일에 사로잡혀서는 안 된다는 인식이다. 출가하여 깨달음을 수행하는 자는 세 벌의 가사와 하나의 발우만 있으면 된다. 항상 검소하게 살며 자비의 눈으로 모든 사물을 바라보아야 한다.

여덟 번째는 나 혼자만의 깨달음을 얻기 위해 수행하는 것이 아니며 다른 모든 사람들을 깨달음의 문으로 인도하기 위해 전심전력을 다해야 한다는 인식이다.

비구들이여, 이것들은 성인의 여덟 가지 인식이다. 모든 성인들은 이 여덟 가지 인식 덕분에 깨달음에 이르렀다. 그들은 살아 있을 때 어디를 가든 이 여덟 가지 인식을 활용해서 모든 사람들의 마음을 열어주고 가르쳤으며 깨달음과 해탈의 길을 찾을 수 있도록 그들을 인도했다."

라자가하의 죽림정사로 돌아와서 붓다는 박카리라는 비구가 심하게 앓고 있으며 눈을 감기 전에 그를 보고 싶어 한다는 말을 전해 들었다. 박카리를 시중들던 비구가 붓다를 찾아왔다. 세 번 절한 후 그가 말했다. "스승이시여, 저의 스승님께서 몸이 편찮으십니다. 그는 도예공인 한 속가 제자의 집에서 머물고 있습니다. 자신을 대신해서 스승님께 인사를 드리라고 말씀하셨습니다."

붓다가 아난다를 돌아보며 말했다. "지금 당장 달려가서 박카리 비구를 만나봐야겠구나."

붓다가 방 안에 들어서자 박카리 비구는 일어나 앉으려고 안간힘을 썼다.

"괜찮다, 박카리." 붓다가 말했다. "그럴 필요 없다. 아난다와 나는 침상 옆 이 의자에 앉으면 된다."

아난다와 함께 자리에 앉고 난 뒤 붓다가 말했다. "박카리, 어서 건강을 회복하고 고통이 가라앉기를 바란다."

"스승이시여, 체력이 빠른 속도로 떨어지고 있습니다. 견디기가 몹시 어렵습니다. 고통이 점점 더해가고 있습니다."

"네가 근심이나 후회로 시달리지 않기를 바란다."

"스승이시여, 저는 근심과 후회로 시달리고 있습니다."

"그런 후회가 계율을 어긴 데서 오는 게 아니기를 바란다."

"그렇지는 않습니다. 저는 계율을 충실히 지켰으며 부끄러울 것이 없습니다."

"그렇다면 무엇을 근심하고 후회하느냐?"

"병 때문에 스승님을 뵙지 못한 지 오래되었습니다."

붓다가 부드럽게 타일렀다. "박카리, 그런 일이라면 걱정하지 말아라. 넌 부끄러움 없는 삶을 살았다. 그것만이 스승과 제자를 가깝게 해주는 것이다. 나를 보기 위해 내 얼굴을 보아야한다고 생각하느냐? 육신이란 것은 중요하지 않다. 가르침만이 중요하다. 네가 가르침을 볼 수 있다면 넌 나를 볼 수 있는것이다. 네가 육신은 보되 가르침을 보지 못한다면 아무런 소용도 없다."

잠시 침묵을 지킨 뒤 붓다가 물었다. "박카리, 네 육신과 마찬가지로 내 육신도 얼마나 순간적인 것인지 알고 있지 않느냐?"

"스승님, 저도 분명히 알고 있습니다. 육신은 끊임없이 태어나고, 죽고, 변화하는 것이지요. 또한 감각도 순간적인 것이며, 끊임없이 생겨나고, 소멸하고, 변하는 것임을 알고 있습니다. 지각, 정신 작용 그리고 인식은 다 같이 생사의 법칙을 따릅니다. 모든 것은 순간적입니다. 스승님께서 오늘 저를 방문하시기 전에 저는 다섯 가지 스칸다스의 변화하는 본성에 대해 깊이 생각했습니다. 저는 형상, 감각, 지각, 정신 작용, 인식 중에서 별개의 실체를 가진 것이 아무것도 없음을 알았습니다."

"훌륭하다, 박카리! 너를 믿는다. 다섯 가지 스칸다스 중 어느 것도 별개의 실체를 가진 것이 없다. 자, 마음의 눈을 뜨거

라. 그리고 보아라. 박카리가 존재하지 않는 곳이 어디냐? 박카리가 아닌 것이 어느 것이냐? 생명의 신비는 모든 곳에 스며 있다. 박카리, 생사가 너를 좌우하지는 못한다. 네 가지 요소로 이루어진 육신을 보고 미소 짓도록 해라. 네 몸에 고통이 생겨나고 없어질 때마다 미소 짓도록 해라."

박카리는 두 눈에 눈물을 글썽거리며 미소 짓고 있었다. 붓다는 일어나서 자리를 떴다. 붓다와 아난다가 가고 나자 박카리는 주변에 둘러선 친구들에게 침상 위에 누워 있는 자신을 이시길리 산으로 데려가달라고 부탁했다. 그가 말했다. "내 어찌 이처럼 방 안에서 죽을 수 있겠나? 드넓은 하늘 아래 산기슭 위에서 죽고 싶다."

친구들은 그를 이시길리 산으로 운반했다. 그날 밤 붓다는 밤이 깊도록 명상에 잠겼다. 다음 날 이른 새벽에 그는 오두막을 지나던 수많은 비구들에게 말했다. "박카리에게 가서 두려워할 게 아무것도 없다고 전하거라. 그의 죽음은 평화롭고 떳떳할 것이다. 마음을 편히 가지라고 일러라. 나는 그에게 커다란 믿음을 갖고 있다."

비구들은 이시길리 산에서 박카리를 만난 뒤 붓다가 한 말을 그대로 전했다. 박카리가 말했다. "나를 침상에서 내려 땅 위에 눕혀주게. 붓다의 말씀을 받들면서 어떻게 높은 침상 위에 누워 있을 수 있겠나?"

그들은 그가 부탁한 대로 해준 다음 붓다의 말을 되풀이했다. 박카리는 합장을 한 뒤 말했다. "수도원에 들어가면 나를 대신해서 그분께 세 번 절하고 박카리는 병세가 심하며 심한 고통 속에 있다고 전해주게. 박카리는 다섯 가지 스칸다스가 순간적이며 별개의 실체가 없음을 분명히 보고 있다네. 박카리는 더 이상 다섯 가지 스칸다스에 얽매이지 않는다네. 마지막 숨이 넘어가면서 이 박카리는 두려움과 걱정에서 벗어날 것이네."

비구들이 말했다. "마음을 편히 갖게나. 우리가 돌아가서 붓다께 세 번 절하고 그대의 마지막 말을 전해주겠네."

비구들의 모습이 사라지자 박카리는 눈을 감았다.

그날 오후 붓다는 몇 명의 비구들과 함께 이시길리 산으로 올라갔다. 푸른 하늘에는 구름 한 점 없었다. 산 아래에 있는 한 오두막에서 한 줄기 연기가 하늘을 향해 피어오르고 있었다. 그 연기는 잠시 하늘에 떠 있다가 곧 사라졌다. 드넓은 하늘을 바라보면서 붓다가 말했다. "박카리는 자유를 얻었다. 이제 어떠한 환상이나 망상도 더 이상 그를 방해할 수 없다."

붓다는 다시 여행길에 올라 이번에는 날란다와 베살리를 향했다. 어느 날 쿠타가라 수도원에서 붓다는 비구들에게 말했다. "생명체이기에 인간은 크든 작든 고통을 받게 된다. 그러나 법을 연구하고 이를 수행하는 데 헌신하는 사람은 남보다 고통에 적게 시달린다. 이는 그들이 수행의 결실인 이해심을 가지고 있기 때문이다."

그날도 몹시 더웠으며 붓다는 아름다운 사라수 그늘 아래서 비구들과 함께 앉아 있었다. 그는 엄지손가락과 집게손가락으로 조그만 흙덩이를 하나 집어 든 다음 물었다. "비구들이여, 이 흙덩이와 가야시사 산을 비교하면 어느 것이 더 크겠느냐?"

"물론 가야시사 산이 더 크지요."

"바로 그렇다, 비구들이여. 법을 연구하고 수행하여 이해에 도달하면, 그러한 수행자들의 고통은 무지한 사람들의 고통과 서로 비교할 수 없다. 무지는 고통을 수만 배나 늘리는 법이다. 비구들이여, 어떤 사람이 화살에 맞았다고 하자. 그는 고통을 느낄 것이다. 그런데 만약 그가 같은 곳에 두 번째 화살을 맞았다면 그 고통은 먼젓번 고통의 두 배를 넘는다. 세 번째 화살이 같은 곳을 다시 맞혔다면 그 고통은 수천 배 더 극심할 것이다. 비구들이여, 무지는 바로 이 두 번째, 세 번째 화살과도 같다. 그것은 고통을 훨씬 증가시키는 법이다.

이해심 덕분에 수행자는 자신과 타인의 고통이 더 커지는 것을 막을 수 있다. 육체적이든 정신적이든 유쾌하지 못한 감각이 몸속에서 일어나더라도 현명한 사람은 걱정하거나, 불평하거나, 울거나, 가슴을 치거나, 머리카락을 쥐어뜯거나, 몸과 마음이 상하거나 실신을 하거나 하는 법이 없다. 그는 조용히 자신의 감각을 관조하여 그것이 감각에 지나지 않음을 인식한다. 그 자신이 그러한 감각이 아니며, 그러한 감각에 사로잡히지 않음을 안다. 그러므로 고통이 그를 구속할 수 없다. 고통스러운 육체적 느낌이 있을 때 그는 고통스러운 육체적 느낌이 있다는 것을 안다. 그는 평정을 잃지 않으며, 걱정하거나 두려워하거나, 불평을 하지 않는다. 따라서 그러한 느낌은 어디까지나 고통스러운 육체적 느낌일 뿐이며 그것이 그에게 상처를 주지는 못한다.

비구들이여, 깊이 관조하는 수행을 부지런히 행하도록 해라. 그러면 이해심의 결실을 거두게 되어 더 이상 고통에 얽매이지 않게 된다. 생로병사조차도 더 이상 너희들을 속박할 수는 없을 것이다.

비구는 숨을 거둘 때 육신과 감각과 마음 그리고 마음의 대상을 관조해야 한다. 육신의 모든 움직임과 모든 행동은 마음챙김 아래에서 이루어져야 한다. 모든 감각은 마음챙김 아래에서 이루어져야 한다. 비구가 육신과 감각의 변하는 본성과 홀로 존재하지 못함을 관조한다면 설령 그것이 유쾌한 것이라 하더라도 육신과 감각에 사로잡히는 일이 없을 것이다.

고통을 견뎌내기가 힘들면 이렇게 하면 된다. '이것은 견디기 힘든 고통이다. 이 고통은 내가 아니다. 나는 이 고통이 아니다. 나는 이 고통에 사로잡히지 않는다. 이 순간의 육신과 감각은 기름과 심지가 얼마 남지 않은 채 타들어가는 등잔불과도 같다. 빛이 환하게 비치든 더 이상 비치지 않든 그 모든 것은 조건에 달려 있다. 나는 이러한 조건들에 얽매이지 않는다.' 이와 같이 수행하면 고요와 평화가 찾아든다."

첫 비가 여름의 열기를 식히기 시작할 무렵 붓다는 안거 기간을 보내기 위해 제타바나로 돌아왔다. 그는 비구와 비구니들에게 홀로 존재하지 못함에 대해 가르쳤다. 비구 중 하나가 자리에서 일어나 물었다. "스승이시여, 스승님께서 인식은 이름과 형상의 기초가 된다고 가르치셨습니다. 그렇다면 모든 법이 존재함도 인식에서 생겨난다고 할 수 있겠습니까?"

붓다가 대답했다. "바로 그렇다. 형상은 인식의 대상이다. 그리고 인식의 주체와 대상은 하나의 실상의 양면이다. 인식의 대상이 없으면 인식도 있을 수 없다. 인식과 인식 대상은 서로 떼어 생각할 수 없다. 인식의 주체와 대상은 서로 떼어 생각할 수 없는 것이며 이 둘은 마음에서 생겨나는 것이다."

"스승이시여, 형상이 인식에서 생겨난다면 인식이 곧 우주의 근원이라고 할 수 있겠군요. 그렇다면 인식 또는 마음은 어디에서 유래한 것인지 알고 싶습니다. 마음은 언제 생겨난 것인지요? 마음의 시초를 알고 싶습니다."

"비구들이여, 시작과 끝이라는 개념은 마음이 만들어낸 추상적인 것에 지나지 않는다. 실은 시작과 끝이란 없는 것이다. 우리가 무지에 사로잡혀 있을 때 시작이니 끝이니 하고 말할 따름이다. 사람들이 생사의 끝없는 윤회에 사로잡히게 되는 것도 바로 이러한 무지 때문이다."

"생사의 윤회가 끝도 시작도 없는 것이라면 어떻게 그것을 피할 수 있겠습니까?"

"생과 사는 무지에서 생겨난 관점에 불과하다. 생과 사, 시작과 끝이라는 생각을 뛰어넘는 것이야말로 끝없는 윤회를 벗어나는 길이다. 비구들이여, 바로 이것이 오늘 내가 말하려고 했던 것이다. 모든 것을 깊숙이 들여다보는 법을 수행해라. 그리고 나중에 이 문제에 관해 좀 더 자세히 살펴보기로 하자."

65장

가득 찬 것도 텅 빈 것도 아니다

설법이 끝난 뒤 스바스티는 많은 비구들이 어리둥절해하고 있다는 것을 알았다. 또한 자신도 붓다의 가르침을 제대로 이해하지 못했음을 느꼈다. 그는 설법 토론 시간에 수제자들의 말을 귀담아 듣기로 했다.

다음 날 설법 시간에 아난다는 전체 모임에 앞서 붓다에게 몇 가지 질문을 해달라는 비구들의 부탁을 받았다. 첫 번째 질문이 던져졌다. "스승이시여, '세상'과 '법'은 무슨 뜻입니까?"

붓다가 말했다. "아난다, 세상(loka)은 변모하고 흩어지는 본성을 가진 모든 것들을 통틀어 말하는 것이다. 모든 법은 열여덟 개의 영역에 담겨 있다. 그러니까 여섯 개의 감각 기관, 여섯 개의 감각 대상 그리고 여섯 개의 감각 인식을 합친 것이 열여덟 개의 영역인 것이다. 열여덟 개의 영역은 생겨나고 소멸하며, 변모하고 흩어진다. 내가 세상이라고 하는 것은 바로 그것이다. 변모하고 흩어지는 본성을 가진 모든 것들을 통틀어 말하는 것이 세상이다."

아난다가 다시 물었다. "스승이시여, 스승님께서는 모든 법이 비어 있다고 늘 말씀하셨습니다. 그것은 무슨 뜻인지요?"

붓다가 말했다. "아난다, 나는 모든 법은 별개의 실체가 없는 것이기에 모든 법이 비어 있다고 말했던 것이다. 여섯 개의 감각 기관, 여섯 개의 감각 대상 그리고 여섯 개의 감각 인식 중 어느 것도 따로 떼어서 생각할 수 있는 별개의 실체를 갖고 있지 않다."

아난다가 말했다. "스승이시여, 스승님께서는 자유에 들어가는 세 개의 문이 비어 있음(空), 형상을 떠남(無想) 그리고 바람을 떠남(無願)이라고 말씀하셨습니다. 모든 법이 비어 있음은 모든 법이 변하고 흩어지기 때문입니까?"

"아난다, 나는 비어 있음에 대해 그리고 그러한 비어 있음을 관조할 것에 대해 자주 말해왔다. 비어 있음에 대한 관조는 사람들로 하여금 고통과 탄생과 죽음을 뛰어넘도록 도와준다. 자, 그럼 이제부터 이러한 관조에 관해 좀 더 자세히 말하겠다. 아난다, 우리들 모두 이 법당에 함께 앉아 있다. 법당 안에는 시장, 물소, 마을이 없다. 비구들만이 앉아 설법을 듣고 있다. 법당에는 이곳에 없는 모든 것이 빠져 있으며 실제로 이곳에 있는 모든 것을 가지고 있다고 말할 수 있다. 법당은 시장, 물소, 마을이 빠져 있는 대신 비구들을 포함하고 있다. 그 말이 옳다고 인정하느냐?"

"예, 스승님."

"설법이 끝나면 우리는 모두 떠날 것이고 법당에는 한 사람의 비구도 남지 않게 된다. 그때 법당에는 시장, 물소, 마을 그리고 비구들이 빠져 있다. 그 말이 옳다고 인정하느냐?"

"스승님, 그때는 법당에 그 모든 것들이 없어지게 됩니다."

"아난다, 채워져 있다는 것은 무엇으로 가득 차 있다는 것을 의미하고 비어 있다는 것은 무엇인가 결여되어 있다는 것을 의미한다. 채워져 있다는 말과 비어 있다는 말은 그 자체로는 아무런 의미가 없다."

"스승이시여, 그 점에 대해 좀 더 자세히 말씀해주십시오."

"자, 생각해보아라. 비어 있다는 것은 가령 시장, 물소, 마을 그리고 비구들이 없는 것과 같이 무엇인가 독립적으로 존재하는 것이라고 말할 수는 없다. 가득 차 있다는 것도 마찬가지이다. 가득 차 있다는 것은 시장, 물소, 마을 또는 비구들이 가득 차 있는 것처럼 무엇인가가 채워져 있는 것을 의미한다. 가득 차 있다는 것은 독립적으로 존재하는 것이 아니다. 현재 우리는 법당에 시장, 물소, 마을이 빠져 있다고 말할 수 있다. 모든 법이 가득 차 있다고 말한다면 무엇으로 가득 차 있다는 말이냐? 모든 법이 비어 있다고 말한다면 무엇이 빠져 있다는 것이냐?

비구들이여, 모든 법이 비어 있다고 함은 모든 법이 영원하고 변함없는 실체를 결여하고 있음을 말한다. 그것이 바로 모든 법이 비어 있다는 말의 의미이다. 너희는 모든 법이 변하며 소멸함을 알고 있다. 그렇기에 모든 법은 구분 가능하며 독립적인 실체를 가지고 있다고 말할 수 없는 것이다. 비구들이여, 비어 있다는 것은 실체가 없음을 뜻한다."

아난다가 말했다. "모든 법은 실체가 없습니다. 그 점은 이해가 됩니다. 하지만 스승님, 법은 실제로 존재합니까?"

붓다는 물그릇 하나가 놓여 있는 조그만 탁자를 조용히 내려다보았다. 그는 그릇을 가리키며 아난다에게 물었다. "아난다, 이 그릇이 가득 차 있는지 비어 있는지 말해주겠느냐?"

"스승님, 그릇에는 물이 가득 차 있습니다."

"아난다, 이 그릇의 물을 모두 쏟아버리고 오너라."

아난다가 붓다의 말대로 했다. 그가 다시 돌아와서 빈 그릇을 탁자 위에 올려놓았다. 붓다는 그릇을 들어 올려 그것을 엎었다. 그가 물었다. "아난다, 이 그릇이 가득 차 있느냐 아니면 비어 있느냐?"

"스승이시여, 이제 그것은 가득 차 있지 않습니다. 비어 있습니다."

"아난다, 그릇이 비어 있음을 확신하느냐?"

"예, 스승님, 그릇이 비어 있음을 확신합니다."

"아난다, 이 그릇에는 더 이상 물이 가득 차 있지 않지만 공기가 가득 차 있다. 벌써 잊어버렸구나! 비어 있다는 것은 무엇인가가 없는 것을 뜻하고 가득 차 있다는 것은 무엇이 가득 들어 있는 것을 뜻한다. 이 그릇 속에는 물은 없지만 공기가 가득 차 있다."

"이해하겠습니다."

"좋다, 아난다. 이 그릇은 비어 있기도 하고 가득 차 있기도
하다. 물론 비어 있다든가 가득 차 있다는 것은 그릇의 존재에
달려 있다. 그릇이 없으면 비어 있다든가 가득 차 있다는 것은
있을 수 없다. 그것은 법당도 마찬가지이다. 법당이 가득 차 있
거나 비어 있기 위해서는 우선 법당이 이곳에 있어야만 하는
것이다."

"아!" 비구들이 갑자기 경탄의 목소리를 냈다.

아난다가 두 손을 합장했다. "스승이시여, 그렇다면 법은 존
재합니다. 법은 분명히 존재합니다."

붓다가 빙그레 미소 지었다. "아난다, 말에 사로잡히지 마
라. 법이라는 것은 실체가 없는 현상이며 그것이 존재한다는
것은 통상적인 지각의 유무에 달려 있는 게 아니다. 그것이 존
재한다 함은 '비어 있음'과 같은 의미가 있다."

아난다가 두 손을 합장했다. "스승이시여, 좀 더 자세히 설
명해주십시오."

"아난다, 우리는 텅 빈, 그리고 가득 찬 그릇에 관해 이야기
를 했다. 또한 법당이 비어 있느냐, 가득 차 있느냐에 대해서도
이야기했다. 비어 있다는 것에 대해서도 간단히 말했다. 가득
차 있다는 것에 대해 좀 더 말해보겠다. 탁자 위의 그릇에 물이
들어 있지 않다 하나 깊이 들여다보면 그것 또한 전혀 사실이
아니니라."

붓다는 그릇을 집어 들고서 아난다를 바라보았다.

"아난다, 그릇을 이루고 있는 여러 요소 중에 물이 포함된다고 보느냐?"

"예, 스승님. 물이 없으면 도예공은 반죽을 만들 수가 없을 것입니다."

"바로 맞혔다, 아난다. 조금 전에 그릇이 비어 있다고 말했지만 깊이 들여다보면 그릇 속에 물이 있음을 알 수 있다. 그릇의 존재는 물의 존재에 달려 있다. 아난다, 이 그릇 속에서 불이라는 요소가 보이느냐?"

"예, 스승님. 불은 그릇을 완성하기 위해 필요합니다. 깊이 들여다보면 그릇 속에서 열과 불의 존재를 볼 수 있습니다."

"그것 말고 또 무엇을 볼 수 있느냐?"

"공기를 볼 수 있습니다. 공기가 없으면 불이 타오를 수 없으며 도예공은 숨을 쉴 수 없습니다. 도예공과 그의 노련한 손이 보입니다. 그의 인식이 보입니다. 도자기를 굽는 가마와 아궁이에서 타고 있는 장작이 보입니다. 그 장작이 있게 해준 나무가 보입니다. 그 나무들을 자라게 해주는 비, 태양 그리고 흙이 보입니다. 스승이시여, 이 그릇이 존재하게끔 해준 수천 가지 서로 연관된 요소들이 보입니다."

"훌륭하다, 아난다! 이 그릇을 관조하면 그릇이 존재하게끔 해주는 서로 연관된 요소들을 볼 수 있다. 아난다, 이 요소들은 그릇의 안팎에 존재한다. 네 자신의 의식은 그러한 요소 중 하나이다. 네가 열을 빼앗아 그것을 태양으로 돌려주고 진흙은 땅으로, 물은 강으로, 도예공은 그의 부모에게로, 장작은 숲 속으로 다 돌려주고 나면 그릇은 여전히 존재하느냐?"

"스승이시여, 그릇은 더 이상 존재하지 않습니다. 그릇이 존재하게 해주는 서로 연관된 요소들을 그 근원으로 돌려주면 그릇은 더 이상 존재하지 않습니다."

"아난다, 홀로 존재하지 못함의 법칙을 관조하면 그릇이 독립적으로 존재할 수 없음을 알 수 있다. 그것은 다른 모든 법과의 서로 연관된 관계 속에서만 존재할 수 있다. 모든 법은 탄생, 존재, 죽음과 관련하여 서로 의존하고 있다. 하나의 법이 존재함은 곧 다른 모든 법이 존재함을 의미한다. 모든 법이 존재함은 단 하나의 법이 존재함을 의미한다. 아난다, 이것이 바로 홀로 존재하지 못함의 원리이다. 아난다, 홀로 존재하지 못함은 이것 속에 저것이, 저것 속에 이것이 존재함을 의미한다. 예컨대 우리는 이 그릇을 바라보면서 도예공을 볼 수 있으며 도예공을 보면서 그릇을 볼 수 있다. 홀로 존재하지 못함은 '이것이 곧 저것이고' 또한 '저것이 곧 이것임'을 의미한다. 예컨대, 파도는 물이고 물은 파도이다. 아난다, 지금 이 법당 안에는 시장도, 물소도, 마을도 없다. 그러나 그것은 한쪽 면에서 볼 때만 그렇다. 실제로 시장, 물소, 마을이 없으면 이 법당은 존재할 수 없다. 그렇다면 아난다야, 텅 빈 법당을 볼 때 너는 시장, 물소, 마을을 볼 수 있어야 한다. 이것이 없으면 저것은 없다. 비어 있음(sunnata)의 기본적인 의미는 '이것이 있음은 저것이 있기 때문'이다."

비구들은 완전히 침묵한 채 듣고 있었다. 붓다의 말은 그들에게 깊은 감명을 주었다. 붓다는 잠시 말을 멈추었다가 빈 그릇을 다시 들어 올린 후 말했다. "비구들이여, 이 그릇은 독립적으로 존재할 수 없다. 이것은 흙, 물, 불, 공기, 도예공과 같은, 그릇 자체가 아닌 다른 모든 것들의 덕분에 이곳에 있는 것이다. 모든 법도 이와 마찬가지이다. 모든 법은 다른 모든 법과 상호 의존적인 관계 속에서만 존재한다. 모든 법은 홀로 존재하지 못함의 원리에 따라 존재한다.

비구들이여, 이 그릇을 깊이 들여다보아라. 그러면 온 우주를 볼 수 있을 것이다. 이 그릇은 온 우주를 담고 있다. 그릇 속에 담겨 있지 않은 것이 단 하나 있으니 그것은 따로 구분될 수 있는 별개의 실체이다. 따로 구분되는 별개의 실체란 무엇이냐? 그것은 다른 모든 존재와 분리되어 완전히 독립적으로 존재하는 실체이다. 어떠한 법도 다른 법과 분리된 채 독립적으로 존재할 수는 없다. 어떠한 법도 별개의 본질적인 실체를 가진 것은 없다. 그것이 바로 비어 있다는 말의 참뜻이다. 비어 있다고 함은 실체가 없다는 뜻이다.

비구들이여, 다섯 가지 스칸다스는 사람을 이루고 있는 기본 요소이다. 형상은 실체를 포함하고 있지 않다. 따라서 형상이 독립적으로 존재할 수 없다. 형상 속에 감각, 지각, 정신 작용 그리고 인식이 존재한다. 다른 세 가지 요소의 경우에도 마찬가지이다. 어느 요소도 별개의 실체를 가지고 있지 못하다. 다섯 가지 요소는 서로 의존하여 존재한다. 따라서 다섯 가지 요소는 모두 비어 있다.

비구들이여, 여섯 가지의 감각 기관, 여섯 가지의 감각 대상 그리고 여섯 가지의 감각 인식은 모두가 비어 있다. 모든 감각 기관, 감각 대상, 감각 인식은 독립적이고 서로 구분되는 본질을 가지고 있지 않다.

비구들이여, 너희가 쉽게 생각할 수 있도록 다시 반복하겠다. 이것이 있으므로 저것이 있다. 모든 법은 서로 의존하여 존재한다. 따라서 모든 법은 비어 있다. 여기서 비어 있다고 함은 독립적이고 별개로 구분되는 실체가 없다는 뜻이다."

아난다가 말했다. "스승이시여, 일부 브라만 학자들과 다른 종파의 지도자들은 스승님께서 허무주의를 가르치고 있다고 주장합니다. 그들은 스승님께서 사람들로 하여금 모든 삶을 부정하게끔 이끌고 있다고 합니다. 스승님께서 모든 법이 비어 있다고 말씀하시기 때문에 오해하는 것이 아니겠는지요!"

붓다가 대답했다. "아난다, 브라만 학자들과 다른 종파의 지도자들은 다음과 같은 이유로 틀린 말을 하고 있는 것이다. 나는 허무주의를 가르친 적이 없다. 다른 사람들이 삶을 부정하게끔 만든 적도 없다. 아난다, 그릇된 견해 중에서 사람들을 가장 현혹시키는 것이 두 가지 있다. 그것은 존재와 비존재에 대한 견해이다. 첫 번째는 모든 것이 구분 가능한 영원한 실체적 본질을 가지고 있다고 보는 견해이다. 두 번째는 모든 것이 환상이라고 보는 견해이다. 너희가 그중 하나에 사로잡히게 되면 진리를 볼 수 없다.

아난다, 언젠가 카카야나 비구가 내게 물은 적이 있다. '스승님, 그릇된 견해는 무엇이며 바른 견해는 무엇입니까?' 나는 존재한다는 생각이나 존재하지 않는다는 생각 중 어느 하나에 사로잡히는 것이라고 대답했다. 실재의 참된 본성을 들여다보면 이러한 견해에 사로잡히지 않게 된다. 바른 견해를 가진 사람은 모든 법에 담긴 삶과 죽음의 과정을 이해한다. 그로 인해서 존재하느니 존재하지 않느니 하는 생각에 얽매이지 않는다. 고통이 생겨날 때 바른 견해를 가진 사람은 고통이 소멸한다는 것을 안다. 바른 견해를 가진 사람에게 모든 법의 생성과 소멸은 장애가 되지 않는다. 영원성과 환상이라는 두 가지 그릇된 견해는 아주 극단적인 것이다. 홀로 존재하지 못함은 양극단을 극복한 중용에 머무른다.

아난다, 존재니 비존재니 하는 것은 실재와 부합하지 않는 관념이다. 실재는 이러한 관념의 범위를 넘어선다. 깨달은 사람은 존재와 비존재의 관념을 넘어선 사람이다.

아난다, 존재와 비존재가 비어 있듯이 생과 사도 비어 있다. 그것들 또한 단지 관념에 지나지 않는다."

아난다가 물었다. "스승이시여, 생과 사가 비어 있다면 생성과 소멸이 끊임없이 계속되고 있음에도 불구하고 스승님께서 모든 법이 변한다고 항상 말씀하시는 까닭은 무엇인지요?"

"아난다, 상대적이고 개념적인 선상에서 우리는 모든 법이 생성하고 소멸한다고 말하는 것이다. 그러나 절대적인 의미로 볼 때 모든 법은 본질적으로 생성되는 일도 소멸하는 일도 없다."

"스승님, 그것에 관해 설명해주십시오."

"아난다, 너희가 법당 앞에 심어놓은 보리수를 예로 들어보자. 그것은 언제 태어났느냐?"

"스승이시여, 그것은 4년 전 씨앗이 뿌리를 내리는 순간 태어났습니다."

"아난다! 그 이전에는 보리수가 존재했느냐?"

"아닙니다, 스승님, 그 전에는 보리수가 없었습니다."

"네 말은 보리수가 아무것도 없는 상황에서 태어났다는 말이냐? 어떠한 법이든 아무것도 없는 상태에서 생겨날 수 있느냐?"

아난다가 침묵을 지켰다.

붓다가 계속해서 말했다. "아난다, 온 우주에 아무것도 없는 상태에서 생겨날 수 있는 법이란 없다. 씨앗이 없으면 보리수가 있을 수 없다. 보리수는 씨앗 덕분에 존재한다. 나무는 씨앗의 연속이다. 씨앗이 흙 속으로 뿌리를 내리면 보리수는 이미 씨앗 속에 존재하는 것이다. 하나의 법이 이미 존재하고 있다면 그것이 또 어떻게 생겨날 수 있겠느냐? 보리수의 본성에 태어남이란 없다."

붓다가 아난다에게 물었다.

"씨앗이 흙 속으로 뿌리를 내리고 난 뒤에 그 씨앗은 죽었느냐?"

"예, 스승님, 나무를 태어나게 하기 위해 씨앗은 죽었습니다."

"아난다, 씨앗은 죽지 않았다. 죽었다는 것은 존재에서 비존재로 바뀌었다는 뜻이다. 온 우주 속에 존재에서 비존재로 바뀌는 법이 있느냐? 한 장의 나뭇잎, 하나의 먼지 그리고 한 가닥의 향기, 이것들 가운데 어느 것도 존재에서 비존재로 바뀌는 것은 없다. 모든 법은 다른 형태의 법으로 바뀐 것뿐이다. 그것이 전부이다. 보리수의 씨앗도 이와 마찬가지다. 씨앗은 죽지 않았다. 나무로 바뀌었을 뿐이다. 씨앗과 나무는 태어남도 없고 죽음도 없다. 아난다, 씨앗과 나무, 너와 나, 비구, 법당, 나뭇잎, 먼지, 향기, 이 모든 것에는 태어남도 죽음도 없다.

아난다, 모든 법에는 태어남도 죽음도 없다. 생사는 정신적 관념에 지나지 않는다. 모든 법은 가득 차 있지도 비어 있지도 않으며, 만들어지거나 소멸하지도 않으며, 오지도 않고 가지도 않으며, 하나도 아니고 여럿도 아니다. 이 모든 것은 관념에 지나지 않는다. 모든 법의 비어 있는 본성을 관조하게 되면 분별심을 일으키는 모든 관념을 뛰어넘어 모든 존재의 참된 본성을 깨닫게 된다.

아난다, 모든 존재의 참된 본성은 가득 차 있는 것도 비어 있는 것도 아니고, 생과 사도 없으며, 만들어지거나 부서지는 일도 없다. 생과 사, 가득 차 있는 것과 비어 있음, 만들어짐과 부서짐의 세계가 생겨나는 것도 바로 그러한 본성 위에 토대를 두고 있다. 그렇지 않다면 생과 사, 가득 차 있음과 비어 있음, 만들어짐과 부서짐을 벗어날 길이 어떻게 있을 수 있겠느냐?

아난다, 바닷가에 서서 수면에 파도가 생겨났다가 사라지는 모습을 본 적 있느냐? 태어남과 죽음이 없음은 바다와도 같다. 생사는 파도에 해당된다. 아난다, 긴 파도가 있는가 하면 짧은 파도가 있고, 높은 파도가 있는가 하면 낮은 파도도 있다. 파도는 생겨났다가 사라지지만 바다는 그대로 있다. 바다가 없으면 파도가 있을 수 없다. 파도는 바다의 모습으로 돌아간다. 파도는 바다이며 바다는 파도이다. 파도는 생겨났다 사라지지만 만약 파도가 자신들이 바다임을 이해할 수 있다면 그들은 생겨남과 사라짐이라는 생각을 뛰어넘을 수 있을 것이다. 생겨남과 사라짐 때문에 걱정하거나, 두려움에 사로잡히거나, 고통을 겪지 않을 것이다.

비구들이여, 모든 법의 비어 있는 본성을 관조하는 일에는 오묘한 뜻이 담겨 있다. 그러한 관조를 하게 되면 온갖 두려움, 걱정, 고통에서 벗어나게 된다. 그것은 또한 그대들이 생사의 세계를 뛰어넘게끔 도움을 준다. 전심전력을 다해 이러한 관조를 수행하도록 해라."

붓다는 설법을 끝냈다.

스바스티는 이처럼 심오하고 오묘한 이치를 들은 적이 한 번도 없었다. 수제자들의 눈빛과 미소는 기쁨으로 빛났다. 스바스티는 붓다의 말을 이해할 수 있었지만 그 말의 심오한 뜻을 완전히 파악할 수는 없었다. 하지만 아난다가 조만간 설법 내용 전부를 되풀이해줄 것이다. 스바스티는 그때 수제자들이 설법에 관해 토론하는 것을 경청하기로 했다.

66장

네 개의 산

이른 아침, 목갈라나는 두 눈에 눈물을 글썽이며 붓다를 찾아왔다. 붓다가 무슨 일이냐고 묻자 목갈라나는 대답했다. "스승이시여, 간밤에 명상에 잠겨 있을 때 생각이 어머니에게 머물렀습니다. 저는 어머니에 대한 생각을 관조했습니다. 그리고 제가 어렸을 때 종종 그분을 슬프게 해드렸음을 알았습니다. 하지만 그것이 제 고통의 원인은 아닙니다.

저의 고통은 그분이 살아계실 때도 도와드릴 수 없었고 돌아가신 뒤에도 도와드릴 수 없음을 알았기 때문입니다. 스승님, 제 어머니의 업보가 너무도 무겁습니다. 그분은 생전에 수많은 죄악을 저질렀으며 그러한 나쁜 죄업으로 인해 지금까지도 계속 고통을 겪고 계십니다. 명상 속에서 저는 어머니께서 유령처럼 몸이 야윈 채 어두컴컴하고 불결한 곳에 계신 것을 보았습니다. 옆에 밥그릇이 하나 있기에 그것을 들어 그분께 드렸습니다. 하지만 밥을 입 안에 넣자 그것은 시커먼 석탄으로 변했고 그분은 고통스러워하며 입 안에 있는 것들을 뱉어냈습니다. 스승이시여, 그 모습이 아직도 제 기억 속에 생생합니다. 어떻게 해야 그분의 죄업을 소멸시키고 자유롭게 해드릴 수 있을지 모르겠습니다."

붓다가 물었다. "생전에 무슨 죄를 지었느냐?"

목갈라나가 대답했다. "스승님, 어머니는 생명을 존중하지 않았습니다. 그분이 하는 일은 여러 생명을 죽여야만 하는 일이었습니다. 바른말을 실천하지 못했습니다. 그분의 말은 다른 사람들에게 고통을 안겨주기 일쑤였습니다. 마치 살아 있는 나무를 파내고 그곳에 죽은 나무를 심는 사람과도 같았습니다. 그분이 저지른 모든 잘못을 제가 감히 다 들추어낼 수는 없습니다. 어머니가 다섯 가지 계율 모두를 어겼다는 것만은 분명히 말씀드릴 수 있습니다. 스승이시여, 제 어머니의 죄업을 씻어버릴 수만 있다면 어떤 고통이라도 감수하겠습니다. 부디 자비를 베푸시어 제가 어찌해야 좋을지를 말씀해주십시오."

붓다가 말했다. "목갈라나, 나는 어머니를 사랑하는 네 마음에 깊이 감동했다. 부모님의 은혜는 하늘처럼 넓고 바다처럼 깊다. 자식 된 자는 그러한 은혜를 항상 잊어서는 안 된다. 목갈라나, 네 어머니가 살아 계실 때 너는 최선을 다해 그녀를 도와주었다. 네 걱정은 그녀가 죽은 지금까지도 계속되고 있다. 이는 너의 효성이 얼마나 깊은 것인지를 보여준다. 내 마음이 기쁘구나.

목갈라나, 부모님의 은혜에 보답하는 가장 훌륭한 길은 행복하고 덕성스럽게 사는 것이다. 그것만이 은혜를 갚고 부모님을 그리워하는 마음을 채울 수 있는 최선의 길이다. 목갈라나 너의 삶은 바로 그러한 삶이었다. 지금 너의 평화, 기쁨, 행복 그리고 덕성의 삶은 다른 사람들의 모범이 되고 있다. 너는 많은 사람들이 길을 찾도록 도와주었다. 네 어머니를 위해 네 생명과 훌륭한 덕성을 바치면 그녀의 죄업은 소멸될 것이다. 목갈라나, 네 어머니를 도울 수 있는 방법을 하나 알려주겠다. 안거 마지막 날 모든 비구들에게 네 어머니를 위한 천도제에 참석하여 그녀를 위해 기도와 정성을 모아달라고 청하거라. 모든 사람들의 정성을 한데 모아 기도하면 네 어머니의 죄업은 소멸될 것이고 법의 문에 들어설 수 있을 것이다.

내가 알기로 우리 상가 내에 비슷한 처지에 놓인 사람들이 많이 있다. 이번 기회를 빌어 모든 이들의 부모를 위한 천도제를 열었으면 한다. 내가 사리풋타에게 일러 안거 마지막 날에 아직 생존해 있거나 이미 돌아가신 모든 부모들을 위한 천도제를 마련하도록 해주마. 이것은 또한 젊은 사람들에게 부모와 조상의 은혜를 가르쳐주는 훌륭한 기회가 될 것이다.

목갈라나, 대부분의 사람들은 부모가 돌아가신 뒤에야 고마움을 안다. 부모가 있다는 것은 커다란 행복이다. 부모는 자식들에게 커다란 기쁨의 원천이 된다. 기쁘게 해줄 수 있는 방법을 찾아야 한다. 부모가 살아 있든 돌아가셨든 간에 사랑이 담긴 행동은 그들에게 행복을 안겨준다. 가난한 사람과 병든 사람을 돕고, 외로운 사람을 방문하고, 죄수들을 풀어주고, 도살될 운명에 놓인 동물을 풀어주고, 나무를 심는 일들은 모두 현재의 상황을 바꾸어주고 부모에게 행복을 안겨줄 수 있는 자비로운 행동이다. 안거 마지막 날에 모든 사람들이 그러한 행동을 실천할 수 있도록 격려해주기로 하자."

목갈라나는 커다란 위안을 받고서 붓다에게 절했다.

그날 오후 산책을 마치고 돌아오는 길에 붓다는 수도원 입구에서 파세나디 왕을 만났다. 그들이 인사를 나누고 있을 때 니간타 종파의 일곱 명의 금욕주의자들이 지나가고 있었다. 금욕주의자들은 수염도 머리도 깎지 않았으며 손톱도 깎지 않았다. 왕은 붓다에게 양해를 구한 뒤 그들에게로 다가갔다. 그는 정중하게 인사를 한 후 말했다. "덕망 높은 수행자여, 나는 코살라국의 파세나디 왕이오." 그는 같은 말을 반복하며 그들에게 두 번 더 인사하고 나서 붓다의 곁으로 돌아왔다. 그들의 모습이 사라지자 그는 붓다에게 물었다. "존엄하신 분이시여, 당신이 보시기에 저 금욕주의자들은 이미 아라한의 경지에 이른 것 같습니까?"

붓다가 대답했다. "왕이시여, 당신은 통치자로서의 삶을 살고 있으므로 궁정 대신들이나 정치에 보다 더 익숙하실 것입니다. 어느 수행자가 어느 정도 진전을 이루었는지 알기는 당연히 어려울 것입니다. 누구든 겨우 한두 번 만나보고 어떤 사람이 깨달음을 얻었는지 아닌지를 가늠하기란 어렵습니다. 그들과 가까이 지내면서 주의 깊게 관찰하고, 어려운 상황에 처했을 때 어떻게 대응하는지, 다른 사람과 어떻게 대화를 나누는지 보아야 하며 그들의 지혜, 덕성, 도달한 수준의 깊이를 이해할 필요가 있습니다."

왕은 이해했다. 그러고는 말했다. "존엄한 분이시여, 제가 적국에 밀정을 파견하여 상황을 탐지할 때도 그렇게 하고 있습니다. 그들은 신분과 차림을 위장하기 때문에 발각되지 않지요. 저도 그들이 궁정으로 돌아와 꾸민 차림을 풀고 본얼굴을 보여야 비로소 알아보는 경우도 있지요. 당신 말씀이 맞습니다. 어떤 사람을 깊이 알지 못하면 그들의 덕성, 지혜 그리고 수행의 깊이를 알 수 없겠지요."

붓다는 왕을 데리고 오두막으로 함께 걸어갔다. 그들이 도착했을 때 붓다는 아난다에게 의자를 내오게 했다.

왕은 붓다에게 털어놓았다. "저는 이제 일흔 살입니다. 이젠 정신 수련에 좀 더 많은 시간을 쏟고 싶습니다. 지난날보다 좀 더 자주 앉아서 명상을 하거나 명상 산책을 해야겠다는 생각이 듭니다. 하지만 붓다시여, 저는 궁전의 일에 너무 많은 시간을 빼앗기고 있습니다. 당신의 설법을 들을 때면 피곤한 나머지 눈을 뜰 수 없는 경우도 있습니다. 매우 부끄럽습니다만 저는 음식을 지나치게 탐하는 과오를 범하고 있지요. 언젠가 과식을 하고 수도원에 온 적이 있습니다. 졸음이 어찌나 쏟아지는지 산책을 하면 머리가 좀 개운해질까 해서 밖으로 나갔답니다. 하지만 졸음이 점점 더 쏟아지는 것이었습니다. 당신이 같은 오솔길에 있는 줄도 모르고 걸어가다가 당신과 부딪친 적도 있었지요. 기억하시는지요?"

붓다가 웃었다. "예, 기억합니다. 그야 먹는 양을 줄이면 되지요. 그러면 몸과 마음이 가뿐해지고 정무를 돌보거나 정신 수행을 할 수 있는 능력이 커질 것입니다. 말리카 왕비나 바지리 공주에게 부탁하면 날마다 식사를 살펴줄 겁니다. 영양에도 신경을 쓰되 좀 더 적은 양을 주겠지요."

왕은 합장을 하며 붓다의 제안을 받아들였다.

붓다가 계속해서 말했다. "건강을 돌보고 정신 수행을 하는 데 보다 많은 시간을 보내는 게 좋겠지요. 이제 여생이 그리 많지 않습니다. 당신에게 두터운 신임을 얻고 있는 신하 한 명이, 하늘만큼이나 높은 거대한 산이 동쪽에서 달려오며 길에 있는 생명체를 모두 깔아뭉개고 있다는 소식을 전했다고 합시다. 그리고 당신이 이러한 사태를 막을 걱정을 하려는 찰나 또 다른 신하 한 명이, 거대한 산이 서쪽에서 돌진해 오며 또한 길에 있는 모든 것을 깔아뭉개고 있다는 소식을 전했다고 합시다. 그리고 그다음에는 남쪽과 북쪽에서 온 신하들이 이와 똑같은 소식을 갖고 도착했다고 합시다. 네 개의 산이 수도를 향해 돌진하며 길 위의 모든 것을 짓뭉개고 있는 것입니다. 당신은 피할 곳이 없음을 알게 되겠지요. 산이 다가오는 것을 막을 방법이 전혀 없습니다. 시간도 없습니다. 그럼 당신은 어떻게 하겠습니까?"

왕은 한동안 깊이 생각한 후 대답했다. "존엄하신 분이시여, 제가 할 수 있는 일이 한 가지는 있다고 봅니다. 그것은 가르침을 따르며 남은 시간을 가능한 한 가치 있고 평온한 방법으로 보내는 것입니다."

붓다가 왕을 칭찬했다. "바로 맞히셨습니다! 네 개의 산은 바로 생로병사의 산입니다. 늙음과 죽음은 우리를 향해 다가오고 있고 우리는 결코 이를 피할 수 없습니다."

왕이 두 손을 모아 합장했다. "존엄한 분이시여, 늙음과 죽음이 다가옴을 생각할 때 제가 택할 수 있는 최선의 길은 당신의 가르침에 따라 나날을 보내며, 마음챙김을 한 채 살며, 미래세대를 포함한 다른 사람들에게 덕을 베풀며 사는 것입니다."

왕은 일어서서 붓다에게 인사를 한 후 떠나갔다.

그해 우기에 수많은 브라만과 여러 종파의 사람들이 사밧티에 모였다. 그들은 곳곳을 돌며 설교와 강의, 토론회를 열어 사람들을 불러 모았다. 그러한 토론회를 통해 여러 종파에서는 나름대로의 교리를 펼쳤다. 붓다의 속가 제자들 중 몇 명이 이 토론회에 몇 차례 참석했다. 그들은 보고 들은 것을 붓다와 비구들에게 말했다. 상상할 수 있는 온갖 형이상학적 문제들이 제시되었으며 연사들은 저마다 자신의 교리만이 옳다고 주장했다. 부드럽게 시작된 토론은 분노에 가득 찬 외침 속에 끝나기가 일쑤였다.

붓다가 제자들에게 다음과 같은 우화를 하나 들려주었다.

"옛날에 어느 현명한 국왕이 태어날 때부터 앞을 보지 못한 맹인들을 궁전으로 초대했다. 그는 코끼리를 한 마리 데려오라고 분부하고 맹인들에게 차례로 더듬어보게 한 다음 코끼리가 어떻게 생겼는지 말해보라고 했다. 다리를 만진 맹인은 코끼리가 집을 받치고 있는 기둥처럼 생겼다고 말했다. 꼬리를 만진 자는 코끼리가 깃털로 된 먼지떨이처럼 생겼다고 했다. 귀를 만진 자는 곡식을 까부는 키처럼 생겼다고 했고 배를 만진 자는 둥근 통처럼 생겼다고 했다. 머리를 만진 자는 거대한 질그릇처럼 생겼다고 했고 상아를 만진 자는 지팡이처럼 생겼다고 했다. 그들은 함께 둘러앉아 코끼리가 어떻게 생겼는지 의논해 봤지만 어느 누구도 상대방의 의견에 동의하지 않았고 논쟁만 뜨겁게 달아올랐다.

비구들이여, 너희가 보고 들은 것은 실재의 일부분에 지나지 않는다. 너희가 실재의 진면목을 알고 싶으면 비뚤어진 형상에 집착하는 일을 그만두어야 한다. 깨달음을 수행하는 자는 겸손해야 하고, 마음을 넓게 가져야 하고, 자신이 이해하고 있는 것이 불완전하다는 것을 인정해야 한다. 깨달음을 진전시키려면 보다 깊이 수행하기 위해 끊임없는 노력을 기울여야 한다. 깨달음을 구하는 자는 열린 마음을 유지해야 하며, 현재의 소견이 마치 절대적인 진리라도 되는 듯이 집착하는 것은 진리의 깨달음을 방해할 뿐임을 알아야 한다. 겸손과 열린 마음은 깨달음을 진전시키기 위해 필요한 두 개의 조건이니라."

67장
바다의 시인

안거 기간이 끝나자 많은 비구들이 붓다에게 작별을 고하고 법을 전파하기 위해 길을 떠났다. 가장 유능하고 덕망 높은 비구들 가운데 하나인 푼나는 고향으로 가서 법을 가르치겠다는 뜻을 붓다에게 말했다. 그는 동부 해역에 있는 수나파란타 섬 출신이었다.

붓다가 말했다. "네 고향은 아직 크게 미개하여 많은 사람들의 심성이 잔인하며 싸움이 심하다고 들었다. 네가 그곳에 가서 가르치는 것이 과연 좋은 생각인지 확신할 수가 없구나."

푼나가 대답했다. "스승이시여, 사람들이 아직 잔인하고 미개하기 때문에 그곳에 가서 가르치려고 하는 것입니다. 그들에게 자비와 비폭력의 길을 가르쳐줄 수 있을 것입니다. 성공하리라 믿습니다."

"푼나, 그들이 너를 비난하고 욕하면 어떻게 하겠느냐?"

"스승이시여, 그럴 때는 그들이 제게 돌을 던져 다치게 하지 않은 것을 다행으로 알겠습니다."

"그들이 만약 네게 돌을 던져 다치게 하면 어떻게 하겠느냐?"

"스승이시여, 그럴 때는 그들이 지팡이나 몽둥이로 저를 때리지 않은 것을 다행으로 알겠습니다."

"푼나, 만약 그들이 너를 죽이면 그때는 어쩌겠느냐?"

"그런 일이 생기리라고는 생각하지 않습니다. 그러나 만약 그런 일이 생기면 저는 그것을 자비와 비폭력의 길을 가르치기 위한 뜻있는 죽음으로 받아들이겠습니다. 사람은 누구나 죽습니다. 저는 깨달음의 길을 위해 죽을지언정 후회하지는 않겠습니다."

붓다가 그를 칭찬했다. "훌륭하구나, 푼나! 너는 수나파란타에 법을 전파시킬 수 있는 용기를 가지고 있다. 사실인즉 나는 이곳에 서 있는 다른 비구들을 위해 너에게 질문을 했을 뿐이다. 나는 네 능력과 비폭력의 수행에 대해 조금도 의심하지 않았다."

푼나는 지난날 상인이었다. 그와 그의 처남은 수나파란타에서 난 토산물을 사밧티에 있는 상인들에게 내다 팔곤 했었다. 그들은 배나 마차를 타고 여행했다. 어느 날 화물선이 사밧티에 도착하기를 기다리고 있던 중 푼나는 탁발을 하고 있는 한 무리의 비구들을 만났다. 그는 비구들의 경건한 행동거지에 크게 감동해서 제타바나로 가 붓다의 설법을 듣기로 했다. 설법을 다 듣고 나자 그는 더 이상 상인으로 남고 싶은 마음이 없어졌다. 그는 비구가 되기로 했다. 그래서 남은 물건과 돈을 처남에게 모두 넘겨주고는 붓다의 상가에 입문했다. 그는 수행에 빠른 진전을 보여 마침내 비구들의 스승이 될 수 있었다. 그는 법을 전파하기 위해 코살라와 마가다국 곳곳을 여행했다. 모든 비구들은 그가 고향에 가서도 성공을 거두리라 확신했다.

이듬해 봄에 붓다는 다시 동쪽으로 갔다. 그는 베살리와 캄파에 머물렀다. 그리고 강줄기를 따라 바다로 가서 그곳에서 해안을 따라 올라가며 설법을 했다. 어느 날 그가 바닷가에 서 있을 때 아난다가 말했다. "스승이시여, 저는 파도 소리를 귀로 듣고 눈으로 보며, 호흡을 살피며 현재의 순간에 머무릅니다. 그렇게 하면 제 몸과 마음은 완전한 평온에 잠겨듭니다. 바다가 제게 새로운 모습으로 다가오는 것을 느낍니다." 붓다가 고개를 끄덕였다.

또 다른 어느 날 비구들은 걸음을 멈추고 한 어부와 이야기를 나누었다. 아난다는 그에게 바다에 대한 생각을 물었다. 그 어부는 키가 크고 잘생겼으며 피부는 햇볕에 그을려 구릿빛이었다. 그는 아난다에게 말했다. "저는 바다에 관한 모든 것을 사랑합니다. 그 이유는 다음과 같습니다. 첫째, 모래가 깔려 있는 백사장은 바다를 향해 부드럽게 경사를 이루고 있어서 우리가 배와 그물을 바다로 쉽게 끌어내리게 해준답니다. 둘째, 바다는 언제나 똑같은 위치에 머물러 있지요. 당신들도 주변을 둘러보면 곧 알게 될 겁니다. 셋째, 바다는 시체 따위를 붙잡고 있는 법이 결코 없으며 그것을 바닷가로 밀어 올립니다. 넷째, 모든 강은 일단 바다로 흘러 들어오면 자신들의 이름 따위는 내던져버립니다. 바다는 모든 것을 받아들입니다. 다섯째, 강이 밤낮없이 바다로 흘러 들어오지만 바다는 늘 같은 높이를 유지하고 있지요. 여섯째, 바닷물은 항상 짜답니다. 일곱째, 바다는 아름다운 산호, 진주, 값비싼 보석들을 간직하고 있지요. 여덟째, 바다는 수십 미터에 달하는 거대한 생물들로부터 바늘구멍이나 먼지보다도 작은 미물들에 이르는 수만 가지 생물들에게 안식처를 마련해주고 있답니다. 저는 바다를 무척 사랑하지요."

아난다는 얼굴 가득 찬탄의 빛을 띄운 채 어부를 바라보았다. 그는 평범한 어부에 불과했지만 마치 시인처럼 말했다. 아난다가 돌아서서 붓다에게 말했다. "이 사람이 바다를 너무도 훌륭하게 칭찬하는군요! 마치 우리가 깨달음의 길을 사랑하듯이 바다를 사랑하고 있습니다. 스승님께 가르침을 청해도 되겠습니까?"

붓다가 빙그레 미소 지으면서 커다란 바위가 있는 곳을 가리켰다. 그가 말했다. "저 바위 위에 가서 앉자. 너희에게 깨달음의 길의 영묘한 특성에 대해 들려주겠다."

어부를 포함해 그들 모두는 붓다를 따라갔다. 모두 자리에 앉자 붓다가 입을 열었다. "우리들의 형제인 어부는 방금 바다의 여덟 가지 신비로운 특성을 설명했다. 나는 이제 참된 깨달음의 여덟 가지 영묘한 특성에 대해 설명하겠다. 첫째, 법은 백사장이 바다를 향해 부드럽게 경사를 이루어 어부들이 배와 그물을 바다로 쉽게 끌어 내리게 해준다는 점에서 바다와 조금도 다를 게 없다. 가르침을 따르면 모든 사람들은 낮은 데서 높은 데로, 피상적인 데서 심오한 데로, 쉬운 곳에서 어려운 곳으로 나아갈 수 있다. 법은 서로 다른 성격을 모두 품어 안을 수 있을 만큼 충분히 넓다. 젊은 사람이든, 늙은 사람이든, 많이 배운 사람이든, 적게 배운 사람이든 누구나 깨달음에 들 수 있다. 모든 사람들은 각자에게 맞는 적합한 방법을 찾을 수 있다.

둘째, 바다가 늘 같은 곳에 머물러 있듯이 법도 이와 마찬가지이다. 가르침의 원리는 변하지 않는다. 또한 계율은 분명하게 명시되어 있다. 사람들이 어디에서 그러한 원리와 계율을 연구하고 수행하든지 참된 법은 한곳에 머물러 있다. 법은 없어지거나 위치를 벗어나는 적이 없다.

셋째, 바다가 시체 따위를 붙잡고 있지 않듯이 법은 무지, 게으름, 계율 위반을 용서하지 않는다. 수행에 정진하지 않는 사람은 결국 상가에서 쫓겨나게 될 것이다.

넷째, 바다가 모든 강물을 평등하게 받아들이듯이 법은 모든 계급의 사람들을 평등하게 받아들인다. 그리고 바다로 흘러 들어가는 강물이 자신의 이름을 버리듯이 깨달음을 수행하기 위해 들어오는 사람은 계급, 혈통 그리고 지난날의 신분을 버리고 비구로서의 이름을 얻어야 한다.

다섯째, 바다의 높이가 항상 일정하듯이 법은 따르는 사람의 수가 많든 적든 간에 항상 변함이 없다. 법은 사람 수에 따라

측정될 수 없다.

여섯째, 바닷물이 짜듯이 법은 어떠한 형태로 나타나든, 수행법이 어떠하든 단 하나의 맛을 가지고 있다. 그것은 깨달음이라는 맛이다. 가르침이 깨달음으로 이어지지 아니하면 그것은 참된 가르침이 아니다.

일곱째, 바다가 산호, 진주, 값비싼 보석들을 담고 있듯이 법은 네 가지의 성스러운 진리, 네 가지의 바른 노력, 다섯 가지의 기능, 다섯 가지의 힘, 깨달음의 일곱 요소 그리고 팔정도라는 숭고하면서도 소중한 가르침을 담고 있다.

여덟째, 바다가 거대한 생물에서 미물에 이르기까지 수만 가지 생물들에게 안식처를 제공해주듯이 법은 배우지 못한 아이들이나 보살(Bodhisattva) 같은 성인들에 이르기까지 모든 사람들에게 안식처를 제공해준다.

이처럼 법은 바다와 마찬가지로 영감의 원천이며 헤아릴 수 없는 보고이니라."

아난다는 두 손을 합장한 채 붓다를 바라보고 말했다. "스승이시여, 깨달으신 분이시여, 스승님께서는 또한 시인이기도 하십니다."

68장

신비로운 세 개의 문

바닷가를 떠난 붓다는 파탈리풋타와 베살리를 방문한 뒤 다시 그의 모국으로 향했다. 석가국의 사마가마 시에 도착하자마자 그는 니간타 종파의 지도자인 나타풋타가 죽었으며 그의 추종자들이 두 개의 진영으로 분열되었음을 알았다. 양 진영은 상대방이 교의를 그릇되게 해석하고 있다고 서로 비난했고 앞다투어 속인들의 지지를 호소했다. 사람들은 실망했고 어느 쪽을 따라야 할지 몰라 혼란에 빠졌다.

사리풋타를 시중들고 있는 초심자 쿤다가 니간타 종파의 싸움에 대해 아난다에게 말했다. 그는 한동안 나타풋타가 가르침을 폈던 파바에서 살았기 때문에 모든 내용을 속속들이 알고 있었다. 아난다는 붓다에게 그 싸움에 대해 말한 뒤 걱정스러운 목소리로 덧붙였다. "스승이시여, 스승님께서 돌아가신 뒤 상가에는 아무런 분열도 없었으면 합니다."

붓다는 아난다의 어깨를 두드리며 말했다. "아난다, 지금 비구들 중에서 가르침의 내용에 관해 싸우는 자가 있느냐? 그들이 네 가지 마음챙김, 네 가지 바른 노력, 다섯 가지 기능, 다섯 가지 힘, 깨달음의 일곱 요소, 팔정도에 대해 다투더냐?"

"그렇지는 않습니다. 저는 비구들이 가르침에 관해 싸우고 있는 것을 한 번도 본 적이 없습니다. 하지만 지금은 스승님께서 곁에 계십니다. 저희들은 스승님의 크나큰 덕에 귀의한 것입니다. 모두 스승님의 말씀을 경청하고 있으며 수행 성과도 순조롭게 향상되고 있습니다. 그러나 스승님께서 세상을 뜨시면 상가를 이끌어나가는 방법 또는 가르침을 전파하는 방법에 대해 의견이 서로 다를 수 있을 것입니다. 다툼이 생기면 많은 사람들이 마음의 상처를 받게 되고 심지어는 깨달음에 대한 믿음을 잃게 될 것입니다."

붓다가 그를 위로했다. "걱정 마라, 아난다. 상가의 운영이나 가르침의 전파 방법과 같은 부수적인 문제에 관한 다툼 따위는 걱정할 것 없다."

붓다의 위로에도 불구하고 아난다는 여전히 불안했다. 최근 그는 베살리에서 한때 붓다를 시중들었던 수나카타가 개인적인 불만으로 상가를 떠났다는 말을 전해 들었다. 수나카타는 강의 도중에 붓다와 상가에 대해 비난했다. 붓다는 이렇다 할 통찰력도 없는 평범한 사람에 지나지 않는다고 공격했다. 그는 붓다의 가르침이 한 개인의 해탈에 대해서만 말할 뿐 사회 전체에 대해서는 아무런 관심도 보이지 않는다고 말했다. 그는 혼란의 씨앗을 뿌리고 있었다. 사리풋타도 이러한 상황을 알고 있었기에 아난다의 우려에 공감했다.

아난다는 라자가하에도 불만의 씨앗이 뿌려졌음을 알았다. 데바닷타의 영향력 아래에 있는 일부 비구들이 붓다에게서 독립해 새로운 상가를 만들려고 몰래 일을 꾸미고 있었다. 코칼리카, 카타모라카 팃사, 칸다데비풋타 그리고 사무다닷타를 포함한 일부 유능한 비구들이 데바닷타와 함께하고 있었다. 데바닷타는 붓다의 제자들 중에서 가장 유능하고 총명한 사람 중의 하나였다. 사리풋타는 여러 사람들 앞에서 그를 자주 칭찬했으며 그를 각별히 친구로서 대했다. 아난다는 데바닷타가 최근에 와서 다른 사람들 특히 붓다를 시기하는 이유를 이해할 수가 없었다. 아난다는 아직 아무도 이 문제에 관해 붓다에게 알리지 않았음을 알았다. 그는 자신이 좋지 못한 소식을 붓다에게 알리는 역할을 맡게 될까 두려웠다.

이듬해 붓다는 안거 기간을 보내기 위하여 사밧티로 돌아와서 제타바나에 머물렀다. 그곳에서 그는 법인(法印)에 관한 경을 설했다.

"오늘 너희에게 들려줄 오묘한 가르침이 하나 있다. 마음속에서 온갖 다른 생각들을 지우고 이제부터 들려줄 경을 조용히 평온한 마음으로 듣고, 받아들이고, 이해하도록 해라.

비구들이여, 첫째 법인은 비어 있음(空), 즉 순냐타이다. 비어 있음은 존재하지 않음을 의미하지 않는다. 비어 있음은 별개의 실체가 없음을 의미한다. 너희가 알다시피 존재에 대한 믿음과 비존재에 대한 믿음은 둘 다 틀린 것이다. 모든 법은 서로 의지하여 존재하는 것이다. 저것이 있기에 이것이 있고, 저것이 없으면 이것도 없고, 저것이 태어나면 이것이 태어나고, 저것이 죽으면 이것도 죽는다. 따라서 비어 있음의 본질은 홀로 존재하지 못함(緣起)이다.

비구들이여, 모든 법이 서로 어떤 모습으로 존재하는가, 그리고 하나의 법이 다른 모든 법을 어떻게 포함하는가를 알기 위해서는 모든 법의 상호 의존관계를 살펴보는 수행을 하도록 해라. 하나의 법과 분리된 채 다른 법이 존재할 수 없다. 여섯 개의 감각 기관, 여섯 개의 감각 대상 그리고 여섯 개의 감각 인식으로 된 열여덟 개의 영역에 대해 관조하도록 해라. 육신, 감각, 지각, 정신 작용 그리고 인식의 다섯 가지 요소에 대해 관조하도록 해라. 어떠한 현상, 어떠한 요소도 독립적으로 존재할 수 없음을 알게 될 것이다. 모든 것은 존재하기 위해 서로 의존한다. 이것을 보게 되면 모든 법의 비어 있는 본성을 보게 될 것이다. 일단 모든 법의 비어 있는 본성을 보게 되면 더 이상 법을 추구하거나 법으로부터 달아날 필요가 없게 된다. 또한 모든 법에 대한 집착, 분별심 그리고 편견을 뛰어넘게 된다. 비어 있는 본성을 관조하게 되면 해탈로 들어가는 최초의 문을 열 수 있다. 비어 있음은 첫 번째 해탈의 문이다.

비구들이여, 두 번째 법인은 형상을 떠남(無相), 즉 아니밋타이다. 형상을 떠남은 지각과 분별심의 경계를 넘어섬을 의미한다. 사람들이 모든 법이 갖는 홀로 존재하지 못함과 비어 있는 본성을 볼 수 없으면 법을 구분이 가능하고 독립적인 현상으로 인식한다. 이것은 저것과 상관없이 존재하고 이것은 다른 모든 법으로부터 독립되어 있다고 본다. 이와 같은 방식으로 법을 바라보는 것은 마치 분별심이라는 칼을 가지고서 실재를 산산조각 내는 것과 마찬가지이다. 따라서 실재의 진면목을 볼 수 없게 된다. 비구들이여, 모든 법은 서로 의존하고 있다. 이것은 저것 속에 있고, 이것은 저것에도 부합하며, 하나 속에서 모든 것이 발견된다. 이것이 바로 홀로 존재하지 못함의 참뜻이다. 이것은 저것 속에, 저것은 이것 속에 있으며 이것이 곧 저것이고 저것이 곧 이것이다. 그런 식으로 관조하라. 그러면 일상적인 지각이 오류로 가득 차 있음을 알게 될 것이다. 지각의 눈은 이해의 눈으로 보는 것처럼 분명하고 정확하게 볼 수가 없다. 지각의 눈은 새끼줄을 뱀으로 착각하게 할 수 있다. 거울처럼 맑은 이해의 눈으로 볼 때 새끼줄의 참된 형상이 모습을 드러내며 뱀이라는 허상은 사라진다.

비구들이여, 존재와 비존재, 삶과 죽음, 하나와 여럿, 나타남과 사라짐, 오는 것과 가는 것, 선명한 것과 선명하지 못한 것, 늘어남과 줄어듦은 지각과 분별심에서 생겨난다. 무조건적이고 절대적인 관점에서 보면 실재의 진면목은 이러한 관념의 감옥 속에 갇혀 있을 수 없다. 따라서 모든 법은 실체가 없다고 하는 것이다. 존재, 비존재, 삶, 죽음, 하나, 여럿, 나타남, 사라짐, 오는 것, 가는 것, 선명한 것, 선명하지 못한 것, 늘어남, 줄어듦에 관한 모든 생각들을 벗어날 수 있도록 관조해라. 그러면 자유에 이를 것이다. 형상을 떠남은 해탈로 들어가는 두 번째 문이다.

비구들이여, 세 번째 특성은 바람을 떠남(無願), 즉 아파니히타이다. 바라는 바가 없음은 무엇인가를 추구하지 않음을 의미한다. 왜 그러한가? 보통 사람들은 하나의 법을 추구하기 위해 다른 법을 버리려고 한다. 사람들은 가난을 피하기 위해 부귀를 추구한다. 정신적인 수행자는 해탈에 이르기 위해 생사를 인정하지 않는다. 하지만 모든 법이 서로 의존하고 있다면, 다른 것을 추구하기 위해 하나를 버리는 것이 어떻게 가능하겠는가? 생사 속에 니르바나가 있고 니르바나 속에 생사가 있다. 니르바나와 생사는 서로 다른 두 개의 실체가 아니다. 니르바나를 추구하기 위해 생사를 도외시한다면 너희는 모든 법의 홀로 존재하지 못하는 본성을 여전히 파악할 수 없을 것이다. 너희가 온갖 부질없는 노력을 멈추고 그로부터 벗어나려면 바람을 떠남에 대해 관조하도록 해라.

해탈과 깨달음은 너희 자신의 밖에 존재하는 것이 아니다. 눈을 크게 뜨고 너희들 자신이 바로 자유와 깨달음의 진수임을 알아야 한다. 모든 법, 모든 존재는 내부에 참된 깨달음의 본성을 갖추고 있다. 너희의 몸 밖에서 그것을 구하지 마라. 너희 자신을 향해 마음의 빛을 비추면 마음이 환하게 밝아옴을 당장 깨닫게 될 것이다. 비구들이여, 삼라만상의 그 무엇이든 자신의 의식을 떠나서 별도로 존재하는 것이 없으며 니르바나와 자유조차도 마찬가지이다. 그러한 것들을 다른 곳에서 구하지 마

라. 인식의 대상은 인식을 떠나서 따로 존재하지 않는다. 브라흐마, 니르바나 그리고 자유를 포함한 어떠한 법도 구하지 마라. 그것이 바로 바람을 떠남의 참뜻이다. 너희는 이미 구하고 있는 것을 가지고 있다. 바람을 떠남은 자유로 인도하는 신비로운 문이다. 그것은 해탈로 들어가는 세 번째 문이라고 한다.

비구들이여, 이것이 바로 법인에 관한 가르침이고 해탈의 세 가지 문에 관한 가르침이다. 해탈의 세 가지 문은 신비롭고 장엄하다. 힘껏 연구하고 수행하도록 해라. 이 가르침에 따라 수행하면 분명히 깨달음을 얻을 것이다."

붓다가 설법을 마치자 사리풋타가 일어나서 붓다에게 합장을 했다. 다른 모든 비구들도 그를 따라 붓다에게 깊은 감사의 마음을 표시했다. 사리풋타는 여러 대중들에게 다음 날 이 경을 연구하기 위한 특별한 모임이 있을 것임을 공표했다. 그는 이 경이 이루 헤아릴 수 없을 만큼 심오한 것이므로 모든 사람들이 그것을 연구하고, 수행하고, 이해하기 위해 노력해야 한다고 말했다. 스바스티는 이 경이 지난해 붓다가 설한 적 있는 비어 있음에 관한 경과 관련된 것임을 알았다. 그는 붓다가 제자들을 간단한 가르침에서 보다 미묘하고 심오한 가르침으로 이끌어가고 있음을 알 수 있었다. 스바스티는 마하카사파, 사리풋타, 푼나, 목갈라나를 비롯한 수제자들의 기쁨에 넘치는 얼굴을 바라보았다. 그는 지난해 붓다가 비어 있음에 관한 경을 끝마쳤을 때 모든 사람들이 사리풋타를 따라 붓다에게 합장하던 모습을 떠올렸다. 그는 스승과 제자들 사이에 맺어진 깊은 유대감을 느낄 수 있었다.

다음 날 오후 야메루와 테쿠라가 붓다의 오두막으로 찾아왔다. 이 두 비구들은 브라만 계급 출신으로 형제지간이었다. 그들은 뛰어난 어학 실력과 고대 문화에 대한 해박한 지식을 갖춘 것으로 잘 알려져 있었다. 고대 문헌을 줄줄 외우기 시작하면 그들의 목소리는 마치 종이라도 치는 듯 맑았으며 북이라도 치는 듯 웅장했다. 두 사람이 붓다에게 절을 하자 붓다는 그들이 자리에 앉도록 권했다.

야메루가 말했다. "스승이시여, 저희들은 가르침과 관련된 언어상의 문제에 대해 스승님께 말씀드리고 싶습니다. 스승님은 평소 마가다국의 언어로 말씀하시는데 마가다어는 대다수 비구들의 모국어가 아니며 비구들이 가르치는 일부 지역의 사람들은 마가다어를 이해하지 못하고 있습니다. 그런 까닭에 스승님의 가르침을 지방 방언으로 통역해주어야 하는 경우도 있습니다. 저희들이 입문하기 전에 다행히 운이 좋아서 여러 지방의 방언과 언어를 공부할 기회가 있었습니다. 그래서 저희들은 스승님께서 가르침을 베푸실 적에 고대 베다 언어로 해주시기를 청합니다. 모든 비구들이 공부를 해서 한 가지 언어로 가르치면 혼란과 오류를 피할 수 있을 것입니다"

붓다는 한동안 침묵에 잠겼다. 조금 뒤 그가 말했다. "너희의 제안에 따르는 것은 바람직하지가 못하다. 법은 살아 있는 실재이다. 그러한 법을 전하기 위한 언어는 사람들이 일상적으로 사용하는 언어라야 한다. 나는 일부 학자들이나 이해할 수 있는 언어로 가르침을 베풀고 싶지는 않다. 아메루와 테쿠라야, 나는 입문한 제자이든 속가 제자이든 모든 제자들이 그들의 모국어로 법을 공부하고 수행하기를 원한다. 그래야만 법이 생생하게 살아 있게 되고 쉽게 접근할 수 있는 것이 된다. 법은 실생활에 응용되어야 하고 지역 문화와 함께 숨 쉬어야 한다."

붓다의 뜻을 이해하게 된 아메루와 테쿠라는 그에게 합장을 한 후 자리에서 물러났다.

69장

붓다는 어디로 가는가?

폭우가 쏟아지던 어느 날, 웃티야라는 이름의 한 금욕주의자가 붓다를 찾아왔다. 아난다는 그를 오두막으로 인도한 후 붓다에게 소개했다. 금욕주의자가 자리에 앉자 아난다는 그에게 몸을 말릴 수 있도록 수건을 하나 내주었다.

웃티야는 붓다에게 물었다. "붓다시여, 세계는 영원하겠습니까, 아니면 언젠가는 멸망하겠습니까?"

붓다가 빙그레 웃으며 말했다. "웃티야 수행자여, 미안하지만 그 질문에는 대답하지 않겠네."

웃티야가 다시 물었다. "세계는 유한합니까, 아니면 무한합니까?"

"그 질문에도 대답하지 않겠네."

"그렇다면 육신과 영혼은 하나입니까, 아니면 둘입니까?"

"그 질문에도 대답하지 않겠네."

"당신이 죽은 뒤에 당신은 계속 존재합니까, 아니면 존재하지 않습니까?"

"그 질문에 대해서도 대답하지 않겠네."

"당신은 죽은 뒤에 계속 존재하는 것도 아니고 존재하지 않는 것도 아닙니까?"

"웃티야 수행자여, 나는 그 질문에도 대답하지 않겠네."

웃티야는 화가 났다. 그가 말했다. "붓다시여, 당신은 내가 한 모든 질문에 대답하기를 거절했소. 그렇다면 어떤 질문을 드려야 대답하겠소?"

붓다가 대답했다. "나는 사람의 몸과 마음을 다스려서 모든 슬픔과 근심을 극복하는 수행에 직접 관련된 질문에만 대답을 하겠네."

"당신의 가르침은 세상에서 얼마나 많은 사람들을 구제할 수 있습니까?"

붓다가 조용히 앉아 있었다. 웃티야도 더 이상 아무 말 하지 않았다.

그러자 아난다가 그를 불쌍히 여겨 입을 열었다.

"웃티야 수행자여, 지금부터 내가 예를 하나 들 테니 잘 들어보면 우리 스승님의 뜻을 알 수 있을 겁니다. 넓은 해자와 높은 성벽으로 굳게 에워싸인 궁전 안에서 살고 있는 왕을 한번 생각해보시오. 그 궁전에는 단 하나의 출입문이 있고 경비병들이 밤낮없이 삼엄하게 지키고 있습니다. 경비병들은 눈을 번뜩이며 수상하지 않은 사람들만을 궁전 안으로 들여보냅니다. 왕은 얼마나 많은 사람이 궁전 안에 들어오는지 따위는 안중에도 없이 왕좌에 앉아 있습니다. 그는 수상한 자가 궁전으로 들어올 수 없다는 것을 알고 있지요. 우리 스승께서도 바로 이와 비슷하답니다. 스승께서는 깨달음을 따르는 사람의 수가 얼마가 되는지에는 관심이 없습니다. 스승께서는 탐욕과 폭력, 미혹에서 벗어나게 해주는 깨달음의 길을 가르치는 일에만 관심이 있습니다. 깨달음의 길을 따르는 사람만이 평화와 기쁨, 자유를 누릴 수 있지요. 우리 스승님께 몸과 마음을 다스리는 방법에 대해 질문을 해보시지요. 그러면 틀림없이 대답을 해주실 겁니다."

웃티야 수행자는 아난다의 말을 이해할 수는 있었으나 형이상학적인 문제들에만 마음이 쏠려 있었기 때문에 더 이상 아무 질문도 하지 못했다. 그는 붓다와의 만남을 다소 불만스럽게 생각하며 떠났다.

며칠 뒤 바카고타라는 이름의 또 다른 금욕주의자가 붓다를 찾아왔다. 그는 붓다에게 먼저 왔던 사람과 비슷한 질문을 던졌다. 예를 들어 그는 이런 것을 물었다. "붓다시여, 실체라는 것이 있는지 없는지 제게 가르쳐주시겠습니까?"

붓다는 침묵을 지키며 앉아 있었다. 그는 한 마디도 하지 않았다. 몇 가지 질문을 해보았으나 아무런 대답이 없자 바카고타는 일어서서 떠나갔다. 그가 간 뒤에 아난다는 붓다에게 물었다. "스승이시여, 스승님께서 설법을 하실 때에는 개별적인 실체가 없음에 대해 말씀을 하셨습니다. 그런데 어인 까닭으로 자아에 관한 바카고타의 질문에는 대답을 하지 않으셨는지요?"

붓다가 대답했다. "아난다, 실체의 비어 있음에 대한 가르침은 우리의 명상을 돕기 위한 것이었다. 그것은 교리로서 다루어진 것이 아니다. 사람들이 그것을 하나의 교리로 받아들이면 그들은 거기에 집착하게 된다. 가르침이라는 것은 강 건너편에 이르기 위한 뗏목이나 달을 가리키기 위한 손가락쯤으로 생각해야 한다고 늘 말하지 않았더냐. 가르침에 사로잡혀서는 안 된다. 바카고타는 내가 하나의 교리를 제시해주기를 원했다. 하지만 나는 그것이 실체에 관한 것이든 비실체에 관한 것이든 그가 하나의 교리에 얽매이는 것을 원치 않았다. 내가 그에게 실체가 있다고 말하면 그것은 나의 가르침과 모순되는 것이다. 그러나 내가 그에게 실체가 없다고 말하면 그는 그것을 하나의 교리로 받아들이게 되고 이는 그에게 아무런 도움이 못 된다. 이런 질문에는 대답하는 것보다 침묵을 지키는 게 더 낫다. 사람들로 하여금 편협한 소견에 사로잡히게 하느니 내가 그들의 질문에 대한 대답을 모르고 있다고 생각하게 내버려두는 편이 더 낫다."

어느 날 몇 명의 금욕주의자들이 아누룻다가 가던 길을 가로막았다. 그들은 자신들이 하는 질문에 대답하지 않는 한 갈 수 없다고 말했다. 그들은 그에게 물었다. "우린 붓다가 완전한 깨달음을 얻은 사람이며 그의 가르침은 영묘하고 심오하다고 들어왔소. 당신은 그의 제자요. 그러니 질문에 대답하시오. 붓다가 죽으면 그는 계속해서 존재하오, 아니면 더 이상 존재하지 않소?"

금욕주의자들은 아누룻다에게 다음 네 가지 가능성 중에서 하나를 택하라고 말했다.

붓다는 죽은 후에도 존재한다.

붓다는 죽은 후에는 존재하지 않는다.

붓다는 죽은 후에 존재하기도 하며 존재하지 않기도 한다.

붓다는 죽은 후에 존재하는 것도 아니며 존재하지 않는 것도 아니다.

아누룻다는 네 가지 대답 중 어느 것도 참된 가르침과 일치하지 않음을 알았다. 그는 침묵을 지켰다. 그들은 침묵을 지키도록 내버려두지 않았다. 그들은 아누룻다가 네 가지 대답 중 하나를 선택하게 하려고 했지만 헛일이었다. 마침내 아누룻다가 말했다. "여보게들, 내가 이해하는 바로는 네 가지 중 어느 것도 우리 스승님을 참되게 표현한 것이 없다네."

그들은 웃음을 터뜨렸다. 그중 한 사람이 말했다. "이 비구는 풋내기인가 보군. 우리 질문에 대답할 능력이 없나 봐. 대답을 못 하겠으니까 피하는 게 분명해. 가게 내버려두자고."

며칠 뒤 아누룻다는 붓다에게 그러한 금욕주의자들의 질문에 대해 이야기를 꺼냈다. "스승이시여, 이러한 질문을 받았을 때 좀 더 훌륭히 대답할 수 있도록 가르쳐주십시오."

붓다가 말했다. "아누룻다, 관념적인 지식을 통해 나를 알려고 함은 불가능한 일이다. 내가 어느 곳에 있느냐? 아누룻다,

나를 형상 속에서 찾을 수 있느냐?"

"찾을 수 없습니다, 스승님."

"나를 감각 속에서 찾을 수 있느냐?"

"찾을 수 없습니다, 스승님."

"나를 지각, 정신 작용 또는 인식 속에서 찾을 수 있느냐?"

"찾을 수 없습니다, 스승님."

"그렇다면, 아누룻다. 나를 형상 밖에서 찾을 수 있느냐?"

"찾을 수 없습니다, 스승님."

"나를 감각 밖에서 찾을 수 있느냐?"

"찾을 수 없습니다."

"나를 지각, 정신 작용 또는 인식 밖에서 찾을 수 있느냐?"

"찾을 수 없습니다, 스승님."

붓다가 아누룻다를 바라보았다. "나를 어디에서 찾을 수 있느냐? 아누룻다, 네가 나의 앞에 서 있는 바로 이 순간에도 너는 나를 발견할 수가 없다. 하물며 내가 죽은 다음에야 말하면 무슨 소용이 있겠느냐! 아누룻다, 모든 법의 본성이 그렇듯이 나의 본성도 관념적인 지식이나 분별심으로 파악할 수가 없다. 법을 볼 때는 다른 모든 법과의 상관관계 속에서 보아야 한다. 네가 나의 진면목을 보려면 모든 법 속에서 나를 보아야 한다.

아누룻다, 연꽃의 본질을 보고 싶으면, 태양, 연못의 물, 구름, 진흙, 열과 같은 연꽃을 에워싼 것들에서가 아니라 모든 법 속에서 연꽃을 보아야 한다. 이렇게 보아야만 삶, 죽음, 이곳, 저곳, 존재, 비존재, 선명한 것, 선명하지 않은 것, 늘어남, 줄

어둠이라는 감옥을 이루고 있는 편협한 소견과 분별심이라는 덫에서 벗어날 수 있다. 네가 고타마를 보려고 할 때에도 이와 마찬가지이다. 존재함, 존재하지 않음, 존재함과 동시에 존재하지 않음, 존재하지 않음과 동시에 존재하지 않는 것도 아님, 금욕주의자들이 내세우는 이 네 개의 범주는 결코 실재라는 거대한 새를 걸리게 할 수 없는 거미줄에 지나지 않는다.

아누룻다, 실재 그 자체는 관념적인 지식이나 글이나 말로써는 표현할 수가 없다. 명상을 통한 이해만이 우리로 하여금 실재의 본질을 인식할 수 있게 해준다. 아누룻다, 망고를 한 번도 맛보지 못한 사람은 다른 사람들이 어떠한 말과 개념을 통해 설명해도 그 맛을 알 수가 없는 법이다. 우리는 직접적인 경험을 통해서만 실재를 파악할 수 있다. 바로 그러한 까닭으로 나는 비구들에게 쓸데없는 토론에 소중한 시간을 낭비하지 말고 사물을 깊이 들여다보는 데 노력을 기울이라고 늘 말하는 것이다.

아누룻다, 모든 법의 본질은 아무런 조건도 붙지 아니하며 본래의 자리, 즉 타타타(眞如)라고 불린다. 본래의 자리는 모든 법의 오묘한 본질이다. 이곳에서 연꽃이 피어난다. 본래의 자리에서 생겨난 사람을 타타가타(如來)라고 부른다.

본래의 자리에서 생겨난 법은 어디로 돌아가는가? 모든 법은 본래의 자리로 돌아간다. 본래의 자리로 돌아가는 사람도 역시 타타가타라고 표현된다. 사실인즉 법은 어느 곳에서 생겨나지도 않고 어느 것으로 돌아가지도 않는다. 이는 법의 본성이 본래부터 그 자리에 있어왔기 때문이다. 아누룻다, 본래의

자리라는 말의 보다 참된 의미는 '어느 곳에서도 오지 않은 것'
이며 '어느 곳으로도 가지 않는 것'이다. 아누룻다, 이제부터
나 자신을 '타타가타'라고 부르겠다. 내가 이 말을 좋아하는 까
닭은 '나'와 '나의 것'이라는 말을 사용할 때 생겨나는 분별을
피할 수 있기 때문이다."

아누룻다가 미소 지으며 말했다. "저희 모두 본래의 자리에
서 생겨나긴 했습니다만 '타타가타'라는 호칭은 스승님께만 드
리겠습니다.

스승님께서 '타타가타'라는 말을 사용할 때마다 저희 모두가
시작도 없고 끝도 없는 본래의 마음자리를 가지고 있음을 생각
하겠습니다."

붓다 또한 미소 지으며 말했다. "타타가타는 너희의 제의를
기쁘게 받아들인다, 아누룻다."

아난다는 붓다와 아누룻다 사이의 대화를 듣고 있었다. 아누
룻다와 함께 오두막을 빠져나오면서 아난다는 다음 날 설법 토
론 시간에 다른 비구들을 위해 오늘의 대화 내용을 들려주는
게 어떻겠느냐고 아누룻다에게 제안했다. 아누룻다는 이를 쾌
히 수락했다. 그는 사밧티에서 금욕주의자들과 맨 처음 만났을
때 주고받은 이야기도 함께 들려주기로 했다.

70장

메추라기와 송골매

붓다에게 꾸지람을 듣거나 지적을 받은 적이 한 번도 없었지만 스바스티는 자신의 단점을 알고 있었다. 붓다가 스바스티를 나무라지 않은 것은 그가 아직 수행에 큰 성과는 거두지 못했지만 여섯 가지 감각을 정복하려고 나름대로 최선을 다하고 있음을 알기 때문인 듯했다. 다른 비구나 비구니들이 지적받는 것을 볼 때마다 스바스티는 마치 자신이 지적을 받기라도 하는 것처럼 그것을 진심으로 받아들였다. 이런 일이 있을 때마다 그는 자신의 수행 노력을 강화시키는 계기로 삼았다. 특히 붓다가 라훌라에게 들려주는 지적이나 가르침에 귀를 기울였다. 라훌라는 점차 수행에 열성을 기울여나갔고 이는 스바스티의 수행에도 커다란 도움을 주었다.

한번은 라훌라와 함께 숲 속의 빈터에 앉아 있다가 붓다의 제자가 된 것이 너무나 큰 행운이라는 말을 한 적이 있었다. 그는 참된 평화와 기쁨, 자유를 맛보고 있기 때문에 세상을 살면서 더 이상 바랄 게 없다는 뜻으로 그렇게 말한 것이었다. 그러자 라훌라가 그에게 주의를 주었다. "설령 그 말이 사실이라고 해도 너무 빨리 너무 많은 자신을 갖지는 말아요. 감각을 끊임없이 살피고 극복하려는 노력은 바로 수행의 기초랍니다. 수제자들조차 수행을 함에 있어 한순간도 방심할 수 없는 것이지요."

라훌라는 영민하고 어학적 재능이 뛰어난 반기사라는 이름의 비구에 대한 이야기를 들려주었다.

사실 반기사는 불, 법, 승의 삼보를 칭송하는 몇 편의 시를 지어 붓다의 칭찬을 받기도 한 뛰어난 시인이기도 했다. 처음 상가에 입문했을 때 그는 사밧티에서 얼마 떨어져 있지 않은 악가라바에서 니그로다카파의 지도를 받고 있었다. 니그로다카파가 세상을 뜨자 반기사는 제타바나에 가서 머물렀다. 어느 날 아난다와 함께 탁발을 나갔다가 반기사는 마음이 괴롭다고 하소연하며 아난다의 도움을 청했다. 아난다는 반기사가 수도원에 음식을 날라주는 젊은 여인들에 대해 느끼는 욕정 때문에 고통받고 있음을 알았다. 아난다는 반기사 같은 예술가가 미인 때문에 쉽게 동요된다는 것쯤은 알고 있었다. 아난다는 반기사에게 집착심과 장애만 가져다줄 뿐인 일순간의 아름다움에 대한 욕망을 극복할 수 있게끔 깨달음의 길이 갖는 진정한 아름다움을 알려주어야겠다고 생각했다. 아난다는 관조의 대상물에 마음의 빛을 비추고서 모든 법의 비어 있음과 모든 존재의 변함의 본성을 명확히 들여다보는 방법을 그에게 가르쳐주었다. 아난다의 지도에 따라 수행을 해가면서 반기사는 여섯 가지 감각을 극복하는 법을 배웠다. 그는 당시의 수행에 관해 이제는 다른 수행자들에게도 널리 알려진 시 한 편을 지었다. 그것은 다음과 같았다.

난 욕망을 뒤쫓았네
농부의 벼 포기를 탐내는 물소처럼.
이 얼마나 부끄러운가!
활과 화살을 가진
장군의 아들은
수천의 적병에 에워싸여도
이를 두려워하지 않으니.
마음챙김하기에
두려울 게 없나니
수천의 아름다운 여인 앞에서도
나는 따른다네
태양의 후손을.
이 길 평온하게 걸어가면
모든 욕망 사라지네.
감각의 주인이 되어
고요히 나아가네.
셀 수 없는 장애물이 길을 막아도
나의 평화 그 누구도 깨지 못하리.

반기사는 영민함과 재능을 타고난 젊은이였기에 은근히 자부심을 내세워 한때 다른 비구들의 눈총을 받은 적도 있었다. 다행히도 마음챙김의 수행 덕분에 그는 자신의 내부에 깃든 이러한 자만감을 곧 인식할 수 있었다. 그는 이에 관해 게송 하나를 지었다.

> 붓다의 제자들이여
> 자만하지 말지어다!
> 자만의 길은
> 고통으로 인도할 뿐이어라.
> 자만심 몰래 감춘 자
> 지옥으로 간다네.
> 자만심으로 우쭐대는 자
> 또한 마찬가지라네.
> 행복을 구하라
> 평화로운 마음의 행복을.
> 세 가지 앎을 얻기 위해
> 참된 성공 이루어진다네
> 자만을 극복할 때에.

깊은 인식 덕분에 반기사는 온갖 슬픔과 장애를 넘어서 깨달음의 길로 더욱 정진할 수 있었다. 또한 그는 자신의 마음이 활짝 열리던 날 붓다에 대한 감사의 마음으로 시 한 편을 지었다.

청춘의 꿈에 미혹되어

나는 방황했다네

방방곡곡을.

그러던 중 붓다를 만났다네!

고맙게도 그분께선

한없이 자비롭게

오묘한 가르침 내게 주시었다네.

깊이 느끼는 바 있어

노란 가사 걸쳤다네.

인식의 눈 크게 뜬 채

한마음으로 모아

세 가지 앎을 얻었다네.

깨달으신 이 덕분에!

붓다께선

온 누리에

깨달음의 씨앗 뿌리셨다네.

모든 이들 어둠 속에 머물기에

깨달음의 길 밝혀주셨네.

네 가지의 성스러운 진리

팔정도

평정, 기쁨 그리고 자유.

오묘하고 심오한 그분의 말씀

그지없이 숭고한 그분의 삶

모든 이를 자유로 인도하시네.
그 은혜의 한량없음이여!

한번은 젊은 비구들을 위한 특별한 설법 모임에서 사리풋타
가 반기사를 여럿 앞에 내세웠다. 그는 비구들에게 반기사가
수행을 시작할 무렵에는 한때 혼란스러운 마음에 시달렸지만
굳건한 수행 덕분에 이러한 상태를 이겨내고 커다란 이해를 얻
게 되었다고 말했다. 사리풋타가 젊은 비구들에게 말했다. "열
등감이든 우월감이든 정신적인 혼란 상태에 빠지지 않도록 해
라. 한결같은 마음으로 수행하면 너희 몸속에 있는 모든 것을
알게 될 것이며 너희를 속박하는 것이 아무것도 없게 될 것이
다."

라훌라를 통해 반기사에 관한 이야기를 듣고 스바스티는 마
치 자신이 반기사이기라도 한 것처럼 느꼈다. 그는 반기사를
만난 적은 있었지만 그와 실제로 이야기를 나누어본 적은 한
번도 없었다. 그는 한번 기회를 내어 반기사와 사귀어보기로
했다. 그렇게 하면 반기사의 정신적 체험을 통해 많은 것을 배
울 수 있을 것이기 때문이었다.

스바스티는 붓다가 여섯 가지 감각을 이겨내는 수행 방법을
설명하기 위해 바다에 비유해서 말한 적이 있음을 기억해냈다.
붓다는 말했다. "비구들이여, 너희의 두 눈은 바다 괴물들과
소용돌이 그리고 위험한 파도를 숨기고 있는 깊은 바다이다.
마음챙김을 하고서 나아가지 않으면 너희가 탄 배는 암초에 부

덮혀서 바다 괴물, 소용돌이 그리고 위험한 파도 속에 휩쓸려 버릴 것이다. 너희들의 귀, 코, 혀, 육신 그리고 마음 또한 바다 괴물들을 숨기고 있는 깊은 바다이다."

그 말을 기억해내자 스바스티의 이해는 몇 배 더 깊어졌다. 여섯 가지 감각은 숨겨져 있는 파도가 언제라도 불쑥 튀어나와 집어삼켜버릴 수 있는 깊은 바다였다. 라홀라의 충고는 큰 도움이 되었다. 그는 한순간도 수행을 게을리할 수가 없었다.

어느 날 오후 제타바나 수도원의 오두막 밖에 앉아 있던 붓다는 젊은 비구들에게 여섯 가지 감각을 관찰하고 이를 극복하여 미혹 속에 빠지는 일이 없도록 주의를 주기 위해 이야기를 하나 들려주었다. 붓다가 말했다. "어느 날 송골매가 하늘을 날다가 메추라기 한 마리를 발톱 사이에 낚아채어 올라갔다. 하늘 높이 치솟아 오르자 메추라기는 울부짖었다. 그는 부모의 말을 듣지 않고 먼 곳까지 돌아다니다 이런 신세가 된 자신을 원망했다. '부모님 말씀대로 놀고 있었더라면 이렇게 붙잡혀 가지는 않았을걸.'

그러자 송골매가 물었다. '네 부모가 어디에서 놀고 있으라고 하더냐?' 이에 메추라기가 대답했다. '새로 쟁기질을 한 밭에서지요.'

그러자 송골매가 뜻밖의 말을 했다. '하하, 가소롭구나. 내가 원하기만 하면 메추라기쯤은 어디서든 잡을 수 있다. 그 증거로 다시 그 밭으로 돌아가서 네게 한 시간만 시간을 주겠다. 정확히 한 시간이 지난 뒤에 널 찾아가겠다. 그리고 다시 붙잡으면 그때는 너를 낚아채 단숨에 잡아먹고 말 테다.' 송골매는 다시 날아서 메추라기를 새로 쟁기질을 한 밭에 놓아주었단다.

그러자 놀랍게도 메추라기는 곧장 둔덕 위로 올라가 송골매를 놀려대기 시작했지. '송골매 아저씨, 무엇 때문에 한 시간씩이나 기다려야 하지요? 어서 내려와 나를 붙잡아 가시지 그래요?'

그 말을 듣고 잔뜩 화가 난 송골매는 양 날개를 잔뜩 움츠린 채 쏜살같이 내려왔다. 하지만 메추라기는 밭이랑 사이에 있던 돌무더기 틈새로 몸을 숨겼고 송골매는 메추라기를 붙잡기는커녕 빠른 속도로 내려오다가 그만 땅에 부딪혀서 부리가 온통 깨지면서 즉사하고 말았다.

비구들이여, 너희는 항상 마음챙김을 하고서 여섯 가지 감각을 다스려야 한다. 마음이 흐트러지면 마라(魔羅)라는 세계에 들어가게 되며 위험을 피할 길이 없다."

스바스티는 상가 내의 성실하고도 재능이 있는 비구들에게 여러모로 도움을 받고 있었다. 어느 날 그도 몇 명의 비구들과 함께 마키카산다 마을에 살고 있는 키타라는 속인의 집에 초대받았다. 속가 제자인 키타는 상가를 헌신적으로 도와주는 인물로 널리 알려져 있었다. 너그러운 마음씨 덕분에 그는 아나타핀디카 못지않게 여러 사람한테 사랑을 받았다. 키타는 수제자들을 자신의 집에 초대해 음식을 대접하고 법에 대해 질문하는 것을 좋아했다. 이날 그는 열 명의 수제자들과 젊은 제자인 스바스티와 이시닷타를 초대했다. 그때 스바스티는 이시닷타가 얼마나 총명한지를 알게 되었다. 비구들이 식사를 끝마치자 키타는 공손하게 절한 뒤 자신이 그들 앞에 놓인 낮은 의자에 앉아도 좋은지 물었다.

그는 의자에 걸터앉은 뒤 다음과 같은 질문을 했다. "덕망 높으신 비구들이시여, 저는 붓다께서 현존하는 종파들의 예순 두 가지 그릇된 학설들에 대해 말씀하신 적이 있다고 들었습니다. 저는 또한 다른 종파의 사람들이 삶, 죽음 그리고 영혼에 대해 다음과 같은 질문을 했다는 이야기도 들었습니다. 즉 세계는 유한한가 아니면 무한한가, 일시적인 것인가 아니면 영원한 것인가, 몸과 마음은 하나인가 아니면 둘인가, 타타가타는 죽은 뒤에도 존재하는가 아니면 더 이상 존재하지 않는가, 그는 존재하기도 하고 존재하지 않기도 하는가 아니면 존재하지도 않고 더 이상 존재하지 않는 것도 아닌 것인가 하는 것을 말입니다. 비구들이시여, 이러한 질문에 대하여 대답을 해주실 수 있으신지요?"

키타가 세 번이나 거듭 물었으나 비구들 중 어느 누구도 그 질문에 대답을 하는 사람이 없었다. 스바스티는 당황한 나머지 귓불이 붉어지는 것을 느꼈다. 그때 갑자기 이시닷타가 입을 열었다. 그는 사형들을 돌아다보며 물었다. "존경하는 사형들이시여, 제가 속가 제자 키타의 질문에 대답해도 되겠습니까?"

수제자들 중 한 사람이 말했다. "이시닷타, 대답을 하고 싶으면 하려무나."

667

키타를 돌아보며 이시닷타가 말했다. "그러한 견해와 질문은 사람들이 실체에 관한 그릇된 소견에 사로잡혀 있기 때문에 생겨나지요. 개별적 실체라는 분별심을 버리면 사람들은 더 이상 그런 견해에 매달리거나 그런 질문을 하지 않을 것입니다."

키타는 젊은 비구의 대답에 크게 감명을 받았다. "비구시여, 거기에 대해 좀 더 분명히 설명을 해주시겠습니까?"

"깨달음의 길을 접하거나 공부할 기회가 없었던 사람들은 보통 육신을 자기 자신이라고 생각하거나 실체가 그 육신 속에 있으며 육신은 실체 속에 있다고 생각합니다. 그러지 않으면 감각이 곧 실체라고 생각하거나 감각이 그 실체 속에 있거나 실체가 감각 속에 있다고 생각합니다. 이런 사람들은 그들의 지각, 정신 작용 그리고 인식에 대해서도 똑같은 생각을 합니다. 그들은 실체에 관한 그릇된 소견에 사로잡혀 있습니다. 예순두 가지 그릇된 소견에 사로잡히는 것도 실체에 대한 그릇된 생각에 사로잡혔기 때문입니다. 속가 제자 키타시여, 공부와 수행을 거듭하여 실체에 대한 그릇된 소견을 타파하면 그러한 질문과 견해가 아무런 의미도 없음을 알게 될 겁니다."

젊은 비구의 말에 더욱더 감명을 받은 키타는 이시닷타에게 공경스럽게 물었다. "수행자여, 당신은 어디 출신이신지요?"

"저는 아반티 출신입니다."

"이시닷타라는 아반티의 한 젊은이가 비구가 되었다고 들었습니다. 그분이 매우 총명하고 유능하다는 말을 들은 적이 있습니다. 이름은 늘 들어왔지만 그를 본 적은 없습니다. 당신은 그를 만난 적이 있으신지요?"

"예, 키타. 저는 그를 만난 적이 있습니다."

"그렇다면, 그 뛰어난 젊은 비구가 지금 어느 곳에 있는지 알려주실 수 있겠는지요?"

이시닷타는 대답을 하지 않았다.

사실 키타는 자신의 앞에 앉아 있는 그 젊은 비구가 이시닷타일 거라고 이미 짐작하고 있었다. 그가 물었다. "혹시 당신이 이시닷타 비구이신가요?"

"예, 그렇습니다." 이시닷타가 대답했다.

키타는 몹시 기뻐하며 환성을 질렀다. "아! 이렇게 영광스러울 수가! 존경하는 이시닷타시여, 마키카산다에 있는 저의 망고 과수원과 별장은 여러 가지 편의시설이 고루 갖추어진 쾌적한 곳이랍니다. 그곳을 찾아주셨으면 합니다. 당신이 원한다면 음식과 가사와 약품, 숙소를 비롯한 모든 것을 제공해드리겠습니다."

이시닷타는 더 이상 아무 말도 하지 않았다. 비구들은 키타에게 감사를 표한 뒤 떠났다. 그 뒤 스바스티는 이시닷타가 키타의 집을 한 번도 다시 찾지 않았다는 이야기를 들었다. 이시닷타는 키타가 훌륭한 속가 제자라고 생각했지만 분에 넘치는 칭찬이나 선물은 달갑게 생각하지 않았다. 스바스티는 한동안 이시닷타를 만나보지 못했지만 그 총명하고 겸손한 비구의 모습은 그의 뇌리에 깊이 새겨져 있었다. 스바스티는 이시닷타를 본받기로 마음속으로 다짐한 후 언젠가 기회가 있으면 그를 찾아보기로 했다.

스바스티는 붓다가 굳은 결심과 지혜와 타인의 행복을 빌어 주는 마음을 나타내 보인 젊은 비구들을 얼마나 사랑하는지 알고 있었다. 붓다는 후대를 가르치는 일로 이 젊은 비구들에게 거는 기대가 무척 크다는 뜻을 표시했다. 그러나 스바스티는 붓다가 그들 개개인의 능력과 상관없이 모든 비구들을 얼마나 열성적으로 가르치고 있는지 알고 있었다. 일부 비구들은 수행에 큰 어려움을 겪고 있었다. 여섯 번이나 상가를 떠났다가 돌아왔으나 남다른 노력으로 붓다에게 변함없는 사랑을 받고 있는 비구도 한 사람 있었다. 붓다는 호흡을 관찰하는 열여섯 가지 방법과 같은 간단한 수행법조차도 암기하기 힘들어하는 비구들에게 자상한 격려를 아끼지 않았다.

제타바나에 밧다리라는 한 수행자가 살고 있었다. 붓다는 그의 결점을 잘 알고 있었으나 그런 것을 문제 삼지 않았다. 밧다리는 수도원의 수많은 규칙들을 감당할 수 없는 듯했다. 예를 들면 식사 시간에 모든 비구들은 식사를 끝마칠 때까지는 자리를 뜨지 못하게 되어 있었다. 식사 시간에 다른 볼일을 보거나 다른 사람을 거들어주기 위해 자리에서 일어나는 것은 허락되지 않았다. 이러한 규칙은 '식사 시간에 제자리 지키기'로 불렸다. 밧다리는 이러한 규칙을 한 번도 제대로 지킨 적이 없었다. 수도원에서의 그의 행동거지는 항상 다른 비구들의 불만의 원인이 되었다. 붓다는 수차례에 걸쳐 그를 가까이 불러 매일 아침 일어나면 다음과 같은 질문을 던져보라고 권했다. '오늘 나

는 여러 비구들을 기쁘게 하기 위해 무슨 일을 할 수 있을까?'
그러나 몇 달이 지나도 전혀 나아지는 점이 없었다. 많은 비구들은 밧다리를 더 이상 참고 지켜볼 수 없게 되어 그를 심하게 나무라곤 했다. 이를 알고 어느 날 붓다가 비구들을 소집했다.

그가 말했다. "비구들이여, 상가에 있는 어떤 사람이 수많은 결함을 가지고 있더라도 그에게는 적어도 얼마간의 믿음과 사랑의 씨앗이 틀림없이 있는 법이다. 우리는 이런 사람들에게 깃들어 있는 믿음과 사랑의 씨앗이 소멸되지 않도록 보호하고 북돋워주어야 한다. 사고로 인해 한쪽 눈을 잃게 된 사람을 예로 들어보자. 그의 가족과 친구들은 나머지 한쪽 눈을 보호하기 위해 온갖 노력을 기울일 것이다. 만약 그가 나머지 한쪽 눈마저 잃어버리면 얼마나 비참해질지를 알고 있기 때문이다. 비구들이여, 그러니 네 동료를 친절하게 대해주어서 믿음과 사랑의 씨앗이 손상되는 일이 없도록 보호해주도록 해라."

그때 스바스티는 붓다의 친애에 깊은 감동을 받았다. 그가 고개를 들었을 때 아난다가 눈물을 닦고 있음을 보고 그 역시도 감동했음을 알았다.

붓다는 따뜻한 마음씨를 지니고 있었고 자상했지만 필요한 경우에는 또한 엄격하기도 했다. 붓다에게 도움을 받을 수 없는 사람은 실로 가망이 없는 사람이었다. 어느 날 스바스티는 붓다와 케시라는 이름의 유명한 말 조련사 사이에 있었던 짧막하면서도 인상적인 대화에 같이한 적이 있었다.

붓다가 케시에게 물었다. "그대가 어떻게 말을 길들이고 있느지 말해줄 수 있겠나?"

케시가 대답했다. "존엄한 분이시여, 말은 저마다 다른 기질을 가지고 있지요. 어떤 놈은 유순해서 부드러운 방법으로도 쉽게 길들일 수 있습니다. 하지만 또 어떤 놈은 무척 까다로워서 부드러운 방법과 더불어 엄격하게 다루어야 하지요. 그리고 또 다른 놈은 워낙 고집이 세기 때문에 혹독한 훈련 방법만을 사용해야 하지요."

붓다가 웃으며 물었다. "그 세 가지 방법 중 어느 것으로도 다룰 수 없는 말을 만나면 어찌하겠나?"

"존엄한 분이시여, 그럴 때는 그 말을 죽여야 합니다. 다른 말과 함께 살게 두면 다른 말들까지도 말을 듣지 않게 됩니다. 당신은 제자들을 어떻게 다루는지 알고 싶습니다."

붓다가 미소 지었다. 그러고는 이렇게 말했다. "나도 그대와 똑같이 한다네. 일부 수행자는 부드럽게 대해도 말을 듣는다네. 그리고 일부는 부드러움과 엄격함을 필요로 하지. 그리고 또 다른 일부는 심한 훈련을 시켜야만 진전이 있다네."

"그럼 그러한 방법으로도 말을 듣지 않는 사람이 있으면 어떻게 하시는지요?"

붓다가 말했다. "나도 그대처럼 한다네. 나는 그를 죽인다네."

말 조련사의 두 눈이 휘둥그레졌다. "뭐라고요? 그를 죽인다고요? 당신은 사람을 죽이지 않는다고 들었습니다만."

붓다가 설명했다. "나는 그대가 말을 죽이는 식으로 죽이지는 않는다네. 어떤 사람이 방금 우리가 말한 방법들을 따르지 않으면 난 그를 비구로서 상가에 입문시키지 않네. 그를 제자로 받아들이지 않지. 그것은 극히 불행한 일이야. 상가에 들어와 법을 수행할 수 있는 기회를 거절당함은 천 번에 한 번 있을 수 있는 기회를 놓치는 것이라네. 게다가 그것은 거절당한 사람만의 불행으로 그치지 않는다네. 내게도 불행이지. 왜냐하면 나는 그런 사람에게도 커다란 사랑과 관심을 느끼기 때문이네. 그때마다 나는 그가 언젠가는 마음의 문을 열고 우리에게 돌아와서 수행에 정진하기를 바란다네."

오래전 스바스티는 붓다가 라훌라를 꾸중하고 타일렀다는 말을 들은 적이 있었다. 또한 붓다가 다른 많은 비구들을 지적해주는 것을 본 적이 있었다. 그는 이제 붓다의 꾸중 뒤에 보다 깊은 사랑이 담겨 있음을 이해했다. 스바스티는 또한 붓다가 말을 하지 않지만 자신을 얼마나 사랑하는지도 알고 있었다. 스바스티는 붓다의 눈빛만 보고도 그것을 알 수가 있었다.

그날 밤 붓다는 손님을 한 사람 맞이했다. 아난다는 스바스티에게 차를 좀 준비해달라고 부탁했다. 손님은 긍지와 자신감이 넘치는 듯한 모습의 무사였는데 등에는 번쩍거리는 검을 둘러메고 있었다. 그는 제타바나 수도원 밖에서 말을 내려 검을 안장에 쑤셔 넣었다. 사리풋타는 붓다의 오두막으로 그를 안내했다. 그는 눈에 띌 만큼 키가 큰 사내였다. 성큼성큼 걸었으며 쏘아보는 듯한 시선을 하고 있었다. 아난다는 스바스티에게 그 무사의 이름이 로히탓사라고 말했다.

스바스티가 안으로 들어가보니 그는 붓다 앞에 놓여 있는 낮은 의자 위에 앉아 있었다. 세 사람에게 차를 제공하고 나서 스바스티는 붓다의 뒤편 아난다의 옆에 섰다. 세 사람은 조용히 차를 마셨다. 오랜 침묵 끝에 로히탓사가 말했다. "존엄한 분이시여, 생로병사가 없는 세상이 있는지요? 죽음이 없는 세상이 있습니까? 도대체 어떻게 해야만 생사의 세계를 떠나 죽음이 없는 세상에서 살 수 있는지요?"

붓다가 대답했다. "그대가 설사 빛처럼 빠른 속도로 달리더라도 생사의 세계를 떠날 수는 없다네."

로히탓사는 두 손을 합장한 후 물었다. "당신의 말이 맞습니다. 저는 어떤 사람이 아무리 빨리 달린다 해도 이 생사의 세계를 벗어날 수 없음을 알고 있습니다. 저는 과거생(過去生)을 기억할 수 있습니다. 그때 저는 초자연적인 힘을 가지고 화살보다도 더 빠른 속도로 공중을 날 수 있었지요. 한번 날았다 하면 동해에서 서해로 순식간에 날아갈 수도 있었지요.

저는 생로병사의 세상을 벗어나 모든 생명들이 생사에 더 이상 얽매이지 않는 세상을 찾기로 했답니다. 그래서 먹고, 마시고, 휴식을 취하고, 자고, 소변을 보기 위해 멈추거나 하지도 않은 채 며칠 동안 계속해서 굉장한 속도로 날아갔지요. 무려 백 년 동안이나 그렇게 빠른 속도로 찾아다녔지만 아무것도 찾지 못한 채 마침내 길바닥에 쓰러져 죽었지요. 존엄한 분이시여, 당신의 말씀이 맞습니다! 빛처럼 빠른 속도로 달려도 또는 다른 어떤 수단을 쓰더라도 생사의 세계를 벗어날 수 없습니다."

붓다가 말했다. "하지만 나는 누구도 생사의 세계를 뛰어넘을 수 없다고는 말하지 않았네. 들어보게나, 로히탓사. 그대 또한 진실로 생사의 세계를 뛰어넘을 수가 있다네. 그대에게 그렇게 할 수 있는 길을 가르쳐주겠네. 바로 그대의 육신 속에 생사의 근원이 깃들어 있으며 또한 그 속에 생사의 세계를 뛰어넘을 수 있는 수단도 들어 있다네. 그대의 육신을 관조하도록 하게, 로히탓사. 마음의 눈을 뜨고 그대의 육신 속에 깃들어 있는 생사의 세계를 똑바로 관조하게. 그러면 그대의 눈앞에서 생사의 문제가 풀릴 것이며 태어남도 죽음도 없는 세계가 모습을 드러낼 것이네. 또한 그대는 모든 슬픔과 두려움에서 해방될 것이라네. 고통과 죽음의 세계를 벗어나기 위해 아무 데도 갈 필요가 없게 되네. 그대의 육신의 본성을 깊이 들여다보기만 하면 된다네."

스바스티는 붓다의 말을 듣고 있던 사리풋타의 두 눈이 샛별처럼 빛나는 것을 볼 수 있었다. 로히탓사의 얼굴도 기쁨으로 빛났다. 스바스티도 붓다의 장중한 가르침에 깊이 감동했다. 스바스티는 바로 자신의 손아귀에 자유의 열쇠가 쥐어져 있음을 확실히 깨달았다.

71장

싯타르를 연주하는 기술

안거 기간이 끝나자 붓다는 남쪽으로 돌아갔다. 그는 이시파타
나에 있는 녹야원에 들렀다. 그곳은 그가 36년 전에 네 가지의
성스러운 진리에 관해 최초의 설법을 한 곳이기도 했다. 바로
어제 일처럼 느껴졌으나 그동안 많은 변화가 있었다. 법륜의
수레바퀴를 맨 처음 굴린 이래 법은 강가 강 유역의 모든 나라
들로 널리 퍼졌다. 이시파타나 지역의 주민들은 최초의 설법을
기념하기 위한 불탑을 세웠으며 그 뒤 수도원을 하나 건립했는
데 많은 비구들이 그곳에서 지내며 수행을 하고 있었다. 붓다
는 그곳에 들러 설법을 하고 대중들을 격려해주고 난 뒤 가야
를 향해 떠났다.

  그는 우루벨라에 잠시 들러 지난날의 '깨달음의 나무'를 찾
아가보았다. 나무는 예전보다 더 무성해진 채 푸르름을 한껏
뽐내고 있었다. 지금은 그 숲 곳곳에도 많은 오두막이 흩어져

있었다. 빔비사라 왕도 붓다가 깨달음을 얻은 곳을 기념하기 위해 탑을 하나 세우려고 계획하고 있었다. 붓다는 지난날의 마을 아이들을 찾아보았다. 수많은 세월이 흐르긴 했지만 그들은 옛 모습을 그대로 간직하고 있었다. 물소를 돌보는 목동이었던 스바스티는 이제 마흔일곱 살이 되어 상가에서 존경받는 비구가 되었다. 지난날의 마을 아이들은 잘 익은 파파야 열매를 따다가 붓다에게 바쳤다. 그들은 삼보에 귀의한다는 뜻의 노래를 아직도 제대로 외우고 있었다.

붓다는 가야를 떠나 북동쪽의 라자가하를 향해 출발했다. 그는 수도에 도착하는 즉시 독수리 봉으로 향했다. 그곳에 가서 푼나를 만났는데 그는 수나파란타 섬에 가서 설법을 하며 겪었던 일들에 대해 붓다에게 자세히 들려주었다. 푼나는 그곳에서 몇 명의 비구들과 함께 안거를 막 끝내던 참이었다. 삼보에 귀의한 수나파란타 주민들의 수는 이미 오백 명을 넘어섰다고 했다.

다음 날부터 붓다는 그 지역에 흩어져 있는 여러 수도원들을 방문했다. 어느 날 밤 수도원에서 명상에 잠겨 있던 그는 한 비구가 경전을 읽는 소리를 들었다. 비구의 목소리는 좀 지쳐 있었으며 걱정거리가 있는 듯한 느낌을 주었다.

붓다는 그 비구가 수행 도중 뭔가 어려움에 직면해 있음을 알 수 있었다. 다음 날 아침 그는 아난다에게 가서 알아보라고 했고 간밤에 독경을 한 비구가 소나임을 알 수 있었다. 붓다는 몇 년 전 사밧티에서 소나를 만났던 일을 기억해냈다.

소나 쿠티칸나는 마하카카나의 지도 아래 입문했으며 그 후 수년간 쿠라라가라 지역의 파밧타 산에서 그와 함께 수행을 했다. 소나는 부유한 가문 출신의 청년이었다. 그는 세련되고 총명하긴 했지만 몸이 허약했다. 그는 하루에 단 한 끼만 먹고 나무 아래에서 자는 비구의 계율을 견디기 위해 상당한 노력을 기울여야만 했다. 그러나 그는 수행을 결코 멈추는 법이 없었다. 1년 뒤 그는 스승의 권유로 사밧티의 붓다에게 보내졌다.

사밧티에서 처음 그를 본 순간 붓다는 소나에게 물었다. "소나, 건강은 괜찮으냐? 수행을 하고, 탁발을 하고, 법을 전파시킴에 있어서 어려움은 없겠느냐?"

소나가 대답했다. "스승이시여, 저는 매우 즐겁습니다. 아무런 어려움도 없습니다."

붓다는 아난다에게 소나가 그날 밤 자신의 오두막에서 잘 수 있도록 잠자리를 마련하도록 했다. 그래서 아난다는 그곳에 침상 하나를 더 놓아주었다. 그날 밤 붓다는 새벽 3시가 될 때까지 밖에서 명상에 잠겼다. 그 사실을 알자 소나는 도저히 잠을 이룰 수가 없었다. 붓다는 오두막으로 들어서며 소나에게 물었다. "아직 자지 않았느냐?"

"예, 스승님, 아직 자지 않고 있습니다."

"졸리지 않으냐? 그러면 네가 암기하고 있는 게송이라도 몇 편 읊어보겠느냐?"

소나는 호흡의 충분한 의식에 관한 경전에 있는 열여섯 편의 게송을 암송했다. 그의 목소리는 마치 새벽 종소리만큼이나 맑았다. 그는 말을 더듬거리거나 한 마디라도 빠뜨리는 법이 없었다. 붓다는 그를 칭찬했다.

"아주 낭랑한 목소리로 외는구나. 입문을 한 지 몇 년이 되었느냐?"

"스승이시여, 1년이 조금 더 되었습니다. 아직 안거 기간은 단 한 번밖에 지내보지 못했습니다."

붓다가 소나를 만난 것은 그때가 처음이었다. 지금 붓다는 소나의 독경 소리를 듣고 그가 너무 과로했음을 알았다. 그는 아난다와 함께 소나의 오두막으로 갔다. 붓다를 보자 소나는 벌떡 일어나 그를 맞이했다. 붓다는 소나와 아난다에게 자신의 옆으로 앉으라고 권한 뒤 소나에게 물었다. "비구가 되기 전에 넌 음악가였느냐? 열여섯 줄의 싯타르를 연주하지 않았느냐?"

"예, 맞습니다. 스승님."

붓다가 소나에게 물었다. "줄이 느슨한 상태에서 싯타르를 연주하면 어떻게 되느냐?"

소나가 대답했다. "스승이시여, 줄이 느슨하면 싯타르는 제대로 소리가 나지 않습니다."

"그럼, 줄이 너무 팽팽하면?"

"스승이시여, 줄이 알맞게 되어 있어야만 싯타르는 훌륭한 음악을 선사해줍니다."

"바로 그렇다, 소나! 수행자가 게으르면 커다란 진전을 이룰 수가 없다. 하지만 너무 심하게 노력하면 피로와 좌절감을 느끼게 된다. 소나, 네 자신의 기운을 생각하거라. 너의 한계를 넘어설 정도로 몸과 마음을 혹사시키지 않도록 해라."

소나는 일어서서 붓다에게 절하며 붓다의 밝은 가르침에 감사드렸다.

어느 날 오후, 의원인 지바카가 붓다를 방문했다. 그는 붓다가 죽림정사에서 돌아온 것을 알고는 독수리 봉 위에 있는 그의 오두막으로 함께 올라가길 청했다. 붓다가 돌계단을 올라가자 지바카는 존경심이 가득 담긴 시선으로 바라보았다. 이제 일흔두 살의 노인이 되었음에도 불구하고 붓다는 예전이나 다름없이 건강했으며 활기에 넘쳤다. 그는 한 손으로 발우를 들고 다른 손으로는 가사 자락을 잡은 채 느긋하면서도 여유 있는 걸음걸이로 걸어 올라갔다. 아난다도 그와 똑같은 자세로 걸었다. 지바카가 붓다의 발우를 잡자 붓다는 미소를 지으면서 그것을 그에게 건네주었다. 그가 말했다. "너희도 알다시피 타타가타는 발우를 든 채 아무런 어려움 없이 이 산을 수백 번은 오르내렸단다."

산허리를 굽이도는 잘 다듬어진 돌계단은 지바카의 아버지인 빔비사라 왕의 선물이었다. 그들이 계단 끝에 올라섰을 때 붓다는 지바카를 오두막 밖에 있는 커다란 바위 위에 앉도록 했다. 지바카는 붓다의 건강과 여행길에 대해서 물었다. 그러고 나서 그는 아난다를 처음으로 바라본 후 다시 붓다를 쳐다보고 엄숙한 목소리로 말했다. "스승이시여, 먼저 이곳의 상황에 대해 말씀드려야겠습니다. 상가에서 일어난 사건들은 현재 왕국의 정치적 상황과 직접 관련되어 있답니다. 그동안 무슨 일이 생겼는지 말씀드리겠습니다."

의원은 붓다에게 데바닷타가 붓다를 대신하여 상가의 지도자가 되고 싶어 하는 게 분명하다고 말했다. 그는 정치적 실력자들뿐만 아니라 여러 비구들 사이에서 이미 상당한 지지를 받고 있었다. 코칼리카는 그의 주요 고문이었다. 그는 또한 카타모라카 팃사, 칸다데비풋타 그리고 사뭇다닷타의 후원을 받고 있었으며 그들은 각자 엄청난 수의 제자들을 거느리고 있었다. 데바닷타는 총명하고 웅변에 능했다. 그는 여러 비구들과 속가 제자들에게 깊은 존경을 받고 있었다. 그는 전면에 나서서 붓다와 그의 수제자들을 반대한다는 직접적인 표명은 하지 않은 채, 붓다가 이제 나이가 들어가니 장차 상가를 이끌어나갈 수 있겠는가 하고 의문을 표시하는 식으로 암시를 자주 던지곤 했다. 붓다의 가르치는 방법이 너무 시대에 뒤떨어졌기 때문에 젊은 사람들의 요구를 제대로 충족시키지 못한다는 말을 하기도 했다. 데바닷타는 일부 부유한 속가 제자들로부터 지원을 받고 있었다. 지바카로서는 그 까닭을 알 수 없었지만 아자타삿투 왕자는 데바닷타의 헌신적인 후원자였다. 빔비사라 왕이 붓다를 존경하는 것 못지않게 아자타삿투는 데바닷타를 존경했다. 아자타삿투는 가야시사 산 위에 데바닷타를 위한 거대한 수도원을 세웠는데 그곳은 바로 붓다가 카사파 형제들과 그들의 천 명의 제자들을 위해 불에 관한 경을 설했던 곳이기도 했다. 왕자는 그 수도원에 며칠 간격으로 음식을 제공했다. 상인들과 정치가들은 왕자의 환심을 사기 위해 선물을 하거나 데바닷타의 설법에 참석하기도 했다. 데바닷타의 영향력은 날로 더

해갔다. 이미 삼사백 명의 비구들이 그에게 지원을 약속하기도 했다.

지바카는 붓다를 바라본 다음 목소리를 낮췄다. "스승이시여, 제가 방금 말씀드린 것들은 그렇게 우려할 만하다고 생각되지 않지만 크게 걱정되는 것이 하나 있습니다. 저는 아자타삿투가 자신의 야심을 채우기 위해 왕위를 빨리 차지하려고 혈안이 되어 있다고 들었습니다. 데바닷타가 스승님께서 상가의 통솔권을 넘겨주기만을 애타게 기다리듯이 제 아버님이 너무 오랫동안 왕위를 차지하고 있다고 생각하는 듯합니다. 제 생각으로는 데바닷타가 왕자의 머릿속에 모종의 위험한 생각을 심어준 게 분명합니다. 스승이시여, 제가 왕가의 안위를 생각해 궁전을 방문할 때마다 그런 생각을 갖게 됩니다. 빔비사라 왕에게 뜻밖의 일이 생긴다면 스승님과 상가에 좋지 않은 영향이 미칠 듯합니다. 스승이시여, 부디 이 문제를 살펴주십시오."

붓다가 대답했다. "지바카, 상황을 알려주어서 고맙구나. 일이 어떻게 진행되고 있는지 아는 게 중요하다. 걱정하지 말거라. 나는 상가가 어떤 불행한 상황 속에 빠져들지 않도록 살피겠다."

지바카는 붓다에게 인사하고 나서 다시 산을 내려갔다. 붓다는 아난다에게 지바카가 한 이야기를 아무에게도 말하지 않도록 일렀다.

열흘 뒤, 붓다는 죽림정사에서 삼천 명의 제자들을 모아놓고 설법을 했다. 그 자리에는 빔비사라 왕도 참석해 있었다. 붓다는 깨달음의 열매를 거두기 위한 다섯 가지 힘에 관해 말했다. 그것들은 자신감, 기운, 마음의 문을 열어두는 일, 집중 그리고 참된 이해였다.

붓다가 설법을 끝내고 다른 사람들이 미처 그에게 질문을 던지기도 전에 데바닷타가 일어서서 붓다에게 절했다. 그가 말했다. "스승이시여, 스승님께서는 이제 무척 늙으셨습니다. 건강도 예전 같지 않으십니다. 스승님께서는 아무 걱정 마시고 물러나셔서 여생을 편안히 보내시는 게 좋을 거라 생각됩니다. 이제 상가를 이끌어가는 일이 스승님께는 너무 힘든 일입니다. 부디 물러나셔서 편안히 지내시기 바랍니다. 제가 비구들의 지도자로서 기꺼이 몸 바쳐 일하겠습니다."

붓다는 데바닷타를 바라보며 말했다. "데바닷타, 걱정해주니 고맙구나. 하지만 타타가타는 아직 상가를 이끌어갈 만큼의 건강과 힘을 가지고 있다."

데바닷타는 여러 대중들을 향했다. 삼백 명의 비구들이 일어서서 두 손 모아 합장했다. 데바닷타가 붓다에게 말했다. "저와 의견을 함께하는 사람들이 많이 있습니다. 스승이시여, 아무 걱정 마십시오. 제게는 상가를 이끌어갈 능력이 있습니다. 제가 스승님의 짐을 덜어드릴 수 있도록 허락하여주십시오."

붓다가 말했다. "그만하면 됐다, 데바닷타. 더 이상 말하지 마라. 너보다 능력이 뛰어난 수제자들이 여러 명 있지만 내 아직 그들 중 누구에게도 상가를 이끌어달라고 맡긴 적이 없다. 나는 네게 상가의 통솔권을 넘겨주고 싶은 마음이 없다. 너는 아직 비구들의 조직을 이끌어갈 수 있는 능력을 갖추지 못했다."

데바닷타는 수많은 대중들 앞에서 크게 자존심이 상했다. 그는 얼굴을 붉히며 화가 난 채로 다시 자리에 앉았다.

다음 날 독수리 봉에서 아난다는 붓다에게 속마음을 털어놓았다. "스승이시여, 저는 데바닷타 사형의 행동이 심히 걱정됩니다. 스승님께서 여러 대중들 앞에서 그를 나무랐기 때문에 그가 스승님께 어떠한 형태로든 보복을 할까 두렵습니다. 또한 상가 내에서 분열이 일어날까도 두렵습니다. 허락해주신다면 제가 개인적으로 데바닷타를 만나 그를 좋은 말로 타이르고 싶습니다."

붓다가 말했다. "아난다, 나는 비구들의 지도자로서 나의 후계자로 데바닷타를 선택하지 않았다는 것을 분명히 해두고 싶었기 때문에 왕과 여러 대중들의 면전에서 데바닷타에게 심한 말을 했다. 그가 이제부터 어떠한 행동을 취하건 그것은 그 자신의 이름으로 하게 될 것이다. 하지만 아난다, 네가 그에게 말을 해서 그의 마음을 가라앉힐 수 있다고 생각하면 그렇게 해도 좋다."

며칠 뒤 지바카가 붓다를 방문했다. 그는 데바닷타가 상가 내에 일대 분열을 초래하기 위한 모종의 커다란 음모를 꾸미고 있다는 말을 전해 들었음을 알려주었다.

72장

조용한 저항

붓다가 죽림정사에서 매주 설법을 하는 날이었다. 빔비사라 왕과 아자타삿투 왕자를 포함한 수많은 대중들이 설법을 듣기 위해 모여들었다. 아난다는 다른 수도원에서 참석한 비구들의 숫자가 지난번 두 차례의 설법에 비해 훨씬 더 많음을 알았다. 데바닷타는 그곳에서 사리풋타와 마하카사파 사이에 앉아 있었다.

붓다가 설법을 끝마치자 데바닷타는 다시 자리에서 일어나 붓다에게 절한 후 이렇게 말했다. "스승이시여, 스승님께서는 욕망을 벗어나 검소한 삶을 살 것이며 진실로 필요한 것만을 사용하도록 비구들에게 가르치십니다. 그래서 저는 검소한 삶을 살아간다는 우리의 의지를 좀 더 확고하게 할 수 있도록 다섯 가지 새로운 규칙을 제안하고자 합니다.

첫째, 비구들은 숲 속에서 지내야 하며 결코 마을이나 시내에서 잠을 자서는 안 된다.

둘째, 비구들은 탁발만을 할 것이며 속가 제자들의 집에 초대받아 식사를 해서는 안 된다.

셋째, 비구들은 버려진 옷이나 헝겊으로 가사를 기워 입을 것이며 속가 제자로부터 가사를 제공받아서는 안 된다.

넷째, 비구들은 오직 나무 아래에서만 잘 수 있으며 오두막이나 가옥에서 자선 안 된다.

다섯째, 비구들은 채식만을 해야 한다.

스승이시여, 비구들이 이 다섯 가지 규칙을 따르면 그들은 욕망을 줄이고 검소한 생활을 해나갈 수 있을 것입니다."

붓다가 대답했다. "데바닷타, 나는 네가 제안한 규칙들을 꼭 필요한 것으로 받아들일 수 없다. 물론 숲 속에서만 지내고 싶은 비구는 그렇게 할 수 있어야 한다. 그러나 다른 비구들이 오두막, 수도원, 마을 또는 시내에서 머무는 것도 무방하다. 음식 탁발하는 것만을 원하는 비구는 속가 제자의 집에 초대받아 식사하는 것을 거절할 수도 있다. 그러나 다른 사람들은 가르침을 베풀기 위해 필요하다면 이러한 초대를 얼마든지 받아들일 수 있어야 한다. 버려진 옷이나 헝겊으로 자신의 가사를 기워 입고 싶은 비구는 얼마든지 그렇게 할 수 있다. 그러나 다른 사람들은 가사를 세 벌 이상 갖지 않는 범위 내에서 속가 제자로부터 가사를 받는 것도 무방하다. 나무 아래에서 자기를 원하는 사람은 얼마든지 그렇게 할 수 있다. 그러나 다른 사람들은 오두막이나 가옥에서 자는 것도 또한 무방하다. 채식만을 원하는 비구는 그렇게 할 수 있다. 그러나 다른 사람들은 동물이 그들 모르게 살해된 것이 분명하다면 고기가 섞인 음식 공양을 받아들일 수 있다. 데바닷타, 현재의 질서 아래에서는 비구들이 속인들과 접촉할 수 있는 기회가 많이 있다. 비구들은 깨달음의 길에 가까이 다가오는 사람들에게 가르침을 베풀 수 있다."

데바닷타가 물었다. "그렇다면 스승께서는 이 다섯 가지 규칙을 받아들이지 않겠다는 말씀입니까?"

붓다가 대답했다. "그렇다, 데바닷타. 나는 그것들을 받아들이지 않겠다."

데바닷타는 절을 한 후 다시 주저앉았다. 그의 입가에 흡족해하는 미소가 언뜻 스쳐 갔다. 그날 밤 붓다는 죽림정사의 오두막에서 휴식을 취하고 있다가 아난다에게 말했다. "나는 데바닷타의 의도를 알고 있다. 곧 우리 상가 내에 심각한 분열이 일어날 것임을 알고 있다."

그로부터 얼마 후 아난다는 라자가하에서 데바닷타를 만났다. 그들은 걸음을 멈추고 길 옆에서 이야기를 나누었다. 데바닷타는 아난다에게 자신이 독자적인 상가를 세우고 있으며, 붓다의 상가와는 별도로 계율 암송, 참회 집회, 안거 기간 그리고 신도들을 위한 축제일을 갖게 될 것임을 알렸다. 깊은 슬픔을 느끼며 아난다는 데바닷타의 결정에 관해 붓다에게 알렸다. 죽림정사에서 열린 참회 집회에서 아난다는 여느 때는 참석하던 수백 명의 비구들이 불참하고 있음을 발견했다. 그는 그들이 데바닷타의 수도원에서 열린 집회에 참석했음을 짐작할 수 있

687

었다.

집회가 끝났을 때 일부 비구들이 이 소식을 알리기 위해 붓다의 오두막으로 갔다. "스승이시여, 데바닷타 편에 가담한 비구들이 저희에게 접근해서 데바닷타의 상가에 가입할 것을 호소하고 있습니다. 그들은 자신들이 내세운 규칙들이 스승님께서 만든 규칙보다 더 올바르다고 주장하고 있습니다. 스승님께서 데바닷타의 다섯 가지 규칙을 거부하신 것을 그 증거로 내세우고 있지요. 그들은 또 죽림정사에서의 수도 생활이 너무 느슨해서 속인들의 생활과 다를 바 없다고 주장한답니다. 스승님께서 생활을 검소하게 하라고 말만 앞세우지 비구들로 하여금 이러한 검소한 생활을 하게끔 보장해주는 다섯 가지 규칙을 엄수하도록 하지 않으려 한다고 몰아세웁니다. 스승님께서 위선적이라고까지 말한답니다. 스승이시여, 저희는 그들의 주장에도 흔들림이 없습니다. 저희의 믿음은 스승님의 지혜에 의탁하고 있습니다. 하지만 수행 경험이 부족한 많은 젊은 비구들, 특히 데바닷타를 통해 처음 입문한 비구들은 다섯 가지 규칙을 보다 엄격히 실행한다는 말에 이끌리고 있습니다. 그들은 상가를 떠나 데바닷타를 따르려고 합니다. 저희들은 이 사실을 스승님께 알려드려야겠다고 생각했습니다."

붓다가 대답했다. "이 문제에 대해 너무 크게 생각하지 말아라. 가장 중요한 것은 비구로서 숭고하고 순수한 생활을 수행해나가는 것이다."

며칠 뒤 지바카가 독수리 봉으로 붓다를 찾아와서 데바닷타를 따르는 비구들의 숫자가 오백 명을 넘어섰음을 알렸다. 그들은 모두 데바닷타의 가야시사 수도원에 머무르고 있었다. 지바카는 또한 데바닷타가 주동하고 있는, 수도에서의 비밀스러운 정치적 움직임에 대해서도 알렸다. 그는 데바닷타가 더 이상 붓다의 상가에 소속된 비구가 아님을 분명히 공표해야 한다고 제의했다.

데바닷타가 상가에서 독립했다는 소식은 빠른 속도로 퍼져 나갔다. 비구들은 가는 곳마다 그 문제에 대해 질문을 받았다. 사리풋타는 모든 질문에 대해 그저 이렇게만 간단히 대답하라고 일러두었다. "나쁜 씨앗을 뿌린 자는 나쁜 열매를 거둔다. 상가를 분열시키는 일은 가르침에 크게 위배된다."

어느 날 몇 명의 비구들과 함께한 자리에서 붓다는 지바카가 데바닷타는 더 이상 붓다 상가의 제자가 아님을 공식적으로 선언하라고 제의했다는 말을 꺼냈다. 사리풋타는 지바카의 제의에 대해 깊이 생각한 후 말했다. "스승이시여, 우리는 지난날 데바닷타의 능력과 덕망에 대해 너무 공공연히 칭찬을 했습니다. 이제 와서 우리가 그를 파문시키면 어떻게 보이겠습니까?"

붓다가 물었다. "사리풋타, 지난날 네가 데바닷타를 칭찬할 때 너는 진실을 말했느냐?"

"예, 스승님. 제가 데바닷타의 능력과 덕망을 이야기할 때는 진실을 말했습니다."

"그럼 이제 네가 데바닷타의 행동을 비난하면 그것도 진실을 말하는 것이냐?"

"그렇습니다, 스승님."

"그렇다면 문제 될 게 없다. 중요한 것은 진실을 말하는 것이다."

며칠 뒤 속인들의 모임에서 비구들은 사람들에게 데바닷타는 붓다의 상가에서 파문되었으며 앞으로 상가에서는 데바닷타의 행동에 대해서 책임을 질 수 없음을 공표했다.

사리풋타와 목갈라나는 이상하게도 데바닷타의 일에 관해서는 침묵으로 일관했다. 그들은 속인들의 질문에 대답조차 하지 않았다. 아난다가 그들의 침묵을 알아차리고는 두 사람에게 말했다. "사형들, 두 분께서는 데바닷타의 행동에 대해 아무런 의견도 내놓지 않으셨습니다. 두 분 나름대로의 계획이 있나 보지요?"

그들은 미소를 지었으며 목갈라나가 말했다. "그 말이 맞다, 아난다 사제. 우린 우리 나름의 방식으로 붓다와 상가를 위해 일하고 있다."

적지 않은 속인들이 상가의 분열을 화젯거리로 삼으며 비방했다. 하지만 다른 사람들은 붓다가 데바닷타를 파문시킨 데는 밖으로 드러나지 않은 깊은 이유가 있을 것으로 이해했다. 붓다와 상가에 대한 그들의 믿음은 흔들림이 없었다.

폭우가 쏟아지는 어느 날 아침, 수도에 살고 있는 사람들은 빔비사라 왕이 아자타삿투 왕자에게 갑작스레 왕위를 물려주었다는 소식에 크게 놀랐다. 새로운 왕의 즉위식은 열흘 뒤인 보름날에 거행키로 되어 있었다. 붓다는 이러한 계획에 관해 빔비사라 왕에게서 직접 들은 적이 없었기에 우려가 되었다. 지금까지 왕은 중요한 결정을 내리기 전에 항상 붓다와 의논을 하곤 했다. 무엇인가 잘못되어가고 있다는 그의 우려는 며칠 뒤 지바카가 그를 방문했을 때 사실로 확인되었다.

붓다와 지바카는 숲 속 오솔길을 따라 함께 명상 산책을 했다. 그들은 각자의 호흡을 살피면서 느릿하고 조용하게 걸음을 옮겨놓고 있었다. 얼마 후 붓다는 지바카를 인도해 커다란 바위 위에 함께 앉았다. 지바카는 아자타삿투 왕자가 빔비사라 왕을 연금시켰음을 전했다. 왕은 자신의 방 안에 갇혀 있었다. 비데히 왕비를 제외한 누구도 그를 볼 수가 없었다. 왕이 가장 신임하는 두 명의 고문들도 역시 궁전 내에 연금되었다. 왕자는 고문들이 자신의 즉위식을 방해할까 두려웠던 것이다. 그들의 가족은 그들이 중요한 정치적 문제를 상의하기 위해 며칠 동안 궁전에서 지내야 하는 것으로만 알고 있었다.

지바카는 자신이 이러한 일련의 사건들을 알게 된 연유는 왕비의 병문안을 위해 궁전에 들어갈 수 있었기 때문이라고 붓다에게 말했다. 그녀는 그에게 한 달 전 어느 날 밤 왕실 경비병이 왕의 침실을 기웃거리는 왕자를 발견했다고 말했다. 왕자의 행동이 수상함을 느낀 경비병들이 그의 몸을 수색한 끝에 옷속에 숨겨진 검을 찾아냈다. 그들은 그를 왕의 침실로 데리고 가서 왕에게 왕자의 몸에서 검이 나왔음을 고했다. 왕은 아들을 보고 물었다. "아자타삿투, 어인 일로 왕의 침실에 검을 차고 들어왔느냐?"

"아버님을 죽일 생각이었습니다."

"왜 나를 죽이려고 한단 말이냐?"

"제가 왕이 되고자 함입니다."

"어째서 왕이 되기 위해 네 아비를 죽여야만 하느냐? 그런 방법이 아니더라도 내게 말만 한다면 네게 당장 왕위를 물려줄 텐데."

"저는 아버님께서 그렇게 하실 것으로 생각지 않았습니다. 제가 크나큰 과오를 범한 게 분명하니 부디 저를 용서해주십시 오."

왕이 아들에게 물었다. "누가 너에게 이런 일을 시켰느냐?"

아자타삿투 왕자는 처음에는 대답하지 않았다. 그러나 아버지가 끊임없이 추궁하자 그는 데바닷타의 계획에 따른 것이었음을 실토했다. 비록 한밤중이긴 했지만 왕은 가장 신임하는 두 명의 고문들을 불러 그들의 의견을 구했다. 한 고문은 왕을 살해하려 함은 사형에 해당되는 범죄이니만큼 왕자와 데바닷 타를 참수해야 한다고 말했다. 그는 심지어 모든 비구들까지 사형시켜야 한다고 주장했다.

왕은 이에 동의하지 않았다. "나는 아자타삿투를 죽일 수 없소. 그는 나의 아들이오. 비구들에 관해서라면 그들은 데바닷 타의 행동에 대해서는 책임질 수 없음을 이미 분명히 한 적이 있소. 붓다는 이 문제에 관해 참된 통찰력을 가지고 있었소. 데바닷타가 해로운 행동을 할 것임을 예측하고 데바닷타와 그의 상가와의 관계를 부인했소. 하지만 나는 데바닷타도 죽이고 싶지 않소. 그는 붓다의 사촌이며 지난 여러 해 동안 존경받는 비구이기도 했소."

또 한 명의 고문이 의견을 말했다. "전하의 자비심은 공평치가 못합니다. 전하께서는 붓다의 유력한 추종자이십니다. 하지만 이 문제는 어떻게든 처리해야 합니다."

왕이 말했다. "내일 나는 아자타삿투 왕자에게 왕위를 물려준다고 백성들에게 공표하겠소. 그의 즉위식은 열흘 내에 거행될 것이오."

"하지만 암살을 꾀한 죄는 묻지 않습니까?"

"나는 아들과 데바닷타를 용서하겠소. 아마 그들도 내가 용서해주면 뭔가 느끼는 게 있을 것이오."

두 명의 고문은 아자타삿투 왕자와 더불어 왕에게 엎드려 절을 했다. 왕은 경비병에게 이 모든 사건들을 비밀에 부치도록 명령했다. 다음 날 왕의 선포에 대해 듣고서 데바닷타는 급히 수도를 향해 달려갔다. 그는 왕자와의 면담을 요청했다. 나중에 왕자는 왕비에게 데바닷타가 궁전에 들어와서 자신의 즉위식을 주선해주기로 했다고 말했었다. 그러나 왕비가 알게 된 분명한 사실은 이들이 비구를 만난 후에 남편과 두 명의 고문을 연금시켰다는 것뿐이었다. 지바카는 다음과 같이 말하며 끝을 맺었다. "스승이시여, 저는 왕자가 즉위식을 끝낸 후 왕과 고문들을 풀어주기만을 기원할 따름입니다."

다음 날 궁전에서 사자 한 명이 도착해서 붓다와 비구들을 즉위식에 참석하도록 초청했다. 병사들은 궁전 문과 거리에 깃발과 등롱을 장식하느라고 분주했다. 붓다는 데바닷타가 육백 명의 비구들을 이끌고 즉위식에 참석하기로 했음을 알고 있었다. 붓다는 사리풋타를 불러 말했다. "사리풋타, 나는 즉위식에 참석하지 않겠다. 우리 비구들 중 누구도 참석하지 않기를 바란다. 우리가 이 잔인하고 의롭지 못한 일에 지지를 표시할 수는 없다."

붓다와 그의 모든 비구들이 즉위식 날에 참석하지 않자 이는 사람들의 마음에 의문을 불러일으켰다. 그리고 머지않아 그들은 빔비사라 왕과 그의 고문들이 연금되었음을 알게 되었다. 그곳에 참석한 사람들 사이에 새로운 정부에 대한 조용하지만 확고부동한 저항감이 형성되기 시작했다. 데바닷타가 스스로를 지도자로 일컬었음에도 불구하고 사람들은 그의 비구들이 자신들을 대하는 태도와 붓다의 비구들의 태도 사이에 커다란 차이가 있음을 알게 되었다. 사람들은 데바닷타의 추종자들에 대한 음식 제공을 거부하기 시작했다. 그들이 데바닷타에 대한 지원을 거부한 것은 곧 새로 즉위한 왕에 대한 경멸을 의미했다.

아자타삿투 왕은 사람들이 자신에 대한 지원을 조용히 거부하고 나서자 크게 분노를 터뜨렸다. 하지만 그는 감히 붓다나 그의 상가에 대한 탄압에 나서지는 못했다. 왜냐하면 그렇게 할 경우 사람들 사이에서 그리고 붓다를 존경하는 이웃 나라에서 엄청난 저항이 일어날 것이기 때문이었다. 그는 코살라의 파세나디 왕이 붓다가 체포되거나 어떠한 형태로든 피해를 입고 있음을 알게 되면 군대를 파견할지도 모른다는 것을 알고 있었다. 왕은 좀 더 구체적인 의논을 하기 위해 데바닷타를 불렀다.

73장

숨겨진 쌀

어느 날 밤, 독수리 봉에서 명상에 잠긴 채 앉아 있던 붓다는 눈을 뜨고 가까이 있는 나무 뒤에 반쯤 몸을 숨기고 있는 한 사내를 바라보았다. 붓다는 그를 불렀다. 밝은 달빛 아래로 모습을 드러낸 그 사내는 붓다의 발 앞에 검을 내려놓으며 넙죽 엎드렸다.

붓다가 말했다. "너는 누구이며 무슨 까닭으로 이곳에 왔느냐?"

그 사내가 소리쳤다. "우선 저의 절을 받아주소서, 붓다시여! 저는 이곳에서 당신을 죽이라는 명령을 받았습니다. 하지만 그렇게 할 수가 없었습니다. 저는 당신께서 명상을 하고 있는 동안 이 두 손으로 열 번도 넘게 검을 치켜들었습니다. 그러나 당신 앞으로 한 걸음도 다가설 수 없었습니다. 저는 당신을 죽일 수 없습니다만, 이제는 주인이 저를 죽일까 봐 두렵습니다. 저는 당신께서 부를 때 어쩔 줄 몰라 망설이는 중이었습니다. 당신 앞에 이렇게 절을 드리도록 허락해주십시오!"

붓다가 물었다. "누가 너한테 이곳에 와서 날 죽이라고 시켰느냐?"

"저는 주인의 이름을 당신께 알려드릴 수가 없습니다!"

"좋다, 굳이 내게 그의 이름을 알려줄 필요는 없다. 그가 그밖에 어떤 말을 하더냐?"

"존엄한 분이시여, 그는 제게 산으로 올라가는 길을 가르쳐주었으며 일을 끝낸 후 달아날 길에 대해 일러주었습니다."

"아내와 자식들이 있느냐?"

"아닙니다, 저는 아직 결혼하지 않았습니다. 늙으신 어머니 한 분만을 모시고 삽니다."

"알겠다. 그럼 지금부터 내가 하라는 대로 주의 깊게 따르도록 해라. 곧장 집으로 가서 오늘 밤 안으로 네 어머니를 모시고 코살라국으로 넘어가도록 해라. 너와 네 어머니는 그곳에서 새로운 삶을 찾을 수 있을 것이다. 그러나 네 주인이 가르쳐준 길로 돌아가지는 말아라. 만약 네가 그 길을 택하게 되면 너는 습격을 받아 살해될 것이다. 어서 떠나거라!"

그 사내는 한 번 더 엎드려 절을 한 후 검을 그대로 남겨둔 채 곧 떠나갔다. 다음 날 아침 사리풋타와 목갈라나가 붓다와 의논을 하기 위해 찾아왔다. 그들은 말했다. "저희 두 사람이 데바닷타를 방문해야 할 때라고 생각됩니다. 저희는 무지로 인해 그릇된 길을 택한 비구들을 돕고자 합니다. 얼마 동안 이곳

그 사내는 소리쳤다. "고타마 스승이시여, 저는 당신을 죽이라는
명령을 받았습니다만 도저히 그렇게 할 수가 없었습니다!"

을 떠나 있을 수 있게끔 허락을 내려주십시오."

붓다는 두 제자들을 바라보며 말했다. "너희 생각이 정히 그렇다면 그렇게 하여라. 하지만 각별히 조심해야 한다. 무엇보다도 너희 스스로의 생명을 지키는 데 최선을 다하도록 해라."

그제야 사리풋타는 땅 위에 놓여 있는 검을 보았다. 그는 질문하는 눈길로 붓다를 바라보았다. 붓다가 고개를 끄덕이며 말했다. "그래, 간밤에 무사 한 명이 타타가타를 죽이라는 명령을 받고 이곳에 왔었다. 하지만 타타가타는 그를 타일러 보냈다. 검은 그곳에 그대로 두어라. 지바카가 오는 대로 그것을 치우게 하겠다."

목갈라나가 사리풋타를 바라보며 말했다. "이런 상황에서는 스승님 곁을 떠나지 않는 게 좋을 듯하군요. 사형 생각은 어떠시오?"

사리풋타가 대답을 하기도 전에 붓다가 말했다. "걱정 마라. 타타가타는 어떠한 위험도 물리칠 수 있다."

그날 오후 죽림정사에 있던 몇몇 비구들이 붓다를 찾아왔다. 그들은 몹시 격분해 있었기에 제대로 말을 할 수조차 없었다. 눈물이 그들의 뺨을 타고 흘러내렸다. 붓다가 그들에게 물었다. "무슨 일이냐? 너희는 왜 울고 있느냐?"

한 비구가 눈물을 닦으면서 대답했다. "스승이시여, 저희들은 방금 죽림정사에서 오는 길입니다. 오는 도중에 사리풋타와 목갈라나 사형을 만났습니다. 어디로 가느냐고 묻자 그들은 가야시사로 넘어가는 중이라고 했습니다. 그 말을 듣고 저희들은 너무 마음이 어지러워 눈물을 참을 수가 없었습니다. 오백 명이 넘는 다른 비구들이 상가를 떠났을망정 스승님께서 그토록 사랑하신 두 분 제자들께서 스승님을 버릴 줄은 미처 생각지 못했습니다."

붓다가 미소 짓고 이렇게 말하면서 비구들을 위로했다. "비구들이여, 슬픔을 거두어라. 나는 사리풋타와 목갈라나를 믿는다. 그들은 결코 상가를 배반하지 않을 것이다."

그제서야 비구들은 안도의 한숨을 내쉬며 붓다의 앞에 조용히 앉았다.

다음 날 지바카가 붓다를 초대하여 그의 망고 과수원에서 음식을 대접했다. 그때 역시 아난다가 붓다를 수행했다. 그들이 식사를 끝냈을 때 지바카는 그들에게 비데히 왕비가 방문할 것임을 알렸다. 그는 붓다가 그녀를 만나는 것을 꺼려하지나 않을까 우려했다. 붓다는 지바카가 뭔가 깊은 뜻이 있어서 이런 자리를 마련했다는 것을 이해했기에 지바카의 뜻에 따르겠다고 말했다.

붓다에게 절을 한 후 왕비는 흐느껴 울기 시작했다. 붓다는 그녀가 속 시원히 울어 고통을 덜어버리도록 내버려두었다가 얼마간의 시간이 지난 후 말했다. "내게 자초지종을 말해보시지요."

왕비가 말했다. "존엄한 분이시여, 빔비사라 왕의 생명이 매우 위태롭습니다. 아자타삿투는 그를 굶겨 죽이려 하고 있습니다. 그는 제가 그분에게 더 이상 음식을 가져가지 못하게 한답니다."

　그녀는 왕이 맨 처음 연금되었을 때는 매일 그에게 음식을 날라다 주게끔 허락받았다고 말했다. 그러던 어느 날 그녀가 그의 침실로 막 들어가려고 할 때 경비병들은 왕에게 가져가고 있는 음식 쟁반을 빼앗아버렸다. 그녀는 울음을 참을 수 없었지만 빔비사라 왕은 오히려 그녀를 위로하며 자식의 행동에 대해 아무런 미움도 갖고 있지 않다고 말했다. 그는 나라가 내란 상태에 들어가느니 자신이 굶는 편이 더 낫다고 말했다. 다음 날 아침 왕비는 자신의 머리채 속에 조그만 쌀 봉지를 숨겨서 왕의 침실로 가지고 들어갔다. 그녀는 며칠 동안 이런 식으로 남편에게 그럭저럭 먹을 것을 줄 수 있었다. 그러나 왕이 죽지 않자 아자타삿투는 경비병들에게 왕비를 더욱 철저히 감시하라고 명령했다. 그리고 마침내 그들은 그녀의 머리채 속에 숨겨진 쌀을 찾아냈다. 그래서 그녀는 더 이상 그런 식으로 먹을 것을 가져다줄 수도 없었다.

　사흘 뒤 그녀는 또 하나의 계획을 생각해냈다. 그녀는 목욕을 하고 깨끗이 말린 다음 우유, 꿀 그리고 밀가루를 반죽해서 온몸에 붙였다. 반죽이 마르자 그녀는 그 위에다 옷을 걸쳐 입었다. 경비병은 그녀의 머리카락 속에 쌀이 없음을 확인하고는 왕의 침실로 들어가도록 허락했다. 일단 안으로 들어서자 그녀는 옷을 벗고 반죽을 떼어내 남편에게 먹였다. 이런 식으로 지금까지 그럭저럭 그를 먹일 수 있었지만 그녀는 그나마도 곧 발각되어 그를 방문하는 것조차 완전히 금지될까 봐 두려워했다.

지난날의 왕비는 다시 흐느끼기 시작했다. 붓다는 조용히 앉아 있었다. 한참 후 그는 왕의 건강 상태에 대해 물었다. 왕비는 그가 체중이 줄긴 했지만 기력은 여전히 좋다고 말했다. 왕은 자신의 처지에 대해 분노나 증오를 나타낸 적이 한 번도 없었다. 그는 여전히 미소를 잃지 않으면서 마치 아무 일도 없다는 듯이 왕비와 대화를 나누곤 했다. 그는 수감자로서의 시간을 명상을 하는 데 보냈다. 그의 침실 안에는 긴 복도가 있었는데 그는 그곳에서 명상을 하며 걷곤 했다. 그 방에는 독수리 봉을 향해 창문이 하나 나 있었다. 그는 매일 오랫동안 산을 응시하며 창가에서 명상에 잠기기도 했다.

붓다는 왕비에게 그러한 소식을 오빠인 파세나디 왕에게 전하면 어떻겠느냐고 물었다. 그녀는 그렇게 할 수 있는 방법이 없다고 대답했다. 붓다는 자신이 비구 한 사람을 사밧티에 보내서 파세나디 왕이 어떤 방법으로든 그녀에게 도움을 줄 수 있도록 하겠다고 말했다.

왕비는 붓다에게 감사했다. 그러고 나서 그녀는 지난날 아자타삿투 왕자가 어떻게 태어났는지를 털어놓았다. 궁전의 점성가들은 그가 아버지를 배반할 것임을 예언했다. 임신 중이던 어느 날 그녀는 갑자기 빔비사라 왕의 손가락을 깨물어 그의 피를 빨아 먹고 싶은 묘한 충동에 사로잡혔다. 그녀는 자신의 갑작스런 욕망에 소스라치게 놀랐고 자신이 그토록 끔찍한 생각을 할 수 있다는 것이 믿기지 않았다. 어린 소녀 시절부터 그녀는 항상 피만 보면 무서워했고 물고기나 닭이 죽는 광경도 차마 눈 뜨고 보지 못하는 성미였다. 그럼에도 불구하고 그날 그녀는 남편의 피를 맛보고 싶은 마음뿐이었다. 그녀는 충동을 이겨내려고 안간힘을 쓰다가 마침내 울음을 터트렸다. 부끄러움에 사로잡힌 채 그녀는 두 손에 얼굴을 파묻을 뿐 차마 왕에게 자신의 괴로운 심정을 말할 수가 없었다. 그런 일이 있고 난 어느 날 빔비사라 왕은 과일을 깎다가 우연히 손가락을 베게 되었다. 그러자 도저히 스스로를 억제할 수 없게 된 왕비는 그의 손가락을 움켜잡고 피를 빨아 먹었다. 왕은 깜짝 놀랐지만 그녀를 막지는 않았다. 조금 뒤 왕비는 방바닥으로 엎어지며 흐느껴 울었다. 다시 한 번 깜짝 놀란 왕은 그녀를 일으켜 세우며 무슨 일이냐고 물었다. 그녀는 자신이 겪고 있는 해괴하고도 끔찍스러운 충동에 대해 말했다. 그녀는 그러한 충동을 억누르려고 안간힘을 다했지만 결국 실패하고 말았음을 그에게 털어놓았다. 그녀는 자신의 배 속에서 자라고 있는 아기가 그러한 격렬한 충동의 근원임을 알고 있었다.

궁전의 점성가들은 아기가 태어나는 즉시 내다버리거나 죽여버리라고 말했다. 하지만 빔비사라 왕은 그 의견에 동의할 수 없었고 그것은 왕비도 마찬가지였다. 왕자가 태어나자 그들은 '적은 태어나지 않는다'라는 뜻을 가진 아자타삿투라는 이름을 지어 불렀다.

붓다는 왕비에게 공연히 아자타삿투의 의심을 사지 않도록 2, 3일마다 한 번씩만 남편을 방문하라고 조언했다. 그렇게 하면 그를 방문하는 날에 좀 더 오랜 시간을 보낼 수 있을 터였다. 붓다는 또한 그녀가 가끔씩 방문하느니만큼 방문하지 않는 날을 위해 그로 하여금 매번 소량의 음식만을 먹고 나머지는 남겨놓게 할 것을 당부했다. 왕비에게 그러한 조언을 한 뒤 붓다는 지바카에게 작별을 고하고 독수리 봉으로 돌아갔다.

74장

어미 코끼리의 외침

사리풋타와 목갈라나는 가야시사에서 한 달을 조금 넘게 보낸 뒤 죽림정사로 돌아왔다. 비구들은 그들이 돌아온 것을 열렬히 환영했다. 비구들은 두 사람에게 가야시사의 상황에 대해 물었지만 사리풋타와 목갈라나는 단지 웃기만 했다. 며칠 뒤 삼백 명 이상이나 되는 데바닷타 상가의 비구들이 죽림정사로 돌아왔다. 죽림정사의 비구들은 몹시 기뻐했으며 가야시사 비구들을 따뜻하게 맞이했다. 나흘 뒤 사리풋타는 가야시사에서 돌아온 비구들의 숫자를 정확히 세어본 결과 모두 삼백팔십 명임을 알았다. 그는 목갈라나와 함께 그들을 인도하여 독수리 봉으로 올라가서 붓다와 만나게 해주었다.

오두막 밖에 서 있다가 붓다는 두 명의 수제자들의 인도 아래 산 위로 올라오고 있는 비구들을 발견했다. 독수리 봉에 살고 있던 다른 비구들도 각자 오두막 밖으로 뛰어나오며 다시 돌아온 비구들을 맞이했다. 사리풋타와 목갈라나는 잠시 비구들 곁을 떠나 붓다와 개별적으로 이야기를 나누었다. 그들이 붓다에게 절하자 붓다는 자리에 앉으라고 권했다. 사리풋타는 빙그레 웃으며 말했다. "스승이시여, 저희들은 약 사백 명의 비구들을 데려왔습니다."

붓다가 말했다. "잘했구나. 너희가 어떻게 그들의 눈을 뜨게 했는지 말해주겠느냐?"

목갈라나가 설명했다. "스승이시여, 저희들이 처음 도착했을 때 데바닷타는 막 식사를 끝내고 설법을 준비하고 있었습니다. 그는 흡사 스승님 흉내라도 내려고 애쓰는 듯했습니다. 저희를 보고서 그는 몹시 기뻐했습니다. 그는 사리풋타를 자기 옆에 앉도록 권했지요. 그러나 사리풋타는 거절하고 한쪽 옆에 앉았답니다. 저도 다른 쪽에 앉았지요. 데바닷타는 저희를 다른 비구들에게 소개했습니다. 그러고는 데바닷타가 말했지요. '오늘 사리풋타와 목갈라나가 우리 상가에 가입했다. 그들은 지난날 나의 절친한 친구들이었다. 오늘 이 자리를 빌어 사리풋타에게 설법을 청하기로 하자.'

데바닷타는 사리풋타를 돌아보며 두 손을 합장하더군요. 사형은 설법 요청을 받아들였지요. 그는 매우 낭랑한 음성으로 네 가지의 성스러운 진리에 대해 설했답니다. 모든 비구들은 마치 넋이라도 나간 듯이 경청했지요. 하지만 저는 데바닷타의 두 눈이 졸리기라도 한 듯 감기는 것을 보았답니다. 두말할 나위도 없이 최근의 온갖 활동으로 인해 피곤했던 것이지요.

저희는 한 달 이상을 가야시사에 머물러 있으면서 그곳에서 열리는 모든 활동에 참여했지요. 사흘에 한 번씩 사리풋타 사형은 설법을 했습니다. 그는 비구들을 성의를 다해 가르쳤지요. 한번은 데바닷타의 최고 고문인 코칼리카가 데바닷타의 귀에다 대고 무슨 말인가를 속삭이는 것을 목격했는데 데바닷타는 그의 말에 별로 신경을 쓰지 않는 눈치였습니다. 제 생각에는 코칼리타가 그에게 저희를 믿지 말라고 경고하는 듯했습니다. 그러나 데바닷타는 사리풋타 사형과 같이 유능한 비구가 설법을 맡게 되자 기뻐했지요.

어느 날 네 가지 마음챙김에 관해 설법을 한 후 사리풋타 사형이 말했습니다. '오늘 오후 목갈라나 비구와 나는 붓다와 그가 이끄는 상가로 돌아가기 위해 이곳을 떠날 것이다. 여러 형제들이여, 깨달음을 얻으신 분은 단 한 분뿐이며 그분은 다름 아닌 붓다이시다. 그분은 우리 모두의 근원이시다. 나는 그대들이 다시 돌아가면 붓다에게 따뜻한 환영을 받을 것임을 알고 있다. 사랑하는 형제들이여, 나로서는 상가가 분열된 모습을 보는 것보다 고통스러운 일은 없다. 우린 오늘 떠날 생각이지만 그대들 가운데 붓다께 돌아가고자 하는 사람이 있으면 죽림정사로 오기 바란다. 목갈라나 비구와 나는 그곳에서 그대들을 기다리겠다. 그런 뒤 그대들과 함께 독수리 봉으로 붓다를 뵈러 갔으면 한다.'

그날 데바닷타는 수도에 볼일을 보러 갔지만 저희가 그곳에 간 뒤 줄곧 적대적이었던 코칼리카는 자리에서 일어나 대들었지요. 그는 저희에게 욕설을 퍼붓기까지 했지만 저희는 잠자코 선 채 못 들은 척했지요. 저희는 발우와 가사를 말없이 집어 든 후 가야시사를 떠나 베누바나로 돌아갔습니다. 베누바나에서 닷새 동안 머물렀습니다. 곧 가야시사에서 삼백팔십 명의 비구들이 뒤따라왔지요."

사리풋타가 물었다. "스승이시여, 이 비구들이 다시 계를 받아야 할 필요가 있겠는지요? 필요하다면 그들이 스승님을 뵙기 전에 수계식을 갖겠습니다."

붓다가 말했다. "그럴 필요는 없다, 사리풋타. 대신 그들이 전체 비구들 앞에서 참회를 할 수 있게 집회를 여는 게 좋을 것 같다."

두 수제자는 절을 한 후 기다리고 있는 비구들에게로 다시 갔다.

다음 며칠 동안, 다시 서른다섯 명의 비구들이 가야시사를 떠났다. 사리풋타는 참회 집회를 마련해주고 나서 그들을 붓다에게로 데려갔다. 아난다는 새로 온 서른다섯 명에게 가야시사의 상황에 대해 물었다. 그들은 그에게 데바닷타가 라자가하에서 돌아와 거의 사백 명이나 되는 비구들이 그를 버리고 붓다에게 되돌아간 것을 알고는 크게 노여워했다고 말했다. 그 일로 그는 며칠 동안 아무에게도 말을 건네지 않고 지냈을 정도였다고 했다.

아난다가 물었다. "사리풋타와 목갈라나 사형이 그대들로 하여금 데바닷타를 떠나 붓다에게로 돌아오도록 무슨 말을 했는가?"

비구들 가운데 한 사람이 대답했다. "그분들은 데바닷타나 가야시사 상가를 비난하는 말은 한 마디도 한 적이 없습니다. 다만 성의를 다해 설법만을 했지요. 저희들 모두 입문한 지 2, 3년밖에 되지 않아서 수행에 안정성과 깊이가 아직 부족하답니다. 사리풋타 사형의 설법을 듣고 또 목갈라나 사형에게서 개인 지도를 받고 난 뒤에야 저희는 붓다의 가르침이 실로 얼마나 위대하고 심오한 것인지를 알게 되었습니다. 깊은 이해와 덕망을 갖추신 사리풋타와 목갈라나 사형의 출현은 저희에게 커다란 감명을 주었습니다. 데바닷타가 말솜씨는 뛰어나지만 그분들과 비교할 수 없음을 깨달았습니다. 사리풋타와 목갈라나 사형이 떠난 뒤 저희 중 많은 수의 비구가 이 문제에 관해 의논한 다음 붓다에게로 돌아가기로 결정했답니다."

아난다가 물었다. "그대들이 떠날 때 코칼리카는 어떠했는가?"

"몹시 화를 냈지요. 그는 저희를 비난했지만 그 비난이 오히려 저희의 결심을 더욱 굳혀주었습니다."

어느 날 저녁 붓다는 경탄 어린 눈길로 석양을 바라보며 산기슭에 서 있다가 갑자기 아래쪽에서 위를 향해 외치는 소리를 들었다. "조심하십시오, 스승님! 뒤쪽에서 바위가 굴러 오고 있습니다!"

붓다가 몸을 뒤로 돌리자 마차만 한 크기의 바위 하나가 그를 향해 굴러 내리고 있었다. 하지만 이미 그 바위를 피하기 어려운 상황이었다. 그러나 불행 중 다행으로 그 바위는 붓다를 덮치기 직전 산기슭에 있던 다른 두 개의 바위에 세차게 부딪쳤다. 바위와 바위가 맞부딪치는 충격으로 인해 파편이 날아와 붓다의 발을 찔러버렸다. 상처에서 피가 쏟아져 나오며 가사 자락을 적셨다. 고개를 들어 위를 쳐다보았을 때 붓다의 시야에는 산꼭대기에서 한 사내가 재빨리 달아나는 모습이 들어왔다.

상처는 매우 고통스러웠다. 그는 가사를 네 겹으로 접어서 땅 위에다 깔았다. 그리고 그 위에 가부좌를 틀고 앉아 고통을 가라앉히기 위해 호흡을 집중했다. 비구들이 그에게로 달려왔다. 한 사람이 소리쳤다. "이건 데바닷타의 소행임에 틀림없어!"

또 다른 비구가 말했다. "형제들, 몇 개 조로 나누어 산을 수색하고 동시에 스승님을 보호합시다. 시간이 없어요!" 조금 전까지만 해도 조용하기만 하던 산기슭에 비구들이 몰려들며 붓다를 둥그렇게 에워쌌다. 붓다가 말했다. "비구들이여, 부질없는 짓이다. 소란을 피워도 아무 소용이 없다. 타타가타는 경비를 서거나 보호해줄 필요가 없다. 각자 오두막으로 돌아가도록 해라. 아난다, 초심자 쿤다를 보내서 의원인 지바카를 불러오너라."

그들은 붓다의 지시에 따랐다. 지바카는 조금도 지체 없이 독수리 봉으로 올라와서 붓다를 들것에 실어 망고 과수원으로 옮겨줄 것을 부탁했다.

며칠 뒤, 수도에 살고 있는 사람들은 누군가가 붓다의 생명을 두 차례나 노렸다는 소식을 듣고는 몹시 충격을 받았다. 그뿐 아니라 그들은 빔비사라 왕의 사망 소식을 접하게 되었다. 소문을 통해 사람들은 그가 연금 상태에서 죽었음을 알았다. 비통함이 사람들의 가슴을 가득 메웠다. 그들은 도덕적 저항의 상징인 독수리 봉을 바라보았다. 죽은 전 왕에 대해 슬픔을 금하지 못하는 한편 붓다에 대한 존경심도 깊어만 갔다. 붓다가 최초의 사건들에 대해 침묵을 지키기로 했음에도 불구하고 그의 침묵은 사람들의 뇌리에 더욱 깊은 인상을 심어주었다.

빔비사라 왕은 사망 당시 예순일곱 살이었다. 붓다보다 다섯 살 아래였다. 그는 서른한 살 때 붓다를 통해 삼보에 귀의했다. 열다섯 살에 왕위에 오른 그는 52년간 나라를 다스렸다. 화재로 잿더미가 된 라자가하의 수도를 다시 일으킨 사람도 바로 그였다. 그가 재위에 있는 동안 마가다국은 안가국과의 단 한 차례의 짧은 전쟁을 제외하고는 계속해서 평화를 누렸다. 안가국의 브라마닷타 국왕이 전쟁에 패한 뒤 안가국은 한동안 마가다국의 관할 아래에 있었다. 나중에 택실라 푸쿠사티 왕이 안가국의 왕위에 오르면서 빔비사라 왕은 훗날의 싸움을 막기 위해 그와 우호적인 관계를 유지했다. 빔비사라 왕은 이웃 왕국과 선린관계를 유지하는 것이 중요함을 항상 이해하고 있었다. 그는 코살라국의 파세나디 왕의 여동생인 코살라데비 공주를 왕비로 맞아들였다. 그에게는 또한 마드라국과 릿차비 왕조 출신의 아내들도 있었다.

빔비사라 왕은 궁전 뜰에 붓다의 머리카락과 손톱이 들어 있는 불탑을 세워 붓다에 대한 깊은 존경과 사랑을 나타내 보였다. 그 탑의 아래쪽에는 붓다의 가르침에 대한 감사의 표시로 어김없이 향과 촛불이 타오르고 있었다. 스리마티는 탑 주변의 모든 꽃과 나무들을 돌보았고 주위를 늘 깨끗하게 청소했다.

바위가 굴러 떨어지는 사건이 있고 나서 꼭 열흘 뒤에 붓다는 몇 명의 비구들과 함께 수도에서 탁발을 하고 있었다. 그때 아난다는 그들을 향해 맹렬히 돌진해 오는 한 마리의 코끼리를 발견했다. 궁전의 우리에서 도망쳐 나온 것처럼 보였다. 그는 그놈이 바로 사납기로 악명 높은 날라기리라는 이름의 코끼리임을 알아챘다. 아난다는 궁전의 코끼리 관리인이 어떻게 해서 그놈을 도망치게 내버려둔 것인지 이해할 수가 없었다. 공포에 질린 사람들은 숨을 곳을 찾아 달아났다. 코끼리는 코를 치켜들고 꼬리와 귀를 바짝 세운 채 붓다를 향해 돌진했다. 아난다는 붓다의 팔을 붙잡고 그를 안전한 쪽으로 인도하려고 했으나 붓다는 꼼짝도 하지 않았다. 그는 조금도 당황하지 않고 조용히 서 있었다. 비구들 중 일부는 그의 뒤에 웅크리고 있었고 또 다른 일부는 달아났다. 사람들은 어서 피하라고 붓다를 향해 소리쳤다. 아난다는 호흡을 가다듬고 앞으로 걸음을 내딛어 붓다와 날라기리 사이에 섰다. 바로 그때 놀랍게도 붓다는 장엄한 외침을 토해냈다. 그것은 붓다가 지난날 라키타 숲 속에서 익혀두었던 어미 코끼리의 외침이었다.

그 외침을 들었을 때 날라기리는 붓다로부터 불과 몇 미터밖에 안 떨어진 곳에 있었지만 갑자기 걸음을 뚝 멈췄다. 그런 뒤 그 거대한 코끼리는 네 발을 끓고 마치 붓다에게 절이라도 하는 듯이 머리를 지면으로 숙였다. 붓다는 날라기리의 머리를 부드럽게 쓰다듬은 뒤 한 손으로 코끼리의 코를 잡고서 궁전의 우리로 데리고 갔다.

사람들은 환호성을 지르며 손뼉을 쳐댔다. 아난다는 미소 지었다. 그는 그들이 어렸던 시절을 회상했다. 젊은 싯다르타는 무술에서 적수가 없었다. 그는 궁술, 역도, 검술, 경마 등 모든 부문에서 뛰어났었다. 그리고 오늘 붓다는 사납게 날뛰는 코끼리를 마치 순한 양처럼 다루었다. 비구들과 군중들은 붓다와 코끼리를 따라 우리로 갔다. 그들이 도착했을 때 붓다는 관리인을 똑바로 바라보면서 자비로운 목소리로 말했다. "나는 누가 너에게 이 코끼리를 풀어놓으라고 시켰는지는 알려고 하지 않는다. 하지만 너는 네가 저지른 행동의 심각성을 이해해야 한다. 수십, 수백 명의 사람들이 죽을 뻔했다. 이런 일이 다시는 일어나지 않도록 해야 한다."

관리인은 땅에 엎드려 붓다를 향해 절했다. 붓다는 그를 일으켜 세운 다음 비구들과 함께 다시 탁발을 나섰다.

붓다와 비구들은 모두 빔비사라 왕의 장례식에 참석했다. 장례식은 더할 나위 없이 장엄했다. 백성들은 자신들이 믿고 따르며 존경했던 전 국왕의 죽음을 비통해하며 구름처럼 모여들었다.

장례식이 끝나자 붓다는 독수리 봉으로 돌아가기 전에 지바카의 망고 과수원에서 그날 밤을 지냈다. 지바카는 비데히 왕

붓다는 날라기리의 머리를 부드럽게 쓰다듬었다.

비가 지난 몇 달 동안 왕을 방문하는 일을 완전히 금지당했음을 알려주었다. 왕은 세상을 홀로 떠나갔다. 그의 시신은 창가에서 발견되었고, 그때까지 그의 시선은 독수리 봉을 향하고 있었다.

왕의 장례식이 끝난 직후 지바카는 빔비사라 왕의 또 다른 아들인 아바야라자 왕자와 그의 아내인 파두마바티를 데리고 붓다를 만나러 왔다. 왕자는 자신을 비구로 받아주기를 청했다. 그는 붓다에게 부왕이 죽은 뒤 부귀나 명예에 대한 열정이 모두 식어버렸다고 말했다. 그는 붓다의 설법을 여러 차례 들은 적이 있었으며 깨달음의 길에 마음이 이끌렸던 것이다. 그는 비구로서의 평화로운 삶을 영위하는 일 말고는 다른 아무런 욕망도 없었다. 붓다는 아바야라자 왕자를 비구로서 상가에 받아들였다.

75장

행복의 눈물

열흘 뒤 붓다는 가사를 걸치고 발우를 손에 든 채 라자가하를 떠났다. 그는 강가 강을 건너 북쪽으로 향했으며 가는 도중에 쿠타가라 수도원에 잠시 들른 후 다시 사밧티로 걸음을 옮겼다. 이제 곧 우기가 시작될 것이므로 제타바나로 가서 안거를 준비해야 했다. 아난다, 사리풋타, 목갈라나를 비롯한 삼백 명의 비구들이 그의 뒤를 따랐다.

사밧티에 도착한 뒤 붓다는 곧장 제타바나로 걸어갔다. 많은 비구와 비구니들이 모여 그가 도착하기만을 기다리고 있었다. 그들은 마가다에서의 사건을 들었기에 붓다가 건강한 모습으로 무사히 돌아오자 하나같이 안도의 한숨을 내쉬었다. 그중에는 케마 비구니도 있었다. 그녀가 비구니들을 통솔하고 있었다.

파세나디 왕은 붓다가 도착했다는 소식을 듣자 즉시 달려왔다. 그는 붓다에게 라자가하에서의 상황에 대해 묻고 동생인

716

비데히 왕비를 만났던 일을 비롯해서 붓다가 들려주는 모든 이야기를 귀 기울여 들었다. 붓다는 비록 그녀가 평온을 유지하고는 있지만 온통 비통함으로 가득 차 있음을 전했다. 파세나디 왕은 조카인 아자타삿투에게 빔비사라 왕의 감금에 대해 설명해달라고 이미 사자를 파견했노라고 붓다에게 말했다. 벌써 한 달이 지났지만 아직 아무런 답신도 받지 못했다. 파세나디 왕은 다시 사자를 보내 새로 즉위한 왕이 원한다면 본인이 직접 사밧티로 와서 상황을 설명해도 좋다고 전했다. 파세나디 왕은 마가다국의 일련의 사태에 대한 반대 입장을 분명히 하기 위해 지난날 여동생을 빔비사라 왕에게 시집보내면서 마가다국에 넘겨준 영토의 반환을 요구했다. 이 영토는 카시국의 바라나시에 인접해 있었다.

안거 첫날이 되었다. 그 지역의 모든 수행처와 수도원은 비구와 비구니들로 붐볐다. 제타바나에서 붓다는 열흘마다 설법을 했다. 이 설법은 늘 식사가 끝난 직후에 열렸다. 멀리서 걸어온 수행자들은 설법 시간에 늦지 않으려다 보니 탁발을 할 시간이 충분하지 않은 경우가 많았다. 그래서 시내에 살고 있는 속가 제자들은 비구와 비구니들을 위한 충분한 음식을 마련해주기 위해 항상 최선을 다했다.

그해 안거 기간 중에 붓다가 한 최초의 설법은 행복을 주제로 한 것이었다. 그는 대중들에게 일상생활 속에서 참된 행복이 실현될 수 있음을 설했다. "행복은 감각적 욕망의 충족에서 오는 것이 아니다. 감각적 쾌락은 하나의 환상일 뿐이며 실제로는 고통의 근원이다. 그 예로 숲 속에 혼자 살도록 버림받았던 문둥이의 경우를 들 수 있다. 그의 피부는 밤낮없이 심한 고통에 시달렸다. 그러자 그는 심하게 피부를 긁어대다 더 이상 견디지 못하고 결국 불을 피운 다음 거기에다 손발을 구워 잠시나마 고통을 줄여보려고 했다. 그것만이 그가 조금이나마 행복을 맛볼 수 있는 유일한 방법이기 때문이었다. 그러나 몇 년이 지나자 기적과도 같이 문둥병은 나아지기 시작했으며 그는 마을로 내려가 정상적인 생활을 할 수 있게 되었다. 그러던 어느 날 그는 숲에 들어갔다가 지난날 자신이 그랬듯이 뜨거운 불꽃 위에 손발을 굽고 있는 문둥이들을 발견했다. 그의 마음은 그들에 대한 연민으로 가득 찼다. 왜냐하면 이제 건강을 되찾은 그로서는 그토록 뜨거운 불길에 손발을 굽는 것이 도저히 참기 힘든 일임을 알기 때문이었다. 누군가가 그를 불가로 끌어당긴다면 그는 안간힘을 다해 버틸 터였다. 그는 자신이 한때 위안으로 삼았던 것이 실은 건강한 사람에게는 고통의 근원임을 이해하게 되었다."

붓다가 말했다. "감각적 쾌락은 불에 손발을 달구는 것이나 다름이 없다. 그것은 건강하지 못한 사람에게만 행복을 가져다 준다. 건강한 사람은 감각적 욕망의 불꽃을 멀리해야 한다."

붓다는 참된 행복의 근원은 평온과 자유 속에 사는 것이고 삶의 신비를 충분히 경험하는 데 있다고 설명했다. 행복은 집착과 분별심을 버리고 현재의 순간 속에 무슨 일이 이루어지는지를 인식함으로써 얻어질 수 있는 것이다. 행복한 사람은 현재의 순간 속에 일어나고 있는 모든 경이로움, 예컨대 시원한 바람, 아침 하늘, 금빛으로 빛나는 꽃, 자줏빛 대나무, 어린아이의 미소 등을 소중히 여긴다. 행복한 사람은 그러한 것들에 사로잡히는 법이 없이 그것들을 즐길 수 있다. 모든 법이 순간적이며 별개의 실체가 없음을 이해하고 있기 때문에 행복한 사람에게는 그것이 가능하다. 따라서 행복한 사람은 모든 걱정과 불안에서 벗어나 평정한 상태에서 산다. 그는 꽃이 시들 것임을 알기 때문에 꽃이 시들어도 슬퍼하지 않는다. 행복한 사람은 모든 법의 생성과 소멸의 본성을 이해한다. 그의 행복은 참된 행복이며 그는 자신이 죽는다는 사실을 걱정하거나 두려워하지 않는다.

붓다는 대중들에게 어떤 사람들은 미래의 행복을 위해 현재에서 고통을 겪을 필요가 있다는 어리석은 생각을 한다고 말했다. 그렇게 함으로써 미래에는 행복을 누릴 수 있다고 생각하여 몸과 마음의 고난을 자초한다. 붓다는 그러한 식의 삶은 인생의 낭비이며 현재와 미래에 고통을 가져다줄 뿐이라고 설했다. 그리고 또 어떤 사람들은 그와는 정반대로 인생이 너무나 짧기 때문에 미래를 걱정할 여유조차 없다고 주장한다. 그들은 현재의 모든 감각적 욕망을 충족시키려고 애쓰게 된다. 붓다는 그런 식으로 감각적 욕망에 집착하는 것도 현재와 미래에 고통을 가져다줄 뿐이라고 설했다.

붓다의 가르침은 그러한 양극단을 피했다. 그는 가장 현명하게 사는 방법은 현재와 미래에 행복을 가져올 수 있는 방법으로 사는 것이라고 가르쳤다. 깨달음의 길은 미래의 행복을 달성하기 위해 육신을 괴롭히지 않는다. 비구는 일상적인 식사를 하고, 명상을 하며 그리고 네 가지의 마음챙김, 네 가지 무한한 명상 그리고 충분한 호흡의 의식을 수행함으로써 현재 속에서 그 자신과 주변 사람들에게 행복을 가져다준다. 하루에 한 끼만 먹으면 몸과 마음이 가뿐해지며 정신 수련에 좀 더 많은 시간을 할애할 수 있다. 평정과 자유 속에서 살게 되면 비구는 남을 돕기가 좀 더 수월해진다. 비구는 고행을 실천하기 위해서라기보다는 다른 사람을 좀 더 자유롭게 해주기 위해 독신으로 지내며 아이를 갖지 않는다. 비구는 일상생활의 매순간마다 존재하는 행복을 맛볼 수 있다. 그의 청정함이 다른 사람의 행복을 앗아 간다고 느껴진다면 그는 가르침의 참뜻을 살리지 못하고 있는 것이다. 참된 금욕의 가르침을 따르는 비구는 평정과 평화와 기쁨을 누린다. 이러한 삶은 현재와 미래에 행복을 가져다준다.

설법이 끝난 뒤 속가 제자 푼나라카나는 붓다에게 자신이 말씀을 여쭈어도 좋겠는지를 물었다. 그녀의 남편인 수닷타 아나타핀디카가 몹시 심한 병에 걸렸다고 말했다. 그녀의 남편은 설법에 참석할 수 없을 만큼 고통을 겪고 있었다. 그의 병세는 점점 악화되고 있었다. 그는 붓다를 뵙지 못한 채 그대로 죽게 될까 봐 두려워했다.

다음 날 붓다는 사리풋타와 아난다를 데리고 수닷타의 집을 방문했다. 수닷타는 그들을 보자 몹시 감격했다. 그는 얼굴은 창백하고 수척했지만 간신히 일어나 앉을 수는 있었다. 붓다는 그에게 말했다. "수닷타, 그대의 한평생은 충실함과 행복으로 가득 차 있었다. 그대는 무수한 사람들의 고통을 덜어주었기에 아나타핀디카, 다시 말해 '가난한 자와 버림받은 자를 돌보는 사람'이라는 이름을 얻게 된 것이다. 제타바나 수도원은 그대의 뛰어난 업적 가운데 하나인 것이다. 또한 그대는 법을 전파시키기 위해 끊임없이 노력을 기울여왔다. 그대는 가르침에 따라 살아왔고 그러했기에 자신과 가족 그리고 수많은 사람들에게 참된 행복을 안겨주었다. 이제는 휴식을 취해도 된다. 사리풋타로 하여금 그대를 자주 방문하여 특별한 가르침을 베풀도록 하겠다. 수도원까지 애써 오려고 할 것 없다. 무엇보다 그대의 건강을 돌봐야 한다."

수닷타는 감격하며 합장을 했다.

보름 뒤, 붓다는 속인들의 삶에 관한 설법을 했다. 속인들에게 어떻게 하면 그들의 일상생활 속에서 참된 행복을 실현할 수 있는가에 대해 설했다. 그는 전에 비구와 비구니들에게 설한 적이 있는 '현재에도 평화, 미래에도 평화'라는 삶의 원리를 거듭 강조했다. 이어서 그는 말했다. "비구는 현재의 순간 속에서 평화와 기쁨을 누리기 위해 독신 생활을 한다. 그러한 삶은 미래의 행복까지도 보장해준다. 그러나 가정을 꾸미지 않는 비구들만이 그러한 행복을 누릴 수 있는 것은 아니다. 속세에 살고 있는 속가 제자들도 가르침의 원리에 따르면 참된 행복을 누릴 수 있는 것이다. 무엇보다 부귀에 대한 욕망에 사로잡혀서 현재의 순간에서 자신과 가족들의 행복을 빼앗기는 일이 없도록 해야 한다. 행복이 으뜸이다. 이해심이 가득한 표정, 너그러운 미소, 사랑이 담긴 말 한 마디, 온정이 담긴 식사, 이런 것이야말로 현재의 순간 속에서 행복을 안겨주는 것들이다. 현재의 순간 속에서 마음의 눈을 뜸으로써 자신과 주위 사람들에게 고통을 주지 않을 수 있다. 남을 대하는 그대들의 태도, 미소 그리고 마음을 써준 조그마한 행동은 행복을 가져다줄 수 있다. 참된 행복은 부와 명예에 달려 있지 않다."

붓다는 몇 해 전 라자가하에서 시갈라라는 이름을 가진 한 상인과 나누었던 대화를 떠올렸다. 어느 날 아침 날이 막 밝아올 무렵 붓다는 발우를 들고 죽림정사를 나섰다. 그리고 그는 시내로 들어서는 어귀에서 한 젊은이를 우연히 만났다. 시갈라는 동, 서, 남, 북, 하늘 그리고 땅을 향해 절을 하고 있었다. 붓다는 걸음을 멈추고 그렇게 절을 하는 까닭을 물었다. 시갈라는 그의 아버지가 자신이 어렸을 때부터 매일 아침 이렇게 여섯 방향으로 절을 하도록 가르쳤다고 말했다. 그는 아버지의 가르침에 기꺼이 따랐지만 실은 그 자신도 이렇게 절을 하는 까닭을 알지 못했다.

붓다는 그에게 말했다. "절을 하는 것은 현재와 미래에 행복을 가져올 수 있는 방법이다." 그는 시갈라에게 동쪽으로 절할 때는 부모의 은혜를 생각하라고 말했다. 남쪽으로 절할 때는 스승의 은혜를 생각하고, 서쪽으로 절할 때는 처자식에 대한 사랑을 생각하고, 북쪽으로 절을 할 때는 친구들에 대한 사랑을 생각할 것이며, 땅을 보고 절할 때는 함께 일하는 사람들의 고마움을 생각하고 하늘을 보고 절할 때는 현명하고 덕이 있는 모든 사람들에게 감사드리라고 말했다.

붓다는 시갈라에게 다섯 가지 계율과 사물을 깊이 관조하여 탐욕, 성냄, 욕정 또는 두려움을 극복하는 방법을 가르쳤다. 붓다는 사람을 파멸로 이끄는 여섯 가지 행동을 피하라고 가르쳤다. 술 마시기, 밤거리를 방황하는 일, 도박장 출입, 유흥가 드나들기, 불량배와의 교제 그리고 하는 일 없이 빈둥거리는 것. 아울러 그는 시갈라에게 훌륭한 친구를 식별하는 방법에 대해서도 가르쳤다. 그가 말했다. "훌륭한 친구는 변함이 없다. 네가 부유하게 살거나 아니면 가난하게 살거나, 즐겁거나 슬프거나, 성공을 했거나 실패를 했거나 훌륭한 친구는 너에 대한 마음에 변함이 없다. 훌륭한 친구는 네 말에 귀를 기울이며 네 고통을 함께 나눈다. 또한 그는 자신의 기쁨과 슬픔을 너와 함께 나누며 너의 기쁨과 슬픔이 마치 자신의 것이기라도 한 것처럼 함께 나눈다."

붓다는 설법을 계속했다. "참된 행복은 네가 다음과 같이 지켜나가면 바로 현재의 생활 속에서 실현될 수 있다.

첫째, 덕이 있는 사람과 교제를 맺고 인격을 손상시키는 일이 없도록 한다.

둘째, 정신적 수행을 촉진시키고 훌륭한 인격을 북돋워주는 환경 속에서 생활한다.

셋째, 법, 계율 그리고 보다 깊은 의미에서 자신의 본업에 대해 보다 많은 것을 배울 수 있는 기회를 갖는다.

넷째, 부모와 처자식을 좀 더 잘 보살펴준다.

다섯째, 시간과 재산 그리고 행복을 남들과 함께 나눈다.

여섯째, 덕을 함양할 수 있는 기회를 마련하고 술과 도박을 피한다.

일곱째, 겸손과 감사하는 마음을 기르며 검소한 생활을 하도록 한다.

여덟째, 깨달음의 길을 배우기 위해 비구들을 가까이한다.

아홉째, 네 가지의 성스러운 진리에 기초한 생활을 한다.

열째, 슬픔과 근심으로부터 벗어나기 위해 명상하는 법을 배운다."

붓다는 일상적인 생활 속에서 가르침에 어긋남 없이 살아가는 속가 제자들을 칭찬했다. 특별히 수닷타 아나타핀디카에 대해 칭찬했다. 그는 수닷타야말로 성실과 봉사 그리고 행복으로 충만한 삶을 가꾸기 위해 온갖 노력을 다한 모범적인 속가 제자라고 말했다 그의 한평생은 가르침에 어긋남 없이 인도되어 왔다. 붓다는 수닷타보다 훨씬 더 많은 재산을 가진 사람들도 그가 다른 사람들에게 안겨준 만큼의 행복을 베풀기는 결코 쉽지 않을 것이라고 말했다. 수닷타의 아내 푼나라카나는 붓다가 자기 남편을 칭찬하자 감동의 눈물을 흘렸다.

그녀는 자리에서 일어나 붓다에게 공손하게 절했다. "존엄한 분이시여, 부유한 사람의 생활은 항상 바쁘기만 하답니다. 제가 생각하기에는 조촐하지만 평온한 생활이 정신적 수행에

724

훨씬 더 도움이 될 듯합니다. 집과 가족을 뒤로하고 발우 하나만을 가지고 있는 비구들을 볼 때마다 저희도 좀 더 단순하고, 근심 걱정이 없는 생활을 하고 싶어진답니다. 저희도 여유 있는 생활을 하고 싶지만 너무나 많은 책임에 사로잡혀 있습니다. 어떻게 하면 좋을는지요?"

붓다가 대답했다. "푼나라카나, 비구들도 책임이 많다. 금욕생활을 하기 때문에 비구들은 밤낮 마음의 눈을 환하게 뜬 채 계율에 따라 살아야 한다. 비구는 남을 위한 삶을 산다. 속가 제자들이여, 타타가타는 그대들이 한 달에 두 번가량 비구들의 생활을 경험할 수 있는 길을 제의하고 싶다. 우리는 이때의 수행을 속인들을 위한 여덟 가지 계율 수행이라고 부를 수 있을 것이다. 한 달에 두 번씩 그대들은 수도원으로 와서 하루 종일 이러한 수행을 할 수 있다. 그리고 비구들처럼 하루 한 끼만을 먹게 될 것이다. 또한 그대들은 앉아서 또는 걸으면서 하는 명상을 행할 수 있다. 스무 시간 동안 그대들은 마치 비구나 비구니처럼 집을 떠나, 마음의 눈을 뜨고, 집중을 한 채, 느긋하고 평화로우며 기쁨에 넘친 생활을 누릴 수 있다. 그렇게 하루가 지나면 다시 세속적인 일상으로 돌아가 다섯 가지 계율을 지키며 생활하면 된다.

속가 제자들이여, 타타가타는 비구들에게 속인들을 위한 여덟 가지 계율 수행에 대해 알리도록 하겠다. 그러한 특별한 수행일은 수도원뿐 아니라 그대들의 집에서도 마련할 수 있다. 그대들은 비구들을 집으로 초대하여 그러한 수행 과정을 점검

하고 조언을 받을 수도 있을 것이다."

푼나라카나는 붓다의 제안에 기뻐하며 물었다. "존엄한 분이시여, 그 여덟 가지 준수 사항은 무엇인지요?"

붓다가 대답했다. "살생하지 말 것, 도둑질하지 말 것, 성관계를 갖지 말 것, 거짓말을 하지 말 것, 술을 마시지 말 것, 보석으로 몸을 치장하지 말 것, 호화로운 침상에 앉거나 눕지 말 것 그리고 돈을 만지지 말 것. 이 여덟 가지 계율을 지키면 망각과 혼란을 피할 수 있다. 그리고 한 끼만 먹게 되면 수행에 좀 더 많은 시간을 보낼 수 있다."

사람들은 붓다가 속인들을 위해 제의한 특별 수행에 대해 모두 감사한 마음으로 받아들였다.

열흘 뒤 수닷타의 집 하인이 와서 사리풋타에게 수닷타의 병세가 더욱 악화되었다고 전했다. 사리풋타는 아난다와 함께 수닷타를 방문했다. 그들이 찾아갔을 때 수닷타는 병상에 누워 신음하고 있었다. 하인 한 명이 비구들이 앉을 수 있도록 의자 두 개를 가져와 침상 가까이에 놓아주었다.

사리풋타는 수닷타가 엄청난 고통에 시달리고 있음을 확연히 알 수 있었다. 그는 수닷타에게 고통을 가라앉히기 위해 불, 법, 승의 삼보에 대해 명상하라고 조언했다. "수닷타여, 우리 함께 깨달음을 얻으신 붓다, 이해와 사랑의 길인 법 그리고 화목하고 깨달음 속에 사는 숭고한 공동체인 상가에 대해 깊이 생각해봅시다."

수닷타가 더 이상 살기 어렵다고 판단한 사리풋타는 그에게 말했다. "수닷타여, 다음과 같이 명상에 들어가보시오. 내 눈은 내가 아니다. 내 귀는 내가 아니다. 내 코, 내 혀, 내 육신 그리고 내 마음은 내가 아니다."

수닷타는 사리풋타의 말대로 했다. 그러자 사리풋타가 계속했다. "자, 이렇게 계속해서 깊이 살펴보시오. 내가 보는 것은 내가 아니다. 내가 맛보고, 냄새 맡고, 만지고, 생각하는 것은 내가 아니다."

그런 다음 사리풋타는 수닷타에게 여섯 가지 감각 인식에 대하여 관조하는 법을 일러주었다. "보는 것은 내가 아니다. 듣는 것은 내가 아니다. 냄새 맡고 맛보고 생각하는 것은 내가 아니다!"

사리풋타는 계속했다. "땅은 내가 아니다. 물, 불, 공기, 공간 그리고 인식은 내가 아니다. 나는 그러한 요소들에 의해 구속되지 않는다. 태어남도 죽음도 나를 건드릴 수 없다. 나는 태어나는 법도 죽는 법도 없기에 미소 지을 수 있다. 태어남이 나를 존재하게 하지 않는다. 죽음이 나의 존재를 앗아 가지도 못한다."

갑자기 수닷타가 울기 시작했다. 그의 뺨에 눈물이 흘러내리는 것을 보고 깜짝 놀란 아난다가 그에게 물었다. "수닷타, 명상을 수행할 수 없어서 그러는 것이오?"

수닷타가 대답했다. "아난다여, 전혀 그렇지 않습니다. 저는 별 어려움 없이 명상을 수행할 수 있습니다. 너무나 감동해서 눈물을 흘리는 것이랍니다. 저는 30년 이상 붓다와 비구들을 모시는 영광을 누렸습니다. 하지만 이보다 더 숭고하고 심오한 가르침은 한 번도 들어보지 못했습니다."

아난다가 말했다. "수닷타, 붓다께서는 비구와 비구니들에게 이러한 가르침을 늘 베풀어오셨지요."

"아난다여, 속가 제자들도 이러한 가르침을 이해하고 수행할 수 있습니다. 붓다께 이러한 가르침을 속인들에게도 베풀어주시도록 청해주십시오."

수닷타는 그날 오후 늦게 세상을 떴다. 사리풋타와 아난다는 그의 임종을 지켜보았고 그의 육신을 내려다보며 계속해서 독경을 했다. 아나타핀디카의 가족은 모든 사람의 모범이었다. 그의 가족들은 모두 삼보에 귀의했으며 일상생활 속에서 법을 공부하고 적용시켰다. 세상을 뜨기 며칠 전 수닷타는 여동생인 수마가다가 안가국에 사는 다른 사람들과 붓다의 가르침을 함께 나누고 있음을 알게 되었다. 그녀는 안가국 출신의 지방 관리인 남자와 결혼했는데 그는 금욕주의 종파의 열렬한 추종자였다. 그가 그녀에게 함께 금욕주의자들을 방문하겠느냐고 물었을 때 그녀는 이를 요령 있게 거절했다. 시간이 지남에 따라 붓다의 가르침에 대한 그녀의 굳건한 믿음은 남편의 마음을 움직였고 그 지역의 많은 사람들의 눈을 뜨게 해주었다.

76장

수행의 결실

안거 기간이 끝난 직후 상가는 코살라와 마가다국 사이에 전쟁이 일어났음을 알게 되었다. 아자타샷투 왕이 이끈 마가다국의 군대가 강가 강을 건너 코살라의 통치하에 있는 카시를 공격했다. 국왕과 그의 장군들은 코끼리, 말, 마차, 대포 그리고 병사들로 구성된 대군을 이끌고 있었다. 워낙 갑작스럽게 전쟁이 일어났기 때문에 파세나디 왕은 붓다에게 카시를 향해 출병한다는 사실을 미처 알릴 겨를도 없었다. 그는 제타 왕자에게 현재 상황을 붓다에게 알리도록 했다.

아자타샷투 왕이 아버지를 감금시키고 왕위에 오른 뒤 이 소식을 들은 파세나디 왕이 항의조로 지난날 빔비사라 왕에게 선사했던 바라나시 근처의 영토를 되돌려달라고 한 사실을 붓다는 이미 알고 있었다. 거의 70년 동안 이 영토는 마가다국에 엄청난 부를 가져다주었기 때문에 아자타샷투 왕은 이것을 돌려주지 않았다. 그 대신 그는 병사들을 모아 전쟁을 일으킨 것이다.

사리풋타는 모든 비구와 비구니들에게 사밧티에 머물러 있
도록 일러두었다. 전쟁이 일어난 상태에서 여행을 다니는 것은
너무나 위험한 일이었다. 그는 또한 붓다에게도 평화를 되찾을
때까지 사밧티에 머물러 있도록 권했다.

두 달 뒤에 사밧티 사람들은 그들의 군대가 카시에서 패했다
는 비보를 전해 들었다. 파세나디 왕과 그가 이끈 군대는 수도
로 되돌아갈 수밖에 없었다. 이러한 상황은 긴장을 극도로 고
조시켰지만 강력한 방어력 덕분에 사밧티는 아자타삿투의 군
대가 밤낮없이 공격을 해왔음에도 불구하고 함락되지는 않았
다. 더욱이 반둘라 장군의 빛나는 작전 덕분에 파세나디 왕은
일대 반격을 감행할 수 있었다. 이번에는 코살라국이 결정적
승리를 거두었다. 아자타삿투 왕과 그의 장군들은 모두 생포되
었다. 천 명 이상의 병사들이 포로가 되었다. 수천 명이 살해되
었거나 도망쳤다. 그뿐 아니라 코살라는 수많은 코끼리와 말,
전차 그리고 대포를 전리품으로 거두어들였다.

전쟁은 6개월여 만에 끝이 났다. 사밧티 사람들은 승리의 축
제를 벌였다. 군대를 해산한 뒤 파세나디 왕은 제타바나로 붓
다를 방문했다. 그는 엄청나게 소요된 전쟁 비용을 설명한 뒤
아자타삿투 왕이 국경을 넘어 공격해 왔으나 코살라국이 이를
물리쳤다고 말했다. 아울러 그는 아자타삿투 왕이 그의 고문들
의 꾐에 넘어간 것 같다고 덧붙였다.

"붓다시여, 마가다 국왕은 제 조카입니다. 제가 그를 죽일

수도 없거니와 감옥에 가두고 싶지도 않습니다. 부디 현명한 해결책을 찾을 수 있게 도와주십시오."

붓다가 말했다. "왕이시여, 당신은 훌륭한 친구들과 신하들에게 둘러싸여 있습니다. 그러니 이번 전쟁에서 승리를 거둔 것도 당연한 일이지요. 하지만 아자타삿투 왕은 그릇된 사람들에게 둘러싸여 있습니다. 그러니 그가 패한 것이지요. 나는 당신이 그를 마가다국 국왕에 합당한 예우로써 대해주기를 원합니다. 훌륭한 인격을 갖춘 친구와 신하들을 주변에 배치해두는 것이 중요하다는 것을 깨우쳐주셔야 합니다. 그런 뒤에 적절한 환송식을 해주고 그를 마가다국으로 돌려보내는 게 좋겠지요. 앞으로 지속적인 평화는 이 문제를 당신이 어떻게 처리하느냐에 달려 있습니다."

붓다는 실라바트라고 하는 젊은 비구를 불러 그를 파세나디 왕에게 소개했다. 실라바트는 본래 빔비사라 왕의 아들 중 한 명으로서 아자타삿투 왕의 의붓동생이었다. 실라바트는 현명하고 총기 있는 젊은이였으며 열여섯 살 때부터 목갈라나의 지도 아래 속가 제자로서 법을 공부해왔다. 마가다국의 상황에 변화가 생기자 그는 목갈라나에게 입문을 청했고 그 뒤 좀 더 깊이 있는 공부를 하기 위해 사밧티의 제타바나로 보내졌다. 목갈라나는 실라바트가 왕위를 차지하고 싶은 욕망이 없다는 걸 알고 있었지만 그가 아자타삿투의 의심을 피해 멀리 떨어져 있는 게 더 안전하다고 생각했다.

파세나디 왕은 젊은 비구에게 라자가하의 상황에 대해 설명해달라고 청했다. 실라바트는 마가다국을 떠나기 전에 보고 들은 모든 것을 왕에게 말해주었다. 그는 또한 자신을 죽이기 위해 누군가 한 사람이 마가다국에서 파견되었으나 자신이 그 암살자의 마음을 돌려놓았음을 말했다. 그자는 지금 비구로서 입문하여 수도 근처의 한 수행처에서 생활하고 있었다. 파세나디 왕은 붓다에게 인사한 후 궁전으로 돌아갔다.

얼마 지나지 않아서 아자타삿투 왕은 석방되어 마가다국으로 돌아가게 되었다. 그의 상처를 달래주기 위해 파세나디 왕은 자신의 딸인 바지리 공주를 그에게 시집보냈다. 아자타삿투는 이제 그의 조카이자 사위가 되었다. 파세나디 왕은 바라나시 근처의 영토를 결혼 선물로서 되돌려주기로 약속했다. 파세나디 왕은 붓다의 가르침을 충실히 따른 것이다.

전쟁이 끝나자 비구와 비구니들은 가르침을 베풀기 위해 다시 거리로 나섰다. 파세나디 왕은 신하들에게 수도 외곽에 라자카라마라는 이름의 새로운 수도원을 세우도록 분부했다.

붓다는 그 뒤 2년 동안 코살라에 머무르면서 제타바나에서 안거 기간을 보내고 나머지 시간은 곳곳에서 가르침을 베푸는 데 보냈다. 이따금 그는 마가다국을 다녀온 비구들로부터 데바닷타가 아자타삿투 왕으로부터 더 이상의 후원을 받지 못하고 있다는 소식을 전해 들었다. 그 당시 백 명이 넘는 비구들이 데바닷타와 함께 지내고 있었으나 지금은 그중에서 여든 명이 붓다의 상가로 되돌아왔다. 데바닷타는 점점 더 고립되고 있었다. 그는 최근 병이 들어 가야시사를 떠날 수도 없었다. 전쟁

어느 날 오후 늦게 아난다는 비사카 법당 밖에 앉아 있는 붓다를 발견했다. 그는 태양을 등지고 앉아 있었다. 아난다는 좀 이상하다고 생각했다. 붓다는 여느 때 같으면 태양을 향해 앉아 있기를 좋아했다. 그가 붓다에게 그 까닭을 묻자 햇살로 등을 따뜻하게 하기 위해서라고 대답했다. 아난다는 가까이 다가가서 붓다의 등을 주무르기 시작했다. 무릎을 꿇고 앉아 다리도 주물러드렸다. 그는 붓다의 다리를 주무르면서 말했다. "스승이시여, 저는 15년 동안 스승님을 모셔왔습니다. 지난날 스승님의 피부가 얼마나 단단했으며 건강했는지 지금도 생생히 기억하고 있습니다. 하지만 지금 스승님의 피부는 주름이 잡혀 있고 다리의 근육은 물렁물렁합니다. 제 손에 뼈가 잡힐 정도랍니다!"

붓다가 웃었다. "너도 오래 살다 보면 늙게 된다. 아난다, 그래도 내 눈과 귀는 아직 밝은 편이란다. 너는 독수리 봉과 죽림정사와 망고 과수원이 그립지 않느냐? 독수리 봉에 다시 올라가서 해가 지는 모습을 보고 싶진 않느냐?"

"스승이시여, 스승님께서 독수리 봉으로 돌아가실 때 저도 함께 가고 싶습니다."

그해 여름 붓다는 마가다로 돌아갔다. 여행 중에 가까운 상가의 수행처가 나오면 반드시 발길을 멈추어 들르곤 했다. 각 수행처에서 비구들을 가르쳤으며 속인들에게 설법을 하기도 했다. 그는 석가, 말라, 비데하 그리고 바지 왕국을 지나 마침내 강가 강을 건너 마가다국에 도착했다. 라자가하에 닿기 전에 그는 날란다에 있는 상가의 수행처에 들렀다.

죽림정사와 독수리 봉은 전과 다름없이 아름다웠다. 수도와 이웃 마을에서 사람들이 떼지어 몰려왔다. 한 달쯤 지나 붓다는 망고 과수원을 방문해달라는 지바카의 초대에 응했다. 지바카는 과수원 안에 천 명의 비구들이 앉을 수 있을 만한 크기의 법당을 새로 지었다.

망고 과수원의 오두막 밖에 앉아서 붓다는 지바카로부터 그동안의 이야기를 들었다. 다행히도 비데히 왕비는 마음의 평온을 되찾았다. 그녀는 명상에 많은 시간을 보냈으며 채식주의자가 되었다. 한편 아자타삿투 왕은 극도의 정신적인 고뇌에 시달리고 있었다. 그는 아버지의 망령에 쫓기면서 마음의 평화를 찾지 못하고 있었다. 그의 신경은 항상 곤두서 있었으며 끔찍한 악몽에 시달렸기 때문에 잠자리에 드는 것조차 무서워했다. 마칼리 고살라, 아지타 케사캄발리, 파쿠다 카카야나, 니간타 나타풋타 그리고 산자야 벨랏티풋타를 비롯한 고위 성직자들과 의원들이 그를 치료하기 위해 찾아왔다. 성직자들은 그들 종파의 세를 확장하기 위해 치료를 성공시켜보려고 백방으로 노력했지만 그들 중 누구도 왕을 도와줄 수 없었다.

그러던 어느 날 왕은 아내와 아들인 우다이밧다 그리고 어머니인 비데히 전 왕비와 함께 저녁 식사를 했다. 우다이밧다 왕자는 이제 세 살이 거의 다 되었다. 왕은 아들의 요구라면 무엇이든 다 들어주었기 때문에 왕자는 제멋대로였다. 왕자는 개까지도 식탁에 앉히기가 일쑤였다. 이런 일은 보통 금지되었으나 왕은 아들이 원한다는 이유로 그대로 두었다. 다소 못마땅하게 생각하면서도 그는 어머니에게 이렇게 말했다. "개를 데리고 식탁에 앉는 것은 좋은 일은 못 되지요, 하지만 별 수 있습니까?"

비데히 왕비가 대답했다. "너는 네 아들을 사랑하니까 그 애가 개를 식탁에 데리고 와도 내버려두는 게다. 이상할 게 아무것도 없다. 네 아버지도 너를 사랑하는 마음에 네 손에서 나오는 고름을 입으로 빤 적이 있는데 너는 기억하느냐?"

아자타삿투는 그 일을 기억하지 못했으므로 어머니에게 무슨 일이 있었는지 말해달라고 했다.

왕비가 말했다. "어느 날 네 손가락이 빨갛게 부어오른 적이 있었다. 손톱 밑에 종기가 생긴 거였지. 무척 아팠던지 너는 온종일 울어대며 칭얼댔지. 네 아버지는 네 걱정으로 잠을 이룰 수가 없었단다. 아버지는 너를 베개 위에 눕힌 다음 부어오른 손가락을 입에 넣고 혹시 고통을 덜어줄 수 있을까 해서 손가락을 빨아댔지. 마침내 종기에서 고름이 터질 때까지 밤낮을 가리지 않고 빨았단다. 그건 네 아버지가 너를 그토록 사랑하셨기 때문이다. 그리고 너도 네 아들을 사랑하기 때문에 그 아이가 개를 식탁에 데리고 와도 내버려두는 것이란다. 나는 충분히 이해할 수 있단다."

왕은 갑자기 머리를 두 손으로 감싸 안으며 식사를 하다 말고 방을 뛰쳐나갔다. 그날 밤 이후로 그의 정신 상태는 악화되기 시작했다. 마침내 지바카가 왕을 살펴봐달라는 부름을 받았다. 지바카는 아자타삿투가 털어놓는 괴로운 심정에 대해서 그리고 어떠한 성직자나 브라만도 그에게 아무런 도움을 줄 수 없었다는 이야기를 들었다. 지바카는 아무 말도 하지 않은 채 앉아 있었다. 왕이 물었다. "지바카, 당신은 왜 아무 말도 하지 않는 거요?"

지바카가 대답했다. "당신에게 말씀드릴 게 꼭 한 가지 있습니다. 붓다께 가서 가르침을 받으시지요."

왕은 잠시 아무 말도 하지 않았다. 마침내 그가 중얼거렸다. "하지만 붓다는 나를 미워하실 거요."

지바카가 그 말을 부정했다. "그렇지 않습니다. 그분은 누구든 미워하는 법이 없습니다. 그분은 당신 아버님의 스승이시며 절친한 친구입니다. 그분을 뵙는 것은 당신의 아버님을 뵙는 것이나 마찬가지입니다. 그분을 만나보면 마음의 평화를 찾게 될 겁니다. 당신의 갈가리 찢겨진 심정을 고쳐주실 것입니다. 내 의술은 붓다의 의술에는 도저히 견줄 수가 없습니다. 그분은 의원은 아니지만 모든 의원의 왕이랍니다. 어떤 사람들은 그를 약왕(藥王)이라고 부르기도 하지요."

왕은 그 문제에 대해 좀 더 생각해보기로 했다.

붓다는 몇 달 동안 독수리 봉에 머물러 있었다. 그는 인근 지역의 상가 수행처를 방문했으며 지바카의 망고 과수원에서 한 달을 지내기도 했다. 달빛이 비치는 어느 날 밤 왕은 한 마리의 코끼리를 타고는 왕비와 어머니인 비데히 전 왕비 그리고 궁전 경비병들과 함께 망고 과수원으로 갔다. 그들이 과수원에 들어섰을 때 주변은 온통 조용하기만 했다. 왕은 문득 공포감에 사로잡혔다. 지바카는 붓다가 천 명의 비구들과 함께 과수원에 머무르고 있다고 말했다. 그 말이 사실이라면 왜 이렇게 조용하지? 속임수가 아닐까? 지바카가 습격을 하려고 사람들을 매복시켜둔 게 아닐까? 그는 지바카를 돌아보며 이 모든 일들이 그에게 복수를 하기 위한 음모가 아니냐고 물었다. 지바카는 크게 소리 내어 웃었다. 그는 틈새로 불빛이 새어 나오고 있는 둥근 창문을 가리켰다.

지바카가 말했다. "지금 저곳에 붓다와 모든 비구들이 있습니다."

왕은 코끼리에서 내려 가족들과 하인들을 거느리고 실내로 들어갔다. 지바카는 등을 베개에 기댄 채 평상 위에 앉아 있는 붓다를 소개했다. "저기 계신 분이 붓다이십니다."

왕은 그곳의 평온한 분위기에 깊은 감동을 받았다. 천 명의 비구들은 완전한 침묵을 지킨 채 붓다를 둘러싸고 있었다. 가사 자락이 바스락거리는 소리조차 들리지 않았다. 아자타삿투 왕은 아버지를 따라 붓다의 설법에 참석한 적은 한 번도 없었지만 지금까지 그를 몇 번 본 적은 있었다.

붓다는 왕의 일행을 향해 자리에 앉으라고 했다. 왕은 인사를 하고 난 후 말했다. "존엄한 분이시여, 제가 어렸을 때 당신이 궁전에서 말하는 것을 들은 적이 있지요. 오늘 밤 질문을 한 가지 드리고자 합니다. 수천 명의 사람들이 가정조차 버리고 추구하는 수행 생활이 도대체 어떠한 결실을 가져다주는 것인지요?"

붓다는 왕에게 그와 같은 질문을 다른 수행자들에게도 한 적이 있는지 물어보았다. 왕은 사실 데바닷타를 포함한 수많은 수도자들에게 같은 질문을 한 적이 있었지만 결코 만족할 만한 대답을 구하지는 못했다고 대답했다.

붓다가 말했다. "왕이여, 오늘 밤 저는 당신에게 수행 생활에서 거둘 수 있는 결실에 대해 말하겠습니다. 그 결실은 현재의 순간 속에서 얻을 수 있는 결실이며 미래에서도 얻을 수 있는 결실입니다. 이러한 결실은 마치 당신의 손에 놓인 망고 열매를 바라볼 때처럼 생생히 느낄 수 있는 성질의 것입니다.

왕이여, 한 가지 예를 들겠습니다. 하루 종일 주인의 비위를 맞추며 살아가야 하는 하인이 한 사람 있었습니다. 그는 어느 날 스스로에게 물었습니다. '주인이나 나나 똑같이 사람으로 태어났는데 어째서 나는 그의 비위를 맞추느라 한평생을 보내야 하는 것일까?' 하인은 자신의 삶에 회의를 느끼고 주인을 떠나 비구의 삶을 살아가기로 결심했습니다. 그리하여 그는 비구가 되었고 겸손하고 근면하게 마음챙김을 하는 생활을 해나갔습니다. 그는 하루에 단 한 끼만을 먹으며 열심히 명상 수행을 행했습니다. 이윽고 그는 덕망 있는 비구로서 모든 이의 존경을 한 몸에 받게 되었습니다. 자, 여기서 내가 당신에게 한가지 질문을 하겠습니다. 만약 당신이 그를 만난다면 지난날 그가 하인의 신분이었다는 이유로 당신은 그를 함부로 대하며 이것저것 명령을 내릴 수 있겠습니까?"

왕이 대답했다. "천만에요, 나는 예의를 다해 그를 한 사람의 덕망 있는 비구로서 대할 것입니다. 그리고 그에게 음식을 공양하며 가르침을 청할 것입니다."

붓다가 말했다. "왕이여, 바로 그것이 비구가 거둘 수 있는 첫 번째 결실입니다. 비구들은 모든 인종적, 사회적, 계급적 편견으로부터 자유롭습니다. 즉 수행 생활을 통해 인간으로서의 존엄성을 누릴 수 있는 것이 첫 번째 결실입니다.

두 번째 결실은 비구들이 평정한 상태를 유지하기 위해 이백오십 가지의 계율을 지키는 데서 비롯하는 것입니다. 계율을 지키지 않는 사람은 쉽게 비뚤어집니다. 그들은 거짓말, 음주, 성적인 비행, 도둑질 그리고 살인과 같은 죄를 범하게 된답니다. 이런 죄를 범함으로써 스스로의 몸과 마음에 잔혹한 형벌을 초래하게 됩니다. 그들은 관헌에 의해 체포되어 감옥에 들어가기도 합니다. 비구들은 살인하지 말 것이며, 훔치지 말 것이며, 성적 비행을 저지르지 말고, 거짓말을 하지 말 것이며, 음주를 하지 않는다는 계율을 지키고 있습니다. 뿐만 아니라 계율을 지키게 되면 계율을 지키지 않는 사람은 도저히 맛볼 수 없는 평온한 마음의 경지에 이르게 됩니다. 계율은 오류를 범하지 않게 해주고 그러한 평온한 마음의 경지를 가능하게 해줍니다. 그것은 현재의 순간 속에서 누릴 수 있는 수행 생활의 두 번째 결실이지요."

왕이 말했다. "훌륭합니다, 위대한 스승이시여! 좀 더 들려주십시오."

붓다가 계속했다. "왕이시여, 비구가 가진 것이라고는 세 벌의 가사와 한 개의 발우뿐입니다. 그러니 가지고 있는 것을 잃어버리거나 빼앗길까 봐 두려워할 필요도 없답니다. 밤거리에서 강도의 습격을 받을 일도 없습니다. 아무런 두려움 없이 숲속 나무 그늘 아래에서 느긋하게 혼자 잠을 잘 수 있습니다. 두려움 없이 살 수 있는 것은 그 자체로 커다란 행복입니다. 그것이 현재의 순간 속에서 누릴 수 있는 수행 생활의 세 번째 결실입니다."

왕이 몸을 떨면서 말했다. "참으로 훌륭합니다. 큰 스승이시여, 좀 더 들려주십시오."

붓다가 계속해서 말했다. "왕이시여, 비구는 검소하게 살고 있습니다. 그는 하루에 단 한 끼만을 먹고 삽니다. 그는 부와 명예를 바라는 법이 없습니다. 꼭 필요한 것만을 사용하며 욕망 따위에서 벗어나 있답니다. 그렇게 아무런 근심 걱정 없이 살 수 있는 것이 크나큰 행복입니다. 그것이 현재의 순간 속에서 누릴 수 있는 수행 생활의 네 번째 결실이지요.

왕이시여, 당신도 호흡을 충분히 의식하면서 명상을 수행하는 방법을 배우게 되면 깨달음의 길을 따르는 비구들과 마찬가지의 행복을 경험할 수 있습니다 그것은 명상이 가져다주는 행복이지요. 비구는 여섯 가지 감각 기관을 관찰하며 탐욕, 증오, 무지, 나태 그리고 의심이라는 다섯 가지의 장애를 극복하지요. 그는 호흡의 충분한 의식을 통해 심신을 풍요롭게 해주는 기쁨과 행복을 누리며 깨달음의 길에 가까이 다가갈 수 있답니다. 감각적 욕망을 추구하는 데서 오는 쾌감을 명상이 주는 행복감과 비교할 수는 없지요. 명상을 하는 데서 오는 기쁨과 행복감은 심신에 스며들어 모든 걱정, 슬픔 그리고 절망을 치유해주며 수행자로 하여금 삶의 경이로움을 경험할 수 있게 해줍니다. 왕이시여, 이것은 현재의 순간 속에 당장 누리게 되는 수행 생활의 가장 중요한 결실 중 하나이지요."

왕이 말했다. "훌륭합니다, 붓다시여! 좀 더 들려주십시오."

붓다가 계속해서 말했다. "부지런히 수행에 전념하면서 계율을 준수하는 덕분에 비구는 마음챙김을 이루어 모든 법을 밝게 볼 수 있지요. 관조를 할 수 있는 덕분에 모든 법의 실체가 없으며 순간적인 본성을 보게 됩니다. 별개의 실체가 없으며 모든 법의 변하는 본성을 보는 덕분에 그는 더 이상 어떠한 법에도 사로잡히는 일이 없습니다. 그는 모든 사람들을 구속하는 동아줄인 탐욕, 미움, 욕망, 게으름, 의심, 그릇된 견해, 극단적인 견해, 실체에 대한 거짓된 생각, 비뚤어진 견해 그리고 불필요하게 사람을 속박하는 그릇된 소견을 끊어버릴 수 있습니다. 이러한 모든 동아줄을 끊어버림으로써 비구는 참된 자유에 이르게 됩니다. 자유는 크나큰 행복이며 수행 생활의 가장 커다란 결실 가운데 하나입니다."

왕이 감탄했다. "훌륭합니다. 붓다시여! 설법을 좀 더 계속해주십시오."

붓다가 계속했다. "왕이시여, 법의 본성을 관조하여 깊이 들여다보는 덕분에 비구는 모든 법이 만들어지지도 없어지지도 아니하며, 하나도 여럿도 아니며, 깨끗해지지도 더럽혀지지도 않으며, 늘어나지도 줄어들지도 않으며, 오지도 않고 가지도 않음을 알게 됩니다. 이러한 것들을 아는 덕분에 비구는 분별심을 일으키지 않습니다. 그는 아무런 두려움이나 걱정이 없이 완전한 평등의 눈으로 모든 법을 바라봅니다. 그는 생사의 파도를 넘어서서 모든 인간을 구제하지요. 그는 모든 존재를 깨달음의 눈으로 보기 때문에 자유, 기쁨 그리고 행복을 맛볼 수 있습니다. 왕이시여, 다른 사람들을 욕망, 증오 그리고 무지의 미망 속에서 건져주는 일은 크나큰 행복입니다. 이러한 행복은 현재 속에서 실현되어 미래까지도 계속되는 수행 생활의 숭고한 결실입니다. 왕이시여, 비구는 사람들을 만날 때마다 그들을 덕성과 자유의 길로 인도해주어야 할 책임을 느낍니다. 비구는 분파에 휩쓸림이 없이 사회 속에 평화, 기쁨 그리고 덕성을 구현하기 위해 몸을 바치지요. 비구들의 수행 생활의 참된 결실은 단순히 비구들만의 기쁨과 혜택이 아닙니다. 그것들은 모든 백성과 나라의 유산입니다."

왕은 일어서서 경건한 모습으로 합장한 후 말했다. "거룩하신 붓다시여! 당신은 제게 커다란 깨우침을 주셨습니다. 저로 하여금 법의 참된 가치를 볼 수 있게 해주셨습니다. 붓다시여! 당신은 무너져 내린 것을 다시 세우셨으며 숨겨진 것을 드러내 보여주셨으며 길 잃은 자에게 길을 가르쳐주셨으며 어둠 속에 빛을 던져주셨습니다. 붓다시여, 당신께서 제 부모님을 지난날 받아주셨듯이 오늘 저를 제자로 받아주십시오."

왕은 붓다 앞에 무릎을 꿇고 엎드렸다.

붓다는 고개를 끄덕여 허락했다. 그는 사리풋타로 하여금 왕과 왕비에게 삼귀의에 대해 가르쳐주도록 했다. 그들이 삼귀의를 암송하고 나자 왕이 말했다. "오늘은 이미 날이 저물었으니 궁전으로 돌아가겠습니다."

붓다가 다시 고개를 끄덕였다.

붓다와 아자타삿투 왕 사이에 있었던 대화는 참석한 모든 사람들에게 도움을 주었다. 왕의 정신적 고민은 급속도로 줄어들기 시작했다. 그날 밤 그는 아버지가 자신을 향해 빙그레 미소 짓는 꿈을 꾸었으며 갈가리 찢겨졌던 모든 것들이 이제 다시 한데 모아지는 것을 느꼈다. 왕의 마음에 변화가 일어나자 그의 주변에 있는 모든 사람들이 기뻐했다.

그런 일이 있고 난 후 왕은 붓다를 자주 방문했다. 그는 더 이상 왕실 경비병들의 호위를 받으며 코끼리를 타고 오지 않았다. 자신의 아버지인 빔비사라 왕이 지난날 자주 그랬듯이 산 위로 뻗어 있는 돌계단을 밟고 올라갔다. 붓다와의 개인적인 만남을 통해 아자타삿투 왕은 마음의 문을 열고 지난날의 잘못을 고백할 수 있었다. 붓다는 마치 자신의 아들이기라도 한 것처럼 그를 대했다. 그는 주변에 덕을 갖춘 사람들을 배치하도록 조언을 했다. 안거 기간이 끝나자 지바카는 붓다에게 자신을 비구로서 입문하게 해달라고 청했다. 붓다는 그를 받아들인 후 비말라 콘단나라는 이름을 주었다. 비말라 콘단나 비구는 망고 과수원에 계속 머무르도록 허락되었다. 그곳에는 이미 이백 명가량의 비구들이 머무르고 있었다. 그곳은 붓다가 독수리봉에서 사고를 당한 이후 요양을 했던 곳이었다. 망고나무들이 빽빽이 들어차 있는 그 수도원은 지내기 매우 쾌적한 곳이었다. 비말라 콘단나는 상가를 위해 약초를 계속 재배했다.

77장

두 눈 속에 반짝이는 별

안거 기간이 끝나자 붓다와 아난다는 마가다 전역을 여행했다. 그들은 도중에 만나는 마을이나 수행처를 들러 비구와 속인들에게 설법을 행했다. 붓다는 자주 아난다에게 아름다운 경치를 손가락으로 가리키곤 했다. 붓다는 아난다가 자신을 세심하게 보살펴주느라고 주위 경치를 제대로 감상할 여유조차 없다는 것을 알고 있었던 것이다.

아난다는 붓다의 시자로서 거의 20년 동안 일해왔다. 지나온 세월을 돌이켜볼 때 그는 붓다가 늘 경치를 손가락으로 가리키면서 "독수리 봉이 아름답구나, 아난다!" 또는 "아난다, 삽타판니 평원이 참으로 근사하구나!" 하며 감탄하곤 했던 것을 기억했다. 아난다는 붓다가 황금물결이 넘실대는 논에 마치 바둑판처럼 경계선이 그어져 있는 것을 가리키며 비구들의 가사를 그와 같이 격자무늬로 만들 것을 제의하던 광경을 정감 어린 표정으로 머릿속에 떠올렸다. 아난다는 붓다가 아름다운 경치를 진정으로 즐길 줄 알지만 그렇다고 아름다움이나 추억에 결코 사로잡히는 법도 없음을 알고 있었다.

이듬해 안거 기간에 붓다는 제타바나로 돌아갔다. 파세나디 왕은 여행 중에 있었기 때문에 안거 기간이 반쯤 지난 뒤에서야 붓다를 보게 되었다. 도착하는 즉시 그는 붓다를 방문해서 더이상 궁전에 갇혀 지내고 싶지 않다고 말했다. 이제 고령인 그는 대부분의 정무를 신임하는 신하들에게 위임했다. 그는 고국과 이웃 왕국의 산하를 유람하고 싶어 했다. 그는 이웃 나라를 방문할 때도 공식적인 환영회 따윈 결코 원하지 않았다. 그는 단순히 순례자로 여행하고 싶어 했다. 또한 그의 여행은 명상을 수행하는 계기이기도 했다. 온갖 생각과 걱정을 뒤로한 채 그는 곳곳을 유람하며 한가롭게 걸음을 옮겼다. 그는 붓다에게 그러한 여행이 자신의 마음을 깨끗이 씻어주었다고 말했다.

"붓다시여, 저도 당신과 똑같이 일흔여덟 살입니다. 당신도 저와 마찬가지로 아름다운 경치를 즐기며 여행하시는 것으로 알고 있습니다. 하지만 저의 여행이 당신처럼 남들에게 도움을 주고 있지 못함을 안타까워한답니다. 당신은 가는 곳마다 걸음을 멈추고 사람들을 가르치며 깨우치십니다. 당신은 어느 곳을 가든 빛나는 등불과도 같은 존재이지요."

왕은 마음속에 남모르게 간직하고 있는 고통을 붓다에게 털어놓았다. 7년 전 수도에서 반란이 일어났을 때 그는 왕실 군대에 소속된 부사령관인 반둘라 장군을 주모자 중 한 사람으로 오해하고 체포해서 사형시킨 적이 있었다. 몇 년 뒤 그는 장군이 음모에 가담하지 않았음을 알게 되었다. 왕은 몹시 후회했다. 그는 장군의 명예를 회복시켜주기 위해 최선을 다했고 그의 아내에게도 후원을 아끼지 않았다. 그는 장군의 조카인 카라야나 장군을 새로운 부사령관으로 임명했다.

안거 기간이 채 끝나지 않았을 때 왕은 이틀 간격으로 제타바나를 찾아와서 설법과 토론에 참여했으며 때로는 붓다 옆에 조용히 앉아 있곤 했다. 안거 기간이 끝날 때쯤 붓다는 여행길에 올랐다. 왕도 측근 몇 명만 데리고 또 다른 여행길에 올랐다.

이듬해 안거 기간이 끝난 뒤 붓다는 쿠루에서 보름을 지냈다. 그런 뒤에 그는 강줄기를 따라 내려와 코살리, 바라나시 그리고 베살리에 들렀다가 북쪽으로 방향을 돌렸다.

어느 날 석가국의 소도시인 메다룸파에 머물러 있을 때 붓다는 뜻밖에도 파세나디 왕의 방문을 받았다. 마침 왕은 베두다바 왕자와 카라야나 장군을 데리고 같은 지역을 여행하고 있던 것이다. 왕은 지역 주민들에게서 붓다가 메다룸파에서 그리 멀리 떨어지지 않은 곳에 머무르고 있음을 듣게 된 것이었다. 그곳은 왕이 있는 곳으로부터 한나절이면 닿을 수 있는 곳이었기 때문에 그는 카라야나 장군에게 그곳으로 마차를 몰도록 분부했다. 그들은 세 대의 마차에 나누어 타고 갔다. 그들은 붓다가 머무르고 있는 공원 입구에 마차를 세웠고 왕과 장군은 함께 공원으로 들어갔다. 왕이 한 비구에게 붓다의 오두막으로 가는 방향을 묻자 그 비구는 그늘진 나무 아래에 있는 조그만 오두막을 가리켰다.

오두막 문은 닫혀 있었다. 왕은 느긋한 걸음걸이로 오두막으로 다가가서 문을 두드리기 전에 헛기침을 몇 번 했다. 그는 검과 왕관을 풀어 장군에게 건네준 다음 그것들을 마차에 갖다 놓고 그곳에서 기다리라고 말했다. 붓다의 오두막 문이 열렸다. 그는 왕을 보자 매우 반가워하며 곧장 안으로 안내했다. 사리풋타와 아난다도 그곳에 있었다. 그들은 자리에서 일어나 왕에게 인사했다.

붓다는 왕을 자신이 앉아 있는 옆 의자에 앉도록 했다. 사리풋타와 아난다는 붓다의 뒤편에 서 있었다. 놀랍게도 왕은 다시 일어나서 방바닥에 엎드려 절한 후 붓다의 발에 입을 맞추었다. 몇 번을 거듭해서 그는 말했다. "붓다시여, 저는 코살라 왕국의 파세나디 왕입니다. 당신께 경의를 표합니다."

붓다는 그를 부축해서 의자에 앉도록 한 후 물었다. "왕이여, 우린 오랫동안 절친한 친구였습니다. 오늘따라 내게 이토록 예를 표하는 것은 무슨 까닭입니까?"

왕이 대답했다. "붓다시여, 저도 늙었습니다. 너무 늦기 전에 당신께 드릴 말씀이 많습니다."

붓다는 그를 자상한 눈길로 바라보며 말했다. "말씀하십시오."

"붓다시여, 저는 깨달음을 성취하신 당신께 한량없는 믿음을 갖고 있습니다. 저는 법과 상가에 대해서도 믿음을 갖고 있습니다. 저는 지금까지 수많은 브라만과 다른 종파의 수행자들을 알고 지냈습니다. 저는 그들 대다수가 10년, 20년 30년 또는 40년 정도 한결같이 수행에 전념하다가 끝내는 수행을 포기하고 자포자기의 생활로 돌아가는 것을 보아왔습니다. 그러나 당신의 비구들 중에서는 어느 누구도 수행을 포기하는 사람을 본 적이 없습니다.

붓다시여, 저는 왕이 다른 왕을 적대시하고, 장군이 다른 장군을 모함하고, 브라만이 다른 브라만을 공격하고, 아내가 남편을 무시하고, 자식이 부모를 욕하고, 형제들끼리 다투고, 친구끼리 싸우는 것을 흔히 보아왔습니다. 그러나 비구들은 그와 반대로 화목하고, 기쁨에 넘치고, 서로 존경하며 지내는 것을 보았습니다. 어느 곳에서도 저는 이처럼 화목하게 지내는 것을 본 적이 없습니다.

붓다시여, 제가 어디를 가든 다른 종파의 수행자들의 얼굴에서는 근심과 고난의 기색이 가득한 것을 보게 됩니다. 그러나 당신의 비구들은 생기가 넘치고, 행복하며, 여유가 있으며 근심 걱정을 벗어나 있는 것처럼 보입니다. 붓다시여, 이 모든 것들을 통해 볼 때 당신과 당신의 가르침에 대한 믿음을 더하게 됩니다.

붓다시여, 저는 왕입니다. 사람들을 죽음으로 몰아넣고 투옥시키는 것은 저의 손에 달려 있습니다. 그럼에도 불구하고 신하들과 회의를 하다 보면 제대로 말을 할 수 없을 만큼 분위기가 시끄러운 경우가 자주 있습니다. 하지만 당신의 상가에는 수천 명의 비구들이 모여 있음에도 소곤거리는 소리나 가사 자락이 바스락거리는 소리조차 들리는 법이 없습니다. 이는 너무나 신비롭습니다. 붓다시여, 당신은 검을 휘두르거나 처벌로써 남을 위협하지 않으면서도 절대적인 존경을 받고 계십니다. 저는 그 때문에 더욱 당신과 당신의 가르침에 대한 믿음을 더하게 됩니다.

붓다시여, 저는 유명한 학자들이 당신을 궁지에 몰아넣을 수 있는 질문을 던지기 위해 찾아온 것으로 알고 있습니다. 그러나 그들이 당신을 만나 설법을 듣는 순간 그들은 입을 딱 벌린 채 제대로 질문조차 하지 못했습니다. 그들은 다만 당신을 칭송할 뿐이었습니다. 붓다시여, 저는 그 때문에 더욱 당신과 당신의 가르침에 대한 믿음을 더하게 됩니다.

붓다시여, 궁전에서 일하는 사람들 중에 이시닷타와 푸라나라는 두 사람의 노련한 마부가 있습니다. 제가 그들을 먹여 살리고 있지만 그들이 저를 존경하는 마음은 당신을 존경하는 마음과는 도저히 비할 수가 없습니다. 저는 지난날 그들이 모는 마차를 타고 여행을 한 적이 있습니다. 그러던 어느 날 밤 폭풍우를 만나 야자나무 잎으로 된 조그만 통나무집에 피신했던 적이 있습니다. 그때 그 마부들은 밤이 지나도록 당신의 가르침에 대해 이야기했습니다. 마침내 그들이 잠자리에 들었을 때 그들의 머리는 독수리 봉을 향해 있었으며 그들의 두 발은 저를 향했습니다! 당신은 그들을 먹여 살린 적이 없습니다. 그럼에도 불구하고 그들은 저보다 당신을 훨씬 더 존경했습니다. 이런 일로 당신과 당신의 가르침에 대한 저의 믿음을 더하게 됩니다.

붓다시여, 당신도 저와 마찬가지로 왕족 출신입니다. 우리 두 사람 모두 올해 일흔여덟 살입니다. 이 기회에 우리가 함께 나누어온 깊은 우정에 대해 감사를 드리는 바입니다. 그리고 당신이 허락해주신다면 저는 이제 가보도록 하겠습니다."

"그렇게 하시지요." 붓다가 말했다. "건강에 유의하십시오."

그는 왕을 따라 문 쪽을 향해 걸어갔다. 붓다가 아난다와 사리풋타를 돌아다보았을 때 그는 두 사람이 합장을 한 채 조용히 서 있음을 발견하고는 말했다. "사리풋타와 아난다야, 파세나디 왕이 방금 삼보에 대한 깊은 감회를 나타냈다. 이 이야기를 다른 사람들에게도 들려주어 그들의 믿음을 두텁게 하도록 하여라."

다음 달에 붓다는 독수리 봉을 향해 남쪽으로 갔다. 도착했을 때 그는 두 가지 슬픈 소식을 들었다. 파세나디 왕이 어처구니없는 사건으로 죽었으며 목갈라나가 죽림정사 입구에서 적의를 품고 있던 이교도들에 의해 살해되었다는 것이었다. 파세나디 왕은 사밧티에 있는 그의 궁전에서 평화롭게 죽지 못했다. 그는 라자가하에서 왕에게는 별로 어울리지 않는 상황 속에서 죽었다. 그날 메다룸파에서 붓다를 방문하고 난 뒤 왕은 마차를 향해 걸어갔다. 그는 그곳에 남겨둔 세 대의 마차 중에서 단 한 대만 남아 있는 것을 보고 깜짝 놀랐다. 시종이 그에게 카라야나 장군이 다른 사람들을 사밧티로 억지로 끌고 갔다고 말했다. 장군은 왕의 왕관과 검을 지니고 있었다. 그는 비두다바 왕자한테 사밧티로 곧장 돌아가서 자신이 왕이 되었노라고 선포하도록 억박질렀다. 장군은 파세나디 왕이 너무 늙어 왕위를 더 이상 지켜나갈 수 없다고 말하게 했다. 왕자는 조금도 마음이 내키지 않았지만 카라야나 장군의 위협에 복종하는 수밖에 별도리가 없음을 느꼈다.

파세나디 왕은 조카이자 사위인 아자타삿투 왕에게 구원을 요청하기 위해 곧장 라자가하로 향했다. 왕은 너무나 마음이 심란해서 줄곧 아무것도 먹을 수가 없었고 오직 물만을 조금씩 마셨다. 왕과 그의 시종은 도중에 허름한 주막집에 들렀다. 그날 밤 왕은 갑자기 몸이 불편함을 느꼈으며 미처 도움을 요청하기도 전에 시종의 팔에 안겨 죽음을 맞이했다. 시종은 왕의 슬픈 운명을 비통해하며 한없이 울었다. 아자타삿투 왕이 다음 날 아침, 소식을 듣고서 파세나디 왕의 시신을 모셔다 엄숙하면서도 성대한 장례식을 치루었다. 장례식이 끝나자 그는 비두다바 왕을 몰아내기 위해 군대를 파병하려고 했으나 지난날 지바카 의원이었던 비말라 콘단나의 말에 실망을 금치 못했다. 그는 파세나디 왕이 이미 죽었으므로 새로 즉위한 왕이 정당한 상속자이니만큼 전쟁을 일으킬 필요는 없지 않느냐고 말했던 것이다. 아무튼 이러한 충고를 받아들여 아자타삿투 왕은 사밧티로 사자를 보내서 새로운 왕을 승인한다는 뜻을 표시했다.

목갈라나는 사리풋타나 콘단나에 버금가는 붓다의 가장 뛰어난 수제자들 가운데 한 사람이었다. 붓다의 최초 다섯 제자 중 하나였던 콘단나를 비롯해 수많은 수제자들은 이미 세상을 떴다. 카사파 형제도 모두 죽었으며 마하파자파티도 세상을 떴다. 라훌라 비구도 어머니 야소다라 비구니가 죽은 직후 쉰한 살의 나이로 죽었다.

목갈라나는 두려움을 모르는 정직한 성격의 소유자로 정평이 나 있었다. 그는 언제나 진실을 말했으며 타협하는 법이 없었다. 그로 인해서 그는 상가 밖에 있는 사람들로부터 미움을 샀다. 죽음을 맞이한 날 그는 아침 일찍 두 명의 제자를 이끌고 외출을 나섰다. 암살자들은 수도원 문밖에 몸을 숨긴 채 그를 기다리고 있었다. 그가 나타나자 그들은 뛰쳐나오며 그와 두 명의 제자들을 커다란 몽둥이로 두들겨 패기 시작했다. 비구들은 수적으로 열세하였기 때문에 그들의 공격을 막을 길이 없었다. 목갈라나의 두 제자들은 실컷 두들겨 맞고는 길가에 쓰러졌다. 도움을 요청하기 위해 소리를 질렀으나 이미 너무 늦어 있었다. 이어서 목갈라나의 비명 소리가 숲 속에 울려 퍼졌다. 다른 비구들이 수도원에서 달려 나왔을 때 목갈라나는 이미 죽어 있었고 암살자들은 사라지고 난 뒤였다.

붓다가 독수리 봉으로 돌아왔을 때 목갈라나의 시신은 이미 화장되고 난 뒤였다. 그의 재가 담긴 항아리는 붓다의 오두막 문밖에 놓여 있었다. 붓다는 사리풋타에 대해 물었으나 목갈라나가 죽은 이후로 그는 방문을 걸어 잠근 채 오두막에 틀어박혀 지낸다는 말을 전해 들었을 뿐이었다. 목갈라나와 사리풋타는 친형제와도 같았으며 형체와 그림자 사이처럼 절친했다. 붓다는 여행을 한 뒤 미처 휴식을 취하지도 못했으나 곧장 사리풋타의 오두막으로 달려가서 그를 위로했다.

　사리풋타의 오두막으로 걸어갈 때 아난다는 붓다가 몹시 슬퍼함을 느낄 수 있었다. 그가 가장 아끼는 친구들 중에서도 두 명이나 죽었으니 오죽 마음이 아프겠는가? 붓다는 사리풋타를 위로해줄 수 있겠지만 누가 붓다를 위로해줄 수 있을 것인가? 마치 아난다의 속마음을 읽기라도 한 듯 붓다가 걸음을 멈추고서 그를 돌아보며 말했다. "아난다, 모든 사람들이 너를 두고 열심히 공부하며 뛰어난 기억력을 지니고 있다고들 한다. 하지만 그게 전부라고 생각하지는 말거라. 타타가타와 상가를 돌보는 것도 중요하긴 하다. 하지만 그것만으로도 충분치가 않다. 어떠한 상황에 처하더라도 생사를 뛰어넘도록 노력해라. 마치 두 눈을 부비고 난 뒤에 눈 속에서 반짝거리는 별처럼 생과 사도 한낱 환상에 지나지 않음을 알아야 한다."

　아난다는 고개를 숙인 채 말없이 걸음을 옮겼다.

　다음 날 붓다는 목갈라나를 추모하기 위한 탑을 하나 세우도록 했다.

78장

2천 벌의 가사

어느 날 오후 들것 위에 데바닷타를 싣고 두 명의 비구들이 도착했다. 데바닷타의 건강은 몇 년 사이에 상당히 악화되어 있었는데 이제 죽음에 임박하자 붓다를 보고 싶어 했던 것이다. 그는 몇 해 전 가장 열렬한 후원자들조차 모두 잃은 채 단 여섯 명의 제자들만 거느리고 있었다. 가장 가까운 친구 코칼리카도 원인 모를 피부병으로 인해 몇 해 전에 죽었다. 최근 수년 동안 그는 가야시사에서 혼자 지내면서 오직 자신의 행동을 반성하는 데 대부분의 시간을 보냈다.

붓다는 데바닷타가 만나고 싶어 한다는 말을 전해 듣고 그를 맞이하기 위해 곧장 오두막으로 돌아왔다. 데바닷타는 너무도 몸이 쇠약해져 있었기 때문에 일어나 앉을 수조차 없었다. 그는 가까스로 말을 할 수 있었다. 그는 매우 고통스런 표정으로 붓다를 바라보며 두 손을 합장한 채 말했다. "저는 붓다께 귀의합니다." 붓다는 데바닷타의 이마 위에 부드럽게 손을 얹어 주었다. 그날 저녁 데바닷타는 죽었다.

때는 바야흐로 여름철이었으며 하늘은 맑고 푸르렀다. 붓다가 여행을 떠날 채비를 하고 있을 때 아자타삿투 왕의 사자가 도착했다. 그는 외교 문제를 처리하고 있는 바사카라 대신이었다. 강가 강의 북쪽에 있는 바지국을 정복하기 위해 군대를 파견하기에 앞서 붓다의 뜻을 물어보려고 이렇게 찾아온 것이었다. 공격을 감행하기 전에 왕은 자신의 이러한 계획에 관해 붓다가 어떻게 생각하는지 알고 싶었던 것이다.

아난다는 붓다의 등 뒤에 선 채 부채질을 해주고 있었다. 붓다는 아난다를 돌아다보며 물었다. "아난다야, 너는 바지국의 백성들이 정치적인 문제를 협의하기 위한 정기적인 모임을 갖는다는 말을 들은 적이 있느냐?"

아난다가 대답했다. "스승이시여, 저는 바지국의 사람들이 정치적 상황을 의논키 위한 정기적인 모임을 갖는다는 말을 들은 적이 있습니다."

"그렇다면 바지국이 여전히 번영을 누리고 있구나. 아난다, 그렇다면 그러한 모임에서 뜻이 잘 모아지고 있는지를 말해주겠느냐?"

"스승이시여, 제가 듣기로는 뜻이 잘 모아지고 있다고 합니다."

"그렇다면 바지국이 여전히 번영을 누리고 있구나. 아난다, 바지국 사람들이 훌륭한 지도자를 존경하고 그의 말에 귀를 기울이고 있다고 하더냐?"

"스승이시여, 바지국의 백성들은 훌륭한 지도자를 존경하고 그의 말에 귀 기울이고 있다고 들었습니다."

"그렇다면 바지국이 여전히 번영을 누리고 있구나. 아난다, 바지국에 강도와 폭력 사건이 있다는 말을 들은 적이 있느냐?"

"스승이시여, 그 나라에는 강도나 폭력 사건이 거의 없습니다."

"그렇다면 바지국은 계속 번영하고 있구나. 아난다, 바지국 사람들이 조상들의 성지를 보호하고 존속시키고 있다고 하더냐?"

"스승이시여, 그들은 조상들의 성지를 보호하고 존속시키고 있다고 들었습니다."

"아난다, 그렇다면 바지국이 여전히 번영을 누리고 있는 게 분명하구나. 아난다, 몇 년 전에 타타가타는 바지국의 지도자들과 나라에 번영을 가져오는 일곱 가지 준수 사항에 관해 의논한 적이 있느니라. 그들은 그것을 '퇴보하지 않기 위한 일곱 가지 준수 사항'이라고 부른단다. 그것들은 다음과 같다. 함께 모여서 의논하며, 뜻을 모아 협력하며, 시행되고 있는 법률을 존중하며, 훌륭한 지도자들을 존경하고 따르며, 강도와 폭력 사건을 방지하며, 조상들의 성지를 보호하며, 깨달음을 얻은 사람들을 존경하는 것이다. 바지국의 백성들이 계속해서 이러한 준수 사항을 지켜나가고 있다면 그 나라가 여전히 번영을 누리고 있는 게 분명하다. 그렇다면 나는 마가다국이 바지국을 공격하는 게 불가능하다고 믿는다."

바사카라 대신이 말했다. "붓다시여, 바지국 백성들이 일곱 가지 실천 덕목 중 한 가지만 지킨다 해도 그 나라는 번성할 것입니다. 저는 아자타삿투 왕이 단순히 힘과 무기만으로 바지국을 물리칠 수는 없다고 생각합니다. 바지국의 지도자들 사이에 불화의 씨앗을 뿌릴 때에만 성공을 거둘 수 있을 것입니다. 훌륭하신 말씀에 감사드립니다. 이제 그만 돌아가보겠습니다."

바사카라가 돌아간 뒤 붓다는 아난다를 돌아다보며 말했다. "바사카라는 일을 꾀하는 법을 아는구나. 나는 장차 아자타삿투 왕이 정말로 군대를 파견해서 바지국을 칠까 두렵구나."

그날 오후 붓다는 아난다에게 현재 라자가하에 있는 모든 비구와 비구니들을 독수리 봉으로 소집하도록 했다. 이레 후에 그들이 모두 모이자 이천 명이 넘었다. 그토록 수많은 황색 가사가 산기슭을 뒤덮고 있는 모습은 정말로 장관이었다.

붓다는 오두막에서 천천히 걸어 나와 수많은 비구와 비구니들이 운집해 있는 곳으로 향했다. 그는 대중들을 둘러보며 빙그레 미소 짓고 말했다. "비구, 비구니들이여, 붓다는 가르침과 상가가 쇠퇴하는 일이 없도록 지켜나가는 일곱 가지 방법에 대해 가르쳐주겠다. 잘 듣고 행하도록 하여라.

첫째, 자주 모임을 갖고 법을 연구하고 토론한다. 둘째, 협력의 정신에 따라 항상 모이고 흩어진다. 셋째, 이미 실시되고 있는 계율을 존중하고 따른다. 넷째, 덕망과 경험이 풍부한 상가지도자들의 인도에 따른다. 다섯째, 욕망과 탐욕에 흔들림이 없이 순결하고 검소한 생활을 한다. 여섯째, 조용하고 평화로운 생활을 소중히 지켜나간다. 일곱째, 평화, 기쁨, 자유를 누릴 수 있도록 마음챙김 상태에 머물러 있어야 한다.

비구, 비구니들이여, 그대들이 이 일곱 가지 수행 덕목에 따라 생활한다면 법이 번성하고 상가는 쇠퇴하는 일이 없을 것이다. 외부의 어떤 요소라도 상가를 교란시킬 수 없을 것이다. 내부의 분열과 불협화음만이 상가를 무너뜨릴 수 있을 것이다. 비구, 비구니들이여, 백수의 왕인 사자가 숲 속에서 죽으면 어떠한 동물도 감히 그의 살을 뜯어 먹지 못하는 법이다. 사자의 몸속에 있는 벌레들만이 안에서부터 파먹기 시작하는 법이다. 이 일곱 가지 수행 덕목에 따라 살아가면서 법을 지켜나가도록 하여라. 사자의 시체를 속에서부터 파먹는 벌레처럼 되지 않도록 하여라.”

붓다는 수행자들에게 쓸데없는 이야기나 낮잠에 빠지고, 명예와 욕망을 추구하고, 비루한 인격을 가진 사람들과 시간을 보내고, 깨달음에 대한 얕은 지식에 스스로 흡족해하는 일이 없도록 충고했다. 그는 그들에게 깨달음의 일곱 요소, 즉 충분한 주의력, 법의 관찰, 힘, 기쁨, 평정, 집중 그리고 해탈에 대해 상기시켰다. 그는 또한 모든 존재의 변함, 비어 있음, 집착하지 않음, 자유 그리고 욕망과 탐욕의 극복에 대한 가르침을 반복했다.

이천 명의 비구와 비구니들은 열흘 동안 독수리 봉에 머물렀다. 그들은 나무 아래에서, 동굴과 오두막 안에서 또는 폭포수 옆에서 잤다. 붓다는 그들에게 매일 설법을 했다. 마지막 열흘째 되는 날에 붓다는 그들에게 각자의 수행처로 돌아가도록 말했다.

비구와 비구니들이 떠나간 뒤 붓다는 아난다를 돌아보며 말했다. "우린 내일 죽림정사를 방문하자꾸나."

죽림정사를 방문하고 나서 붓다와 아난다는 라자가하를 떠나 암발랏티카로 향했다. 그곳은 여러 해 전에 빔비사라 왕이 수행자들을 위해 마련해준 쾌적한 공원이었다. 비구들은 날란다로 가는 도중에 그곳에 항상 들르곤 했다. 붓다는 암발랏티카에 살고 있는 비구들을 찾아가서 가르침을 베풀었다. 그는 계율과 마음챙김 그리고 이해에 관해서 이야기했다.

붓다는 백 명의 비구들과 함께 날란다로 향했다. 사리풋타, 아난다 그리고 아누룻다는 그의 옆에서 걸어갔다. 그들이 날란다에 이르렀을 때 붓다는 파바리카 망고 과수원에 머물렀다.

다음 날 아침, 사리풋타는 오랫동안 침묵을 지킨 채 붓다 옆에 앉아 있었다. 마침내 그가 입을 열었다. "스승이시여, 저는 과거, 현재, 미래에 걸쳐서 스승님을 능가하는 지혜와 깨달음에 도달하는 정신적 지도자가 없음을 확신합니다."

붓다가 말했다. "사리풋타, 그 말은 사자의 포효만큼이나 용감하구나. 네가 감히 그런 말을 할 수 있을 만큼 과거, 현재, 미래의 정신적 지도자들을 만난 적이 있느냐?"

"스승이시여, 저는 삼생(三生)에 걸쳐 그러한 정신적 지도자를 만난 적은 없지만 그 점만은 확신할 수가 있습니다. 저는

45년 이상에 걸쳐 스승님 곁에서 살아왔습니다. 저는 스승님의 가르침을 받아왔으며 스승님께서 사는 모습을 두 눈으로 보아왔습니다. 스승님께서 항상 깨달음 속에 머물러 계심을 알고 있습니다. 스승님께서는 여섯 가지 감각을 완전히 정복하셨습니다. 탐욕, 욕망, 노여움과 증오, 망각, 동요, 의심 또는 불신에 사로잡히신 적이 한 번도 없으십니다. 과거, 현재, 미래에 그와 같은 지혜와 깨달음에 이른 사람이 있다손 치더라도 그 누구든 스승님의 이해를 능가할 수는 없습니다."

날란다에서 붓다는 비구들에게 계율, 집중, 이해에 관해 보다 자세히 가르쳤다. 그리고 나서 그는 파탈리가마로 돌아갔으며 그곳에서 수많은 비구들과 속가 제자들의 환영을 받았다. 그는 설법을 마친 뒤 음식과 물을 받았다.

다음 날 아침, 사리풋타는 어머니가 위독하다는 소식을 받았다. 그녀는 백 세가 넘은 고령이었다. 그는 붓다에게 어머니를 뵈러 가게 허락해달라고 요청했다. 붓다는 사리풋타에게 허락을 내렸다. 사리풋타는 그에게 세 번 절한 뒤 초심자 쿤다를 데리고 고국을 향해 떠났다.

붓다와 비구들이 파탈리가마 입구를 막 통과했을 때 그들은 순니다와 바사카라라는 두 명의 마가다국 관리를 만났다. 그들은 파탈리가마를 대도시로 변모시키기 위해 아자타삿투 왕이 임명한 관리였다. 그들은 붓다에게 말했다. "저희들은 여러분들께서 방금 통과한 성문을 '고타마 문'이라고 이름 붙이려고 합니다. 저희들로 하여금 여러분을 선착장까지 모셔다 드리도록 허락해주십시오. 저희들은 그곳을 '고타마 선착장'으로 이름 짓겠습니다."

강가 강은 최근에 내린 비로 인해 물이 크게 불어났기 때문에 까마귀들은 높다란 강둑 위에 서서 부리를 물에 담그고 물을 마셨다. 붓다와 비구들은 다섯 척의 뗏목에 나눠 타고 강을 건넜다. 아난다는 붓다 옆에 서 있었다. 그들은 맞은편 언덕 너머의 베살리 쪽을 바라보았다.

아난다는 25년 전 붓다가 저 언덕 위에서 엄청난 수의 사람들로부터 인사를 받던 때를 회상했다. 그 당시 베살리는 가뭄으로 거의 폐허가 되다시피 했다. 젊은이와 늙은이 할 것 없이 떼죽음을 당했다. 베살리에서 가장 훌륭한 의원이라 하더라도 속수무책이었다. 정성껏 꾸민 제단과 끊임없이 외워대는 암송소리조차도 상황을 바꿔주지는 못했다. 마침내 사람들의 생각은 붓다에 미쳤다. 집정관인 토마라가 혹시 그의 높은 덕망이 이러한 비참한 상태에 도움을 줄 수 있을까 하는 기대에서 라자가하로 붓다를 찾아가서 베살리를 방문해달라고 청했다. 붓다는 그 요청에 응했다. 빔비사라 왕과 왕비, 궁정 관리 그리고 라자가하의 시민들이 붓다를 환송해주었다.

붓다가 배를 타고 베살리에 도착했을 때 그는 마치 자신이 구세주라도 되는 것처럼 제단, 깃발 그리고 꽃 따위를 즐비하게 차려놓고 그를 맞이하기 위해 수많은 사람들이 언덕 위에 늘어서 있는 것을 발견했다. 사람들의 뺨은 찬 공기로 얼어붙어 있었다. 지난날 지바카였던 비말라 콘단냐와 몇 명의 수제자들

붓다가 배를 타고 베살리에 도착했을 때 사람들은 강가에 늘어선
채 제단, 깃발, 꽃 따위를 준비해놓고 그를 기다리고 있었다.

이 붓다를 수행했다. 붓다의 발이 강 언덕에 닿는 순간 하늘에
번개가 치며 비가 내리기 시작했다. 오랜 가뭄 끝에 내린 단비
라서 그것은 사람들에게 후련한 안도감과 함께 새로운 희망을
안겨주었다. 붓다와 비구들은 코티가마의 한가운데에 있는 공
원으로 인도되었다. 그곳에서 붓다는 삼보에 대하여 설했다. 며
칠 뒤 붓다와 비구들은 베살리로 초대받았다. 그들은 그곳에 머
무르는 동안 마하바나에 있는 쿠타가라 수도원에 머물렀다. 붓
다의 덕망과 비말라 콘단나의 의술 덕분에 전염병도 곧 제압되
었다. 붓다는 6개월 동안 베살리에 머물렀다.

그들이 강 건너편에 이르렀을 때 아난다의 생각은 문득 현실
로 돌아왔다. 붓다는 코티가마로 걸어갔으며 그곳에서 수많은
수행자들을 만났다. 그는 네 가지 마음챙김, 계율, 집중 그리고
이해에 관하여 설했다. 코티가마에서 며칠을 보낸 뒤 붓다는
나디카로 향했다. 그곳에서 그와 비구들은 긴자카바사타라고
불리우는 벽돌집에서 잤다.

나디카에서 붓다는 이곳에서 이미 세상을 뜬 수많은 제자들
에 대해 생각했다. 그는 여동생이었던 순다리 난다 비구니, 살
라와 나디카 비구 그리고 오래전에 그에게 우유를 주었던 속가
제자 수자타 그리고 역시 속가 제자인 카쿠다, 밧다 그리고 수
밧다에 대해 생각했다. 적어도 이 지역 출신의 제자들 중에서
쉰 명이 대자유의 경지에 이르렀다.

붓다는 불, 법, 승의 삼보에 대한 믿음을 가진 사람은 누구
든 자신이 대자유의 경지에 이르렀는지 여부를 알아보려면 그

자신의 마음속을 들여다보면 된다고 제자들에게 가르쳤다. 다른 사람에게 물어볼 필요가 없었다. 나디카에서 붓다는 비구들에게 계율, 집중, 이해에 관해서 가르쳤다. 그는 베살리로 가서 암바팔리의 망고 과수원에 머물렀다. 그곳에서 그는 육신, 감각, 마음 그리고 마음의 대상에 대해 관조하는 법을 가르쳤다.

암바팔리는 붓다가 망고 과수원에 머무르고 있다는 소식을 듣자 곧장 그를 찾아왔다. 그녀는 그와 비구들을 초대하여 식사를 대접했다. 식사를 마친 후 그녀는 비구니로 입문하기를 청했으며 상가의 수행자로 받아들여졌다.

붓다는 베살리에서 머무르는 동안 계율과 집중 그리고 이해에 대해 보다 많은 것을 이야기했다. 나중에 그는 베루바가마카 마을을 방문했다. 이미 우기로 접어들고 있었기 때문에 그는 그곳에서 지내기로 했다. 붓다가 깨달음을 얻은 뒤 마흔다섯 번째 맞는 안거 기간이었다. 그는 그 지역의 비구와 비구니들에게 안거 기간 동안 베살리의 법당 또는 친구나 친척의 집에 머물도록 일렀다.

안거 기간이 반쯤 지났을 때 붓다는 심히 몸이 불편함을 느꼈다. 그는 극도의 고통 속에서도 신음 소리를 내지는 않았다. 그는 드러누운 채 마음챙김을 계속하며 자신의 호흡을 살폈다. 처음에 제자들은 크게 걱정했으나 다행히도 그는 서서히 건강을 되찾았다. 여러 날이 지난 뒤에 그는 오두막 밖의 의자에 앉을 수 있게 되었다.

79장

백단향 나무의 버섯

아난다는 붓다 옆에 앉아서 부드러운 목소리로 말했다. "저는 이제까지 스승님과 함께 지내면서 스승님께서 그토록 심하게 앓으시는 것을 본 적이 한 번도 없습니다. 그래서 몹시 당황했습니다. 어떻게 해야 좋을지 갈피를 잡을 수가 없었지요. 다른 비구들은 스승님께서 건강을 되찾으실 것으로 생각지 않았습니다만 저는 스승님께서 아직 우리들에게 마지막 말씀을 주시지 않았다는 것을 속으로 떠올렸습니다. '스승님께서는 이대로 열반에 들어가시지 않으실 게 분명하다.' 그런 생각으로 절망감에 빠지기 직전에서 빠져나올 수 있었습니다."

붓다가 말했다. "아난다, 나는 법을 충분하고도 깊이 있게 가르쳐왔다. 너는 내가 비구들에게 무엇인가를 숨겼다고 생각하느냐? 아난다, 가르침이야말로 참된 귀의처이다. 모든 사람들은 가르침을 자신의 귀의처로 삼아야 한다. 가르침에 따라서 살도록 해라. 모든 사람은 스스로를 밝혀주는 등불이 되어야 한다. 아난다야, 불, 법, 승의 삼보는 모든 사람들의 내면에 존재하고 있다. 깨달음을 얻을 수 있는 능력이 불이며 가르침이 법이고 지원을 맡고 있는 공동체가 상가이다. 어느 누구도 너희의 내면에 깃든 삼보를 빼앗을 수 없다. 천지개벽이 일어나도 모든 사람들의 내면에 깃들어 있는 삼보는 아무런 손상 없이 그대로 남아 있다. 그것이야말로 참된 귀의처이다. 비구가 마음챙김 속에서 자신의 육신, 감각, 마음 그리고 마음의 대상을 관찰할 때 그는 스스로를 섬으로 삼을 수 있다. 그는 모든 것 가운데에서 가장 참된 귀의처를 가지고 있다. 위대한 선각자를 포함한 그 누구라도 각자의 내면에 깃들어 있는 삼보 즉 깨달음의 섬보다 더 안전한 귀의처는 될 수 없느니라."

안거 기간이 끝났을 때 붓다의 건강은 크게 회복되어 있었다.

어느 날 아침, 사리풋타를 시중들고 있던 초심자 쿤다가 아난다를 찾아왔다. 그는 아난다에게 사리풋타가 날라에서 얼마 전 세상을 떴다고 알렸다. 그는 사리풋타의 가사, 발우 그리고 그의 재가 들어 있는 항아리를 건네주었다. 그러고 나서 얼굴을 가리고 울음을 터뜨렸다. 아난다도 울었다. 쿤다의 설명에 따르면 사리풋타는 고향으로 돌아간 뒤 죽는 순간까지 어머니를 돌봐주었다고 한다. 어머니의 장례식이 끝난 뒤 그는 친척과 모든 사람들을 불러 모아 그들에게 설법을 행했다. 그들을 삼보에 귀의토록 하였으며 수행 방법에 대해 가르쳐주었다. 그러고 나서 가부좌를 튼 자세로 열반에 들었다. 이런 일이 있기 직전 그는 쿤다에게 자신의 가사와 발우 그리고 재를 붓다에게 보내도록 일러두었다. 또한 쿤다로 하여금 자기를 대신하여 붓다 곁에 머무르도록 붓다께 부탁할 것을 일렀다. 사리풋타는 쿤다에게 붓다보다 먼저 죽기를 바란다고 말했다고 했다.

아난다는 눈물을 훔치며 쿤다와 함께 붓다를 찾아갔다. 붓다는 수제자의 가사와 발우 그리고 재를 조용히 응시했다. 그는 아무 말도 하지 않았다. 조금 뒤 그는 고개를 들고 쿤다의 머리를 자상하게 쓰다듬었다.

아난다가 말했다. "스승님, 사리풋타 사형이 죽었다는 말을 들었을 때 저는 눈앞이 캄캄했습니다. 눈과 마음이 몽롱했습니다. 저는 깊은 슬픔을 느꼈습니다."

붓다가 아난다를 바라보며 말했다. "아난다, 네 사형이 죽으면서 너의 계율과 집중과 이해 그리고 자유를 빼앗아 갔느냐?"

아난다가 조용히 대답했다. "제가 슬퍼한 것은 그 때문이 아닙니다. 사리풋타 사형이 살아 있을 때 그는 혼신의 힘을 다해 가르침을 따랐습니다. 저희를 가르치고, 인도하고, 격려해주었습니다. 사리풋타와 목갈라나 사형들이 세상을 뜨니 상가가 텅 빈 것처럼 느껴집니다. 저희가 어찌 슬퍼하지 않겠습니까?"

붓다가 말했다. "아난다, 나는 네게 생이 있는 바로 그곳에 사가 있음을 수없이 일러주었다. 함께 공존하고 있는 것을 공연히 따로 분리시켜 생각하는구나. 모든 법은 변한다. 우리는 그러한 법에 집착해서는 아니 된다. 너는 끊임없이 생겨나고 소멸하는 생사의 세계를 초월해야 한다. 아난다, 사리풋타는 나무를 키우는 자신의 임무에 충실했던 큰 나뭇가지였단다. 그 나뭇가지는 지금도 나무에 매달려 있다. 그 나무는 깨달음의 가르침을 수행하는 비구들의 공동체이다. 네가 눈을 뜨고 살펴 보기만 하면 너는 네 자신 속에서, 타타가타에게서, 상가에서, 사리풋타가 가르친 모든 사람들 속에서, 초심자 쿤다에게서 그 리고 사리풋타가 법을 베풀기 위해 거닐었던 모든 길에서 사 리풋타를 발견할 수 있을 것이다. 눈을 떠라, 아난다. 그리하면 도처에서 사리풋타를 보게 될 것이다. 그가 더 이상 우리 곁에 없다고 생각하지 말거라. 그는 이곳에 있으며 언제까지나 있는 것이다.

아난다, 사리풋타는 이해와 사랑을 통해 다른 사람들을 깨달 음의 언덕으로 인도해준 보살이니라. 사리풋타는 한량없는 지 혜로 인해 모든 비구들에게서 칭송받았다. 그는 후세 사람들에 게 커다란 지혜를 가진 보살로 기억될 것이다. 아난다, 비구들 중에는 사리풋타와 마찬가지로 커다란 원(願)을 세운 보살들 이 무수히 많다. 푼나 비구, 야소다라 비구니, 속가 제자인 수 닷타는 고통이나 고난을 두려워하지 않고 모든 사람들을 돕기 로 맹세한 자비의 보살들이다. 야소다라 비구니와 속가 제자인 수닷타는 세상을 떴으나 푼나는 아직도 당당하고 활기차게 모 든 사람들을 돕고 있다. 붓다는 목갈라나가 커다란 용기와 힘 을 가진 보살임을 알고 있다. 검소하고 겸손한 삶으로 해서 마 하카사파는 검소한 삶의 보살이니라. 아누룻다는 커다란 노력과 근면의 보살이다.

아난다, 후세 사람들이 대자유의 길을 계속해서 연구하고 실천해나간다면 보살은 이 세상에 계속 나타날 것이다. 아난다, 불, 법, 승의 삼보를 믿는 것은 교단의 미래를 믿는 것이나 다름이 없다. 훗날 사리풋타, 푼나, 아누룻다, 야소다라, 아나타핀디카처럼 훌륭한 보살들이 나타날 것이다. 아난다, 사리풋타의 죽음을 슬퍼하지 말거라."

그날 오후 강가 강의 기슭을 따라 우카세라 빈민촌에 가까이 이르렀을 때 붓다는 사리풋타의 죽음을 조용히 공표했다. 그는 모든 사람들을 돕겠다는 커다란 원을 세운 사리풋타처럼 보다 훌륭한 사람이 될 수 있도록 모든 노력을 다하라고 비구들을 격려했다. 그는 말했다. "비구들이여, 그대들은 그대들 자신에게 귀의하고 스스로를 안식처로 삼아야 한다. 다른 어떤 것에도 의지하지 말아라. 그리하면 슬픔과 절망의 파도에 파묻히는 일이 없을 것이다. 그대들은 법에 귀의하고 법을 의지처로 삼아야 한다."

어느 날 아침 붓다와 아난다는 탁발을 하기 위해 베살리로 들어섰다. 그들은 음식을 제공받아 근처 숲 속에서 식사를 했다. 식사를 마치고 나서 붓다가 말했다. "아난다, 오늘 오후 카팔라 사원으로 돌아가서 휴식을 취하자꾸나."

카팔라 사원으로 가는 도중 붓다는 몇 번이나 걸음을 멈추고는 경치를 둘러보며 경탄했다. 그러고는 말했다. "아난다, 베살리는 너무도 아름답구나. 우데나 사원이 또한 근사하구나.

고타마카, 삿탄바카 그리고 바후풋타를 비롯한 모든 사원들이 아름답지. 우리가 조금 뒤에 머무르게 될 카팔라 사원도 매우 쾌적한 곳이란다."

붓다를 위해 쉴 곳을 마련해주고 나서 아난다는 명상 산책을 하기 위해 밖으로 나섰다. 그가 걷고 있을 때 발밑에 있는 지면이 갑자기 흔들렸다. 심신이 떨림을 느꼈다. 그는 서둘러 사원으로 돌아갔다. 붓다는 그곳에 평화롭게 앉아 있었다. 아난다는 조금 전 자신이 느꼈던 진동에 대해 그에게 말했다.

붓다가 말했다. "아난다, 나는 스스로 결정을 내렸다. 석 달 안에 나는 세상을 뜰 것이다."

아난다는 자신의 손과 발이 갑자기 굳어오는 것을 느꼈다. 눈앞은 희미해졌고 머리는 어지러웠다. 그는 붓다 앞에 꿇어앉아 그에게 애원했다. "스승이시여, 그렇게 빨리 돌아가시지 마십시오. 모든 제자들을 불쌍히 여겨주십시오."

붓다는 대답하지 않았다. 아난다가 그 말을 세 번이나 반복했다. 붓다는 그제야 입을 열었다. "아난다, 네가 붓다를 믿는다면 내 결정이 시기적절한 것임을 알아야 한다. 나는 방금 석 달 안에 죽을 것이라고 말했다. 아난다, 이곳의 모든 비구들에게 쿠타가라 법당으로 모이도록 알려라."

이레 후에 천오백 명의 비구와 비구니들이 쿠타가라 법당으로 모였다. 붓다는 그들을 둘러보며 말했다. "비구와 비구니들이여! 타타가타가 그대들에게 가르친 것을 주의 깊고 세심하게 연구하고, 관찰하고, 실천하고, 스스로 검증해보면서 그것을 후세 사람들에게 전달해주어야 한다. 깨달음의 길에 따라 살며 이를 실천하는 것만이 모든 인간의 평화, 기쁨 그리고 행복을 약속해줄 수 있다.

비구와 비구니들이여, 붓다의 가르침의 본질은 네 가지 마음챙김(四念處), 네 가지 바른 노력(四正勤), 정신적 힘의 네 가지 토대(四無量心), 다섯 가지 기능(伍蘊), 다섯 가지 힘(伍力), 깨달음의 일곱 요소(七覺支) 그리고 팔정도에 담겨 있다. 이러한 가르침을 연구하고, 수행하고, 실천하고 전파하도록 노력해라.

비구와 비구니들이여, 모든 법은 변한다. 그것들은 생겨나고 소멸하며, 태어나고 죽게 된다. 대자유를 얻을 수 있도록 최선을 다하라. 석 달 안에 붓다는 세상을 뜰 것이다."

천오백 명의 비구와 비구니들은 붓다의 말에 조용히 귀 기울이며 그의 가르침에 빠져들어갔다. 그들은 이번이 붓다가 직접 하는 설법을 보고 들을 수 있는 마지막 기회임을 알았다. 붓다가 곧 세상을 뜰 것임을 알자 모든 제자들은 비통함을 느꼈다.

다음 날 아침 붓다는 베살리로 탁발을 나갔고 숲 속에서 식사를 했다. 그러고 나서 그와 몇 명의 비구들은 베살리를 떠났다. 어미 코끼리처럼 자상한 시선으로 시내를 돌아다보며 붓다는 아난다에게 말했다. "아난다, 베살리는 참으로 아름답구나. 이번이 내가 이곳을 볼 수 있는 마지막 기회가 될 것 같구나." 붓다는 그러고 나서 다시 돌아섰다. 앞을 똑바로 바라보며 그가 말했다. "반다가마로 가자꾸나."

그날 오후 붓다는 반다가마의 삼백 명의 비구들에게 계율과 집중과 이해 그리고 자유에 대해 설법을 했다. 그곳에서 며칠을 머무른 뒤 붓다는 맛티가마, 암바가마 그리고 잠부가마로 향했다. 그는 그 모든 곳에서 비구들에게 설법을 행했다. 그다음으로 그들은 보가나가라로 갔고 붓다는 아난다 사원에서 머물렀다. 그는 비구들에게 가르침을 스스로 확인하는 일이 얼마나 중요한 것인지에 대해 설했다.

"어떤 사람이 가르침에 관해 말할 때마다 그것이 남들이 다들 인정해주는 권위로부터 나왔다고 아무리 주장한다손 치더라도 그의 말을 타타가타의 참된 가르침으로 성급히 받아들여서는 안 된다. 그가 말하고 있는 것을 경이나 계율과 비교해보아야 한다. 만약 그것이 경이나 계율과 모순되면 그가 말한 것을 받아들이지 말아라. 그러나 그의 말이 경이나 계율에 부합되면 그가 말한 것을 받아들이고 수행하도록 하라."

붓다는 파바로 가서 대장장이의 아들인 쿤다라는 이름의 속가 제자가 소유하고 있는 망고 과수원에서 휴식을 취했다. 쿤다는 붓다와 함께 여행하고 있는 근 삼백 명의 비구들을 자신의 집으로 초대해서 식사를 대접했다. 쿤다의 아내와 친구들은 모든 비구들을 시중들었으며 쿤다는 자신이 마련한 특별한 요리를 붓다에게 제공했다. 그것은 백단향 나무에서 딴 버섯 요리였다. 그 요리의 이름은 수카라마다바였다.

식사를 끝낸 후 붓다는 쿤다에게 말했다. "쿤다여, 버섯 요리가 남은 게 있으면 땅에다 파묻어라. 아무도 그걸 먹게 해서는 안 된다."

아난다가 물을 뜨기 위해 고개를 숙이자, 놀랍게도 그곳의 흙탕물
은 어느새 완전히 깨끗해져 있었다.

모든 사람이 식사를 끝마치자 붓다는 설법을 했다. 그러고 나서 그와 비구들은 망고 과수원에서 휴식을 취했다. 그날 밤 붓다는 극심한 복통에 시달렸다. 밤새도록 잠을 잘 수가 없었다. 아침이 되자 그는 비구들과 함께 길을 떠나 쿠시나가라로 향했다. 가는 도중에도 복통이 심해지면 그는 걸음을 멈추고 나무 밑에서 휴식을 취해야만 했다. 아난다는 붓다의 가사를 포갠 다음 그것을 나무 아래에 깔고서 붓다가 그 위에서 휴식을 취하도록 했다. 붓다는 아난다에게 갈증이 나니 물을 좀 달라고 했다.

아난다가 말했다. "스승이시여, 이곳의 시냇물은 최근에 상인들이 떼를 지어 마차를 타고 지나가는 바람에 온통 흙탕물입니다. 카쿠타에 도착할 때까지만 기다려주십시오. 그곳에 가면 물이 깨끗하고 시원할 것입니다. 그곳에 가서 스승님께서 마실 물과 세숫물을 올리겠습니다."

그러나 붓다는 말했다. "아난다, 지금 몹시 목이 타는구나. 물을 좀 떠 오너라."

아난다는 그가 시킨 대로 했다. 놀랍게도 그가 흙탕물을 뜨기 위해 고개를 숙이자 그것은 완전히 깨끗하게 변해 있었다. 다른 비구들은 붓다를 중심으로 둥그렇게 둘러앉았다.

바로 그때 쿠시나가라에서 온 한 사내가 우연히 이곳을 지나게 되었다. 그는 붓다와 비구들을 발견하고는 몸을 숙여 절했다. 그는 자신이 말라 부족의 일원인 푸쿠사라고 소개했다. 그는 한때 젊은 싯다르타가 함께 공부한 적이 있는 스승인 알라

777

라 칼라마 대사문의 제자였었다. 푸쿠사는 붓다에 대해서는 귀가 닳도록 들어왔다. 그는 다시 절한 뒤 두 벌의 새 가사를 선사했다. 붓다는 그중 하나만 받고 나머지 하나는 아난다에게 주도록 부탁했다. 푸쿠사는 제자가 되기를 청했다. 붓다는 그에게 가르침에 관해 설한 후 그를 삼보에 귀의하도록 했다. 푸쿠사는 몹시 기뻐하며 붓다에게 절한 후 길을 떠났다.

붓다의 가사는 오랜 여행으로 다 낡아 있었으며 진흙투성이였기 때문에 아난다는 그를 부축해 새 가사로 바꿔 입혀드렸다. 그런 뒤에 붓다 일행은 쿠시나가라를 향해 떠났다. 그들이 카쿠타 강의 강기슭에 닿자 붓다는 물가로 가서 목욕을 하며 물을 조금 더 마셨다. 그런 뒤에 그들은 근처의 망고 과수원으로 갔다. 그는 쿤다카 비구에게 여분의 가사를 접으라고 한 후 그것을 땅 위에 깔고 드러누웠다.

붓다는 아난다를 부른 다음 말했다. "아난다, 우리가 속가 제자인 쿤다의 집에서 먹은 음식은 붓다의 마지막 식사가 되었다. 어떤 사람들은 쿤다가 내게 부실한 식사를 제공했다고 그를 비난할지도 모른다. 그러니 네가 그에게 내 생애에서 가장 소중했던 두 번의 식사는 내가 깨달음에 이르기 직전에 먹었던 식사와 내가 열반에 들기 전에 마지막으로 먹었던 그 식사임을 말해주려무나. 내게 그러한 소중한 식사를 제공해준 데 대해 기쁨을 느껴야 하지 않겠느냐."

잠시 동안 휴식을 취한 후 붓다는 일어나서 말했다. "아난다, 히란야바티 강을 건너 말라 부족 소유인 사라수 숲으로 들

어가자꾸나. 쿠시나가라로 들어가는 입구에 있는 그 숲이 가장
아름답다."

80장

부지런해라!

붓다와 비구들이 사라수 숲으로 들어갔을 때는 땅거미가 질 무렵이었다. 붓다는 아난다에게 두 개의 사라수 나무 사이에 누울 수 있는 곳을 마련하도록 일렀다. 붓다는 머리를 북쪽으로 향한 채 옆으로 드러누웠다. 모든 비구들이 주변에 둘러앉았다. 그들은 붓다가 이날 밤 열반에 들 것임을 알았다.

붓다는 나무들을 올려다보며 말했다. "아난다, 보아라! 아직 봄이 되지 않았지만 사라수는 붉은 꽃으로 뒤덮여 있다. 네게도 꽃잎이 타타가타의 가사와 모든 비구들의 가사 위로 떨어지는 게 보이느냐? 이 숲은 참으로 아름답다. 석양이 붉게 타오르고 있는 서쪽 지평선이 보이느냐? 사라수 나뭇가지에서 살랑거리고 있는 부드러운 바람 소리가 들리느냐? 나에게 이 모든 것은 정겨운 감동을 느끼게 해준다. 비구들이여, 그대들이 날 기쁘게 하고 싶으면 그리고 타타가타에 대한 존경과 감사를 표시하고 싶으면 단 한 가지 방법이 있으니 그것은 가르침에 따라 사는 것이니라."

저녁 날씨가 무더웠으므로 우파바나가 부채질해주기 위해 몸을 숙였으나 붓다는 그에게 그만두라고 말했다. 붓다는 저물어가는 석양의 장엄한 모습이 그로 인해 가려지는 것을 원치 않는 것 같았다.

붓다가 아누룻다에게 물었다. "아난다가 보이지 않는구나. 그는 어디 있느냐?"

다른 비구가 말했다. "아난다 비구가 나무 뒤에서 울고 있는 것을 보았습니다. 그는 혼자 이렇게 중얼거리고 있었습니다. '나는 아직 목표에 이르지 못했는데 이제 스승님께서 돌아가시다니, 스승님이 아니면 나를 지도할 사람이 누가 있겠는가?'"

붓다는 그 비구에게 아난다를 불러오라고 말했다. 붓다는 아난다를 위로하려고 애썼다. 그러고는 이렇게 말했다. "그렇게 슬퍼하지 마라, 아난다. 모든 법이 변하는 것임을 늘 네게 일러주지 않았더냐. 삶이 있기에 죽음이 있다. 생겨남이 있기에 소멸됨이 있다. 만남이 있기에 이별이 있느니라. 죽음이 없으면 삶이 어찌 있을 수 있겠느냐? 소멸됨이 없으면 생겨남이 어찌 있을 수 있겠느냐? 이별이 없는데 만남이 어찌 있을 수 있겠느냐? 아난다, 너는 여러 해 동안 나를 지성으로 보살펴왔다. 나를 돕기 위해 온갖 노력을 다 기울였으니 나는 그 점에 대해 매우 고맙게 생각하고 있다. 너의 능력은 뛰어나다, 아난다. 그러나 더 멀리까지 나아가야 한다. 조금만 더 노력하면 너는 생사를 극복할 수 있다. 자유를 얻을 수 있으며 모든 슬픔을 넘어설 수 있다. 나는 네가 그렇게 할 수 있음을 알고 있으며 그렇게 하는 것이야말로 나를 가장 기쁘게 해주는 일이란다."

다른 비구들을 돌아보며 붓다는 말했다. "어느 누구도 아난다처럼 훌륭하게 시중을 들어준 적이 없었다. 과거에 다른 시자들은 내 가사나 발우를 땅에 떨어뜨리는 적이 있었으나 아난다는 단 한 번도 그런 적이 없었다. 그는 사소한 일에서부터 큰 일에 이르기까지 나를 도와주었다. 아난다는 비구, 비구니, 속가 제자, 왕, 관리 또는 다른 종파의 수행자들이 언제 어느 곳에서 나를 만나야 하는지를 항상 알고 있었다. 그는 모든 모임을 가장 효율적이고 슬기롭게 준비했다. 타타가타는 과거나 미래에 걸쳐 깨달음을 얻는 그 누구도 아난다보다 더 재능이 있고 헌신적인 시자는 될 수 없을 것임을 믿고 있다."

아난다는 눈물을 훔치면서 말했다. "스승이시여, 이곳에서 눈을 감지 마십시오. 쿠시나가라는 토담집이 들어찬 조그만 도시일 뿐입니다. 삼파, 라자가하, 사밧티, 사카타, 코삼비 또는 바라나시처럼 훨씬 더 넓고 큰 도시가 많이 있습니다. 스승이시여, 보다 많은 사람들이 스승님의 얼굴을 마지막으로 볼 수 있는 그런 곳을 열반의 장소로 선택해주십시오."

붓다가 대답했다. "아난다, 쿠시나가라가 토담집으로 둘러싸인 조그만 도시이긴 하지만 이곳도 중요한 곳이니라. 나는 이 숲이 매우 마음에 든다. 아난다, 사라수의 꽃이 내 주변에 떨어지고 있는 게 보이느냐?"

붓다는 아난다에게 쿠시나가라로 들어가서 말라 부족들에게 붓다가 사라수 숲 속에서 저녁 경치를 마지막으로 감상하며 열반에 들 것임을 알리도록 했다. 말라 부족들은 이 소식을 듣자 급히 숲을 향해 달려왔다. 수밧다라는 이름을 가진 금욕주의자도 그들 중에 끼어 있었다. 사람들이 차례대로 붓다에게 절을 하고 있을 때 수밧다는 아난다에게 붓다를 접견해도 좋은지를 물었다. 아난다는 붓다가 너무 지쳐 있기 때문에 아무도 맞을 수 없다고 말하며 거절했다. 그러나 붓다가 그들의 대화를 듣고는 말했다. "아난다, 수밧다를 내게로 보내도록 하여라. 내가 그를 맞이하겠다."

금욕주의자 수밧다는 붓다 앞에 엎드렸다. 그는 붓다의 가르침에 오랫동안 마음이 이끌려왔으나 지금까지 한 번도 그를 만난 적이 없었다. 그는 절을 한 후 말했다. "붓다시여, 저는 푸라나 카사파, 마칼리 고살라, 아지타 케사캄발리, 파쿠다 카카야나, 산자야 벨랏티풋타 그리고 니간타 나타풋타와 같은 정신적 지도자들에 대해 들어왔습니다. 저는 그들 중 누가 참된 깨달음에 이르렀는지 물어보고 싶습니다."

붓다가 대답했다. "수밧다여, 그들이 깨달음에 이르렀는지 여부는 지금 의논할 일이 아니다. 수밧다여, 나는 그대 자신이 깨달음에 이를 수 있는 길을 가르쳐주겠다."

붓다는 수밧다에게 팔정도에 대해 설해주었다. 그는 이렇게 말하면서 끝을 맺었다. "수밧다여, 어디서든 팔정도를 진실되게 실천하면 그대는 깨달음에 이르게 될 것이다. 수밧다여, 그대가 이 길을 따르면 반드시 깨달음에 이를 수 있다."

금욕주의자 수밧다는 갑자기 마음이 확 열리는 것을 느꼈다. 그는 크나큰 행복감에 가득 찼다. 그는 붓다에게 자신을 비구로 받아주기를 청했다. 붓다는 아누룻다에게 당장 이 자리에서 수계식을 베풀어주도록 지시했다. 수밧다는 붓다가 직접 받아들인 마지막 제자였다.

수밧다는 머리를 깎은 뒤 계를 받고 가사와 발우를 받았다. 붓다는 주변에 둘러앉아 있는 모든 비구들을 바라보았다. 인근 지역에서 수많은 비구들이 도착해서 거의 오백 명에 달했다. 붓다는 그들에게 말했다.

"비구들이여! 그대들이 가르침에 대해 의문이나 어려움이 있으면 그것을 지금 타타가타에게 물어보도록 하라. 이번 기회를 놓치지 마라. 그렇지 않으면 나중에 이렇게 말하면서 후회하게 될 것이다. '그날 붓다를 직접 만났을 때 물어봤어야 하는 건데' 하고 말이다."

붓다는 이 말을 세 번 반복했지만 어느 비구도 입을 열지 않았다.

아난다가 소리쳤다. "스승이시여, 참으로 경이롭습니다! 저는 비구들의 상가를 믿습니다. 모든 사람들은 스승님의 가르침을 분명히 이해하고 있습니다. 아무도 스승님의 가르침과 그것을 수행하는 길에 대해 의문이나 어려움이 없는 것 같습니다."

붓다가 말했다. "아난다, 네가 그렇게 믿고 있듯 이 타타가타도 그렇게 믿는다. 또한 타타가타는 이곳의 모든 비구들이 삼보에 대해 깊은 믿음을 가지고 있음을 믿는다."

붓다는 대중들을 조용히 둘러보고 나서 말했다. "비구들이여, 이제 내가 하는 말을 잘 들으라. 모든 법은 변하는 것이다. 삶이 있기에 죽음이 있는 것이다. 대자유에 이를 수 있도록 힘써 수행하도록 하라!"

붓다는 두 눈을 감았다. 마지막 말을 남긴 것이었다. 땅이 흔들렸다. 사라수 꽃이 소나기처럼 떨어져 내렸다. 모든 사람들은 몸과 마음이 진동함을 느꼈다. 그들은 붓다가 열반에 들었음을 알았다.

독자 여러분, 여기서 책을 놓고 잠시 호흡을 가다듬어주시기 바랍니다.

붓다는 세상을 떠났다. 비구들 중 일부는 팔을 들어 서로를 껴안으며 자리에서 일어섰다. 그들은 비통하게 울부짖었다. "붓다께서 세상을 뜨셨소! 스승님께서 돌아가셨소! 온 세상이 캄캄하구나! 이제 우리는 누구를 의지하리오?"

이렇게 일부 비구들이 울며 몸부림칠 때 다른 비구들은 조용히 앉아 호흡을 살피며 붓다가 가르쳐준 바를 관조하고 있었다. 아누룻다가 크게 소리쳤다. "형제들이여, 그렇게 슬피 울지 마시오! 스승님께서는 우리들에게 삶이 있기에 죽음이 있고, 생겨남이 있기에 소멸함이 있으며, 만남이 있기에 이별이 있다고 가르쳤소. 그대들이 스승님의 가르침을 이해하고 따른다면 이렇게 소란을 피워선 안 됩니다. 다시 자리에 앉아서 호흡을 가다듬도록 하시오. 정숙을 유지합시다."

모든 사람들이 제자리에 앉으며 아누룻다의 충고에 따랐다. 아누룻다는 모든 비구들이 익히 알고 있는 존재의 변함, 무아 그리고 대자유에 대한 경을 암송했다. 다시 장엄한 정적이 감돌았다.

말라 부족민들이 횃불을 밝혔다. 모든 비구들이 경의 뜻을 깊이 되새기며 암송하는 소리가 어두운 밤하늘에 감명 깊게 울려 퍼졌다. 기나긴 암송이 끝났을 때 아누룻다는 설법을 행했다. 그는 붓다가 성취한 깨달음과 지혜, 자비, 덕망, 집중, 기쁨 그리고 평정을 칭송했다. 아누룻다가 설법을 끝내자 아난다는 붓다의 생전에 있었던 아름다운 이야기들을 들려주었다. 밤이 깊어가는 줄도 모르고 두 비구는 번갈아가면서 대중들에게 설법을 행했다. 오백 명의 비구들과 삼백 명의 속가 제자들은 그들의 설법에 조용히 귀를 기울였다. 횃불이 꺼지면 새로운 횃불이 밝혀졌고 모두가 각자의 자리를 지켰다. 이윽고 멀리서 새벽이 서서히 밝아오고 있었다.

81장

옛길, 흰 구름

날이 밝자 아누룻다는 아난다에게 말했다. "사제, 쿠시나가라에 가서 관청에 우리들의 스승님께서 세상을 뜨셨음을 알려 그들이 필요한 준비를 하도록 하시게."

아난다는 가사를 걸치고 시내로 들어갔다. 말라 부족의 관리들은 지역 문제를 의논하기 위해 회의를 열고 있었다. 붓다가 세상을 떴다는 말을 듣자 그들은 깊은 슬픔과 유감을 표시했다. 그들은 붓다의 장례식을 준비하기 위해 다른 모든 일을 뒤로 미루었다. 해가 나무 위로 높이 솟아오를 무렵 쿠시나가라의 모든 사람들은 사라수 숲에서 붓다가 세상을 떴다는 것을 알았다. 많은 사람들은 가슴을 치며 흐느껴 울었다. 그들은 붓다의 임종을 지켜보지 못한 것을 애석해했다. 사람들은 꽃, 향수, 악기 그리고 무명으로 된 천을 가지고 숲 속으로 갔다. 그들은 무릎을 꿇고 그의 시신 주위에 꽃과 향수를 놓았다. 특별한 뜻이 담긴 춤을 추고 노래를 불렀으며 숲 전체에 오색찬란한 천을 둘러쳤다. 사람들은 오백 명의 비구들에게 음식을 제공했다. 얼마 지나지 않아서 사라수 숲 전체는 축제 분위기를 자아냈다. 이따금씩 아누룻다는 커다란 종을 울려 사람들을 침묵시키곤 했다. 그러고 나서 그는 모든 사람들을 인도하여 경을 암송하게 했다.

엿새 동안 밤낮에 걸쳐 쿠시나가라와 인근 파바 지역의 사람들이 찾아와 꽃과 향수와 춤과 음악을 선사했다. 곧 만다라바 꽃을 비롯한 온갖 꽃들이 두 그루의 사라수 사이에 높이 쌓였다. 7일째 되는 날 말라 부족의 관리들은 향수가 담긴 목욕물에 몸을 씻은 후 장례용 의복을 걸쳐 입고 붓다의 시신을 시내로 옮겼다. 그들은 시내 한복판을 지나 동쪽 문을 빠져나가 그곳에서 가장 크고 쾌적한 마쿠타 반다나 사원으로 향했다.

말라 부족의 관리들은 왕에 버금가는 장례식을 마련했다. 붓다의 시신을 여러 겹의 무명천으로 감싼 다음 철제 관에 넣고 다시 그것을 좀 더 커다란 관에 넣었다. 그 관은 향나무로 이루어진 거대한 화장용 장작더미 위에 올려졌다.

장작더미에 불을 붙일 시간이 되었다. 관리가 횃불을 장작더미에 갖다 대려는 순간 말을 탄 사자 한 명이 달려와서 그들에게 기다려달라고 소리쳤다. 그는 그들에게 마하카사파와 오백 명의 비구들이 파바를 출발해서 장례식에 참석하기 위해 오고 있는 중임을 알렸다.

마하카사파는 캄파에서 설법을 하고 있었다. 그는 붓다가 베

엿새 동안 밤낮으로 쿠시나가라와 인근 지역 주민들은 붓다께 꽃
과 향수와 춤과 음악을 공양하기 위해 사라수 숲으로 찾아들었다.

살리에서 갑작스럽게 죽음을 맞았음을 알았고 그가 북쪽을 향하고 있었다는 것만을 알고 있었다. 마하카사파는 즉시 붓다를 찾아 나섰다. 그가 찾아가는 곳마다 비구들이 함께 가겠다고 따라 나섰다. 그가 바나가마에 도착했을 때 그의 곁에는 오백 명의 비구들이 모여 있었다. 파바에 도착했을 때 그들은 상의에 사라수 꽃을 하나 꽂은 채 반대편에서 오고 있는 한 여행자를 만났다. 그 사내는 그들에게 붓다가 이미 엿새 전에 쿠시나가라 근처의 사라수 숲에서 세상을 떴다고 알렸다. 그 소식을 듣자 마하카사파는 더 이상 찾을 필요도 없이 비구들을 이끌고 곧장 쿠시나가라로 향했다. 그들은 도중에 말을 탄 한 사내를 만나게 되었다. 그래서 마하카사파는 그에게 그들이 장례식에 참석하기 위해 가고 있음을 아누룻다에게 미리 알려달라고 부탁했던 것이다.

정오가 되자 마하카사파와 오백 명의 비구들은 마쿠타 반다나 사원에 도착했다. 마하카사파는 가사를 바로잡은 뒤, 두 손을 합장하고는 제단 주위를 엄숙하게 세 바퀴 돌았다. 그는 붓다의 관을 향해 선 다음 오백 명의 비구들과 함께 무릎을 꿇었다. 그들이 세 번 절하고 났을 때 장작더미에 불을 붙였다. 비구와 속인을 가릴 것도 없이 모든 사람들이 하나같이 무릎을 꿇고 두 손을 합장했다. 아누룻다는 종소리를 울려 모든 사람들이 모든 존재의 변함, 무아, 무집착 그리고 대자유에 대한 경을 암송하도록 이끌었다. 곧이어 독경 소리가 장엄하게 울려 퍼졌다.

장작불이 다 탔을 때 잿더미 위에 향기가 가득했다. 관은 아래로 내려진 채 열렸으며 관리들은 붓다의 유골을 황금 항아리에 담아 그것을 사원의 제단 위에 올려놓았다. 수제자들은 번갈아가면서 유골을 지켰다. 붓다가 세상을 떴다는 소식은 이미 수일 전에 다른 도시에도 알려졌으며 이웃 왕국의 사신들이 경의를 표하기 위해 속속 도착했다. 그들은 붓다의 유골을 탑 안에 넣는 일을 맡았다. 그들은 마가다, 베살리, 석가, 콜리야, 불라야, 파바 그리고 베다로부터 파견된 사신들이었다. 그들은 유골을 여덟 부분으로 나누었다. 마가다국 백성들은 라자가하에 탑을 세우기로 했다. 그리고 릿차비 백성들은 베살리에, 석가국 백성들은 카필라밧투에, 불리 백성들은 알라카파에, 콜리야 백성들은 라마가마에, 베다 백성들은 베다디파에 그리고 말라 백성들은 쿠시나가라와 파바에 각각 탑을 세우기로 했다.

사신들이 각자의 나라로 돌아간 뒤 모든 비구들은 수행을 하고 가르침을 베풀기 위해 각 지역으로 돌아갔다. 마하카사파, 아누룻다 그리고 아난다는 붓다의 발우를 가지고 죽림정사로 돌아갔다.

한 달 뒤 마하카사파는 붓다가 그들에게 가르친 모든 경과 계율을 집대성하기 위해 라자가하에서 비구들의 모임을 열었다. 상가에서의 위치와 경험을 토대로 하여 오백 명의 비구들이 선정되었다. 모임은 안거 기간이 시작되면서부터 열려 그 후 6개월 동안 계속되었다.

마하카사파는 콘단나, 사리풋타 그리고 목갈라나에 이어 붓다의 네 번째 수제자로 인정받았다. 그는 특히 검소한 생활과 겸손으로 널리 알려져 있었다. 그는 붓다의 두터운 사랑과 신임을 받았다. 상가 내의 모든 사람들은 20년 전에 마하카사파가 수백 조각의 버려진 헝겊으로 가사를 만들어 입은 이야기를 익히 들어 알고 있었다. 한번은 그가 이 가사를 개어 붓다가 그 위에 앉도록 권했다. 붓다가 몹시 푹신하다고 말하자 그는 그 가사를 붓다에게 바쳤다. 붓다는 미소를 지으면서 그것을 받고 나서 그 대신 자신이 입고 있던 가사를 마하카사파에게 주었다. 모든 사람들은 또한 마하카사파가 제타바나에서 붓다가 연꽃 한 송이를 소리 없이 들어 보였을 때 미소로써 답한 유일한 제자였음을 알고 있었다. 이렇게 해서 마하카사파는 붓다의 보배로운 법을 물려받은 것이다.

아자타삿투 왕은 그 모임을 후원해주었다. 우팔리는 계율을 철두철미하게 알고 있는 것으로 널리 알려져 있었기 때문에 각처에 초대되어 대중들에게 계율을 암송하고 그것들이 생겨날 때의 구체적인 상황과 조건들에 대해 들려주었다.

당연한 일이지만 우팔리와 아난다라고 하더라도 하나도 빠짐없이 전부 기억할 수는 없었으므로 오백 명의 덕망 높은 비구들의 존재는 경을 집대성하는 데 커다란 도움이 되었다. 비구들의 모임에서 모든 계율이 집대성되어 비나야 피타카(Vinaya pitaka), 즉 계율의 바구니라는 이름이 붙여졌다. 그리고 집대성된 불법의 바구니는 수트라 피타카(Sutra pitaka)라는 이름이 붙여졌다. 경은 길이와 주제에 따라 네 가지로 분류되었다. 아난다는 붓다가 자신에게 그의 사후에 몇 가지 계율들은 버려도 좋을 것이라고 말했음을 대중들에게 전해주었다. 다른 비구들이 아난다에게 붓다가 구체적으로 어느 계율에 대해 그렇게 말한 것인지 아느냐고 물었으나 아난다는 붓다에게 그 점에 대해 물어볼 생각을 미처 하지 못했다고 시인했다. 오랜 토의 끝에 비구들은 비구와 비구니들을 위해 모든 계율을 보존하기로 결정했다.

생전의 붓다의 뜻에 따라 그들은 경들을 고대 베다 언어로 바꾸지는 않기로 했다. 아르다마가디어(語)는 경과 계율의 집필에 쓰인 최초의 언어였다. 모임에서는 사람들이 각자의 모국어로 연구할 수 있도록 경을 각국의 언어로 번역해서 사용하는 것에 합의했다. 그들은 또한 바나카, 다시 말해 현재와 미래 세대를 위해 경을 기억한 뒤 암송하는 일을 맡는 비구들의 수를 늘리기로 했다.

모임이 끝났을 때 모든 비구들은 각자의 수행지로 돌아갔다.

네란자라 강기슭에서 스바스티는 흘러가는 물길을 바라보며 서 있었다. 강 건너 맞은편의 물소 치는 소년들은 지금 막 물소들을 이끌고 수면이 얕은 곳으로 들어서고 있었다. 그 소년들은 스바스티가 45년 전에 했던 바로 그 일, 즉 낫과 망태를 옮기는 일을 하고 있었다. 그는 그 소년들이 물소가 풀을 뜯어 먹고 있는 동안 각자의 망태 속에 싱싱한 쿠사풀을 베어 넣을 것임을 알았다.

붓다는 바로 이 강에서 목욕을 하곤 했다. 그곳 숲 속에는 예전보다 훨씬 더 짙푸르게 무성해진 바로 그 '깨달음의 나무'가 있었다. 스바스티는 밤이 되면 그 보리수 아래에서 즐겨 잠을 자곤 했다. 숲은 이제 더 이상 예전처럼 한적한 곳이 아니었다. 이제 그 보리수는 순례자들이 찾는 곳이었고 숲 속의 덤불과 가시나무 따위도 말끔히 제거되어 있었다.

스바스티는 자신이 그 모임에 초대된 오백 명의 비구들 중 한 사람이 된 데 대해서 감사한 마음을 갖고 있었다. 그는 이제 쉰여섯 살이었다. 그의 가장 친한 친구인 라홀라는 몇 해 전에 세상을 떠났다. 라홀라는 마치 헌신적이고 부지런한 노력의 화신과도 같았다. 왕족의 자손이면서도 아주 검소하게 살았다. 그는 겸손했으며 법을 전파함에 공헌이 컸음에도 불구하고 그런 것을 한 마디도 내세우는 법이 없었다.

스바스티는 라자가하에서 쿠시나가라까지 가는 붓다와의 마지막 여행에 동참했었다. 그는 붓다가 숨을 거두기 직전에도 함께 있었다. 파바에서 쿠시나가라로 가는 도중에 스바스티는 아난다가 붓다에게 어디로 가고 있는 중이냐고 물었던 일을 기억했다. 붓다는 그저 이렇게만 대답했다. "나는 북으로 향하고 있단다." 스바스티는 이해할 수 있을 것만 같았다. 평생 동안 붓다는 목적지를 생각함이 없이 여행을 했다. 그는 언제나 마음의 눈을 뜬 채 걸었으며 현재의 순간을 누렸다. 임종의 순간을 알고서 고향을 찾아가는 코끼리 왕처럼 붓다는 생애의 마지막 며칠 동안 북쪽을 향했다. 그는 열반을 위한 장소로 굳이 카필라밧투나 룸비니로 가려고 생각하지 않았다. 북쪽으로 가는 것만으로 충분했다. 쿠시나가라는 룸비니나 다름없었던 것이다.

스바스티는 간밤에 네란자라 강기슭으로 돌아왔다. 이곳은 그의 고향이었다. 그는 자신이 아직도 어린 동생들을 부양하기 위해 다른 사람의 물소를 돌봐주는 열한 살 소년인 것처럼 느껴졌다. 우루벨라 마을은 예전이나 다름이 없었다. 파파야 나무는 집집마다 문 앞에서 자라고 있었다. 논도 예전 그대로였고 부드러운 강물도 전과 다름없이 흐르고 있었다. 물소들은 어린 소년들의 손에 이끌려 강에서 목욕을 하고 있었다. 수자타는 더 이상 이 마을에 살고 있지 않았고 그의 동생들도 모두 가정을 꾸리고 이사를 가버렸지만 우루벨라는 변함없이 스바스티의 고향이었다. 스바스티는 젊은 수행자 싯다르타가 숲 속에서 명상에 잠겨 있는 것을 처음 보았을 때를 떠올려보았다. 그는 시원한 보리수 그늘 아래에서 마을 아이들이 싯다르타와 함께 먹었던 수없이 많은 식사를 생각했다.지난날의 광경이 지금도 눈에 선했다. 물소 치는 소년들이 그의 옆을 지나갈 때 그는 자신을 소개하기로 했다. 소년들의 모습 하나하나가 곧 스바스티 자신의 모습이었다. 아주 오래전에 그가 평화와 기쁨 그리고 대자유의 길에 들어설 기회를 얻었듯이 그도 이 어린 소년들에게 깨달음의 길을 가르쳐주고 싶었다.

스바스티는 빙그레 미소 지었다. 한 달 전에 쿠시나가라에

스바스티는 네란자라 강 건너편에서 물소를 돌보고 있는 아이들을
바라보았다.

서 그는 마하카사파가 젊은 비구 수바다의 경거망동에 대해 들려주는 것을 들었다. 수바다는 붓다가 이미 세상을 떴음을 알고는 입심 좋게 말했다. "그 노인이 세상을 떠났다. 이제부터 우리는 자유롭다. 어느 누구도 더 이상 우리를 꾸짖지 못할 것이다." 마하카사파는 젊은 비구의 이 같은 말에 커다란 충격을 받았으나 그에게 아무 말도 하지 않았다.

마하카사파는 젊은 비구를 나무라지 않았고 아난다가 비록 깊은 존경을 받는 수제자이기는 했지만 그에게 이 말을 털어놓지도 않았다. 모임에서 아난다의 존재는 모든 경을 정확히 집대성하기 위해 없어서는 안 될 만큼 중요했다. 그럼에도 불구하고 마하카사파는 아난다에게 자신이 그를 모임에서 빼버리는 문제에 대해 진지하게 생각하고 있다고 말했다. 그가 그런 생각을 한 까닭은 아난다가 비록 가르침을 빠짐없이 기억하고는 있지만 아직 참된 깨달음에 이르지 못했기 때문이었다. 다른 비구들은 아난다가 마하카사파의 말에 분노를 터트리고 어쩌면 떠날지도 모른다고 걱정했으나 아난다는 아무 말 없이 자신의 오두막으로 돌아가서 문을 닫았을 뿐이었다. 그는 그곳에서 사흘 밤낮 동안 깊은 명상에 들어갔다. 모임이 열리는 날 먼동이 트기 직전에 아난다는 커다란 깨달음에 이르렀다. 밤새도록 명상에 잠겨 앉아 있었기 때문에 그는 이제 그만 휴식을 취해야겠다고 생각했다. 그리고 그의 등이 침상에 맞닿는 순간 그는 문득 깨달음에 이른 것이었다.

그날 아침 마하카사파는 아난다를 만났을 때 그의 두 눈을 들여다보고 무슨 일이 있었음을 한눈에 알아보았다. 그는 아난다에게 모임에 참석하라고 말했다.

스바스티는 고개를 들어 푸른 하늘에 흘러가는 흰 구름을 바라보았다. 태양은 높이 떠 있었고 강기슭을 따라 즐비한 푸른 초목들은 아침 햇살을 받아 반짝거렸다. 붓다는 바라나시, 사밧티, 라자가하 그리고 셀 수 없을 만큼 많은 지역들을 여행할 때마다 바로 이 길을 지나가곤 했다. 붓다의 발자국은 도처에 나 있었으며 스바스티는 마음의 눈을 크게 뜬 채 걸음을 옮기면서 붓다의 발자국을 더듬었다. 붓다의 가는 길은 곧 스바스티 자신의 길이기도 한 것이었다. 지난날 붓다가 바라보았던 바로 그 흰 구름이 하늘에 떠 있었다. 스바스티의 경건한 걸음은 붓다가 거닐던 옛길과 붓다가 바라보았던 흰 구름을 되살아나게 해주었다. 붓다가 밟았던 길은 스바스티가 걷고 있는 바로 그 길인 것이었다.

붓다는 떠나갔지만 스바스티는 그의 모습을 어디에서나 찾을 수 있었다. 깨달음의 씨앗들은 모든 강가 강 유역에 뿌려져 있었다. 그것들은 뿌리를 깊이 내렸으며 튼튼한 나무로 자라나고 있었다. 45년 전만 해도 아무도 붓다라든가 깨달음의 길이라든가 하는 말을 들어본 적이 없었다. 이제 노란 가사를 걸쳐 입은 비구나 비구니들은 어디를 가도 쉽게 마주칠 수 있다. 수많은 왕과 왕족들이 삼보에 귀의하였으며 학자와 관리들도 또한 그러했다. 빈민들과 소외된 자들도 깨달음의 길에서 의지처를 구했다. 그들은 그러한 길에서 자신의 생명과 영혼의 자유를 찾아냈다. 45년 전 스바스티는 가난하고 보잘것없는 천민 신분의 물소 치는 소년에 지나지 않았다. 그러나 오늘 그는 계급과 편견의 온갖 장벽을 넘어서서 존재하는 한 사람의 비구였다. 스바스티는 왕들에게서도 경건한 인사를 받고 있었다.

이토록 심오한 변화를 가져다줄 수 있었던 붓다는 누구인가? 스바스티는 강가에서 부지런히 풀을 베고 있는 물소 치는 소년들을 보면서 스스로에게 질문했다. 붓다의 수제자들 가운데 많은 사람들이 이미 세상을 떠났지만 커다란 노력을 통해 깨달음에 이른 수행자들이 무수히 많았다. 그러한 수행자들 중 상당수는 아직 젊었다. 붓다는 거대한 깨달음의 나무의 씨앗과도 같았다. 씨앗은 마침내 껍질을 부수고 나와 대지에 힘찬 뿌리를 뻗기 시작했다. 어쩌면 사람들이 나무를 바라볼 때면 그들은 씨앗 따윈 더 이상 보지 못할지도 모른다. 하지만 씨앗은 분명히 거기에 있는 것이다. 그것은 결코 소멸하는 법이 없다. 다만 나무로 변해 있을 뿐이다. 붓다는 어떠한 것이든 존재가 비존재로 바뀌는 법은 없다고 가르쳤다. 그러므로 붓다 역시 형상은 바뀌었지만 여전히 살아 있는 것이다. 스바스티는 바로 자신에게 붓다의 법신(法身)을 살찌워줄 책임이 있음을 이해했다. 법신은 가르침과 상가이다. 법과 상가가 굳건하게 살아 있는 한 붓다 역시 살아 있는 것이다.

스바스티는 물소 치는 소년들이 자신의 옆을 지나가는 것을 보며 빙그레 미소 지었다. 그가 이 아이들에게 평정, 평화 그리고 기쁨을 안겨주는 붓다의 일을 계속 이어가지 않으면 누가 하겠는가? 붓다는 그 일을 처음 시작했다. 그의 제자들은 그 일을 계속 이어가야만 한다. 붓다가 뿌린 깨달음의 씨앗은 세계 곳곳에 계속해서 뿌리를 내려야만 하는 것이다. 스바스티는 붓다가 스바스티 자신의 마음이라는 대지에 수만 개의 소중한 씨앗을 뿌렸음을 느꼈다. 스바스티는 그 씨앗들을 조심스럽게 돌봐주어 튼튼하고 건강한 깨달음의 나무로 자라게 해주어야만 하는 것이다. 사람들은 붓다가 죽었다고 말했으나 스바스티는 붓다가 지난날보다 더 생생하게 살아 있음을 알았다. 그는 스바스티 자신의 마음과 몸속에 살아 있었다. 그는 스바스티가 바라보는 모든 것, 깨달음의 나무, 네란자라 강, 푸른 풀, 흰 구름 그리고 나뭇잎에도 살아 있었다. 물소 치는 어린 소년들도 곧 붓다였다. 스바스티는 그들에게 특별한 유대감을 느꼈다. 조금 뒤면 그들과 이야기를 나눌 것이다. 그리고 그들도 붓다의 일을 계속하게 될 것이다. 스바스티는 붓다의 일을 계속해나가는 길은 지난날 붓다가 그랬듯이 마음의 눈을 크게 뜨고 모든 것을 바라보고, 평화로운 발걸음을 옮기고, 자비롭게 미소 짓는 것임을 이해했다.

붓다는 근원이었다. 스바스티와 물소 치는 소년들은 그러한 근원으로부터 흘러나온 강물이었다. 강물이 어느 곳으로 흘러가든 붓다는 바로 거기에 있을 것이다.

작가의 말

이 책을 기술함에 있어서 저는 그다지 중요하지 않은 원전들은 거의 부차적으로 다루었습니다. 그리고 마하야나(Mahayana)와 관련된 보다 광범위한 사상과 학설이 초기의 팔리어로 된 니카야(Nikayas)와 중국어로 된 아함(阿含)에서 모두 찾아볼 수 있음을 입증하기 위해 의도적으로 마하야나 원전을 거의 사용하지 않았습니다. 독자들은 북방 경전이든 남방 경전이든 모든 경전은 불교 경전임을 알고 이 경전들을 열린 마음으로 읽어주었으면 합니다.

  마하야나 경전은 불교의 기본 교리를 검토하고 이해할 수 있는 보다 자유롭고 폭넓은 방법을 제공해줄 것입니다. 이는 편협하거나 엄격한 연구나 수행으로 인해 생겨날 수 있는 교리의 구체화를 막아주는 효과가 있습니다. 마하야나 경전들을 통해 우리는 니카야와 아가마(阿含) 원전의 깊이를 발견할 수 있을 것입니다. 그러한 경전들은 마치 현미경 아래에 놓인 물체 위에 투사된 빛과 같은 역할을 해줍니다. 물체는 보존을 위한 인위적인 수법에 의해 다소간 왜곡될 경우가 있습니다. 물론 니카야와 아가마는 붓다의 가르침의 원형에 좀 더 가깝지만 세월이 흐름에 따라 전통적인 이해나 수행 방법에 따라 변형되고 수정되어왔습니다. 현대의 학자나 수행자들은 남방과 북방의 전통에 토대를 둔 양쪽의 원전들을 이용하여 원시 불교를 되찾을 수도 있을 것입니다. 우리는 양대 전통에 토대를 둔 원전에 좀 더 친숙해질 필요가 있습니다.

저는 붓다의 삶을 미화하기 위해 경전에서 흔히 사용하는 여러 가지 기적들을 배제하였습니다. 붓다 자신도 제자들에게 초자연적인 힘을 얻거나 수련하기 위해 시간과 정력을 허비하지 않도록 충고했습니다. 하지만 붓다가 당대의 사회와 제자들 사이에서 필연적으로 부딪힐 수밖에 없었던 여러 가지 어려움에 대해서는 기술해두었습니다. 붓다가 이 책에서 좀 더 친근한 사람으로 나타난 측면이 있다면 부분적으로 그러한 어려움을 기술한 덕분이 아닐까 생각합니다.

팔리어(語)가 발음하기 쉬운 까닭에 저는 대부분의 인명과 지명 그리고 불교 용어를 팔리어로 나타냈습니다. 그러나 이미 서구인들에게도 친숙한 이름이나 용어들, 가령 싯다르타(Siddhartha), 고타마(Gautama), 다르마(Dharma), 수트라(sutra), 니르바나(nirvana), 카르마(karma), 아트만(atman) 그리고 보디삿트바(bodhisattva)와 같은 말은 산스크리트어를 사용했음을 아울러

밝혀둡니다. 팔리어와 산스크리트어의 비교표는 부록의 끝부
분에 기록해 두었습니다.

부
록

APPENDIX

1. 장별 요약 및 출전

경전 약어

T. 대정신수대장경(大正新脩大藏經)

SV. 숫타비방가(Sutta-vibhanga, 經分別)

Para. 파라지카-팔리(Parajika-Pali)

Mv. 마하바가(Mahavagga, 大品)

Cv. 쿨라바가(Cullavagga, 小品)

Kh. 칸다카(Khandhaka, 健度部)

D. 디가 니카야(Digha-nikaya, 長部)

M. 맛지마 니카야(Majjhima-nikaya, 中部)

S. 상윳타 니카야(Samyutta-nikaya, 相應部)

A. 앙굿타라 니카야(Anguttara-nikaya, 增支部)

Kh. 쿳다카 니카야(Khuddaka-nikaya, 小部)

Khp. 쿳다카 파타(Khuddaka-patha, 小誦)

Ud. 우다나(Udana, 自說經)

Iti. 이티붓타카(Itivuttaka, 如是語經)

Sn. 숫타니파타(Sutta-nipata, 經集)

Dh. 담마파다(Dhammapada, 法句經)

Thag. 테라가타(Theragatha, 長老偈)

Thig. 테리가타(Therigatha, 長老尼偈)

Jat. 자타카팔리(Jatakapali, 本生經)

Vin. 비나야(Vinaya, 律藏)

1부

1장 • 다만 걷기 위한 걸음일 뿐

붓다는 네란자라 강을 따라 우루벨라 마을에 도착하며 스바스티를 라자가하의 죽림정사로 데려와 입문시킨다. 스바스티는 라훌라와 친해진다.

《불설보요경佛說普曜經》(T. 186), 《불소행찬佛所行讚》(T. 192), 《불본행집경佛本行集經》(T. 190), 《불설방우경佛說放牛經》(T. 123), 《랄리타비스타라Lalitavistara》, 《붓다카리타Buddhacarita》

❖ 쿠사풀을 베는 스바스티카라는 어린 소년은 《랄리타비스타라》, T. 186과 T. 187에 언급되어 있다. P. Foucaux에 의한 《랄리타비스타라》의 프랑스어 번역판은 Annales du Musée Guimet, 6호(1884)와 19호(1892)에 수록되어 있다.

2장 • 물소를 돌보는 일

붓다는 물소를 돌보는 일에 관한 설법을 행한다. 스바스티는 라훌라에게 향수병에 걸렸다고 털어놓는다. 라훌라는 스바스티에게 아난다가 만나고 싶어 한다고 말한다.

《쿨라고팔라카 숫타Culagopalaka Sutta》(M. 34), 《마하고팔라카 숫타Mahagopalaka Sutta》(M. 33), A. 11, 18, 《불설방우경》(T. 123) (《증일아함경增一阿含經》 43, 6), 《방우경放牛經》(《증일아함경》 49, 1)

❖ 이 장의 물소 돌보는 일에 관한 경전의 내용은 T. 123에서 인용한 것이다. 상세한 내용은 《증일아함경》 43, 6과 《증일아함경》 49, 1, M. 34 그리고 M. 33에서도 언급되어 있다.

3장 • 한 아름의 쿠사풀

스바스티는 싯다르타를 처음으로 만나게 되며 명상을 할 때 방석으로 사용하도록 쿠사풀을 선사한다.

《불설보요경》(T. 186), 《방광대장엄경方廣大莊嚴經》(T. 186), 《랄리타비스타라》, 《붓다카리타》, 《불설방우경》(T. 123)

4장 • 상처 입은 백조

스바스티는 수자타를 처음으로 만난다. 싯다르타는 그들에게 데바닷타의 화살에 맞은 백조에 대한 이야기를 들려준다.

《불설보요경》(T. 186), 《불본행집경》(T. 190), 《랄리타비스타라》, 《붓다카리타》

5장·한 사발의 우유

수자타는 싯다르타가 강가에 쓰러져 있는 것을 발견하게 됨으로써 그를 처음으로 만난다.

《불소행찬》(T. 192), 《불설보요경》(T. 186), 《방광대장엄경》(T. 187), 《랄리타비스타라》, 《붓다카리타》

❖《붓다카리타》에서는 붓다에게 우유 한 잔을 바친 난다발라라는 이름의 소녀에 대해 언급하고 있다. 난다발라와 수자타는 같은 사람인 듯하다.

6장·사과나무 아래에서

싯다르타 왕자가 태어난다. 아시타 칼라데발라는 궁전을 방문한다. 싯다르타는 들에서 쟁기질하는 모습을 보게 된다.

《아차리야아부타 숫타Acchariya-abbhuta Sutta》(M. 123), 《마하파다나 숫타Mahapadana Sutta》(D. 14), 《날라카 숫타Nalaka Sutta》(Sn. III, 11), 《불소행찬》(T. 192), 《불설보요경》(T. 186), 《방광대장엄경》(T. 187), 《불본행집경》(T. 190), 《붓다카리타》

❖《붓다카리타카브야 숫타Buddhacaritakavya Sutta》의 번역판인 《불소행찬》(T. 192)에서는 약식으로 《붓다카리타》라고 표기하고 있다. 저자는 Asvaghosa이다. 《붓다카리타》는 1893년에 E. B. Cowell에 의해 번역되어 The Sacred Books of the East 46호로 발행되었다. 《불소행찬》은 또한 S. Beal에 의해 영문판인 《The Romantic Legend of Sakya Buddha》라는 이름으로 1875년에 영국에서 발행되었다.
남방 전통에서 마하마야 왕비의 태몽과 싯다르타의 탄생은 D. 14뿐만 아니라 M. 123에도 기록되어 있다. 은자 아시타의 방문은 Sn. III, 11에 언급되어 있다.

7장·흰 코끼리를 상으로 받다

싯다르타는 학문에 전념한다. 그는 브라만의 철학과 생활 방식에 반감을 갖는다. 싯다르타는 단다파니가 개최한 무술 시합에 참가한다.

《불설보요경》(T. 186), 《방광대장엄경》(T. 187), 《불본행집경》(T. 190), 《랄리타비스타라》, 《붓다카리타》

8장 • 보석 목걸이

싯다르타는 가난한 사람의 오두막에서 야소다라를 만난다. 고타미 왕비는 왕국 내의 젊은 처녀들을 물색한다.

《불설보요경》(T. 186), 《불본행집경》(T. 190), 《랄리타비스타라》, 《붓다카리타》

9장 • 자비의 길

싯다르타와 야소다라는 결혼식을 올린다. 그들은 왕국 전역을 여행한다. 고타미 왕비와 야소다라는 가난한 사람들을 돕기로 뜻을 같이한다.

A. Ⅲ, 38, 《불설보요경》(T. 186), 《불본행집경》(T. 190), 《방광대장엄경》(T. 187), 《랄리타비스타라》, 《붓다카리타》

❖ 싯다르타가 아버지로부터 세 궁전을 물려받은 사실은 A. Ⅲ, 38에 나온다.

10장 • 장차 태어날 아이

싯다르타는 왕위를 물려받기 위한 공부를 한다. 야소다라는 임신했음을 알린다.

《불설보요경》(T. 186), 《불본행집경》(T. 190), 《방광대장엄경》(T. 187), 《랄리타비스타라》, 《붓다카리타》

11장 • 달밤의 피리 소리

싯다르타는 피리를 연주하고 아누룻다는 이를 듣는다. 야소다라는 라훌라를 낳는다.

《불설보요경》(T. 186), 《불본행집경》(T. 190), 《방광대장엄경》(T. 187), 《랄리타비스타라》, 《붓다카리타》

12장 · 칸타카에 올라타고

봄이 다 지나갈 무렵 싯다르타는 다 죽어가는 병자를 만난다. 야소다라는 싯다르타의 출가를 암시하는 세 차례의 꿈을 꾸게 된다. 싯다르타는 아버지에게 수행자가 되는 것을 허락해달라고 청한다. 왕은 이를 거절한다. 싯다르타는 향연이 끝난 뒤 한밤중에 떠난다.

《불설보요경》(T. 186), 《불본행집경》(T. 190), 《랄리타비스타라》, 《붓다카리타》

13장 · 고행의 시작

싯다르타는 아노마 강을 건너고 찬나에게 그의 머리카락, 목걸이, 검을 가지고 칸타카와 함께 돌아가라고 말한다. 싯다르타는 수행자의 가사와 바꾸기 위해 왕자의 옷을 사냥꾼에게 팔며 그 뒤 수행자 한 사람을 만난다. 그 수행자는 싯다르타를 알라라 칼라마 대사문의 수도원으로 인도한다. 싯다르타는 탁발하는 법, 앉아서 명상하는 법, 네 가지 드야나스(四禪) 그리고 3단계의 형상이 없는 집중법을 배운다.

《불설보요경》(T. 186), 《불본행집경》(T. 190), 《랄리타비스타라》, 《붓다카리타》, 《파사라시 숫타Pasarasi Sutta》(M. 126), 《마하사카카 숫타Mahasaccaka Sutta》(M. 36)

❖싯다르타의 칼라마 대사문과의 명상 수련, 비물질계(Realm of No Materiality)의 도달 그리고 칼라마 대사문과의 결별은 M. 26과 《중아함경中阿含經》204에 언급되어 있다. 그것들은 또한 M. 36, M. 85, M. 100, 《잡아함경雜阿含經》110 그리고 《오분율五分律》(T. 1421)에서도 언급된다.

14장 · 강가 강을 건너다

싯다르타는 알라라 칼라마 대사문을 떠나 강가(갠지스 강)를 건너 마가다국으로 또 다른 정신적 수행자를 찾아간다. 그는 여러 종파의 수많은 정신적 수행자들을 만나고 빔비사라 왕도 만난다. 싯다르타는 웃다카 라마풋타의 수도원을 찾아간다.

《불설보요경》(T. 186), 《불본행집경》(T. 190), 《랄리타비스타라》, 《붓다카리타》, 《파바자 숫타Pabbajja Sutta》(Sn. Ⅲ, 1), 《파사라시 숫타Pasarasi Sutta》(M. 26), 《마하사카카 숫타》(M. 36), 《보디라자쿠마라 숫타Bodhirajakumara Sutta》(M. 85), 《잡아함경》107

❖싯다르타가 빔비사라 왕을 만나는 사실은 Sn. Ⅲ, 1에 기록되어 있다.

15장 • 숲 속의 고행자

싯다르타는 라마풋타의 인도 아래 비상비비상처(非想非非想處)에 이른다. 이 사문에게서도 목표를 이루지 못한 싯다르타는 한동안 고행을 하기 위해 당시리 산을 향해 출발한다. 그는 고행을 포기하고 다시 보통 때나 다름없이 먹고 마시기 시작한다. 그는 다섯 친구에게서 버림을 받는다. 보리수 아래에서 수행한다.

《불설보요경》(T. 186), 《불본행집경》(T. 190), 《파바자 숫타》(Sn. III. 1), 《파사라시 숫타》(M. 26), 《마하사카카 숫타》(M. 36), 《보디라자쿠마라 숫타》(M. 85), 《바야베라바 숫타 Bhayabherava Sutta》(M. 4), 《오분율》(T. 1421)

❖ 싯다르타가 비상비비상처에 도달하는 것은 M. 26에 기록되어 있다. 두려움을 통제하기 위한 그의 노력은 M. 4와 《증일아함경》23, 31에서 언급된다. 그의 고행은 M. 85, M. 100 그리고 《오분율》(T. 1421)에서뿐만 아니라 M. 36에서도 언급된다.

16장 • 그때 야소다라는 잠이 들었던가?

스바스티는 파자파티 비구니에게 수행자가 되기 전후의 붓다의 생애에 관해 자세히 묻는다.

《불설보요경》(T. 186), 《불본행집경》(T. 190), 《랄리타비스타라》, 《붓다카리타》, 《방광대장엄경》(T. 187)

17장 • 보리수 잎을 올려다보며

보리수 아래에서 고타마는 모든 존재의 비어 있음(空), 모든 것은 변함(無常) 그리고 홀로 존재하지 못함(緣起)에 관해 명상한다.

《불설보요경》(T. 186), 《불본행집경》(T. 190), 《랄리타비스타라》, 《붓다카리타》, 《방광대장엄경》(T. 187), 《잡아함경》 287, 《증일아함경》 38. 4

❖ 싯다르타가 모든 존재의 홀로 존재하지 못함을 발견하는 내용은 S. XII. 65, 《잡아함경》 287 그리고 다른 많은 경전에 기록되어 있다.

18장 • 떠오른 샛별

고타마는 모든 존재의 홀로 존재하지 못함과 태어남도 죽음도 없는 본성에 대해 명상한다. 그는 여섯 가지 깨달음(自證)에 도달하며 생

사를 초월한다. 그는 완전한 깨달음에 이른다. 그날 아침 스바스티가
방문한다.

《불설보요경》(T. 186),《랄리타비스타라》,《붓다카리타》,《방광대장엄경》(T. 187),
《마하사카카 숫타》(M. 36), S. XII, 65, XXII, 26,《파사라시 숫타》(M. 26),《담마파다
Dhammapada》, Ud. I, 1-3

❖ "감옥의 옥졸이여……"라는 구절은 Dh. 153-154에 기록되어 있다.

19장 • 마음으로 먹는 귤

마을 아이들은 귤, 싱싱한 코코넛 열매와 야자 설탕이 담긴 바구니를
들고 고타마를 방문한다. 고타마는 아이들에게 마음의 눈을 뜨는 것
에 대해 가르쳐준다. 아이들은 그에게 '붓다'라는 이름을 지어주고 그
의 길을 '깨달음의 길', 보리수를 '깨달음의 나무'라고 이름 지어준다.

《랄리타비스타라》,《염처경念處經》,《사티팟타나 숫타Satipatthana Sutta》(M. 10)

❖ 마음의 문을 여는 일에 관한 개념은 M. 10과《중아함경》98에서 인
용한 것이다.

20장 • 사슴의 우정

붓다는 아이들에게 사슴, 거북이, 까치 사이의 우정에 얽힌 전생의
이야기를 들려준다.

《생경生經》(T. 154),《자타카Jataka》(Kh. 10),《선집백록경撰集百綠經》(T. 200),《푸르나무카바
다나사타카Purnamukhavadanashataka》,《육도집경六度集經》(T. 152)

21장 • 연꽃이 피어 있는 연못

붓다는 연못을 찾아가서 사람들에게 가르침을 베푸는 방법에 대해
생각한다. 그는 우파카라는 수행자를 만나 칼라마와 라마풋타에 대
해 묻는다. 그는 마을 아이들에게 작별 인사를 하고 나서 지난날의
다섯 명의 친구를 찾아 바라나시로 향한다.

《불설보요경》(T. 186),《불본행집경》(T. 190),《랄리타비스타라》,《방광대장엄경》(T. 187),
Vin. Mv. Kh. 1, S. VI, 1

❖ 연꽃의 각 부분과 사람의 성격을 비교하는 내용은 Vin. Mv. Kh. 1
에 수록되어 있다.

22장 · 법륜의 회전

붓다는 녹야원의 다섯 친구들에게 깨달음의 길을 가르친다.

《랄리타비스타라》, 《붓다카리타》, Vin. Mv. Kh. 1, S. LVI, 11, 《파사라시 숫타》(M. 26), 《불설전법륜경佛說轉法輪經》(T. 109), 《불설팔정도경佛說八正道經》(T. 112)

❖ 붓다와 지난날 함께 고행을 했던 다섯 친구들과의 만남은 Vin. Mv. Kh. 1과 S. LVI, 11에 수록되어 있다.

23장 · 다섯 가지 계율

붓다는 야사를 입문시키고 야사의 부모에게 속가 제자로서 준수해야 할 다섯 가지 계율을 가르친다.

Vin. Mv. Kh. 1, 《불설보요경》(T. 186), 《방광대장엄경》(T. 187)

❖ 야사의 입문은 Vin. Mv. Kh. 1에 기록되어 있다.

24장 · 삼귀의

야사의 친구 쉰네 명이 입문을 청한다. 붓다는 제자들에게 법을 전파하도록 파견한다. 붓다는 입문 의식을 공식화한다.

Vin. Mv. Kh. 1, 《사분율四分律》(T. 1428), 《방광대장엄경》(T. 187), 《랄리타비스타라》

❖ 이 장에 수록된 대부분의 내용들은 Vin. Mv. Kh. 1에 나타나 있다.

25장 · 음악의 아주 높은 경지

붓다는 피리 연주를 통해 서른 명의 젊은이들을 삼보에 귀의하도록 한다.

Vin. Mv. Kh. 1, 《사분율》(T. 1428), 《방광대장엄경》(T. 187), 《랄리타비스타라》, 《불설보요경》(T. 186)

*붓다와 서른 명의 젊은이 사이의 일화는 Vin. Mv. Kh. 1에 수록되어 있다.

26장 · 물 또한 상승한다

붓다는 카사파와 삼라만상의 본질과 홀로 존재하지 못함의 원리들에 대해 토론한다. 붓다는 제단이 차려진 불의 신전에서 밤을 보낸다.

이른 아침, 불의 신전은 타버린다. 붓다는 카사파에게 비어 있음과 허무주의는 똑같은 것이 아님을 설명한다.

Vin. Mv. Kh. 1, 《사분율》(T. 1428), 《방광대장엄경》(T. 187), 《랄리타비스타라》, 《불본행집경》(T. 190)

❖ 붓다가 카사파 삼형제를 입문시키는 이야기는 Vin. Mv. Kh. 1에 나타난다.

27장 • 불의 설법

붓다는 카사파에게 네 가지 숭고한 진리를 가르치고 대자유에 이르기 위해서는 별개의 실체를 가질 필요가 없음을 설명한다. 카사파 삼형제와 그들의 제자 구백 명이 붓다에게 입문을 청한다. 붓다는 불의 경전을 설한다.

Vin. Mv. Kh. 1, 《불본행집경》(T. 190), 《불설보요경》(T. 186), S. XXXV. 28

❖ 불의 경전은 Vin. Mv. Kh. 1에 수록되어 있다. 아울러 S. XXXV. 28을 참조 바람.

28장 • 야자나무 숲

붓다는 천 명의 비구들과 함께 라자가하로 돌아간다. 빔비사라 왕과 그의 가족 그리고 시종들은 붓다를 방문하여 설법을 듣는다.

Vin. Mv. Kh. 1, 《랄리타비스타라》, 《불본행집경》(T. 190), 《방광대장엄경》(T. 187)

29장 • 홀로 존재하지 못함

많은 사람들이 야자나무 숲으로 찾아와서 입문시켜주기를 청하거나 속가 제자가 되기를 자청한다. 콘단나는 삼보에 대해 설법을 한다. 앗사지를 만난 덕분에 사리풋타와 목갈라나는 붓다에게 입문을 청한다.

Vin. Mv. Kh. 1, 23, 1 ff., 《랄리타비스타라》, 《불설보요경》(T. 186)

❖ 앗사지가 사리풋타에게 들려준 게송은 Vin. Mv. Kh. 1, 23, 5에 나타나 있다.

2부

30장 • 대나무 숲

붓다와 그의 비구들이 궁전에서 식사를 대접받는다. 붓다는 왕국이 오랜 평화와 번영을 누릴 수 있도록 하는 삶의 원리로서의 다섯 가지 계율에 대하여 들려준다. 붓다는 아이들에게 자두나무에 얽힌 전생 이야기를 들려준다. 빔비사라 왕은 붓다와 상가에게 대나무 숲을 선사한다.

Vin. Mv. Kh. 1, 《자타카》(Kh. 10), 《선집백록경》(T. 200), 《푸르나무카바다나사타카》, 《육도집경》(T. 152), 《생경》(T. 154)

❖ 궁전 초대와 빔비사라 왕의 대나무 숲 선사에 관해서는 Vin. Mv. Kh. 1에 언급되어 있다.

31장 • 나는 봄에 돌아오겠소

상가는 죽림정사에서 안거 기간을 보내기 위한 준비를 한다. 숫도다나 왕은 칼루다이를 보내 붓다를 집으로 초대한다. 칼루다이는 입문을 청한다.

Vin. Mv. Kh. 1, 《불설보요경》(T. 186), 《방광대장엄경》(T. 187), 《랄리타비스타라》, Thag

❖ 숫도다나 왕이 붓다를 초대하기 위해 칼루다이를 보내는 내용은 Thag. (527-33)에 수록되어 있다.

32장 • 달을 가리키면 달을 보아야지

붓다는 디가나카에게 그릇된 견해에 대한 집착심과 생각의 본질에 대해 가르친다. 설법을 통해 사리풋타는 깨우침을 얻고 디가나카는 입문을 청한다. 붓다의 명성을 손상시키기 위한 소문이 시중에 나돈다.

《디가나카 숫타Dighanakha Sutta》(M. 74), 《장조범지청문경長爪梵志請問經》(T. 584)

33장 • 변함없는 아름다움

암바팔리와 지바카는 붓다를 방문한다. 붓다는 비구들에게 아름다움과 추함에 관해 가르친다.

S. 47. 1, 《잡아함경》 622, 《마하파리니바나 숫타Mahaparinibbana Sutta》(D. 16), Vin. Mv.

Kh. 6, 《지바카 숫타Jivaka Sutta》(M. 55)

34장 · 7년 만의 만남

붓다는 카필라밧투로 돌아간다. 숫도다나 왕은 붓다를 맞이하기 위해 시내로 들어선다. 붓다는 왕에게 탁발의 의미와 목적에 대해 설명한다. 라홀라는 붓다에게 자신이 물려받을 유산에 대해 묻는다. 붓다와 그의 제자들이 궁전 식사에 초대받는다. 붓다는 구도의 길에 얽힌 이야기를 들려준다.

Vin. Mv. Kh. 1, 《방광대장엄경》(T. 187), 《랄리타비스타라》

35장 · 이른 아침의 햇살

붓다와 그의 상가는 숫도다나 왕의 귀한 다른 손님들과 더불어 궁전 식사에 초대받는다. 붓다는 네 가지 성스러운 진리와 고통을 뛰어넘기 위한 명상을 하는 방법에 관해 설법한다. 고타미와 야소다라는 니그로다 수도원으로 붓다를 방문한다.

Vin. Mv. Kh. 1

36장 · 메가와 젊은 여인

야소다라는 붓다와 칼루다이를 궁전 식사에 초대한다. 붓다는 가난한 마을에서 아이들을 만나 메가와 깨달음을 얻은 디판카라 성자에게 공양할 연꽃을 건네준 젊은 여인에 대한 전생 이야기를 들려준다.

《선집백록경》(T. 200), 《불본행집경》(T. 190), 《푸르나무카바다나샤타카》, 《자타카》(Kh. 10), 《생경》(T. 154)

37장 · 새로운 믿음

난다와 라홀라가 상가에 입문한다. 숫도다나 왕은 붓다가 라홀라를 수행자로 만들자 그에게 번민을 호소한다. 붓다는 정치와 덕망의 길에 대한 설법을 한다.

Vin. Mv. Kh. 1, 《사분율》(T. 1428)

❖ 왕이 붓다에게 한 "나는 네가 집을 버리고 수행자가 되었을 때 말할

수 없을 만큼 고통스러웠다……. 그 고통은 칼이 내 피부, 살갗, 뼈 그리고 골수를 저미는 것만 같았다……"라는 말은 Vin. Mv. Kh. 1에서 그대로 인용한 것이다.

38장・오, 행복하구나!

석가국의 여섯 명의 젊은 왕족은 집을 떠나 도중에 만난 이발사와 함께 입문을 청한다. 붓다는 죽림정사에서 안거 기간을 보낸다. 밧디야는 설법의 기쁨을 맛본다. 마하카사파가 입문한다.

Vin. Cv. Kh. 7, Ud. 11, 10, 《사분율》(T. 1428)

❖밧디야가 설법의 기쁨을 맛보는 장면은 Vin. Cv. Kh. 7에 언급되어 있다.

39장・먼동이 트기를 기다리며

수닷타 상인은 먼동이 트기 전에 붓다를 만나러 간다. 수닷타는 사리풋타에게 사밧티로 함께 가서 붓다가 코살라 왕국에서 설법을 할 수 있도록 준비를 하자고 청한다.

Vin. Cv. Kh. 6, S. X. 8, 《잡아함경》 592, 593

❖수닷타가 붓다를 처음 만나는 장면은 Vin. Cv. Kh. 6에서 설명된다.

40장・온 누리를 금빛으로 덮다

수닷타는 수도원을 세우기 위해 제타 왕자의 공원을 구입한다. 사리풋타는 붓다를 맞이하기 위해 돌아간다. 붓다는 릿차비 왕족들에게 설법을 한다.

Vin. Cv. Kh. 6, S. X. 8, 《사분율》(T. 1428)

41장・누가 제 어머니를 보지 못하셨나요?

붓다는 제타바나에서 안거 기간을 보낸다. 다른 종파에서는 사랑이라는 주제를 놓고 붓다와 의견을 달리한다.

《피야자티카 숫타Piyajatika Sutta》(M. 87), 《중아함경》 216(T. 26)

42장 · 사랑은 이해하는 것이다

파세나디 왕은 붓다를 방문해서 사랑과 이해에 관해서 가르침을 받는다.

《피야자티카 숫타》(M. 87), Ud. VI, 4, 《멧타 숫타Metta Sutta》(Sn. 1, 8), 《중아함경》216(T. 26)

❖ 붓다가 왕에게 들려준 젊은 왕자, 조그만 뱀, 작은 불꽃, 젊은 수행자의 이야기는 S. III, 1에 수록되어 있다.

43장 · 모든 사람의 눈물은 짜다

붓다는 거름을 나르는 수니타를 상가에 입문시킨다. 파세나디 왕은 붓다에게 찾아가서 천민을 상가로 받아들인 이유를 묻는다.

《불본행집경》(T. 190), 《방광대장엄경》(T. 187), 《랄리타비스타라》

44장 · 육신을 이루고 있는 요소

난다는 약혼녀를 그리워한다. 붓다는 안거 기간을 보내기 위해 베살리로 돌아간다. 병상에 누운 숫도다나 왕이 붓다를 부른다. 붓다는 아버지에게 삶과 죽음에 관해 이야기하며 그가 후계자를 선정하도록 도와준다. 장례식이 끝난 뒤 고타미 왕비는 입문을 청한다. 붓다는 그녀의 요청을 거절한다.

Ud. III, 2, Vin. Cv. Kh. 10, A. VII, 51, 《방광대장엄경》(T. 187), 《사분율》(T. 1428)

❖ 붓다가 고타미의 입문을 거절한 것은 Vin. Cv. Kh. 10과 T. 1428에 언급되어 있다. 기타 참고문헌으로 A. VII, 51과 A. VIII, 53이 있다.

45장 · 여인들의 입문

고타미를 비롯한 여인들이 출가 생활에 대한 의지와 능력을 과시하기 위해 시위를 한다. 여인들을 입문시키기 위한 전제조건으로 여덟 가지 규칙을 만든다.

Ud. III, 2, Vin. Cv. Kh. 10, A. VIII, 51–53, 《중아함경》116(T. 26), 《중아함경》130(T. 26), 《사분율》(T. 1428), 《오분율》(T. 1421)

❖ 상가에 입문하기 위한 여인들의 노력에 대한 세부 내용은 Vin. Cv.

Kh. 10, T. 1428과 T. 1421에 기록되어 있다.

46장 · 한 줌의 심사파 나뭇잎

붓다는 말룬캬풋타와 형이상학적 질문들에 대응한다. 코삼비의 상가에서 다툼과 분열이 일어나자 붓다는 혼자 숲 속으로 간다. 그는 상가가 화목하게 지내기 위한 여섯 가지 원칙을 세운다.

Vin. Cv. Kh. 10, 《우파킬레사 숫타Upakkilesa Sutta》(M. 128), 《쿨라말루캬 숫타 Culamalukya Sutta》(M. 63), 《중아함경》205(T. 26), 《중아함경》221(T. 26), S. 56, 31, Tsa 404, 《불설전유경佛說箭喻經》(T. 94), 《쿨라고싱가 숫타Kulagosinga Sutta》(M. 31), 《코삼비야 숫타Kosambiya Sutta》(M. 48), 《중아함경》72(T. 26)

❖ 말룬캬풋타와의 에피소드는 M. 63과 《중아함경》 221(T. 26)에 수록되어 있다. 상가의 분열은 Vin. Mv. Kh. 10과 M. 128에 기록되어 있다. 아누룻다, 킴빌라, 난디야의 화목한 생활은 M. 128, 《중아함경》(T. 26) 그리고 Vin. Mv. Kh. 10에 나타나 있다.

47장 · 법에 따른다

붓다는 라키타 숲에서 안거 기간을 보내며 어미 코끼리와 친구가 된다. 붓다는 사밧티로 돌아간다. 그의 수제자들은 코삼비의 제자들을 어떻게 받아들여야 하는지 그에게 묻는다.

Vin. Mv. Kh. 10, Ud. IV, 5, 《우파킬레사 숫타》(M. 128)

❖ 붓다가 코끼리와 친구가 되는 장면은 Vin. Mv. Kh. 10에 나와 있다. 코삼비의 비구들 간의 참회와 화해는 Vin. Mv. Kh. 10에 나와 있다.

48장 · 진흙길을 덮어주는 짚

붓다의 수제자들은 화목을 다지기 위한 일곱 가지 실천 덕목을 만든다.

Vin. Mv. Kh. 10, 《사분율》(T. 1428)

❖ 화목을 다지기 위한 일곱 가지 덕목은 남방과 북방 전통에서 비구들의 기본 계율이 되고 있다.

49장 · 흙의 교훈

라훌라는 스바스티에게 계율이 어떻게 만들어졌는지를 설명한다. 붓다는 일하지 않고 먹기만 한다고 비구들을 비난하는 한 농부를 만난다. 붓다는 라훌라에게 바른말, 바른 마음챙김 그리고 네 가지 무한한 명상에 관해 가르친다.

《암발랏티카라훌로바다 숫타Ambalatthikarahulovada Sutta》(M. 61), 《마하라훌로바다 숫타Maharahulovada Sutta》(M. 62), Vin. Sv. Para. I, A. VIII, 11, 《카시바라드바야 숫타 Kasibharadvaya Sutta》(Sn. I, 4), 《쿨라라훌로바다 숫타Cularahulovada Sutta》(M. 147), 《중아함경》 14(T. 26), 《잡아함경》 897(T. 99), 《중아함경》 200(T. 26)

❖ 붓다가 쟁기질도 하지 않고 씨앗도 뿌리지 않는다는 농부의 비난은 Sn. 1, 4와 S. VIII, 11에 나타난다. 붓다가 라훌라를 가르치는 대목은 M. 62, M. 147, 《증일아함경》 17, 1(T. 125) 그리고 《중아함경》 200(T. 26)에 나타난다.

50장 · 한 줌의 밀기울

베란자에 가뭄이 든다. 붓다는 사리풋타에게 계율이 완전한 때를 아는 방법에 대해 말한다. 스바스티는 향수병에 걸린다. 붓다는 메기야에게 마음챙김의 네 요소에 관해 가르친다.

Vin. Sv. Para. 1, Ud. IV, 1, A. IX, 3, 《잡아함경》 897(T. 99), 《사분율》(T. 1428)

❖ 붓다가 메기야를 가르치는 대목은 Ud. IV, 1과 A. IX, 3에 나타난다. 남방 전통에 따르면 완전한 계율은 비구의 경우 227개 그리고 비구니의 경우 311개에 이른다. 다르마굽타 전통과 관련해서 대부분 《사분율》(T. 1428)에 의존하고 있는 북방 전통에 따르면 비구의 경우 250개 그리고 비구니의 경우 358개의 계율이 있다.

51장 · 통찰력이라는 보배

라훌라는 성인으로서 정식으로 입문한다. 붓다는 라훌라에게 열여덟 개의 존재 영역에 대해 명상하는 법을 가르친다. 붓다는 혼자 사는 최선의 방법을 아는 길에 관한 법문(Sutra on Knowing the Better Way to Live Alone)을 설한다. 붓다는 몇 명의 아이들에게 자비에 대해 가르친다. 붓다는 생명의 경이를 그들에게 직접 경험할 수 있도록 하는 한 방편으로 대중들의 눈앞에 연꽃을 들어 보인다.

S. XXI, 10, 《멧타 숫타》(Sn. I, 8), Ud. V, 4, 《밧데카랏타 숫타Bhaddekaratta Sutta》(M. 131), 《아난다 밧데카랏타 숫타Ananda Bhaddekaratta Sutt》(M. 132), 《마하카카나 밧데카랏타 숫타Mahakaccana Bhaddekaratta Sutta》(M. 133), 《증일아함경》 49, 10(T. 125), 《중아함경》 165, 166, 167(T. 26), 《불설존상경佛說尊上經》(T. 77)

❖붓다와 게를 해치는 아이들의 만남은 《멧타 숫타》, Sn. I, 8에 나타난다. Sutra on Knowing the Better Way to Live Alone은 M. 131에 나타난다. 또한 M. 132, M. 133, 《중아함경》 165, 166, 167(T. 26)과 T. 77을 참조 바람.

52장 · 공덕의 씨앗이 뿌려지는 논

붓다는 석가국와 콜리야국 사이의 분쟁에 개입하여 해결한 뒤 카필라밧투에서 안거 기간을 보낸다. 그런 뒤 독수리 봉으로 돌아간다. 그는 아난다에게 비구들의 가사를 만드는 새로운 방법을 제시한다. 속가 제자인 비사카 부인이 방문한다. 수제자들은 아난다를 붓다의 평생 동안의 시자로 선정할 것을 제안하고 붓다가 매년 사밧티에 가서 안거 기간을 보내도록 제안한다.

Vin. Mv. Kh. 8, Ud. VIII, 8, 《사분율》(T. 1428)

❖논의 형상으로 가사를 만들자는 붓다의 의견은 Vin. Mv. Kh. 8에 언급되어 있다. 속가 제자 비사카 부인에 관해서는 Vin. Mv. Kh. 8, Ud. VIII, 8 그리고 T. 1428에 언급되어 있다.

53장 · 현재의 순간 속에서 사는 법

붓다는 《사티팟타나 숫타》에 대해 설법을 한다. 그는 앙굴리말라의 마음을 돌려 귀의하도록 한다.

《사티팟타나 숫타Satipatthana Sutta》(M. 10), 《마하사티팟타나 숫타Mahasatipatthana Sutta》(D. 22), 《앙굴리말라 숫타Angulimala Sutta(M. 86), 《염신경念身經》(《중아함경》 81), 《염처경念處經》(《중아함경》 98, T. 26), 《증일아함경》 12, 1(T. 125), 《앙굴마라경央掘魔羅經》(T. 120)

❖《사티팟타나 숫타》는 M. 10, 《중아함경》 98 그리고 《증일아함경》 12, 1(T. 125)의 세 권으로 나뉜다. 이것은 명상에 관한 기본 경전이

다. M. 10은 테라바다 전통에 따른 것이며,《중아함경》98은 설일체 유부(說一切有部) 전통에 따른 것이고《증일아함경》12, 1은 대중부 (大衆部) 전통에 기초해 있다. 앙굴리말라의 이야기는 M. 86에서 언급된다. T. 120에서뿐만 아니라 중국의 경전 중에서도 앙굴리말라를 언급한 몇 개의 다른 경전이 있다.

54장 • 마음챙김 상태에서 머무르는 집

총명한 우팔리는 붓다의 가르침을 따르기 위해 니간타 종파를 버린다. 제타바나 수도원은 허황된 모함에 시달린다.

《우팔리 숫타Upali Sutta》(M. 56),《랄리타비스타라》,《중아함경》133(T. 26),《불설보요경》(T. 186)

55장 • 새벽별이 찬연히 빛날 때

붓다는 이질에 걸린 한 비구를 돌봐준다. 비구니 담마딘나는 속가 제자인 비사카와 수닷타에게 비어 있음에 관해 설법을 한 뒤 붓다에게 칭찬을 받는다. 비구니 파타카라에 관한 이야기가 언급된다.

Vin. Mv. Kh. 8, AV. 123~124,《쿨라베달라 숫타Culavedalla Sutta》(M. 44),《중아함경》2210(T. 26),《사분율》(T. 1428)

❖ 파타카라의 시는 Therigatha에서도 발견된다. 비구니 담마딘나의 설법을 듣는 속가 제자 비사카는 남자 제자이며 비사카 부인이 아니다. 우팔라반나의 이야기는 T. 1428에 언급되어 있다. 또한 Thig를 참조하기 바람.

3부

56장 • 호흡의 충분한 의식

붓다는 호흡의 충분한 의식에 관한 경을 설한다. 앙굴리말라는 성난 군중에게 몰매를 맞는다.

《아나파나사티 숫타Anapanasati Sutta》(M. 118),《앙굴리말라 숫타》(M. 86),《잡아함경》1077(T. 125),《증일아함경》17, 1과 38, 6(T. 125),《불설대안반수의경佛說大安般守意經》(T. 602)

❖ 본장에서의 호흡의 충분한 의식에 관한 경전(Sutra on the Full

Awareness of Breathing)의 대체적인 줄거리는 M. 118에서 인용한 것이다. 중국어 경전인 T. 602의 번역판인 《불설대안반수의경》은 그다지 분명하거나 정확하지가 않다. 앙굴리말라에 대한 공격은 M. 86에 언급되어 있다.

57장 · 뗏목은 하나의 수단일 뿐

붓다는 뱀에 관한 경전(Simile of the Snake Sutra)을 설한다. 반다 비구는 비구니 수도원에서 설법을 한다. 붓다는 젊은 천민 처녀 프라크리티를 입문시킨다.

S. LIV, 9, 《알라갓두파마 숫타Alagaddupama Sutta》(M. 22), 《사분율》(T. 1428), 《증일아함경》 200(T. 26)

❖뗏목을 머리 위에 지고 다니는 사람처럼 편협한 소견이나 무지에 사로잡히지 않고 지혜롭게 연구하고 수행해야 한다는 붓다의 가르침뿐만 아니라 뱀을 잡고 뗏목을 이용하여 강을 건너는 이야기는 모두 M. 22에 있다. 반다에 관한 이야기는 T. 1428에 수록되어 있다.

58장 · 한 줌의 소중한 흙

아이들은 붓다에게 흙 한 줌을 선사한다. 붓다는 그들에게 비스반타라의 전생 이야기를 들려준다. 의사 지바카는 붓다에게 채식주의에 관해 묻는다.

《지바카 숫타》(M. 55), 《아바다나사카타Avadanasakata》, 《푸르나무카바다나샤카타》

❖지바카의 채식주의에 관한 질문은 M. 55에 있다.

59장 · 이론의 그물

비구니 수바는 한 사내가 능욕하려고 하자 당당히 물리친다. 붓다는 《브라흐마잘라 숫타Brahmajala Sutta》를 설한다. 목갈라나는 스바스티에게 동시대의 여러 가지 종파의 철학들에 대해 간략하게 설명해준다.

《사마난팔라 숫타Samannaphala Sutta》(D. 2), 《브라흐마잘라 숫타》(D. 1), 《장아함경長阿含經》 21(T. 1), Thig

❖비구니 수바에 대한 이야기를 찾아보려면 Thig를 읽어보면 된다.

그 당시의 여러 종파 지도자들의 이름과 나이는 D. 2와 기타 여러 경전에 군데군데 나와 있으며, 그들의 철학은 D. 1에 나타나 있다.

60장 · 비사카 부인의 슬픔

붓다는 브라만이 되기 위해 필요한 기본적 특성에 관해 소나단다와 토론한다. 비사카 부인은 여러 명의 자식과 손자들을 갖고 싶다는 뜻을 표시한다. 아난다는 제타바나에 보리수를 심기로 한다.

《바셋타 숫타Vasettha Sutta》(M. 98), Ud. Ⅷ, 8, 《장아함경》 22(T. 1), 《소나단다 숫타 Sonadanda Sutta》(D. 4)

❖소나단다와의 만남은 M. 98에서뿐만 아니라 D. 4에서도 언급되어 있다. 머리가 흠뻑 젖은 비사카 부인 이야기는 Ud. Ⅷ, 8에 나와 있다.

61장 · 사자의 외침

붓다는 홀로 존재하지 못함에 관해 설법한다. 젊은 여인 킨카는 붓다를 모함한다. 붓다는 사자의 외침에 관한 경전(Sutra on the Lion's Roar)을 설한다.

Ud. Ⅳ, 8, S. Ⅻ, 2, 《쿨라시하나다 숫타Culasihanada Sutta》(M. 11), A. Ⅳ, 33, 《마하니다나 숫타Mahanidana Sutta》(D. 15), 《연기경緣起經》(T. 124), 《랄리타비스타라》, 《중아함경》 97(T. 26), 《잡아함경》 684(T. 125), 《여래사자후경如來師子吼經》(T. 835), 《불설보요경》(T. 186)

❖홀로 존재하지 못함에 대해서는 여러 경전에 나온다. 본장에서의 사자의 외침에 관한 경전의 핵심 내용은 M. 11에 수록되어 있다.

62장 · 사리풋타의 외침

사리풋타는 시기심에 의해 모함을 받는다. 붓다는 칼라마에 관한 경(Kalama Sutra)을 설한다.

《칼라마 수트라》(A. Ⅲ, 65), 《사리풋타시하나다 숫타Sariputtasihanada Sutta》(A. Ⅸ, 11)

❖사리풋타를 모함한 사건은 A. Ⅸ, 11에서 발견된다. 칼라마에 관한 경은 생각의 자유에 관한 불교 교리의 장에서 언급된 내용과 유사하다. 그것은 또한 케사뭇타 경전(Kesamutta Sutta)이라고도 불린다. 코칼리카에 대한 이야기는 S. 6, 1, 10에서 발견된다.

63장 · 바다에 이르는 길

붓다는 설법을 시작하기 전에 한 농부가 식사를 하도록 해준다. 붓다는 바다로 흘러가는 한 척의 뗏목에 관해 설법한다. 스바스티는 상가에 입문한 한 물소 치는 소년을 인도하고 돌봐주도록 부탁받는다.
S. XXXV, 200

❖ 뗏목에 관한 붓다의 설법은 S. XXXV, 200에 나타나 있다.

64장 · 생사의 윤회

붓다는 성인의 여덟 가지 인식에 관한 경(Sutra on the Eight Realization of the Great Beings)을 설한다. 박카리가 죽는다. 붓다는 시작도 없고 끝고 없음에 관한여 가르친다.
A. VIII, 30, S. XII, 15, S. XXII, 87, S. VX, 1, 《장아함경》 74(T. 26), 《잡아함경》 1265(T. 125), 《증일아함경》 42, 6(T. 125), 《불설아나율팔념경佛說阿那聿八念經》(T. 46), 《불설약교계경佛說略敎誡經》(T. 799)

❖ 본장에서 말한 성인의 여덟 가지 인식에 관한 경은 T. 799에서 인용한 것이다. 그것들은 또한 남방과 북방의 다른 여러 경전에서도 언급되어 있다. 박카리의 죽음에 관한 이야기는 S. XXII, 87, 《잡아함경》 47(T. 125)과 《증일아함경》 19(T. 99)에 언급되어 있다. 본장의 끝부분에 나타나는 시작도 없고 끝도 없는 것에 관한 붓다의 생각은 S. XV, 1에서 인용한 것이다. 화살에 관한 우화와 감각에 관한 붓다의 가르침은 S. XXXVI, 1, 6에서 찾아볼 수 있다. 죽는 순간에 감각을 직시하는 법에 관한 그의 가르침은 S. XXXVI, 1, 7에서 인용한 것이다.

65장 · 가득 찬 것도 텅 빈 것도 아니다

붓다는 비어 있음과 태어남이 없음과 죽음도 없음에 관해 가르친다.
S. XXXV, 85, 《쿨라순냐타 숫타Culasunnata Sutta》(M. 21), 《마하순냐타 숫타Mahasunnata Sutta》(M. 122), 《잡아함경》 232(T. 99), 《불설오온개공경佛說五蘊皆空經》(T. 102), 《도행반야경道行般若經》(T. 224), 《반야바라밀다심경般若波羅蜜多心經》(T. 251), 《대방광불화엄경大方廣弗華嚴經》(T. 278)

❖ 아난다가 세상의 본질에 대해 묻고 붓다가 대답하는 대목은 S.

XXXV, 84에서 인용한 것이다. 아난다가 붓다에게 모든 법이 비어 있다는 것은 무슨 뜻이냐고 묻는 대목은 S. XXXV, 85에서 인용한 것이다. 붓다가 법당, 마음, 상가, 시장, 물소의 예를 든 대목은 M. 121에 나와 있으며 그 내용은 기본적으로 《잡아함경》 232(T. 99)와 동일하다. 뒤에 계속 이어지는 설명은 홀로 존재하지 못함과 무아의 원리에 토대를 둔 것이다. 《프라즈냐파라미타 수트라Prajñaparamita Sutra》와 《마바탐사카 수트라Avatamsaka Sutra》에 수록되어 있는 태어남이 없음, 죽음이 없음, 홀로 존재하지 못함에 관한 본장의 모든 개념들은 홀로 존재하지 못함, 무아 그리고 비어 있음에 대한 붓다의 최초의 가르침을 토대로 한 자연스럽고 필연적인 귀결이다.

66장 · 네 개의 산

붓다는 효도와 관련해서 울람바나 경(Ullambana Sutra)을 설한다. 붓다는 파세나디 왕에게 남은 생애 동안 정신 수행에 좀 더 많은 시간을 들이도록 권유한다. 붓다는 맹인과 코끼리에 대한 이야기를 들려준다.

Ud. VI, 4, S. III, 25, 《불설우란분경佛說盂蘭盆經》(T. 102), 《불설효자경佛說孝子經》(T. 687), 《불설부모은중경佛說父母恩重經》(T. 684)

❖ 《불설우란분경》은 팔리 경전에는 없다. 네 개의 산에 대한 이야기를 찾아보려면 S. III, 3, 5를 참조하면 된다. 베트남의 황제인 트란 타이 통(Tran Thai Tong)은 이 경전에 크게 고무되어 비어 있음에 관련하여 '네 개의 산, 서문과 게송(Four Mountains, Preface and Gathas)'이라는 제목의 논문을 썼다. 맹인과 코끼리에 대한 이야기는 Ud. VI, 4에서 인용한 것이다.

67장 · 바다의 시인

푼나는 폭력이 난무하며 미개한 지역으로 잘 알려진 자신의 고향에서 법을 전파하도록 허락해달라고 붓다에게 요청한다. 붓다는 바다의 여덟 가지 특성에 대하여 말한다.

《푼노바다 숫타Punnovada Sutta》(M. 145), S. XXXV, 63-64, 《잡아함경》 311(T. 99), A. VIII,

19, 《법해경法海經》(T. 34), 《불설해팔덕경佛說海八德經》(T. 35)

❖ 바다의 여덟 가지 특성은 A. VIII, 19에 언급되어 있다. 아울러 T. 35를 참조하기 바람.

68장 · 신비로운 세 개의 문

붓다는 상가의 분열에 관해 말한다. 그는 법인에 관한 경전(Sutra on the Dharma Seal)을 설한다. 야메루와 테쿠라는 붓다의 가르침을 고대 베다 언어로 전파하게 허락해달라고 요청하지만 붓다는 거절한다.

Vin. Cv. Kh. 5, 《사마가마 숫타Samagama Sutta》(M. 104), 《파사디카 숫타Pasadika Sutta》(D. 29), 《잡아함경》 80(T. 99), 《불설성법인경佛說聖法印經》(T. 103), 《불설법인경佛說法印經》(T. 104)

❖ 상가의 분열에 관한 붓다의 말은 M. 104에서 인용한 것이다. 본장에서의 법의 비밀에 관한 경전 내용은 T. 104에서 인용한 것이다. 두 명의 비구가 경전을 번역하게 해달라는 대목은 Vin. Cv. Kh. 5에 언급되어 있다.

69장 · 붓다는 어디로 가는가?

몇 명의 금욕주의자들이 붓다에게 철학적인 문제들에 관해 묻지만 붓다는 침묵을 지킨다. 아누룻다 덕분에 붓다는 타타가타라는 새로운 이름을 갖게 된다.

S. XLIV, 2, 《아기바차 숫타Aggivaccha Sutta》(M. 72), 《알라갓두파마 숫타Alagaddupama Sutta》(M. 22), A. X, 95, S. XIV, 10, 《잡아함경》 106(T. 99), Iti. IV, 13

❖ 붓다가 금욕주의자인 웃티야의 질문에 대답하기를 거부하는 대목은 A. X, 95에서 인용한 것이다. 금욕주의자 바카고타에 관한 이야기는 S. XIV, 10에 나타난다. 아누룻다와의 대화는 S. XLIV, 2에 언급되어 있다. 타타가타라는 이름에 관해서는 M. 22와 M. 72, Iti. IV, 13과 A. IV, 12을 참조 바람.

70장 · 메추라기와 송골매

라훌라는 시인인 반기사 비구에 대해 스바스티에게 들려준다. 붓다는 여섯 가지 감각 기관을 바다 괴물과 소용돌이로 가득 차 있는 바다에 비유한다. 붓다는 비구들에게 마음챙김을 해야 스스로를 지켜 나갈 수 있다고 암시하며 메추라기와 송골매의 이야기를 들려준다. 스바스티는 이시닷타 비구와 속인인 키타에 대한 이야기를 회상한다. 붓다는 선량한 비구들을 다루기 위해서는 부드럽고 온화한 방법을 쓴다는 것을 말한다. 붓다와 말 조련사인 케시 사이에 대화가 이루어진다. 무사인 로히탓사는 붓다에게 이 세상에서 태어남과 죽음을 벗어나는 방법을 묻는다.

《잡아함경》 1208-1221(T. 99), S. VIII 1, 1-12, S. XLVII, 1, 6, 《잡아함경》 24, 15(T. 99), S. SLI, 2-3, 《잡아함경》 570(T. 99), 《중아함경》 194(T. 26), M. 65

❖반기사의 이야기는 《잡아함경》 1208-1221(T. 99)과 《중아함경》 194(T. 26)에 언급되어 있다. 이시닷타의 이야기는 S. XLI, 2-3과 《잡아함경》 570(T. 99)에 나와 있다. 붓다와 말 조련사 사이의 대화는 A. IV, 12, 110에 나와 있다. 로히탓사의 이야기는 《증일아함경》 43, 1(T. 125), A. VI, 45, 《중아함경》 1307과 S. II, 3, 6에 나와 있다.

71장 • 싯타르를 연주하는 기술

붓다는 소나 비구에게 건강의 유의하라고 격려한다. 지바카는 붓다에게 데바닷타와 아자타삿투 왕자의 야망에 대해 전해준다. 데바닷타는 붓다에게 상가의 지휘권을 넘겨달라고 청한다.

Ud. V, 6, Vin. Mv. Kh. 5, A. VI, 55, Vin. Cv. Kh. 7, 《중아함경》 123(T. 26), 《중아함경》 254(T. 99), 《사분율》(T. 1428)

❖싯타르 연주에 대한 붓다의 질문은 Vin. Mv. Kh. 5에 언급되어 있다. 아울러 A. VI, 55를 참조 바람. 상가의 지휘권을 넘겨달라고 한 데바닷타의 요청 내용은 T. 1428과 Vin. Cv. Kh. 7에 나와 있다.

72장 • 조용한 저항

데바닷타는 다섯 가지 새로운 규칙을 제안하여 독립적인 상가를 세운다. 빔비사라 왕은 아들인 아자타삿투 왕자를 위해 왕위를 물려준다. 붓다와 그의 상가는 새로운 왕의 즉위식에 참석하지 않는다.

Vin. Cv. Kh. 7, Vin. Sv. Sangh. 10, 《사분율》(T. 1428)

❖ 데바닷타의 다섯 가지 새로운 규칙의 제안과 그의 독립적인 상가의 수립은 Vin. Cv. Kh. 7에 기록되어 있다. 아울러 Vin. Cv. Kh. 7과 T. 1428에도 기록되어 있다.

73장 · 숨겨진 쌀

붓다의 생명을 노린 첫 번째 시도는 성공을 거두지 못한다. 사리풋타와 목갈라나는 가야시사를 향해 떠난다. 붓다는 비데히 왕비를 만난다.

Vin. Cv. Kh. 7, 《사분율》(T. 1428)

❖ 붓다에 대한 암살 시도와 사리풋타와 목갈라나의 가야시사로의 출발은 Vin. Cv. Kh. 7과 T. 1428에 나타나 있다.

74장 · 어미 코끼리의 외침

사리풋타와 목갈라나는 사백 명의 비구들을 데리고 붓다의 상가로 돌아온다. 붓다는 그의 생명을 노린 두 번째 시도로 인해 부상을 입는다. 붓다는 사나운 코끼리 날라기리를 양순하게 만들어 세 번째 암살 시도에서 무사히 살아남는다.

Vin. Cv. Kh. 7, 《사분율》(T. 1428)

❖ 두 명의 수제자의 인도 아래 비구들이 돌아오는 대목은 Vin. Cv. Kh. 7에 기록되어 있다. 붓다를 죽이기 위해 바위를 굴려 떨어뜨리고 사나운 코끼리를 풀어놓는 대목은 Vin. Cv. Kh. 7과 T. 1428에 기록되어 있다.

75장 · 행복의 눈물

붓다는 안거 기간을 보내기 위해 마가다국을 떠나 사밧티로 돌아온다. 붓다는 신갈라 숫타(Singala Sutta)를 설한다. 속가 제자 수닷타는 심한 병에 걸린다. 붓다는 속인들을 위한 여덟 가지 준수 사항을 만든다. 사리풋타와 아난다는 수닷타를 방문하여 그에게 가르침을 베푼다.

《마간디야 숫타Magandiya Sutta》(M. 75), 《쿨라담마삼마다나 숫타Culadhammasammadana

Sutta》(M. 45), 《신갈라 숫타》(D. 31), 《아나타핀디코바다 숫타Anathapindikovada Sutta》(M. 143), 《중아함경》 135(T. 26), 《잡아함경》 1031과 1032(T. 99), 《증일아함경》 51, 8(T. 125), 《불설시가라월육방례경佛迦羅越六方禮經》(T. 16), 《불설팔관재경佛說八關齋經》(T. 89)

❖ 감각적 쾌락과 숲 속에서 손발을 굽는 대목에 관해서는 M. 75를 참조하기 바람. 네 가지 행복은 M. 45에 나와 있다. 두 명의 비구가 설법을 들려주는 것을 듣고 수닷타가 눈물을 흘린 에피소드는 M. 143에서 인용한 것이다. 또한 《중아함경》 28(T. 26)을 참조 바람.

76장 • 수행의 결실

코살라국와 마가다국 사이에 전쟁이 일어난다. 말리카 왕비는 세상을 뜬다. 붓다는 파세나디 왕에게 정치와 덕망에 관해 설한다. 붓다는 독수리 봉으로 돌아간다. 지바카는 아자타삿투 왕에게 붓다를 만나도록 권유한다. 붓다는 비구의 수행 결실에 관한 법문(Sutra on the Fruits of a Bhikkhu's Practice)을 설한다.

S. XLVIII, 41, 《쿠사단타 숫타Kutadanta Sutta》(D. 5), 《사만나팔라 숫타Samannaphala Sutta》(D. 2), 《장아함경》 27(T. 1)

❖ 아자타삿투 왕의 코살라국 침략은 S. III, 14-15에 기록되어 있다. 법률이 다툼과 범죄를 어떻게 다루어야 하는지에 대한 붓다의 제안은 D. 5에서 인용한 것이다.

그러나 이 경전에서는 붓다가 파세나디 왕이나 빔비사라 왕이 아닌 쿠타단타라는 브라만에게 말하는 것으로 되어 있다. 지바카가 아자타삿투 왕에게 붓다를 만나보도록 권유한 대목은 D. 2와 《장아함경》 27(T. 1)에 언급되어 있다.

77장 • 두 눈 속에 반짝이는 별

붓다는 안거 기간을 보내기 위해 사밧티로 돌아간다. 파세나디 왕은 붓다와 상가를 칭송한다. 독수리 봉으로 돌아온 뒤 붓다는 파세나디 왕과 목갈라나의 죽음을 듣게 된다.

《담마카티야 숫타Dhammacatiya Sutta》(M. 89), 《중아함경》 213(T. 26)

❖ 파세나디 왕이 붓다를 방문해서 칭송하는 대목은 M. 89와 《중아함

경》213(T. 26)에 나와 있다.

78장 · 2천 벌의 가사

데바닷타가 회개한다. 아자타삿투 왕은 바지국을 칠까 생각한다. 붓다는 상가의 존속을 위해 일곱 가지 실천 덕목을 말한다. 사리풋타는 붓다를 칭송한다. 붓다는 베루바가마카 마을에서 안거 기간을 보낸 뒤 심하게 앓는다.

《마하파리니바나 숫타》(D. 16), 《장아함경》2(T. 1), 《불반니원경佛般泥洹經》(T. 5), 《마하바스투Mahavastu》

❖아자타삿투 왕이 바지국을 치기 위해 사자를 보내 붓다의 의견을 구하는 대목은 D. 16과 《장아함경》2 (T. 1)에 언급되어 있다. 가뭄이 들자 베살리 사람들이 붓다에게 라자가하로부터 방문해줄 것을 부탁하는 대목은 《마하바스투》에 나와 있다.

79장 · 백단향나무의 버섯

붓다는 삼보의 본질에 대해 이야기한다. 붓다는 사리풋타가 날라에서 죽었다는 소식을 접한다. 붓다는 베살리를 떠나 강가를 건너 북쪽으로 향한다. 그는 쿤다로부터 마지막 식사를 제공받는다. 붓다는 쿠시나가라에 있는 사라수 숲으로 들어간다.

S. XLVII, 1, 9, 《잡아함경》638(T. 99), 《마하파리니바나 숫타》(D. 16), 《장아함경》2(T. 1), 《불반니원경》(T. 5)

❖본장의 세부 내용은 D. 16과 T. 5에서 인용했다.

80장 · 부지런해라!

붓다는 아난다를 칭찬했다. 금욕주의자인 수밧다는 붓다가 행하는 마지막 수계를 받게 된다. 붓다는 열반에 든다.

《마하파리니바나 숫타》(D. 16), 《장아함경》2(T. 1), 《불반니원경》(T. 5)

❖본장의 세부 내용은 D. 16과 T. 5에서 인용했다.

81장 · 옛길, 흰 구름

쿠시나가라 사람들은 붓다에게 향수, 꽃, 음악을 선사한다. 마하카사파는 오백 명의 비구들을 이끌고 붓다의 장례식에 참석한다. 여러 나라에서 온 몇 명의 사신들은 붓다의 유골을 받아 탑에 안치시킨다. 마하카사파는 모든 계율과 경전을 집대성하기 위한 모임을 라자가하에 마련한다. 스바스티는 우루벨라로 돌아가서 네란자라 강기슭과 하늘의 흰 구름을 응시한다.

《마하파리니바나 숫타》(D. 16), 《장아함경》 2(T. 1), 《불반니원경》(T. 5)

❖ 붓다의 장례식과 유골을 나누는 내용은 D. 16과 T. 5에서 인용하였다.

2. 팔리어와 산스크리트어 인명·지명 비교표

아지타 케사캄발리 • Ajita Kesamkambali–Ajita Kesakambala
아나타핀디카 • Anathapindika–Anathapindada
아자타삿투 • Ajatasattu–Ajatasatru
앗사지 • Assaji–Asvajit
밧다 카필라니 • Bhadda Kapilani– Bhadra Kapila
밧디야 • Bhaddiya–Bhadrika
찬나 • Channa–Chandaka
디가나카 • Dighanakha– Dirghanakha
가야시사 • Gayasisa–Gayasiras
기자쿠타 • Gijjhakuta–Gridhrakuta
이시파타나 • Isipatana–Mrigadava
칼루다이 • Kaludayi–Kalodayin
카필라밧투 • Kapilavatthu– Kapilavastu
카사파 • Kassapa–Kasyapa
코삼비 • Kosambi–Kausambi
콘단나 • (Annata) Kondanna– (Ajnata) Kaundinya
쿠시나라 • Kusinara–Kusinagara
마하나마 • Mahanama–Mahanaman
마하파자파티 • Maha Pajapati– Mahaprajapati
마칼리 고살라 • Makkhali Gosala– Maskari Gosaliputra
목갈라나 • Moggallana– Maudgalyana
네란자라 • Neranjara–Nairamjara
니그로다 • Nigrodha–Nyagrodha
니간타 나타풋타 • Nigantha Nataputta–Nigrantha-Jnatiputra
파쿠다 카카야나 • Pakudha Kaccayana –Kakuda Katyayana
파탈리풋타 • Pataliputta–Pataliputra
푼나 • Punna–Purna, Purnamaitrayaniputra
푸라나 카사파 • Purana Kassapa–Purana Kasyapa

라자가하 • Rajagaha-Rajagrha
라마가마 • Ramagama-Ramagrama
산자야 벨랏티풋타 • Sanjaya Balatthiputta-Sanjaya Vairatiputra
사리풋타 • Sariputta-Sariputra
사밧티 • Savatthi-Sravasti
싯다르타 • Siddhattha-Siddhartha
우팔라반나 • Uppalavanna- Utpalavarna
우루벨라 • Uruvela-Uruvilva
웃다카 라마풋타 • Uddaka Ramaputta -Udraka Ramaputra
바파 • Vappa-Dasabala Kasyapa
베란자 • Veranja-Vairanti
베살리 • Vesali-Vaisali

본문 표기 • 팔리어-산스크리트어 순으로 정리하였다.

옮긴이 서계인

명지대 국문과를 졸업하고 경기대 대학원 국문과를 수료했다. 1986년 계간《시와 의식》신
인상을 받으며 문단에 데뷔한 후 번역 활동을 하며 명지대 객원교수 및 성균관대 사회교육
원 교수를 역임했다. 엘러리 퀸의 〈비극 시리즈〉와 조지 R. R. 마틴의 〈얼음과 불의 노래
시리즈〉등을 우리말로 옮겼다.

붓다처럼

초판 1쇄 발행일 2016년 5월 31일
초판 6쇄 발행일 2024년 6월 10일

지은이 틱낫한
옮긴이 서계인

발행인 조윤성

편집 박고운 **디자인** 전경아 **마케팅** 서승아, 김진규
발행처 ㈜SIGONGSA **주소** 서울시 성동구 광나루로 172 린하우스 4층(우편번호 04791)
대표전화 02-3486-6877 **팩스(주문)** 02-585-1755
홈페이지 www.sigongsa.com / www.sigongjunior.com

이 책의 출판권은 ㈜SIGONGSA에 있습니다. 저작권법에 의해
한국 내에서 보호받는 저작물이므로 무단 전재와 무단 복제를 금합니다.

ISBN 978-89-527-7618-1 03220

WEPUB 원스톱 출판 투고 플랫폼 '위펍' _wepub.kr
위펍은 다양한 콘텐츠 발굴과 확장의 기회를 높여주는
SIGONGSA의 출판IP 투고·매칭 플랫폼입니다.